国家社会科学基金项目"乾嘉时期游幕学者的生存境域与学术生态研究"(16BZS061)结项成果

河南大学文学院学术著作出版基金资助出版

乾嘉时期游幕学者的生存境域与学术生态

游幕学者

丁喜霞 ◎ 著

中国社会科学出版社

图书在版编目(CIP)数据

乾嘉时期游幕学者的生存境域与学术生态 / 丁喜霞著. —北京：中国社会科学出版社，2023.9
ISBN 978-7-5227-2517-8

Ⅰ.①乾… Ⅱ.①丁… Ⅲ.①幕府—研究—中国—清代②学术思想—思想史—中国—清代 Ⅳ.①D691.2②B249.05

中国国家版本馆 CIP 数据核字（2023）第 162932 号

出 版 人	赵剑英
责任编辑	宫京蕾
责任校对	冯英爽
责任印制	郝美娜

出　　版	中国社会科学出版社
社　　址	北京鼓楼西大街甲 158 号
邮　　编	100720
网　　址	http://www.csspw.cn
发 行 部	010-84083685
门 市 部	010-84029450
经　　销	新华书店及其他书店
印刷装订	北京君升印刷有限公司
版　　次	2023 年 9 月第 1 版
印　　次	2023 年 9 月第 1 次印刷
开　　本	710×1000　1/16
印　　张	33
插　　页	2
字　　数	558 千字
定　　价	168.00 元

凡购买中国社会科学出版社图书，如有质量问题请与本社营销中心联系调换
电话：010-84083683
版权所有　侵权必究

目　　录

引言 ………………………………………………………………… (1)
第一章　乾嘉时期游幕学者的时空观照 ……………………… (17)
　第一节　乾嘉时期游幕学者的人员及数量变化 ………………… (17)
　　一　游幕学者的人员数量 ………………………………………… (18)
　　二　游幕学者在不同时段的数量变化 …………………………… (19)
　第二节　乾嘉时期游幕学者的年龄结构及作幕时间 …………… (23)
　　一　游幕学者的年龄结构 ………………………………………… (23)
　　二　游幕学者初次入幕时的年龄 ………………………………… (25)
　　三　游幕学者的在幕时长 ………………………………………… (27)
　第三节　乾嘉时期游幕学者的籍贯及分布变化 ………………… (28)
　　一　游幕学者的籍贯分布特点及成因 …………………………… (29)
　　二　游幕学者在不同时段的籍贯分布变化及原因 ……………… (38)
　第四节　乾嘉时期游幕学者的游幕地及分布变化 ……………… (44)
　　一　游幕学者的游幕地域分布 …………………………………… (46)
　　二　影响游幕学者选择游幕地域的因素 ………………………… (49)
第二章　乾嘉时期游幕学者的生存境域 ……………………… (54)
　第一节　乾嘉时期游幕学者的社会环境 ………………………… (54)
　　一　朝廷稽古佑文 ………………………………………………… (55)
　　二　官员承风宏奖 ………………………………………………… (62)
　　三　学者崇尚考据 ………………………………………………… (64)
　第二节　乾嘉时期游幕学者的区域环境 ………………………… (66)
　　一　华北西北地区 ………………………………………………… (69)
　　二　华中五省地区 ………………………………………………… (76)
　　三　华东四省地区 ………………………………………………… (88)
　　四　西南华南地区 ………………………………………………… (102)
　第三节　乾嘉时期游幕学者的生活境况 ………………………… (108)

一　游幕学者入幕前的功名情况 …………………………（109）
　　二　游幕学者的家庭出身 ……………………………………（115）
　　三　游幕学者的家境状况 ……………………………………（117）
第三章　乾嘉时期游幕学者的学术活动 ……………………………（122）
　第一节　乾嘉时期游幕学者的活动内容及变化 …………………（122）
　　一　游幕学者所游幕府情况 …………………………………（122）
　　二　游幕学者在幕府中的活动内容 …………………………（135）
　　三　游幕学者活动内容的变化及原因 ………………………（137）
　第二节　乾嘉时期游幕学者的学术活动内容及变化 ……………（145）
　　一　游幕学者的学术活动内容 ………………………………（146）
　　二　游幕学者学术活动内容的变化及原因 …………………（149）
　第三节　乾嘉时期游幕学者的学术贡献与影响 …………………（167）
　　一　考镜群籍源流，董理传统国学 …………………………（169）
　　二　保存乡土文献，弘扬地域文化 …………………………（206）
　　三　培育汉学人才，引导士习学风 …………………………（219）
　　四　传播学术文化，重构汉学地理 …………………………（222）
第四章　乾嘉时期游幕学者的学术生态 ……………………………（228）
　第一节　乾嘉时期游幕学者所在幕府的学术环境 ………………（229）
　　一　幕府的学术条件 …………………………………………（229）
　　二　游幕学者入幕时的身份与入幕途径 ……………………（240）
　　三　幕府的特点 ………………………………………………（249）
　第二节　乾嘉时期幕府中学术活动的方式与特点 ………………（260）
　　一　学术研究与学术撰著的方式与特点 ……………………（260）
　　二　学术交流与学术传播的方式与特点 ……………………（270）
　第三节　乾嘉时期幕中学者的人际关系 …………………………（297）
　　一　幕中学者与幕主的关系 …………………………………（298）
　　二　幕中学者之间的关系 ……………………………………（309）
　　三　幕中学者与胥吏和幕友的关系 …………………………（313）
　　四　幕中学者与文人的关系 …………………………………（316）
　第四节　乾嘉时期游幕学者的学术生态模式 ……………………（322）
　　一　自适型学术生态模式 ……………………………………（322）
　　二　棱柱型学术生态模式 ……………………………………（325）

三　散射型学术生态模式 …………………………………（336）
　　四　昙现型学术生态模式 …………………………………（341）
结语 ……………………………………………………………（344）
附录 ……………………………………………………………（353）
主要参考征引文献 ……………………………………………（491）

引　言

　　自章太炎以来，学者研究清代学术史的方法和视角，或着眼于外在变迁，把学术史的演进归结为社会、经济或政治上的原因；或着眼于学术内部的主题变化，将其化约为某种观念的自主演变。20 世纪 80 年代以来，受全球一体化和文化多元化的影响，如何以新视野、新方法研究学术史，成为学界关注的重要论题，人们不断尝试借鉴文化史、政治史、思想史、社会史等研究方法，使学术史的丰富性和真实性得到了进一步体现。近年来，学界继续探索新的学术史研究方法，而借鉴生态学和文化地理学的理论和研究方法，以学者的生存境域与学术成就之间的关系为线索，审视学术的发展与变化，将是一个新的视角。

　　清代幕府盛行，士人游幕成为当时普遍的社会文化现象，对清代的学术文化产生了深远影响。因此，在清代学术史研究领域，海内外史学家对清代幕府颇为关注，取得了丰硕成果；学人游幕的盛行与清代学术发展的关系，近年来也进入了学者的研究视野，取得了一定成绩；而对游幕学者的生存境域及其与学术活动的关系，尚未引起学界应有的关注。

　　清代幕府的研究，从 20 世纪 30 年代开始一直是海内外史学家颇为瞩目的研究领域，且有日趋繁盛之势。① 发其先声者是张荫麟、李鼎芳的《曾国藩与其幕府人物》②，重点论述了曾国藩与其幕宾的相互影响和曾氏幕府对晚清政治的影响，开创了清代幕府研究的先河。其后，全增祐的

---

① 关于清代幕府研究史和文士游幕的研究概况，参阅尚小明《学人游幕与清代学术》（增订本），东方出版社 2018 年版，第 3—12 页；张兵、侯冬《清代幕府研究述评》，《西北师大学报》（社会科学版）2011 年第 3 期；徐永斌《明清江南文士治生研究》，中华书局 2019 年版，第 14—17 页。

② 张荫麟、李鼎芳：《曾国藩与其幕府人物》，《大公报·史地周刊》第 63 期，1935 年 5 月 24 日。李鼎芳后以此文为基础，依据曾国藩幕宾薛福成所撰《叙曾文正公幕府宾僚》，增补了一些新的资料，编成《曾国藩及其幕府人物》一书，文通书局 1947 年版。

《清代幕僚制度论》、张纯明的《清代的幕制》，① 从宏观视野探讨了清代幕友制度的形成、确立成因、幕的性质和种类、幕友与幕主的关系等问题，讨论了"绍兴师爷"群体形成的原因。全增祐关于"幕友制度萌芽于明中叶以后，而完成于清初"的论断和"政与学脱节"是幕友制度的成因之一的观点，得到幕府研究者的普遍认同，为清代幕府研究奠定了基础。缪全吉在《清代幕府制度之成长原因》和《清代幕府之官幕关系与幕席类别》等论文的基础上，出版《清代幕府人事制度》一书，② 重点论述清代幕府的官幕关系、幕席类别、游幕方式及条件、幕府生活等方面的问题，是首部比较全面、系统地研究清代幕府的专著。

国外学者对清代幕府相关问题也比较关注，日本学者宫崎市定《清代の胥吏と幕友—特に雍正朝を中心として》（《清代的胥吏与幕友——以雍正朝为中心》）和藤冈次郎《清朝における地方官，幕友，胥吏，及び家人—清朝地方行政研究のためのノオト（Ⅱ）》（《清朝的地方官、幕友、胥吏及家人——清朝地方行政研究笔记（二）》），③ 分别探讨了清代幕府中的幕主、胥吏和幕友的关系问题。韩国学者闵斗基的《清代幕友制与行政秩序的特性》，④ 对幕友制的弊害作了详细考论。美国学者福尔索姆（Kenneth E. Folsom）的《朋友·客人·同事：晚清的幕府制度》（1968/2002）⑤、波特（Jonathan Porter）《曾国藩的幕僚》（1972）⑥，重

---

① 全增祐：《清代幕僚制度论》，《思想与时代》第31、32期，1944年；张纯明：《清代的幕制》，《岭南学报》第9卷第2期，1949年。

② 缪全吉：《清代幕府制度之成长原因》，《思与言》1967年第3期；缪全吉：《清代幕府之官幕关系与幕席类别》，《思与言》1969年第1期；缪全吉：《清代幕府人事制度》，（台北）中国人事行政月刊社1971年版。

③ ［日］宫崎市定：《清代の胥吏と幕友—特に雍正朝を中心として》，《東洋史研究》第16卷第4号，1958年；［日］藤冈次郎：《清朝における地方官，幕友，胥吏，及び家人—清朝地方行政研究のためのノオト（Ⅱ）》，《北海道学芸大学紀要》第1部社会科学编第12卷第1号，1961年。

④ ［韩］闵斗基：《清代幕友制与行政秩序的特性——以乾隆朝前后为中心》（韩文），《历史学报》第17、18合辑，1962年。

⑤ Kenneth E. Folsom, Friends, Guests, And Colleagues—The Mu-Fu System in The Late Ch'ing Period, University of California Press, Berkeley and Los Angeles, 1968. ［美］福尔索姆：《朋友·客人·同事：晚清的幕府制度》，中国社会科学出版社2002年版。

⑥ Jonathan Porter, Tseng Kuo fan's Private Bureaucracy, University of California, Berkeley, 1972.

点探讨李鸿章和曾国藩幕府，提出的一些观点和思路具有启发意义，有些问题如对幕府、内幕、外幕等的界定及其关系等，仍有待探讨。

自20世纪80年代以来，清代幕府制度的形成及其影响受到学界越来越多的关注，研究领域逐步拓展，研究角度和研究方法渐趋多元化，新的研究论著不断问世，清代幕府及其相关问题的研究日益深入。

宏观方面的研究，如郑天挺《清代的幕府》和《清代幕府制度的变迁》，① 论述了清代幕府的职能及其发展阶段与特点等问题。郭润涛《试论清代州县衙门设置幕府的原因》《清代幕府的类型与特点》和《官府、幕友与书生》，② 讨论了清代幕府兴盛的原因、幕府的类型和基本特征，厘清了清代幕业的成因、幕友的来源、幕业的特点、内容、幕友的生活状况、幕业的道德规范和职业观念等问题，并考察了"绍兴师爷"的状况。郭润涛《中国幕府制度的特征、形态和变迁》，③ 探讨了幕府制度的特征和历史变迁。魏鉴勋、袁闾琨《试论清代的幕僚及其对地方政权的作用》、陆平舟《官僚、幕友、胥吏——清代地方政府的三维体系》、肖宗志《控制与失控：清代幕友与国家的关系》等文，④ 讨论了清代幕府在地方行政机构中的作用及影响，以及国家对幕友控制的特点与失控原因。

微观方面的研究对象多为地方大员的幕府，并且主要集中于晚清幕府。研究论文既有针对某个大员幕府的个案研究，如张九洲《曾国藩幕府简论》、朱谐汉《曾国藩的幕府及其"功业"》、李志茗《陶澍幕府：晚清幕府的先声》、黎仁凯《张之洞督鄂期间的幕府》等；⑤ 也有对不同大员幕府的比较研究，如尚小明《浅论李鸿章幕府——兼与曾国藩幕府

---

① 郑天挺：《清代的幕府》，《中国社会科学》1980年第6期；郑天挺：《清代幕府制度的变迁》，《学术研究》1980年第6期。

② 郭润涛：《试论清代州县衙门设置幕府的原因》，《学术研究》1990年第4期；郭润涛：《清代幕府的类型与特点》，《贵州社会科学》1992年第11期；郭润涛：《官府、幕友与书生》，中国社会科学出版社1996年版。

③ 郭润涛：《中国幕府制度的特征、形态和变迁》，《中国史研究》1997年第1期。

④ 魏鉴勋、袁闾琨：《试论清代的幕僚及其对地方政权的作用》，《史学月刊》1983年第5期；陆平舟：《官僚、幕友、胥吏——清代地方政府的三维体系》，《南开学报》2005年第5期；肖宗志：《控制与失控：清代幕友与国家的关系》，《南华大学学报》2006年第4期。

⑤ 张九洲：《曾国藩幕府简论》，《黄淮学刊》1990年第4期；朱谐汉：《曾国藩的幕府及其"功业"》，《历史档案》1994年第2期；李志茗：《陶澍幕府：晚清幕府的先声》，《福建论坛》2008年第8期；黎仁凯：《张之洞督鄂期间的幕府》，《史学月刊》2003年第7期。

比较》、李志茗《规模·能量·影响——李鸿章幕府与曾国藩幕府之比较》、黎仁凯《曾国藩与张之洞幕府之比较》等论文。① 尤其是凌林煌《曾国藩幕府成员之量化分析》，② 运用统计学方法，分析曾国藩幕府成员的籍贯、出身、入幕方式、出幕原因等问题，对本书的研究具有方法上的启示意义。研究晚清幕府的专著不断涌现，如朱东安《曾国藩幕府研究》、马昌华《淮系人物列传》、李志茗《晚清四大幕府》，③ 以及中国广播电视出版社 2005 年推出的"晚清四大幕府丛书"④，对曾国藩、李鸿章、袁世凯、张之洞等晚清幕府及其幕宾的活动内容进行了深入细致的研究。

  清代幕府中从事刑名、文书档案等工作的幕宾，尤其是"绍兴师爷"，受到研究者的持续关注，成为清代幕府研究的一大热点，相关研究成果丰硕。研究论文如宋加兴《略论清朝的刑名幕宾和书吏》，孙安全《清代幕宾与文档》，吴爱明、夏宏图《清代幕友制度与文书档案工作》等，⑤ 从清代幕僚制度入手，对刑名幕宾工作的具体内容、方法及其利弊影响进行剖析。郭润涛《试论"绍兴师爷"的区域社会基础》，⑥ 从交通便利、人多地狭、文化传统、书吏传承等方面，分析了绍兴师爷兴盛的社会基础。王振忠《19 世纪华北绍兴师爷网络之个案研究》，⑦ 指出生存压力迫使大批绍兴人外出游幕并通过各种手段形成关系网络，对清代的政治体制有一定影响。

---

  ① 尚小明：《浅论李鸿章幕府——兼与曾国藩幕府比较》，《安徽史学》1999 年第 2 期；李志茗：《规模·能量·影响——李鸿章幕府与曾国藩幕府之比较》，《社会科学》2002 年第 11 期；黎仁凯：《曾国藩与张之洞幕府之比较》，《河北学刊》2006 年第 3 期。

  ② 凌林煌：《曾国藩幕府成员之量化分析》，《思与言》第 33 卷第 4 期，1995 年。

  ③ 朱东安：《曾国藩幕府研究》，四川人民出版社 1994 年版；马昌华：《淮系人物列传》，黄山书社 1995 年版；李志茗：《晚清四大幕府》，上海人民出版社 2002 年版。

  ④ 黎仁凯：《张之洞幕府》；刘建强：《曾国藩幕府》；牛秋实等：《李鸿章幕府》；张学继：《袁世凯幕府》。

  ⑤ 宋加兴：《略论清朝的刑名幕宾和书吏》，《政治与法律》1984 年第 3 期；孙安全：《清代幕宾与文档》，《四川档案》1985 年第 3 期；吴爱明、夏宏图：《清代幕友制度与文书档案工作》，《历史档案》1994 年第 4 期。

  ⑥ 郭润涛：《试论"绍兴师爷"的区域社会基础》，《中国社会经济史研究》1991 年第 4 期。

  ⑦ 王振忠：《19 世纪华北绍兴师爷网络之个案研究——从〈秋水轩尺牍〉〈雪鸿轩尺牍〉看"无绍不成衙"》，《复旦学报》1994 年第 4 期。

研究专著方面，除前述郭润涛《官府、幕友与书生》，高浣月《清代刑名幕友研究》①对清代刑名幕友的形成过程、地位与任务、办案方法、幕友的来源与心理素质、学幕与师爷秘本、刑名幕友对清朝法律文化的影响等问题，进行了较为深入的分析，并讨论了劣幕问题。此外，还有不少以"绍兴师爷"命名的著作，如三部同名的《绍兴师爷》②以及李乔《中国的师爷》和《中国师爷小史》，朱志勇、李永新主编的论文集《绍兴师爷与中国幕府文化》等，③对清代幕业的成因、幕业的人才来源、生活状况、幕业的内容和道德规范等问题进行了深入分析。钟小安《求仕·游幕·佐治——绍兴师爷手稿整理研究》，④在整理清末师爷王春龄遗稿的基础上，分析了晚清县级政府的财政运作、经费来源和收支项目，探讨了晚清师爷的文化追求、诉讼手法、生活状况等问题，讨论了师爷文化与秘书学研究的相关问题。

清代幕府与文学发展的关系是近年逐渐兴起的研究热点，已出版的研究专著如朱丽霞《明清之交文人游幕与文学生态》，⑤结合徐渭、方文、朱彝尊的游幕经历，探讨文人游幕对文学发展的影响。诸多相关论文⑥研

---

① 高浣月：《清代刑名幕友研究》，中国政法大学出版社2000年版。
② 项文慧：《绍兴师爷》，南京出版社1991年版；王振忠：《绍兴师爷》，福建人民出版社1994年版；郭建：《绍兴师爷》，上海古籍出版社1995年版。
③ 李乔：《中国的师爷》，商务印书馆1995年版；李乔：《中国师爷小史》，学习出版社2011年版；朱志勇、李永新：《绍兴师爷与中国幕府文化》，人民出版社2007年版。
④ 钟小安：《求仕·游幕·佐治——绍兴师爷手稿整理研究》，中国社会科学出版社2019年版。
⑤ 朱丽霞：《明清之交文人游幕与文学生态——以徐渭、方文、朱彝尊为个案》，上海古籍出版社2008年版。
⑥ 杨萌芽：《张之洞幕府与清末民初的宋诗运动》，《齐鲁学刊》2007年第2期；鲍开恺：《卢见曾幕府戏曲活动考述》，《江苏教育学院学报》2008年第2期；倪惠颖：《论乾隆时期不同文章流派的冲突与互动——以毕沅幕府为中心》，《南昌大学学报》2008年第3期；李瑞豪：《乾嘉时期幕主的欧苏情结与幕府文学》，《北方论丛》2008年第5期；金敬娥：《清代游幕与小说家的视野》，《四川师范大学学报》2010年第2期；倪惠颖：《清代中期游幕背景下文人的戏剧活动和小说创作初探——以毕沅幕府为个案》，《明清小说研究》2011年第3期；朱丽霞：《江南与岭南：从文人游幕看清初文学的传播与文坛生态》，《社会科学》2011年第5期；侯冬：《乾嘉幕府对清代文学之影响》，《北方论丛》2013年第2期；梁结玲：《士子游幕与乾嘉文学》，《中南民族大学学报》2014年第3期；侯冬：《毕沅幕府与乾隆后期诗坛》，《中南大学学报》2015年第2期。

究的具体对象虽有不同,但主旨均在于探讨幕主的好尚和文人游幕的经历对文学发展的影响。近几年也出现了一批博士、硕士学位论文,① 对清代幕府与文学发展的关系进行了较为具体的讨论,但研究对象多集中于乾嘉时期的几个重要艺文幕府和主要幕宾的文学成就,研究视野和资料范围有待拓展。

有关清代幕府的学术活动及其对清代学术发展的影响,在 20 世纪 40 年代已引起部分学者的注意,如日本学者内藤虎次郎曾指出:

> 禹域之政法学术,多赖大吏幕宾之制,其来已久。迨清时此风愈盛,或大吏其人学术文章固足卓尔名家,而宏奖风流,罗致宾客,用鸣盛于文酒,用编摩夫鸿典。徐乾学之辑《一统志》,秦蕙田之辑《五礼通考》,余如毕沅、朱筠、阮元,则幕中之彦,皆经史名流。稍后则程恩泽之门,亦饶学术之士。王士祯、卢见曾、曾燠之先后居扬州,则所往来,词章之才为多。如沈业富、冯廷丞,则其人之学之位不甚通显,而能识英贤于未遇,而扶植之者也。近时曾国藩开府,得人尤盛,政事、用兵、学术、词章,殆无材不有。如张之洞,则又继之者也。②

全增祐《清代幕僚制度论》亦曾指出:"于时督抚学政,颇广开幕府,礼致文人,而不尽责以公事。此等入幕之宾,初不同于刑钱幕友,此种幕府不啻为一学府,其府主往往为学术界名流前辈,故人才之造就于此为盛。"③ 惜二人未做进一步申述,故其所论未能在学界引起共鸣。20 世纪 90 年代以来,随着清代学术史研究的持续深入和"国家《清史》纂修工程"的开展,清代学人游幕的兴盛及其对清代学术发展的重要意义渐

---

① 倪惠颖:《毕沅幕府与文学》,博士学位论文,南京大学,2007 年;鲍开恺:《扬州卢见曾幕府戏曲活动研究》,硕士学位论文,南京师范大学,2007 年;张惠思:《文人游幕与清代戏曲》,博士学位论文,北京大学,2011 年;侯冬:《乾嘉幕府与文学研究——以卢见曾、毕沅、曾燠、阮元幕府为例》,博士学位论文,西北师范大学,2012 年;李凯丽:《吴兴祚幕府戏曲活动研究》,硕士学位论文,山西师范大学,2017 年;等等。

② [日] 内藤虎次郎:《意园怀旧录》,[日] 吉川幸次郎译,《中和月刊》第 1 卷第 7 号,1940 年。

③ 全增祐:《清代幕僚制度论》,《思想与时代》第 31、32 期,1944 年。

受学界重视，围绕学人游幕与清代学术发展关系的研究逐步展开。但因起步较晚，相较于清代幕府研究的繁荣，成果仍显薄弱。

主要研究成果如尚小明《徐乾学幕府研究》，① 从清代幕府与学术文化的关系着眼，指出徐乾学幕府是清代最早出现的以学者型官员为幕主、以著名学者为幕宾、主要从事学术活动的重要幕府，其修书活动在清代学术发展史上占有重要地位，对乾嘉时期学人幕府的出现有重要影响。尚小明《论清代游幕学人的撰著活动及其影响》，② 论述了游幕经历对清代学人撰著的影响、游幕学人的撰著活动及其对中国传统学术文化的传播和发展的影响。尚小明《学人游幕与清代学术》，③ 将幕府制度的变迁与学术演进相结合，讨论了清代学人游幕的发展演变，考察了清代 14 个重要学人幕府及其幕宾的学术成就，阐述了学人游幕的兴盛对清代学术发展的重要影响，开拓了幕府研究的新领域。王惠荣《学人游幕与晚清汉学》，④ 讨论了学人游幕对晚清汉学研究地域的扩展、研究人才的增加、研究领域的扩充、大型学术文献的整理编纂、重要学术著作的产生所起的重要作用。曹之《清代幕府著书述略》和侯冬《清代中期艺文幕府著书与乾嘉学术》，⑤ 论述乾嘉时期卢见曾、朱筠、毕沅、谢启昆、曾燠、阮元等艺文幕府的著书活动及其对汉学兴盛的推动作用。林存阳《乾嘉四大幕府研究》，⑥ 系统考察卢见曾、朱筠、毕沅、阮元四大幕府之幕主的学术背景与宗尚、幕府的学术文化活动、学术业绩与影响，揭示出乾嘉四大幕府的特质、学术成就及其与乾嘉学派和乾嘉学术发展的密切关系、在清代学术与政治文化互动和学风士习的转向中发挥的重要作用，深化了乾嘉幕府及乾嘉学术的研究。

日本学者对清代幕府的学术活动也多有关注，尤其是水上雅晴的研究，由清代幕府中的具体学术事件入手，讨论幕府的学术交流、学术活

---

① 尚小明：《徐乾学幕府研究》，《史学月刊》1998 年第 3 期。
② 尚小明：《论清代游幕学人的撰著活动及其影响》，《北京大学学报》1999 年第 5 期。
③ 尚小明：《学人游幕与清代学术》，社会科学文献出版社 1999 年版；尚小明：《学人游幕与清代学术》（增订本），东方出版社 2018 年版。
④ 王惠荣：《学人游幕与晚清汉学》，《安徽史学》2013 年第 4 期。
⑤ 曹之：《清代幕府著书述略》，《山东图书馆学刊》2011 年第 1 期；侯冬：《清代中期艺文幕府著书与乾嘉学术》，《图书与情报》2014 年第 2 期。
⑥ 林存阳：《乾嘉四大幕府研究》，中国社会科学出版社 2016 年版。

动、主宾关系等问题，分析细致入微。如其《清代の幕府と学術交流》（《清代的幕府与学术交流》），① 以有关许慎官衔的讨论为中心，探讨了清代幕府的学术交流情况；《〈全上古三代秦漢三国六朝文〉の編纂について》（《关于〈全上古三代秦汉三国六朝文〉的编纂》）和《〈全上古三代秦漢三国六朝文〉の編纂と孫星衍幕府》（《〈全上古三代秦汉三国六朝文〉的编纂与孙星衍幕府》），② 围绕《全上古三代秦汉三国六朝文》的编纂，讨论了清代幕府的学术机能、幕主的宗尚与幕友的关系等问题；《清代知識人の游幕と科舉に關する初步的考察》（《有关清代学人游幕与科举的初步考察》），③ 以汪辉祖、汪中、焦循、凌廷堪、洪亮吉等游幕学者为例，讨论了清代知识人游幕的原因及其与科举的关系。

关于游幕者在幕府中的日常生活、人际关系和心理状态，学界已有所讨论，但所涉对象多是以佐理刑名、钱粮、书启等为业者，即所谓"师爷"，或以诗词名世的文人雅士，如缪全吉《清代幕府人事制度》、苏位智《清代幕吏心态探析》、郭润涛《试析清代幕业经济生活状况》、吴广训《清代幕友人际关系及其从业心态探究》、侯冬《曾燠幕府雅集与乾嘉之际文人心态》、杨泽琴《孙枝蔚游幕活动及心态考略》等，④ 很少涉及在督、抚等地方大员幕府主要从事学术活动的游幕学者的生活状况及心态。

关于乾嘉时期游幕学者的学术活动对乾嘉学术发展的作用，国内外学

---

① ［日］水上雅晴：《清代の幕府と學術交流：許慎の官銜をめぐる議論を中心として》，《北海道大学文学研究科紀要》第 107 号，2002 年。
② ［日］水上雅晴：《〈全上古三代秦漢三國六朝文〉の編纂について—清代幕府の學術機能の一端》，《日本中国学会報》第 57 号，2005 年；［日］水上雅晴：《〈全上古三代秦漢三國六朝文〉の編纂と孫星衍幕府—幕主の金石資料とその交友關係を中心に》，《北海道大学文学研究科紀要》第 119 号，2006 年。
③ ［日］水上雅晴：《清代知識人の游幕と科擧に關する初步的考察》，《中国哲学》第 33 号，2005 年。
④ 缪全吉：《清代幕府人事制度》，（台北）中国人事行政月刊社 1971 年版；苏位智：《清代幕吏心态探析》，《山东社会科学》1992 年第 6 期；郭润涛：《试析清代幕业经济生活状况》，《中国社会经济史研究》1996 年第 4 期；吴广训：《清代幕友人际关系及其从业心态探究》，硕士学位论文，天津师范大学，2010 年；侯冬：《曾燠幕府雅集与乾嘉之际文人心态》，《西北师大学报》2012 年第 6 期；杨泽琴：《孙枝蔚游幕活动及心态考略》，《大庆师范学院学报》2015 年第 5 期。

者多有关注，取得了许多研究成果。但就研究对象而言，已有研究关注的多是具有显著学术成就和较高社会地位的游幕学者，如戴震、章学诚、钱大昕等，对那些有一定学术成就而社会地位不高的游幕学者，如臧庸、钱大昭、顾广圻等则较少留意，或虽有涉及，却着墨不多。研究内容多聚焦于游幕学者的交游与学术成就，研究成果多体现为围绕个别学者的治学经历、交游和学术活动、学术成就等内容，进行年谱或年表的编纂，或学行述评；鲜有将游幕学者视作一个学术群体，置于乾嘉时期学者游幕盛行的社会背景和乾嘉学术发展演变的学术背景中，进行深入的专题研究；从宏观视野研究游幕学者群体对乾嘉学术发展的重要作用和深远影响的成果，除尚小明《学人游幕与清代学术》及相关论文之外也不多见，至于乾嘉时期游幕学者入幕前及其在幕中的生存状态、学术环境及学术生态，尤其是游幕学者的生存境域与学术活动之间的复杂关系等问题，虽然尚小明《清代士人游幕量化分析（代序）》① 有所涉及，但是，由于以下三个方面的原因，仍然有必要开展进一步的研究。

第一，就时间跨度而言，尚小明《学人游幕与清代学术》和《清代士人游幕表》，考察的是整个清代游幕学人的学术活动和士人游幕的兴衰历程，时间长达268年，对于乾嘉时期85年内游幕学者的相关问题，未能做具体深入的分析。

第二，就研究对象而言，《学人游幕与清代学术》讨论的是清代14个重要幕府中有一定地位和影响的学人（学者和文人），《清代士人游幕表》则将统计对象扩大至普通游幕士人，多达1364人。从总体上看，二著所论的对象（学人或士人）大于游幕学者的范围；就游幕学者而言，前者侧重于讨论其中有一定地位和影响者，范围较窄；后者则因对象范围比较宽泛，乾嘉时期的游幕学者被淹没在众多的清代游幕士人中。

第三，就研究内容而言，《学人游幕与清代学术》旨在通过研究学人游幕与学术活动的联系，探究清代学术发达的原因；《清代士人游幕表》旨在展现清代士人游幕的整体面貌，其《清代士人游幕量化分析（代序）》对清代不同时期游幕士人的数量变化、家境与功名、来源地（籍贯）、活动内容、地理流动与社会流动等问题进行了量化分析，自然也包

---

① 尚小明：《清代士人游幕量化分析（代序）》，《清代士人游幕表》，中华书局2005年版，第1—40页。

括乾嘉时期游幕学者的生活境况与学术活动等内容，但因该书主旨、体例和书序的篇幅所限，加之所涉时间长、讨论对象多、范围广泛，以至对乾嘉时期游幕学者的相关讨论多语焉不详，乾嘉时期游幕学者的整体面貌和具体细节仍然比较模糊，其生活境域和学术生态以及生存境域与学术成就之间的关系等问题，尚缺乏深入细致的研究。

随着乾嘉学术研究的深入，对幕府和游幕学者的相关研究逐步展开，对游幕学者的生活状况、生存境域及其学术生态进行细致研究的必要性日益凸显。因为游幕学者的功名、家庭出身、家境等生活境况，所处的社会环境，生活地域的自然环境和人文环境，游幕学者个人的性情、家学、师友关系，及其所在幕府的学术环境、学术交流与学术活动的方式和特点、幕府的类别和幕主的学术宗尚，在某种意义上直接影响游幕学者的学术取向和学术成就；作为一个学术群体，乾嘉时期游幕学者的学术活动甚至影响着当时学术风尚的形成及其发展走向；乾嘉时期游幕学者的生存境域与其学术活动之间的各种关系，促成了乾嘉学术的多元与繁荣。

但是，对如此重要的问题，学界尚无专门研究，乾嘉时期游幕学者的整体面貌还未得到比较清晰的揭示，有许多问题尚待研究者解答：乾嘉时期游幕学者入幕前的生活状况和社会地位如何？选择游幕的动机是什么？游幕学者的籍贯与游幕地主要分布在哪些区域？这些区域的自然环境和人文环境如何？影响其选择幕府和游幕地的因素是什么？入幕的方式、途径和出幕的原因有哪些？所在幕府的层级和类别怎样？他们与幕主、幕宾的关系如何？幕中的生活状态和心态如何？在不同类型的幕府中其主要活动内容是什么？他们的学术活动是怎样进行的？他们的生存方式和学术活动如何回应了当时的政治和文化情势？对上述问题的解答，将有助于理解游幕学者的社会文化生活，有助于深刻认识乾嘉学术的发展动因和生成力量。

有鉴于此，本书在前贤时俊相关研究的基础上，尝试从"学者生存"与"学术繁衍"的关系视角，检视乾嘉时期游幕学者的生存境域和学术活动的真实面貌，探讨其生存境域和学术发展之间的内在联系，力图解答上述问题，以弥补以往关于游幕学者研究的缺憾，同时结合学术史和生态学、文化地理学的研究方法，探究乾嘉学术的发展动因和生成力量，希望能够为乾嘉学术和清代学术史研究提供新的思路与视角。

本书的研究对象是乾嘉时期的游幕学者群体及其典型代表。"幕"即幕府的简称，本指将帅在外的营帐，后亦泛指各级官员的府署、官邸。

"游幕"即应各级官员之聘、到各级官员的府署或官邸作幕宾。"学者"是描述中国学术史的重要概念，但其内涵从古至今发生了显著变化。在古代语境中，"学者"的基本内涵是指"从师学习的人"，泛指"读书人"，或特指读书人中"博学的人"；清末民初，在西学东渐的浪潮中，借由日语的中介和留日知识分子的传播，实现了对西方近代知识系统和学术分科的认同，促成了"学者"内涵的近代转化；在现代语境中，学者是指在学术上取得一定成就的人。

对于历史语境中"学者"的内涵，国内常见的学术史著作，如梁启超《清代学术概论》《中国近三百年学术史》、钱穆《中国近三百年学术史》、柴德赓《中国学术史讲义》、陈祖武、朱彤窗《乾嘉学术编年》、赵永纪主编《清代学术辞典》等，一般都不作界定；一些以"学者"命名的著作，如叶衍兰、叶恭绰编《清代学者象传》、萧一山《清代学者著述年表》等，也未对"学者"进行界定。① 目前所见，仅有尚小明《学人游幕与清代学术》对清代语境中的"学者"作过解释，并对"学者"和"文人"进行了区分，认为凡在经学、史学、诸子学、小学、金石学、校勘学、目录学、历算学、方志学、舆地学等领域做出贡献，或有一定地位与影响者，均可视为学者；凡是在文学、艺术等领域做出贡献，或有一定地位与影响者，均可视为文人。学者和文人可统称为学人。②

考虑到本书研究对象所处的时代特点，也为了使论题和研究范围相对集中，本书所论"学者"是指从事学术研究、学术交流和学术传播等学术活动的人。在清代，理学虽长期高居庙堂，而汉学最为兴盛，尤其是乾嘉时期，汉学考据几成乾嘉学术的代名词，而且内容非常广泛，主要包括经学、史学、小学、诸子学、校勘学、目录学、辑佚学、辨伪学、金石学、舆地学、方志学、天文学、历算学，等等。此外，乾嘉时期的学术领域还包括在当时不甚显著的农学、医学、法学、生物学（博物学）等诸多领域。因此，凡在乾嘉时期有游幕经历、在上述学术领域做出过贡献，

---

① 《清代学者象传》虽言"是书以学者为限"，但未言何谓学者。从其收录对象来看，既有兼善学术与文学艺术者，如钱大昕、洪亮吉、阮元、孙星衍、黄景仁、江永等，也有主要从事诗词、书画创作者，如陈裴之、汪端、郭尚先等，尤重文士言行及诗文辞赋风格的叙写，因此，该书"略例"言："学者之义，非取严格，他日汇编，或当另行甄别。"叶衍兰、叶恭绰，陈祖武校补：《清代学者象传校补》，商务印书馆2017年版，第31、829—830页。

② 尚小明：《学人游幕与清代学术》（增订本），东方出版社2018年版，第13页。

或在幕时有相关学术活动者，以及从事文学和艺术研究（理论研究、校注、汇编等）者，不论其游幕时间长短、学术地位高低、学术影响大小，皆为本书的研究对象。对游幕学者进行个案研究时，综合考虑其游幕时间、地域分布、社会地位、研究领域、学术影响等因素，尽量做到个案研究对象既有广泛性又有代表性。

需要说明的是，在幕府中仅从事军政事务（刑名、钱粮、章奏、案牍、记室、关防、作战、军械等）、文学（诗、词、曲、赋等）创作、艺术（音乐、绘画、书法）创作等非学术活动的游幕者，不属于本书的研究对象。如吴克谐（1735—1812），自乾隆二十二年（1757）游海盐县署始，先后入江西建昌知县许开泰幕、刑部尚书胡云坡幕、刘灼雅直隶栾城县幕，王祖庚宣州幕、谢启昆镇江府、扬州府、宁国府、江南河库道、广西巡抚等幕，前后游幕45年，在幕中所从事的工作均与政务有关，或主钱谷，或理案牍，或主决疑狱，却不曾见有参与学术活动的记载或学术著作。① 另如张坚（1681—?）、葛正笏（1686—?）、金农（1687—1764）、黄慎（1687—?）、许儒龙（1688—?）、岳梦渊（1699—?）、钱载（1708—1793）、金兆燕（1719—1789）、胡廷森（1719—1803）、王宸（1720—1797）、沈楳（1725—1806）、章辂（1728—1811）、徐联奎（1730—1822）、毛大瀛（1736—1800）、邓石如（1743—1805）、刘召扬（1746—1803）、杨晋（1746—?）、刘嗣绾（1762—1831）、钱杜（1764—1845）、乐钧（1766—1816）②、钱东壁（1766—1818）、万承记（1766—1826）、沈德鸿（?—1802）等人均曾游幕，但目前未见其乾嘉时期在幕中有从事学术活动的记载，故不属本书的研究对象。

有些文士虽在乾嘉时期有游幕经历，如曾入卢见曾幕的陈撰（1678—1758）、高凤翰（1683—1749）、陈皋（1706—1774）、鲍皋（1708—1766）、薛廷吉（1720—1795）、曾入毕沅幕之翁照（1677—1755）、赵宁静（1706—?）、李庆来（1768—1817）等人，限于笔者眼目不周或资料有阙，暂未见其乾嘉时期在幕中有学术活动，亦不归入本书的研究对象。

---

① 谢启昆：《南泉游幕记》，《树经堂文集》卷二；张森生：《吴克谐，游幕一生》，《嘉兴日报》，2013年12月6日。

② 李金松：《乐钧卒年辨》，《书品》2014年第1辑。

有些乾嘉时期的游幕者，在当时虽以文学、艺术创作或以协理军政事务名世，但在学术领域也有一定成就，则仍属本书的研究对象。如石韫玉（1756—1837）以擅长诗词、戏曲名世，著有《晚香楼集》《花韵庵诗余》《花间九奏乐府》等，在幕时不仅协助幕主处理各种军政事务，如在和州知州宋恩仁幕"凡兵刑、钱谷、簿书、讼狱诸事，无所不与其议"①，而且从事学术活动，如在王应中昆山县署校《前汉书》，著《汉书刊讹》。另如朱为弼、黄文旸、孙韶、曾钊、仪克中等均以诗受阮元赏识，同时在幕中亦从事学术活动。又如汪辉祖（1731—1807）游幕30多年，"娴习经训，以家贫谋养，治法家言"②，"平反大案者无数"③，所著《佐治药言》《学治臆说》风行当世，成为一代刑名名幕，而且"遂于史，尤留意名姓之学"④，著有《史姓韵编》64卷，其自序云：

  五六年来，佐吏余功以读史自课……摘二十三史中记载之人，分姓汇录，依韵编次，以资寻觅……期有七月，手录甫竣，邵编修二云以新茸《旧五代史》钞本见寄，复次第增补之，为卷六十有四，而题其端曰《史姓韵编》。⑤

后又著成《元史本证》《读史掌录》《二十四史同姓名录》《二十四史希姓录》《九史同姓名录》《辽金元三史同名录》《逸姓同名录》等多部史学著作，胡适称其"以幕府判案的方法和整理档案的方法，来整理学问的材料"⑥。再如王复（1747—1797）以善理文檄名幕，在毕沅陕西巡抚、河南巡抚幕，"凡奏疏简牍，会移往来，札致四方诸书问，盈几重迭，悉以委君，君应手立办。又因檄检视各县属，所至登临，历览终南太华之秀，属思益敏绝，归以奏记幕府，莫不叹异。"⑦王复亦工诗，喜搜

---

① 石韫玉：《山东粮储道宋公墓志铭》，《独学庐三稿》卷五。
② 邵晋涵：《送汪焕曾之官宁远序》，《南江文钞》卷六。
③ 洪亮吉：《赐进士出身敕授文林郎晋封奉直大夫湖南宁远县知县加三级萧山汪君墓志铭》，《更生斋文续集》卷二。
④ 王宗炎：《汪龙庄行状》，汪辉祖：《元史本证》（二）附。
⑤ 汪辉祖：《史姓韵编自序》，《史姓韵编》卷首。
⑥ 姚鹏、范桥编：《胡适讲演》，中国广播电视出版社1992年版，第198页。
⑦ 武亿：《偃师县知县王君行实辑略》，《授堂文钞》卷八。

金石遗文，"凡历摄他县，访得片石，辄手摸上寄"，积极参与毕沅《关中金石记》和《中州金石记》的编纂。① 另如张鉴、童槐、陈鸿寿、包世臣、汪沆等人，在幕府既协理军政事务，又从事学术活动，故亦属本书的研究对象。

　　乾嘉时期游幕学者人数多，地域分布广，而且游幕对乾嘉学者的生活和学术都产生了重要影响，因此，与学者游幕相关的资料范围非常广泛。本书研究最基本的资料来源，是清代33种综合性人物传记及各种史志中的人物传。但因游幕在当时学者心目中仍属寄人篱下之事，人物传记特别是正统史传，对学者游幕之事或记述简略，或阙而不载，而为数众多的学者年谱、家谱、家传、诗文集、日记、书信、笔记、诗话、杂著等却有或多或少的相关记述，因此成为本书研究的主要资料来源。由于史籍中与学者游幕相关的材料非常零散，记述也十分简略、隐晦，需要经过认真细致的梳理和分析，才能择取出有效资料。

　　前贤时俊已经整理出的相关研究资料，如萧一山《清代学者生卒及著述表》、陈祖武、朱彤窗《乾嘉学术编年》、张慧剑《明清江苏文人年表》、尚小明《学人游幕与清代学术》所附《清代重要学人幕府表》、林存阳《乾嘉四大幕府研究》所附《乾嘉四大幕府幕主简表》《乾嘉四大幕府幕客简表》《乾嘉四大幕府学术编年》，尤其是尚小明《清代士人游幕表》，从大量史籍中钩稽出清代1364名游幕士人的材料，将其姓名、字号、籍贯、生卒年、家庭情况、功名、入幕前活动、游幕经历、幕中活动、出幕后活动等逐一罗列，并以十年为一个时段，对清代士人游幕的兴衰变化、游幕士人的功名、家庭状况、不同时段游幕士人的数量、活动内容的变化、游幕士人的流动等问题进行了量化分析，使我们对清代士人游幕的整体情况有了一个较为全面的认识，为本书的研究提供了基础资料和研究方法的重要参考。我们在前期搜集资料和本书的写作过程中，在广泛阅读、认真鉴别和提取有关史料的基础上，对上述前贤时俊整理的相关资料进行甄别、订正和补充，形成《乾嘉时期游幕学者简表》（附录一），并据以开展相关研究。

　　本书的研究着力突出清代乾嘉时期的时间取向、游幕学者生存境域的空间取向、游幕学者的主体取向、游幕学者学术活动发生的生态环境取

---

① 武亿：《偃师金石遗文补录序》，《授堂文钞》卷三。

向，强调将乾嘉时期的游幕学者（学术生态主体）及其学术活动置于当时的历史语境，考察游幕学者所处的生态环境系统，包括社会环境、区域环境、幕府的学术环境及其家庭生活境况，以求能够呈现游幕学者的生存境域和学术活动的多样性与复杂性，揭示乾嘉时期游幕学者的生存境域与学术生态之间的密切关系，尽可能使研究结论更"切近"历史。

为此，我们首先在第一章中从时间和空间两个维度，从静态和动态两个视角，对乾嘉时期不同时段内游幕学者的数量、年龄构成、生活地域、游幕地域、作幕时间等情况进行分类考察，对不同时段内游幕学者的数量、籍贯、游幕地域和变化进行统计分析，以确定该时期不同时段游幕学者的基本样貌，在特定的时空坐标中凸显游幕学者的主体取向，并尝试对其分布特点和成因进行初步探析。第二章从宏观、中观和微观三个层面，讨论乾嘉时期游幕学者的生存境域，主要探讨游幕学者所处时代的社会政治环境和学术风尚、所在地域的自然环境、区域经济发展水平和文化环境、游幕学者个人及其家庭生活境况，凸显本书研究的生态环境取向，探寻乾嘉时期游幕学者入幕的基本动因及其学术活动发生的背景。第三章主要讨论乾嘉时期游幕学者的学术活动内容及学术贡献，论证乾嘉时期的游幕学者不仅是一系列重要学术成果的主要撰著者，也是董理传统学术和乡土文献的重要承担者、士习学风的引导者和推动者，有力地促进了乾嘉汉学走向繁盛，从而确证乾嘉时期游幕学者是乾嘉学术活动的主体，游幕学者及其学术活动是乾嘉学术生态研究的基本生态主体。第四章重点探讨乾嘉游幕学者所在幕府的学术环境及其学术生态，着力讨论幕府的学术条件、幕府的特点、游幕学者入幕时的身份与入幕途径、幕府中学术活动的方式与特点、游幕学者的人际关系等方面的问题，进而构建游幕学者的学术生态模式，以窥乾嘉时期游幕学者学术生态的复杂性和多样性。

乾嘉时期的游幕学者既是一个密切关联的学者群体，同时又各具鲜明的个性，因此，本书的研究将贯彻宏观研究与个案分析相结合、定量分析与定性研究相结合的原则，不仅将乾嘉时期的游幕学者作为一个有机整体，置于乾嘉学术发展的历史进程中进行宏观考察，而且对其进行个案或微观的探究。由于本书的研究关涉游幕学者的生存境域、学术活动、学术环境、学术生态，以及幕府发展、学术演进、乾嘉时期的政治文化政策调整等诸多层面的问题，我们将立足于"学者生存与学术繁衍的关系"的宏观视野，坚持跨学科的研究方法，结合学术史与生态学、文化地理学的研究方法，对乾嘉时期游幕学者的生存境域与学术生态进行多角度、多层面的考察，以求全面了解乾嘉时期游幕学者学术活动的运行机制和生态环境，冀以能够对开拓乾嘉学术的研究领域、启示学术史研究的新视角具有积极意义。

为节省篇幅，本书称述前修时贤及其著述、观点，除引文外均直称其名，不赘"先生"，敬祈谅解；所引古籍皆不注版本，各书版本情况详见书后征引文献。

第一章 乾嘉时期游幕学者的时空观照

乾嘉时期的文人学者多曾以游幕资生,这种现象已引起学界的关注,①但是,关于乾嘉时期游幕学者的基本面貌和一些具体问题仍未得出较为清晰的认识。本章在前贤时彦相关研究的基础上,进一步挖掘相关史料,从时间和空间两个维度、静态和动态两个视角,对乾嘉时期不同时段内游幕学者的数量、年龄、作幕时间、籍贯地、游幕地等情况进行分类考察,以确定该时期不同时段游幕学者的规模、构成、地域分布等基本样貌,并尝试对其特点和成因进行初步探析。

第一节 乾嘉时期游幕学者的人员及数量变化

乾嘉时期究竟有多少学者有过游幕经历?是哪些学者?在乾嘉时期的不同时段,游幕学者及其数量有什么变化?是什么原因导致出现这些变化?乾嘉时期游幕学者的享年、入幕时的年龄和作幕时长的具体情况如何?其中是否存在一些规律性的特点?

由于乾嘉时期游幕学者人数多,人员构成复杂,地域分布广,并且常在不同地域和幕府之间流动,加之与学者游幕相关的资料范围广,而且记载零散、隐晦,使得统计乾嘉时期游幕学者的总体数量、各个学者入幕时

---

① 尚小明:《清代士人游幕表》(中华书局 2005 年版,第 6 页)统计得出,清代的学人(学者和文人)游幕出现过三次高潮,分别在康熙十三年至四十二年(1674—1703)、乾隆四十九年至道光三年(1784—1823)、道光二十四年至光绪九年(1844—1883)。乾嘉时期处于清代三次学人游幕高潮的第二次高潮期。尚小明:《学人游幕与清代学术》(增订本,东方出版社 2018 年版,第 38—39 页)通过对《清代朴学大师列传》《清代学者生卒及著述表》及《清史列传》"儒学""文学"二传中出生在 1662—1796 年的学人活动进行统计,认为康熙中期至嘉庆末期,有超过 1/3 具有一定地位和影响的学人有过游幕经历。[日] 水上雅晴:《清代知識人の游幕と科舉に關する初步の考察》(《中国哲学》第 33 号,2005 年)通过对作品收入《皇清经解》的 75 名学者的调查,发现有 30 名学者有游幕经历,占学者整体的 40%。

的年龄、作幕时长，以及不同时段内人员和数量的变化等十分困难。因此，学界对于上述问题虽有所涉及，但因研究对象、内容和研究主旨的不同，目前尚无比较确切的数据，对于乾嘉时期游幕学者在不同时段的数量和人员变化及其动因等问题，也未见有相关专题研究成果，个别问题虽有所涉及但多语焉不详，有待作进一步深入细致的研究。

一　游幕学者的人员数量

根据本书对研究对象的界定，以尚小明《清代士人游幕表》（简称"尚表"）为基础，参考前贤时彦已经整理出的其他相关资料（见引言），并尽可能多地检视与乾嘉时期游幕学者相关的原始材料，对尚表有关乾嘉学者游幕的资料进行核实与补正。如订正了王文治所作迎銮乐府为《三农得澍》（尚表作"《三礼得澍》"）、鲁九皋的号为"山木"（尚表作"山本"）、王念孙在朱筠幕所校书为《大徐本说文》（尚表作"《大徐东说文》"）、孙尔准的籍贯为江苏金匮（尚表作"无锡"）等，另如徐养原（尚表作"徐养源"）、汪光爔（尚表作"汪光曦"）、李兆洛应安徽怀远县孙让聘纂《怀远县志》（尚表作"蒋让"）等。增补了陈文述嘉庆元年（1796）前后在浙江学政阮元幕助辑《淮海英灵集》事①，订正了陈文述的生卒年（尚表作 1771—1845，实为 1771—1843）。增补和明确了一些游幕学者的游幕时间、所在幕府及幕主、幕中活动等内容，如何有焕，尚表作"尝应黄钤之聘，客泰安。教读。唐仲冕宰江南，复延之。教读"，增补为"1782 年②应泰安知县黄钤聘，助修《泰安县志》。教读。1793 年后唐仲冕任江苏荆溪、吴江知县，复延之。教读"。有类似情况的学者如孙鲁、苏加玉、杨士焕、江临泰等。此外，我们还依据相关史料，增收了贾田祖、焦廷琥、高培源、程穆衡、邵保初等 95 人，初步认定乾嘉时期的游幕学者有 380 人。

需要说明的是，我们统计的"乾嘉时期的游幕学者"，仅指在乾嘉

---

① 尚小明：《学人游幕与清代学术》（增订本，东方出版社 2018 年版）所附《清代重要学人幕府表》之阮元幕府，将陈文述与陈文杰分列（见该书第 458 页、463 页），实则陈文述初名文㲄，二者本为一人，游幕经历应合并处理。参见《碑传集补》卷四八。

② 为节省篇幅，本书《乾嘉时期游幕学者简表》记述学者的生卒年和游幕时间使用公元纪年，文中括注学者的生卒年和分析乾嘉时期不同时段的学者游幕情况亦使用公元纪年，此外则使用中国历史纪年并括注公元纪年，特此说明。

时期（1736—1820）有游幕经历、在幕中有学术活动的学者，在乾隆之前或嘉庆之后的游幕经历和学术活动，不纳入统计范围。如黄之隽（1668—1748）在康熙和雍正时期皆曾游幕，我们只统计其乾隆十年（1745）在两淮都转运使朱续晫幕纂辑《淮盐志》的活动。乾隆后期出生的学者多有在道光年间游幕的经历，如童槐（1773—1857）道光四年（1824）入阮元两广总督幕，俞正燮（1775—1840）道光十年至十七年（1830—1837）先后游于南河总督张井、礼部侍郎陈用光、湖广总督林则徐等人的幕府（详见尚表），也不在本书的统计范围。

为了比较清晰地呈现乾嘉时期游幕学者的具体面貌，也为了便于本书以下各章节相关内容的分析讨论，我们将目前所能调查到的乾嘉时期380名游幕学者的相关信息，制成《乾嘉时期游幕学者简表》，置于附录一。由于与游幕学者相关的史料范围极广，相关记载零散、隐晦，搜检、考订犹如披沙拣金，繁杂琐碎，而笔者学殖浅薄，眼目不周，所择取之游幕学者及其游幕经历和学术活动内容，难免挂一漏万，加之对于"游幕学者"及其学术活动的认定可能会存在不同意见，对相关材料的分类整理和统计分析，难免会存在一些错漏。因此，此表中的内容可能并不十分准确，但作为考察乾嘉时期游幕学者的生存境域与学术生态的基本依据，对于说明相关问题仍具有一定的说服力。随着新材料的发掘和新成果的问世，我们会对此表的资料进行不断补充、修正和完善。

二 游幕学者在不同时段的数量变化

乾隆和嘉庆两朝及其不同时段，政治形势、社会环境、文化政策、学术风尚等各个方面都不同程度地发生了一些变化，身处其间的游幕学者也必然相应地会发生某些改变，不同时段内出游幕府的学者及其数量也会有所不同。为了能够体现乾嘉时期游幕学者的整体面貌和不同时段的数量变化，有必要将乾嘉时期划分为若干时段，对游幕学者在不同时段的数量与分布进行定量统计和对比分析。

我们的做法是：以5年为一个时段，将乾嘉时期85年分为17个时段，对每个时段的游幕学者的人员和数量进行统计，对相关问题进行分析。有以下几点需要说明：

（1）有些学者游幕时间较长，跨越不同时段，在每个时段各作一次统计。

(2) 有些学者游幕时间不详，根据其所依幕主当时所任官职的时间，以及同时在幕的幕宾的相关记载，与游幕相关的活动发生的时间等相关资料，大致推定其游幕的时间段，纳入统计范围。

(3) 个别学者暂时无法确定其游幕时段，列于表中最后一栏，计入游幕学者总数，但不进行排序。

根据上述统计规则和乾嘉时期 380 名游幕学者的相关资料，得到如表 1.1 所示的统计结果。

表 1.1　　乾嘉时期各时段游幕学者的分布及数量变化①

序号	时段	人数	序号	时段	人数	序号	时段	人数
1	1736—1740	23	7	1766—1770	23	13	1796—1800	123
2	1741—1745	25	8	1771—1775	43	14	1801—1805	76
3	1746—1750	39	9	1776—1780	47	15	1806—1810	56
4	1751—1755	44	10	1781—1785	54	16	1811—1815	58
5	1756—1760	36	11	1786—1790	53	17	1816—1820	46
6	1761—1765	19	12	1791—1795	53	18	时段不明	22

为便于分析，同时也为了更直观地反映乾嘉时期游幕学者在各个时段的分布及数量变化，将表 1.1 的数据用曲线图表示如图 1.1 所示。

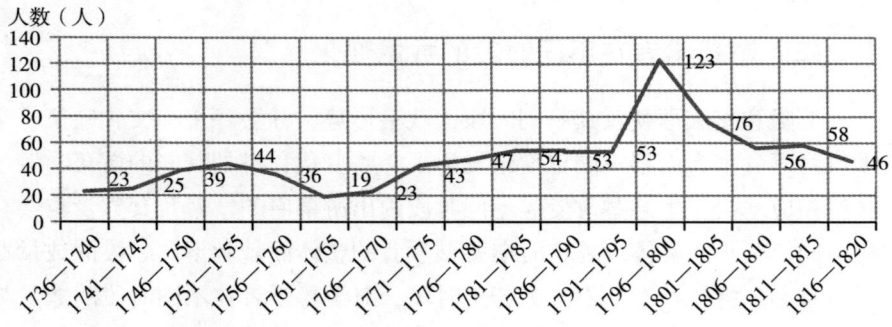

图 1.1　乾嘉时期不同时段游幕学者的分布及数量变化

乾嘉时期虽然处于清代三次游幕高潮的第二次高潮期，相较于清初而言，大部分时间内游幕都比较兴盛，但在不同时段，游幕学者的数量分布

---

① 为节省篇幅，此表略去每个时段内游幕学者的姓名，具体情况详见附录一。

存在明显变化。图 1.1 显示，乾嘉时期学者游幕的整体曲线有明显的波动，而且波动幅度较大。在第六时段（1761—1765）有一个明显的低谷，在第十三时段（1796—1800）则有一个明显的高峰。第一时段（1736—1740）只有 23 名游幕学者，此后，游幕学者数量逐渐增多，到第四时段（1751—1755）达到 44 名，形成第一个小高峰。随后游幕学者的数量又逐渐回落，到第六时段（1761—1765）只有 19 名，形成一个低潮期。之后又逐渐回升，从第八时段（1771—1775）开始，游幕学者的数量持续保持在 40 名以上，到嘉庆初期的第十三时段（1796—1800），游幕学者的数量达到 123 人，形成乾嘉时期学者游幕的最高峰。第十四时段（1801—1805）游幕学者的数量稍有减少，但仍达 76 人，形成乾嘉时期学者游幕的第二高峰。最后三个时段虽然游幕学者的数量仍比较可观，曲线位置高于乾隆前中期（第一至第八时段），但与第十三、第十四两个高峰时段相比已明显减少。

总体来看，嘉庆时期学者出游幕府比乾隆时期兴盛，嘉庆时期 25 年的游幕学者达到 359 人次，平均每年约有 14 人次；乾隆时期 60 年的游幕学者则为 459 人次，平均每年约为 8 人次。从整体趋势来看，乾隆时期游幕学者的数量呈逐渐增多的趋势，而嘉庆时期游幕学者的数量在最初的 5 年达到最高值，然后呈逐渐下降的趋势。从时段来看，乾嘉时期游幕学者集中在乾隆后期和嘉庆时期，即第十至第十六时段（1781—1815），每个时段的游幕学者均多于 50 人，尤以嘉庆初期的第十三、第十四时段（1796—1800、1801—1805）为最多，而乾隆初期的第一、第二时段（1736—1740、1741—1745）和乾隆中期的第六、第七时段（1761—1765、1766—1770）游幕学者的数量最少，其他时段游幕学者的数量都保持在相对较高的水平。[①]

纵观幕府发展史，幕府的兴盛几乎总是伴随社会的动荡，清代出现的三次士人游幕高潮，均在清代社会形势发生重要变化的时期。[②] 那么，乾嘉

[①] 本书统计乾嘉时期不同时段游幕学者的数量分布，与尚小明《清代士人游幕量化分析》统计的清代游幕士人在乾嘉时期的数量及不同时段的分布相比，总体趋势基本一致，但因统计范围、时段划分、时间跨度等方面的不同，具体表现也存在一定差异。参见尚小明《清代士人游幕表》，中华书局 2005 年版，第 4—6 页。

[②] 尚小明：《清代士人游幕表》，中华书局 2005 年版，第 3—7 页。

时期游幕学者的数量变化是否也与此期间发生的重要历史事件密切相关？

乾嘉时期发生的重大历史事件主要有：乾隆十二年至十四年（1747—1749）平定大小金川、乾隆二十年至二十二年（1755—1757）两平准噶尔、乾隆二十三年至二十四年（1758—1759）平定南疆大小和卓、乾隆二十七年至三十四年（1762—1769）征缅、乾隆三十六年至四十一年（1771—1776）再平大小金川、乾隆五十一年至五十三年（1786—1788）平定台湾林爽文、乾隆五十三年至五十四年（1788—1789）平服安南、乾隆五十五年至五十七年（1790—1792）两征廓尔喀、嘉庆元年至九年（1796—1804）平川楚白莲教、嘉庆五年至十五年（1800—1810）平定南部沿海蔡迁。

但这些大大小小的战事主要发生在边远地区，广大内陆地区的社会秩序基本稳定，经济文化发展仍然比较繁荣，清朝的统治虽有走向衰落之势，但尚属稳固。而且，上述战事的发生与乾嘉时期游幕学者的数量变化也未表现出必然的正相关。如乾隆时期第三时段（1746—1750）发生了平定大小金川的战事，游幕学者的人数从前一时段的 25 人上升至 39 人；但是，第五时段（1756—1760）虽然发生了两平准噶尔和平定南疆大小和卓两次战事，游幕学者的人数反而由前一时段的 44 人降至 36 人；第六、第七时段（1761—1765、1766—1770）虽然有持续 8 年之久的征缅战争，游幕学者的人数却降至整个乾嘉时期最少的 19 人和 23 人；而第九、第十时段（1776—1780、1781—1785）基本没有战事发生，游幕学者的人数却持续上升。嘉庆时期前 15 年（第十三至第十五时段）发生了两次较大规模的战事（平定白莲教和蔡迁），若以第十三时段（1796—1800）有战事发生而致游幕学者人数达到 123 人，那么，第十四时段（1801—1805）叠加了两次战事，游幕学者的人数反而只有 76 人，第十五时段则下降至 56 人。可见，上述历史事件的发生与乾嘉时期游幕学者的数量变化有一定关系，但并不是导致不同时段游幕学者数量变化的主要因素。

那么，影响乾嘉时期游幕学者在不同时段数量增减的因素有哪些？其中最主要的因素是什么？要回答这些问题，不仅需要考察乾嘉时期不同时段的政治、社会形势和学术文化环境，还需要从游幕学者自身以及与其密切相关的幕府和幕主两方面进行深入考察。因为游幕学者何时出游，并不完全取决于游幕者个人，还要受当时社会、政治形势和学术文化导向的影响，以及在此背景下产生的各级幕府及其幕主对游幕学者需求变化的影响。因此，我们将在下面的章节对乾嘉时期不同时段的社会政治形势和学术文化环境、幕府的类别和职能、幕府的形成时间及其所在地、幕主的需求和幕府的学术环境、游幕学者的来源地与游幕地、幕中的活动内容、游幕学者的生活境域等各个方面的情况进行专题讨论，然后再来解答上述问题。

第二节　乾嘉时期游幕学者的年龄结构及作幕时间

乾嘉时期的 380 名游幕学者中，有些在乾隆元年（1736）既已出游幕府：如顾陈垿（1678—1747）、王又朴（1681—1760）、郑燮（1693—1765）、胡天游（1696—1758）、沈祖惠（1698—1768）、沈大成（1700—1771）、全祖望（1705—1755）、夏敬渠（1705—1787）等人；有些则在嘉庆二十五年（1820）仍在幕府，如陈昌齐（1743—1820）、谢兰生（1760—1831）、彭兆荪（1769—1821）、李兆洛（1769—1841）、李黼平（1770—1832）、毛国翰（1772—1846）、方东树（1772—1851）、何治运（1774—1821）、谢焜（1792—1861）、曾钊（1793—1854）、丁晏（1794—1875）、仪克中（1797—1838）、陈善（生卒年不详）等人。那么，乾嘉时期的游幕学者大体上平均享年多少？大约在什么年龄段开始游幕？作幕时间有多久？其中是否存在一些有规律的现象？要回答这些问题，首先需要对相关史料进行细致的分类统计。

一　游幕学者的年龄结构

统计游幕学者的年龄，有赖于史料对游幕学者生卒年的记载。据《乾嘉时期游幕学者简表》的相关资料，乾嘉时期的游幕学者中，生年或卒年不详，或生卒年皆不详者共 120 人，生卒年明确者有 260 人，平均年龄约为 67 岁。人数最多的年龄段是 61—70 岁，有 77 人，占全部已知年龄人数的 29.6%；其次是 71—80 岁，有 61 人，占已知年龄人数的 23.5%；这两个年龄段（61—80 岁）的游幕学者共有 138 人，占已知年龄人数的一半以上（53.1%），是乾嘉时期游幕学者的主体；60 岁以下的有 73 人，81 岁以上的有 49 人，分别占已知年龄人数的 28.1% 和 18.8%。①

---

① 乾嘉时期游幕学者的具体年龄，详见附录一《乾嘉时期游幕学者简表》。

表 1.2　　　　　　　　乾嘉时期游幕学者的年龄结构

年龄（岁）	30—40	41—50	51—60	61—70	71—80	81—90	91—100	不详	合计
学者人数（人）	6	29	38	77	61	46	3	120	380
占已知年龄者的百分比（%）	2.31	11.15	14.62	29.62	23.46	17.69	1.15	—	—

为更直观地呈现乾嘉时期游幕学者的年龄分布，将表 1.2 中的数据图示如图 1.2 所示。

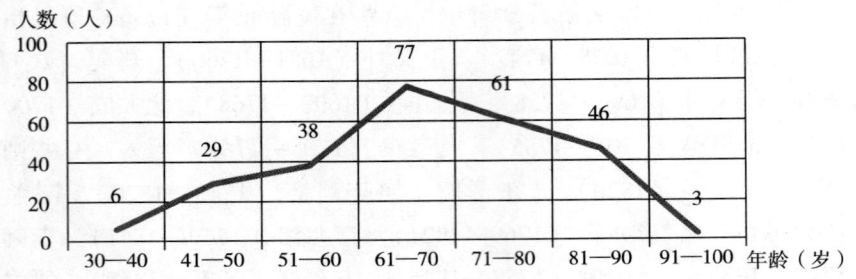

图 1.2　乾嘉时期游幕学者的年龄结构

古时有"三寿"之说，即上寿、中寿、下寿，泛指高寿。三寿所指主要有以下几说：（1）《左传·昭公三年》"三老"孔颖达疏："上寿百年以上，中寿九十以上，下寿八十以上。"（2）《庄子·盗跖》："人上寿百岁，中寿八十，下寿六十。"（3）《论衡·正说》："上寿九十，中寿八十，下寿七十。"（4）《淮南子·原道训》："凡人中寿七十岁。"（5）《吕氏春秋·安死》："人之寿，久之不过百，中寿不过六十。"① 清初学者魏禧曾言："人生一世间，享上寿者不过百岁，中寿者亦不过七八十岁，除老少二十年，而即此五六十年中，必读书二十载，出游二十载，著书二十载，方不愧'读万卷书，行万里路'者也。"②

目前统计乾嘉时期游幕学者的平均年龄是 67 岁，基本上属于高寿之下寿。同时，乾嘉时期游幕学者的年龄存在巨大差异，既有未享下寿者（有 73 人的年龄在 60 岁以下，有 6 人在 40 岁以下），也有享上寿者（有 49 人超过 80 岁）。游幕学者享年长短的差异受多种因素的影响，既与游

---

① 参见《汉语大词典》"三寿"与"中寿"条。
② 钱泳：《履园丛话》卷二十三，"读万卷书行万里路"条。

幕学者的自身健康状况有直接关系，也与其功名高低、性情如何、家境是否富足、有无其他治生手段、有无仕宦经历等密切相关，需要我们结合每个游幕学者上述各个方面的情况及其入幕时的年龄、游幕时长等进行细致入微的具体分析，而这也正是我们下面要逐一进行分析研究的内容。

二　游幕学者初次入幕时的年龄

依据《乾嘉时期游幕学者简表》，以游幕学者初次入幕时的年份减去其生年年份，计算其初次入幕时的年龄。由于游幕学者的生年不详，或史料关于游幕学者初次入幕的时间记载不详，造成无法统计游幕学者初次入幕时的年龄者有108人，能够确定初次入幕时的年龄的游幕学者有272人。具体统计结果如表1.3所示。

表1.3　　　　乾嘉时期游幕学者初次入幕时的年龄分布

年龄段（岁）	14—20	21—30	31—40	41—50	51—60	61—70	71—80	不详	合计
学者人数（人）	10	73	81	55	25	21	7	108	380
占已知入幕年龄者的百分比（%）	3.7	27.0	29.6	20.2	9.2	7.7	2.6	—	—

需要说明的是，因为研究对象的限定范围，有些生年较早的学者，最初入幕是在康熙或雍正时期，而我们只统计其在乾隆时期的最初入幕时间，统计其最初入幕的年龄会存在一些时差。如杭世骏（1696—1773）雍正九年（1731）曾入浙江巡抚程元章幕，而其在乾隆朝的最初入幕时间是乾隆十四年（1749）入浙江巡抚方观承幕编纂《海塘通志》，存在近20年的时差。有类似情形的学者共有21人，累计时间差共396年。① 若计入时间差

---

① 上述21人的入幕时间差如下（括号内前面的数字为其首次入幕时间，后面的数字为其在乾隆朝的初次入幕时间）：沈德潜（1713—1737）、顾陈垿（1705—1736）、李果（1712—1737）、王又朴（1735—1736）、朱稻孙（1722—1754）、王植（1710—1745）、张庚（1723—1741）、邵泰（1731—1757）、黄子云（1716—1742）、迮云龙（1722—1739）、王孝咏（1708—1739）、曹学诗（1732—1770）、夏之蓉（1724—1754）、沈祖惠（1733—1736）、刘大櫆（1727—1748）、沈大成（1734—1736）、汪沆（1730—1738）、全祖望（1731—1736）、夏敬渠（1731—1736）、杭世骏（1731—1749）、赵一清（1731—1749）。此21人在乾隆朝之前的游幕情况，见尚小明《清代士人游幕表》，第72—91页。

和人数，初次入幕的平均年龄会变小1岁，基本上不影响总体数据的分析。

从上表可以看出，乾嘉时期游幕学者初次游幕的年龄相对集中于21—40岁的年龄段，共有154人，占全部已知初入幕年龄学者的56.6%；其次是41—60岁的年龄段，有80人，占全部已知初入幕年龄学者的29.4%。低龄或高龄学者初游幕府的人数较少，如在20岁之前（包括20岁）即开始游幕的学者有10人，占全部已知初入幕年龄学者的3.7%。其中年龄最小的是阮亨（1783—1859），在浙江学政阮元幕任《淮海英灵集》校字工作。① 《淮海英灵集》的纂辑始于嘉庆元年（1796），刊行于嘉庆三年（1798）。所任校字工作即使是在该书刊行之年，阮亨也只有16岁。19岁入幕者有6人：张师诚、凌廷堪、胡量、黄景仁、鲁九皋、朱筠，20岁入幕者有3人：黄乙生、王嵩高、王鸣盛。初入幕府时年龄在61—70岁的学者有21人，占全部已知初入幕年龄学者的7.7%；初次入幕时年龄在71—80岁的学者有7人，占全部已知初入幕年龄学者的2.6%；其中最年长的游幕学者是张元（1672—1756），乾隆十六年（1751）入长芦盐运使卢见曾幕时已80岁高龄；其次是程瑶田和黄之隽，初次入幕时已78岁；曹学诗初次入幕时已74岁，朱稻孙则已73岁，徐坚和丁有煜已72岁。

通过对272位游幕学者的初入幕时间和生年的统计分析，乾嘉时期游幕学者初次入幕时的平均年龄约为39岁（计入初次入幕在乾隆朝之前的时间差，则约为38岁）。

根据张仲礼的研究②，我们可以把清代士人获取各类功名的大约平均年龄整理成表1.4。

表1.4　　　　　　清代士人获取各类功名的平均年龄

功名类别	进士	举人	岁贡生	拔贡生、优贡生	副贡生	生员	监生
平均年龄（岁）	36	31	40	30	31	24	27

---

① 阮元：《淮海英灵集凡例》，《淮海英灵集》卷首。
② 张仲礼：《中国绅士——关于其在19世纪中国社会中作用的研究》，上海社会科学院出版社1992年版，第92—136页。

在科举时代，通过科举考试获得的功名有不同等级，最高一级为进士。一般情况下，只有获得高级功名（进士、举人），才能获得入仕做官的机会，否则很难有入仕机会，或者虽有入仕机会却很难被授予自己满意的官职。据张仲礼研究，清代士人进士及第时的平均年龄约为 36 岁，而乾嘉时期游幕学者初次入幕的平均年龄为 38—39 岁。总体而言，游幕学者初次入幕时已经超过了考取进士的年龄，或未能考取进士，或已经放弃科举，或虽然考中进士，却没有被授予合适的官职，甚或不愿入仕，[①] 也有一些人是致仕或辞官之后或丁忧期间选择游幕。[②]

三 游幕学者的在幕时长

根据《乾嘉时期游幕学者简表》的相关内容，统计出乾嘉时期游幕学者的在幕时长及学者人数，具体情况如表 1.5 所示。

表 1.5　　　　　　　乾嘉时期游幕学者的在幕时长

在幕时长（年）	1	2—5	6—10	11—15	16—20	21—50	不详	合计
学者人数（人）	102	167	50	32	12	8	9	380
占已知在幕时长学者的百分比（%）	27.5	45.0	13.5	8.6	3.2	2.2	—	—

说明：关于游幕学者的游幕时间，史料一般只记写其入幕时间，多不载出幕时间，一般也不载其在某个幕府的居留时长，个别学者的游幕时间亦不详。本书统计乾嘉时期游幕学者的在幕时长，对于有明确记录的在幕时间，则直接计入；对于一些信息不详的游幕学者的在幕时长，能够依据其参与的主要学术活动的时间，或幕主在某地任职的时间进行估算，则纳入统计范围；不能推知的则不予统计；对于有些学者在嘉庆朝之后的游幕经历，因不在本书的研究范围，故未予统计。因此，该统计结果并非精确数据，只能算是游幕学者在幕时长的大致数据或最低纪录。

按照现在的统计结果，乾嘉时期 371 位可计算游幕时长的游幕学者，总计游幕时间为 1854 年（最保守的数据），平均在幕时长约为 5 年。游幕时间在 5 年以下（包括 5）的学者有 269 人，占全部已知游幕时长学者

---

① 关于游幕学者入幕前的功名情况，将在第二章第三节详细讨论。
② 见第四章关于游幕学者入幕时的身份与入幕途径部分的讨论。

的72.5%；其中游幕时间在1年之内（包括1年）的有102人，占全部已知游幕时长学者的27.5%；游幕时间在2—5年的学者有167人，占全部已知游幕时长学者的45%；游幕时间超过5年的学者共计102人，与游幕时间在1年以内的学者人数相当，其中游幕时间在6—20年的学者有94人，占全部已知游幕时长学者的25.3%；游幕时间超过20年的有8人，占全部已知游幕时长学者的2.2%；在幕时间最长者是杜昌意，50多年，其次是汪辉祖，30多年。（上述学者出游幕府的具体时间，详见附录一）

72.5%的游幕学者在幕时长在5年以内，说明对于多数学者而言，游幕并非其赖以谋生的长久之计，他们或在游幕的同时继续科考，以获取更高功名争取入仕，以改变自己的社会地位和生活条件，或另择其他治生方式以资生。

第三节 乾嘉时期游幕学者的籍贯及分布变化

地域是形成学术共同体和学术流派的一个重要因素，中国传统学术史上对于乾嘉汉学学术流派的划分，不论是吴、皖两派说，还是吴、皖、扬三派说，还是吴、皖、扬、浙四派说，基本上都是以学者所处地域、师承和学风的同异为依据。① 因此，考察乾嘉时期学者的地域分布，不仅有助于了解某一学术共同体或流派的学术特点，也有助于从地域生成的角度把握乾嘉学术的时代风貌。乾嘉时期许多著名学者都有游幕的经历，有些学者甚至长年以游幕资生，在各级官员幕府或参与幕主主持、组织的大型学术工程，或在幕主的资助下从事学术活动，实际上成为乾嘉学术活动的主体（详见第三章）。

考察乾嘉时期游幕学者的地域分布，不仅要考察其籍贯地，还要考察其所游幕府之地域。因为一个人的籍贯并不一定是其受教育和从事学术活动的地域背景，游幕学者常因个人参加科考、患病、丁忧、不满原幕府的待遇，或幕主的调动、丁忧、致仕、罢职或死亡等各种原因②，在不同时期出游于不同地域的不同幕府。因此，本书将在接下来的两节，从静态和

---

① 黄爱平：《清代汉学流派研究的历史考察及其评析》，《中国文化研究》2008年秋之卷。
② 游幕学者的流动性及原因，详见第五章的相关讨论。

动态两个视角，分别考察乾嘉时期游幕学者的籍贯及不同时段的分布特点、游幕学者的游幕地域及不同时段内的分布变化，并对其成因进行初步探讨。

一 游幕学者的籍贯分布特点及成因

1. 游幕学者籍贯的总体分布

清代史料对于乾嘉时期游幕学者（尤其是具有一定学术造诣和影响的学者）籍贯的记载一般都比较具体，兹据相关史料和《乾嘉时期游幕学者简表》，对乾嘉时期游幕学者的籍贯进行统计。

表 1.6　　　　　　　　乾嘉时期游幕学者的籍贯统计

序号	籍贯	学者	数量（人）	位次
1	江苏	详见表 1.7 乾嘉时期江苏籍游幕学者所在府州及县域分布	174	1
2	浙江	详见表 1.8 乾嘉时期浙江籍游幕学者所在府州及县域分布	117	2
3	安徽	详见表 1.9 乾嘉时期安徽籍游幕学者所在府州及县域分布	29	3
4	直隶	邵泰、朱筠、徐松、王植、王又朴、纪昀、徐瀚、刘廷楠、李燧、舒位、方履籛	11	4
5	湖南	张九钺、柳先义、黄本骐、邓显鹤、旷敏本、何有焕、黄佳色、欧阳辂、毛国瀚、魏源	10	5
6	山东	宋弼、周永年、董元度、李文藻、张元、段松苓、毕亨、吕煊	8	6
7	江西	万廷兰、王聘珍、吴照、罗有高、鲁九皋、张舟、汪轫、李梦松	8	6
8	广东	仪克中、陈昌齐、谢兰生、曾钊、冯敏昌	5	8
9	福建	梁章钜、陈寿祺、何治运、张腾蛟	4	9
10	河南	武亿、裴希纯、孙枝荣	3	10
11	山西	祁韵士、宋葆醇	2	11
12	陕西	王杰、马振	2	11
13	广西	孙依真、李黼平	2	11
14	湖北	余庆长、谢茭	2	11
15	云南	赵光	1	15
16	不明	俞肇修、倪炳	2	11
合计			380	

将表 1.6 中第 2 列和第 4 列的数据以柱状图（见图 1.3）显示，可以直观地呈现游幕学者的地域分布和各省游幕学者的数量。

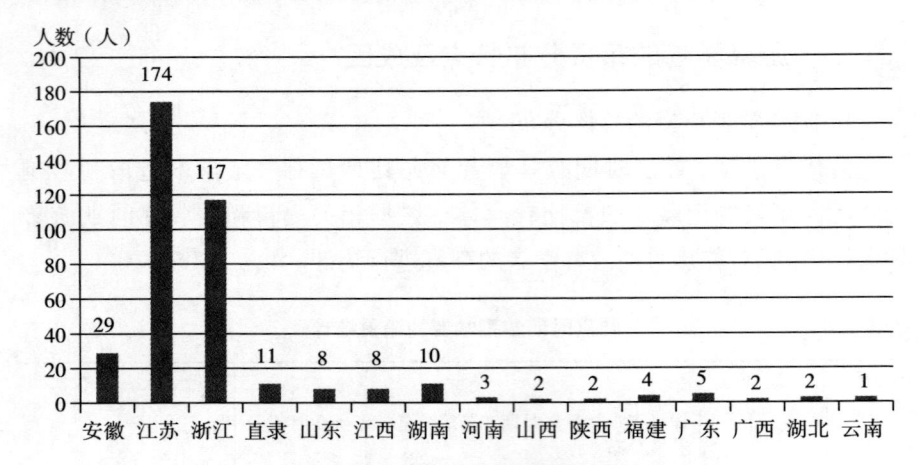

图 1.3 乾嘉时期各省游幕学者的数量

由表 1.6 和图 1.3 可以看出，乾嘉时期 380 名游幕学者中籍贯有明确记载的有 378 人，分别来自 15 个省份，其中江苏籍的游幕学者最多，有 174 人，占全部有明确籍贯的游幕学者人数的 46%；其次是浙江籍的游幕学者，有 117 人，占全部有明确籍贯的游幕学者人数的 31%；江、浙两省游幕学者合占全部有明确籍贯的游幕学者人数的 77%；再次是安徽籍的游幕学者，有 29 人，占已知籍贯学者总人数的 7.7%；① 江、浙、皖三省的游幕学者共有 319 人，占已知籍贯学者总人数的 84.7%；其他 12 个省份的游幕学者共有 58 人，占已知籍贯学者总人数的 15.3%；除江苏、浙江和安徽，10 人以上的省份只有直隶、湖南两省，云南的游幕学者只有 1 人。以清代嘉庆时期的疆域全图及行政区划而言，未见有来自贵州、甘肃、四川等省及盛京、吉林、黑龙江、新疆、青海、西藏、内蒙古等将军辖区或办事大臣驻地的游幕学者。

从省份来看，乾嘉时期的游幕学者大多来自江苏和浙江两省，其次是安徽省。进一步考察游幕学者在上述三个省份的府、州和县域，可以发现

---

① 本书的统计结果与陈铁凡对清代学者的地理分布所做的分析基本一致。陈铁凡：《清代学者地理分布概述》："清代学者之众，首推江苏省，几占全国三分之一，第二为浙江省，第三为安徽省，故梁任公曰：清代学术几为江、浙、皖三省独占。"载吴宏一《清代词学四论》，联经出版社事业公司 1990 年版，第 92 页。

更为具体的地域分布情况。

2. 江苏籍游幕学者的区域分布

根据《乾嘉时期游幕学者简表》所载游幕学者的籍贯，将江苏籍游幕学者所在县域分别归入相应的府、州、厅等高一级地区行政单位，得到如下统计结果。

表 1.7 　　　乾嘉时期江苏籍游幕学者所在府、州及县域分布

府、州	县域	学者	数量（人）	小计（人）
扬州府	宝应	王嵩高、王箴舆、王希伊	3	29
	甘泉	黄文旸、江藩、焦循、乔椿龄、林慰曾、焦廷琥、邓立诚	7	
	高邮	夏之蓉、李惇、王念孙、贾田祖	4	
	江都	汪中、秦恩复、汪光爔、凌曙、程晋芳	5	
	兴化	顾九苞、郑燮、王国栋	3	
	泰州	陈燮	1	
	仪征	汪端光、阮元、阮鸿、许珩、阮亨、阮常生	6	
苏州府	长洲	李果、胡量、吴泰来、王芑孙、陶樑、沈德潜、蒋恭棐	7	42
	苏州	钮树玉	1	
	吴江	沈彤、顾我钧、史善长、朱志广、顾日新、朱春生、郑漷、翁广平	8	
	吴县	王孝咏、陈黄中、余萧客、张埙、石韫玉、袁廷梼、连云龙、汪缙、沈起凤、吴翌凤、江沅、叶长扬、徐坚、詹应甲	14	
	元和	惠栋、江声、陈鹤、顾广圻、李锐	5	
	昆山	王学浩、徐云路、黄子云	3	
	常熟	陈祖范	1	
	昭文	顾镇	1	
	震泽	张士元、王元文	2	
镇江府	丹徒	王文治、王豫、汪廷楷、戴纯	4	8
	丹阳	荆汝为	1	
	溧阳	周炳中	1	
	金坛	段玉裁、史震林	2	

续表

府、州	县域	学者	数量（人）	小计（人）
松江府	华亭	黄之隽、沈大成、姚培谦	3	13
	青浦	邵玘、王昶、董椿、高培源	4	
	上海	张熙纯、赵文哲	2	
	娄县	杜昌意、廖景文	2	
	南江	乔廷选、吴省钦	2	
太仓州	嘉定	王鸣盛、钱大昕、王初桐、王鸣韶、钱坫、钱大昭、瞿中溶、张彦曾、钱东垣、钱侗	10	22
	太仓	陈鎡、苏加玉、王宬、程穆衡、宋宾王	5	
	镇洋	顾陈垿、毕沅、彭兆荪、王瑜、王开沃、沈靖	6	
	宝山	周书	1	
江宁府	江宁	严长明、孙韶、严观、凌霄、何梦篆、宁楷、李经、李纮	8	12
	上元	程廷祚、谈泰、梅曾亮、周斯才	4	
常州府	江阴	夏敬渠	1	31
	金匮	杨芳灿、钱泳、徐鎏庆、孙尔准	4	
	武进	庄炘、庄有可、赵怀玉、黄景仁、张惠言、臧庸、臧礼堂、董士锡、顾述、瞿培、黄乙生、张成孙、刘星炜	13	
	阳湖	赵翼、洪亮吉、孙星衍、李兆洛、陆耀遹、陆继辂、左辅、杨士焜、洪符孙、洪饴孙	10	
	无锡	顾栋高	1	
	宜兴	瞿源洙	1	
	常州	施晋	1	
淮安府	清河	苏秉国	1	5
	山阳	吴玉搢、丁晏、周振采、任瑗	4	
通州	泰兴	季尔庆	1	6
	通州	钱兆鹏	1	
	如皋	姜恭寿、范景颐、冒春荣、周植	4	
海州	海州	凌廷堪、许乔林、程枚	3	3
海门厅	海门	丁有煜	1	1
不详		孙泰溶、陆炳	2	2
合计			174	174

从表 1.7 可以看出，江苏籍游幕学者不仅人数最多，所在府、州、县域分布也最为广泛。174 名游幕学者除有 2 名县域不详之外，172 名游幕学者分布于省内 11 个府、州的 45 个县域，平均每个府、州约 16 人，每县则不足 4 人。

从府、州分布来看，苏州、常州、扬州三府和太仓州人数较多，其中，苏州府人数最多，有 42 人，远超 11 个府、州的平均值（16 人）；其次是常州府和扬州府，分别有 31 人和 29 人；最后是太仓州，有 22 人。上述 4 个府、州共有游幕学者 124 人，占全部 172 名府、州明确的游幕学者的 72%。其他 7 个府、州游幕学者的人数均不足 16 人。

从县域分布来看，10 人以上的县域有 4 个，苏州府的吴县和常州府的武进县两个县域的人数最多，分别为 14 人和 13 人，其次是太仓州的嘉定县和常州府的阳湖县，各有 10 人。4 县合计游幕学者 47 人，平均每县约 12 人，远超总体 45 县的县平均值（不足 4 人）。游幕学者只有 1 人的县域有 14 个，3 人以上的县域有 24 个，6 人以上的县域有 10 个。

总体来看，江苏籍游幕学者的地域分布呈现大区域分散、小区域集中的特点。172 名游幕学者散布于江苏省内 11 个府、州的 45 个县域，但从具体的府、县来看，游幕学者又相对集中，主要来自苏州、常州、扬州三府和太仓州，及其所属吴县、武进县、嘉定县、阳湖县，上述 4 府 4 县成为江苏籍游幕学者的核心来源地。

从区位分布来看，除海州和淮安府稍靠北（但邻海）以外，其他府、州均位于长江两岸，而且除扬州府、通州、海门厅紧邻长江、在江北外，其他府、州皆位于江南。

3. 浙江籍游幕学者的区域分布

将浙江籍游幕学者所在县域分别归入相应的府、州、厅等高一级地区行政单位，得到如表 1.8 所示的统计结果。

表 1.8　　乾嘉时期浙江籍游幕学者所在府、州及县域分布

府、州	县域	学者	数量（人）	小计（人）
湖州府	德清	徐养原、许宗彦	2	16
	归安	姚世钰、吴兰庭、丁杰、姚文田、严元照、丁授经、丁传经、邵保初、张师诚	9	
	乌程	严可均、周中孚、张鉴、陈焯、沈祖惠	5	

续表

府、州	县域	学者	数量（人）	小计（人）
杭州府	海宁	周广业、陈鳣、倪绶、查枏、周大业、陈均	6	51
	杭州	赵一清、陈撰	2	
	临安	杨凤苞	1	
	钱塘	范咸、陈兆仑、汪沆、周天度、施廷枢、梁玉绳、严杰、陈鸿寿、高塏、何元锡、陈善、项墉、吴文健、梁祖恩、吴克勤、陆尧香、潘学敏、姜遂登、陈文述、陆新、魏成宪、俞琪、周三夔	23	
	仁和	杭世骏、丁传、朱文藻、余集、赵魏、邵志纯、钱林、赵坦、胡敬、孙同元、范景福、吴可训、宋咸熙、金廷栋、赵春沂、诸嘉乐、汤燧、汪家禧、马怡孙	19	
绍兴府	会稽	章学诚、顾廷纶、高文照、刘九华	4	19
	山阴	胡天游、周大枢、童钰、何兰汀	4	
	萧山	汪辉祖、徐鲲、王端履、陶定山、傅学灏、黄严、施彬、汤金钊	8	
	余姚	邵晋涵	1	
	上虞	张凤翔	1	
	慈溪	郑勋	1	
嘉兴府	嘉兴	吴文溥、沈可培、李富孙、冯登府、王尚珏、丁子复、钱泰吉	7	20
	平湖	朱为弼	1	
	秀水	万光泰、庄肇奎、朱稻孙、赵蕙荣、王复、张庚、钱受谷	7	
	嘉善	孙凤起、孙鲁	2	
	桐乡	施福元	1	
	石门	吴宗元	1	
	海盐	吴东发	1	
台州府	临海	洪颐煊、洪震煊、金鹗、沈河斗	4	6
	天台	齐召南、周治平	2	
处州府	青田	端木国瑚	1	1
宁波府	鄞县	全祖望、袁钧、童槐	3	3
衢州府	开化	张立本	1	1
合计			117	117

浙江籍游幕学者的人数仅次于江苏省，府、州和县域分布相对比较集中，117名游幕学者分布于省内8个府、州的26个县域，平均每个府、州约有15人，每县约有5人。

杭州府的游幕学者最多，达51人，远超8府的平均值（15人），占全部117名游幕学者的43.6%；其次是嘉兴府、绍兴府和湖州府，分别有20人、19人、16人，也都超出了平均人数；台州府和宁波府，分别有6人和3人，衢州府和处州府则只有1人，都低于平均值。

从所属县域来看，人数最多的是钱塘和仁和两个县，且同属杭州府，分别达到23人和19人，远超26个县域游幕人数的平均值（5人）；6人以上的县域有7个，3人以上的县域有12个，只有1人的县域有10个。

浙江籍游幕学者的地域分布，与江苏籍的游幕学者相比，既有相似之处，也有显著不同。相似之处在于总体上都呈现大区域分散（分布于26个县域）、小区域集中（10人以上的县域只有2个，且同在杭州府）的特点，不同之处在于江苏籍的游幕学者分散于省内11个府、州的45个县域，集中于4个府、州的4个县，而浙江籍的游幕学者则分见于省内8个府、州的26个县域，集中于1府2县。浙江籍游幕学者的分散性不如江苏籍游幕学者，而集中性则比江苏籍游幕学者更强。

4. 安徽籍游幕学者的区域分布

将安徽籍游幕学者所在县域分别归入相应的府、州、厅等高一级地区行政单位，得到如表1.9所示的统计结果。

表1.9　　　　乾嘉时期安徽籍游幕学者所在府、州及县域分布

府、州	县域	学者	数量（人）	小计（人）
宁国府	泾县	赵绍祖、包世臣、左烜、朱瑛、陈宝泉	5	5
徽州府	黟县	俞正燮	1	10
	婺源	江永	1	
	歙县	曹学诗、程瑶田、方正澍、左眉、吴定、方起谦、程敦	7	
	休宁	戴震	1	
安庆府	桐城	刘大櫆、马宗琏、胡虔、方东树、刘开、张元铬、方泽、姚莹	8	9
	望江	檀萃	1	

续表

府、州	县域	学者	数量（人）	小计（人）
池州府	青阳	徐钰	1	1
滁州	全椒	吴鼒、江临泰、吴甗	3	3
太平府	芜湖	黄钺	1	1
合计			29	29

29名安徽籍游幕学者来自6个府、州的10个县域，平均每个府、州约5人，每县约3人。其中，三个府、州的游幕学者超过平均人数，徽州府人数最多，达10人；其次是安庆府，有9人；最后是宁国府，有5人；其余三个府、州的游幕学者低于平均人数，滁州有3人，池州府和太平府只有1人。

从县域来看，安徽籍的游幕学者集中于安庆府的桐城、徽州府的歙县、宁国府的泾县3个县域，分别有8人、7人、5人，全椒县有3人，而其他6个县域则各有1人。

从地理区位来看，安徽籍游幕学者所在府、县均位于长江两岸，而且除安庆府、滁州在江北以外，其他府、县均在江南。

5. 游幕学者籍贯分布不均衡的原因

从上述讨论可知，乾嘉时期游幕学者的籍贯分布明显不均衡，有77%的游幕学者来自江苏和浙江两省，其次是安徽省（7.7%），其他12个省份的游幕学者仅占总数的15.3%。此种分布与各省的自然环境、交通条件、经济与文化水平、学术风尚等密切相关。

江苏、浙江、安徽籍的游幕学者绝大多数来自江南地区，如江苏省的常州府、苏州府、太仓州、松江府、镇江府、江宁府，安徽省的宁国府、徽州府、池州府，浙江全省都在江南，且游幕学者所处府、州多集中于杭州湾附近，如嘉兴府、杭州府、绍兴府，或临海，如宁波府、台州府，即使是在江北的府、州，如安徽省的安庆府、江苏省的扬州府，也紧邻长江；江苏省的常州府、苏州府和浙江省的湖州府环太湖而居。安徽、江苏和浙江三省众多府县，或带海、或傍湖、或临江，多膏腴上地。同时，京杭大运河作为清代漕运要道，贯穿江苏省的淮安府、常州府、镇江府、苏州府和浙江省的嘉兴府、湖州府、杭州府，沟通了长江、太湖水系与钱塘江水系，并且连通北部的京师、直隶、河北、山东、河南等省。乾嘉时期的安徽、江苏和浙江，可谓当水陆之冲，交通便利，为当地学者外出游幕创造了便利条件。

江苏、浙江、安徽三省区，不仅有优越的地理环境和交通条件，而且凭借区位优势，自宋代既已成为人文荟萃之地和全国经济中心，① 到清代江南地区的经济和文化发展水平明显高于其他地区。但因"三吴地狭人众，民贫而俗奢"，士子若不能考取功名，"往往游于四方，或数十年不入家门者，以千数"。② 浙江人游幕几成传统，尤以绍兴府会稽、山阴等地为盛，"父诏其子，兄勉其弟，几于人人诵法律之书，家家夸馆谷之富"③，以治刑名钱谷为幕业的"绍兴师爷"广为流行，当地学者也深受影响，或为解家境之困，或为继续求学备考，多以游幕作为首选之途。如身为绍兴人且以游幕资生的章学诚曾言："吾乡山水清远，其人明锐而疏达，地僻，人工不修，土之所出，不足食土之人，秀民不得业，则往往以治文书律令，托官府为幕客，盖天性然也。"④ 乾嘉时期绍兴人出外游幕者"不啻万家"⑤。江苏人喜游幕不亚于浙江，王芑孙曾言乾隆之后，"苏州人之名此业者，亡虑千百，且遍天下"⑥。

安徽徽州因山多地少，土地出产不足以供所居之口，故长期以"商贾之乡"著称于世，"业贾者什七八"⑦，且徽商贾而好儒，或亦贾亦儒，为文教事业的发展提供了经济基础。宋室南迁之后，徽州的经济、文化更趋繁荣，元人赵汸在《商山书院学田记》中称："新安自南迁后，人物之多，文学之盛，称于天下。当其时自井邑田野，以至于远山深谷，民居之处，莫不有学、有师、有书史之藏。……故四方谓东南邹鲁。其成德达才之出为当世用者，代有人焉。"⑧ 徽商多在家业隆起之后重视对文教事业的投入，不仅延师以教子弟，而且助修书院、社学、

---

① 脱脱等：《宋史·范正辞传》："东南诸郡，饶实繁盛。"
② 张惠言：《送计伯英归吴江序》，《茗柯文补编》卷下。
③ 刘声木：《苌楚斋随笔》卷十，"论幕派骄横"条。
④ 章学诚：《汪泰严家传》，《章氏遗书》卷十七。
⑤ 龚萼：《答韫芳六第》，《雪鸿轩尺牍·规劝类》。
⑥ 王芑孙：《岭西杂记序》，《惕甫未定藁》卷三。
⑦ 汪道昆：《阜成篇》，《太函集》卷十七。
⑧ 赵汸：《商山书院学田记》，《东山存稿》卷四。

私塾，资助贫困文人学子，出资刻书等，皖派汉学和徽派书板名重当时。在此社会文化背景下，不善业贾的学者，若不能金榜题名，便多选择坐馆讲学或入幕游学。

来自直隶、山东、江西、湖南、福建、广东、广西、河南、山西、陕西、云南、湖北等省的游幕学者比较少，最多只有11人，少者只有1人，若排除检视文献资料不足的原因，主要是因为上述各省的经济发展水平不如江南地区，其学术环境、文化氛围除京师附近如直隶、山东的部分地区以外，因缺少经济的支撑也难以与江南地区相比。

未见有来自贵州、甘肃、四川等省及盛京、吉林、黑龙江、新疆、青海、西藏、内蒙古等将军辖区或办事大臣驻地的游幕学者，与当地的地理环境、经济和文化发展水平有关。上述地域或僻处西南边陲，或远在西北、东北苦寒之地，不仅环境恶劣，与京师和江南的交通不畅，而且兵燹频仍，加之地瘠民贫，遂致经济不振，文风衰弱，人才黯淡。

但来自福建和两广地区的游幕学者却比来自河南、山西、陕西、云南、湖北等省多，尤其是来自广东省的游幕学者居上述八省之冠。其中一个很重要的原因是著名的学者型官员阮元曾任两广总督，督府在广东，幕中集聚了一批游幕学者，其中就有广东籍的仪克中、陈昌齐、谢兰生、曾钊。说明学者型官员的幕府对游幕学者有较大的影响力和吸纳作用。此外，广东地区先后有广东巡抚康绍镛、陈若霖，两广总督孙士毅、那彦成、蒋攸铦，广东学政周兴岱、姚文田、陈荔峰，广西地区有广西巡抚谢启昆、阮元，福建地区有闽浙总督李侍尧、福建巡抚徐嗣曾、张师诚，福建学政陆辀轩，福建按察使田凤仪等督抚，都曾在当地设幕延宾，为当地学者游幕提供了一些机会和便利。

二 游幕学者在不同时段的籍贯分布变化及原因

乾嘉时期380名游幕学者来自15个省份（另有2人籍贯不明），尤以江、浙、皖三省居多，但其出游幕府的时间却有很大不同。为了能够具体反映乾嘉时期不同地域的游幕学者出游幕府的时间和数量变化，我们按照表1.1的统计规则，将各个时段游幕学者的籍贯进行统计，得到如表1.10所示的结果。

表 1.10　　　　乾嘉时期各时段游幕学者的籍贯统计　　　　单位：人

序号	时间段	安徽	江苏	浙江	直隶	山东	江西	湖南	河南	山西	陕西	福建	广东	广西	湖北	云南	小计
1	1736—1740	1	11	9	1			1									23
2	1741—1745	2	15	6	1	1											25
3	1746—1750	1	20	12	1	1	3	1									39
4	1751—1755	3	24	9	1	3	2	2									44
5	1756—1760	3	21	7	1	2					1						36
6	1761—1765	1	9	7			1	1									19
7	1766—1770	2	11	6	1	2	1										23
8	1771—1775	3	25	10	1	1		3									43
9	1776—1780	3	29	11				1	3								47
10	1781—1785	2	34	12			1	3		1		1					54
11	1786—1790	5	30	10			3	1	1				1		1		53
12	1791—1795	2	33	9	3		1	1									53
13	1796—1800	7	46	61	1		3	2					1				123
14	1801—1805	10	37	24	1		2				1						76
15	1806—1810	6	27	18	1			1	1		1						56
16	1811—1815	5	31		2			3			2				1		58
17	1816—1820	4	19	9	2			4					1	4	1	1	46
合计	1736—1820	60	422	232	18	13	18	25	6	4	1	6	7	2	3	1	818

说明：

（1）游幕时间不明之游幕学者22人次，其中江苏籍10人次：陈黄中、戴纯、凌霄、张埙、杨士煐、钱坫、汪端光、杜昌意、袁廷梼、董椿；浙江籍4人次：杭世骏、沈祖惠、陆新、丁子复；安徽籍3人次：吴鼐、丁传、方泽；陕西籍1人次：马振；湖北籍1人次：余庆长；湖南籍1人次：黄佳色；广西籍1人次：李黼平；籍贯不明者1人次：倪炳。

（2）籍贯不明之游幕学者2人：俞肇修（游幕时间1783—1784），倪炳（游幕时间亦不明）。

（3）由于不少游幕学者的游幕时间跨越两个或多个时段，所以上表中行与行之间的统计结果会存在一些人员上的重复，故"合计"一栏的结果大于实际游幕学者的人数。

从表1.10可以看出，江苏、浙江、安徽籍的游幕学者不仅数量多，而且各个时段都有，表现出游幕的持续性，其他省份的游幕学者在出游时间上则表现出阶段性。为了更直观地反映乾嘉时期游幕学者在各个时段的籍贯分布及数量变化，我们把游幕学者较多（超过20人次）的安徽、江苏、浙江、湖南四个省份的数据（即表1.10的第1、2、3、7列）用曲线图表示如图 1.4 所示。

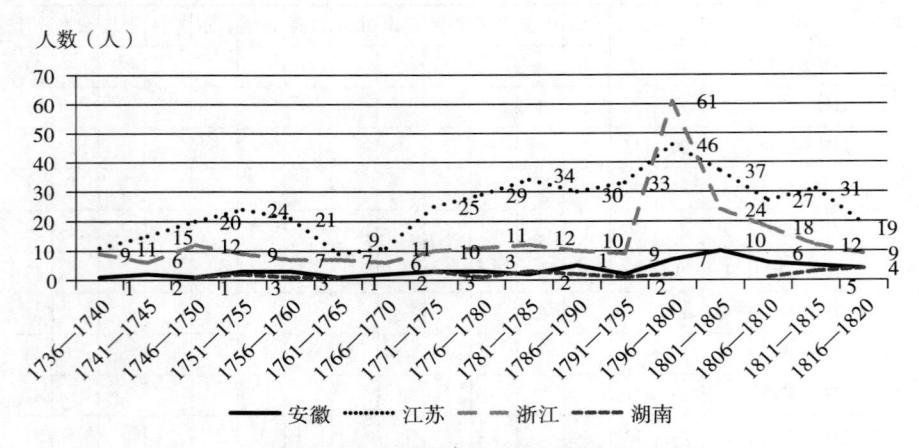

图 1.4 乾嘉时期各时段游幕学者的籍贯分布及数量变化

代表江苏和浙江两省游幕学者数量变化的两条曲线，大部分时间没有交叉，代表江苏籍游幕学者的数量变化曲线一直保持高位，仅在第十三时段（1796—1800）处于代表浙江籍游幕学者的曲线下方，说明江苏籍的游幕学者保持总体数量上的优势。代表浙江籍的游幕学者数量变化曲线总体上处于代表江苏籍游幕学者曲线的下方，仅在第十三时段高于江苏籍的曲线，说明浙江籍游幕学者人数没有江苏籍游幕学者多。两条曲线的整体走势比较一致，都是在第六时段（1761—1765）曲线有一个小幅度的下降，然后持续上升，至第十三时段（1796—1800）又有一个明显的大幅度的上扬，但两条曲线上扬的幅度不同，代表浙江籍的曲线上扬幅度明显高于代表江苏籍的曲线，造成了两条曲线的一次交叉。说明在第十三时段（1796—1800）来自浙江、江苏两省的游幕学者数量有明显增加，而浙江籍学者的增势更加迅猛。

对比图 1.4 与图 1.1，发现二者的曲线走势基本一致，第十三、第十四时段（1796—1805）游幕学者的数量达到高峰，与江苏和浙江两省的游幕学者数量增加有直接关系，尤其是第十三时段（1796—1800），浙江籍游幕学者的急剧增加直接造成了乾嘉时期学者游幕的最高峰。

第六时段（1761—1765），江浙地区游幕学者曲线有一个小幅度的下降，与当时江浙区域经济文化的衰落和缺少地方官对文化学术的大力提倡有密切关系。① 以江苏扬州为例，雍正至乾隆时期商业繁荣、文化兴盛，如李兆洛所言："邗上当雍正、乾隆间，业鹾笑者大抵操奇赢，拥厚赀，矜饰风雅以市重，一时操竽挟瑟名一艺者，寄食门下，无不乘车揭剑，各得其意以去。"② 卢见曾在扬州两任两淮盐运使，前后长达十多年，"凡名公巨卿、骚人词客至于其地者，公必与选佳日，命轻舟，奏丝竹，游于平山堂下，坐客既醉，劈笺分韵，啸傲风月，横览古今，人有欧、苏、渔洋复起之慕"③，幕府宾客众多，极一时之盛。④ 但此后数十年，官两淮盐运使者不下十数人，却少有重视学术文化者，扬州便"金银气多，风雅道废"⑤。直到乾隆末、嘉庆初（1793—1807）曾燠出任两淮盐运使，复继卢见曾之志，扬州文风始得复兴。此外，乾隆时期曾因盐业而富并致文风大盛的扬州，"至嘉庆时而鹾贾岌岌自顾不暇，无复能留意翰墨"⑥。商业的衰落，不仅影响商贾的收益及其对资助书籍刊刻等文化事业的兴趣，而且也影响地方官的收入，使其无力延聘更多幕宾。

第十三时段（1796—1800）江苏和浙江两省的游幕学者数量均有所增加，而浙江籍游幕学者的数量增长尤剧，与此时在江浙尤其是浙江地区出现的几个重要的学者型官员幕府有直接关系。

表1.11 乾嘉时期重要幕府的存在时段、活动区域、存续时间

幕主姓名	幕主仕宦简历	主要存在时段	活动地域	存续时间（年）
卢见曾	1737—1738年两淮盐运使 1745年直隶永平知府 1745—1753年长芦盐运使 1753—1762年两淮盐运使	第一时段1736—1740 第二时段1741—1745 第三至第四时段1746—1755 第四至第六时段1751—1765	江苏 直隶 直隶 江苏	2 1 9 10

---

① 尚小明：《学人游幕与清代学术》（增订本）曾论："扬州文风的盛衰，与两个因素密切相关，一是地方官的提倡，二是商业的兴衰。"东方出版社2018年版，第216页。
② 李兆洛：《跋储玉琴遗诗后》，《养一斋文集》卷六。
③ 沈起元：《运使卢雅雨七十寿序》，《敬亭文稿》卷八。
④ 因卢见曾幕中主要是诗人酬唱，从事学术活动者不多，故而幕中学者没有乾隆后期的谢启昆幕府和乾嘉之际的阮元幕府多。同时，早期地方大员幕府较少，故而学者游幕也没有后期兴盛。
⑤ 郭麐：《灵芬馆诗话》卷六。
⑥ 李兆洛：《跋储玉琴遗诗后》，《养一斋文集》卷六。

续表

幕主姓名	幕主仕宦简历	主要存在时段	活动地域	存续时间（年）
朱筠	1771—1773 年安徽学政 1773 年四库馆编修 1777 年武英殿编修 1779—1781 年福建学政	第八时段 1771—1775 第九时段 1776—1780	安徽 京师 京师 福建	3 1 1 3
毕沅	1773—1785 年陕西巡抚 1785—1788 年河南巡抚 1788—1797 年湖广总督	第八至第十时段 1771—1785 第十一时段 1786—1790 第十一至第十三时段 1786—1800	陕西 河南 湖北	13 4 10
谢启昆	1771—1781 年江苏镇江、扬州、宁国等府知府 1791—1794 年江南河库道 1794—1795 年浙江按察使 1795—1796 年山西布政使 1797—1799 年浙江布政使 1799—1802 年广西巡抚	第八至第九时段 1771—1780 第十二时段 1791—1795 第十三时段 1796—1800 第十四时段 1801—1805	江苏 江苏 浙江 山西 浙江 广西	11 5 2 2 3 4
孙星衍	1795—1798 年山东兖沂曹济道兼黄河兵备道 1804—1811 年山东督粮道、署山东布政使	第十二时段 1791—1795 第十三时段 1796—1800 第十四时段 1801—1805 第十五时段 1806—1810 第十六时段 1811—1815	山东 山东	4 8
曾燠	1784 年户部主事 1786 员外郎 1793—1807 年两淮盐运使 1807—1809 年湖南按察使 1809—1810 年湖北按察使 1810—1815 年广东布政使 1815—1816 年贵州巡抚	第十时段 1781—1785 第十一时段 1786—1790 第十二至第十五时段 1791—1810 第十五时段 1806—1810 第十六时段 1811—1815 第十六至第十七时段 1811—1820	京师 京师 江苏 湖南 湖北 广东 贵州	1 1 15 3 2 6 2
阮元	1793—1795 年山东学政 1795—1798 年浙江学政 1798—1799 年兵部右侍郎、礼部右侍郎、礼部左侍郎、户部左侍郎 1800—1805 年浙江巡抚 1807—1808 年户部右侍郎 1812—1812 年工部右侍郎 1812—1814 年漕运总督 1814—1816 年江西巡抚 1816—1817 年福建巡抚、河南巡抚、湖广总督 1817—1826 年两广总督 1818 年广西巡抚	第十二时段 1791—1795 第十三时段 1796—1800 第十四时段 1801—1805 第十五至第十六时段 1806—1815 第十六时段 1811—1815 第十七时段 1816—1820	山东 浙江 京师 浙江 京师 京师 江苏 江西 福建 河南 广东 广西	3 4 2 6 2 1 3 3 2 10 1

由表 1.11 可以看出，第十三时段（1796—1800）在江、浙地区出现了几个重要的学者型官员幕府，如浙江布政使谢启昆、两淮盐运使曾燠、浙江学政和浙江巡抚阮元等，组织实施了一系列大型学术工程（详见第

二章），因为距离家乡较近，江苏和浙江籍的游幕学者参与其事者较多，又因上述重要学人幕府多在浙江，故而浙江籍的游幕学者也最多，呈现一种"组团儿"游幕的现象。如浙江学政阮元幕有学者54人，其中浙江籍学者有：端木国瑚、童槐、孙同元、朱为弼、洪震煊、丁子复、周中孚、赵坦、严杰、赵魏、朱文藻、丁杰、金廷栋、赵春沂、诸嘉乐、梁祖恩、吴克勤、陆尧香、潘学敏、倪绶、孙凤起、吴东发、丁传经、丁授经、何兰汀、刘九华、王端履、陶定山、傅学灏、黄严、施彬、沈河斗、张立本、汤燧、邵保初、吴文健、宋咸熙、陈焯、赵蕙荣、陈文杰、徐鲲41人，江苏籍学者有：林慰曾、阮鸿、阮常生、阮亨、陆继辂、陆耀遹、李锐、臧庸、汪光燨、焦循、王豫、焦廷琥12人，江西籍学者王聘珍1人；浙江巡抚阮元幕有学者31人，其中浙江籍学者有：查柟、姜遂登、邵保初、徐鲲、端木国瑚、孙同元、陈文述、朱为弼、高塏、陈鸿寿、顾廷纶、何元锡、杨凤苞、陈鳣、袁钧、吴文溥、赵魏17人，江苏籍学者有：臧庸、臧礼堂、焦循、张彦曾、孙星衍、孙韶、陆继辂、王昶、王瑜、李锐、段玉裁、谈泰12人，另有安徽籍学者方起谦1人，江西籍学者王聘珍1人。

代表安徽籍的游幕学者数量变化曲线连续，波动幅度很小，曲线位置远远低于代表江苏和浙江籍的曲线，比较接近横轴，仅在第十四时段（1801—1805）出现了一个波峰不太高的峰头。说明乾嘉时期安徽籍的游幕学者虽然总量没有江苏、浙江省籍的多，却又多于直隶、湖南等其他省域的游幕学者，安徽籍学者虽不太热衷游幕却又在每个时段都有以游幕资生者。此与安徽尤其是徽州地区就贾与业儒并重的社会风尚和价值取向不无关系（详见第二章第二节）。安徽籍游幕学者在第十四时段（1801—1805）出现了一个游幕的小高峰，但出游之幕府比较分散，既有在安徽境内游于府、县幕的，如在泾县知县李德淦幕助纂县志的左煊、朱瑛、赵绍祖、陈宝泉，在太平知府姚逢年幕的包世臣，也有在邻省游幕的，如入浙江巡抚阮元幕的程瑶田、吴定，更有远赴广西巡抚谢启昆幕的胡虔、张元辂，入山东学政刘凤诰幕的俞正燮。此与江苏和浙江省籍的游幕学者多"组团儿"游于大幕的情况有所不同。

代表湖南籍的游幕学者数量变化曲线位置基本上靠近横轴，曲线时断时续，波动幅度也不大。湖南籍的游幕学者略少于直隶籍的游幕学者人数（10人/11人），但从不同时段的分布来看，总体频次高于直隶籍游幕学者（25/18）。

山东省籍的游幕学者比较少，出游时间相对集中于第四、第五时段（1751—1760），且多游于山东籍的两淮盐运使卢见曾幕，如宋弼、董元度、张元。

福建、山西、广东、广西省籍的游幕学者人数较少，且多集中在第十四至第十七时段（1801—1820），与当时曾有几个重要的学者型官员幕府在上述省域活动有直接关系。在此期间谢启昆曾任广西巡抚、山西布政使，曾燠任广东布政使，阮元曾任福建巡抚、两广总督、广西巡抚。谢启昆、曾燠、阮元在政治和学术文化界具有较大的影响力和号召力，其在福建、山西、广东、广西等省域开设幕府也具有较强的吸纳作用，当地的学者不必远途跋涉即可获得游幕的机会，故而有些学者选择在此时游幕。

由上述分析可知，游幕是乾嘉时期江、浙、皖三地尤其是江、浙两省学者比较普遍的治生途径，同时也说明某一地域游幕学者出游幕府的数量和时间，与当时当地的经济文化发展水平有直接关系，与当时当地是否有学者型官员设幕有重要关系。

第四节　乾嘉时期游幕学者的游幕地及分布变化

理论上说，游幕学者选择在何时、到何地、何人的幕府就幕，应由其本人决定，实际上却会受到各种客观因素的制约。游幕学者与幕主之间是建立在双向选择基础上的主宾互济，考察学者到何地游幕的影响因素需要从幕主和游幕学者双方、主观和客观两方面进行分析。

游幕学者的主观意愿，自然是把离家近、幕金高、影响大的幕府作为首选，此为人之常情；若以上条件不可兼具，则会根据个人身体、家境、行资、学术追求等情况做出不同选择，或倾向于在家乡或家乡周边的地域游幕，或倾向于到学术文化中心的京师或江、浙地区游幕，或倾向于追随大员名幕到不同的地域入幕；若上述条件都不具备，而谋生之需又十分迫切，同时亦无其他治生手段，有些学者也不得不远离故土到各方面条件都不太好的幕府游幕。

幕主的主观意愿，是期望能够招募到具有一定才学和影响力的幕宾，既能为自己分劳助力，协助处理日常军政事务或从事学术、文学艺术等活动，又能借助有声名的游幕学者提高自己的社会影响；若二者不可兼得，则只能退而择其一。

从客观方面讲，幕主的官职会发生升迁、平调、任满候补、致仕、贬降、革职等变动，也会发生患病、亡故或丁忧等情况，从而使在其幕府的游幕学者不得不随之发生变动，或随其幕府的流转而流动，或随幕主失官而失幕，或另寻他幕。

从游幕学者方面看，学者之所以选择游幕，多因家境贫寒或科举受挫，为了获得谋生之资和继续为学的条件。因此，游幕学者入幕后也会因为要参加科举考试、中式后做官或丁忧、患病等客观情况而离幕；也会因长期离家而思亲、对幕中待遇不满、与幕主或其他幕宾不合、在幕中无法施展抱负等原因而离幕或另择他幕。由此会造成幕主想招募的学者也不一定能够招到，只能退而求其次；游幕者想进入的幕府不一定能够如愿，不得不另寻他幕；不愿去游幕或不愿进入的幕府，有时又不得不去；随之而来的必然是游幕学者在某些时间和一定地域范围的流动，而且会因每个游幕学者和幕主的要求不同，面对的主客观情况不同，导致游幕学者的流动频率和流动的地域范围有所不同。①

乾嘉时期几乎每个游幕学者都有过时间或长或短、区域或大或小的地域流动的经历，有些学者甚至有过多次、多地的流动。比较表 1.6 和表 1.10，籍贯为江苏、浙江和安徽的游幕学者分别为 174 人、117 人、29 人，而三省出游的人次则分别为 422 人次、232 人次、60 人次，说明江、浙、皖三省区的游幕学者中有不少学者曾多次游幕或长时间游幕，其中就会到不同地域的游幕者。如臧庸先后游于毕沅、阮元、觉罗桂春、伊秉绶、刘凤诰、章子卿、孙星衍、吴烜等人之幕，辗转湖北、山东、浙江、京师、江苏等地（详见附录一）。当有一批游幕学者在某个或某些时段，向某个或某些地域流动，便会形成若干个历时长短不一、区域大小不等的

---

① 尚小明《清代士人游幕量化分析》："造成游幕士人地理流动的因素主要有两个方面。一方面，由于幕主的变故，如升迁、调动、丁忧、革职、致仕、去世等，使得游幕士人不得不随幕主流动或另择幕主；另一方面，由于游幕士人自身的变故，如丁忧、参加科举考试、患病等，使他们不得不时刻面临失馆的危险，从而不断寻找新主。当然，也有一些游幕士人因在幕中无法施展抱负或因对幕府待遇不满而另谋他就。"尚小明：《清代士人游幕表》，中华书局 2005 年版，第 22 页。

"核心游幕地域"①。

那么，乾嘉时期的游幕学者都在哪些地域游幕？游幕学者相对集中的核心游幕地域在哪里？游幕学者的游幕地域在不同时段呈现怎样的分布特点？有什么变化？是什么原因促使游幕学者在某些时段向某些地域集聚？要回答上述问题，首先需要对乾嘉时期不同时段内游幕学者的游幕地域进行量化统计和描述。

一 游幕学者的游幕地域分布

乾嘉时期游幕学者的游幕地域十分广阔，足迹遍布大江南北25个省、区②，不仅聚集于浙江、江苏与京师，安徽、湖北、陕西、广东、山东、河南等地亦多有游幕学者的踪迹，甚至在云南、贵州、四川、甘肃、新疆、青海、台湾等较为偏僻之地和藩属琉球国，亦可见游幕学者之游踪。如乾隆二十一年（1756）王文治应册封使全魁、周煌之聘游幕琉球。③ 为了能够比较清晰地呈现乾嘉时期游幕学者的游幕地域及其在不同时段内的分布变化，我们依据《乾嘉时期游幕学者简表》，以5年为一个时段，对乾嘉时期每个时段流向京师和各省区的游幕学者人次进行统计，结果见附录二：乾嘉时期不同时段游幕学者的游幕地域与人次分布统计表。

从附录二的合计结果和位次来看，游幕学者最为集中的游幕地域是浙江和江苏两省，其次是京师和安徽。将附录二的合计数据以柱状图表示如图1.5。

从图1.5可以比较直观地得到乾嘉时期游幕学者的游幕地域及人次分布的总体认识。为了能够更加清晰地反映游幕学者在不同时段游幕地域的变化，可以把游幕学者在70人次以上的京师和安徽、江苏、浙江、湖北四个省区在每一时段所吸纳的游幕学者（人次），以曲线图表示如图1.6。

由图1.6可以看出，代表在京师游幕的游幕学者人次变化曲线，整体

---

① 尚小明：《清代士人游幕表》，中华书局2005年版，第22页。
② 根据嘉庆二十五年（1820）的疆域全图，清代有直隶、江苏、浙江、安徽、山东、江西、湖南、福建、广东、广西、河南、山西、陕西、甘肃、云南、湖北、四川、贵州十八省区，以及盛京、吉林、黑龙江、伊犁、乌里雅苏台等将军的辖区，西藏、西宁等办事处的辖区，内蒙古六盟等。详见谭其骧主编《中国历史地图集》，第8册，"清时期"之"清时期图组编例"及"清时期全图（一）"。中国地图出版社1987年版，第3—4页。
③ 王文治：《海天游草》，《梦楼诗集》卷二；钱泳：《履园丛话》卷六"梦楼太守"条。

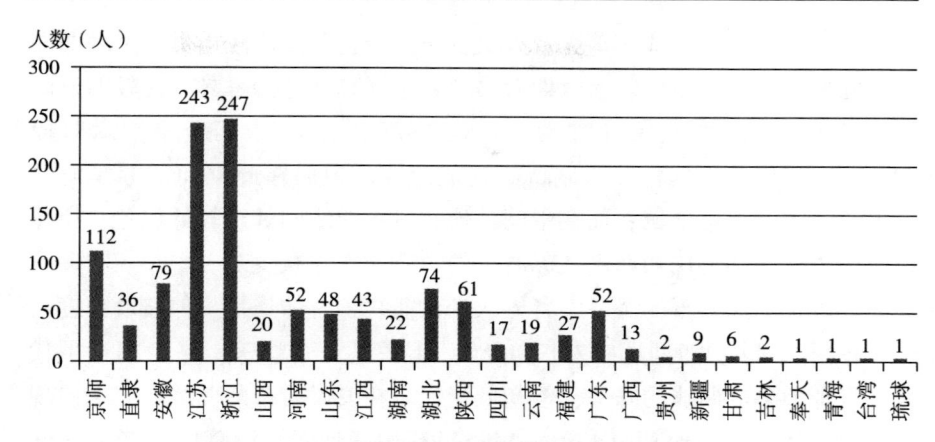

图 1.5 乾嘉时期游幕学者的游幕地域与人次分布

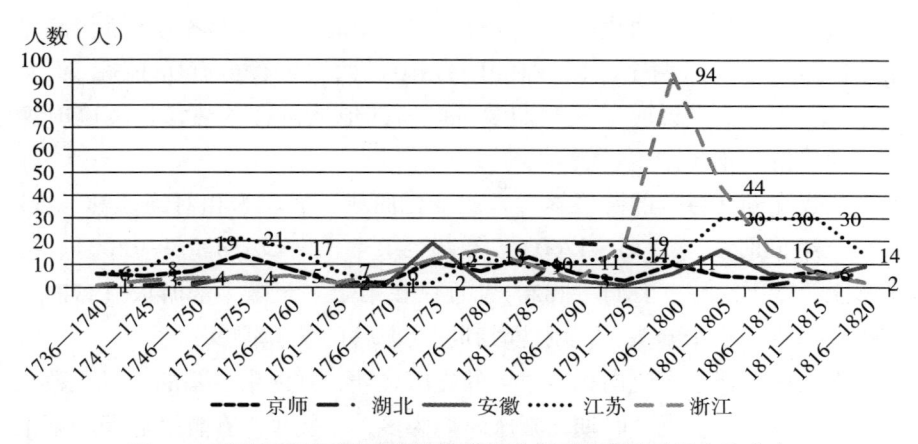

数据（按京师、直隶、安徽、江苏、浙江、山西、河南、山东、江西、湖南、湖北、陕西、四川、云南、福建、广东、广西、贵州、新疆、甘肃、吉林、奉天、青海、台湾、琉球顺序）：112、36、79、243、247、20、52、48、43、22、74、61、17、19、27、52、13、2、9、6、2、1、1、1、1

图 1.6 乾嘉时期不同时段游幕学者的主要游幕地域及人次分布

（图例：京师、湖北、安徽、江苏、浙江）

连贯且波动幅度不大，说明京师是乾嘉时期游幕学者持续选择的游幕地域；曲线在第四时段（1751—1755）出现了一个较大的峰头，说明此时是游幕学者到京师游幕的最主要时期；此后在第八时段（1771—1775）和第十三时段（1796—1800）出现了两个较小的峰头，但整体曲线呈下降趋势，说明到京师游幕的学者随着时间的推移在逐渐减少。

代表在安徽游幕的游幕学者人次变化曲线，在前六个时段内只在第四时段（1751—1755）闪现，直到第七时段曲线开始连贯，在第八时段（1771—1775）和第十四时段（1801—1805）出现了两个较大的峰头，是游幕学者向安徽流动最多的时段，其他时段曲线波动幅度不大，整体位置较低。

代表在江苏游幕的游幕学者人次变化曲线，整体比较连贯，呈现两端高中间低的波形，说明乾嘉时期游幕学者选择到江苏游幕具有比较明显的时间差异；在第四至第五时段（1751—1760）和第十四至第十六时段（1801—1815），曲线位置明显高于其他曲线，说明在此期间江苏是游幕学者最集中的游幕地域；而在中间其他时段，曲线则处于较低位置，说明在乾隆中后期和嘉庆初期到江苏游幕的学者人次在减少。

代表在浙江游幕的游幕学者人次变化曲线，整体连贯，但波动幅度较大，在第八至第九时段（1771—1780）出现了一个峰头，高度超过了代表在京师游幕的曲线的峰头，但却低于代表在安徽游幕的曲线在同期出现的峰头；从第十二时段（1791—1795）开始，到浙江游幕的学者人次又开始增加，至第十三时段（1796—1780）陡然出现一个高度很大的波峰，峰头超过了其他所有曲线峰头的高度，说明此时是游幕学者向浙江游幕最集中的时期；此后两个时段（1801—1810）曲线位置虽有所下降，但仍高于第一个峰头，说明嘉庆时期学者向浙江地域游幕的热情比乾隆时期高，而且持续不衰。

代表在湖北游幕的游幕学者人次变化曲线，表现为相对连续的三段：第一至第五时段（1736—1760）、第九至第十三时段（1776—1800）、第十六至第十七时段（1811—1820），且仅在第十一至第十二时段（1786—1795）出现了一个峰头，说明此时到湖北游幕的学者较多。

在上述游幕学者流向相对集中的省区之外，到河南游幕的学者人数较少，从整体上看，乾隆时期比嘉庆时期为多，主要集中在乾隆后期的第十一时段（1786—1790）；学者向山东游幕的时间主要在乾隆后期和嘉庆初期的第十二时段（1791—1795）；学者向陕西游幕的时间集中在第七至第十一时段（1766—1790）和第十六时段（1810—1815），而在乾隆前期和嘉庆前期、后期，则很少有学者向陕西游幕；向广东游幕的学者主要在第十七时段（1816—1820）和第八时段（1771—1775）；到直隶和湖南游幕的学者多出现在乾隆前中期和嘉庆中后期；到山西游幕的学者多出现在乾隆前中期；到江西游幕的学者多出现在乾隆前期、后期和嘉庆年间；到福建游幕的学者各个时段基本上都有，但数量不多；到四川、广西、新疆、甘肃、吉林游幕的学者则多出现在嘉庆时期。

综上，乾嘉时期游幕学者游幕地域的变化，可以概括为：

在乾隆前期的 20 年（第一至第四时段，1736—1755），游幕学者最集中的地域在江苏和京师，分别为 54 人次和 32 人次，其次是直隶（12）、浙江（12），再次是江西（9）、湖北（8）、山西（8）、广东（8）和福建（6）。

在乾隆中期的 20 年（第五至第八时段，1756—1775），游幕学者最集中的地域在江苏和浙江，分别为 27 人次和 25 人次，其次是京师（23）、安徽（21），再次是陕西（13）、云南（10）、湖南（9）、山西（9）、河南（8）、广东（8）。

在乾隆后期的 20 年（第九至第十二时段，1776—1795），游幕学者最集中的地域在浙江和江苏，分别为 48 人次和 47 人次，其次是湖北（42）、陕西（37）、河南（32）、京师（29），再次是山东（21）、江西（16）、安徽（11）和直隶（10）。

在嘉庆时期的前 20 年（第十三至第十六时段，1796—1815），游幕学者最集中的地域在浙江，其次是江苏，分别为 160 人次和 101 人次，再次是安徽（32）、京师（26）和山东（15）、江西（15）、湖北（15）。

在嘉庆时期的后 5 年（第十七时段，1816—1820），游幕学者最集中的地域在广东（14）、江苏（14），其次是安徽（9）、湖北（6）。

总体来看，江苏、浙江、京师、安徽是乾嘉时期游幕学者的核心游幕地域。其中，江苏是乾隆前期最主要的游幕地域，其次是京师；至乾隆中期京师的核心地位逐渐让位于浙江，居于第三位，至乾隆后期一度跌至第六位；浙江作为游幕核心地域的地位从乾隆中期开始提升，逐渐超越江苏，直到嘉庆时期的大部分时间，均为游幕学者最集中的地域；安徽则从乾隆中后期逐渐进入游幕核心区域，并逐渐超越京师，居于浙江、江苏之后的第三位。此外，湖北、陕西、河南作为游幕学者比较集中的游幕地域，在乾隆时期的地位随着时间的推移有所提高，至乾隆后期一度成为游幕学者比较集中的地域；山东则从乾隆后期至嘉庆前中期成为游幕学者的主要游幕地域；广东在嘉庆后期一度成为游幕学者最集中的游幕地域。

二　影响游幕学者选择游幕地域的因素

影响游幕学者选择游幕地域的因素较多，如游幕地的地理环境和交通条件、游幕地的人文环境、游幕地的经济发展水平、游幕地与居住地的距离、重要学人幕府的所在地、时局的影响、学者自身的条件，等等。在不同时期，对于不同的游幕学者，影响其选择游幕地域的因素往往不止一种，各种因素的影响因子也不尽相同。兹仅从游幕地域的视角作简要分析。

1. 浙江、江苏、安徽之所以成为乾嘉时期游幕学者的核心游幕地域，是以下因素共同作用的结果。

其一，地理环境和交通条件。江、浙、皖三省，尤其是扬州、苏州、常州、杭州、绍兴、徽州等府、州，皆位于江南，不仅有秀美的山水名胜和众多的水系资源，还有贯穿全境的京杭大运河，连通北部的京师、直隶、河北、山东、河南等省，沟通海河、黄河、淮河、长江、钱塘江五大水系，交通十分便利，故至此游幕的学者较其他省份为多。

其二，经济发展水平和文化环境。以苏州、杭州、徽州为中心的江南地区，城乡经济和文化事业自宋以后逐渐发展，至清代经济发展水平已明显高于其他地区，在经济发展的带动和地方官吏的倡导与奖助之下，富商巨贾赞文助学、儒生士子读书为学之风渐盛，藏书业和出版业也随之发达。清代的江南地区不仅是全国的经济中心，而且已成为京师之外的又一个文化中心，正所谓"东南财赋地，江左人文薮"①，故能吸引众多学者到此游幕。②

其三，大型幕府的形成及其所在地。大型幕府的幕主一般都是学识优长的地方大员，掌握较多社会资源，是一时军政大事和重要文化活动的组织者。因此，当某一时期在某地出现某个规模较大的幕府，尤其是学者型官员幕府，就会有一批游幕学者慕名追随至幕。乾嘉时期的重要地方大员幕府，除毕沅幕府外，其余均有较长时间活动于江苏、浙江和安徽地域。如在江苏的两淮盐运使卢见曾幕府、曾燠幕府、江南河库道谢启昆幕府、漕运总督阮元幕府，在安徽的安徽学政朱筠幕府，在浙江的浙江按察使、浙江布政使谢启昆幕府、浙江学政、浙江巡抚阮元幕府等（见表1.11）。因此，江苏、浙江和安徽一带遂成为游幕学者集聚之地。

其四，游幕地与居住地的距离。当时人们的出行方式主要是水运乘船、陆路乘车，长途跋涉多有不便，且所需行资不菲，而游幕学者多家境贫寒，为了能够照顾家庭，更愿意选择离家较为近便的幕府。如浙江萧山人汪辉祖，先后游幕34年，其中有9年在江苏金山、常熟、无锡、常州、长洲等地，25年在浙江秀水、平湖、仁和、龙游、嘉善、海宁、归安、

---

① 康熙：《示江南大小诸吏》，《圣祖仁皇帝御制文集》卷四十。
② 上述两方面的因素，详见第二章第二节的分析。

乌程、慈溪、宁波等地（详见附录一）。

图 1.4 与图 1.6 中代表江苏游幕学者的两条曲线的波动，特别是峰头形成的时段，具有相同或相近之处。如第四、第五时段，两条曲线同时出现了一个峰头，第六、第七时段两条曲线同时出现了一个低谷；从第八时段开始来自江苏的游幕学者持续增加，曲线位置增高，至第十三时段形成一个高峰，而在江苏游幕的学者曲线却表现平平，直到第十四时段才呈上扬态势，但曲线高度仍不如江苏籍游幕学者的曲线；从第十五时段开始两条曲线的波形基本一致。说明在乾隆前中期江苏籍的游幕学者出游的主要地域基本在江苏省内，之后江苏籍的游幕学者大量增加，其中有一部分在本省游幕，另有一部分学者则向外省如邻省浙江、安徽和京师等地游幕，游幕地域比其他省份的学者广阔。

图 1.4 与图 1.6 中代表浙江游幕学者的两条曲线，在第十三、第十四时段同时出现一个较高的峰头，说明此时浙江籍的游幕学者多在本省游幕，同时，代表在浙江游幕的曲线高度高于浙江籍游幕学者的曲线，说明有一部分外省学者也在此期间来到浙江游幕，使浙江成为最受游幕学者钟情的游幕地域。此外，代表浙江籍游幕学者的曲线在第三时段有一个小的峰头，但代表在浙江游幕的曲线却未出现相应峰头，说明此时有一部分浙江籍学者到省外（如京师）就幕。

图 1.4 与图 1.6 中代表安徽游幕学者的两条曲线，从第九时段开始波形保持一致，并且在第十四时段同时出现一个较高的峰头，说明从第九时段开始安徽籍的游幕学者多在本省游幕。第八时段代表在安徽游幕的曲线出现了一个明显的峰头，但来自安徽的学者曲线并未出现相应峰头，说明此时到安徽游幕的学者多来自外省如江苏、浙江等地域。第六时段之前在安徽游幕的学者曲线基本与横轴重合，说明乾隆前中期学者较少至安徽游幕，即使是安徽籍的学者也多到外省或京师游幕。

通过上述分析可知，江苏、浙江和安徽之所以长期成为游幕学者的核心游幕地域，一个重要原因是来自江、浙、皖三省尤其是来自江、浙的游幕学者远多于来自其他省份的游幕学者，而且，有相当一部分学者是在本省或彼此相邻的上述三省地域内游幕，也有一小部分学者到京师或其他省份的幕府中游幕。

2. 京师之所以成为乾嘉时期游幕学者的核心游幕地域，首先是因为京师作为天子所居、首善之区，是当时全国的政治和文化中心，政令所出和教化的实施皆始自京师,权贵势要皆居京师,故京师自古以来就是文士经生施展抱负、实现济世理想的首选之地。其次,乾嘉时期清廷对学术文化事业尤其是考据学高度重视、大力提倡,"清廷开馆采辑《永乐大典》,纂修《四库全书》,造就了一个校书做学问的环境"①,王公大臣承风宏奖,纷纷招募学者从事经籍校勘与名物考订,四库馆和武英殿的纂修官如纪昀、朱筠、孙溶、冯集梧等,更不遗余力揽贤延宾,丁杰、洪亮吉、凌廷堪、汪中、朱文藻等著名学者,皆以四库馆官员的幕宾身份参与其中,"词臣多由编纂超迁,而寒士挟策依人,亦以精于校雠,辄得优馆,甚且资以进身,其真能者,固若力农之逢年矣"②。众多游幕学者都想借此机会到京师以展才学,著名学者型官员阮元曾于嘉庆时期(1798—1799、1807—1808、1812)在京师就职兵部、礼部、户部、工部,其间也有不少学者追随至京师就幕,因此,为数众多的游幕学者被吸纳到京师。

3. 湖北、陕西、河南在乾隆后期(1776—1795)一度成为游幕学者的主要游幕地,除了上述地域遗留有较多历史文物古迹,可以为游幕学者提供考索经史的金石碑版等实物资料,与著名的学者型官员毕沅曾在上述地域长时间设幕有直接关系,如其陕西巡抚幕(1773—1785)、湖广总督幕(1788—1797)、河南巡抚幕(1785—1788)。

4. 广东在嘉庆后期(1816—1820)成为游幕学者的主要游幕地,主要原因是学者型官员阮元在此期间曾任两广总督,在广东创建学海堂,延聘学者编纂《皇清经解》,一批游幕学者慕名而至。

5. 山东在乾隆后期至嘉庆前中期(1791—1810)成为游幕学者的主要游幕地域,与当时学者型官员阮元(任山东学政)和孙星衍(任山东兖沂曹济道、山东督粮道并署山东布政使)在山东设幕延宾有直接关系。但此时在山东游幕的学者只有一人是山东籍,绝大多数游幕学者来自山东省以外,主要来自江苏和浙江。如阮元山东学政幕中有游幕学者9人,其中江苏籍有钱东垣、焦循、孙韶、乔椿龄、钱大昭5人,浙江籍有朱文藻、何元锡2人,河南籍有武亿1人,山东籍的只有段松苓1人。在孙星衍山东督粮道幕中的3名游幕学者,洪颐煊是浙江籍,臧庸和顾广圻是江苏籍。而阮元和孙星衍也都是江苏籍。说明山东因为经济的衰败造成人才

---

① 姚名达:《朱筠年谱序》,《朱筠年谱》卷首。
② 章学诚:《答沈枫墀论学》,《章氏遗书》卷九。

的凋落，即使有大幕近在家乡也少有学者成游，也说明学者型官员的幕府对游幕学者的吸纳作用，除了幕主个人的学术影响、人格魅力、优厚的幕金等条件对游幕学者的吸引力，还表现为就近入幕和同乡集聚。前述山东籍学者在第四、第五时段多游于山东籍的两淮盐运使卢见曾幕，江西籍的游幕学者于第十一至十三时段也多游于江西籍的谢启昆和曾燠幕府，也说明幕主与游幕学者之间存在一定的"乡邦情结"。

6. 时局也会对游幕学者的游幕地域产生影响。时局稳定时，学者多倾向于在家乡、京师或经济文化发达之地游幕；某一时期或局部地域发生战事，游幕学者特别是有经世情怀和济世之才者也会投笔从戎，参赞戎幕。如乾嘉时期在四川、云南、贵州、广西、甘肃、新疆、青海、吉林、台湾等地区游幕的学者多属此类情况。由于上述省域地处偏远，地理环境恶劣，且幕中活动以协助幕主处理军政事务为主，故至此地游幕的学者较少。

游幕学者在不同地域、不同幕府的流动，对于促进学术交流、扩大汉学研究区域，重构乾嘉时期的学术地理格局，具有重要影响（详见第三章第三节的讨论）。

第二章　乾嘉时期游幕学者的生存境域

　　人总是存在于某个特定的时空坐标系中，在一定的时间内，只能占有或活动于某个具体的物理空间，生活于某一特定的社群和家庭，其社会活动的方式、内容和特点，也必然深受其所生存的特定历史环境的影响。游幕学者也不例外。

　　生存境域一般是指一切自然、社会、自我的客观存在。考察游幕学者的生存境域，主要讨论游幕学者赖以生存和发展的物质条件，包括游幕学者生活地域的自然环境，如地理位置、地形、地貌、土壤、气候、生物资源、水利资源等自然条件，及其所处时代和地域的人文环境，如社会政治环境、区域经济发展水平、文化环境与学术传统、幕府的学术环境，以及游幕学者个人和家庭的生活境况等社会条件。

　　本章从宏观、中观和微观三个层面讨论乾嘉时期游幕学者的生存境域。宏观层面主要讨论游幕学者所处时代（乾嘉时期）的社会政治环境和学术风尚，中观层面主要探讨游幕学者所在地域（包括其居住地和游幕地）的区域环境，包括该地域的自然环境、经济发展水平和文化环境，微观层面主要讨论游幕学者个人及其家庭生活和幕府生活的境况。

第一节　乾嘉时期游幕学者的社会环境

　　社会环境主要包括一个时代的政治环境、军事环境、经济环境、文化环境。考察乾嘉时期游幕学者所处的社会环境，理应从上述各个方面展开讨论，但是，一则因为政治上的稳定统一和社会经济的繁荣发展是一切学术繁荣兴盛都应具有的外部环境；① 二则由于资料搜集和个人能力所限，

---

① 梁启超《中国近三百年学术史》："凡在社会秩序安宁、物力丰盛的时候，学问都从分析整理一路发展。乾、嘉间考证学所以特别流行，也不外这种原则罢了。"东方出版社1996年版，第29页。

故本节对乾嘉时期游幕学者所处社会环境的考察，在简要论述乾、嘉两朝军政与经济环境的基础上，以朝廷的文化政策和相应举措、各级官员的响应与宏奖、当时社会的学术风尚为中心，着重讨论乾嘉时期的文化环境。

一　朝廷稽古佑文

三藩之乱平定之后，清朝统治逐渐稳固并日趋强盛，及至乾隆时期，清朝统治达到鼎盛。虽然从乾隆后期至嘉庆时期，吏治腐败和财政匮乏等问题逐渐暴露并渐趋恶化，边远地区也时有战乱（详见第一章第一节），而广大内陆地区的社会秩序基本稳定，经济和文化发展仍然比较繁荣，清朝的统治虽有由盛转衰之势，但政局尚属稳固。乾隆帝重视农业发展，称"朕惟养民之本，莫要于务农"①，通过减免赋税、兴修水利、鼓励垦殖、劝课桑麻等政策，调动农民的生产积极性，促进了农村经济和农村市场的繁荣，至嘉庆时期，江南农村市镇"物阜民殷，商贾辐辏"②。手工业如棉纺、采矿、冶炼、铸造、陶瓷、造纸、制墨等行业发展迅速，尤其是与文化事业关系密切的造纸业和制墨业的发展，促进了印刷业的发展，为书籍的刊刻流布提供了有力保障。农业和手工业的发达，促进了商业和城市经济的繁荣，形成了许多具有较大规模的工商业城市，如京师以及沿江（长江、珠江）、沿河（黄河和大运河）和环太湖区域的扬州、苏州、江宁、杭州、广州、佛山等。③ 因此，整体而言，在乾、嘉两朝的大部分时间，社会安定，经济繁荣，国力强盛，统治者能够把大量精力投入学术文化事业，从而为学术文化活动提供了良好的发展空间和社会基础。

清初统治者经受明遗民尤其是儒生的不合作，认识到须用儒家的政策和制度以稳定社会、巩固统治。因此，清廷推行恩威并施的政治文化政策，一方面恢复科举考试制度，重视儒学，御纂经书，崇经术之士，笼络知识分子，推崇程朱理学以稳定士民思想；另一方面又大兴文字狱，以限制知识阶层批评时政，加强专制统治。及至乾隆朝，因政治形势已不同于清初，文化政策也有所调整。

乾隆初年在沿用康、雍两朝文化政策的基础上，更加重视对儒家经典

---

① 《清高宗实录》卷一百九十五，乾隆八年六月壬申。
② 嘉庆《嘉兴府志》卷四《市镇》。
③ 漆永祥：《乾嘉考据学研究》，中国社会科学出版社1998年版，第54—56页。

的研究和整理,稽古佑文,崇尚经术。乾隆元年(1736)即允准协办大学士三泰之请,特刊《十三经》《二十一史》,颁布学宫,以资府州县学士子通经读史①;乾隆十二年(1747)使词臣对《十三经注疏》"重加校正""嘉与海内学者笃志研经,敦崇实学,庶几经义明而儒术正,儒术正而人才昌"②;十六年(1751)于南巡所至"江宁之钟山书院、苏州之紫阳书院、杭州之敷文书院,各赐武英殿新刊《十三经》《二十二史》一部,资髦士稽古之学"③。

为了推动知识界对于儒家经典的学习和研究,乾隆帝继康、雍两朝遗制,常以"御纂"或"钦定"名目编纂经书,并颁发给各省府学和应试士子。如乾隆十三年(1748),钦定《周官义疏》四十八卷,钦定《仪礼义疏》四十八卷,钦定《礼记义疏》八十二卷;乾隆二十年(1755),御纂《诗义折中》二十卷,御纂《周易述义》十卷;乾隆二十三年(1758),御纂《春秋直解》十六卷等。④

乾隆帝本人虽崇信程朱理学,理学也仍作为统治哲学,"在北京享受着政治性的供奉"⑤,但也注意到知识界经清初"以经学济理学之穷"治学路向的酝酿,渐至新的研经治史之途,根据学术发展的新趋向,选择在尊崇理学的同时,也逐渐重视汉学尤其是郑玄注释,"钦定诸经义疏多引郑注"⑥。

乾隆朝文化政策的转向,集中体现在朝廷的取士标准、科场程式和考试内容的变化等方面。⑦乾隆元年(1736)即诏开鸿词科,但因当时尚未形成一种能够影响朝廷取士标准的学术,仅取士一等6人,二等13人。

---

① 漆永祥:《乾嘉考据学研究》,中国社会科学出版社1998年版,第59页;林存阳:《乾嘉四大幕府研究》,中国社会科学出版社2016年版,第163页。
② 《清高宗实录》卷二百八十六,乾隆十二年三月丙申。
③ 《清高宗实录》卷三百八十四,乾隆十六年三月戊戌朔。
④ 皮锡瑞著,周予同注释:《经学历史》,中华书局2004年新1版,第214页;刘墨:《乾嘉学术十论》,生活·读书·新知三联书店2006年版,第33—34页。
⑤ [美]艾尔曼:《从理学到朴学——中华帝国晚期思想与社会变化面面观》,赵刚译,江苏人民出版社1995年版,第38页。
⑥ 孙星衍:《咨请会奏建立伏郑博士稿》,《岱南阁集》卷一。
⑦ 乾隆朝科举取士标准与科场程式的转变,参见漆永祥《乾嘉考据学研究》,中国社会科学出版社1998年版,第59—62页;刘墨《乾嘉学术十论》,生活·读书·新知三联书店2006年版,第34—43页。

乾隆十四年（1749）再举博学鸿词科，诏令内外大僚推举经术之士：

> 夫穷经不如敦行，然知务本，则于穷经为近。崇尚经术，良有关于世道人心。今海宇升平，学士大夫举得精研本业，其穷年矻矻，宗仰儒先者，当不乏人。奈何令终老牖下，而词苑中寡经术士也。内大学士、九卿，外督抚，其公举所知，不徇进士、举人、诸生以及退休闲废人员，能潜心经学者，慎重遴访，务择老成敦厚、纯朴淹通之士，以应精选。①

此科得陈祖范、顾栋高、吴鼎、梁锡玙四人，皆授国子监司业。此四人皆精于考核，深通经术，对当时学风有重要影响。如乾隆时期的学者昭梿所言：

> 上初即位时，一时儒雅之臣，皆帖括之士，罕有通经学者。上特下诏，命大臣保荐经术之士，辇至都下，课其学之醇疵。特拜顾栋高为祭酒，陈祖范、吴鼎等皆授司业。又特刊《十三经注疏》颁布学官，命方侍郎苞、任宗臣启运等衷集三《礼》。故一时耆儒夙学，布列朝班，而汉学始大著，龌龊之儒，自踧足而退矣。②

乾隆十五年（1750）又诏求经明行修之士，两江总督尹继善以"博通经史，学有渊源"荐举惠栋，惠栋在《上制军尹元长先生书》中称"国家两举制科，尤是词章之选，近乃专及经术，此汉、魏、六朝、唐、宋以来所未行之旷典"。③ 由重词章至专及经术，可见朝廷取士标准的变化。乾隆十九年（1754）的会试（甲戌科），由喜欢考据经典、主持修纂《五礼通考》的秦蕙田主持，王鸣盛、钱大昕、纪昀、朱筠、王昶、崔灏等著名考据学者皆同榜得中进士④，显示出考据学对朝廷取士标准和科举

---

① 转引自马宗霍《中国经学史》，上海书店1984年版，第140页。
② 昭梿：《啸亭杂录》卷一，"重经学"条。
③ 惠栋：《上制军尹元长先生书》，《松崖文钞》，卷一。
④ 纪昀《前刑部左侍郎松园李公墓志铭》："此科最号得人，如王鸣盛、王昶、朱筠、钱大昕、翟灏，皆称汲古之彦。"《纪晓岚文集》卷一六。

考试内容发挥了有效的影响。

在取士标准发生变化的同时，科举程式和考试内容也发生了相应的变化。科场中，宋学的正统地位体现在第一场和第二场考试中，在第三场经史事务策考试中，考据学和汉学的倾向则有所显露，汉学所关注的一些问题逐步渗透到科考中。如乾隆六年（1741）和乾隆十二年（1747）四川的乡试中开始出现了文献方面的考题。① 乾隆十年（1745）的殿试中加入了经、史方面的内容，此后比重越来越大②；乾隆二十二年（1757）的乡试和会试中，作为考据学术资源的"五经"受到重视，成为第二场考试的核心，而与宋学相关联的论、诏诰表和判语被取消。乾隆二十四年（1759）陕西乡试的策论强调了唐以前的经学传统，此后各省乡试和会试的策论更多地集中在以郑玄为代表的汉学方面，打破了宋学独尊的局面。③

科举考试考题和考试内容的变化，既能反映主考官、出题人关注点的变化，也能引导和暗示儒生文士学术取向的转变。"乾隆甲午、乙未间，彭云楣尚书时以詹事督学江苏，以经解诗赋取士，《四书》题多取一二字，虚仄枯寂，不能预为拟者，时多苦之。然吾郡读书，实由此起。前此学究诋赋为杂学，《周礼》《公羊》《谷梁》，未有见全书者，至是，书肆卖《尔雅》，日行数十部。掌公以难题试士，何可讥邪？"④ 乾隆己亥（1779）督学者刘文清侍郎诚曰"不学经，无以为生员也"⑤。在科场中以实学作为考试内容、以命题见学问、勉励考生研习经史小学，对于倡导重汉学的读书和治学风气具有重要的导向作用。钱大昕论曰：

> 夫皇上慎重科场，釐定成宪，除去表、判雷同剿袭之陋，首场试《四书》文及性理论，二场试经义，增五言排律。复谕礼臣，申严磨堪朱墨卷之例，将使士皆通经学古，淹长者无不收录，浅陋者不得倖售，远近闻风，争自奋厉。⑥

---

① 刘墨：《乾嘉学术十论》，生活·读书·新知三联书店2006年版，第39页。
② 金家恒：《徽州朴学成因考释》，《黄山高等专科学校学报》2001年第1期。
③ 刘墨：《乾嘉学术十论》，生活·读书·新知三联书店2006年版，第35—36、40—41页。
④ 焦循：《易余籥录》卷八。
⑤ 焦循：《感大人赋并序》，《雕菰集》卷一。
⑥ 钱大昕：《山东乡试录序》，《潜研堂文集》卷二十三。

第二章 乾嘉时期游幕学者的生存境域

自雍正十一年（1733）开书院之禁,① 各省、府、州、县相继恢复或新建书院,乾隆元年（1736）乾隆帝曾亲自写下《训饬省直书院师生》,对院长及生徒之选、书院的管理及教学等提出明确要求:

> 若仅攻举业,已为儒者末务,况藉为声气之资、游扬之具,内无益于身心,外无补于民物,即降而求文章成名,足希古之立言者,亦不多得,宁养士之初旨耶?该部即行文各省督抚学政,凡书院之长,必选经明行修、足为多士模范者,以礼聘请;负笈生徒,必择乡里秀异、沉潜学问者,肄业其中。其恃才放诞、佻达不羁之士,不得滥入书院中。酌仿朱子《白鹿洞规条》,立之仪节,以检束其身心;仿《分年读书法》,予之课程,使贯通乎经史。有不率教者,则摈斥勿留。②

在乾隆帝的明诏奖劝之下,除培养一般科举应试之士的书院之外,各省重视经史教学与研究的书院大量兴起,如江宁之钟山书院、苏州之紫阳书院、常州之龙城书院和暨阳书院、扬州之安定书院和梅花书院、杭州之敷文书院和崇文书院等,一些擅长经史研究的学者,如卢文弨、钱大昕、孙星衍、段玉裁、王念孙、洪亮吉等,也纷纷出任书院山长或教师,书院俨然成为考据学家切磋学问、培养后学的重要阵地。③

乾隆帝在奖掖书院、嘉惠后学的同时,诏谕搜访遗书。乾隆六年（1741）命各省督抚、学政留心采访近世以来研究六经、阐明心性的著述,乾隆三十七年（1772）先后下两道谕旨,诏命搜辑古今群书,以彰

---

① 雍正十一年（1733）正月谕内阁曰:"各省学政之外,地方大吏每有设立书院,聚集生徒讲诵肄业者。朕临御以来,时时以教育人材为念……近见各省大吏,渐知崇尚实政,不事沽名邀誉之为,而读书应举者,亦颇能屏去浮嚣奔竞之习。则建立书院,择一省文行兼优之士,读书其中,使之朝夕讲诵,整躬励行,有所成就,俾远近士子观感奋发,亦兴贤育才之一道也。督抚驻扎之所为省会之地,着该督抚商酌奉行,各赐帑金一千两,将来士子群聚读书,须预为筹画,资其膏火,以垂永久。其不足者,在于存公银内支用。封建大臣等并有此化导士子之职,各宜殚心奉行,黜浮崇实,以广国家菁莪棫朴之化。则书院之设,于士习文风有裨益而无流弊,乃朕之所厚望也。"张廷玉等奉敕撰《清朝文献通考》卷七〇《学校考八》;《清世宗实录》卷一百二十七,雍正十一年正月壬辰。
② 《清高宗实录》卷二十,乾隆元年六月甲子朔。
③ 各地重要书院的情况详见本章第二节。

千古同文之盛。① 时任安徽学政的朱筠承风而起，先后上《购访遗书及校核〈永乐大典〉意见折》和《购访遗书情形折》②作为对上谕的响应，阐发搜采遗书与开馆辑校古书之议，并提出"旧刻抄本，尤当急搜也"，"金石之刻，图谱之学，在所必录也"，"中秘书籍，当标举现有者，以补其余也"，"著录校雠，当并重也"四条建议。"上览奏异之，亟下军机大臣议行"③，四库馆由此得开。④

乾隆帝仿前代盛世修书之成例，力图通过编纂大型图书来表现其稽古佑文之成效，耗费巨大人力、物力、财力，多次组织大规模修书活动和出版工程，如《清通典》《清通志》《清文献通考》《续通典》《续通志》《续文献通考》《四库全书》及实录⑤、会典⑥等。乾隆三十八年（1773）开始刻印的《武英殿聚珍版丛书》，共刻印图书134种2300多卷。⑦ 梁启超有言："清高宗席祖父之业，承平殷阜，以右文之主自命，开四库馆，修《一统志》，纂《续三通》《皇朝三通》，修《会典》，修《通礼》，日不暇给，其事皆有待于学者。"⑧ 尤其是《四库全书》的编

---

① 清高宗：《谕内阁着直省督抚学政购访遗书》《寄谕各省督抚学政速行购访遗书并先将购访情形奏复》，中国第一历史档案馆编：《纂修四库全书档案》，上海古籍出版社1997年版，上册，第1—2、5—6页。

② 《安徽学政朱筠奏陈购访遗书及校核〈永乐大典〉意见折》《安徽学政朱筠奏购访遗书情形折》，中国第一历史档案馆编：《纂修四库全书档案》，第20—21、23页。

③ 朱珪：《竹君朱公神道碑》，朱筠：《笥河文集》卷首。

④ 李岳瑞《春冰室野乘》"四库全书之滥觞"条："乾隆朝修《四库全书》，从《永乐大典》中辑佚书七百余种，人皆知其议之发于朱笥河学士，而不知徐健庵尚书已有此议，学士特因其成说耳。"关于清廷开四库馆的原因，漆永祥《乾嘉考据学研究》（中国社会科学出版社1998年版，第64页）从主观和客观两个方面进行了比较详细的讨论。

⑤ 清代皇帝登基后都会聘用大批学者编修已故帝王的实录。仅乾隆朝实录的编修就聘用了900余名学者。参见［美］艾尔曼《从理学到朴学——中华帝国晚期思想与社会变化面面观》，赵刚译，江苏人民出版社2012年版，第82页。

⑥ 清朝政府重视编修会典，主要是为了强化中央集权，便于各级官员有效施政。《乾隆会典》于乾隆十二年（1747）奉敕修，乾隆二十九年（1764）成书；《嘉庆会典》于嘉庆六年（1801）开馆纂修，嘉庆二十三年（1818）成书。详见乾隆《大清会典》卷首《凡例》；嘉庆《大清会典》卷首《凡例》。

⑦ 江凌：《清代两湖地区的出版业》，中国书籍出版社2011年版，第104页。据杜维运研究，17、18世纪由内务府赞助或直接主持的书籍多达150余种，这些书籍囊括儒学的各个领域，且大部分由武英殿出版。杜维运：《学术与世变》，环宇出版社1971年版，第117—130页。

⑧ 梁启超：《清代学术概论》，中华书局2011年版，第98页。

纂，不仅使"山崖屋壁之书，昔人悬千金不得者，尽献于朝"①，官方还聘用了360多位学者，雇佣了7000多名文书，② 其中聚集了纪昀、陆锡熊、姚鼐、程晋芳、任大椿、汪如藻、余集、戴震等一大批考据学者和汉学精英。考据学者在编修《四库全书》和《总目提要》时，力图使选书标准、提要内容与自己的学术观点相协调，如《总目提要》对惠士奇《礼说》、陈第《毛诗古音考》、方以智《通雅》、杨慎《古音略例》的表彰和叙述，实为清代考据学追溯历史来源，暗示了推重汉学考据的学术风气，推动了考据学和汉学的发展。如梁启超所言："《四库提要》这部书，却是以公的形式表现时代思潮，为向来著述未曾有。当时四库馆中所网罗的学者三百多人，都是各门学问的专家。露骨的说，四库馆就是汉学家的大本营，《四库提要》就是汉学思想的结晶体。"③

诏开四库馆和《四库全书》的编纂直接促成了乾隆中期以后学术风气的转变，"自四库馆开而士大夫始重经史之学"④，尤其是戴震、周永年、邵晋涵、余集、扬昌霖被荐入馆，时称"五征君"，朝野钦羡，"是时天下之士，益彬彬然向于学矣"⑤。洪亮吉在《邵学士家传》中曾论四库馆及邵晋涵与戴震入馆修书对当时学风产生的影响：

> 乾隆之初，海宇乂平，已百余年，鸿伟傀特之儒接踵而见，惠征君栋、戴编修震，其学识始足方驾古人。及四库馆之开，君与戴君又首膺其选，由徒步入翰林，于是海内之士知向学者，于惠君则读其书，于君与戴君则亲闻其绪论，向之空谈性命及从事帖括者，始骎骎然趋实学矣。夫伏而在下，则虽以惠君之学识，不过门徒数十人止矣。及达而在上，其单词只义，即足以歆动一世之士。则今之经学昌明，上之自圣天子启之，下之即谓出于君与戴君讲明切究之力，无不可也。⑥

---

① 周震荣：《上李观察书》，徐世昌：《清儒学案》卷九六《实斋学案》附录。
② 郭伯恭：《四库全书纂修考》，商务印书馆1937年版，第60—69页。
③ 梁启超：《中国近三百年学术史》，东方出版社1996年版，第27页。
④ 钱大昕：《日讲起居注官翰林院侍讲学士邵君墓志铭》，《潜研堂文集》卷四十三。
⑤ 汪中：《大清故贡生汪君墓志铭》，《述学·别录》。
⑥ 洪亮吉：《邵学士家传》，《卷施阁文甲集》卷九。

章学诚更是以亲历者的身份讲述了四库馆开馆前后学术风气的变化："自雍正至乾隆初年，庙堂所修《诗》《书》《春秋》、三《礼》《明史》依次告成，而三通、四库诸馆犹未创议，一时学者攻习，舍举子业无以干禄利也……二十年来，天子右文稽古，馆阁搜罗，文献大备，登用才俊，不以其资，通儒硕学，磊落继起，可谓极盛者矣。而进取之士承望下风，亦斐然若有天禄石渠、校雠讨论之思。而向之方、王、储、何诸家艺业，间有举及之者，辄鄙弃之为不足道。"①

二 官员承风宏奖

"国家当康熙、乾隆之间，时和政美，天子右文，王公大臣，相习成风，延揽儒素。当代文学之士，以诗文结主知，致身通显者，踵趾相错。下至卿相节镇，开阁置馆，厚其廪饩。"② 至乾嘉两朝，统治者高度重视学术文化事业，大力提倡经学，一些有识见的王公贵胄，如诚亲王胤祉、郑亲王、成亲王、果毅公阿里衮，六部大臣如任兰枝、秦蕙田、梁诗正、大学士刘统勋、王杰、刘墉、董诰、刘云房等承风宏奖，纷纷招募学者从事经籍校勘与考订，尤其是那些任封疆、主文柄的督、抚、学政等地方大员，如卢见曾、朱筠、谢启昆、毕沅、陶澍、阮元等，"本以经师致身通显"，敏锐地把握住时代发展和学术演进的律动，顺应清廷的文化导向和学术发展的时代潮流，以其地位、影响和学术号召力等各种便利条件，"所至提倡"，③ 汲汲于识才造士，广纳对于经义古学学有根柢、各有所成的学者，并予以扶持，组织学者汇刻经史著作和乡邦文献，不断推出具规模、有影响的学术成果，有力地推动了乾嘉汉学的发展。

卢见曾虽以诗名世，但其倡导"通经当以近古者为信"④，刊刻经史典籍，主持纂辑《雅雨堂丛书》，表彰郑玄之学以及惠栋、朱彝尊诸儒，对乾隆初年学风的转型和汉学的发展有一定的促进作用。毕沅"好儒雅，广集遗书，敬重文士"⑤，"抚陕时，爱才下士，校刊古书。时幕府之士甚

---

① 章学诚：《叶鹤涂文集序》，《章氏遗书》卷二十一。
② 周星誉：《王君星诚传》，缪荃孙：《续碑传集》卷八十一。
③ 梁启超：《清代学术概论》，中华书局2011年版，第98页。
④ 卢见曾：《经义考序》，《雅雨堂文集》卷一。
⑤ 昭梿：《啸亭杂录》卷十，"毕制府"条。

众，其尤著者为长洲吴舍人泰来、江宁严侍读长明、嘉定钱州判坫及稚存、渊如"①，与其幕中学者致力于诸子、小学、金石、地理之学的校辑考订，辑刻《经训堂丛书》《续资治通鉴》《史籍考》，有力推动了经史之学的发展。陈其元曰："我朝爱客礼士者，惟德州卢雅雨都转、苏州毕秋帆制府，一时士之奔趋其幕府者，如水赴壑。"②

朱筠作为汉学家，曾多次担任乡试、会试同考官或正考官，"屡主文柄"，提倡"识字以通经"③的治学方法，衡文校士，搜罗英俊，如大理寺卿陆锡熊、吏部主事程晋芳、礼部郎中任大椿，皆所取士，视学安徽，以古学教士子，重刻《说文解字》，"岁余，士多通六书及注疏家言"④。章学诚曰："近从朱先生游，亦言甚恶轻隽后生枵腹空谈义理，故凡所指授，皆欲学者先求征实，后议扩充。所谓不能信古，安能疑经，斯言实中症结。"⑤乾嘉时期许学骤成显学，学者相率为形声训诂之学，人肆篆籀，家耽苍雅，"当时研精许学之风气，尚未大开，筠倡导之功，为不可没。"⑥朱筠奏"请访天下遗书，以广艺文之阙"⑦，发开四库馆辑书校书之先声，既嘉惠士子，又有力地促进了"通经稽古"治学路径的渐趋发皇。"朱筠一生虽未留下经学的鸿篇巨制，但倡导朴学风气尚未大开之时，借朝廷之力推动朴学，不遗余力地宏奖古学人才，其对乾嘉学术风气的形成，作用显著，其倡导之功，不在著述之下。"⑧

阮元历官乾、嘉、道三朝，多次出任地方督、抚、学政，充礼部、兵部、户部侍郎，拜体仁阁大学士，"早跻通显，扬历中外，所至敦崇实学，编刻诸书，类多宏深博奥，挈领提纲，《揅经室集》说经之文，皆诂释精详"⑨，"以懿文硕学，受知九重，扬历八座，累主文衡，首以经术为

---

① 毛庆善、季锡畴：《黄仲则先生年谱》，乾隆四十六年条；黄景仁：《两当轩集》附录三。
② 陈其元：《卢毕二公之爱才》，《庸闲斋笔记》卷八，中华书局1989年版，第181页。
③ 朱筠：《安徽试卷序》，《笥河文集》卷五。
④ 李威：《从游记》，朱筠：《笥河文集》卷首。
⑤ 章学诚：《与族孙汝楠论学书》，《章氏遗书》卷二十二。
⑥ 张舜徽：《清人文集别录》卷七，《笥河文集十六卷》条。
⑦ 江藩：《朱笥河先生》，《国朝汉学师承记》卷四。
⑧ 暴鸿昌：《朱筠与乾嘉学术风气》，《北方论丛》1997年第6期。
⑨ 徐世昌：《清儒学案》卷一百二十一《仪征学案上》。

多士倡"①。任浙江学政、浙江巡抚十余年，提倡汉学，奖掖人才。立诂经精舍，聘考据学家孙星衍、王昶主讲席，授"以《十三经》、三史疑义，旁及小学、天部、地理、算法、词章"②，延大批学者至幕，纂《经籍籑诂》《十三经注疏校勘记》，培养了一大批专事汉学考据的学者，如洪震煊、洪颐煊、徐养原、严杰、赵坦、朱文藻、周中孚、朱为弼、孙同元等浙江的汉学家，大多出自阮元幕府或诂经精舍。陈康祺尝谓："萧山毛西河、德清胡朏明所著书，初时鲜过问者。自阮文达来督浙学，为作序推重之，坊间遂多流传。时苏州书贾语人：'许氏《说文》贩脱，皆向浙江去矣。'"③可见阮元对浙江学风影响之大。

乾嘉时期的一些儒臣集学者与官吏于一身，积极响应清廷的文化政策，大力倡导学术，以经义古学衡文取士，奖掖后进，设幕揽才，编校、刊刻经史典籍，扶持经学，对学术风气的推移起到了至关重要的作用。其中"秉节视学各省者，若朱竹君先生之任安徽、谢金圃先生之在江苏、阮文达公之在两浙，并以经术倡导后进，弼成一代文明之治"④，"及芸台相国，秋帆制府，起儒生，跻高位，飏历中外者数十年，其所造就尤多。纪文达任四库总裁，复注意网罗俊彦。乾嘉之际，汉学勃兴，厥功巨矣"⑤，故徐世昌言："乾嘉经学之盛，达官耆宿提倡之力为多。"⑥

三 学者崇尚考据

"儒者言义理、言治法，必溯源于经义"，古代典籍"远者几千年，多者数百帙"，流传至清代，多有"写刻之讹谬，笺解之纷错"⑦，使人难以卒读，圣人之微言大义久晦于世，亟须进行纠错讹、通训诂、明源流等文献考据工作以正本清源。而在知识界，自清初学者攻晚明学风空疏，倡导"以经学济理学之穷"的治学路径，学风日趋朴实，发展至乾隆初叶，惠栋、江永等朴学大师致力于倡复经义古学，"一时在上位者，若朱笥河

---

① 钱大昕：《经籍籑诂序》，《潜研堂文集》卷二十四。
② 孙星衍：《诂经精舍题名碑记》，阮元：《诂经精舍文集》卷首。
③ 陈康祺：《郎潜纪闻二笔》卷十六，"阮文达推重经学"条。
④ 罗振玉：《朱笥河先生年谱序》，罗继祖：《朱笥河先生年谱》卷首。
⑤ 支伟成：《清代朴学大师列传·提倡朴学诸显达列传第二十五》之《叙目》。
⑥ 徐世昌：《清儒学案》卷一百二十一，《仪征学案上》。
⑦ 王引之：《詹事府少詹钱先生神道碑铭》，《王文简公文集》卷四。

先生及文正公昆弟、纪尚书、邵学士、钱宫詹、王光禄及兰泉侍郎、卢抱经学士十数辈，承之而起，于是风气又一变矣。此诸公者，类皆天资茂异，卓越常俦，强识博辨，万卷在口，能使有学者瞆厥耳、无闻者荡厥心，驰骋笔舌，论议涛涌"①，主张由文字训诂以通经明道，对当时的治学风气产生了重大影响。

乾隆帝因势利导，对文化政策进行调整，在维持理学官方地位的同时，通过改革科场程式与考试内容、支持书院的经史教学、表彰经术之士、征书编书等举措，大力提倡经学和经义考证。在此文化政策的导向之下，上自朝廷重臣、督、抚、学政，下至道、府、州县、各级官员，承风宏奖，利用自身有利条件，吸纳众多才华横溢却难入仕途的贫寒学者，或编书著书，或校梓群籍。流风所向，包括游幕学者在内的大批学者，孜孜研讨经义古学，矻矻撰著，经史考证的治学路径日益受到重视，遂使学术风气转向经学考据。如唐仲冕所言："先是文体华赡，经学剿说居多，巨人硕儒出，以许、郑为宗，实事求是。海内老师宿彦，大雅博闻之士，同声发明，翕然推奖，庠塾之讲贯，孝秀之选举，皆出乎是，天下靡然向风矣。"② 尤其是《四库全书》和《总目提要》的编修，"流风所煽，海内人士无不重通经，通经无不知信古"③，进一步促进了学术风气向经史考证的转变。

主持编修《四库全书》和《总目提要》的纪昀（1724—1806），其学术经历可谓当时学术风气转移的典型代表。纪昀自言："三十以前，讲考证之学，所坐之处，典籍环绕如獭祭。三十以后，以文章与天下相驰骤，抽黄对白，恒彻夜构思。五十以后，领修秘籍，复折而讲考证。"④ 及至"嘉道间，承国家极盛之余，海内富庶，名公巨卿，类多风流，笃嗜文学，乐与诸贤隽商略往还，不惮屈己下之，而财力赡给，又足以佐其优礼，故幕府常极一时之选，而博学高文之士，藉资游览而广著述者，往往栖托其间"⑤，从而在社会上形成一种赞助、鼓励经义古学研究的学术环

---

① 方东树：《复罗月川太守书》，《仪卫轩文集》卷七。
② 唐仲冕：《芳茂山人诗录序》，孙星衍：《芳茂山人诗录》卷首。
③ 王昶：《惠定宇先生墓志铭》，《春融堂集》卷五十五。
④ 纪昀：《姑妄听之序》，《阅微草堂笔记》卷十五。
⑤ 杜贵墀：《画墁腾稿序》，《桐华阁文集》卷四。

境。而"志古之士,餍饫其中,如酌江河,随量有获"①,"鼓箧之儒,皆骎骎乎研求古义"②,"汉学风靡学界,朴学成为学术重心,海内之士崇尚考据,以朴学相矜尚,学者精研《尔雅》《说文》,博涉古经、佚书"③,注重经史考证的汉学研究在乾嘉时期逐渐超越理学的地位,以致"家家许、郑,人人贾、马,东汉学烂然如日中天矣"④。乾嘉时期学术风气的转变也引起了朝鲜燕行使者柳得恭的注意,其《泠斋诗集》卷五曰:"考古家分讲学家,迩来风气变中华。《说文》《尔雅》休开口,陈仲鱼来诵不差。"诗注:"纪晓岚云:近来风气趋《尔雅》《说文》一派。"⑤

生逢社会安定、经济繁荣的时代,身处经义古学复兴昌盛的社会环境,乾嘉时期游幕学者的学术活动,必然深受该时代政治文化导向的影响,带有当时社会文化发展的印记。

第二节　乾嘉时期游幕学者的区域环境

区域环境包括该区域的自然地理环境、经济环境和文化环境。自然地理环境主要指地理位置、地形地势、地貌、土壤、气候、生物资源、水利资源等自然条件,是人类赖以生存和繁衍的立足之本。人类活动与其所处的自然地理环境之间相互作用、相互影响。在生产力有限的传统农业社会,自然地理环境及其历史变迁,在很大程度上决定了该地域的交通条件,影响着该地区人口的数量、分布、迁徙及其活动内容;反之,人口条件及其活动方式也会影响一个地区的自然地理环境,使其发生一定的改变。因此,经济活动方式及其成果,区域经济的发展水平及交通条件,人们的生活方式与思想观念,以及该地区文化事业的发展水平,都会受到其所处的自然地理环境的影响和制约,表现出明显的区域特质。

黄河中下游和长江三角洲地区,地势平坦,土壤肥沃,降水丰沛,河网密布,而且有适宜农作物生长的气温,适合农业发展。而浙江、福建、

---

① 江永:《乡党图考自序》,《乡党图考》卷首。
② 严杰:《皇清经解序》,阮元:《皇清经解》卷首。
③ 暴鸿昌:《朱筠与乾嘉学术风气》,《北方论丛》1997年第6期。
④ 梁启超:《清代学术概论》,中华书局2011年版,第111页。
⑤ 王振忠:《朝鲜柳得恭笔下清乾嘉时代的中国社会——以哈佛燕京图书馆所藏抄本〈泠斋诗集〉为中心》,《中华文史论丛》2008年第2辑,第146页。

广东等沿海地区，因山多田少，人稠地狭，缺少土地资源，则主要从事渔业、养殖、制盐、采珠等生产经营，或者出海谋生，开展商业贸易，甚至移民至东南亚各地。即使在一省之内的不同地域，因自然地理环境不同，其人文环境和民风也存在地域性差异。如湖北省内鄂西、鄂西北山区山高林密，地势险峻，相对封闭，民风朴实率直；江汉平原多山富水，平原丘陵兼备，物产丰饶，社会分工繁杂，生产方式多元化，加上移民因素和商业的影响，性情多机巧。①

高山大川两边的地域往往具有不同的地貌、气候和地壤，形成不同类型的经济模式，也形成不同的风俗习惯和文化特色。《礼记·王制》："广谷大川异制，民生其间者异俗。"如长江下游的浙东与浙西，以长江为界风俗迥异：

> 两浙东西以江为界而风俗因之。浙西俗繁华，人性纤巧，雅文物，喜饰鞶帨，多巨室大豪，若家僮千百者，鲜衣怒马，非市井小民之利。浙东俗敦朴，人性俭啬椎鲁，尚古淳风，重节概，鲜富商大贾。而其俗又自分为三：宁、绍盛科名逢掖，其戚里善借为外营，又佣书舞文，竞贾贩锥刀之利，人大半食于外；金、衢武健负气善讼，六军材官所自出；台、温处山海之民，猎山渔海，耕农自食，贾不出门，以视浙西迥乎上国矣。②

高山大川除了造成地域上的差异外，在交通条件不发达的古代，也成为文化传播的障碍。如陕西秦岭南北属于不同的自然区域，而且陕北的黄土高原地貌与关中的渭河平原自然环境也截然不同，由此造成关中文化与汉中文化、陕北文化迥异，自元代将秦岭南北划归同一行政区以来，在行政管理体制的作用下，经过几百年的文化整合，渐有一体化的倾向。湖南以雪峰山为界，东部的湘、资二水流域与西部的沅、澧二水流域分属不同的文化区域，方言不同，风俗有别。安史之乱之后北来的移民到达荆南与江湘地区，使二地方言有所靠近。③

---

① 江凌：《清代两湖地区的出版业》，中国书籍出版社2011年版，第58页。
② 王士性：《江南诸省》，《广志绎》卷四。
③ 周振鹤：《中国历史政治地理十六讲》，中华书局2013年版，第195页。

鉴于自然地理环境与区域经济环境和文化环境具有相互影响与制约的密切关系，本节将采取自然地理与人文地理相结合的方法，分政区和地理区划，综合考察乾嘉时期游幕学者的区域环境。

依据清代嘉庆二十五年（1820）的疆域全图和省区分布，① 结合中国地理的区域划分习惯，可以将嘉庆时期的18个省区划分为华北、西北、华中、华东、西南、华南六个区域，其中华北地区包括直隶和山西，西北地区包括陕西和甘肃，华中地区包括河南、湖北、湖南、安徽、江西，华东沿海地区包括山东、江苏、浙江、福建，西南地区包括四川、云南、贵州，华南地区包括广东、广西。

由第一章对乾嘉时期游幕学者的地域分布（籍贯和游幕地）的考察可知，乾嘉时期籍贯明确的游幕学者有378人，分别来自15个省区，其中来自江苏省和浙江省的游幕学者最多，合占全部籍贯明确的游幕学者人数的77%，分散于两省19个府、州的71个县域，而杭州、苏州、常州和扬州四府的学者达153人，占全部籍贯明确的游幕学者人数的40.5%，② 安徽、直隶、山东、河南、山西、江西、湖南、湖北、陕西、福建、广东、广西、云南等省区亦有数量不等的学者游幕，未见有来自贵州、甘肃、四川三省的游幕学者（详见表1.6和图1.3）；其游幕地域则遍布大江南北的25个省、区，除群聚于浙江、江苏与京师（100人次以上）之外，安徽、湖北、陕西、广东、河南、山东、江西、福建等地亦多有游幕学者的踪迹（40—80人次），甚至在新疆、青海、甘肃、贵州、台湾等较为偏僻之地和藩属琉球国，亦时可见游幕学者的游踪（详见图1.5）。

由于资料搜集和个人能力、精力所限，难以对所有省区都做详细讨论，基于乾嘉时期游幕学者的籍贯和游幕地的区域分布，综合考虑各省区的地理区位、交通条件、经济水平、文化发展等因素，本书将重点讨论游幕学者分布较多的地区（如华中和华东地区）的区域环境，而把游幕学者分布较少的地区（如华北与西北、华南与西南地区）合并讨论，每个

---

① 清代嘉庆时期的疆域及地图，详见谭其骧主编《中国历史地图集》，第8册，"清时期"之"清时期图组编例"及"清时期全图（一）"。中国地图出版社1987年版，第3—4页。

② 美国学者艾尔曼通过对《皇清经解》著录的75名学者籍贯的考察，发现近90%的学者籍贯地属江南，其中68%来自扬州、杭州、苏州、常州四府。［美］艾尔曼：《从理学到朴学——中华帝国晚期思想与社会变化面面观》，赵刚译，江苏人民出版社2012年版，第69—70页。

地区内部对各省区的讨论也会有所偏重。

一　华北西北地区

乾嘉时期的华北地区包括直隶①和山西两省，西北地区包括陕西和甘肃两省。从第一章的分析可知，乾嘉时期籍贯为直隶省的游幕学者有11位，到京师游幕的学者有112人次，到直隶省（京师之外）游幕者有36人次；来自山西省和陕西省的游幕学者各有2人，至山西省游幕的学者有20人，至陕西省游幕的学者有61人次；未见有甘肃省籍的游幕学者，到甘肃省区游幕的学者只有6人，且多为参赞戎幕者。而山西和陕西邻省，仅一河之隔，尤其是晋南与汉中两地，人们的生活习惯、风土人情等十分接近，民间的交往较多，在商业经营方面也有许多共同点，常被合称为"山陕商人"或"西商"。因此，本节主要以京师和西安所在的关中平原为重心讨论直隶和陕西两省区的区域环境。

1. 京师

从自然地理环境而言，京师处于华北平原的最北端，南下中原可以控扼天下，北经燕山诸山口可进入蒙古草原，东北可沿渤海边缘进入松辽平原，西南可经太行山各关隘直达中原，区位优势明显。② 如金人梁襄所说："燕都地处雄要，北倚山险，南压区夏，若坐堂隍，而俯庭宇也……况今又有宫阙井邑之繁丽，仓府武库之充实，百官家属皆处其内，非同曩日之陪京也。居庸、古北、松亭、榆林等关，东西千里，山峻相连，近在都畿，易于据守。"③清初顾祖禹《读史方舆纪要》分析京师的地势则曰："关山险峻，川泽流通，据天下之脊，控华夏之防，巨势强形，号称天府。"④

从交通条件和经济发展方面来看，自靖康之难，北方经济受到严重破坏，大批各阶层的北方人士随宋王室南迁，京师所需自元代以来"无不仰给于江南"⑤。京师位于京杭大运河的北端，运河贯通南北，沟通海、

---

① 《清史稿·地理志》："直隶，《禹贡》冀、兖二州之域。明为北京，置北平布政使司、万全都指挥使司。清顺治初，定鼎京师，为直隶省。"
② 周振鹤：《中国历史政治地理十六讲》，中华书局2013年版，第256页。
③ 脱脱等：《金史·梁襄传》。
④ 顾祖禹：《读史方舆纪要》卷十一《北直二》。
⑤ 宋濂等：《元史·食货志》。

黄、淮、江、钱塘五大水系，成为南北物资交流的动脉，也成为京师与全国大多数省区物品流通的主要通道，直隶省区运河沿线因漕运发展也兴起一些商业城市，如通州、直沽（天津）、沧州等，商品流通促进了京师周边城乡经济和商品市场的发展，交通的便利也为各色人等南北往来和文化交流提供了更大的空间。

从政治环境来看，京师作为清代都城，是全国的政治中心，国家的首脑机关和权贵势要皆居于此，"燕台之贵人，乘舆拥翠，日殿呵于道，四方之客，能承其颜色，即可致身青云，见者谁不慕而奉之"[1]，京师自然成为文士经生实现济世理想的首选之地，加之各地举子都要到京师参加会试，京师因此成为当时"五大都会"之首[2]。

从文化环境来看，乾隆帝重视儒学典籍的整理和经义古学的研究，多次诏令广搜天下遗书，组织大型的官方修书活动与出版工程（详见本章第一节），尤其是乾隆三十八年（1773）四库馆开馆，"方四库征书，遗籍秘册会萃都下"[3]，活跃了以琉璃厂为中心的京师的图书市场，为学者购求所需书籍、进行学术研究提供了极大便利。陈康祺《京师书肆》云：

> 乾隆癸巳开四库馆，即以翰林院署藏书分三处：凡内府秘书发出到院为一处，院中旧藏《永乐大典》内有摘抄成卷、汇编成部之书为一处，各省采进民间藏书为一处。分员校勘，每日清晨诸臣入院，设大厨供给茶饭。午后归寓，各以所校阅某书应考某典，详列书目，至琉璃厂书肆查之。是时，江浙书贾亦奔走辇下，邮书海内，遍征善本，书坊以五柳居、文萃堂为最。[4]

当时的琉璃厂书肆众多，金石、古董亦富。朝鲜人朴齐家曾言"琉璃厂左右十余里及龙凤寺开市等处，骤看之，璀璨辉映，不可名状者，皆

---

[1] 孔尚任：《城东草堂诗序》，《孔尚任诗文集》卷六。
[2] 孔尚任《郭匡山广陵赠言序》："天下有五大都会，为士大夫必游地，曰燕台，曰金陵，曰维扬，曰吴门，曰武林。"孔尚任：《孔尚任诗文集》卷六。
[3] 章学诚：《邵与桐别传》，《章氏遗书》卷十八。
[4] 陈康祺：《京师书肆》，《郎潜纪闻初笔》卷三。

彝鼎、古玉、书画奇巧之属，其实真品亦罕见矣。然而天下之累巨万财皆聚于此，卖买者终日无间断。"① 在京师的许多学者时常流连其中，淘到不少珍贵书籍与金石彝器。如钱大昕在京师期间（1752—1767）②，公事之暇，常游琉璃厂书肆，先后购得汉唐石刻二三百种，晨夕校勘，证以史事，后将考证成果汇为《金石文跋尾》③，在金石考证和以金石证史方面成就斐然。④

清廷开馆从《永乐大典》中采辑佚书⑤，纂修《四库全书》，不仅造就了一个做经史考证之学的环境，同时也使京师成为全国的学术文化中心，"四方才略之士挟策来京师者，莫不斐然有天禄石渠、句坟抉索之思，而投卷于公卿间者，多易其诗赋举子艺业，而为名物考订与夫声音文字之标"⑥，丁杰、洪亮吉、凌廷堪、汪中、朱文藻等著名学者，皆以四库馆官员的幕宾身份参与其事，京师因此也成为乾嘉时期游幕学者的核心游幕地域。

许多学者尤其是游幕学者来到京师之后，学术事业才得以成就。如戴震乾隆十九年（1754）为避仇入京，⑦馆翰林院庶吉士纪昀家，所著《考工记图注》得到纪昀赞赏，为之作序并主持刊行，钱大昕则将其推荐给刑部尚书秦蕙田，为秦纂辑《五礼通考》。乾隆二十一年（1756）戴震馆于吏部尚书王安国府，为其子王念孙授经。戴震在京师期间，出入名儒硕彦之门，朝夕讲论，学者们"耳先生名，往访之，叩其学，听其言，观

---

① ［朝鲜］朴齐家：《北学议内编·古董书画》，《贞蕤集附北学议》。
② 钱大昕乾隆十六年（1751）因献赋称旨被赐为举人，次年入都候补内阁中书，乾隆十九年（1754）进士及第，任翰林院庶吉士，后累迁至翰林院编修、侍读、侍讲学士，先后任武英殿纂修官、《续文献通考》纂修官等。恒慕义编著：《清代名人传略》（中），青海人民出版社1990年版，第237—241页。
③ 钱大昕：《潜研堂金石文跋尾》，《嘉定钱大昕全集》卷六。
④ 刘墨：《乾嘉学术十论》，生活·读书·新知三联书店2006年版，第139页注。
⑤ 四库馆臣从《永乐大典》中辑出文献，经部80种，史部78种，子部171种，集部185种，总计514种，5313卷。法式善：《陶庐杂录》卷四。
⑥ 章学诚：《周书昌别传》，《章氏遗书》卷十八。
⑦ 关于戴震入京师避难的时间，清人的记述存有分歧，钱大昕、凌廷堪等人认为是乾隆十九年（1754），段玉裁、洪榜等人认为是乾隆二十年（1755）。根据戴震、钱大昕的活动史实，本书取钱大昕之说。

其书，莫不击节叹赏。于是声重京师，名公巨卿争相交焉"①，王鸣盛、王昶、朱筠、朱珪皆与之交好。后因纪昀之荐，馆两淮盐运使卢见曾署，识惠栋、沈大成等汉学家，对其治学方法和学术思想产生了重要影响。乾隆二十一年（1762）戴震乡试中举，次年入京，数月间讲学所至，段玉裁皆随往听，四年后正式成为戴震弟子。乾隆三十八年（1773）戴震又因纪昀等人的推荐，被召入四库馆，任校勘《永乐大典》纂修官，辑录天文、算法、小学、方言、礼制诸书，"诸儒皆震竦之，愿敛衽为弟子"②，以致"海内皆知有戴先生矣"③。

  纂修《四库全书》为学术交流和学术研究提供了极为便利的条件。馆中学者在一起论经说史、交流心得，比以书信和著述的方式进行学术交流更为直接，效果也更为明显。如丁杰"肆力经史，旁及《说文》、音韵、算数。初至都，适四库馆开，任事者延之佐校，遂与朱筠、戴震、卢文弨、金榜、程瑶田等相讲习"④，学问得以大增。同时，四库馆中的学者可以利用宫中秘档、举国进呈的图书和从《永乐大典》中辑出的佚书，为相关学术研究提供了前所未有的资料保障。如戴震对《水经注》的校注，始于乾隆三十年（1765），至三十七年（1772）时仍未及四分之一，而被召入四库馆后，得见《永乐大典》所辑之《水经注》，遂据以校之，次年乃成书，以聚珍版刊行。⑤《小学考》的纂辑得益于谢启昆官浙江按察使，"得观文澜阁中秘之书经"⑥，钱大昕论《小学考》胜于《经义考》的主要原因在于，谢启昆及其幕中学者看到了许多朱彝尊当年无法看到的资料："文澜阁颁赐中秘书，职在典守，时得寓目"⑦，"大制《小学考》搜罗博奥而评论又公且当，较之竹垞书，精博实有过之，盖竹垞当日异书犹多伏而未出。"⑧ 而未入馆的一些学者或借朋友关系借阅，或因代人校录《四库全书》得阅秘书珍籍。如桂馥未曾入馆，但其友周永年"尝借

---

① 段玉裁：《戴东原先生年谱》，乾隆二十一年条。
② 章太炎：《检论》卷四《清儒》。
③ 钱大昕：《戴先生震传》，《潜研堂文集》卷三十九。
④ 《清史列传·儒林传下·丁杰》。
⑤ 郭康松：《清代考据学研究》，崇文书局2001年版，第91页。
⑥ 谢启昆：《小学考序》，《小学考》卷首。
⑦ 钱大昕：《小学考序》，《潜研堂文集》卷二十四。
⑧ 钱大昕：《与谢方伯书》，谢启昆：《小学考》卷首。

馆中书，与（桂）馥为《四部考》，佣书工十人，日夜抄校，会禁借官书乃止"①；钱大昭也未曾入馆，"壮岁游京师，尝代友人校录《四库全书》，人间未见之秘，皆得纵观。由是学益浩博"②。

2. 陕西

陕西地处西北，南北纵长，东西狭窄，地跨亚热带、暖温带和温带，有山地、高原、平原和沙漠，地表结构错综复杂。由于地貌和气候条件的差异，农业生产类型复杂多样，关中平原"丰、镐之间，号为土膏，其贾亩一金"③，经济上可以自足，军事上有四塞之固的地理优势，号称"天府"。

> 夫关中左崤函，右陇蜀，沃野千里，南有巴蜀之饶，北有胡苑之利，阻三面而守，独以一面东制。诸侯安定，河渭漕挽，足以西给京师；诸侯有变，顺流而下，足以委输。此所谓金城千里，天府之国。④

但经王莽与董卓之乱，西安附近三辅地区民人四散，"二三年间关中无复行人"⑤。隋唐时期，关中地区虽再度成为全国政治中心，经济得到一定恢复，但因人口骤增、水土流失严重，"所出不足以给京师"⑥。宋代以后，黄河流域自然环境渐趋恶化，"渠堰缺坏，土地荒芜，陕西之人虽欲种莳，不获水利"⑦，农业经济与商品流通大受影响，昔之"天府"渐变为"边戍之绝塞"：

> 河以西为古雍地，今为陕西，山河四塞，昔称天府。西安为会城，地多驴马牛羊旃裘筋骨，自昔多贾，西入陇蜀，东走齐鲁，往来交易，莫不得其所欲，至今西北贾多秦人，然皆聚于沂雍以东至河华

---

① 《清史列传·儒林传下·邵晋涵附周永年》。
② 《清史列传·儒林传下·钱大昭》。
③ 班固：《汉书·东方朔传》。
④ 荀悦：《前汉纪·高祖皇帝纪》卷三。
⑤ 房玄龄等：《晋书·食货志》。
⑥ 欧阳修等：《新唐书·食货志三》。
⑦ 宋濂等：《元史·河渠志二》。

沃野千里间，而三原为最。若汉中西川巩凤犹为九道至凉庆甘宁之墟，丰草平野，沙苇莱条，昔为边商之利途，今称边戍之绝塞矣。①

清朝前期，清政府在西北、西南地区多次用兵，地处交通要冲的陕西是连接西北和西南地区的枢纽，军队的调遣和军需物资的供应，均需经过此地，百姓"生计日蹙，国税日逋"②。加之水利失修，旱灾不断发生，严重影响了该地区的经济发展，关中地区虽不失为西北重要的小麦产区，但其在全国的经济地位已远不如汉唐时期。清代中期以后，由于汉口商业兴盛，关中作为华中地区与西北地区货物的中转地，商品经济有所振兴，但远远落后于江南地区。③ 黄宗羲曾以金陵和关中为例，讨论东南与西北地区经济文化的历史变化："古之言形胜者，以关中为上，金陵不与焉，何也？曰：时不同也。秦、汉之时，关中风气会聚，田野开辟，人物殷盛；吴、楚方脱蛮夷之号，风气朴略，故金陵不能与之争胜。今关中人物不及吴会久矣，又经流寇之乱，烟火聚落，十无二三，生聚教训，故非一日之所能移也。"④

文化环境方面，清初顾炎武曾言"秦人慕经学，重处士，持清议，实与他省不同"⑤，但因明代以来陕西区域经济发展缓慢，限制了学术文化事业的发展，而关中地区尤其是西安，曾为三代、秦、汉、隋、唐等朝的都会之地，有深厚的文化基础，历史文化遗迹和吉金贞石富于海内，为考索经史提供了丰富的金石碑板等实物资料。如陕西巡抚毕沅在幕中学者孙星衍、严长明父子、张埙、钱坫等人的协助下，多所搜罗，裒成《关中金石记》8卷，刊行于世。又在孙星衍、钱坫、洪亮吉等人的协助下纂成《关中胜迹图志》32卷，并缮入《四库全书》。⑥

学者型官员毕沅抚陕十多年，尽心军政事务之外，"惟以维持风教、

---

① 张瀚：《松窗梦语》卷四。
② 顾炎武：《纺织之利》，《日知录》卷十。
③ 邹逸麟：《中国历史地理概述》，福建人民出版社1999年第2版，第175—179页；周振鹤：《中国历史政治地理十六讲》，中华书局2013年版，第259页。
④ 黄宗羲：《明夷待访录》，浙江古籍出版社1985年版，第21页。
⑤ 顾炎武：《与三侄书》，《亭林文集》卷四。
⑥ 钱泳：《履园丛话》卷二，"秦汉瓦当"条；孙星衍：《湖北金石诗序》，《五松园文稿》卷一；毕沅：《关中胜迹图志目录》，《关中胜迹图志》卷首。

激扬士类为己任"①，大力扶持和整顿省内书院。② 毕沅认为"省会建设书院，为乐育人才之地。陕右山川灵异，不乏秀良，因近师承，绝少渊源，遂鲜汲古通经之学。是黉序人材，虽在地方大吏随时振兴鼓舞，而书院一长苟延致得人，俾为诸生晨夕讲求，示之准的，于边地文风实有裨益"，为满足"士子急待名师"之需，广为延访，聘得"学有本源，湛深经术，兼之勤于训迪、品端行方，足为多士衿式"的江宁举人戴启祖，并在全省生徒中遴选"愿入书院肄业者，详加考取，妙选隽秀，俾之潜心敦学，共获观摩"。针对各府、州、县书院存在的各种弊端，如"院长向来多系上司同僚互相推荐，遂尔瞻狥情面，委曲延请，并不实问其人之是否文行兼优、足副师资之选"，如此延请的院长"亦惟备脯为事，并不以训迪为心，类多虚縻膏火，旷废馆职"，有的地方甚至"视为具文，讲习久虚，并不上紧延师，以致生徒星散，有其名而无其实"，"通饬设有书院之各府州县，务须实心延访，惟选端谨积学之人，俾主讲席；严立规条，随时加意振作；将所请院长姓名、籍贯及更换到馆日期，造册呈报抚臣藩司衙门，以凭察核。并实责成各本道留心经理，就近访查，如有狥情延请学行、年常不称院长之任，即行勒令更换，以收实效，而励人材"。③

毕沅主张"经义当宗汉儒""文字当宗许氏""史学必通地理""金石可证经史"④，不仅自己于经、史、小学、金石、地理无不通晓，而且所至皆设幕揽才，"闻有一艺长，必弛币聘请，惟恐其不来，来则厚给之"⑤，"尤好延揽英俊，振拔孤寒，士之负笈担簦走其门者如鹜。片长薄技，罔弗甄录，海内慕为登龙"⑥。幕中学者在毕沅的奖掖和扶持之下，从事编书、著书、校书工作，在合力辑刻《经训堂丛书》《续资治通鉴》等巨著之外，撰修了一大批府、州、县志（详见第三章第三节"方志纂修"），对保存陕西的地方历史地理文献有重要意义。

---

① 史善长编：《弇山毕公年谱》，乾隆四十年条。
② 林存阳：《乾嘉四大幕府研究》，中国社会科学出版社 2016 年版，第 83 页。
③ 毕沅：《灵岩山馆文钞》，《清代诗文集汇编》，上海古籍出版社 2010 年影印本，第 370 册，第 293—295 页。
④ 钱大昕：《太子太保兵部尚书湖广总督世袭二等轻车都尉毕公墓志铭》，《潜研堂文集》卷四十二。
⑤ 洪亮吉：《书毕宫保遗事》，《更生斋文甲集》卷四。
⑥ 史善长编：《弇山毕公年谱跋》，《弇山毕公年谱》卷末。

此外，学者型官员陈宏谋也曾任陕西巡抚，与毕沅二人皆重视文教、设幕揽才，幕府的学术活动活跃了陕西地区的学术氛围，营造了良好的从事经义古学研究的学术环境。但因交通与经济发展不如江南，学风与文化环境也难以与江南相匹，故而乾嘉时期陕西籍的游幕学者只有王杰、马振二人，且均在陕西省内游幕（王杰曾先后入陕甘总督尹继善幕和陕西巡抚陈宏谋幕，马振曾入陕西巡抚毕沅幕），而在毕沅幕中的学者则多为江浙之士，如第十时段（1781—1785）在毕沅陕西巡抚幕中有17位学者，其中江苏籍13人，浙江籍2人，山西籍1人，1人籍贯不详（详见附录一）。

二 华中五省地区

1. 河南

河南地处黄河中下游，东接安徽、山东，北界河北、山西，西接陕西，南临湖北，古称天下之枢，是我国历史上开发最早的地区之一，同时因其具有"天下之中"的区位优势，在唐代之前一直都是全国的政治经济重心区域。唐宋时期豫东、淮北平原上的一些主要河流如汴、蔡、颍、涡、濉、浍等沿岸农业发达，人口稠密，直到宋代其经济发展水平始终位于全国前列。[①] 宋朝时的开封（汴梁）"四水贯都"，又有黄河过境，可谓"大梁当天下之要，通舟车之繁，控河朔之咽喉，通淮湖之运漕"[②]，凭借庞大的水运系统和运河的漕运之利，开封的商业文化得到了极大发展，成为北宋最大的经济中心，崇宁间（1102—1106）商税年收入就达四十万贯，[③] 市民生活丰富多彩，今日仍可从《清明上河图》窥其一斑。

金元以后，黄河频繁泛滥，不断向南变道，夺淮入海，黄淮平原上的水系面貌和水利系统遭到严重破坏，河流淤浅，陂塘填平，农田灌溉受到严重影响，泛起的泥沙也使开封的漕运河道，如宋代的漕运四渠（汴河、五丈河、惠民河、金水河）渐至淤没[④]，许多湖泊被黄河泥沙淤浅后，不久均被垦为农田。如北宋时郑州和开封之间的圃田泽，商丘东北的孟诸

---

① 周振鹤：《中国历史政治地理十六讲》，中华书局2013年版，第248、253页；邹逸麟：《中国历史地理概述》，福建人民出版社1999年第2版，第175页。
② 刘宽夫：《汴州纠曹厅壁记》，《全唐文》卷七四〇。
③ 周振鹤：《中国历史政治地理十六讲》，中华书局2013年版，第189页。
④ 程遂营：《唐宋开封生态环境研究》，中国社会科学出版社2002年版，第222页。

泽、蒙泽，开封附近的逢泽等，由于黄河南泛悉为陆地，使开封的气候日趋干燥，水资源日趋紧张，① 昔日的丰土沃壤渐成"飞沙不毛，永不堪种"② 之地，农业生产一落千丈。加之连年战乱，人口逃亡，如北宋靖康二年（1127）汴京沦陷，大批衣冠士族渡河南迁，使南方经济尤其是聚集移民最多的江浙地区经济迅速发展，而北方尤其是河南却因战乱和环境变动等因素的影响，经济日渐衰落，文化日渐萎缩。③ 乾隆时期开封东的杞县已是"昔之饶腴，咸成醎卤，尽杞之地，皆为石田"④，开封变得"土瘠民贫，货不足居奇，财不足以致远"⑤。

　　乾嘉时期豫南和豫北地区的棉花种植和棉纺织业得到一定程度的发展，一度形成由集市—城市市场—区域市场—全国市场组成的市场网络。⑥ 江南巡抚尹会一曾上疏："今棉花产自豫省，而（棉布则）商贾贩自江南。"⑦ 河南怀庆府孟县棉纺依赖直隶、山东、湖广及本省外郡棉花，布则销陕、甘等地。乾隆《孟县志》："孟县地窄人稠，男妇唯赖纺织，营生糊口。虽县西高板颇产棉花，实属不敷，尚赖直隶、山东、湖广以及本省各郡县棉花货用。布面大书'官机白布'，登市交易，并无斯惑。以故孟布驰名，自陕甘以至边墙一带，远商云集，每日城镇市集，收布特多。车马辐辏，廛市填咽，诸业毕兴。"⑧ 河南汝宁府正阳布远销颍、亳、山、陕、豫、皖一带。嘉庆《正阳县志》载："邑中种棉织布，大都有之，惟陡沟店独盛。家家设机，男女操作，其业较精。商贾至者，每挟数千金。昧爽，则市上张灯设烛，骈肩累迹，负载而来，所谓布市也。东达颍、亳，西达山、陕，衣被颇广焉。居人号曰陡布。"⑨ 清中后期的华北、

---

① 邹逸麟：《中国历史地理概述》，福建人民出版社1999年第2版，第28—31、58页。
② 王赐魁修：《封丘县续志》卷一《封域》。
③ 齐涛主编：《中国古代经济史》，山东大学出版社2011年版，第475页；周振鹤：《中国历史政治地理十六讲》，中华书局2013年版，第190页；邹逸麟：《中国历史地理概述》，福建人民出版社1999年第2版，第207页。
④ 周玑修纂：《杞县志》卷七《田赋志》。
⑤ 纪黄中纂修：《仪封县志》卷三《建置志·市集》。
⑥ 姜守鹏：《明清北方市场研究》卷一《导论》，东北师范大学出版社1996年版。
⑦ 尹会一：《敬陈农桑四务疏》，《清经世文编》卷三六《户政十一·农政上》。
⑧ 乾隆《孟县志》卷四。
⑨ 嘉庆《正阳县志》卷九。

西北棉布市场基本被山东、直隶、河南三省占领。①

整体而言，乾嘉时期河南的经济和文化发展比较落后，顾炎武感叹"今日北方有二患，一曰地荒，二曰人荒"②。地荒是经济的衰退，人荒是文化和人才的寥落。在河南任职的督、抚除毕沅外，只有第一时段的河南学政张考、第三时段的河南巡抚鄂容安、第八时段的河南巡抚何煟、河南学政庄存舆、第九时段的河南知府施诚、第十时段的河南学政刘种子曾设幕延请过少数学者，且多为助理河务与荒政者（详见附录一）。乾嘉时期来自河南的游幕学者只有偃师人武亿、开封人孙枝荣和裴希纯。武亿父虽曾官吏部检封司郎中，但因两袖清风，家境并不富裕。武亿读书刻苦不辍，遂"通贯经籍"，但三应礼部试皆报罢，先后馆武英殿编修朱筠邸、客河南巡抚毕沅幕、山东学政阮元幕。武亿"讲学依据汉儒师授，不蹈宋、明人空疏臆说之习。所著经义，原本三代古书，疏通贾、孔疑滞，凡数百事。所得历代金石，为古人未见者数十通，因之考证史传者，又数十事。今中州人知读古书、崇经学，搜访碑刻，备一方掌故，多自亿为倡始"③。著有《群经义证》《经读考异》《三礼义证》《读史金石集》《目授堂金石跋》等。另外两名河南开封籍贡生孙枝荣和裴希纯，目前所见其游幕经历仅有乾隆四十四年（1779）受河南知府施诚聘与修《河南府志》。

河南学术活动最为兴盛之时当为毕沅任河南巡抚期间（1785—1788），幕中既有从毕沅陕西巡抚幕随至开封的严长明、钱坫、孙星衍、洪亮吉、王复、吴泰来、徐鏴庆等人，也有新入幕的章学诚、钱泳、凌廷堪、杨芳灿、汪端光、冯敏昌、方正澍等人，但幕中只有武亿一个河南籍学者，与毕沅抚陕时的学术活动相比显得较为冷清。因为毕沅"至则豫省方积旱，又河工事填委"④，因"中州数被河患，又恒旸告愆，八十郡县，二麦俱无，民食草根木皮殆尽。皇上宵旰焦劳，轸恤之旨，插羽飞驰"，虽然幕中有王复佐治河务，有孙泰溶协理荒政，毕沅仍然"日夜创

---

① 张海英：《明清江南商品流通与市场体系》，华东师范大学出版社2002年版，第234页。
② 顾炎武：《北卷》，《日知录》卷十七。
③ 孙星衍：《武亿传》，《五松园文稿》卷一。
④ 吕培等：《洪北江先生年谱》，乾隆五十年条。

稿削牍，头绪如丝棼，河工赈务，文卷山积"①，幕中不仅"不复有关中唱酬之乐"②，学术活动也难免受到影响。幕中学者的流动性比较大，除了方正澍、徐鏐庆、钱泳等少数学者常在节署，其他学者如严长明、孙星衍、钱坫、凌廷堪等人则中途离幕，章学诚虽入幕，但因同时受聘主讲归德文正书院，常不在幕中，洪亮吉则因一应礼部试，两归里第，在幕时间也不长。因此，毕沅抚豫时期因受河务和荒政事务的影响，幕中的学术活动远不如抚陕时期兴盛。③

2. 两湖

两湖即湖北和湖南。从政区来看，清代虽分置湖北、湖南两省，但在武昌设湖广总督总辖两省之事，行政区划具有同属性；从自然地理角度看，长江中游最大的平原——江汉—洞庭湖平原，位于湖北省中南部和湖南省北部，又称两湖平原，两省区以两湖平原为中心，逐次向外扩展为丘陵和山地：北有秦岭余脉伏牛山、桐柏山、大别山与中原相隔，南以五岭为界，西有大别山、巫山、雪峰山形成与巴蜀、黔中的天然边界，东有罗霄山、幕阜山及鄂东丘陵与赣、皖分界，南有衡山、南岭的天然屏障，中间是两湖平原，构成一个相对完整、独立的地理区域；从经济地理角度看，清代湖北与湖南两省区的农业经济以两湖平原的垸田开发为契机，发展成为当时全国重要的粮食生产区域，有"湖广熟，天下足"④的美誉；从文化地理角度而言，湖北和湖南都属于楚文化区。正因为湖北和湖南两省区在政区地缘、自然地理、经济地理、文化地理等方面都具有共同的特征，成为一个相对独立的地理区域和文化单元，故称为两湖地区。⑤

两湖地区四周多为高原性山地与丘陵，适合旱作农业，低谷垭口与高

---

① 李桓：《国朝耆献类征初编》卷四三八《文艺十六·孙泰溶》。
② 吕培等：《洪北江先生年谱》，乾隆五十年条。
③ 尚小明：《学人游幕与清代学术》（增订本），东方出版社2018年版，第185页。
④ 朱伦瀚《截留漕粮以充积贮札子》："湖广素称沃壤，故有'湖广熟，天下足'之谚，以今日言之，殊不尽然。湖北一省，宜昌、施南、郧阳，多处万山之中；荆州尚需从武（昌）、汉（阳）搬济兵米，德安、襄阳、安陆，其地多种豆麦，稻田亦少，武昌所属，半在山中，惟汉、黄两郡，尚属产米。湖南亦惟长沙、宝庆、岳州、澧州、衡州、常德等府系广产之乡，其中亦复多寡不等，余郡远隔山溪，难以转运。"《清经世文编》卷三九《户政十四·仓储上》。
⑤ 江凌：《清代两湖地区的出版业》，中国书籍出版社2011年版，第17—19、389—390页。

山隘口则成为南北交通要道；中部两湖平原地处长江中游、汉水下游和洞庭湖环湖地区，地势平坦，湖泊密布，加之气候暖湿，降水丰足，农业条件优越，"滨湖淤地，堤垸纵横"①，"湖陂内汇，外为长堤，捍壅水旱，稻黍鱼鳖，耕渔足食"②。两湖地区形成以两湖平原为中心，长江、汉水和洞庭湖四水（湘、资、澧、沅）汇注，河港交织的河湖系统，利于开展农业、舟楫、灌溉、养殖等生产经营活动。③ 加上"安史之乱"造成的北人南迁，有相当一部分集中在长江中游今湖北江陵至湖南常德一带。据《旧唐书》载，此地的移民数量甚至达到土著的十倍。④ 大量移民带来先进的农业生产技术，促进了当地农业经济的发展，为两湖地区经济发展和商业贸易提供了重要基础，也为区域文化事业的发展提供了经济保障。

两湖地区处于东南沿海诸省和西北、西南诸省的中间地带，由于地理位置的便利，两湖商品尤其是米粮输出范围很广，除相邻的贵州、广西、广东、江西、安徽、河南、陕西、四川八省外，长江下游的江南地区更是两湖米粮的重要输入地。其中尤以湖南米占多数，乾隆时"湖南官仓，不但备本省之荒歉，兼备邻省之荒歉。所云邻省，上如粤东、粤西，下如湖北、江西、江南、江浙，倘有荒歉，皆取资于湖南所贮之额"⑤。

湖北的地理区位优越，"荆州者，全楚之中也，北有襄阳之蔽，西有夷陵之防，东有武昌之援"，"武昌者，东南得之而存，失之而亡者也……襄阳者，天下之腰膂也。中原有之可以并东南，东南得之亦可以图西北者也"⑥，尤其是汉口素有"九省通衢"之称。清人吴中孚称其为"天下货物聚买第一大码头"⑦，刘献廷《广阳杂记》称之为全国的"四聚"（京师、佛山、苏州、汉口）之一，认为"汉口不特为楚省咽喉，而

---

① 辜天佑编：《湖南乡土地理教科书》，第3册，群益书社、群智书社、作民译社，宣统二年（1910），第7页。
② 徐国相、丁思孔修，宫梦仁、姚淳焘纂：康熙《湖广武昌府志》卷三《风俗志》。
③ 《汉书·地理志下》："楚有江、汉、川泽、山林之饶，江南地广，或火耕水耨，民食鱼稻，以渔猎山伐为业。"
④ 周振鹤：《中国历史政治地理十六讲》，中华书局2013年版，第195页。
⑤ 陈宏谋：《培远堂偶存稿》卷三八。
⑥ 顾祖禹：《读史方舆纪要》卷七五《湖广方舆纪要序》。
⑦ 吴中孚：《商贾便览》卷三《各省土产》。

云贵、四川、湖南、广西、陕西、河南、江西之货，皆于此焉转输，虽不欲雄天下，不可得也"①。明清两代，虽然淮盐引岸地跨六七省，但"行盐口岸，大半在湖广"②，而汉口则是淮鹾口岸的最大转运中枢，"千樯万舶之所归，货宝珍奇之所聚"，大批盐商、运丁聚居于此，"筑室列廛"，形成"市肆里遥，百货齐萃"的盐商聚落，号称"九州名镇"。③ 在汉口的各地盐商中，徽商的势力最大。徽商具有根深蒂固的乡土意识，且"贾而好儒"。"汉上盐鹾盛时，竞重风雅。四方往来名士，无不流连文酒，并筑梵宫琳宇，上下五六处，为公宴处……每当雅集，相与覃研诗词，品论书画，时或舞扇歌裙，浅斟低唱，大有觞咏升平之乐。"④

经济的发展为文化学术事业的繁荣奠定了坚实的物质基础。生活富足安定，人们才能安心求学、治学、藏书、刻书。两湖地区交通便利，农业基础好，人口稠密，商业较华中其他地区更为繁荣，有利于包括刻书业在内的手工业的发展，促使藏书兴盛、书院发达，有力推动了文教和学术成果的交流与传播。书院是一种集教学、学术研究、藏书、刻书于一体的官方文化教育机构。乾隆年间，湖北省创建书院43所，分布于全省29个州、县，嘉庆年间，新建书院4所⑤。据《城南书院新置官书总目录》载，清代中期，长沙城南书院共藏书403部、3714本、10555卷⑥。湖南宝庆府较大的书坊有30多家，如宏博堂刊刻《十三经注疏》和诸多学者的著述，长沙经伦堂刻《二十四史》，从乾隆三十九年（1774）至嘉庆初年（1796）完成，凡1000多册。另如湖南王文清、马倚元、马硕坡、罗汝怀、黄本骥、邓显鹤、湖北叶继雯等，都是乾嘉时期刊刻书籍的佼佼者。⑦

乾嘉时期，两湖地区的学术文化与京师和江浙地区相比发展相对较

---

① 刘献廷：《广阳杂记》卷四。
② 李煦：《湖广两淮行盐口岸地方官员借端抑勒请饬禁折》（康熙五十六年三月十一日），故宫博物院明清档案部编：《李煦奏折》，中华书局1976年版，第217页。
③ 范锴辑：《汉口丛谈》卷三。
④ 范锴辑：《汉口丛谈》卷六。
⑤ 江凌：《清代两湖地区的出版业》，中国书籍出版社2011年版，第308页。
⑥ 龚抗云：《湖南书院在湖湘文化形成中的重要作用》，王兴国、聂荣华主编：《湖湘文化纵横谈》，湖南大学出版社1996年版，第221页。
⑦ 江凌：《清代两湖地区的出版业》，中国书籍出版社2011年版，第169—185、279、293页。

缓，汉宋之分也不明显，多数学者汉宋兼治，知名的学者不多，稍有建树者如程大中、李道平、刘传莹、彭崧毓、秦笃辉等，治汉学者如罗典、车无咎、王元复、杨可震、余廷灿等，也有部分学者从事经世之学和自然科学研究，如陈运镇、袁铣、陈銮、王柏心、李潢、李元、欧阳厚均、唐鉴等。① 据笔者统计，乾嘉时期的游幕学者，来自两湖地区的有 12 人，其中 11 人来自湖南省，② 到湖北省区游幕的学者有 74 人次，至湖南省区游幕的学者有 22 人次，两地合计 96 人次，仅次于到江、浙和京师游幕的学者人数。从出游时间来看，至湖北省区游幕的学者集中于第 11—13 时段（1786—1800），且主要聚集于毕沅幕，说明大幕对于游幕学者具有极大的吸纳作用，对于幕府所在地的汉学风气也具有较大的促进作用。

乾隆五十三年（1788）毕沅任湖广总督，洪亮吉、方正澍等由河南随至湖北，章学诚当年底也来至幕中，继续主持《史籍考》的编纂，主修《湖北通志》，修订《麻城县志》《荆州府志》《常德府志》，并参与编纂《天门县志》《石首县志》《广济县志》，为湖北史志的编纂做出了巨大贡献。毕沅湖广总督幕中学者较多，著名者如江声、严观、钱泳、马宗琏、洪亮吉、梁玉绳、汪中、方正澍、邵晋涵、章学诚、钱大昕、史善长、胡虔、臧庸等，吴文溥尝谓："楚中客游谈艺之士，多于鲫鱼，密若虮虱，爱士如秋帆尚书，亦无广厦千间以处之，颇有孟尝君食客三千归家吃饭之称。"③ 毕沅幕府的学术活动对于两湖地区的汉学发展有重要的推动作用，但时处乾嘉之际，两湖地区时有战事发生，"武备不遑文事"，④ "中丞往来节制齐楚，不独旧游不可复预，著述之事，亦渐零

---

① 江凌：《清代两湖地区的出版业》，中国书籍出版社 2011 年版，第 62—69 页。
② 钱基博《湖南近百年学风》言："湖南之为省，北阻大江，南薄五岭，西接黔蜀，群苗所萃，盖四塞之国。其地水少而山多。重山叠岭，滩河峻激，而舟车不易为交通。顽石赭土，地质刚坚，而民性多流于倔强。以故风气锢塞，常不为中原人文所沾被。抑亦风气自创，能别于中原人物以独立。人杰地灵，大德迭起，前不见古人，后不见来者，宏识孤怀，涵今茹古，罔不有独立自由之思想，有坚强不磨之志节。湛深古学而能自辟蹊径，不为古学所囿。义以淑群，行必厉己，以开一代之风气，盖地理使之然也。"岳麓书社 1985 年版，第 1 页。从乾嘉时期游幕学者的来源地而论，湖南籍的游幕学者有 11 人，多于山东籍的 8 人和河南籍的 3 人，或亦可为钱先生此言之一佐证。
③ 吴文溥：《南野堂笔记》卷六。
④ 章学诚：《上朱中堂世叔》，《章氏遗书》卷二十八。

落"①，如《湖北通志》的编纂历经曲折，最后仅存部分检存稿和未成稿；《续资治通鉴》虽由邵晋涵复审后寄往毕沅处，但直到毕沅卒也未能刊行。

3. 安徽

安徽省地跨长江、淮河南北，东和东北与江苏省、浙江省相邻，西与湖北省、河南省接界，南与江西省接壤。省区地貌大体可分为淮北平原、江淮丘陵、皖南山区，庐州府境内有中国五大淡水湖之一的巢湖。基于乾嘉时期安徽籍游幕学者的地域分布、皖南与皖北的治学特点、安徽各府、州与江南苏州、扬州、杭州等地的地理区位以及经济和文化交流等方面的情况，本节选择以太平府和徽州府为中心探讨安徽的区域环境。

从第一章的分析可知，乾嘉时期安徽籍的游幕学者有 29 人，仅次于江苏和浙江籍学者，分布于省内 6 个府、州，其中来自江南徽州府的学者最多，达 10 人，其次是来自江北的安庆府，有 9 人。到安徽省区游幕的学者有 79 人次，仅次于到江、浙和京师游幕的学者人数。从出游时间来看，至安徽省区游幕的学者集中于第八和第十四时段（1771—1775、1801—1805），且主要聚集于安徽学政朱筠幕。此外，太平知府沈业富和歙县县令张佩芳也曾招揽部分学者如贾田祖、洪亮吉、黄景仁等入幕，洪亮吉、左煊、朱煐、赵绍祖、陈宝泉等学者曾入泾县知县李德淦幕，皖南兵备道张祥云和太平知府姚逢年也曾招揽严观、包世臣等学者入幕（详见附录一）。

安徽为朱子故乡，理学兴盛。在清代中期以前，皖南虽有江永治汉学，但其影响远不如皖北的桐城之学。朱筠于乾隆三十六年至三十八年（1771—1773）督学安徽，官署位于太平府，府署太平使院成为当时的学术中心。朱筠认为："经学不明，良由训诂不通，通经必先识字，庶几两汉诸儒所讲之经可以明，而后世望文生义之弊绝。"② 尝言"余每恨九经传注文字讹失，欲与同志者依据许君《说文解字》是正其体画，写石刻之"③，有感于"今学者无师法，不明文字本所由生，其狎见尤甚者，至于韶谐不分，鍜锻不辨，据旁着处，适内加商，点画淆乱，音训泯棼，是则何以通先圣之经而能言其义邪"，因据许慎《说文解字》旧本，"重刻

---

① 孙星衍：《湖北金石诗序》，《五松园文稿》卷一。
② 朱锡庚：《笥河文集序》，朱筠：《笥河文集》卷首。
③ 朱筠：《曲阜颜氏弆藏尺牍序》，《笥河文集》卷五。

周布,俾诸生人人讽之,庶知为文自识字始",令门人徐瀚"检正刻工之讹错,又令取《十三经》正文,分别本书载与不载者,附著卷末,标曰《文字十三经同异略》,可见古人文字承用之意"。①

朱筠任安徽学政期间,以实学勉励学子,收集、刊刻古籍善本,在幕中学者如邵晋涵、黄景仁、洪亮吉、王念孙、章学诚、汪中、庄炘等人的协助下,逐步实现了"使是邦人士为注疏之学,而无不穷经;为《说文》之学,而无不识字"②的目标,并大力表扬品行端正、著述等身的江永和汪绂,将其著作抄送《四库全书》馆,将其木主入祀紫阳书院,使经史考据在书院的课艺中占有一席之地,提高了考据学在当时学术界的地位。

关于朱筠及其幕府学者对安徽学风产生的重大影响,洪亮吉曾作过如下评价:"先生以读书必先识字,病士子不习音训,购得汲古阁许氏《说文》初印本,延高邮王孝廉念孙等校正刊行……然许氏之学,由此大行。先生去任后,二十年中,安徽八府有能通声音训诂及讲求经史实学者,类皆先生视学时所拔擢。夫学政之能举其职者,不过三年以内士子率教及文风丕变而已,而先生之课士,其效乃见于十年二十年以后若此。"③

徽州地处安徽南陲,北有黄山,南有天目山,歙县、黟县、休宁、祁门、绩溪五县为山地包围,但山脉及河流比降较为缓和,距离经济富庶的江南地区较近,交通条件也较为便利。水上通道以新安江为主,次有阊江、徽水河、秋浦河等,可直达杭州、金华、鄱阳湖,陆上有徽杭(徽州府经浙江昌化至杭州)、徽饶(徽州府至饶州府浮梁县)、徽安(徽州府至安庆府)、徽泾(徽州府至泾县)、徽开(徽州府至浙江开化)、徽宁(徽州府至宁国府)、徽青(徽州府至青阳县)、徽池(徽州府至池州府)、休淳(休宁县至浙江淳安县)等多条古道连接徽州内外,形成"山深地不偏"的区位特点,也为人们躲避兵燹提供了相对封闭的生活环境,④为区域文化发展和传承提供了良好的独立空间。⑤

---

① 朱筠:《说文解字序》,《笥河文集》卷五。
② 姚名达:《朱筠年谱》;余廷灿:《朱侍读学士传》,《存吾文稿》。
③ 洪亮吉:《书朱学士遗事》,《更生斋文甲集》卷四。
④ 唐宋以后至太平天国战争之前,徽州鲜有兵燹,躲避战乱的中原士民不断迁入,聚族而居,至明清时期社会繁荣、人丁兴旺。
⑤ 黄成林:《徽州文化地理研究》,安徽师范大学出版社2017年版,第111—114、128—134、150页。

徽州山多平地少、地狭人稠的自然地理环境，不利于农业和种植业的发展，却为徽商的发展提供了初始动力。康熙《休宁县志》："徽州介万山之中，地狭人稠，耕获三不赡一。即丰年亦仰食江楚，十居六七，勿论岁饥也。天下之民寄命于农，徽民寄命于商。而商之通于徽者取道有二：一从饶州鄱浮，一从浙省杭严，皆壤地相邻，溪流一线，小舟如叶，鱼贯尾衔，昼夜不息。一日米船不至，民有饥色，三日不至有饿殍，五日不至有昼夺。"① 由此造成"徽人善为生，多能货殖致素封，其家子弟皆习纤啬，鲜能读书亲师友"②。

为使子孙后代能够通过科举仕途出人头地，为其商业活动提供官方的保障，即使不能通过科举仕途获取政治资本，通过接受教育也能获得经商所必备的文化知识，因此，徽商在家业隆起之后，普遍注重延师聘教，令子弟业儒。"贾为厚利，儒为名高。夫人毕事儒不效，则弛儒而张贾；既侧身飨其利矣，及为子孙计，宁弛贾而张儒。一弛一张，迭相为用"③，"富而教不可缓也，徒积资财何益乎？"④ 贾儒结合，迭相为用，成为徽州地区比较普遍的价值取向。祖籍徽州的戴震亦曰："吾郡少平原旷野，依山而居，商贾东西行营于外以就口食……虽为贾者，咸近士风。"⑤ 近代学者许承尧则曰："商居四民之末，徽独不然。歙之业鹾于淮南北者，多缙绅世族……名贤才士往往出入其间，则固商而兼士矣。"⑥

由于徽州人尤其是徽商在致富之后注重对后代的文化教育，常以其经商所获之利延师课子，资助宗族子弟读书，修建书院，因此徽州除官学之外，塾学兴盛，书院繁荣。以书院论，歙县有紫阳书院、斗山书院、天都书院、问政书院、崇正书院、西畴书院、南山文会、凤池书院等，休宁县

---

① 康熙《休宁县志》卷七《艺文·奏疏》。
② 戴名世：《邵生家传》，《戴名世集》卷七。
③ 汪道昆：《海阳处士仲翁配戴氏合葬墓志铭》，《太函集》卷五二。
④ 歙县《新馆鲍氏著存堂宗谱》卷二《柏庭鲍公传》。
⑤ 戴震：《戴节妇家传》，《戴震文集》卷十八。
⑥ 许承尧：《歙风俗礼教考》，《歙事闲谭》卷十八；余英时：《中国近世宗教伦理与商人精神》曾列举许多晋商、徽商及江南商人以论证士人从商的普遍性，得出"士商之间的界限已渐趋模糊"的结论。余英时：《士与中国文化》，上海人民出版社1987年版，第411—579页。尚小明：《学人游幕与清代学术》（增订本）则提出了不同意见，东方出版社2018年版，第78—80页。

有海阳书院、还古书院、率溪书院、商山书院、柳溪书院等，婺源县有紫阳书院、霞源书院、东湖精舍、太白精舍、开文书院、教忠书院、湖山书院、天衢书院等，祁门县有东山书院，黟县有碧阳书院、集成书院、中天书院、桃源书院等，绩溪县有崏山书院、东园书院、谦和书院、龙峰书院、桂枝书院、汤公书院等，其中最著名的当属歙县的紫阳书院。紫阳书院始建于南宋淳祐五年（1245），院址屡经迁移，乾隆五十五年（1790）官府每年拨银3721两作为延请书院山长及诸生膏火之资和书院岁修之费①，富商大贾尤其是当地的世家望族也常捐资助学。

宗族文化是清代徽州社会的鲜明特色，也是一种重要的历史文化现象，徽州宗族文化具有历史悠久、谱牒严整的特征。据黄成林研究，徽州的士族大族主要是晋、唐、宋三代中原移民的后裔。②乾嘉时期徽州的世家望族，如歙县的汪氏、江氏、鲍氏，休宁的吴氏，婺源的朱氏等，与两淮盐商组织存在一定的相关性。世家望族往往具有较强的文化意识，常开设家塾，聘请名儒教育子弟。世家望族的成员凭借雄厚的经济实力和家学基础，常通过读书、著述、编纂刊刻书籍、收藏书籍等学术文化活动，进行文化积累和文化传承。徽州朴学即在徽州独特的文化环境中得到培育和生成。陈寅恪曾言："地方之大族盛门乃为学术文化之所寄托。中原经五胡之乱，而学术文化尚能保持不坠者，固由地方大族之力，而汉族之学术文化变为地方化及家门化矣。故论学术，只有家学之可言，而学术文化与大族盛门常不可分离也。"③

徽州商人起家之后虽为当地的文教事业做出了一定贡献，但其资本和利润大部分却流向了两淮、湖湘等侨寓地，尤其是苏州、扬州和杭州。④王世贞《赠程君五十序》称"大抵徽歙，人十三在邑，十七在天下，其所蓄聚，则十一在内，十九在外"⑤，乾隆时人程读山认为，徽州"硗确少田，治生维艰，实最窭地。所谓素封，皆乡人之业蓰于淮南北

---

① 徐永斌：《明清江南文士治生研究》，中华书局2019年版，第278—279页。
② 黄成林：《徽州文化地理研究》，安徽师范大学出版社2017年版，第154页。
③ 陈寅恪：《崔浩与寇谦之》，《岭南学报》1950年第1期；陈寅恪：《金明馆丛稿初编》，生活·读书·新知三联书店2001年版，第147—148页。
④ 王振忠：《明清徽商与淮扬社会变迁》（修订本），生活·读书·新知三联书店2014年版，第76页。
⑤ 王世贞：《赠程君五十序》，《弇州山人四部稿》卷六十一。

者，本州如洗，实不足当此虚名也。"① 苏州、扬州分处大江之尾的南北，徽州在江南西部山区，徽商则成为三地文化流播和互动的媒介。杭州地处杭嘉湖平原南缘，是京杭大运河的南起点，也是徽商转战杭嘉湖地区的重要节点，徽人可经新安江、富春江、钱塘江而至，交通比较便利。随着徽商及其商业资本向江南经济中心苏州、扬州和杭州的移徙和汇聚，江浙地区与徽州的经济、文化互动日趋频繁，进一步增强了江浙地区的经济和文化发展活力。

4. 江西

江西位于长江中下游南岸，其东沿怀玉山、武夷山与浙江、福建接境，南有大庾岭、九连山与广东毗邻，西有幕阜山、九岭山、武功山等与湖南接壤，北隔长江与湖北、安徽相望，形成一个东、南、西三面山地丘陵环绕向北开口的盆地。虽然总体交通条件并不优越，但北有鄱阳湖与长江相通，且具有区位优势，江西不仅是华南通向中原和北方的必经之路，由中原、江南进入广东，也要由江西经过，岭南商人和学子北上经商、科考也必经江西，往来不绝的商人、士子带动了沿线及当地的经济发展。尤其是乾隆二十二年（1757）广州成为一口通商口岸，江南地区及全国各地的大量商品便经大庾岭商道运往广东出口，洋商采购生丝及其他纺织品也集中于广州，江西以其地利之便，出现了过境贸易的繁荣。②

江西是陆王心学的发祥地，抚州人陆九渊和曾为官江西的王阳明对江西学子影响至大，入清以后，程朱理学成为官方的正统思想，心学被视为理学的异端，遭到贬斥，江西学子在怀抱心学之外，唯专习时文以求科显，江西因而成为清初科举考试的五大省区之一。顺治九年（1652）实行分卷取士制度，将全国分为几个不同的区域，按区域分配中式名额。浙江、江西、福建、湖广、广东五省，江宁等 11 府和广德州为南卷，定额 233 名；山东、山西、河南等为北卷，定额 153 名；四川、广西等为中卷，定额 14 名。③

至乾隆朝，经史考证之学日趋兴盛，翁方纲、王昶、阮元三位著名学者型官员先后在江西任职设幕，重视书院教育，大力提倡经义古学，促进

---

① 许承尧：《歙事闲谭》，第 6 册。
② 张海英：《明清江南商品流通与市场体系》，华东师范大学出版社 2002 年版，第 245 页。
③ 《钦定大清会典事例》卷三五〇《礼部·贡举·会试中额》。

了江西学风由心学和帖括之学向实学的转变。翁方纲于乾隆五十二年（1787）任江西学政，幕中有胡虔、凌廷堪等人，在南昌使院重校朱彝尊《经义考》①。王昶于乾隆五十三年（1788）任江西布政使，在南昌重修、整顿友教书院，制定《友教书院规条》，严格教学内容和各项事务的管理，并亲自到书院讲学，主张诸生应将经、史、子、集以次浏览，务期博雅宏通。阮元于嘉庆十九年（1814）任江西巡抚，次年主持刊刻宋板《十三经注疏》，参与此事者人数众多，如胡稷、卢宣旬、黄中杰、阮常生、赵仪吉等，或助以刊资，或分经校雠，历时19个月，成416卷，为一时学术盛事。

与京师和江、浙、皖等省区相比，乾嘉时期江西的考据学风不太浓厚，没有形成较大的学派，知名学者也不多。就游幕学者而言，乾嘉时期江西籍的游幕学者只有万廷兰、王聘珍、吴照、罗有高、鲁九皋、张舟、汪轫、李梦松8人，与山东并列排第6位，而到江西省区游幕的学者只有43人次，远少于到浙江、江苏、京师的游幕学者人数，也没有到安徽、湖北和陕西的游幕学者人多，甚至少于到河南（52人次）和山东（48人次）省区游幕的学者人数，且主要集中于翁方纲和王昶幕（详见第一章）。究其主要原因，当如李慈铭致书江西学政李文田时所言："豫章夙号名邦，人材所萃，乾嘉以来，经学独拙。自金溪王氏、南昌彭氏外，盖鲜通儒。得非其先进相传，没溺时文，惟知墨守五家，津津帖括，虽以仪征太傅尝临槃戟，刊布注疏，为之倡导，而锢闭已深，末由自振。"②

三　华东四省地区

1. 山东

从自然地理区位来看，山东位于华北平原东部，西与河北、河南毗邻，南与安徽、江苏接壤，北与辽东半岛成犄角之势，环抱渤海，东隔黄海与朝鲜、日本遥遥相望。从地形地貌来看，山东由平原、山区和半岛组成，西南、西北为华北平原的东缘部分，地势低洼平缓，占全省土地总面积的64%，中部以山地为主，泰山雄踞其间，东部为丘陵，二者合占总面积的35%，河流湖泊约占1%。从交通条件来看，山东分属黄、淮、海

---

① 翁方纲：《经义考补正序》，《经义考补正》卷首。
② 李慈铭：《越缦堂诗文集》，上海古籍出版社2008年版，第1309页。

三大流域，除黄河横贯东西之外，大运河纵贯南北，由峄县入山东穿鲁西平原而过，于临清与从河南来的卫河汇流北上，由德州入直隶，北达京师，联通华北与东南，使山东成为南北内陆交通的通道省区。同时，东部武定、青州、登州、莱州、沂州五大府州与渤海、黄海相接，由海路可北上京师、直隶和东北，南下江、淮、浙、闽等东南沿海一带，也使山东成为沿海地区人员和经贸南北往来的必经之地，"西则自运道而来，东则由海而下"①。省区内中部山区以及东、西之间的联系则多靠陆路，尤以省城济南（历城）至东三府的驿道为主。②

从经济环境和经济发展水平来看，山东各府、州基于地理区位、地形、水源、交通条件等情况，因地制宜，发展特色经济。③鲁西平原区是重要的粮食产区，兼种棉、果、桑；山东半岛渔农兼作，以近海渔业为主要经济支柱，兼事蚕桑、烟草和花生种植；鲁中山区主要种植大豆、花生和蚕桑业，由于耕地资源差，遇灾即有大量人口逃荒，如乾隆五年（1740）山东巡抚硕色奏报，沂州府之"郯城、兰山、蒙阴三县连岁歉收，是以……流移独多"，左都御使陈世倌也奏"山东沂州府一带数百里，上年先旱后水，冬间二麦并未播种，流民散至湖广、江西者将及万人"④。

乾隆以降，随着人口的不断增长，依靠传统的种植业难以为继，为了维持生计，以种植业为基础的棉纺织、桑蚕丝织、编织、陶冶以及粮食加工、果品、烟草加工等家庭手工业逐渐兴起，城乡经济贸易得到一定发展。鲁西平原借由运河之便与江浙、安徽、河南、直隶等省区进行广泛的商品交易，运河沿线各州县之民"随漕逐末"，"挽舟佣食者"为数众多，⑤运河沿线陆续形成一批重要的商业城镇和流通枢纽，如临清、济宁、聊城、德州、张秋、南阳、夏镇等。由于华北平原水旱灾害较多，相邻省区之间的丰歉调剂成为山东漕运的主要内容。如"临清一关原系水路通津……惟赖米粮商贩船只通过，始得钱粮丰裕。又必直隶与豫、东两

---

① 光绪《费县志》卷一〇《人物》。

② 许檀：《明清时期山东商品经济的发展》，中国社会科学出版社1998年版，第8、12、156、200页。

③ 许檀：《明清时期山东商品经济的发展》，中国社会科学出版社1998年版，第76、121—148、158、223、313—314、389、401页。

④ 《清高宗实录》卷一百一十八，乾隆五年六月初四。

⑤ 郭起元：《介石堂集》卷八。

省彼此粮价贵贱不同，或北收南贩，南收北贩，米粮通行过关，船料粮税方克丰盈"①。可见，鲁西平原的经济发展与运河的兴衰密切相关。如鲁西南峄县，"当乾嘉盛时，江浙湖广诸行省漕粮数千艘皆道峄境北上，商旅岁时往返不绝，而奇物珍货衍溢，居民皆仰之以赡身家，而本地所有麦豆及煤炭诸物亦得善价而营销数千里"，"自道咸之变，漕运中废……外货不进，内货不出，而峄之生计乃大困"②。

山东半岛的登、莱二府北滨渤海，南临黄海，"府境阛属皆山，裨海环其外，境以内无五十里之平壤，食货所资惟田农拙业"，而"地狭人稠，境内所产不足以给，故民多逐利四方"，"山民务茧丝，海民竞渔盐"，"或远适京师，或险泛重洋，奉天、吉林，绝塞万里皆有登人，或为富商，或挟重资，南抵苏广，北赴辽沈"③。康熙中叶海禁开放之后，山东沿海贸易迅速发展，贸易范围很快扩大到江南、闽、台、广东。如莱阳商人"资之饶者置货于京师、金陵、苏杭"，文登商人"北游燕蓟，南走江淮，交易起家，贸迁成业"④，文登县之威海地处"登郡极东，东接高丽，南通日本琉球，北达奉天、天津"，夷人夹板船、闽广乌船、上海沙船以及本地持篓船等大小船只往来贸易，停泊于此者常至百许，威海城内开设的店铺也有数十家。⑤ 不仅一般百姓多以贸易为生，儒学士子也常有弃儒经商者。如潍县陈尚志，其父以教馆为生，不足以养家，尚志遂辍学服贾，"十余年称素封矣"，同县丁大训于乾隆年间弃儒经商，"贸易于南北"，"居积渐丰"⑥。

从文化环境来看，山东是儒家文化的发祥地，文化积淀深厚，书院众多，比较著名的如尼山书院、圣泽书院、郑公书院、龙山书院、中庸书院、东山书院、一贯书院、公冶长书院、醇儒书院、瀛洲书院、重华书院、文山书院、东鲁书院、崔公书院、般阳书院、北海书院、嵩庵书院、泺源书院、同文书院、长乐书院、泗源书院、启文书院、乐育书院、霞山

---

① 中国第一历史档案馆藏清代档案，山东巡抚准泰乾隆十六年六月十三日折。转引自许檀《明清时期山东商品经济的发展》，中国社会科学出版社1998年版，第314页。
② 光绪《峄县志》卷七《物产略》。
③ 光绪《登州府志》卷首《小序》，卷六《风俗》。
④ 康熙《莱阳县志》卷三《民业》；光绪《文登县志》卷二《风俗》。
⑤ 乾隆《威海卫志》卷九《艺文志》；郭嵩焘：《郭嵩焘日记》卷一。
⑥ 民国《潍县志稿》卷三一《人物》。

书院、岱麓书院、济南书院、崇文书院等，① 历史文化遗迹和吉金贞石碑板等实物资料丰富。乾隆五十八年（1793）阮元出任山东学政，因观山东金石之富遂有意将其勒成一书。次年毕沅因事左迁山东巡抚，与阮元议纂山左金石之事，并将其所纂《关中金石记》《中州金石记》予阮元参考，"且为商定条例暨搜访诸事"，阮元在学署建积古斋，发动幕中学者朱文藻、武亿、赵魏、段松苓、何元锡等多所搜罗，加上故旧好友及山东各地知府、知县、学官、生徒所献之藏器及拓本，至乾隆六十年（1795）冬衰成《山左金石志》24卷，著录拓本1300余件，嘉庆元年（1796）刊行于世。阮元在《山左金石志序》中详记其事曰：

> 元以乾隆五十八年秋，奉命视学山左，首谒阙里，观乾隆钦颁周器及鼎、币、戈、尺诸古金，又摩挲两汉石刻，移亭长府门卒二石人于矍相圃，次登岱，观唐摩崖碑，得从臣衔名及宋赵德甫诸题名，次过济宁学，观戟门诸碑及黄小松司马易所得汉祠石象，归而始有勒成一书之志。五十九年，毕秋帆先生奉命巡抚山东。先是，先生抚陕西、河南时，曾修关中、中州金石二志，元欲以山左之志属之先生。先生曰："吾老矣，且政繁，精力不及此，愿学使者为之也。"元曰："诺。"先生遂检关中、中州二志付元，且为商定条例暨搜访诸事。元于学署池上署"积古斋"，列志乘图籍，案而求之，得诸拓本千三百余件，较之关中、中州，多至三倍，实始为修书之举。②

其后，阮元又在幕中学者吴文健、陈豫、朱为弼等人的协助下，汇集所收集的钟鼎彝器款识拓本以及同好友人江德量、朱为弼、孙星衍、秦恩复、宋葆醇、钱坫、赵魏、何元锡、江藩等所藏器拓本，加以考订，至嘉庆九年（1804）纂成《积古斋钟鼎彝器款识》10卷，收550器。③

孙星衍治学"一以汉魏诂训为宗，钩深致远，探赜索奥"④，著有

---

① 王兰荫：《山东省书院志初稿》，赵所生、薛正兴主编：《中国历代书院志》第1册，江苏教育出版社1995年版。

② 阮元：《山左金石志序》，《揅经室三集》卷三。

③ 阮元：《积古斋钟鼎彝器款识序》，《揅经室三集》卷三；朱为弼：《仪征相国师七十寿序》，《蕉声馆文集》卷五。

④ 王昶：《孙星衍》，《湖海诗传》卷四〇。

《周易集解》《寰宇访碑录》《孙氏家藏书目》《尚书今古文注疏》《仓颉篇》《魏三体石经遗字考》等。乾隆六十年（1795）任山东兖沂曹济道，嘉庆十年（1805）任山东督粮道署山东布政使，在山东设幕时近七年，延请学者如严可均、洪颐煊、顾广圻、臧庸、俞正燮、钮树玉、毕亨等助其处理政务及学术活动，尤其是洪颐煊馆于平津馆中七年，助其校书并助撰《尚书今古文注疏》《孙氏祠堂书目》等。① 严可均在幕助其辑校《魏三体石经遗字考》《平津馆金石萃编》等。②但因政事繁杂，"日在案牍堆中"③，故未能组织大规模的学术活动。此外，在第十二时段（1791—1795），毕沅、明兴、长麟等人任山东巡抚、翁方纲任山东学政时，亦曾设幕揽才，但幕中学者较少。

从游幕学者的情况来看，乾嘉时期山东籍的游幕学者有宋弼、周永年、董元度、李文藻、张元、段松苓、毕亨、吕煊8人，居第6位，居邻省河南（第10位）之前；而到山东游幕的学者为48人次，居于到河南省区（52）游幕的学者人次之后，居第9位，而且主要集中于第十二、第十五时段（1791—1800、1806—1810）。

山东籍游幕学者较多与山东的经济发展水平和历史文化环境有重要关系。从前文的分析可知，山东有深厚的文化积淀，农业经济和商品经济的发展水平虽不及江南，但在北方各省中已属先进，更远胜西北和西南各省区，山东学子拥有较好的从事学术活动的文化环境和经济条件，加之阮元和孙星衍两大学者型官员曾在山东为官设幕，故山东籍游幕学者多于邻省河南。但是，阮元在山东为官设幕已是乾隆末年，孙星衍为官山东已是嘉庆中期，时移势徙，国力和学术风气都难与乾隆中期相比，幕中学者及学术活动的规模也难以企及。

2. 江浙

乾嘉时期的游幕学者多来自江、浙两省区，游幕学者最热衷的游幕之地也在江、浙地区（详见表1.6和附录二）。从江、浙两省游幕学者所处

---

① 洪颐煊：《别德州兼示封生宗翁田生元春》，《筠轩诗钞》卷三；戚学标：《与洪筠轩书》，《鹤泉文钞续选》卷二；孙星衍：《筠轩文钞序》，《筠轩文钞》卷首；王钟翰点校：《清史列传》卷六十九《儒林传下二·洪颐煊》；喻长霖纂修：《台州府志》卷一百五《人物传六·儒林二·洪颐煊》。

② 陈韵珊、徐德明：《清严可均事迹著述编年》，嘉庆十一年至十四年条。

③ 孙星衍：《王大令复诗集序》，《岱南阁集》卷二。

府、州的地理区位来看，或临海，如宁波府、台州府；或临江，如扬州府；或傍湖，如常州府、苏州府和湖州府，交通便利。同时，京杭大运河作为清代漕运要道，贯穿江苏省的淮安府、常州府、镇江府、苏州府和浙江省的嘉兴府、湖州府、杭州府，沟通了长江、太湖水系、钱塘江水系，并且连通京师、直隶、河北、山东、河南等省区，为江浙学者外出游幕和外地学者到江浙游幕提供了便利条件。更为重要的原因在于江浙地区经济发达，富商和当地官员大力赞助和提倡文化事业，私人藏书、刻书和文士雅集之风盛行，书院繁盛，学术氛围浓厚，学术条件优于其他各省区。

江浙地区在西汉以前，"地广人稀，饭稻羹鱼，或火耕而水耨，果陏蠃蛤，不待贾而足，地势饶食，无饥馑之患，以故呰窳偷生，无积聚而多贫。是故江、淮以南，无冻饿之人，亦无千金之家"①。东汉建安以来，为躲避战乱或沉重的赋役，中原人口"避地江南甚众"②，给江南带来了大量劳动力和先进的生产技术，促进了江南地区的农业发展。永嘉之乱后的150年间，有约90万北方人（占北方原有人口的1/8）从黄河中下游迁往淮水以南、太湖以北地区，尤其是今南京至常州一带高度密集，而且多是以宗族部曲的形式集体迁徙而来。③ 安史之乱后，中原人口又一次大批南迁至淮汉以南地区，加以水利设施的普遍兴建，农业生产能力大为提高，江浙一带逐渐成为全国的经济重心。"当今赋出天下，江南居十九"④，"江淮田一善熟，则旁资数道，故天下之计，仰于东南"⑤。北宋时期，"东南诸郡，饶实繁盛"，故常"竭三吴以奉西北"⑥。靖康二年（1127）汴京沦陷，大批衣冠士族渡河南迁。南宋绍兴三十一年（1161）金人南侵，又有大批人口渡淮而南，"四方之民云集两浙，百倍常时"⑦，"平江、常、润、湖、杭、明、越，号为士大夫渊薮，天下贤俊多避地于此"⑧，江浙地区的经济和文化得到快速发展。

---

① 《史记·货殖列传》。
② 《三国志·吴志·华歆传》。
③ 周振鹤：《中国历史政治地理十六讲》，中华书局2013年版，第194页。
④ 韩愈：《送陆歙诗序》，《全唐文》卷五五五。
⑤ 《新唐书·权德舆传》。
⑥ 《宋史·范正辞传》；《容斋随笔·四笔》"范正辞治饶州"条。
⑦ 李心传：《建炎以来系年要录》卷一五八。
⑧ 李心传：《建炎以来系年要录》卷二〇。

时至清代，江浙地区凭借由长江、运河、太湖交织形成的交通网络，经济和文化日益繁荣，南京、苏州、杭州、扬州等城市不仅成为内陆地区的商业枢纽，也是文化繁盛的大都市。康熙帝《示江南大小诸吏》诗有"东南财赋地，江左人文薮"，孔尚任所言"天下有五大都会，为士大夫必游地，曰燕台，曰金陵，曰维扬，曰吴门，曰武林"①，其中除京师（燕台）外，其他四个都在江浙地区，"今以苏、松、常、镇、杭、嘉、湖、太仓推之，约其土地无有一省之多，而计其赋税，实当天下之半，是以七郡一州之赋税为国家之根本也"②，"虑江南财赋甲天下，而右藩所辖江镇，苏、松、常尤甲江南"③。

苏州地处太湖流域，自古以水乡泽国著称，④ 素有"天下之赋，半在江南，而天下之水，半归吴会"⑤ 之说，其南有钱塘江，北有长江，内有运河、太湖等水系，河网纵横，顾炎武称其"南近诸越，北枕大江。川泽沃衍，有海陆之饶"⑥，故可"浮江达淮，倚湖控海"，"擅江湖之利，兼海陆之饶"，从而"转输供亿，天下资其财力"，进而成为天下"财赋之渊薮"。⑦ 乾隆年间"居民百倍于昔，绫绸之聚亦且十倍，四方大贾辇金至者无虚日。每日中为市，舟楫塞港，街道肩摩，盖其繁阜谊盛，实为邑中诸镇之第一"⑧。乾隆二十七年（1762）《陕西会馆碑记》载："苏州为东南一大都会，商贾辐辏，百货骈阗。上自帝京，远连交广以及海外诸洋，梯航毕至。"⑨ 与京师、佛山、汉口并称为"天下四聚"⑩，成为江南

---

① 孔尚任：《郭匡山广陵赠言序》，《孔尚任诗文集》卷六，中华书局1962年版，第459页。
② 钱泳：《履园丛话》卷四，"水利"条。
③ 金之俊：《封大中大夫大参佟继亭先生墓志铭》，《金文通公集》卷十五。
④ 苏州的土地环绕太湖，最得其利："雨多时靠它涵蓄，雨少时靠它灌溉，不愁水灾不愁旱灾。农业遂有所赖，稻麦蚕桑，提供了美食锦衣；而水泽宜于养鸭，湖中饶有鱼虾，也正是肴馔的资源所在。再加沿湖河道复杂，舟楫往还无阻，产物的交换自更便利。"侯爱敏、居易、袁中金：《苏州人居环境建设中创业文化氛围的培育》，《地域研究与开发》2004年第3期。
⑤ 陈士鑛：《明江南治水记》，《丛书集成新编》，第91册。
⑥ 顾炎武：《天下郡国利病书·苏州备录上》。
⑦ 光绪《苏州府志》卷二《形势》。
⑧ 乾隆《吴江县志》卷四。
⑨ 苏州历史博物馆等编：《明清苏州工商业碑刻集》，江苏人民出版社1981年第2版，第331页。
⑩ 刘献廷：《广阳杂记》卷四。

地区最具影响力与辐射力的中心城市。苏州丝绸远销全国各地,"吾杭饶蚕绩之利,织工巧,转而之燕,之齐,之秦、晋,之楚、蜀、滇、黔、粤,衣被几遍天下,而尤以吴阊为绣市"①。

苏州不仅经济发达,还是当时的文化重镇和名门望族荟萃之地,科甲冠天下。"本朝科第莫盛于江左,而平江一路尤为鼎甲萃薮,冠裳文物,竞丽增华,海内称最。"② 平江为苏州旧称。难怪江苏籍的游幕学者出于苏州者最多（42人）,而且苏州一府的游幕学者远远多于江浙之外其他各省的游幕学者人数（详见表 1.6 和表 1.7）。

金陵（南京）前据大江,南连重岭,凭高据深,形势独胜,③ "钟山龙蟠,石头虎踞,帝王之宅也"④,历史上先后有六个朝代在此建都,不仅是重要的财赋之区,也是久负盛名的文化重镇。"金陵为吴中一大都会,土著编氓号为循谨,而达官贵仕爱其繁富,常寄寓于斯,权势足以凌闾里;又地处通衢,舟车四集"⑤,许多达官贵人、文士墨客、富豪大贾争相来此。松江（上海）地区位于太湖之东,三江下游,"负海枕江,平畴沃野","有陆海之饶,珍异所聚,商贾并凑",⑥ 顾祖禹称其"雄襟大海,险扼三江,引闽越之梯航,控江淮之关键。盖风帆出入,瞬息千里。而钱塘灌输于南,长淮扬子灌输于北,与松江之口皆辐列海滨,互为形援。津涂不越数百里间,而利害所关且半天下"⑦。

地处浙江北部的杭州、嘉兴、湖州,是清代著名的丝绸城市,"各直省客云集,贸贩里人贾鬻他方,四时往来不绝"⑧,成为东南繁富之地,经济和文化发达,亦为文士墨客荟萃之地。杭州"左浙江,右具区,北大海,南天目。四川之所交会,万山之所重复"⑨,"襟江带河,北抵燕而南际闽"⑩,

---

① 苏州市档案馆编:《苏州丝绸档案汇编》,江苏古籍出版社 1995 年版,第 823 页。
② 杨镜如:《紫阳书院志》,苏州大学出版社 2006 年版,第 490 页。
③ 周振鹤:《中国历史政治地理十六讲》,中华书局 2013 年版,第 255 页。
④ 吴勃:《吴录》,《太平御览》卷一五六。"蟠",也写作"盘"。
⑤ 同治《上江两县志》卷二十一《名宦》。
⑥ 嘉庆《松江府志》卷二《疆域志》引魏了翁《华亭学记》、范大成《吴郡志》。
⑦ 顾祖禹:《读史方舆纪要》卷二四《南直六》。
⑧ 乾隆《湖州府志》卷四十一。
⑨ 嘉靖《浙江通志》卷六四《形势》。
⑩ 《古今图书集成·职方典·杭州府部风俗考》卷九四六。

"殷庶之积视他郡尤盛"①。嘉兴则属"泽国奥区",于浙西"帝接三江,大海环其东南,震泽汇其西北"②,"平原衍壤,海滨广斥",③ "货财阜为浙右最"④。湖州"山泽逶迤,川陆交会","支港繁多",为浙西"襟喉要地"⑤,但地狭人稠,本地所出之米不足供本地之食。乾隆十三年(1748)浙江巡抚顾琮复奏:"杭、嘉、湖三府,树桑之地独多,金、瞿、严、宁、绍、台六府,山田相半,温、处二府,山多田少,向资江、楚转输。"⑥ 乾嘉时期,苏、杭所缺米粮主要由湖广、四川、江西通过长江、运河水系输入,而苏、松、杭等地的丝、棉商品输向全国各地,形成区域间广泛的经济贸易。成书于乾隆末年的《商贾便览》详细记载了清中期商品流通领域的情况。各地之间的经济交流,不仅具有自然资源互补的性质,更是建立在各地商业(包括手工业)水平和区域分工的基础之上。⑦

扬州(广陵)地处长江、淮河及大运河交汇处,优越的地理位置为经济发展和文化交流提供了有利条件。扬州是漕运和盐政重镇,两淮盐政署设于此,"扬之繁富甲天下,大半以鹾为业"⑧。嘉庆《扬州府志序》曰:"东南三大政,曰漕,曰盐,曰河。广陵本盐筴要区,北距河、淮,乃转输之咽吭。"乾隆南巡六次驻跸邗上,对于扬州的发展产生了巨大影响。当时,"盐筴极盛,物力充羡,值高宗南巡,大构架,兴宫室,建园池,营台榭,屋宇相连,蠹似长云"⑨。扬州的经济地位和文化优势,吸引了大批文士、商贾,"四方商贾辐辏,仕宦游侠买田长子孙者十余万家,舟车过其地,傝尘而食者先后踵相接不绝"⑩,"广陵据南北之胜,文士寄迹,半于海内"⑪。

---

① 民国《杭州府志》卷四《形势》引洪武《始丰类稿》。
② 嘉靖《浙江通志》卷六四《形势》。
③ 万历《嘉兴府志》卷一《疆域》。
④ 光绪《嘉兴府志》卷三《疆域》引弘治《嘉兴府志》。
⑤ 同治《湖州府志》卷十七《舆地略形胜》。
⑥ 《清高宗实录》卷三百一十三。
⑦ 张海英:《明清江南商品流通与市场体系》,华东师范大学出版社2002年版,第22页。
⑧ 张云章:《诰赠征仕郎行人司副乔君墓志铭》,《朴村文集》卷十四。
⑨ 徐谦芳:《扬州风土小记》稿本。
⑩ 魏禧:《送孙无言归黄山叙》,《魏叔子文集》卷一〇。
⑪ 孔尚任:《广陵听雨诗序》,《孔尚任诗文集》卷六。

致富之后的扬州盐商，尤其是徽州籍盐商①，不仅对亲族实行扶孤恤贫、济急周乏的"月折"制度②，重视对子弟的教育，且喜吟诗作画、藏书、刻书，时常举办诗文酒会，聘用、赞助学者文士开展相关学术活动，有力地推进了江南地区的文风和考据学的发展。如许承尧《歙风俗礼教考》所言："歙之业鹾于淮南北者，多缙绅巨族，其以急公议叙入仕者固多，而读书登第，入词垣，跻膴仕者，更未易仆数。且名贤才士，往往出于其间，则固商而兼士矣。"③如扬州盐商马曰琯乐善好施，"以济人利物为本怀，以设诚致行为实务"④，而且好古博学，考校文艺，评骘史传，旁及金石文字。"嶰谷酷爱典籍，七略百家，二藏九部，无不罗致，有未见书，弗惜重直购之，备藏于小玲珑山馆。"⑤其丛书楼藏书百橱，多达十余万卷，延请学者精心校勘，"席上满斟碧山朱氏银槎，侑以佳果，得予论定一语，即浮白相向"⑥，故"所与游者皆当世名家。四方之士过之，适馆授餐，终身无倦色……尝为朱竹垞刻《经义考》，费千金为蒋衡装潢所写《十三经》，又刻许氏《说文》《玉篇》《广韵》《字鉴》等书，谓之马板"⑦，亦不惜重金刊刻时人著作，如朱彝尊的《经义考》、王士祯的《感旧集》等书。

风尚所趋，扬州盐商大都风雅好客，"邗上时花二月中，商翁大半学诗翁"⑧，有些盐商确实多学擅诗，如马曰琯嗜古能诗，著有《沙河遗老

---

① 陈去病《五石脂》："徽人在扬州最早，考其年代，当在有明中叶，故扬州之盛，实徽商开之。扬，盖徽商殖民地也，故徽郡大姓，如汪、程、江、洪、潘、黄、许诸氏，扬州莫不有之，大略皆因流寓而著籍者也，而徽扬学派亦因以大通。"

② 林苏门《邗江三百吟》卷二《大小义举·月折》："运盐之家，有歇业而中落者，两淮公保立折，每月某某旂给银若干两，亦睦姻任恤之意。"

③ 许承尧：《歙事闲谭》。艾尔曼认为："很难明确区分18世纪扬州学术圈内富商和学者的差异。"［美］艾尔曼：《从理学到朴学——中华帝国晚期思想与社会变化面面观》，赵刚译，江苏人民出版社1995年版，第73页。

④ 杭世骏：《朝议大夫候补主事加二级马君墓志铭》，《道古堂文集》卷四十三。另，民国《江都县续志》卷十四《艺文考·附录》叙其赈灾济乏、修桥造船、资建书院、爱才惜士之事为多。李详《药里慵谈》卷四记载有马曰琯替郑板桥还债趣闻；李春光纂：《清代名人轶事辑览》，中国社会科学出版社2004年版，第2919页。

⑤ 沈德潜：《沙河逸老小稿序》，马曰琯：《沙河逸老小稿》卷首。

⑥ 全祖望：《丛书楼记》，《鲒埼亭集外编》卷十七。

⑦ 李斗：《扬州画舫录》卷四《新城北录中》。

⑧ 林苏门：《续扬州竹枝词》，卢桂平主编：《扬州文库》，第2辑，第55册。

诗集》，当世论诗有"南马北查"之誉。乾隆时的盐务总商江春，"工制艺，精于诗，与刘次风（召南）、马秋玉齐名"①。江氏"世族繁衍，名流代出"，兄弟子侄中，见于《扬州画舫录》者达15人，"坛坫无虚日，奇才之士，座中常满"②。盐商汪棣为仪征廪生，官至刑部员外郎，工诗文，与两淮盐运使卢见曾友好，"多蓄异书，性好宾客，樽酒不空"，戴震、惠栋、钱大昕、王鸣盛等都与之过从甚密。也有"巨富之商，大腹之贾，于玩弄骨董余暇，家中都聘有冬烘先生，明言坐馆，暗里捉刀，翻翻诗韵，调调平仄，如唱山歌一般，凑集四句二十八字，使人扬言于众，某能做诗矣，某能作文矣"③，以自抬身价，跻身于地方名流之列。"扬州为鹾商所萃，类皆风雅好客，喜招名士以自重，而小玲珑馆马秋玉、佩兮昆仲尤为众望所归。时卢雅雨任转运，又能奔走寒畯，于是四方之士辐辏于邗"④。由于商家席丰履厚，天下文人稍能言诗，辄思游食维扬⑤，因此，扬州文风之盛，"自苏、常外，东南郡邑无能与比焉"⑥。

鹾业全盛时期，盐商之外，淮扬盐务官僚亦耽嗜风雅，"两淮盐政及运使素有丰称，多以财交结权贵与四方宾客，以其余赡给寒士，取声誉，皆高资也"⑦。盐官门下文人清客萃集，如乾隆时两淮盐运使卢见曾以"风流总持"自居，片言一艺，皆见褒奖，门下"士喁喁然以万数"⑧，供给甚繁，以致亏累官银七八十万两而见罪。⑨何家琪在《城南感旧图记》的描述体现了扬州文风之盛和习俗之奢侈：

> 扬州为古江山胜地，南北要区，盐筴之利甲于天下，隋唐尝称盛焉。国朝之兴迄于乾嘉，官是土者，大抵提倡风雅，其间人士与四方

---

① 李斗：《扬州画舫录》卷十二《桥东录》。
② 李斗：《扬州画舫录》卷十二《桥东录》。
③ 郑板桥：《郑板桥外集·书牍·与起林上人》。
④ 徐珂：《清稗类钞·师友类·扬州鹾商好客》。
⑤ 孔尚任《城东草堂诗序》："维扬之富人，拥厚赀，居大第，即持筹书算、臧获仆御之辈，亦华冠丽服，以气加人，人苟能仆仆其门，即可乞余沥以活妻子，见者谁不羡之？"孔尚任：《孔尚任诗文集》卷六。
⑥ 刘寿曾：《沤宧夜集记》，《传雅堂文集》卷一。
⑦ 姚莹：《俞都转》，《中复堂全集·识小录》卷八。
⑧ 袁枚：《与卢转运书》，《小仓山房文集》卷十七。
⑨ 李春光纂：《清代名人轶事辑览》，中国社会科学出版社2004年版，第849—850页。

游客之才者翕然咸集，流连觞咏无虚日；巨商大贾，轻财好客，不惜金钱，致酒食歌舞；居民家有园亭池馆，女子、方外亦皆弄翰墨以为名，好尚所趋，朝夕踵华，风俗人心不无稍侈焉。①

"淮南盐商，既穷极奢欲，亦趋时尚，思自附于风雅，竞蓄书画图器，邀名士鉴定，洁亭舍、丰馆谷以待。"② 癖好古董之风风靡一时，如江恂收藏的金石书画，在东南地区首屈一指，歙县巴慰祖"收藏金石最富"。③ 郑板桥曰："世人癖好骨董，近日扬州此风愈盛。都转卢公，雅喜考究此道，但求物真，不计值巨，进者既多，骨董成市，懿欤盛哉。卢公门下，英才罗列，硕彦如林。某也精于考古，某也善于鉴别，各逞才情，各穷智力。一砖之细，立说万言；一器之微，著辨成册。引经据史。穷源竟尾，汪洋浩博，炫目怵心，于是乎骨董真矣。"④ 有此环境，阮元（江春甥孙）才可能在自藏器基础上，汇集友人同好藏器拓本而撰录成《积古斋钟鼎彝器款识》。

随着江浙商业和经济的发展，在盐商的资助和当地官员的大力提倡下，江浙地区的图书收藏与刊刻流播远迈前代，为知识阶层提供了前所未有的接触珍本古籍的机会，为学者查阅和搜集资料、发表和交流学术成果等学术活动创造了有利条件，为经史考据学的发展提供了无形动力和巨大支持。陈登原言曰："吾人欲明清学之所以盛者，虽知其由多端，要不能与藏书之盛，莫无所关。"⑤

乾嘉时期江浙地区的藏书楼众多，"即以吾两浙言，则有若赵氏小小堂、卢氏抱经堂、汪氏振绮堂、吴氏瓶花斋、孙氏寿松堂、郁氏东啸轩、吴氏拜经楼、郑氏二老阁、金氏桐华馆，收藏皆极富"⑥。此外，扬州马曰琯、马曰璐兄弟、嘉兴鲍廷博、鄞县全祖望、阳湖孙星衍、仁和杭世骏、吴县黄丕烈等也有大量藏书。江浙的藏书家们相互访问、借阅抄本，共赏图书校勘本，交流对图书赏鉴的看法，一些藏书家乐意将藏书包括善

---

① 何家琪：《城南感旧图记》，《天根文钞》卷四。
② 梁启超：《清代学术概论》，中华书局2011年版，第98—99页。
③ 李斗：《扬州画舫录》卷二《草河录下》。
④ 郑板桥：《郑板桥外集·书牍·枝上村寄米旧山》。
⑤ 陈登原：《古今典籍聚散考》，上海书店1993年版，第319页。
⑥ 吴振棫：《养古斋余录》卷七。

本借给学者查阅和抄录,如全祖望、严可均的藏书多从各藏书楼抄得,阮元、孙星衍、王念孙、王引之等学者,甚至一些刻书家如鲍廷博、张骞等,都曾向藏书家黄丕烈借书。朝鲜燕行使者柳得恭在其《泠斋诗集》卷五中也曾论及黄氏藏书:"秋山一抹是姑苏,窗竹萧疏烛影孤。江左收藏谁最富,试看荛圃祭书图。"诗注:"黄丕烈号荛圃,江苏吴县人,藏书甚富。有时明烛烧盏而祭之,作图,属诸名士题咏。"① 江浙地区的私人藏书多未被《四库全书》收录,特别是他们收藏有许多钞本或善本图书,往往能为学术研究提供得天独厚的条件。乾嘉时期游幕学者的游幕地域主要在江浙地区,其中一个很重要的原因是可以就近阅览大量的私人藏书。

藏书家们认为,"藏书不如读书,读书不如刻书。读书只以为己,刻书可以泽人。上以寿作者之精神,下以惠后学之沾溉"②。"藏书家刊刻之风……虽云于古有之,至今不废,然有意识地为刊布文献之大业者,当推乾嘉间诸藏弄者矣"③。由宋至清中叶,私人刻书中心发生了由蜀、闽向江、浙的转移。④ 乾嘉时期江南的南京、苏州、常州、杭州、湖州、徽州等地刻书十分繁荣,涌现出许多刻书坊,如吴县黄丕烈的"士礼居",江阴缪荃孙的"艺风堂"、金坛段玉裁的"经韵楼",钱塘卢文弨的"抱经堂"、嘉兴鲍廷博的"知不足斋"、海宁吴骞的"拜经楼"等。乾嘉时期江浙地区的藏书家们将自己的藏书刊刻出来,以广流传,嘉惠士林,而且喜刻丛书,如鲍廷博刻《知不足斋丛书》,黄丕烈校刻《士礼居丛书》,张海鹏刊刻《学津讨原》《墨海金壶》《借月山房丛抄》等,校刻细致精美。缪荃孙称赞黄丕烈所刻书"摹刻维肖,校勘尤精。缩宋元于今日,海内奉为瑰宝,至今论价,已与真宋元相埒"⑤。

乾嘉时期,江浙地区书院兴盛,许多经史名家主讲其中,带动了当地的学术发展,一时文风斐然,人杰荟萃,使江浙书院成为当时除学者型官员幕府之外又一重要的学术中心,为江浙地区的考据学发展增添了新的力

---

① 王振忠:《朝鲜柳得恭笔下清乾嘉时代的中国社会——以哈佛燕京图书馆所藏抄本〈泠斋诗集〉为中心》,《中华文史论丛》2008 年第 2 辑,第 146 页。
② 黄廷鉴:《张海鹏行状》,《第六弦溪文钞》卷四。
③ 陈登原:《古今典籍聚散考》,上海书店 1993 年版,第 349 页。
④ 徐永斌:《明清江南文士治生研究》,中华书局 2019 年版,第 78—79 页。
⑤ 缪荃孙:《玉海堂丛书序》,《艺风堂文漫存·癸甲稿》卷二。

量。如江苏南京（江宁）钟山书院，钱大昕、卢文弨、姚鼐等知名学者或任山长，或任主讲，以经史古义教授门下弟子，成就者甚多。扬州有梅花书院、资政书院、维扬书院、安定书院、虹桥书院等，尤其是安定、梅花两书院，四方来肄业者甚众，能文通艺之士多达数十人，如段玉裁、王念孙、洪亮吉、孙星衍等。① 一些有才学的士子、官员常应聘至书院作掌院，如杭州人杭世骏，"家故不丰，以授徒自给，主扬州安定书院者几十年，以实学课士子，暇即闭门著述，不预外事"②。钱大昕晚年曾主教紫阳书院长达16年，士子骎骎向化。③ 吴县人石韫玉，"主讲紫阳书院二十余年"④，远方好学之士负笈来游。杭州敷文书院吸引了许多文士来此任教或就读，齐召南、王昶、张鉴等都曾主讲于此。崇文书院地处湖山之胜，学者每乐趋之，卢文弨、戚学标、张鉴等曾任教于此。嘉庆时期杭州的诂经精舍，孙星衍、姚文田、严元照、陈鳣、洪颐煊、洪震煊、李富孙等皆曾于此任教，培养了一大批学术人才。如钱穆所言，"江浙人物荟萃，典册流播，声气易传，考核易广"⑤，江浙地区因而成为乾嘉时期除京师之外的学术中心区域。

3. 福建

从地理区位和地形地势来看，福建省区的地理环境比较闭塞，西、北两面是高山峻岭，东面是古人视为畏途的大海，只有南部与广东交界处是低矮的丘陵，因此，历史上福建地区的开发和经济发展相对比较迟缓。孙吴割据江东以后，大批移民进入福建地区，区域经济逐步得到发展。早期移民主要是从西北陆路翻山越岭而来，一支由浙江越过仙霞岭进入南浦溪沿溪而下，一支从江西越过武夷山进入金溪上游，稍晚又有由海道而至，主要聚集在沿海地区。南北朝以后的移民或者从各条河流的入海口逐步向上游推进，或者从上游顺流迤然而下，至唐代中叶始将福建东西的交通路线连接起来。⑥

---

① 李斗：《扬州画舫录》卷三《新城北录上》。
② 陈世箴辑：《敏求轩述记》卷二；李春光纂：《清代名人轶事辑览》，中国社会科学出版社2004年版，第1856页。
③ 柳诒征：《江苏书院志初稿》，《中国历代书院志》，第1册。
④ 曹允源等编：民国《吴县志》（二）卷六六下《列传四》。
⑤ 钱穆：《中国近三百年学术史》，九州出版社2011年版，第321页。
⑥ 周振鹤：《中国历史政治地理十六讲》，中华书局2013年版，第195页。

从经济发展条件来看，福建是东南沿海三省中农耕条件最差的省区，但航海条件较好，海岸线长且曲折，良港较多，闽江河口港东冶（今福州）自东汉即为从岭南地区向北方海运的中途停靠港，所以福建地区尤其是漳州、泉州地区，盛行海外经商和对外贸易。顾炎武《天下郡国利病书》载："是时漳、泉民贩吕宋者，或折阅破产。及犯压冬禁，不得归，流寓夷土，筑庐舍，操佣贾杂作为生活。或娶妇长子孙者有之，人口以数万计。"① 福建巡抚陈子贞云："闽省土窄人稠，五谷稀少，故边海之民，皆以船为家，以海为田，以贩番为命。"②

乾嘉时期福建籍的游幕学者目前所见仅有4人，张腾蛟为西南内陆汀州府宁化县人，其他三人皆属福州府，梁章钜为长乐人，陈寿祺和何治运为闽县人，所居地皆依江（闽江）临海，交通条件相对优越，经济较为发达。乾嘉时期到福建省区游幕的学者只有27人次，居于游幕学者所热衷游幕地域的第12位，出游时间也较为分散，游幕学者主要分布于当时较为有名的学者型官员幕府中。在第六时段（1761—1765）先后有纪昀和王杰出任福建学政，幕中有李文藻、孙鲁、俞琪等学者；第九时段（1776—1780）朱筠、朱珪先后出任福建学政，幕中有徐钰、苏加玉等人；第十时段（1781—1790）浙闽总督李侍尧幕中有王昶、朱文藻、赵翼，福建巡抚徐嗣曾、福建学政陆耀轩、漳州知府史卓峰等，也曾招募学者入幕；其后，到福建省区游幕的学者更少，仅有沈可培曾入福建按察使田凤仪幕，洪震煊曾入福建学政邵自昌幕，梁章钜、陈寿祺曾入福建巡抚张师诚幕。此种情形与福建的经济发展水平和学术文化氛围、福建的地理区位及其与江浙和京师的交通不畅等有直接关系。

四 西南华南地区

西南地区包括四川、云南、贵州三省区，华南地区包括广东、广西两省区。综合考虑乾嘉时期游幕学者的籍贯和游幕地的区域分布，以及各省区的地理区位、交通条件、经济水平、文化发展等因素，本节选择以四川和广东为代表择要讨论西南和华南两地区的区域环境。

---

① 顾炎武：《天下郡国利病书·福建备录·洋税考》。
② 《明神宗实录》卷二百六十二，万历二十一年七月乙亥。

1. 四川

四川东邻湖北、湖南，北连青海、甘肃、陕西，南接云南、贵州，西衔西藏，是西南、西北和华中地区的重要结合部。由于地处青藏高原和长江中下游平原的过渡带，地势西高东低，西部为高原、山地，东部为盆地、丘陵。川西高原为青藏高原东南缘和横断山脉的一部分，以邛崃山脉与成都平原为界，四川盆地西依青藏高原和横断山脉，北近秦岭，与黄土高原相望，东接湘鄂西山地，南连云贵高原，北缘米仓山，南缘大娄山，东缘巫山，西缘邛崃山，西北缘龙门山，东北缘大巴山，西南缘大凉山，自然地理环境比较闭塞，故李白有"蜀道之难，难于上青天"之叹，"尔来四万八千岁，不与秦塞通人烟。西当太白有鸟道，可以横绝峨眉巅。地崩山摧壮士死，然后天梯石栈相钩连。上有六龙回日之高标，下有冲波逆折之回川。黄鹤之飞尚不得过，猿猱欲度愁攀援"①。

自然地理环境的闭塞成为制约四川南北交通与经济发展的最大障碍，为打通陕西至四川的道路，秦于公元前267年即开始修筑褒斜栈道，此后关中通往汉中的陈仓道、褒斜道、傥骆道、子午道以及由汉中通往四川的金牛道、米仓道和荔枝道等陆续修成。②古蜀栈道沟通了关中与巴蜀地区，促进了蜀地的经济发展，"栈道千里，无所不通，唯褒斜绾毂其口，以所多易所鲜"③。成都平原（川西平原）河网稠密，气候温暖湿润，加之有都江堰水利工程，"水旱从人，不知饥馑，时无荒年，天下谓之天府也"④。两汉六朝时期"巴蜀亦沃野，地饶卮、姜、丹沙、石、铜、铁、竹、木之器"⑤，"土地肥美，有江水沃野，山林竹木蔬食果实之饶"⑥，唐时"国家富有巴蜀，是天府之藏。自陇右及河西诸州，军国所资，邮驿所给，商旅莫不取给于蜀"⑦。安史之乱，中原士庶大批流入蜀地，"道路相望，村坊市肆与蜀人杂居，其升合斗储，皆求于蜀人"⑧，促进了蜀地的农业经济，也给四川地区的粮食供应增加了很大压力。宋代四川地区

---

① 李白：《蜀道难》，殷璠：《河岳英灵集》卷上。
② 刘小方：《古蜀栈道》，《百科知识》2011年第19期。
③ 《史记·货殖列传》。
④ 《华阳国志·蜀志》。
⑤ 《史记·货殖列传》。
⑥ 《汉书·地理志》。
⑦ 陈子昂：《上蜀川军事》，《全唐文》卷二一一。
⑧ 高适：《请罢东川节度使疏》，《全唐文》卷三五七。

尤其是成都平原，"地狭而腴，民勤耕作，无寸土之旷，岁三四收"①，故谚有"扬一益二"之称，"谓天下之盛，扬为一而蜀次之也"②。扬州地处长江下游，位于运河和长江的交会点，是当时最大的物资转运站和集散地，也是工商业发达的城市；益州（成都）地处长江上游，"故天下货利，舟楫居多"③，加之北有秦岭之屏障，东有巫山之险阻，内有沃野千里的盆地，特别是反复改建的都江堰工程，能够保障农业相对稳产。④ 但是，自13世纪始，"四川累经兵火，百姓弃业避乱"⑤，农业生产深受破坏，土地几近荒芜。

清初实行"湖广填四川"的移民政策，使四川地区的人口增加，经济得到发展，同时，在整合社会秩序的过程中引发了一些地域性的动荡。如清廷在西南实行的"改土归流"政策，虽然在云南和贵州取得了很大成效，但在四川却遇到很大阻力，尤其是在川西藏区，发生了大小金川事件。清廷经过两次平定大小金川的战役，加强了西南边地与内地的经济文化交流。包括四川在内的西南诸省，尽管与外省的交通多有不便，但仍有不少商人到全国各地进行商品贸易，如清代江南经济繁荣，尤其是丝织业发达，西南各省商贩亦不远万里往来贸易，将苏杭的丝绸和其他手工艺品贩入西南各地，"商贩入者，每住十数星霜，虽僻远万里，然苏杭新织种种文绮，吴中贵介未被而彼处先得"⑥。

自雍正十一年（1733）诏令各省建立书院，并赐帑金作为建造经费，各地书院逐渐兴盛，⑦ 四川虽地处偏远，受当时文化政策和社会风尚的影响，也不能不有所作为。乾隆时期四川省比较有名的书院有涪州的北岩书院，绵竹的紫岩书院，江油的青莲书院，邛州的鹤山书院，蓬州的玉环书院，合州的濂溪书院，成都的潜溪书院、芙蓉书院、墨池书院、锦江书院、少城书院，泸县的川南书院，简州的通材书院等。但是，四川各地的

---

① 《宋史·地理志》。
② 洪迈：《容斋随笔》。
③ 李肇：《唐国史补》。
④ 邹逸麟：《中国历史地理概述》，福建人民出版社1999年第2版，第180—181页。
⑤ 《宋史·食货志上》。
⑥ 王士性：《广志绎》卷五《西南诸省》。
⑦ 张廷玉等奉敕撰：《清朝文献通考》卷七〇《学校考八》；《清世宗实录》卷一百二十七，雍正十一年正月壬辰。

书院师生多以制艺试帖为务，少有研习经史古训以考据学术为业者。

目前未见有四川籍学者在乾嘉时期游幕，乾嘉时期到四川省区游幕的学者只有17人次，学者的出游时间和所游幕府均呈零散分布。如第二时段（1741—1750）曾有张庚和吕煊入四川学政蒋蔚幕，迮云龙曾入川陕总督庆复幕；第三时段（1751—1760）孙泰溶曾入四川布政使明德幕；第四时段（1761—1770）陆炳曾入四川学政罗典幕；第五时段（1771—1780）孙泰溶曾入四川总督文绶幕，洪亮吉曾入四川按察使查礼幕；第十三时段（1796—1800）包世臣曾入川楚左参赞明某幕，杨士煐曾入四步布政使揆为幕；第十四时段（1801—1805）石韫玉曾入四川总督勒保幕；第十六时段（1811—1815）杨芳灿曾入四川布政使方绩幕。乾嘉时期不见四川籍学者游幕，到四川省区游幕的学者人数也比较少，与四川的地理环境比较闭塞，交通不便，地域经济和文化事业不太发达有密切关系，少数督、抚、学政在四川设幕，多为协理军政事务，较少从事学术活动，故而幕中学者较少。

2. 广东

广东最初是宋代广南东路的简称，明朝时是十三行省之一，至清广东省之名始得以正式使用。广东省位于南岭以南，南海之滨，东邻福建，北接江西、湖南，西与广西接壤，可分为珠三角、粤东、粤西和粤北四个区域。广东地区光、热和水资源丰富，珠江三角洲地区的自然地理条件适宜发展农业，尤其是经济作物的种植。虽然南岭山脉并不十分高峻，岭南地区（两广）在古代亦称"负山险阻"①，因此，广东地区在明代仍是"物饶而人稀，田多而米贱"之地，至清代，随着蚕桑业的发展，经济作物的种植面积扩大，"所产之米，年岁丰收亦仅供半年之食"，②"米谷不敷，仰赖广西，兼资湖楚"③。

广东地区有绵长的海岸线和优良的海港，贸易之利远胜农田之获，所以沿海地区普遍"以海为田"④，沿海城镇多成为对外和对内贸易航线的重要港口。广州在唐玄宗开元年间（713—741）即设有市舶使（后改称

---

① 《汉书·南粤传》。
② 嘉庆《新安县志》卷首《训典》。
③ 乾隆《河源县志》卷十一《农功》。
④ 李元：《条议》，林国赓总纂：《新宁县志》卷二十二《艺文志》。

"市舶司"），总管对外贸易与税收。清初"广州望县，人多务贾，与时逐，以番糖、果箱、铁器、藤、蜡、番椒、苏木、蒲葵诸货，北走豫章、吴、浙，西北走长沙、汉口，其黠者南走澳门。至于红毛、日本、琉球、暹罗斛、吕宋，帆踔二洋，倏乎数千万里，以中国珍丽之物相贸易，获大赢利。农者以拙业力苦利微，辄弃耒耜而从之"①。乾隆二十二年（1757）实行"一口通商"制度，使广州成为唯一的对外贸易港口，以广州商贸为中心的广东经济愈加兴盛。

随着市舶贸易的繁荣，广东逐渐成为朝廷的财赋重地，大庾岭通道的开辟，进一步加强了广东与其他省区的物资交流，商品经济得到空前发展，出现了大批工商业城市。如以冶铁业著称的佛山镇，与京师、苏州、汉口并称为"天下四聚"②。另如佛山石湾的陶瓷业、广州一带的丝织业、粤东的制糖业等闻名天下，"广货"随着广东商帮的足迹周流四海。海上贸易之外，大庾岭商路也十分繁荣，广东商人与江西、浙江、陕西、山西、福建、广东、安徽、河南、山东等各地商人往来贸易，③将广货销往全国各地，同时也把全国各地的商品运往广东销售。如浙江商人"窃买丝绵、水银、生铜、药材，一切通番之货，抵广变卖，复易广货归浙，本谓交通，而巧立名曰走广"④。

岭南地区远离统治中心，受政治因素的干扰较少，也未经受较大规模的战乱，地域经济尤其是商品经济自宋代之后得到较大发展，为广东书院等文教事业的繁荣提供了有力的物质基础。据《中国书院史话》记载，乾隆年间珠江流域的书院已居全国首列。就总量而言，珠江流域的书院约占38%，长江流域尚占44%以上；以新建书院而言，珠江流域的书院数已超过45%，而长江流域只占35%左右，黄河流域则约占18%。广东书院不但数量众多，规模也比较大，如粤秀书院和越华书院中学员最多时曾达到320多人。

广东地属边省，乾嘉时期京师与江南盛行的经史考证之风尚未影响至

---

① 屈大均：《广东新语》卷十四《食语·谷》。
② 刘献廷：《广阳杂记》卷四。
③ 苏州历史博物馆等编：《明清苏州工商业碑刻集》，江苏人民出版社1981年第2版，第331页。
④ 胡宗宪：《筹海图编》卷十二《经略·行保甲》。

此，虽偶有习汉学而成名者，如陈昌齐乾隆三十六年（1771）中进士，曾官浙江温处道，不久即解职，以游幕和主讲书院为生。"学甚博，于《大戴记》《老子》《荀子》《吕览》《淮南》皆有校注，又善算学"，然其"著述存者甚稀"，①对当地学风的影响比较有限，广东书院当时仍盛行"八股文""举子业"。阮元于嘉庆末道光初（1817—1826）督学两广，目睹当地书院"少所师承，制举之外，求其淹通诸经注疏及诸史传者，屈指可数……州郡书院，止以制艺试帖与诸生衡得失，而士子习经，亦但取其有涉制艺者，简炼以为揣摩"②，建学海堂，强调"专勉实学""非以弋功名"，"欲粤士无忘初志，学于古训而有获"③，并委托幕宾严杰等学者编纂《皇清经解》，刊于学海堂。广东士习自此蒸蒸日上，当地学风亦为之一变。刘禺生有云："自阮芸台总督两广，创建学海堂，课士人以经史百家之学，士人始知八股试帖之外，尚有朴学，非以时艺试帖取科名为学术也。"④

乾嘉时期广东籍的游幕学者目前所见仅有仪克中、陈昌齐、谢兰生、曾钊、冯敏昌5人，所居府县或依江（珠江），或临海（南海），或为天然港口，有便捷的出海通道，交通条件优越、商品经济发达。如冯敏昌是廉州府钦州县人，钦州位于钦州湾，南与北部湾相连；陈昌齐为雷州府海康县人，海康有雷州湾与南海相连；仪克中为广州府番禺县人，谢兰生和曾钊为广州府南海县人，二县皆位于珠江下游，且毗邻当时最大港口广州，出珠江口入伶仃洋通南海。乾嘉时期到广东省区游幕的学者有52人次，居于游幕学者热衷游幕地域的第7位。从游幕学者所游幕府及出游时间来看，几乎各个时段都有学者到广东游幕，而以嘉庆末期两广总督阮元幕中的学者为最。具体来说，第一时段（1736—1745）沈大成曾入广东按察使、布政使王恕幕，钱受谷曾入广东肇高学政沈昌宇幕，孙泰溶曾入广东巡抚王安国幕；第五时段（1756—1760）汪沆曾入两广总督李侍尧幕；第八时段（1771—1775）檀萃曾入番禺知县任果、常德幕；第九时

---

① 梁启超：《近代学风之地理的分布》，《饮冰室文集》四十一，北京日报出版社2020年版，第178页。
② 崔弼：《新建粤秀山学海堂记》，《学海堂集》卷十六。
③ 樊封：《粤秀山新建学海堂铭》，《学海堂集》卷十六。
④ 刘禺生：《世载堂杂忆·岭南两大儒》。

段（1776—1780）王鸣韶曾入广东学政钱大昕幕；第十二时段（1791—1795）孙尔准曾先后入两广总督福康安幕、两广布政使祖京幕，王学浩曾入广东学政周兴岱幕；第十三时段（1796—1800）李梦松曾入广东学政万承风幕；第十四时段（1801—1805）陈鸿寿曾入两广总督那彦成幕，严可均曾入广东学政姚文田幕；第十五、第十六时段（1806—1815）钱林曾入广东学政陈荔峰幕，李梦松曾入广东学政万承风幕，姚承宪曾入两广总督百龄幕，周三夒、顾日新曾入广东布政使曾燠幕，姚莹曾入广东学政陈鹤樵幕，周三夒、刘开曾入两广总督蒋攸铦幕；第十七时段（1816—1820）许珩、仪克仲、陈昌齐、何治运、方东树、洪颐煊、谢兰生、江藩、凌曙、曾钊曾入两广总督阮元幕，周三夒曾入两广总督蒋攸铦幕，李兆洛曾入广东巡抚康绍镛幕，何治运曾入广东巡抚陈若霖幕。由此可见，广东商品经济发达，推动了当地的文教和学术事业的发展，也影响到当地官员招募游幕学者的热情，而学者型官员阮元凭借其社会地位和学术影响力，不仅设幕广聘游幕学者，而且开办学海堂，使地处偏远的广东一时成为游幕学者的聚集之地。

不同地域的自然地理环境、经济环境和文化环境各不相同，而且随着时代的发展发生着程度不同的变化，由此可以更好地解释乾嘉时期游幕学者在籍贯和游幕地域分布不均衡的原因，更好地说明学者型官员及其幕府对当地文化学术事业的发展具有重要的推动作用。

第三节　乾嘉时期游幕学者的生活境况

乾嘉时期有不少学者以游幕资生，固然与时代背景、社会文化环境、学术潮流和幕主处理各种事务所需等诸多外部因素有关，而更重要的内源性因素则须从游幕学者自身及其家庭的生活状况等方面进行具体分析。

考察游幕学者的自身状况，可以从其功名、学习和治学经历、家学、师友、身体健康状况、性情，及其在幕府的生活和工作、人际关系、学术成就等方面进行分析。游幕学者的家庭情况主要涉及家庭成员、出身（父辈的职业、是否为官）、家境（家庭经济状况）等内容。由于游幕在一般文人的心理认知中具有寄人篱下的特殊性，传记资料和正史资料中关于游幕学者（尤其是未曾出仕或成就不高的游幕学者）自身及其家庭状况的载录非常有限，仅有个别零星记录存在于一些学者的书信和诗文集中，加之时间、精力和能力所限，本节仅依据现有材料，重点讨论游幕学者入幕前的功名、家庭出身、家境等情况，以期揭示学者出游幕府与其功名和家庭状况之间的关联。①

一 游幕学者入幕前的功名情况

在科举时代，"科举制度是唯一制造官员和上升的途径"②，参加科举考试以获取高级功名，成为绝大多数学者入仕之前孜孜追求的人生目标。因为功名的有无和高低与其前途命运息息相关，而且，乾嘉时期生员人数众多而官缺有限，即使有幸考取高级功名（主要指进士），获得了入仕的资格，也未必能够即刻被授予官职。一些尚未获取高级功名或已获取高级功名却未获授实职的学者，为了谋生或继续科考、候补、避祸等原因（详下），不得不在一段时间内先从事其他治生活动，如坐馆授徒、游幕、书院教学、经商等。

据尚小明和张仲礼的研究③，将清代学者通过科举考试获取的各类功名（由高到低）及获得各类功名的平均年龄，以表格形式呈现于表 2.1。

表 2.1　　清代学者获取功名的类别、途径及平均年龄

功名类别	获取功名的途径	获取功名的平均年龄
进士	主要为举人参加礼部试中式者	36 岁
举人	诸生应乡试中榜者	31 岁
贡生	未中举人而获五贡（岁贡、拔贡、优贡、副贡、恩贡）出身者，级别略低于举人	岁贡，40 岁 拔贡和优贡，30 岁 副贡，31 岁 恩贡，时间不定
诸生（生员、秀才）	包括廪生、增生、附生等，主要为童生经过院试而产生	24 岁

---

① 游幕学者在幕府中的人际关系、学术活动及其成就等方面的内容，将在第三、第四两章讨论。
② 葛兆光：《清代学术史与思想史的再认识》，《中国典籍与文化》2012 年第 1 期。
③ 尚小明：《清代士人游幕量化分析》，《清代士人游幕表》，中华书局 2005 年版，第 12 页；张仲礼：《中国绅士——关于其在 19 世纪中国社会中作用的研究》，上海社会科学院出版社 1992 年版，第 92—136 页。

功名类别	获取功名的途径	获取功名的平均年龄
监生	国子监的学生，级别与诸生同，在清代前、中期主要通过挑选产生，晚期多由捐纳而得	27岁

由第一章的讨论可知，乾嘉时期游幕学者初次入幕的平均年龄为38—39岁（详见表1.3），已经超过了考取举人和进士的平均年龄（31岁和36岁）。那么，学者入幕前是否已拥有举人或进士功名？若已拥有举人或进士功名，为何还要选择游幕？若未考取举人或进士功名，其功名如何？在乾嘉时期游幕学者出游幕府与其所获功名之间存在怎样的关系？为了回答上述问题，有必要先考察乾嘉时期游幕学者在入幕前的功名情况。根据附录一的相关资料，对比游幕学者在乾嘉时期初入幕府的时间及其功名情况，将所得数据列为下表。

表 2.2　　　　乾嘉时期游幕学者入幕前的功名情况

功名	进士	举人	贡生	诸生	监生	无功名	无记载	不详	合计
人数（人）	45	60	72	21	2	11	74	95	380
百分比（%）	11.8	15.8	19.0	5.5	0.5	2.9	19.5	25.0	100

由表2.2可见，乾嘉时期游幕学者入幕前的功名以贡生为最多，占19%；① 第二是举人，占15.8%；第三是进士，占11.8%；② 第四是诸生，占5.5%；第五是监生，占0.5%。此外，还有2.9%的学者在入幕前没有功名，19.5%的学者史籍缺载其功名，25%的学者所获功名的时间不详。

---

① 72名贡生中，有24人史料只记载其获取举人和进士功名的时间，没有明确记载其贡生功名及获取时间，依据其在幕中获取举人功名，推测其入幕前的功名可能是贡生或诸生，考虑到贡生是介于举人和诸生之间的功名，暂将其列入贡生功名。若将此24人的功名列入诸生统计，贡生与诸生的人数与比例基本持平，贡生（48人）略高于诸生（45人）。

② 需要说明的是，表2.2 中拥有进士功名的45人中，有10人出生在康熙四十四年（1705）之前，其初入幕府的时间可能在乾隆朝以前，其初入幕府时可能是较低等级的功名，由于本数据所统计的只是游幕学者在乾嘉时期初入幕府的时间及其功名情况，因此，入幕前拥有进士功名的学者人数及占比实际上将会比现有数据有所减少。

表2.2中的"不详"主要是指获得功名的时间不详，绝大多数是一些低级别功名，如诸生、贡生和监生等（详见表2.3），极个别情况是所获高级功名没有记录明确时间，如顾镇的功名记为"乾隆年间进士"，或是所获功名及时间有记录，如黄佳色在乾隆四十五年（1780）中举，但因其游幕时间不详而难以确定所获举人功名是在游幕之前、幕中，抑或是出幕之后所获。

表2.3　　　　记载不详的乾嘉时期游幕学者的功名情况

功名	进士	举人	贡生	诸生	监生	合计
人数（人）	1	2	22	54	16	95
百分比（95）	1.1%	2.1%	23.2%	56.8%	16.8%	100%
百分比（380）	0.3%	0.5%	5.8%	14.2%	4.2%	25.0%

由于记载不详的功名多为低级功名，虽然不排除此类功名是学者入幕之后所获，考虑到幕主对入幕学者的学术能力等条件要求，权且将其计为学者入幕前的功名。将表2.2和表2.3的数据合并统计，可以大略得出乾嘉时期游幕学者入幕前的功名情况：贡生最多，达94人，占24.8%；其次是诸生，有75人，占19.7%；第三是举人，有62人，占16.3%；第四位是进士，有46人，占12.1%；最后是监生，有18人，占4.7%。此外，无功名者有11人，占2.9%；无记载者有74人，占19.5%。为了比较清晰地呈现乾嘉时期游幕学者入幕前的功名情况，可以将表2.2和表2.3的相关数据以柱状图的形式展现如下。

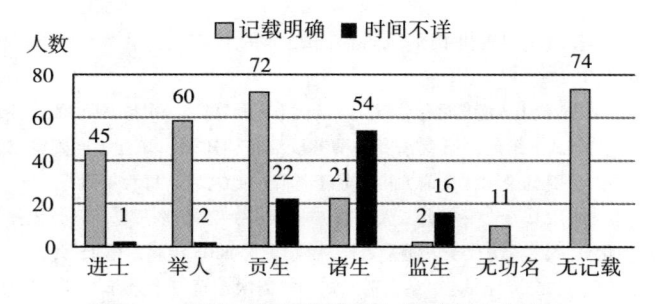

图2.1　乾嘉时期游幕学者入幕前的功名情况

进士是最高一级的功名，获取进士功名即取得入仕为官的资格。清代一般每三年举行一次会试，且中式名额有限，每科录取名额最多不超过

400 人，有时不过 200 多名，甚至只有 100 多人，竞争非常激烈，尤其是"到十八世纪中叶，国家不再随着人口的增长而增加科举考试的配额"①，所以，考取进士非常困难，一旦考中，对于学者及其家庭、家族都是一件荣耀之事，传记资料一般皆有载录。乾嘉时期有 12.1% 的学者在入幕前已经获得进士功名。

拥有进士功名而游幕，可能与以下几种情况有关：②

（1）候缺。获得进士功名后因官缺有限，一些学者选择在候缺期间游幕；

（2）仕途受挫。获得进士功名且为官后，或遭贬而辞官，或被黜而失官，转而选择游幕；

（3）奏调。获得进士功名并入仕后，因事被上级官员奏调入幕（多佐理军政）；

（4）丁忧。获得进士功名并入仕，因丁艰守制，在丁忧期间受聘游幕；

（5）不愿为官。获得进士功名后不愿为官，以养病、事亲、影响学术等为由，或不赴任，或辞官转而游幕；

（6）致仕。获得进士功名并为官多年，致仕后选择游幕。

举人是仅次于进士的功名，每年全国录取名额只有 1500 名左右，随着人口的增长，参加科举考试的学者人数不断增加，但朝廷严格限制中举的数额，考取举人功名更加困难。获得举人功名之后，可以通过拣选或者大挑获得入仕机会，③ 故传记资料一般会有载录。但拥有举人功名者即使被授予官职，一般也只是低品级官员，而且由于官缺有限，特别是乾隆中期以后，只有少数人能够被授官，④ 多数人或继续科考以获取更高级别

---

① ［美］史景迁：《追寻现代中国：1600—1912 年的中国历史》，黄纯艳译，上海远东出版社 2005 年版，第 120 页。

② 参见尚小明《清代士人游幕量化分析》，《清代士人游幕表》，中华书局 2005 年版，第 16 页。

③ 清制，举人会试下第后，愿就选者，得考授推官、知州、知县、通判等官，谓之拣选。会试后挑选落第举人，引见录用，是谓大挑，始于乾隆中叶之后，每六年举行一次，挑选三科以前中式的举人。挑选十取其五，一等者二人，以知县候补；二等者三人，以教职候补。尚小明：《清代士人游幕量化分析》，《清代士人游幕表》，中华书局 2005 年版，第 15 页。

④ 乾隆三十年（1765）上谕："举人选用知县，需次动至三十余年，其壮岁获售者既不得及锋而用，而晚遇者年力益复就衰，每为轸惜……因查每科中额 1290 名，统十年而计，加以恩科，则多至五千余人。而十年中所铨选者，不及五百人，除各科会试中式外，其曾经拣选候选者，尚余数千。经久愈多，遂成壅积。"《钦定大清会典事例》卷三五四《礼部·贡举·恩赐一》，乾隆三十年条。

的进士功名，或迫于生计而选择游幕，或以塾师、书院教席等资生。乾嘉时期游幕学者入幕前拥有举人功名的占 16.3%，居第三位。

贡生功名低于举人，每年录取的人数较多，清代中期约有 2.7 万人，由于各种原因，史料中会有一些缺载。获得贡生功名之后，可以通过考职获得入仕机会，但一般只能以教谕、训导等教职，或州同、州判、县丞、主簿、吏目等佐贰录用，① 官职品级较低，且因官缺有限，实际授官者很少，一般会选择继续考取高级功名或选择游幕，故乾嘉时期拥有贡生功名而游幕的学者居于首位，占 24.8%。

诸生和监生功名的级别最低，获此功名者数量庞大，② 史料中常有缺载。乾嘉时期具有诸生和监生功名的游幕学者仅次于具有贡生功名者，占 24.4%，居第二位。乾隆十四年（1749）浙江学政于敏中上言称，浙江省生员（诸生、秀才）在外欠三考（三次岁考）者达 70 余人，请定限咨催回籍补考，③ 可能与浙江诸生外出游幕者多有关。

考虑到功名等级与学者前途命运的相关性，以及拥有不同级别功名的人数差异和受重视程度，在史料缺载功名的 74 名学者中，绝大多数应该是低级别功名的诸生、监生或无功名者。因此，若将具有诸生和监生功名者与无功名者合并计算，在游幕学者入幕前所获功名中则合占 27.3%；再加上 19.5% 的缺载功名者，共有 46.8% 的游幕学者在入幕前是具有低级别功名和无功名者。具有诸生、监生功名和无功名者，由于人数多，且无入仕资格（需要继续参加科举考试以获取高级功名或通过捐纳谋取官职），故在选择游幕的学者中数量最多。

由上述统计和分析可以看出，乾嘉时期选择游幕资生的学者中，功名的有无和级别高低与选择游幕的人数整体上呈负相关，即功名越高的学者选择游幕的人越少。

功名级别高低序列：进士>举人>贡生>诸生、监生>无功名

不同功名选择游幕的学者人数序列（总体）：进士<举人<贡生<诸生、

---

① 尚小明：《清代士人游幕量化分析》，《清代士人游幕表》，中华书局 2005 年版，第 15 页。

② 据张仲礼研究，清代中期文生员约 46 万人，监生近 31 万人。转引自尚小明《清代士人游幕量化分析》，《清代士人游幕表》，中华书局 2005 年版，第 15 页。

③ 《清史列传》卷二一《于敏中传》。

监生+无功名者

因此，整体而言，乾嘉时期的游幕学者多为科举受挫者，即多数学者在出游幕府之前所获功名是低级别的诸生、监生和无功名者。但是，若从单项功名的级别与选择游幕的学者人数来看，则贡生人数最多，诸生和监生次之，举人又次之，进士更次之，无功名者最少。

不同功名选择游幕的学者人数序列（单项）：无功名者<进士<举人<诸生、监生<贡生

此种情形的出现与本书的统计对象是游幕学者而非普通士人有关。游幕学者在幕府中主要从事学术活动，幕主聘用游幕学者，无论是出于为己博取令名，还是为了组织学者进行编书、校书等学术活动，无不希望、也需要招募有一定学术水平和学术影响的学者。

一般来说，无功名者主要是指布衣，或多次应考不中而弃举业者，虽不排除其中也有极少数有较大学术成就者（如钮树玉），多数无功名者则较难取得有影响的成就，故较少被幕主尤其是督抚等高级官员或学者型官员聘用。

拥有进士或举人功名的学者，虽然为幕主所欢迎，但因其已取得入仕资格，有较多机会步入仕途，一般不会选择入幕，只有那些因官缺有限尚未被授官，或对所授官职不甚满意，或为官后因事罢职、致仕、丁忧等失官或辞官的学者，才会选择游幕，故入幕人数不多。

拥有贡生功名者，或因功名不够高，难以获得较好的官职和待遇，仍需考取更高级别的功名；或因年龄已长（平均年龄在 30—40 岁），除少数家境殷实、衣食无忧者外，多数学者有养家之责，而入幕无论是从生活待遇，还是从读书、备考、治学的条件和环境而言，都是相对其他治生手段更容易为学者所接受的、更好的选择。同时，拥有贡生功名者，因备考而具有一定的知识储备和学术积淀，有些甚至在学术上已取得较大影响，符合大幕幕主的聘用条件，故而入幕人数最多。

具有诸生和监生功名者，功名级别最低，一般情况下不太可能在学术上和社会上具有较高影响力，即使有入幕的愿望，也未必能被大幕的幕主聘用，只有那些具有一定学术水平者，或与幕主、当时学界中具有较高声望者有师承、友朋、同乡或姻亲等关系者才有可能被聘入幕，故而具有诸生和监生功名的游幕学者人数不如具有贡生功名者多。

综上，在乾嘉时期的游幕学者中，入幕前获取的功名为低级功名（诸

生、监生）和无功名者占27.3%，加上19.5%的缺载功名者（绝大多数应该是低级功名的诸生、监生或无功名者），合计占46.8%，具有中级功名（举人和贡生）者占41.1%，具有高级功名（进士）者占12.1%。[1] 总体而言，功名越高的学者选择游幕者越少，说明学者功名的有无与高下与其治生手段密切相关。

二 游幕学者的家庭出身

分析游幕学者的家庭出身，主要考察游幕学者的父亲从事何种职业、是否入仕为官、有无功名（见表2.4）。

表2.4　　　　　　　乾嘉时期游幕学者的家庭出身状况

出身	官宦	授徒	服贾	学者	游幕	行医	业农	有功名	仅知未仕	无明确记载	合计
人数（人）	66	18	14	13	11	2	2	10	12	232	380
百分比（%）	17.4	4.7	3.7	3.4	2.9	0.5	0.5	2.6	3.2	61.1	100

从有史料记载的游幕学者的家庭出身来看，游幕学者的父亲以做官者为最多，占17.4%；其次是授徒者，占4.7%；其后依次是服贾者占

---

[1] 尚小明《清代士人游幕量化分析》通过统计清代士人在游幕期间所获最高功名，认为在游幕士人中85%以上出身于中低级功名，或者没有功名，其中，举人和贡生在游幕士人中占37.5%，诸生、监生和无功名者占39.1%，另有9%功名不详者，三项合计达86.6%，另有16%的游幕士人拥有进士功名。尚小明：《清代士人游幕表》，中华书局2005年版，第11—15页。由于尚著与本书的统计在时段、对象、范围等方面存在差别，尚著统计的是整个清代的游幕士人在游幕期间所获得的最高功名，本书只统计乾嘉时期的游幕学者在入幕之前所获得的最高功名，因此，尚著的统计数据与本书的数据存在一定差距，但总体结论存在一致性，即拥有功名越高，选择游幕者越少。另，尚著的统计数据存在疏误，37.5%与39.1%和9%三项之和为85.6%，而非86.6%，且86.6%与16%之和大于100%。艾尔曼曾对《皇清经解》收录的75位作者的功名情况进行统计，结果是除2人情况不明外，4人无功名，占5%；69人拥有科举功名，占92%。其中，40人拥有较高的科举功名（进士），占53%；9人有举人功名，占12%；20人有下等功名，占27%。说明近1/3的学者地位低下，或处于科举功名之外，只是凭经学研究赢得赞誉，改变低微的地位。同时指出，这种推论是由正统传记中包含的传统社会偏见造成的。[美] 艾尔曼：《从理学到朴学——中华帝国晚期思想与社会变化面面观》，赵刚译，江苏人民出版社2012年版，第71—72页。艾尔曼所统计的应是各位学者的最高功名，故拥有进士功名的比例较高，本书统计的是游幕学者入幕前的功名，故拥有进士功名的比例较低。

3.7%；学者占 3.4%，游幕者占 2.9%，行医者和业农者各占 0.5%。最后六项合计只占 15.7%。另有 2.6% 的游幕学者的父亲载有功名，但未载是否为官、具体从事何种职业；有 3.2% 的游幕学者的父亲仅知未仕，而未载具体职业；更有 61.1% 的游幕学者父亲的职业状况史料缺载，三项合计达 66.9%。①

传统观念认为入仕为官是光宗耀祖之事，即使是微职，乃至虚衔，在其传记中一般都会载明。因此，66.9% 的家庭出身不详者，很有可能没有或者只有很少一部分人出身于低品阶的官员家庭，非官宦家庭出身的游幕学者应该接近 15.7% 与 66.9% 之和（即 82.6%）。②

有 17.4% 的游幕学者出身于官宦家庭，若父辈任职官阶较高，收入较丰，能够维持一家人的生活开支和子辈读书、交游、科考之需，甚至可以为子辈留下一定家财，子辈学者选择游幕的机率就不会太高；相反，若父辈所任官职品级较低，收入比较微薄，难以维持家用及子辈读书、科考之需，更不可能为后辈留下余财，那么，子辈学者选择游幕资生的可能性则比较大。表 2.4 中 17.4% 的游幕学者出身于官宦家庭，其父辈所任官职的品级如何？能否证明上述推论？为了回答上述问题，我们将乾嘉时期出身于官宦家庭的游幕学者的父亲所任最高官职，进行了较为细致的分类统计，兹列于表 2.5。

---

① 尚小明《清代士人游幕量化分析》统计清代游幕士人的家庭出身状况，得出的结论是：从有史料记载的游幕士人的家庭出身看，他们的父亲以做官者最多，占 20.4%；游幕者次之，占 3.7%；经商者复次之，占 3.3%；其下依次为教书者 2.5%，业农者 1.0%，行医者 0.9%，等等。此外，有 32.2% 的游幕士人的父亲仅知未仕，而无具体的职业记载；更有 36% 的游幕士人的父亲从事何种职业，在史料中毫无记载，两项合计达 68.2%。尚小明：《清代士人游幕表》，中华书局 2005 年版，第 8—9 页。

② 尚小明《清代士人游幕量化分析》统计清代游幕士人的家庭出身情况，结论是 79.6% 的游幕士人出身于非官宦家庭，20.4% 的游幕士人出身于官宦家庭，但大部分出身于低品级的文职地方官家庭。尚小明：《清代士人游幕表》，中华书局 2005 年版，第 8—10 页。另，尚著关于官宦家庭的数据存有疏失，表 2 中为 278 人，表 3 中为 277 人。艾尔曼曾对《皇清经解》的 75 位作者的家庭背景进行统计，结果表明，在全部 75 名著名学者中，52% 出身于文学世家（士绅）；商人出身的学者仅有 6 人，占总数的 8%；没有一个是农民出身。并且指出，传统传记常会回避贫寒出身的史实。[美] 艾尔曼：《从理学到朴学——中华帝国晚期思想与社会变化面面观》，赵刚译，江苏人民出版社 1995 年版，第 70—71 页。

表 2.5　　　　　　　乾嘉时期游幕学者父辈所任最高官职

京官		藩台以上地方官		道员以下地方官				武职		官职不详	
官职	人数（人）	官职	人数（人）	官职	人数（人）	官职	人数（人）	官职	人数（人）	任职地	人数（人）
尚书	1	巡抚	2	道员	2	知县	12	总兵	1	官京师	2
太常	1	布政使	1	知府	2	县令	1			官江苏	1
郎中	3	都御史	1	同知	2	学正	1			官福建	1
郎	1	学政	3	知州	3	教谕	10			官滇南	1
主事	3			太守	1	训导	2			为官	1
翰林院编修	1			州判	1	主簿	1				
				运判	1	县吏	1				
				知事	1	典史	1				
小计	10	小计	7	小计	42			小计	1	小计	6
百分比	12.2%	百分比	10.6%	百分比	63.6%			百分比	1.5%	百分比	9.1%

由表 2.5 可知，出身于官宦家庭的游幕学者，其父辈所任官职以文职地方官为主，其中道员以下品级的官员有 42 人，占 63.6%；藩台以上的官员仅有 7 人，占 10.6%；二者合计达 74.2%；京官占 12.2%，武职只占 1.5%，另有 9.1%官职不详。道员以下品级的 42 名文职地方官中，七品以下的官员如知县、县令、学正、教谕、训导、主簿、县吏、典史等有 29 人，占 69%；10 名京官中也有 4 人是六、七品的官员，如主事、翰林院编修等。总体而言，乾嘉时期游幕学者父辈所任官职中，低品级的文职地方官占绝大多数，其中不少家庭并不富裕，甚至生活贫困（详见表 2.7 及表后的分析）。

三　游幕学者的家境状况

家境即家庭的经济状况。史料关于游幕学者的家境大都缺略，即使是有所记载，用语也极为简略：一类是用"望族""显贵"或"雄于资"等词语表示家境富足；一类是用"家道中落"或"中落"表示家境由富足转至普通，甚至贫困；一类是用"家贫""家故贫""家极贫""赤贫""生活艰难"等词语表示家境贫寒。具体情况如表 2.6 所示。

表 2.6　　乾嘉时期游幕学者的家境状况

家境	望族、雄于资	家道中落	家贫、家故贫、家极贫、赤贫、生活艰难	无明确记载
学者	曹学诗、梁玉绳、何治运	沈大成、程晋芳、吴文溥、洪亮吉、杨芳灿、石韫玉、凌廷堪、袁廷梼、李富孙、彭兆荪、李惇、赵魏、袁钧、胡虔、郑澐	黄景仁、张元、顾陈垿、李果、王又朴、沈彤、陈鋐、程廷祚、胡天游、杭世骏、吴玉搢、旷敏本、夏敬渠、姚世钰、周天度、贾田祖、戴震、张熙纯、王杰、王昶、赵翼、钱大昕、姚文田、余萧客、周永年、周广业、吴兰庭、吴省钦、严长明、汪辉祖、段玉裁、黄文旸、沈可培、丁杰、吴定、钱大昭、庄有可、汪中、陈鹤、钱泳、钮树玉、张惠言、江藩、苏秉国、汪光爔、洪颐煊、顾广圻、臧庸、陈鸿寿、张鉴、洪震煊、陈寿祺、凌曙、俞正爕、包世臣、臧礼堂、刘开、董士锡、冯登府、徐鲲、王复、郑爕、张庚、汪轫、黄子云、钱受谷、孙泰溶、周大业、王元文、吴蕭、舒位、周三爕、苏加玉、何有焕、王学浩、张师诚、杨士燝、顾日新、朱春生、欧阳辂、汪家禧、姚莹、赵光、方履籛、沈德潜、徐坚	人多不录
人数（人）	3	15	85	277
占全部学者百分比（%）	0.8	3.9	22.4	72.9
占有家境记载学者百分比（%）	2.9	14.6	82.5	

　　乾嘉时期380名游幕学者中，有史料明确记载其家境为"望族""显贵"者只有2人，记为"雄于资"者仅有1人，两项合计共3人，占全部游幕学者人数的0.8%；明言"家贫""家故贫""家极贫""赤贫""生活艰难"者有85人，占全部游幕学者人数的22.4%；"家道中落"者有15人，约占全部游幕学者人数的3.9%。后两项合计共100人，占全部游幕学者人数的26.3%。由于史料缺失或撰者有意回避，无明确记载家境的家庭中，家境贫寒者的比例估计会更高一些，其子辈可能会有更多选择游幕等途径谋生。若只计有史料记载家境的游幕学者，则103个家庭中，生活富足者3人，占2.9%；家道中落者15人，占14.6%；明言家贫者85人，占82.5%。

　　为了进一步弄清不同家庭出身的游幕学者的家境状况，我们依据表2.4至表2.6的统计数据，将乾嘉时期游幕学者的家境与其父辈的职业进行逐一对比，得到如表2.7所示的数据。

表 2.7   乾嘉时期游幕学者的家境与家庭出身

家庭出身	官宦			授徒	服贾	学者	游幕	业农	行医	有功名	仅知未仕	无明确记载	合计(人)
	京官	地方文官和武职	不详										
人数(人)	10	50	6	18	14	13	11	2	2	10	12	232	380
家贫	2	11		15	6		4		2	2	6	35	85
中落	1	4		3		2						5	15
富足					1							2	3

就官宦家庭而言，49个地方文官和1个武职家庭出身中，洪颐煊、洪震煊、俞正燮、吴玉搢、董士锡、王杰、汪辉祖、黄景仁、欧阳辂、舒位、方履籛11个家庭属于家贫者，沈大成、彭兆荪、袁钧、杨芳灿4个家庭属于家道中落者；10个京官家庭出身中，王复和汪光燨2个家庭属于家贫，胡虔的家境记载为家道中落，二者合计18个家庭，占有明确记载的60个官宦家庭出身的30%；而明言"望族""显贵"与"雄于资"者的3人中，无一人为官宦家庭。说明官宦家庭出身的家境并不一定富足，有30%的家庭明确记载为家贫或家道中落，出身于官职不详的6个家庭和无明确记载的232个家庭中，也不排除有一部分出身于低品级的官员家庭，而且其家境在普通生活水平之下，因而出身于官宦家庭，尤其是出身于低品级官员家庭的子辈中就会有一些人选择游幕资生。

18个（占4.7%）游幕学者出身于父辈以授徒为生的家庭，其家庭生活水平普遍较低。其中旷敏本、周天度、赵翼、周广业、吴兰庭、吴省钦、段玉裁、张惠言、包世臣、郑燮、钱受谷、周大业、王学浩、沈德潜、徐坚15个家庭明确记载为"家贫"或"家极贫"，占授徒家庭的83.3%，故其子辈多选择以游幕为业。

14个（占3.7%）游幕学者出身于父辈以服贾为生的家庭，其中明言"雄于资"者只有何治运一家，只占7.1%；王又朴、戴震、程庭祚、臧庸、臧礼堂、朱春生6家则明言"家贫"，程晋芳、凌廷堪、郑潢3家则明言"家道中落"。即在父辈经商的14个家庭中，有9个家庭属于贫寒或家道中落，占64.3%，比例相当高，其他4个商人家庭的贫富状况没有明确记载，其中可能也有家境贫寒素者。因此，许多商人家庭出身的学者选择弃商游幕。

13个游幕学者的家庭出身于学者家庭（占3.4%），其中钱大昕和贾田祖有史料记载家境贫寒，其他11人的家境未有明确记载。一般来说，学者的子辈因有家学背景，学术上会有一定建树，但除非考取高级功名并被授予较高品级的官职，否则就会选择易被学者接受的游幕为治生手段。2.9%的游幕学者其父辈亦以游幕资生，11个家庭中余萧客、吴定、姚莹、赵光4个家庭明言家贫，洪亮吉、李富孙的家庭则属家道中落，即超过半数（54.5%）的家庭属于贫寒家庭。行医者和业农者的家庭出身各占0.5%，多属于贫寒家庭。

有10位（占2.6%）游幕学者的父亲史料记载其获有功名，但未载是否为官、具体从事何种职业。从10位游幕学者的父辈具有的功名来看，多为诸生和监生等低级功名，如陈鳣、姚世钰、陈鹤、端木国瑚、魏成宪的父辈功名为诸生，庄炘、钱坫、阮元的父辈功名为监生，二者合计8人，占80%；只有梅曾亮的父辈功名为举人，陈昌齐的父辈功名为恩贡生，合计占20%。

有12个（占3.2%）游幕学者的父亲仅知未仕，而职业未详，其中张元、顾陈垿、沈彤、沈可培、汪中、钱泳的家境明确记载为家贫，占父辈职业不详者家庭的50%。

有232个（占61.1%）游幕学者的父亲职业状况史料缺载，其中李果、陈鋐、胡天游、杭世骏、夏敬渠、张熙纯、王昶、姚文田、周永年、严长明、黄文旸、丁杰、钱大昭、庄有可、钮树玉、江藩、苏秉国、陈鸿寿、凌曙、刘开、冯登府、徐鲲、张庚、汪韧、黄子云、孙泰溶、王元文、吴嵰、周三夔、苏加玉、何有焕、张师诚、杨士燝、顾日新、汪家禧的家境明确记载为家贫，李惇、吴文溥、赵魏、石韫玉、袁廷梼的家境明确记载为家道中落，合计共40人，占史料缺载游幕学者家庭出身与父辈职业家庭的17.2%；只有曹学诗和梁玉绳2人的家境记载为望族或雄于资，占0.9%。按此比例，史料缺载家庭出身与父辈职业的232个家庭中，应有多数家庭生活水平在一般或一般之下，因而他们的子辈常以游幕资生。

分析游幕学者的家境，还需关注其家庭中有无直系亲属（主要是父亲）早逝的情况。因为在一个祖孙三代组成的普通家庭中，父亲是家庭的支柱，承担着抚养妻子儿女和赡养老人的重任。一旦父亲早逝而子女年幼，整个家庭将陷入困境，并直接影响子女们的命运及其后的生活道路。

他们不仅要和母亲一起承担赡养祖父母和年幼弟妹的重担，还要为自己能够继续读书和参加科举考试准备足够的费用，不得不尽己所能、采用一切可能的手段治产谋生，而游幕是其比较愿意选择的谋生之道。

目前所见史料以"幼孤""少孤""孤贫""父早逝"等词语表示游幕学者父亲早逝的家庭共有 40 个，占全部游幕学者人数的 10.5%。他们是：夏敬渠、周广业、汪辉祖、汪中、洪亮吉、黄景仁、赵绍祖、胡虔、凌廷堪、钮树玉、袁廷梼、顾广圻、陆继辂、刘开、张庚、黄钺、王学浩、顾日新、范景颐、王国栋、李果、朱稻孙、邵泰、赵翼、毕沅、段松苓、钱坫、武亿、张惠言、黄本骐、王复、汪韧、钱受谷、孙泰溶、汪缙、瞿培、欧阳辂、施福元、黄乙生、吴鼒。其中夏敬渠、周广业、汪辉祖、汪中、黄景仁、钮树玉、顾广圻、刘开、张庚、王学浩、顾日新、李果、赵翼、张惠言、王复、汪韧、钱受谷、孙泰溶、欧阳辂、吴鼒的家境明确记录为"家贫"或"家故贫"；洪亮吉、胡虔、凌廷堪、袁廷梼的家境明确记载为"家道中落"。二者合计共 24 个家庭，占全部父亲早逝家庭的 60%。说明父亲早逝对传统家庭的家境有重大影响，此类家庭的子辈将更多地选择游幕资生。

由上述讨论可知，大多数游幕学者在入幕前家境贫寒、功名低微，说明谋取衣食是多数学者选择游幕的最直接、最基本的动机，在此基础之上可以利用幕府相对优越的学术条件，满足其读书治学的精神需求，或继续科考以获取高级功名、争取入仕以实现其齐家治国的人生理想，是其选择游幕的内源性因素。乾嘉两朝政治相对稳固，社会秩序较为稳定，经济文化发展持续兴盛，朝廷和各级官员重视学术文化事业，大力提倡经史考证，营造出有利于从事汉学考据的社会环境，江、浙、皖等江南地区和京师相对优越的区域环境条件等，则是乾嘉学者选择游幕的外源性因素。

第三章 乾嘉时期游幕学者的学术活动

乾嘉时期是游幕学者从事学术活动最兴盛、最活跃的时期。在对乾嘉时期的游幕学者群体及其生存境域进行宏观的时空考察之后，本章主要讨论乾嘉时期游幕学者的学术活动内容及学术贡献，重点讨论以下三个问题：一是游幕学者在幕府中的活动内容及变化；二是游幕学者在幕府中的学术活动内容及变化；三是游幕学者的学术贡献与影响。

第一节 乾嘉时期游幕学者的活动内容及变化

游幕学者在幕中从事何种活动，一方面取决于游幕学者个人的知识积累、能力和专长；另一方面取决于不同层级的幕主的宗尚与需求，而幕主的宗尚及其对游幕学者的需求，不仅要受其所处时代的政治、社会、文化环境的影响，也与幕府的类别、幕主面临的各种具体问题有关。乾嘉时期社会基本稳定，但在不同时段、不同地域，政治形势、文化政策、经济发展仍不尽相同，不同类别幕府的职能和幕主面临的问题也各有不同，因此，身处不同时段、不同幕府中的游幕学者，其活动内容也会有所不同。

一 游幕学者所游幕府情况

鉴于游幕学者在幕府中的活动内容与其所游幕府的类别、层级有重要关联，有必要先对乾嘉时期游幕学者所游幕府的情况进行统计分析。

关于清代幕府的类型及活动内容，郭润涛《清代幕府的类型与特点》①曾根据清代幕府内部关系与活动的性质，将清代幕府分为军营幕府、行政幕府、专职幕府和艺文幕府。认为清代的军营幕府主要是指驻防将领（武职）的幕府，行政幕府是指地方行政系统官员的幕府，专职幕府主要指学政、盐政、漕运总督、河道总督及其所辖专职官员的幕府，艺

---

① 郭润涛：《清代幕府的类型与特点》，《贵州社会科学》1992年第11期。

文幕府是指朝中大臣和地方官员为著书或修志等所设置的幕府。同时指出，在行政幕府和专职幕府中也存在艺文性质的幕府活动。

郭文的分类有其合理性，但也存在一些尚需进一步讨论的问题。首先，据我们搜集整理的资料，乾嘉时期多数幕府的活动内容都是多样的，行政幕府和专职幕府中除了协助幕主处理政务，多有著书、修志等学术活动，即使是武职所设的军营幕府，和平时期除了与军事有关的日常事务，也会有一些游幕学者从事学术活动。如汪沆乾隆十一年（1746）客福州将军新柱幕，撰《福州八旗志》。徐松嘉庆十九至二十四年（1814—1819）受知于伊犁将军松筠纂《新疆志》，成《伊犁总统事略》十二卷，宣宗即位后改题书名为《新疆识略》。其次，所谓专职幕府，如学政、盐政等所设幕府，从幕主的职守和机构性质看，划归行政幕府也无不可。所谓艺文幕府，也不宜界定为是"为著书或修志等所设置的幕府"，因为此类幕府（如阮元之浙江学政和浙江巡抚幕）不仅有著书、修志等学术活动，也有诗文唱和、琴棋书画等具有娱乐性的文学、艺术类活动，亦需协助幕主处理日常行政事务。再次，因为清代的督、抚等地方官往往兼理军事与政事，难以将督、抚等官员设置的幕府归入军营幕府或行政幕府。因此，本书按照幕主所任官职的类别，将乾嘉时期游幕学者所游幕府分为王公及京官幕府、地方官幕府和武职官员幕府三类，地方官幕府又依幕主官职的品级分为藩台以上地方官幕府和道员以下地方官幕府两类。

为了能够体现乾嘉时期游幕学者所游幕府的整体面貌，以及不同时段内游幕学者所游幕府的类别和数量变化，本书依据附录一的基本材料，以5年为一个时段，以游幕学者所游幕府的幕主所任官职情况为统计对象，对每个时段游幕学者所游幕府的类别和数量以及游幕学者的人次进行统计，然后再对相关问题进行分析。

统计乾嘉时期各时段游幕学者所游幕府的类别、数量以及游幕学者的人次变化（见表3.1），有以下几点需要说明：

（1）有些幕府历时较长，跨越不同时段，在每个时段各作一次统计。

（2）乾嘉时期有一些王公贵胄，如诚亲王胤祉、睿亲王、郑亲王、果毅公阿里衮、衍圣公等，也曾延请学者至府从事学术或文学活动，但为数不多，为简化分类，暂且将其与京官合为一类进行统计。

（3）一些官职的别称、又称作合并处理，统计表中只写其常见的称谓。如学政、学使、提督学政、督学使者等合并作"学政"，巡盐御史、都转盐运使司盐运使、盐政等合并作"盐运使",总督、制军、制台合并作"总督"。

(4) 有些幕府存在时间不详,但幕主所任官职的职衔或品级明确,将其列于最后一个时间段之后,只统计其官职品级、类别和数量,不计入某一时间段。

(5) 有些幕主官职不详,但所设幕府的存在时间明确,有个别幕主官职与设幕时间均不明,将其列于表中最后一栏,另行统计。

表 3.1　　　乾嘉时期各类幕府的数量及游幕学者人次统计①

序号	时间段	王公及京官幕府			地方官员幕府						武职官员幕府		
		幕主官职	数量	人次	藩台以上幕主官职	数量	人次	道员以下幕主官职	数量	人次	幕主官职	数量	人次
1	1736—1740	诚亲王	1	1	总督	5	5	道员	1	1			
		果毅公	1	1	巡抚	3	4	太守	1	1			
		尚书	1	2	布政使	3	4						
		八旗志书纂修官	1	1	按察使	1	1						
					学政	4	4						
					盐运使	1	2						
		小计	4	5	小计	17	20	小计	2	2	小计	0	0
2	1741—1745	尚书	1	2	总督	2	2	道员	1	1			
		侍郎	1	1	巡抚	2	2	知府	1	1			
					布政使	4	4	太守	2	2			
					按察使	1	1	县令	5	5			
					都转运使	1	1						
					学政	2	3						
					盐运使	1	1						
		小计	2	3	小计	13	14	小计	9	9	小计	0	0

① 乾嘉时期各类幕府的幕主、官职、存在时间,以及不同幕府中游幕学者的具体情况,详见附录四。

续表

序号	时间段	王公及京官幕府			地方官员幕府						武职官员幕府		
		幕主官职	数量	人次	藩台以上幕主官职	数量	人次	道员以下幕主官职	数量	人次	幕主官职	数量	人次
3	1746—1750	大学士	1	2	总督	3	3	道员	2	2	将军	1	1
		尚书	3	3	巡抚	4	4	太守	3	7			
		宗丞	1	1	布政使	2	2	通判	1	1			
					按察使	1	2	知县	2	2			
					学政	6	8	县令	6	8			
					盐运使	1	1						
		小计	5	6	小计	17	20	小计	14	20	小计	1	1
4	1751—1755	大学士	1	1	总督	3	3	道员	1	1	将军	1	1
		尚书	3	7	巡抚	2	6	知府	9	5			
		侍郎	2	2	布政使	6	3	知州	1	4			
		掌院学士	1	1	按察使	1	1	太守	4	4			
		翰林院庶吉士	1	1	学政	8	8	知县	3	3			
		中丞	1	1	盐运使	1	9	县令	1	1			
					都转运使	1	1						
					织部	1	1						
					榷使	1	1						
		小计	9	13	小计	24	33	小计	19	18	小计	1	1
5	1756—1760	尚书	4	5	总督	3	3	道员	2	2	将军	1	1
		掌院学士	1	1	巡抚	5	6	知府	1	1			
		光禄寺卿	1	1	布政使	2	2	太守	1	1			
		册封使节	1	1	按察使	2	2	刺史	1	1			
					学政	7	8	知县	2	2			
					盐运使	1	9						
		小计	7	8	小计	20	30	小计	7	7	小计	1	1
6	1761—1765	尚书	1	1	总督	1	1	知府	1	1	将军	1	1
		乡试分校	1	1	学政	3	5	知州	1	1			
					盐运使	1	3	太守	1	1			
								知县	2	2			
								县令	2	2			
		小计	2	2	小计	5	9	小计	7	7	小计	1	1

续表

序号	时间段	王公及京官幕府			地方官员幕府						武职官员幕府		
		幕主官职	数量	人次	藩台以上幕主官职	数量	人次	道员以下幕主官职	数量	人次	幕主官职	数量	人次
7	1766—1770	大学士	1	1	总督	2	3	道员	1	1	将军	2	2
		武英殿编修	1	1	巡抚	3	3	知府	3	3	副将军	1	2
					布政使	1	1	太守	1	1	经略	1	1
					按察使	1	1	知县	7	6			
					藩台	1	2	县令	1	2			
					学政	2	2						
		小计	2	2	小计	10	12	小计	13	13	小计	4	5
8	1771—1775	大学士	2	2	总督	3	6	道员	3	4	副将军	1	2
		四库馆	2	3	巡抚	2	9	知府	1	3			
		编修	1	1	按察使	1	1	知州	2	2			
		仁和场大使	1	1	学政	6	18	太守	1	1			
								知县	8	7			
								县令	2	2			
		小计	6	7	小计	12	34	小计	17	19	小计	1	2
9	1776—1780	大学士	2	2	总督	3	3	道员	2	2			
		刑部侍郎	1	1	巡抚	4	14	知府	7	12			
		四库馆总校	3	3	布政使	1	1	太守	3	2			
		武英殿编修	1	1	按察使	2	2	知县	5	5			
		仪征税课司大使	1	1	学政	10	11	县令	2	2			
		仁和场大使	1	1	盐运使	4	6						
		小计	9	9	小计	24	37	小计	19	23	小计	0	0
10	1781—1785	刑部侍郎	1	1	总督	3	2	道员	3	3			
		大学士	3	2	巡抚	4	25	知府	2	2			
		学士	1	1	按察使	1	2	太守	1	1			
		四库馆	3	4	学政	4	5	知县	10	8			
					盐运使	2	3						
					藩台	1	1						
					织造	1	1						
		小计	8	8	小计	16	39	小计	16	14	小计	0	0

续表

序号	时间段	王公及京官幕府			地方官员幕府					武职官员幕府		
		幕主官职	数量	人次	藩台以上幕主官职	数量	人次	道员以下幕主官职	数量	人次	幕主官职	数量	人次
11	1786—1790	大学士	3	3	总督	4	17	道员	2	2			
		侍讲学士	1	1	巡抚	4	17	知府	4	3			
		仓场侍郎	1	1	布政使	3	4	知州	1	1			
		四库馆	1	1	按察使	1	1	太守	1	1			
					观察使	1	1	知县	3	5			
					学政	9	12	县令	1	1			
					盐政	1	1						
					盐运使分司	1	1						
		小计	6	6	小计	24	54	小计	14	13	小计	0	0
12	1791—1795	亲王	1	1	总督	2	14	道员	2	3			
		大学士	1	1	巡抚	9	11	知府	4	4			
					布政使	1	1	郡守	1	1			
					按察使	4	6	知县	5	5			
					学政	7	20	县令	3	3			
					盐运使	2	2						
		小计	2	2	小计	25	54	小计	15	16	小计	0	0
13	1796—1800	亲王	3	4	总督	3	9	道员	6	6	将军	1	1
		衍圣公	1	1	巡抚	5	38	知府	2	2	参赞	1	1
		大学士	3	3	布政使	4	14	太守	1	1	荆南戎	1	1
		侍读	1	1	按察使	2	2	运判	2	2			
		侍郎	1	4	学政	7	60	知县	6	6			
		祭酒	1	1	盐运使	2	7						
					转运使	1	1						
		小计	10	14	小计	24	131	小计	17	17	小计	3	3

续表

序号	时间段	王公及京官幕府			地方官员幕府					武职官员幕府		
		幕主官职	数量	人次	藩台以上幕主官职	数量	人次	道员以下幕主官职	数量	人次	幕主官职	数量	人次
14	1801—1805	亲王	1	1	总督	3	3	道员	1	3	将军	1	2
		侍郎	1	1	巡抚	2	35	知府	4	4	兵备道	2	3
		会典馆总纂	1	1	学政	5	7	知州	1	1			
					盐运使	3	7	太守	3	5			
								知县	9	12			
								县令	1	1			
		小计	3	3	小计	13	52	小计	19	26	小计	3	5
15	1806—1810	亲王	1	1	总督	4	7	道员	1	4	提督	1	1
		大学士	3	2	巡抚	3	10	知府	4	4	将军	1	1
		侍郎	1	1	布政使	3	4	同知	1	1			
					按察使	1	1	郡守	1	1			
					学政	4	4	太守	5	11			
					盐运使	2	4	知县	8	10			
								县令	1	3			
		小计	5	4	小计	17	30	小计	21	34	小计	2	2
16	1811—1815	尚书	1	1	总督	8	11	道员	3	5	将军	1	1
		侍郎	1	1	巡抚	8	9	知府	3	4			
		全唐文局	1	3	布政使	3	5	同知	1	1			
					按察使	1	1	知州	1	1			
					观察使	1	1	太守	3	7			
					学政	5	5	知县	3	3			
					盐政	2	2	县令	5	4			
					副都御使	1	1						
					藩台	1	1						
		小计	3	5	小计	30	36	小计	19	25	小计	1	1

续表

序号	时间段	王公及京官幕府			地方官员幕府						武职官员幕府		
		幕主官职	数量	人次	藩台以上幕主官职	数量	人次	道员以下幕主官职	数量	人次	幕主官职	数量	人次
17	1816—1820	尚书	1	1	总督	2	11	道员	3	3	将军	1	1
					巡抚	10	12	知府	1	1	兵备道	1	1
					观察使	1	1	知州	3	3			
					学政	3	3	刺史	1	1			
					左都御使	1	1	知县	8	9			
					盐运使	1	1	县令	2	2			
					藩台	1	1	邑令	1	1			
		小计	1	1	小计	19	30	小计	19	20	小计	2	2
18	时间不明	大学士	1	1	总督	1	1	道员	3	3			
		学士	1	1	巡抚	6	7	知县	2	2			
					布政使								
					学政	3	3						
					盐运使	1	2						
					布政司	1	1						
		小计	2	2	小计	13	15	小计	5	5	小计	0	0
19	幕主官职不明	1736—1740	4		1766—1770	1		1796—1800	5				
		1741—1745	4		1771—1775	1		1801—1805	17				
		1746—1750	4		1776—1780	2		1806—1810	10				
		1751—1755	5		1781—1785	6		1811—1815	10				
		1756—1760	2		1786—1790	8		1816—1820	6				
		1761—1765	2		1791—1795	6					小计	69	93
20	时间、幕主、官职皆不明者				7人次								

为从宏观层面展现乾嘉时期游幕学者所游幕府的情况，可以将表3.1中的具体官职隐去，只计官职类别和幕府存在时间明确的数据，制成简表，如表3.2所示。

表 3.2　　　　乾嘉时期各类幕府的数量及游幕学者人次情况

序号	时间段	王公及京官幕府		地方官员幕府				武职官员幕府		小计	
				藩台以上地方官员幕府		道员以下地方官员幕府					
		数量	人次	数量	人次	数量	人次	数量	人次	数量	人次
1	1736—1740	4	5	17	20	2	2	0	0	23	27
2	1741—1745	2	3	13	14	9	9	0	0	24	26
3	1746—1750	5	6	17	20	14	20	1	1	37	47
4	1751—1755	9	13	24	33	19	18	1	1	53	65
5	1756—1760	7	8	20	30	7	7	1	1	35	46
6	1761—1765	2	2	5	9	7	7	1	1	15	19
7	1766—1770	2	2	10	12	13	13	4	5	29	32
8	1771—1775	6	7	12	34	17	19	1	2	36	62
9	1776—1780	9	9	24	37	19	23	0	0	52	69
10	1781—1785	8	8	16	39	16	14	0	0	40	61
11	1786—1790	6	6	24	54	14	13	0	0	44	73
12	1791—1795	2	2	25	54	15	16	0	0	42	72
13	1796—1800	10	14	24	131	17	17	3	3	54	165
14	1801—1805	3	3	13	52	19	26	3	5	38	86
15	1806—1810	5	4	17	30	21	34	2	2	45	70
16	1811—1815	3	5	30	36	19	25	1	1	53	67
17	1816—1820	1	1	19	30	19	20	2	2	41	53
18	时间不明	2	2	13	15	5	5	0	0	20	22
19	合计	86	100	323	650	252	288	20	24	682	1062

说明：另有幕主官职不明者幕府 69 个、学者 93 人次，游幕时间、幕主官职皆不明者 7 人次。

为了更直观地看清乾嘉时期游幕学者所游幕府的类别、数量，以及在不同时段的变化情况，将表 3.2 的数据以曲线图的方式呈现于下（见图 3.1）。

从幕府类别和数量来看，乾嘉时期游幕学者所游幕府以地方官员幕府为主，约占幕府总数的 84%；其中，藩台以上地方官员（以总督、巡抚、学政为主）幕府的数量，多于道员以下官员（以知府、知县为主）幕府

数量（个）

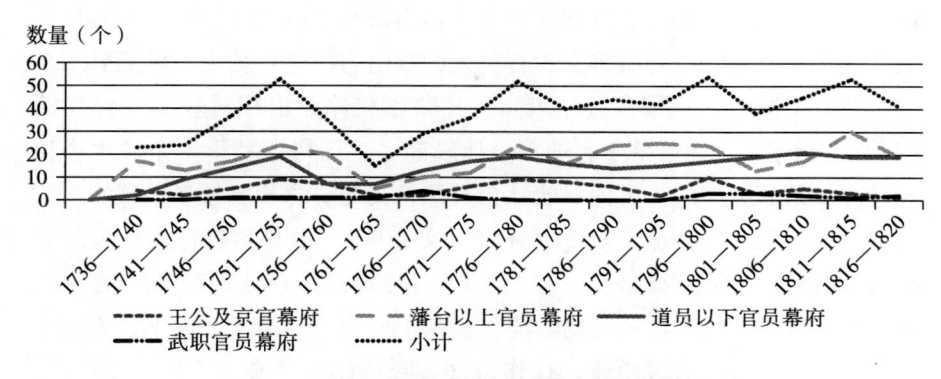

图 3.1　乾嘉时期各类幕府的数量及变化情况

（图例：----王公及京官幕府　– –藩台以上官员幕府　——道员以下官员幕府　—·—武职官员幕府　……小计）

的数量，前者约占幕府总数的47%，后者占37%。从整体波形来看，藩台以上地方官员幕府的曲线与乾嘉时期幕府的整体曲线（小计）有较大的相似度，说明藩台以上地方官员幕府在所有幕府类别中占有绝对优势，对幕府总体曲线的贡献率最大；而道员以下官员幕府在嘉庆中期即第十四、第十五时段（1801—1810）对幕府总体曲线的贡献率反超藩台以上地方官员幕府。王公及京官幕府占幕府总数的13%，整体曲线居于道员以下官员幕府的曲线之下；武职官员幕府的数量最少，仅约占幕府总数的3%，曲线位置最接近横轴。

从图3.1来看，地方官幕府中的藩台以上地方官员幕府的曲线，除在第六至第八、第十四至第十五时段（1761—1775、1801—1810）与道员以下官员幕府的曲线有交叉之外，乾嘉时期绝大部分时间都位于其他官员幕府曲线的上方，在数量上占有明显优势；道员以下官员幕府的曲线位置仅低于藩台以上地方官员幕府的曲线；王公及京官幕府的曲线又低于道员以下官员幕府的曲线，整体曲线比较接近横轴；武职官员幕府的曲线则几乎与横轴持平，仅在第七至第八、第十三至第十五时段（1766—1775、1796—1810）略高出横轴。

明确了乾嘉时期各类幕府的数量之后，需要回答的问题是：乾嘉时期游幕学者喜欢到何种类型的幕府去游幕，即其在不同类别幕府中游幕学者的分布情况如何。

表3.2末行的数据表明，乾嘉时期游幕学者相对集中于地方官员的幕府，有938人次，占游幕学者的88.3%，尤其热衷于到品级相对较高的藩

台以上地方官员的幕府，有 650 人次，约占游幕学者的 61.2%。① 藩台以上地方官幕府之所以对游幕学者有更大的吸引力，笔者认为，可能有两个方面的主要原因：一是官员品级高，其薪俸和养廉银相对较多（详见第四章），能够提供给游幕学者的幕金比较高，生活待遇和学术条件也会比较好；二是品级高的官员拥有的社会资源、文化资源相对较多，幕府组织大型学术工程的机会也比较多（详见下文分析）。游幕学者比较热衷的幕府是道员以下地方官员幕府，有 288 人次，约占 27.1%。王公与京官则较少设幕，但受时代学术风尚的影响，一些王公大臣如亲王、尚书、大学士等也会聘请学者到府署教读、代作诗文、吟诗作画，或者编校经史典籍。如钱大昕之子钱东壁客游京师，仓场侍郎刘秉恬"一见倾倒，邀入幕中，佐理文翰。凡有撰述，多出所拟，下笔千言，略不加点，于是都中有'小钱'之目"②。武英殿、四库馆、会典馆等纂修、编修、总纂、总校等官员，也常聘请一些学者助其纂修、编校。但总体而言，所聘请学者的人数与到各级地方官员幕府的学者相比，数量要少很多，仅有 100 人次，约占 9.4%。武职官员也会因处理军务之需聘请部分学者，但因军务毕竟不是学者所擅长，故而游于武职官员幕府者人数最少，只有 24 人次，约占 2.3%。

从不同时段幕府的数量变化来看，第四时段（1751—1755）、第九时段（1776—1780）、第十三时段（1796—1800）、第十六时段（1811—1815）的幕府数量最多（超过 50 个），说明这四个时段是各级官员开设幕府的活跃期，各类幕府的学术活动也比较兴盛；第六时段（1761—1765）各类幕府的数量最少（只有 15 个），是幕府活动的低潮期。整体来看，嘉庆朝官员设幕比乾隆朝更为兴盛，乾隆朝 60 年共有幕府 430 个，平均值为 7.17；嘉庆朝 25 年共有幕府 231 个，平均值为 9.24。就乾隆朝幕府的数量而言，乾隆后期（第九至第十二时段，178 个）多于初期（第一至第四时段，137 个），初期又多于中期（第五至第八时段，115 个）；嘉庆朝则是中期（第

---

① 刘桂生曾言："我研究清代学术史、思想史多年，深知清代学人中有'游幕'经历者不少。但他们'游幕'，基本上不是在州县地方官的幕府中当'师爷'，而是在总督、巡抚一类方面大员的幕府中以'客卿'身份协助'主持风化'——实际上是陪同长官谈经论史、盱衡时局，撰文吟诗，著书立说。"尚小明：《学人游幕与清代学术》（增订本）之《序三》，东方出版社2018 年版，第 9—10 页。

② 钱大昕、钱庆曾：《竹汀居士年谱》，乾隆三十一年条。

十五、第十六时段，98个，均值9.8）多于初期（第十三、第十四时段，92个，均值9.2），初期多于最后5年（41个，均值8.2）。

从各类幕府的游幕学者数量变化来看，第十三时段（1796—1800）人数最多，达165人次，远超其他各个时段；其次是第十四时段（1801—1805），有86人次；排在第3至5位的依次是第十一（1786—1790）、第十二（1791—1795）、第十五时段（1806—1810），分别有73、72、70人次；而第六时段（1761—1765）的人数最少，只有19人次。说明乾隆晚期和嘉庆前中期是游幕学者出游幕府最为兴盛的时期，而乾隆中叶是游幕学者出游幕府最低迷的时期。各时段的幕府数量与游幕学者的人次变化见下图所示。

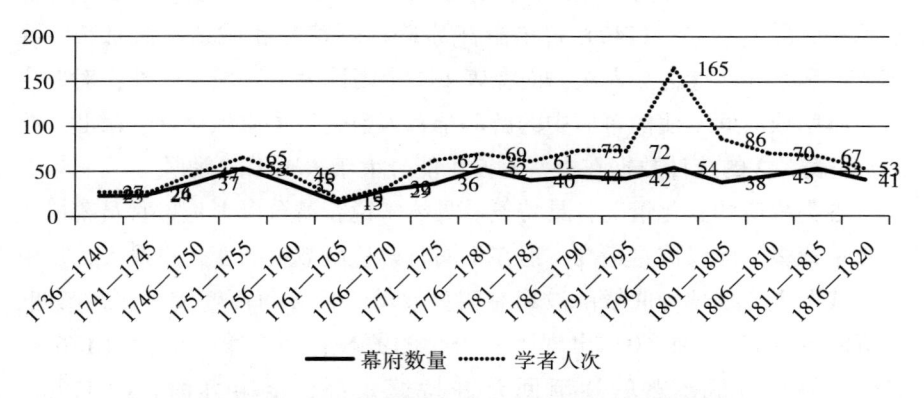

图 3.2　乾嘉时期不同时段各类幕府及幕中学者的数量变化

图3.2中幕府的数量变化曲线与幕中学者的数量变化曲线，在第七时段（1766—1770）之前，波形和相对高度基本保持一致，说明幕府数量的增减与游幕学者的人数增减基本一致；之后幕府数量的变化曲线保持小幅度上升，尔后基本保持平稳，曲线波动幅度不大；而游幕学者的数量变化曲线在持续上升的同时，至第十三时段（1796—1800）陡然上升，形成一个很高的波峰，继而明显下降，但总体曲线也在幕府数量变化曲线之上，而且两条曲线的距离比前七个时段的距离有所拉大。说明从第八时段（1771—1775）开始，一些规模较大的幕府陆续出现，到第十三时段（1796—1800）则出现了更多较大规模和超大规模的幕府，共出现了54个各级官员的幕府，其中大型幕府如阮元的浙江巡抚、浙江学政幕府，先

后累计有 84 位游幕学者在幕，另有毕沅的湖广总督幕府、谢启昆的浙江布政使和广西巡抚幕府、曾燠的两淮盐运使幕府等。

对比表 3.1、表 3.2 和表 1.1，以及图 3.2 和图 1.1，发现两项统计中关于各个时段游幕学者的数量存在一些差异，但曲线的波形和整体走势完全一致。二者的数据差异是由于统计方法和统计对象不同造成的。表 3.1 和表 3.2 统计的是各个时段在不同类别幕府中的游幕学者的人次，若同一个学者在同一时期出游不同幕主的幕府，或者不同类别的幕府，则会各计一人次，而表 1.1 统计的是不同时期的游幕学者人数，不考虑出游幕府的数量与类别同异。如沈大成在第一时段（1736—1740）曾出游王恕广东按察使、广东布政使、福建巡抚、浙江布政使等四个不同类别的幕府，在表 3.1 和表 3.2 中计为 4 人次，而在表 1.1 中则计为 1 人次。又如顾陈垿在第一时段（1736—1740）曾出游江苏巡抚顾琮幕和诚亲王胤祉幕，在表 3.1 和表 3.2 计为 2 人次，而在表 1.1 中则计为 1 人次。此外，对幕主官职不明或时间不明的幕府中的游幕学者人数进行了单独统计。由此，表 3.1 和表 3.2 的统计数据在一些时段可能会大于表 1.1 的数据。

各类幕府的变化情况各具特点。具体来说，藩台以上地方官员幕府虽然数量最多，曲线位置最高，但在不同时段幕府数量的变化也最大，反映在曲线图上，表现为曲线的波形有明显波动，且波动幅度较大。在第四、第五时段（1751—1760）出现了一个小的波峰，却在第六时段（1761—1765）降至谷底，然后逐渐回升并持续走高，至第九时段（1776—1780）出现第二个波峰，而后持续保持在一个相对较高的位置，波形变化也较小，至第十六时段（1811—1815）出现第三次高峰，然后又逐渐回落。藩台以上地方官员幕府的变化趋势和波形，与总的幕府变化曲线的整体走势存在较大的相似性，说明该类幕府的数量变化直接影响乾嘉时期幕府总量的变化。

道员以下地方官员幕府的曲线，整体上处于藩台以上地方官员幕府曲线之下、京官幕府曲线之上，波动幅度较少，第一个小的波峰和低谷期的出现时间早于藩台以上地方官员幕府，分别出现在第三时段（1746—1750）和第五时段（1756—1760），其后曲线的走势保持小幅提升，在第九时段（1776—1780）出现了第二次较高的波峰，在第十五时段（1806—1810）出现第三次更高的波峰，之后又逐渐回落。

王公和京官幕府的曲线比较接近横轴，波形连续且没有特别明显的波动，只在第四时段（1751—1755）、第九时段（1776—1780）和第十三时段（1796—1800）出现了三个较小的峰头。武职官员幕府的曲线与横轴基本持平，且呈断线状，仅在第七时段（1766—1770）和第十四时段（1801—1805）出现了两个极小的波峰。一方面说明王公、京官和武职官员与地方官员相比设幕较少，另一方面也不排除一些王公和京官设幕，有时只是延请一些文人以代作诗文、品鉴书画而附庸风雅；一些武职官员设幕延宾有时只为助理军务，幕府中从事学术活动者少。当以游幕学者为对象统计不同时段的幕府数量时，有些王公和京官幕府、武职官员幕府没有纳入统计范围。

二　游幕学者在幕府中的活动内容

乾嘉时期游幕学者在各级官员幕府中的活动内容非常丰富，从大的方面可以概括为政事、军事、学术、文学、艺术五类。[①]

1. 政事活动

游幕学者出游于总督、巡抚、藩台、使司、道员、知府、知州、知县等各级行政官员的幕府，常需协助幕主处理一些行政事务。地方行政事务主要包括吏、户、礼、兵、刑、工六项，最重要的是刑（刑名）和户（钱粮）两项，还有各种公务与应酬文书的撰写。一般而言，各级行政官员都会雇佣相应的"师爷"协助办理政务，身处幕中的学者有时也需参与其事。概括而言，游幕学者的政事活动主要包括：协助幕主办理与政务有关的章奏文翰；为幕主处理政事出谋献计；协助幕主办理河、漕、盐、赈等大政；协助幕主处理刑名、钱粮、缉私、捕盗等事务。

2. 军事活动

出游于总督、将军、都统、提督、巡抚、总兵、参将等武职官员幕府的游幕学者，常需协助幕主处理一些与军事有关的事务。和平时期主要是协助幕主处理日常与军事有关的事务，如起草公牍文书、书写通候禀启、

[①] 尚小明《清代士人游幕量化分析》将清代士人游幕活动的内容概括为政事、兵事和文事三大类或三种性质，但在具体统计士人的活动内容时，又将政事与兵事合并统计。尚小明：《清代士人游幕表》，中华书局2005年版，第17—21页。本书将乾嘉时期游幕学者在幕府中的活动内容概括为政事、军事、学术、文学、艺术五类，但为了方便统计，同时也为了凸显游幕学者的学术活动，根据上述活动性质的近似性，将政事与军事合并、文学与艺术合并统计，将学术活动单独统计。

结算支领军饷等；战乱时期游幕学者参与的军事活动主要有：协助幕主处理与战事有关的军事文书、战报等；协助幕主筹划战守事宜、处理营务；协助幕主筹措、转输粮饷、军械、士卒等。其中，游幕学者最主要的军事活动是参谋军机、起草公文、治办军需。

3. 学术活动

乾嘉时期由于朝廷稽古佑文，各级官员承风宏奖，纷纷设幕延宾，积极从事编校经史典籍、纂辑地方志等学术活动，尤其是学者型官员幕府，学术活动十分兴盛。概括而言，游幕学者在各级幕府中的学术活动主要包括：经史典籍的纂辑、考订、注疏、校勘、编目、刊刻；丛书、诗文集的编校；舆地研究和地志的纂修；金石文字的纂辑与考证；论学与学术论争；课读与书院讲习；襄阅试卷与校士；天文、历算等自然科学研究；其他学术活动等。

需要说明的是，襄阅试卷和校士是游幕学者的主要活动内容之一，凡游各省学政幕府者，基本上皆有此项活动。襄阅试卷和校士是八股取士制度中的重要环节，旨在衡文取士，为统治集团选拔人才，因此与政事活动有一定关系。同时，襄阅试卷和校士时考官的评语、荐语以及批语，不仅可以直接反映衡文取士的评判标准，体现朝廷选拔人才的价值取向，也能够体现朝廷的文化政策，引导儒生文士的学术取向，对于引导文风具有指挥棒的作用。

乾嘉时期阅卷官基本围绕理、法、辞（词）、气四个方面对应试文章进行评判。乾隆三年（1738）谕："考试各官，凡岁科两试，以及乡、会衡文，务取'清真雅正'，法不诡于先型，辞不背于经义者，拟置前茅，以为多士程式。"① 法不诡于先型，辞不背于经义，"就是其阐述的义理必须'根于经书'，即不脱离儒家所定的经典，从这些经典引申和阐发义理"②，而要把经书义理阐述透彻，士子必须熟读儒家经典，同时也体现了乾隆帝崇儒稽古的文化政策，即"国家以经义取士，将使士子沉潜于四子、五经之书，含英咀华，发抒文采"③。因此，从衡文标准对乾嘉

---

① 《钦定大清会典事例》（嘉庆朝）卷二七九《礼部·贡举·内帘阅卷》。

② 何怀宏：《选举社会及其终结——秦汉至晚清历史的一种社会学阐释》，生活·读书·新知三联书店1998年版，第168页。

③ 《钦定大清会典事例》（嘉庆朝）卷二六六《礼部·贡举·试艺体裁》。

时期的学术转向和经史考据学风的兴盛具有引导和推动作用而言，襄阅试卷和校士也应属学术活动。

4. 文学活动

乾嘉时期统治者振兴文教的政策和官员、士绅的倡行，为文学、艺术和学术事业的繁荣发展提供了良好的社会条件，一些地方官员尤其是嗜好诗文的官员幕府，如两淮盐运使卢见曾和曾燠幕府，聚集了大批文人学者，诗文酬唱成为幕府的主要活动，也使卢见曾和曾燠先后成为当时江南地区的文坛盟主。文学是以语言塑造形象来反映现实生活的学科，范围广泛，内容丰富。概略而言，乾嘉时期游幕学者的文学活动主要包括：骈文、诗、词、曲、赋、戏剧等文学作品的创作活动。大型诗文总集的纂辑、诗文的校注等活动内容，则属于学术活动。

5. 艺术活动

艺术是通过塑造形象以反映社会生活而比现实更具典型性的一种社会意识形态，表现形式多种多样，主要有绘画、雕塑、音乐、舞蹈、戏剧、曲艺等。从现有资料来看，乾嘉时期游幕学者的艺术活动主要包括：音乐、书法、绘画等作品创作和歌舞、戏剧的表演活动。

三 游幕学者活动内容的变化及原因

为了能够具体反映乾嘉时期不同时段游幕学者在幕府中的活动内容及变化，本书借鉴尚小明《清代士人游幕量化分析》的研究方法，采取分时段、按活动性质分类统计的方式，对不同时段游幕学者的活动内容进行统计分析。仍以5年为一个时段，按照活动性质（或类别）而非活动事项进行统计，即某人在某个时段即使有多次政事活动，只按1项（1类）统计；若跨时段，则于每个时段各计1项；若某人在某个时段有多种性质的活动，如既有政事活动，又有学术活动，则分别各计1项。

清代国家的政治体系由军队系统和地方行政系统两大部分构成。不过，就一般情况而言，除戍守边地的提督、将军、总兵等武职主掌军事之外，清代的督、抚等地方长官往往集一方军、政大权于一身，政事与军事往往难以截然区分，即使在战时也是如此，若强行分别，既与史实不符，也容易造成统计数据失准，分析失实；文学与艺术的关系十分紧密，且多为文人所为，虽然游幕学者常有兼事文学与学术活动者，但学者的主业毕竟在学术，从事文学、艺术活动尤其是艺术活动者较少。因此，为方便运用计量手段对不同性质的游幕活动进行统计,以分析乾嘉时期不同时段游幕学者的活动内容及影响因素,同时也为了凸显游幕学者的学术活动,我们将政事与军事活动合并统计,将文学与艺术活动合并统计,学术活动单独统计,结果如表3.3所示。

表3.3　　　　乾嘉时期游幕学者在幕府中的活动内容

序号	时间段	学术活动	政事、军事活动	文学、艺术活动	小计	位次
1	1736—1740	21	4	3	28	14
2	1741—1745	21	6	1	28	14
3	1746—1750	40	6	5	51	12
4	1751—1755	47	6	6	59	10
5	1756—1760	34	6	4	44	13
6	1761—1765	18	2	1	21	17
7	1766—1770	16	8	1	25	16
8	1771—1775	67	8	9	84	5
9	1776—1780	59	10	8	77	7
10	1781—1785	75	10	15	100	3
11	1786—1790	70	10	17	97	4
12	1791—1795	71	3	10	84	5
13	1796—1800	143	14	15	172	1
14	1801—1805	115	9	7	131	2
15	1806—1810	50	9	7	66	9
16	1811—1815	53	5	12	70	8
17	1816—1820	47	2	9	58	11
小计	1736—1820	947	118	130	1195	
百分比(%)		79.25	9.87	10.88	100	

说明:

幕中活动内容不详者未计入。游幕时间不明,但幕中活动有记载者有:倪炳为卢见曾刻《雅雨十种》;马振、董椿为陕西巡抚毕沅撰刻《关中胜迹图志》,马振又为毕沅作《行乐图》二十四幅;汪端光为两淮盐政校《全唐文》;杭世骏晚年主讲广东粤秀书院、扬州安定书院。陆新尝佐学使幕于秦陇,衡文;黄佳色曾入湖南巡抚周某幕,教读。丁传游幕闽、粤、江、楚,编辑《八闽方言》。

为了更直观地反映乾嘉时期游幕学者在各个时段的活动内容及变化,将表3.3的数据以曲线图表示如图3.3。

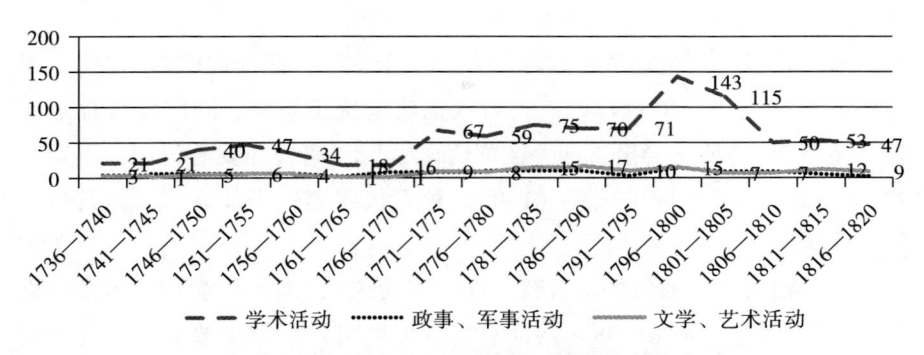

图 3.3　乾嘉时期不同时段游幕学者在幕府中的活动内容及变化

从表 3.3 和图 3.3 可以看出，乾嘉时期游幕学者在幕府中主要从事学术活动，代表学术活动的曲线明显位于其他两条曲线之上，学术活动占游幕学者全部活动内容的 79.25%；代表政事、军事活动的曲线与文学、艺术活动的曲线基本相当，分别占全部活动内容的 9.87% 和 10.88%。① 游幕学者在幕府中从事何种性质的活动，不仅与游幕学者自身的能力和特长有关，与其出游幕府的时间和当时的社会环境、所游幕府的类别、幕府所在地域及环境、幕主的嗜好和学术宗尚、幕主的社会地位和学术影响等多种因素都有重要关系。现据相关史料记载和上述统计数据，分类说明乾嘉时期游幕学者在幕府中的活动内容及其变化情况，并对变化的成因略加分析。

1. 政事、军事活动

从表 3.1 和表 3.2 可知，乾嘉时期游幕学者所游幕府主要是地方行政官员的幕府和少数武职官员的幕府，且和平时期长于战乱时期，因此，协助幕主处理日常军政事务，尤其是日常行政事务，当是乾嘉时期游幕学者在幕府中的常务，故图 3.3 显示游幕学者的政事、军事活动曲线连续；曲线位置比较接近横轴，主要是由于本书的统计对象和内容偏重于幕中学者的学术活动所致。游幕学者凭借其所善之能事，协助幕主处理军政事务之

---

① 乾嘉时期游幕学者的活动内容与清初游幕者的活动内容不同，清初 40 年，游幕者虽不乏名流，并且在 1674—1683 年形成清代游幕的第一次高潮，但游幕者的主要活动为协理政事与参赞军事，学术活动并不显著。参见尚小明《学人游幕与清代学术》（增订本），东方出版社 2018 年版，第 21—29 页、45 页；尚小明：《清代士人游幕表》，中华书局 2005 年版，第 3—7 页。

例多见。

有主章奏、司笔札者，如陈黄中"工于章奏，诸开府引以为重"，于乾隆五至七年（1740—1742）先后入福建巡抚王恕幕、湖广总督孙嘉淦幕，主章奏。"所草奏援古证今，剀切详尽"，"诸公亦委心任用，不疑沮也"①。梁章钜于嘉庆十三年（1808）秋客福建巡抚张师诚幕，为其拟颂册、代撰奏御文字。②

有善治河者，如包世臣著有《海运南漕议》，提出"海运可救漕弊之议"，③嘉庆十三年（1808）两江总督铁保请帑六百万议改河道，协办大学士长麟、戴衢亨奉命视河，延包世臣问计。包世臣撰《筹河刍言》《策河四略》，力言不可，改道之议遂寝，既节省了大笔费用，也堵塞了不肖者之利源。其后又入两江总督百龄、河道总督潘锡恩幕，协理河务，"东南大吏每遇兵、荒、河、漕、盐诸巨政，无不屈节咨询，世臣亦慷慨言之"④。

有善理荒政者，如孙泰溶"幕游四方，节钺巨公争延敬"，"其于救荒一事，尤竭诚，无隐憾乃已"。乾隆五十年（1785）河南发生灾荒，河南巡抚毕沅延之入幕，孙泰溶"覆仓储，稽户口，定煮赈之规，严掩骼之举，不及两月，纲举目张"，病终仍执毕沅手曰："中州灾务紧要，公须留意，公须留意。"⑤

有于军政诸事皆能者，如汪沆"好为有用之学，自农田、水利、边防、军政，靡不条贯，屡为大府所招"⑥，乾隆十三年至十五年（1748—1750）先后就湖广总督新柱、永兴幕，调兵进剿金川；乾隆二十二年（1757）客闽浙总督喀尔吉善幕，代掌笺奏。又如石韫玉、沈大成、旷敏本、王杰、汪中、严长明、庄炘、洪亮吉、凌廷堪、赵怀玉、胡量、吴照、吴文溥、张惠言、李富孙、陈文述、陈鸿寿、汪廷楷、孙星衍、程瑶

---

① 沈廷芳：《陈征士墓志铭》，《隐拙斋集》卷四十八；彭绍升：《陈和叔传》，《国朝文录》卷七十。
② 梁章钜：《浪迹三谈》卷三"儒林参军"条。
③ 包世臣：《海运南漕议》，《中衢一勺》卷一上。
④ 赵尔巽等：《清史稿》卷四八六《文苑三·包世臣》。
⑤ 孙云桂：《先考霞岑府君行述》，《妙香阁文钞》卷三；李桓：《国朝耆献类征初编》卷四三八《文艺十六·孙泰溶》。
⑥ 王钟翰点校：《清史列传》卷七十一《文苑传二·汪沆》。

田、张鉴、顾廷纶、陆耀遹、徐鏌庆等，皆有协助幕主处理军、政事务的经历（详见附录一）。

游幕学者的政事、军事活动曲线在一些时段稍有起伏，但波动幅度不大，说明乾嘉时期发生过几次局部战事，但社会整体仍比较稳定，对游幕学者的活动影响并不突出。

游幕学者的政事、军事活动曲线仅在第十三、第十四两个时段（1796—1800、1801—1805）形成一个较为明显的峰头。因为在此期间发生了两个持续时间较长、规模较大的战事，一是平定川楚白莲教（1796—1804），二是平定南部沿海蔡迁（1800—1810）。战事叠加日常戍边所需，相关幕府招募了一些幕宾协助处理军政事务，其中也有部分学者以参赞戎事的方式入幕。如庄炘嘉庆元年（1796）入陕甘总督宜绵幕，治军书，筹兵饷。王嵩高嘉庆二年（1797）佐湖广总督毕沅幕，赞军事。包世臣嘉庆二年（1797）入安徽巡抚朱珪幕，组织训练乡兵，作《练乡兵对》；之后又应陈祭酒之招至湖北，参戎机；入川、楚左参赞署，治戎事。石韫玉以擅长诗词、戏曲名世，在幕府时既从事学术活动，如乾隆四十八年（1783）馆于王应中昆山县署，校《前汉书》，著《汉书刊讹》；又能协助幕主处理各种军政事务，如乾隆四十九年至五十一年（1784—1786）馆和州知州宋恩仁幕，"凡兵刑、钱谷、簿书、讼狱诸事，无所不与其议"①；嘉庆六年至八年（1801—1803）四川总督勒保辟入幕，总理行营事务，献分兵迎捕策，兼用坚壁清野法，并作"守寨方略"十二则，协助勒保平定白莲教。② 陈鸿寿嘉庆十年（1805）从两广总督那彦成入粤，筹划粤洋剿抚之策。祁韵士嘉庆十年至十三年（1805—1808）在伊犁将军松筠幕，充印房章京。

游幕学者的政事、军事活动曲线，在第七至第十一时段（1766—1790）略高，也与其间发生了征缅（1762—1769）、平定金川（1771—1776）、平定台湾林爽文（1786—1788）、平服安南（1788—1789）、两征廓尔喀（1790—1792）等战事有关。其间有部分游幕学者以参赞戎事的方式入幕。如赵翼曾入征缅将军阿里衮、经略傅恒幕，参军事，办军需。

---

① 石韫玉：《山东粮储道宋公墓志铭》，《独学庐三稿》卷五。
② 吴嵰：《独学老人年谱》，嘉庆六至八年条；陶澍：《恩赏翰林院编修前山东按察使司按察使琢堂石公墓志铭》，《陶文毅公全集》卷四十五。

又佐闽浙总督李侍尧幕,办军需,佐平台湾林爽文,"所奏无不当上意"①。王昶曾先后为云贵总督、定边右副将军阿桂、总督温福幕僚,从军征缅,参军事,征金川。纪昀也曾于乾隆三十三年至三十五年(1768—1770)从军新疆,为戍所印务章京,佐理军务。乾隆四十六年(1781)洪亮吉、孙星衍、钱坫等在陕西巡抚毕沅幕,为平定甘肃伊斯兰新旧教派教徒相杀事,"日偕毕公筹兵画饷"②。

乾嘉时期虽然学者普遍以从事经史考证等学术活动为主务,但并非不问世事。上述诸多游幕学者不仅从事学术活动,而且积极投身军政等实际事务,或主章奏,或参戎机,或助治河,或理刑名,对实际事务有较高的参与度。

2. 文学、艺术活动

清代中期社会承平,上自皇室,下至地方官员多喜好诗文、戏曲。乾隆六下江南,地方官为迎其所好,纷纷延揽名家制作迎銮曲目,如乾隆四十五年(1780)王文治应浙江盐官之聘,撰《三农得澍》《龙井茶歌》《祥征冰茧》《海宇歌恩》《灯燃法界》《葛岭丹炉》《山酝延龄》《瑞献天台》《瀛波清宴》等迎銮乐府。③ 乾隆四十四年至四十六年(1779—1781)沈起凤应江浙地方官之聘编写迎銮戏曲,"凡扬州盐政、苏杭织造所备迎銮供御大戏,皆出自先生手笔"。④ 湖广总督毕沅也极爱戏曲,曾命家伶演出杨观潮所作《吟风阁杂剧》。⑤ 科举考试自童试至乡试、会试,以至各朝考、散馆、大考皆有诗,小试间作赋,散馆、大考皆先作赋,因此,文士基本上皆能吟诗作赋。诗酒唱和作为一种具娱乐性的文学活动,更是文人学士相互交往的重要方式。大凡有学者和文人的幕府,在处理政事之暇,或学术活动之余,诗酒唱和作为一种调剂幕府生活、融洽幕府人际关系的方式,或作为一种切磋诗歌艺术的手段,在幕主与幕宾之间、幕宾与幕宾之间较为普遍。每逢四时八节,幕主按例礼宴幕宾,幕中多有酬唱应对。在以诗人幕府名世的卢见曾和曾燠幕府,诗文吟咏自不待言,毕

---

① 佚名:《瓯北先生年谱》,乾隆五十二年条。
② 吕培等:《洪北江先生年谱》,乾隆四十六年条。
③ 傅惜华:《清代杂剧全目》卷七。
④ 石韫玉:《沈氏四种传奇序》,《独学庐余稿》。
⑤ 张慧剑:《明清江苏文人年表》,乾隆五十八年条。

沅幕府、王昶幕府等也常在苏东坡生日设文酒之会,集幕宾赋诗纪念。①

图3.3显示,游幕学者的文学、艺术活动曲线比较接近横轴,且时有中断,说明该项统计中有关游幕学者文学、艺术活动的内容较少。其中原因主要有以下几个方面:其一,本书的研究对象不包含只从事文学、艺术或诗酒唱和的游幕文人,只统计在幕府中有从事学术活动的游幕学者的文学、艺术活动;其二,该项统计的文学、艺术活动,只包括从事诗、词、曲、赋、书法、绘画等文学、艺术创作的活动,不包括大型诗文总集的纂辑、诗文的校注等活动内容。其三,相关史料(如史传、年谱、墓志铭等)更多关注游幕学者的学术活动而略记其他,只有那些以诗文、书画名世同时在幕府中也从事学术活动者,或诗文与学术兼善者,如赵一清、汪端光、吴泰来、黄景仁、史善长、祁韵士、钱泳、陆继辂、洪亮吉、王昶、沈大成、赵翼、凌廷堪、孙星衍、焦循、梁章钜、钱坫、陈寿祺等,才会对其文学、艺术活动或诗酒唱和之事有所记述。

3. 学术活动

游幕学者的学术活动曲线持续处于其他两条曲线之上,说明游幕学者在幕府中的活动内容是以学术活动为主,也说明乾嘉时期各级幕府,尤其是藩台以上地方行政官员如督、抚和学政幕府的职能中,从事学术活动占有非常重要的地位。因为乾嘉时期统治者大力提倡文化事业,各级官员都将发展学术文化作为要务,所延幕宾虽有襄助幕主处理日常政务之职,但此类活动主要由幕友或师爷承担,游幕学者的主要活动重在学术方面。

游幕学者学术活动曲线的波形有所起伏,但整体呈上升趋势,说明乾嘉时期游幕学者的学术活动呈逐渐兴盛之势。在第一、第二时段(1736—1745),从事学术活动的游幕学者每个时段仅有21人次,第三时段(1746—1750),从事学术活动的游幕学者达到40人次,第四时段(1751—1755)从事学术活动的游幕学者人次继续增长,达到47人次,出现游幕学者学术活动的第一个高潮,说明乾隆前期的20年中游幕学者在幕府中的学术活动随时间的推移逐渐兴盛。

---

① 李金松:《洪亮吉年谱》,乾隆四十七年条;张其锦:《凌次仲先生年谱》,乾隆五十年条;钱泳:《履园丛话》卷二十三,"苏东坡生日会"条;王昶:《杏花春雨书斋集四》,《春融堂集》卷十八。

第五至第八时段（1756—1775），游幕学者的学术活动曲线有明显的波动。第五时段（1756—1760），从事学术活动的游幕学者人次逐渐减少，至第七时段（1766—1770）达到最低值，只有16人次，第八时段（1771—1775），从事学术活动的游幕学者人次又大幅增长为67人次，出现游幕学者学术活动的第二次高潮，说明乾隆朝中期的20年中幕府的学术活动前后有明显变化。

在第九至第十二时段（1776—1795），游幕学者的学术活动曲线持续保持在一个较高的水平，并且没有明显的波形变化，从事学术活动的游幕学者人次分别为59、75、70、71，说明乾隆后期的20年中游幕学者的学术活动比较兴盛。

进入嘉庆朝的最初十年，幕府的学术活动达到鼎盛，具体表现在第十三、第十四时段（1796—1805）从事学术活动的游幕学者分别达到143和115人次，此后三个时段（1806—1820），虽然从事学术活动的游幕学者与前两个时段相比有大幅度下降，分别是50、53、47人次，但与乾隆前期的20年相比，从事学术活动的游幕学者数量仍然比较可观。

在游幕学者的学术活动曲线中，第四时段（1751—1755）、第八时段（1771—1775）、第十时段（1781—1785）、第十三至第十四时段（1796—1805），依次形成了四个不同高度的峰头，表明乾嘉时期游幕学者的学术活动出现了四次高潮，体现了当时游幕学者学术活动的兴盛。上述峰头的形成与乾嘉时期几个重要学人幕府的出现，及其组织进行的各种学术活动，尤其是大型学术工程有十分密切的关系（详见下文）。

上述四个峰头呈逐渐升高的态势，而且第四个峰头远远高于其他三个峰头，成为游幕学者学术活动的最高峰。此外，第二、第四峰头之间以及第四个峰头之后的曲线位置明显高于第一、第二两个峰头之间和第一个峰头形成之前的曲线位置。这种曲线和波形说明乾嘉时期游幕学者的学术活动虽然总体比较兴盛，但其间也存在明显变化。

整体而言，乾隆朝60年从事学术活动的游幕学者共计539人次，平均每年约有9人次；嘉庆朝25年则有408人次，平均每年约16人次；嘉庆朝幕府的学术活动比乾隆朝更为兴盛。若将每个朝代各分三个时期来看，乾隆朝幕府的学术活动最兴盛的时间在最后的20年，从事学术活动的游幕学者有275人次的，平均每年约有14人次；其次是中期的20年，共有135人次，平均每年约7人次；最少的时期是乾隆初期的20年，共有 128 人次，平均每年约 6 人次；嘉庆朝最初的 10 年是整个乾嘉时期幕府学术活动最旺盛的时期，共有 258 人次，平均每年约 26 人次；嘉庆中期的 10 年共有 103 人次，平均每年约有 10 人次；嘉庆朝最后的 5 年共有 47 人次，平均每年约有 9 人次。为了能够比较清晰地看出乾嘉两朝不同时期幕府的学术活动情况，兹将上述数据列表如下。

表 3.4　　　　乾嘉两朝不同时期游幕学者的学术活动情况

朝代	乾隆朝（1736—1795）			嘉庆朝（1796—1820）		
时期	初期	中期	后期	初期	中期	后期
总人次	128	135	275	258	103	47
年均人次	6	7	14	26	10	9

由表 3.4 可见，嘉庆初期幕府的学术活动最为兴盛，其次是乾隆后期，其后依次是嘉庆中期、嘉庆后期、乾隆中期、乾隆初期。说明从乾隆初期到嘉庆初期，游幕学者在幕府中的学术活动随着时间的推移逐渐增多，至嘉庆初年达到鼎盛，此后幕府的学术活动开始逐渐减少，但仍比乾隆前、中期兴盛。

对比图 3.3 与图 1.1 可以看出，游幕学者的学术活动曲线与乾嘉时期游幕学者的整体分布曲线极其相似，说明乾嘉时期学者游幕高潮的形成，主要原因是在乾嘉时期学术持续兴盛的时代背景下，各级官员争相延揽学者入幕从事学术活动，而大批学者为谋求生存之资或进行学术研究的条件，进入各级幕府从事学术活动。其次，乾嘉之际发生的几次战事使参赞戎幕的游幕学者人数有所增加，也为乾嘉时期学者游幕高潮的形成做出了部分贡献。

第二节　乾嘉时期游幕学者的学术活动内容及变化

游幕学者之间存在师承、家学、学术素养、关注的学术领域和学术能力等多方面的差异，其所游幕府的类别、幕主的学术宗尚、幕主的社会地位和学术影响、幕府的学术条件和学术环境等也各有不同，因此，不同学者在不同时间、不同地域、不同幕府中的学术活动内容也必然各有特点，即使是同一个游幕学者，在不同时间出游不同幕府，其在幕府中的学术活动内容也会发生变化。那么，乾嘉时期游幕学者在各类幕府中从事学术活动的具体内容有哪些？在不同时段发生了哪些变化？是否存在一些规律？导致学术活动内容发生变化的主要原因是什么？本节将着力探讨并回答上述问题。

一　游幕学者的学术活动内容

乾嘉时期游幕学者的学术活动内容十分丰富，根据学术活动的性质和特点，可以大致分为以下九类：A. 参与大型学术工程；B. 文献整理与刊刻；C. 舆地研究与方志纂修；D. 金石文字的纂辑与考证；E. 论学与学术论争；F. 课读与书院讲习；G. 襄阅试卷与校士；H. 天文、历算等自然科学研究；I. 其他学术活动。

A. 乾嘉时期组织实施的一系列大型学术工程，是清代学术文化繁盛的重要表现之一，对后世产生了重大影响。此类学术工程，有些是由政府出资、官方组织学者（其中有许多是游幕学者）完成的，如乾隆中期集全国之力编纂的《四库全书》，一些著名学者，如丁杰、洪亮吉、凌廷堪、汪中、朱文藻曾以四库馆官员幕宾的身份参与编校；① 也有一些是由地方官员幕府出资或筹资，招募游幕学者完成的，如阮元幕府组织纂辑的《经籍籑诂》《十三经注疏校勘记》《经郛》，毕沅幕府组织纂辑的《续资治通鉴》，先后由毕沅幕府和谢启昆幕府组织纂辑的《史籍考》等，无不仰赖游幕学者始得完成。此外，一些大型丛书、大型诗文总集的纂辑与编校，也多由地方大员幕府出资、筹资，聘用游幕学者完成。如毕沅主持辑刻《经训堂丛书》，得益于幕中吴泰来、严长明、钱坫、庄炘、洪亮吉、孙星衍、黄景仁、史善长、钱泳、邓石如、徐坚等游幕学者的襄助。上述诸人或长于诗，或嗜金石，或熟掌故，或精小学，无不怀一技之长而学有根柢。另如卢见曾主持纂辑《雅雨堂丛书》《国朝山左诗钞》，阮元主持纂辑《两浙輶轩录》《淮海英灵集》《江苏诗征》，无不赖游幕学者之力而成。

B. 文献整理与刊刻，主要是指在上述大型学术工程之外、游幕学者在幕中从事的有关经史子书的考订、注疏、校勘、纂辑、编目、刊刻等学

---

① 陈鸿森：《丁杰行实辑考》；吕培等：《洪北江先生年谱》，乾隆四十四至四十六年条；张其锦：《凌次仲先生年谱》，乾隆四十七年条；汪喜孙：《容甫先生年谱》，乾隆五十五至五十九年条；民国《杭州府志》卷一四五《人物八·文苑》。

术活动，也包括对前代及当时在上述研究领域有一定成就的研究者相关资料的整理、考证，以及对一些诗、文、戏剧等著作的整理与汇编的活动。

C. 舆地研究与方志纂修，指与土地、山川、分野等相关的地理研究以及各种类型的地方志纂修活动。有些地方大员延聘游幕学者纂修的省区通志，如湖南巡抚陈宏谋聘范咸纂辑《湖南通志》，广西巡抚谢启昆聘胡虔、张元铬等纂辑《广西通志》，四川布政使方绩聘杨芳灿纂《四川通志》，部头比较大，本可计入大型学术工程的范围，但考虑到此类著作的性质和参与纂修的学者人数，我们将其与州志、府志、县志等并作一类统计。

D. 金石文字的纂辑与考证，指对镌刻在钟、鼎、碑、碣等金石器物上的文字进行搜辑、考证与辑录的活动。由于金石文字较传世典籍更具原始性，能够弥补传世文献的一些缺陷，也能够与史籍互证，因而受到清代学者的普遍重视。乾嘉时期一些游幕学者或受幕主影响，或是个人的治学偏好，在金石文字的纂辑与考证方面取得了不少成果。

E. 论学与学术论争，指游幕学者与幕主或幕中学者、或其他幕府中的学者、或幕外学者进行学术讨论、发表学术见解的活动，是当时学者之间最为重要的学术交流方式，对于促进学术发展有重要作用。文献记述多用"论学""论文""讲论""讨论""游处"等词语。

F. 课读与书院讲习，指游幕学者受幕主（各级官员）聘请，在幕主的府署、官邸，或主管书院和州、县官的私塾①，进行课读、讲习、授经等活动，不包括在乡村私塾或个人设馆授徒的活动，也不包括在公办的府学、州学、县学的教学活动，不包括经过科举考试获得功名之后被授予的教职及其教学活动。课读与书院讲习是学术传播的重要方式，对于培育学术人才、扩大学术影响具有重要意义。文献记述多用"课读""课书""教读""授馆""授经""讲习""主讲……书院""主……讲席"等词语，偶见使用"讲学"。

讲学，原本指研习、学习。如《左传·昭公七年》："孟僖子病不能相礼，乃讲学之，苟能礼者从之。"杜预注："讲，习也。"《后汉书·马

---

① 郭润涛《清代幕府的类型与特点》一文曾论：清人还有将"教读"（州县官的私塾老师）也列为幕府者。当时，之所以把为私人著书的"客"视作幕府之宾，是从他们与主人即行政官员的关系以及"行政幕府"存在的事实转意而来的，在这个意义上，前面提到的"教读"，也在"艺文幕府"之列。郭润涛：《清代幕府的类型与特点》，《贵州社会科学》1992年第11期。

援传》："后乃白援，从平原杨太伯讲学，专心坟典。"宋代以后意义逐渐演变为"公开讲述自己的学术理论"，尤其是宋明理学者高谈性命，有讲无习，蹈空务虚，如陆树声《清暑笔谈》："近来一种讲学者，高谈玄论，究其归宿，茫无据依。"乾嘉学者强调学以明理、躬行实践，反对空谈，鄙薄讲学。顾炎武《与友人论父在为母齐衰期书》："承教以处今之时，但当著书，不必讲学。此去名务实之论，良获我心。"① 汪中《讲学释义》："讲，习也；习，肄也；肄，讲也……礼乐不可斯须去身。故孔子忧学之不讲②。后世群居，终日高谈性命，而谓之讲学，讲学之贼也。"③ 由于乾嘉学者鄙薄空谈，故多避用"讲学"一词。

　　G. 襄阅试卷与校士，指游幕学者受各级官员（主要是各省学政，也有部分知府、知州、知县）聘请，在幕府协助幕主批阅各级考试的试卷，或跟随各省学政到所辖州、府、厅、县衡文取士的活动。如乾隆二十六年（1771），朱筠督学安徽聘请当时颇有名声的章学诚、洪亮吉、戴震、邵晋涵、王念孙、汪中等人入幕，协助阅卷与校士。洪亮吉后又入浙江学政王杰幕为其阅卷。此类活动在为朝廷选拔人才的同时，对于引导儒生文士的学术取向、推动乾嘉时期经史考据学风的繁荣具有重要作用。文献记述多用"校文""校士""校阅""衡校""衡文""阅卷""校试文""佐阅试文""佐试事"等词语。

　　H. 天文、历算等自然科学，在乾嘉时期虽非优势学科，从事相关研究的学者及取得的成就也难以与从事经史考据的研究相提并论，但仍有一些游幕学者怀抱经世济民的思想，在幕主的资助和鼓励之下，在相关领域做出了一些成就。

　　I. 其他学术活动，指不宜或不易归入上述各种性质的学术活动及著述，如研究如何治理河、漕、盐、赈等大政及其著述，研究或记述攻战、营守等军事行动的著述，杂录、行记、序、跋、墓志铭、墓表、年谱、年表、家传等。此类活动与著述皆是研究历史不可或缺的重要资料，但因所涉内容比较复杂，不宜简单归入某一类，若将其各列一类，则类别又显得

---

　　① 顾炎武：《与友人论父在为母齐衰期书》，《亭林文集》卷三。
　　② 《论语·述而》："德之不修，学之不讲，闻义不能徙，不善不能改，是吾忧也。"
　　③ 汪中：《讲学释义》，《述学·别录》。"讲学之贼也"，道光三年刊本、扬州书局本作"吾未之前闻也"。

极为繁杂。如清中期曾用兵缅甸和大小金川，王昶从军征缅，著《滇行日录》三卷、《征缅纪闻》三卷，又从军征金川，著《蜀徼纪闻》四卷。① 上述著作是关于两次战争的重要史料，本可归入史籍撰著，但与乾嘉时期以文献考证为主流的史学研究毕竟不同，而且该类著述数量较少，不宜单独归为一类。序、跋、墓志铭、墓表、年谱、年表、家传等著述，经常会因所记主人情况的不同，内容各有侧重，或重在记写主人的生平、德行、政绩，或重在阐明其学术成就与影响，不一而足；一些纪行、杂录之类的著述，涉及内容更加广泛，若勉强归入某一类，必至统计数据失准。故暂将此类活动归为其他学术活动。

二 游幕学者学术活动内容的变化及原因

不同游幕学者在不同时段或不同幕府中，所从事的学术活动的具体内容各有不同。为了更好地体现乾嘉时期不同时段游幕学者的学术活动内容及其变化，我们首先采用分时段、按活动性质分类统计的方式，对游幕学者的学术活动内容进行统计（见表3.5），进而对不同时段活动内容的变化成因进行分析。

表 3.5　乾嘉时期不同时段游幕学者的学术活动内容及变化

序号	时间段	A	B	C	D	E	F	G	H	I	小计
1	1736—1740		6	2		3	3	5		2	21
2	1741—1745		3	6			5		2	2	21
3	1746—1750		4	18		1	5	6	1	5	40
4	1751—1755	6	11	10		3	7	8	1	1	47
5	1756—1760	5	8	4		1	5	10		1	34
6	1761—1765	1	4			3	5				18
7	1766—1770		3	8		1	2			1	16
8	1771—1775	5	14	11	1	13	3	17		3	67
9	1776—1780		19	13	5	7	3	9	1	2	59

---

① 王昶《春融堂杂记八种》收《滇行日录》《征缅纪闻》《征缅纪略》《蜀徼纪闻》《商洛行程》《雪鸿再录》《使楚丛谭》《台怀随笔》八种纪行之作，清嘉庆十三年刻本。

续表

序号	时间段	A	B	C	D	E	F	G	H	I	小计
10	1781—1785	9	16	17	7	6	8	7	1	4	75
11	1786—1790	13	13	11	3	10	6	11		3	70
12	1791—1795	13	15	6	7	7	4	13	1	5	71
13	1796—1800	69	14	11	5	9	11	15	6	3	143
14	1801—1805	24	20	19	7	7	10	12	6	10	115
15	1806—1810	3	15	11	1	4	6	4	1	5	50
16	1811—1815	2	15	13		3	10	5	2	3	53
17	1816—1820	3	7	13	3	3	9	7	1	1	47
小计	1736—1820	153	187	178	39	81	95	140	23	51	947
百分比（%）		15.2	19.8	18.8	4.1	8.6	10.0	14.8	2.4	5.4	
位次		3	1	2	8	6	5	4	9	7	

为了更直观地反映乾嘉时期游幕学者在各个时段的学术活动内容及变化，将表 3.5 中的数据用曲线图表示如图 3.4。

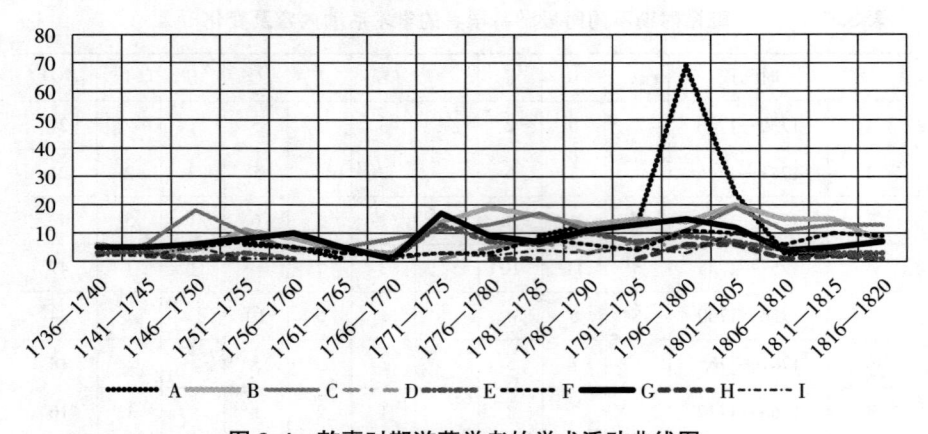

图 3.4 乾嘉时期游幕学者的学术活动曲线图

从表 3.5 和图 3.4 可以看出，乾嘉时期游幕学者的学术活动，因活动内容的不同，在不同时段呈现不同的特点，下面分类概述各种学术活动的变化特点，并对其成因略加分析。

1. 参与大型学术工程

游幕学者参与大型学术工程的活动内容，占全部学术活动内容的15.2%，位于九种学术活动内容的第三位。参与大型学术工程的学术活动整体呈跳跃式分布。具体来说，在第十时段（1781—1785）之前，该类学术活动基本上呈点状分布，仅在第四至第六时段（1751—1765）、第八时段（1771—1775）有少量分布，第十时段之后曲线连续，波形有明显的波动，第十一、第十二时段（1781—1795）数量有所增加，第十三时段（1796—1800）出现了一个十分突出的高峰，呈爆发式增长，此后又大幅度减少。这种分布特点与乾嘉时期学术文化事业的发展进程、学者型官员大幕的形成时间、大型学术工程的组织实施等紧密相关。

组织实施大型学术工程，不论是官方主办的还是幕府自筹的，都需要花费巨大的人力、物力、财力，需要有严密的组织与分工，更为重要的是，必须要有适宜的文化环境和社会环境，文化学术事业发展足够繁盛，积累有大批研究成果和从事相关研究的学者，需要并且能够做到总结前人以及当代的研究成果。乾隆初期朝廷调整文化政策，文人学者渐趋倡复经义古学，发展到乾隆中叶，经史考证之风愈益受到士林和地方大员的重视，始有纂修《四库全书》之盛举，乘此之势，一些地方大员，尤其是身居高位、有较大学术影响力的学者型官员，设幕延聘游幕学者，组织纂辑了一系列具有总结意义的大型学术工程。在此之前，仅有少数卓有识见的地方官员设幕延揽文人学者，进行诗文汇编和经书校刻。

从目前掌握的史料来看，乾嘉时期游幕学者参与大型学术工程的活动，最早出现在第四时段（1757—1755）并延续至第六时段（1761—1765），主要是因为在此期间有两淮盐运使卢见曾组织幕中学者进行了一些较大规模的学术活动，如校刻《雅雨堂丛书》（1754—1757），纂辑《国朝山左诗钞》（1753—1758），补刻朱彝尊《经义考》（1754—1755）等。

乾嘉时期游幕学者参与大型学术工程的活动出现在第八时段（1771—1775），主要原因是朱筠任安徽学政期间（1771—1773），设幕延请学者刊布许慎《说文解字》，并且发为从《永乐大典》校辑遗书的建议，直接促成朝廷开馆纂修《四库全书》。《四库全书》的纂修历时十年，许多游幕学者曾应四库馆官员校书之聘，参与《四库全书》的纂修。

游幕学者参与大型学术工程的活动在第十至第十二时段（1781—1795），形成一条缓慢上升的曲线，说明游幕学者参与大型学术工程的活动有所增加，主要原因在于学者型官员毕沅在此期间先后任陕西巡抚、河南巡抚、湖广总督等职，所到之处皆设幕延请游幕学者开展学术活动，组织实施了一系列大型学术工程，如辑刻《经训堂丛书》（1781—1788）、主持编纂《续资治通鉴》（未刊）、纂辑《史籍考》（1788—1797）等。

　　游幕学者参与大型学术工程的活动曲线，在第十三、第十四时段（1796—1805）出现了一个十分突出的波峰，尤其是在第十三时段（1796—1800）呈爆发式增长，主要原因在于阮元在此期间先后任浙江学政和浙江巡抚，以其卓越的学术识见和超高的学术影响力招揽了一大批游幕学者，组织实施的大型学术工程，无论是规模还是质量和影响都远超前代。如纂辑《经籍籑诂》（1797—1798）和《经籍籑诂补遗》（1800—1801）、主持编纂《十三经注疏校勘记》（1801—1806）、纂辑《淮海英灵集》（1795—1798）、纂辑《两浙輶轩录》及《补遗》（1796—1803）等诗文汇编。此外，还有其他一些地方官员受时代风尚的影响，也曾设幕组织实施了一些颇有影响的大型学术工程。如谢启昆在此期间先后任江南河库道、浙江按察使、山西布政使、浙江布政使、广西巡抚，组织幕中学者纂辑《小学考》（1794—1798），续纂《史籍考》（1798—1799）等。正因为有如此众多的大型学术工程在此期间展开，有大批游幕学者参与其中，才导致游幕学者参与大型学术工程的活动曲线在此时出现一个很高的波峰，并且拉高了该时期游幕学者从事学术活动的曲线。

　　从第十五时段（1806—1810）开始，游幕学者参与大型学术工程的活动曲线大幅下降，甚至接近横轴，说明嘉庆中期之后，受时局和学术取向变化的影响，经史典籍的整理和考据类的学术活动有所减少，相应地幕府组织大型学术工程的数量和质量也难以与嘉庆初期相比。仍以阮元为例，阮元一生为官设幕30多年，个人撰著和组织游幕学者开展的学术活动、取得的学术成就，在同时期乃至有清一代无人可与之比肩，但其主要学术成就的取得集中于任浙江学政和浙江巡抚的十多年间，其后，阮元入京任户部、工部右侍郎等职（1807—1812），之后又频繁换任漕运总督、江西巡抚、福建巡抚、河南巡抚、湖广总督、两广总督、广西巡抚等职，往来奔波于江苏、江西、福建、河南、两湖、两广等地，军政事务繁杂，难以集中时间和精力组织实施大型学术工程，幕中学者也因阮元的职务反复调动而聚少离多，难以形成如浙江幕府时期的学者群体，学术活动难免受到影响。如嘉庆六年（1801）阮元即有意编修《经郛》，陈寿祺总编及从事诸人颇能勤于其事，加上诂经精舍生徒的襄助，至嘉庆十六年（1811）"《经郛》编录既成，计一百余卷"①，却终因"采择未周，艰于补遗，是以未刻"②。有些在嘉庆后期组织实施的学术工程，规模和质量也难以和前期相比。如阮元于嘉庆二十年（1815）主持刊刻宋板《十三经注疏》，历时19个月，成416卷，但因此书尚未完成刻校，阮元即奉命移抚河南，"局中襄事者未及细校，故书一出，颇有淮风别雨之讹，览者憾之"③。

上述分析说明，游幕学者参与大型学术工程的活动曲线，与乾嘉时期几个重要的地方大员幕府的存在时间及其组织实施的学术工程直接相关。为了更好地说明地方大员幕府对游幕学者幕中活动内容及变化的影响，兹据相关史料记载，将乾嘉时期几个重要地方大员幕府的存在时间及主要学术活动整理成表呈现于表3.6。

表3.6　　　　　乾嘉时期重要幕府的主要学术活动

幕主	主要仕宦经历	主要学术活动	幕中主要学者
卢见曾（1690—1768）	1737—1738年两淮盐运使 1745—1753年长芦盐运使 1753—1762年两淮盐运使	1753—1758年纂辑《国朝山左诗钞》，1767年刊成；1754—1755年补刻《经义考》130卷；1754—1757年组织纂辑、校刻《雅雨堂丛书》13种138卷（李氏《易传》、陆德明《易释文》、郑氏《周易》《周易乾凿度》、《尚书大传》及《补遗》《续补遗》《考异》、高诱注《战国策》、卢辩注《大戴礼记》、封演《封氏闻见记》、王定保《摭言》、孙光宪《北梦琐言》、颜师古《匡谬正俗》、庞元英《文昌杂录》、《郑司农集》）；校勘《大戴礼记》；资助刊刻万斯大《经学五书》；刊刻王士祯《渔洋山人感旧集》、惠栋《周易述》《渔阳山人精华录训纂》。	沈大成、惠栋、董元度、宋弼、朱稻孙、张元、高凤翰、戴震、胡天游、吴玉搢、程廷祚、全祖望、严长明、王昶、王嵩高、沈廷芳

---

① 张鉴编，阮常生等续编：《雷塘庵主弟子记》卷四，嘉庆十五年条。
② 张鉴编，阮常生等续编：《雷塘庵主弟子记》卷四，嘉庆十六年条，阮常生按语。
③ 朱华临：《重刊宋本十三经注疏跋》，《十三经注疏附校勘记》卷首。阮元：《江西校刻宋本十三经注疏后》，阮福按语："此书尚未刻校完竣，家大人即奉命移抚河南，校书之人不能如家大人在江西时细心，其中错字甚多，有监本、毛本不错而今反错者，要在善读书人参观而得益矣。校勘记去取亦不尽善，故家大人颇不以此刻本为善也。"《揅经室三集》卷二。

续表

幕主	主要仕宦经历	主要学术活动	幕中主要学者
朱筠 (1729—1781)	1771—1773 年安徽学政 1773—1779 年四库馆编修 1779—1781 年福建学政	刊布许慎《说文解字》，推动《说文》学发展；发为从《永乐大典》校辑遗书的建议，直接促成朝廷于 1773 年开馆纂修《四库全书》。	邵晋涵、戴震、洪亮吉、武亿、孙星衍、汪中、吴兰庭、黄景仁、章学诚、庄炘、高文照、钱坫、张凤翔、胡量、汪端光、王念孙
毕沅 (1730—1797)	1773—1785 年陕西巡抚 1785—1788 年河南巡抚 1788—1797 年湖广总督	1781—1790 年组织辑刻《经训堂丛书》21 种 168 卷（《山海经》《夏小正》《老子道德经考异》《墨子》《三辅黄图》《晋书地理志新补正》《太康三年地记》《晋书地道记》《长安志》《关中金石记》《明堂大道录》《易汉学》《说文解字旧音》《经典文字辨正书》《音义异辨》《乐游联唱集》《吕氏春秋》《晏子春秋》《释名疏证》附《补遗》及《续释名》《禘说》《中州金石记》）； 主持编纂《续资治通鉴》220 卷（未刊）； 1788—1797 年纂辑《史籍考》，成书 100 卷； 抚陕时组织纂辑《关中胜迹图志》《关中金石记》8 卷； 抚豫时组织纂辑《中州金石记》5 卷； 任湖广总督时纂辑《三楚金石记》3 卷； 采取措施保护唐开成石经遗存； 组织纂修、重修了一大批府、县志。	洪亮吉、黄景仁、孙星衍、邵晋涵、吴泰来、钱坫、凌廷堪、钱泳、章学诚、严观、方正澍、江声、徐鏴庆、汪中、梁玉绳、赵魏、杨芳灿、武亿、汪端光、张埙、严长明、程晋芳、张九钺、庄炘、宋葆醇、胡量、杜昌意、陈燮、马宗琏、王复、孙泰溶、胡虔、史善长、左眉、冯敏昌、吴照
谢启昆 (1737—1802)	1791—1794 年江南河库道 1794—1795 年浙江按察使 1795—1796 年山西布政使 1797—1799 年浙江布政使 1799—1802 年广西巡抚	1787—1794 年组织纂辑《西魏书》；1794—1798 年组织编纂《小学考》，1802 年刊行； 续纂《史籍考》增至 325 卷； 1800—1801 年纂修《广西通志》。	章学诚、陈鳣、钱大昭、胡虔、张彦曾、袁钧、朱衣真、郑勋、张元辂、邵志纯、王聘珍
孙星衍 (1753—1818)	1795—1798 年山东兖沂曹济道兼黄河兵备道 1804—1811 年山东督粮道署山东布政使	1795—1798 年组织辑刻《岱南阁丛书》20 种，163 卷； 1804—1811 年组织辑刻《平津馆丛书》10 集，43 种，254 卷； 编撰《孙氏祠堂书目》《平津馆金石萃编》等。	洪颐煊、严可均、毕亨、顾广圻、臧庸、俞正燮、钮树玉、严观

续表

幕主	主要仕宦经历	主要学术活动	幕中主要学者
阮元 (1764—1849)	1793—1795年山东学政 1795—1798年浙江学政 1800—1805年浙江巡抚 1807—1808年户部右侍郎 1812—1812年工部右侍郎 1812—1814年漕运总督 1814—1817年江西巡抚、福建巡抚、河南巡抚、湖广总督 1817—1826年两广总督 1818年广西巡抚	1795—1799年编纂《畴人传》46卷； 1797—1798年组织纂辑《经籍籑诂》106卷，1800年刊行； 1800—1801年组织编纂《经籍籑诂补遗》； 1801—1806年主持编纂、刊刻《十三经注疏校勘记》217卷，附《孟子音义校勘记》1卷，《经典释文校勘记》25卷； 1801—1803年编修《经郛》，后经辑录、校补，1811年成100余卷，终未刻； 1793—1795年纂辑《山左金石志》24卷，1796年刊行； 1802—1805年纂辑《两浙金石志》18卷； 1802—1804年纂辑《积古斋钟鼎彝器款识》10卷； 1795—1798年辑刻《淮海英灵集》7卷； 1796—1803年辑刻《两浙輶轩录》40卷及《补遗》10卷； 1808年辑刻《淮海英灵集续集》10卷； 1806—1816年辑刻《江苏诗征》183卷； 1815年主持刊刻宋板《十三经注疏》，历时19个月，成416卷； 创建诂经精舍、学海堂； 创建灵隐、焦山书藏； 刊刻师友、幕宾的著述，如汪中《述学》、凌廷堪《礼经释例》、焦循《雕菰楼集》、李锐《算书》、臧庸《拜经日记》、江藩《国朝汉学师承记》、胡天游《石笥山房诗文集》、邵晋涵《南江邵氏遗书》等。 另，嘉庆末年开始着手组织纂修，成书、刊行于道光年间者有《皇清经解》1400卷，1829年刊行；《广东通志》334卷，1822年刊行。	程瑶田、王昶、臧礼堂、臧庸、周治平、李锐、钱大昕、钱大昭、凌廷堪、谈泰、段玉裁、焦循、徐养原、严杰、顾广圻、洪震煊、孙同元、江藩、陈寿祺、凌曙、朱文藻、武亿、段松苓、赵魏、何元锡、陈鳣、赵蕙蓁、陈焯、陈文杰、阮鸿、阮常生、王豫、吴文溥、阮亨、朱为弼、张鉴、黄文旸、赵坦、陈鸿寿、胡敬、洪颐煊、童槐、汪光爔、徐鲲、谢兰生、高垲、孙星衍、孙韶、乔椿龄、曾钊、钱东垣、钱东壁、陆继辂、袁钧、方东树、严元照、何治运、仪克仲、季尔庆、顾廷纶、端木国瑚

2. 文献整理与刊刻

游幕学者在幕府从事文献整理与刊刻的学术活动，主要是指在上述大型学术工程之外、有关经史子集的考订、注疏、校勘、纂辑、编目、刊刻等学术活动。乾嘉时期的学术主流是汉学考据，不少地方行政官员，尤其是学者型地方大员，大力提倡并致力于经史子集的整理和刊刻，幕中学者也多从事此类活动。因此，游幕学者从事文献整理与刊刻的学术活动，在乾嘉时期游幕学者的各类学术活动中居于首位，占全部学术活动的19.8%。

文献整理与刊刻的学术活动曲线，个别时段与其他类别的学术活动有所交叉，如第二、第三时段（1741—1750）、第七时段（1766—1770）略低于舆地研究与方志纂修的活动曲线，第十三、第十四时段（1796—1805）明显低于大型学术工程的活动曲线，此外，基本上位于所有学术活动曲线之上。波形整体上呈缓慢上升趋势，波动较小。乾隆初期曲线位置较低，至第四时段（1751—1755）出现了一个小的波峰，其后波形呈下降趋势，第八时段（1771—1775）开始出现较大幅度的上升，至第九时段（1776—1780）出现了高于第一个波峰的第二个波峰，此后开始保持在一个相对平稳的高度，到第十四时段（1801—1805）出现了略高于第二个波峰的第三个波峰。

三次波峰的出现时间与乾嘉时期几个地方大员幕府的形成时间具有直接关系。第一次波峰出现在第四时段（1751—1755），此时主要有两淮盐运使卢见曾幕，幕中学者在参与纂辑《雅雨堂丛书》等大型学术工程之外，主要从事文献整理和刊刻，如校勘《大戴礼记》、刊刻万斯大《经学五书》、王士禛《渔洋山人感旧集》、惠栋《周易述》和《渔阳山人精华录训纂》等。第二次波峰出现于第九时段（1776—1780），此时出现了两大幕府，即福建学政朱筠幕府、陕西巡抚毕沅幕府；第三个波峰出现于第十四时段（1801—1805），同时有三大幕府并存，即广西巡抚谢启昆幕府、两淮盐运使曾燠幕府、浙江巡抚阮元幕府。上述规模较大的地方大员幕府，幕主基本上都是学者型官员，而且位高权重，掌握较多社会资源，有较大的学术影响力，有条件、有能力聘用、组织大批游幕学者进行经史典籍的整理与刊刻（参见表3.6）。因此，文献整理与刊刻的学术活动曲线每个峰头的形成都与某个或某些重要学者型官员幕府的形成有关。

3. 舆地研究与方志纂修

舆地研究与方志纂修，是除文献整理与刊刻活动之外，乾嘉时期游幕学者最重要的学术活动内容，居九种学术活动内容的第二位，占全部学术活动内容的18.8%。

受时代潮流和学术风气的影响，乾嘉时期的地理学仍被看作历史学的附庸，"专考郡县沿革、水道变迁等，纯粹的历史地理矣"①。学者的主要研究兴趣在于对历代正史地理志或其他有关历史地理资料存在的讹误、阙漏进行考订、校补、辑佚，以及补作正史地理志、疆域志，对《汉书》《续汉书》郡国、地理方面的研究最为深入，对历史上个别疆域政区地

---

① 梁启超：《中国近三百年学术史》，东方出版社1996年版，第382页。

理、西北史地相关问题也有所研究。如毕沅及其幕中学者洪亮吉等人,对《山海经》《三辅黄图》《长安志》等地理古籍的校刊,对《晋书·地理志》的补正①。又如游幕学者汪廷楷、祁韵士和徐松,先后在伊犁将军松筠幕对西北史地进行考察,相继撰成《伊犁总统事略》12卷、《西域释地》2卷、《西陲要略》4卷、《新疆识略》②等价值很高的边疆史地著作。(方志纂修方面的成果详见本章第三节)

舆地研究与方志纂修的活动曲线首尾连续,波形变化较大。总体来看,第八时段(1771—1775)之前,除有一个较高的波峰之外,曲线位置较低,而第九时段(1776—1780)之后,除有一个低谷之外,其余时期的曲线位置都高于前期。表明舆地研究与方志纂修作为乾嘉时期游幕学者比较重要的学术活动,虽然各个时段都有此类活动,但在乾隆初期和中期的兴盛程度不如乾隆后期和嘉庆时期。活动曲线波动比较明显,出现了三个比较高的波峰和三个明显的低谷,说明从事该类活动的幕府和游幕学者,在不同时期有较大的数量增减。三个高峰依次出现在第三时段(1746—1750)、第十时段(1781—1785)和第十四时段(1801—1805),三个低谷依次出现在第一时段(1736—1740)、第五时段(1756—1760)和第十二时段(1791—1795)。

与前两类活动曲线相比,舆地研究与方志纂修的活动曲线中,第一个波峰出现在第三时段(1746—1750),而此时并没有大型幕府出现,各类幕府的总量和游幕学者的人数也没有第四时段多,说明乾隆初期在为数不多的幕府中,游幕学者主要从事舆地研究与方志纂修活动。表3.5第三行的数据显示,第三时段的学术活动内容有7项,共计40人次,从事舆地研究与方志纂修的人数达到18人次,占45%,其他6项合计22人次,占55%。到第四时段(1751—1755),各项学术事业逐渐兴盛,游幕学者人数也逐渐增多,而且出现了卢见曾等大型幕府,许多游幕学者参与到幕主组织的大型学术工程和经史典籍整理与刊刻等活动,从事舆地研究与方志纂修的学者人数相对减少。表3.5第四行的数据显示,第四时段的学术活

---

① 法式善:《陶庐杂录》卷四。
② 松筠:《伊犁总统事略序》,汪廷楷、祁韵士:《西陲总统事略》卷首;祁韵士:《鹤皋年谱》,嘉庆十二年条;祁韵士:《西陲要略自序》,《西陲要略》卷首;缪荃孙:《徐星伯先生事辑》,《艺风堂文集》卷一。

动内容有 8 项，共计 47 人次，但参与大型学术工程和经史典籍整理的学者达 17 人次，约占 36%，而从事舆地研究与方志纂修的学者则只有 10 人次，约占 21%，从事课读、校阅等其他 5 项活动的学者合计 20 人次，约占 43%。

舆地研究与方志纂修的活动曲线中，第二个高峰和三个低谷的出现时间，也与上述两类活动"错峰"出现，究其原因，皆与大型幕府的出现时间、不同类别幕府的数量、幕中学术活动的类别等因素有关。由于以上各种因素的变化，导致在不同类别的幕府中、从事不同学术活动的游幕学者的人数互有增减，造成不同学术活动曲线的高峰与低谷的出现时间也各不相同。

4. 金石文字的纂辑与考证

乾嘉学者十分重视金石对于考经证史的文献价值，明确提出"金石可证经史"①，"可以观一代之制度焉，可以补六经之训故焉，可以辨诸史之信疑焉，可以知小学之迁流焉"②，出现了诸多研究金石学的名家，如毕沅、阮元、翁方纲等，以及游幕学者钱大昕、吴玉搢等。

表 3.5 和图 3.4 显示，乾嘉时期游幕学者从事金石文字的纂辑与考证活动，在游幕学者的九种学术活动中居于第八位，占全部学术活动内容的 4.1%，而且从第八时段（1771—1775）始有记录，此后虽然曲线较为连续，但基本位于接近横轴的位置，仅在第十（1781—1785）、第十二（1791—1795）、第十四（1801—1805）三个时段有略微高于横轴的波峰。

游幕学者从事金石文字的纂辑与考证活动较少，主要有两个原因：其一，研究金石是以古代青铜器和石刻碑碣上的文字铭刻及拓片为主要研究对象，而游幕学者大多家境贫寒，一般无力搜罗、收藏相关金石碑板及其拓片，必须借助有力者（如幕主）的资助，才有可能进行相关研究。其二，乾嘉时期的学术主流是经史考证，金石之学虽有证经补史的功用，但毕竟不为显学，从事该类研究的学者少于从事经史考据者。

游幕学者从事金石文字的纂辑与考证活动从第八时段（1771—1775）始有记录，至第十时段（1781—1785）出现第一个波峰，从目前

---

① 钱大昕：《太子太保兵部尚书湖广总督世袭二等轻车都尉毕公墓志铭》，《潜研堂文集》卷四十二。

② 凌廷堪：《答牛次原孝廉书》，《校礼堂文集》卷二十二。

掌握的史料来看，主要因为既有资金支持的能力，又有研究金石的热情，同时又具备相应的研究条件（拥有较多的金石碑板或其拓片）的地方大员幕府，如陕西巡抚毕沅的幕府，直到第八时段才出现，且延续至第十时段。毕沅是当时著名的金石学家，认为"以金石文字之在六朝前者，多足资经典考证，其唐后所载地理、职官及人物事迹，亦可补正史传讹误"①，抚陕时（1773—1785），因关中为三代、秦汉、隋唐都会之地，吉金贞石之富甲于海内，组织幕中学者广为搜罗，裒为《关中金石记》8 卷。

游幕学者从事金石文字的纂辑与考证活动，在第十二时段（1791—1795）出现第二个波峰，主要原因在于此时有毕沅、阮元两位大员设幕，持续从事金石碑板的搜集与金石文字的考订。毕沅任河南巡抚（1785—1788），组织幕中学者纂辑《中州金石记》5 卷，②任湖广总督（1788—1797），组织幕中学者纂辑《三楚金石记》3 卷。③ 同时，阮元任山东学政（1793—1795），组织幕中学者纂辑《山左金石志》24 卷。

游幕学者从事金石文字的纂辑与考证活动，在第十四时段（1801—1805）出现第三个波峰，主要原因是阮元于此期间任浙江巡抚，组织幕中学者先后纂辑《两浙金石志》18 卷、《积古斋钟鼎彝器款识》10 卷。

5. 论学与学术论争

论学与学术论争是学术交流的基本方式，也是学术研究的应有之义，乾嘉时期游幕学者之间亦是如此，而且受当时的交通与通信条件所限，学者之间多以信札往来的方式交流彼此的学术观点。游幕学者常会与幕主或幕中学者、其他幕府中的学者、幕外学者进行学术讨论，发表自己对某一学术问题的见解，阐发自己的学术主张和学术思想。此类活动不仅可以推广游幕学者的学术观点和研究成果，扩大游幕学者在学界的影响，而且对于相关学术问题的趋真求实，对于乾嘉学术的繁荣发展也起到了重要的促进作用。

图 3.4 中游幕学者从事论学与学术论争活动的曲线，除第六时段（1761—1765）之外，基本是连续的，说明游幕学者之间的论学与学术论

---

① 史善长编：《弇山毕公年谱》，乾隆四十六年条。
② 史善长编：《弇山毕公年谱》，乾隆五十二年条："自关中移节，迄今三载，公暇搜罗金石文字，考其同异，聚而拓之，编为《中州金石记》五卷。"
③ 史善长编：《弇山毕公年谱跋》，《弇山毕公年谱》卷末。

争是一种常态。从活动曲线来看，总体曲线位置较低，只在第八（1771—1775）、第十一（1786—1790）、第十三（1796—1800）三个时段出现三个小的波峰。三个波峰出现的时间，分别与朱筠安徽学政（1771—1773）、毕沅河南巡抚（1785—1788）与湖广总督（1788—1797）、阮元浙江学政（1795—1798）与浙江巡抚（1800—1805）等几个重要幕府的出现时间一致，说明游幕学者的论学与学术论争活动，最活跃的时期发生在几个重要地方大员的幕府中。该类活动的总量在游幕学者的九种学术活动中居于第六位，占全部学术活动内容的 8.6%（见表 3.5）。此种数据表现与实际情况可能存在一定差距，因为论学是学术研究和学术交流的常态，传统史料一般只记载著名学者之间的学术论争以及学术史上有重要影响的学术论争事件（详见第四章），对于普通学者之间的论学之事或学术讨论则多阙而不载。

6. 课读与书院讲习

课读与书院讲习活动，指游幕学者受各级官员幕主聘请，在幕主的府署、官邸或主管书院进行课读、讲习、授经等活动。此类活动的基本内容是传授知识，在乾嘉时期，课读与书院讲习传授的知识内容，既包括八股文、试帖诗等所谓制艺、词章之学，以应科举考试所需，也包括经史、小学、诸子、天算等学，以契合当时的学术风尚。如阮元在浙江所建"诂经精舍"，祀以许慎、郑玄的木主以标明其学术宗尚，先后礼聘王昶、孙星衍等近百名学有专长的学者主讲其中，授"以十三经、三史疑义，旁及小学、天部、地理、算法、词章"①，并组织幕中学者和诂经精舍生徒纂辑《经籍籑诂》，培养士子遍布两浙，他省好学之士也多有前来求学者，其中许多士子、生徒后来或步入仕途，或成为学术名家。嘉庆九年（1804）会试，诂经精舍生徒中式者达 22 人。② 游幕学者在书院主持讲习，不仅可以获得较高的收入，还可以利用书院的有利条件从事进一步的学术研究，向同行及学生介绍自己的研究方法和学术观点，从而获得学术声望。因此，课读与书院讲习活动，既是传播知识的教学活动，也是引导士子为学宗向、培育学术人才、扩大学术影响的学术传播活动，对于促进乾嘉学术的发展具有重要意义。

---

① 孙星衍：《诂经精舍题名碑记》，《诂经精舍文集》卷首。
② 漆永祥：《乾嘉考据学研究》，中国社会科学出版社 1998 年版，第 289 页。

游幕学者从事课读与书院讲习活动的曲线，除第二时段（1741—1745）之外，一直是连续的，总体曲线位置比较接近横轴，稍高于论学与学术论争活动的曲线，低于文献整理、舆地研究与方志纂修的活动曲线，说明游幕学者从事课读与书院讲习的活动比较常见，各个时段都有一定数量的学者从事该类活动，但与前两类活动相比，人数不占优势。该类活动的总量，在游幕学者的九种学术活动中居于第五位，占全部学术活动内容的10%（见表3.5）。

课读与书院讲习活动的曲线，在前十二个时段（即乾隆时期）波形比较平稳，进入嘉庆时期，曲线位置有所抬升，波形的波动幅度也较前期增大，并且在第十三（1796—1800）、第十四（1801—1805）、第十六时段（1811—1815）出现了三个小的波峰，说明嘉庆朝游幕学者的课读与书院讲习活动比乾隆朝繁盛。首先是因为嘉庆朝各级官员幕府，尤其是藩台以上地方官员的幕府数量和游幕学者的人数都多于乾隆朝（见表3.2和图3.2），有许多幕主聘请游幕学者从事课读与书院讲习活动；其次是因为嘉庆朝出现了清代规模最大的地方大员幕府——阮元幕府，阮元在嘉庆朝先后担任浙江学政（1795—1798）、浙江巡抚（1800—1805）、漕运总督（1812—1814）、江西巡抚（1814—1816），所到之处皆设幕揽才，幕中学者人数众多，且各有专长，其中不乏从事课读与书院讲习者。上述阮元任职时间与游幕学者从事课读与书院讲习活动的三个高峰期相一致，说明二者之间具有十分紧密的联系。

7. 襄阅试卷与校士

襄阅试卷与校士的活动，是在经史典籍的纂辑校勘和地志纂修之外，乾嘉时期游幕学者最重要的学术活动内容。从活动总量来看，该类活动在游幕学者的九种学术活动中居于第四位，占全部学术活动内容的14.8%（见表3.5）。其活动曲线连贯，起伏不大，只在第八时段（1771—1775）和第十三时段（1796—1800）出现了两个峰头。

乾嘉时期从事襄阅试卷与校士活动的游幕学者，大多是在各省学政的幕府，因为学政是朝廷派到地方督察学校、考核人才的官员，任期三年，主要职责一是主持岁试，即每年巡回所属，对各府、州、县生员进行考试，以补员或黜陟；二是主持科试，即每届乡试前，巡回所属，对生员进行考试，以选拔合格者参加本省乡试。岁试之前，各府、州、县还要对未入学的童生进行考试,由学政定夺后送入府、州、县学。① 巡历所属府州和校阅试卷是各省学政的主要任务。

乾嘉时期社会相对安定,学术繁荣,统治者十分重视衡文取士,朝廷在各省增添了一些考棚,不断增加学校与学额的数量,应试生童的数量递增数倍,学政需要巡历更多地方,批阅更多试卷。② 在当时的交通和阅卷条件下,凭学政一己之力难以在短时间内完成试卷评阅,特别是江南地区应试学子众多,试卷评阅工作量大,尤需延聘幕宾协助评阅试卷。故乾嘉时期的游幕学者多有从事襄阅试卷与校士活动者,如江永、吴玉搢、刘大櫆、周天度、严长明、洪亮吉、邵晋涵、黄景仁、檀萃、王鸣韶、鲁九皋、高文照、吴兰庭、章学诚、朱文藻、庄沂、沈可培、王念孙、汪中、汪端光、王杰、李惇、王嵩高、杨芳灿、张埙、石韫玉、吴文溥、丁杰、章学诚、赵怀玉、胡虔、马宗琏、凌廷堪、周广业、钱大昭、武亿、王聘珍、孙韶、焦循、何元锡、乔椿龄、钱东垣、严杰、赵坦、陆耀遹、陆继辂、端木国瑚、童槐、李富孙、胡敬、洪震煊、俞正燮、顾述、张鉴、严可均、陈善等(详见附录一)。

关于各省学政需延聘幕宾以襄阅试卷,梁章钜曾言:

> 掌文柄者,以学政为最难,各项试官,不过端坐校阅而已,而学政则兼有舟车奔走之瘁、夙兴点名之苦、内外防弊之劳,且所阅之卷较多,而揭晓之期尤迫,专恃一人之精力,必不能周。若再见少惜费,不肯多延幕友,或修脯微薄,所延之友不佳,潦草应付,宾主同之,断难免不明之讥,而不公者更无论矣。③

在各省学政幕府从事襄阅试卷与校士活动的游幕学者,其束修主要来自朝廷给予的养廉银。议添学政养廉银肇始于雍正二年(1724)河南学政张廷璐(大学士张廷玉之弟),此后各地逐渐议设学政养廉银,除个别地方由皇帝议定标准外,多数省份由督抚据本省学政衙署开支酌情设立,

---

① 郭润涛:《清代幕府的类型与特点》,《贵州社会科学》1992 年第 11 期;尚小明:《学人游幕与清代学术》(增订本),东方出版社 2018 年版,第 43 页。
② 安东强:《清代学政规制与皇权体制》,社会科学文献出版社 2017 年版,第 91 页。
③ 梁章钜:《退庵随笔》卷四,"官常一"。

随时而变。① 由于江南应试学子众多，学政负担较重，为鼓励多延幕宾、延请有能力、负责任的幕宾认真阅卷校士，乾隆元年（1736）曾下旨大幅提高江苏、安徽学政的养廉银。

> 各省学政有衡文育材之责，关系綦重。从前各赏养廉，资其用度，俾得坚持操守，砥砺廉隅，衡鉴公明，共襄国家作人之巨典。天下人文繁盛，应试众多者，莫如江南。学政养廉，江苏二千两，安徽一千五百两，较他省为少。以此养赡家口，延致幕客，未免不敷，所当加恩体恤者。着从今秋为始，上下两江学政养廉，各赏银四千两，使伊等用度从容，益得尽心于职业，以副朕任官课士之至意。②

乾隆三十四年（1769）对各省学政的养廉银进行调整，直隶、江苏、安徽、陕甘、山东、山西、福建、云南、河南、广东、浙江均为4000两，湖南为3600两，江西为3500两，广西、四川、贵州、湖北均为3200两。③ 为防止学政吝惜养廉，不愿多延幕宾，以致阅卷揭晓时间过长，诸生群聚久处，滋生事端，或给艰于旅食之诸生增加负担，乾隆三十八年（1773）又颁旨要求各省学政至少需延五至六名幕宾阅卷。

> 国家所给学政养廉本属丰厚，原以资其办公之用，若于延致幕友，尚思靳惜廉金，不肯多延名幕，致以人少误公，已昧人臣敬事之义。且任学政者，不思校士育才，而斤斤惟养廉是惜，其鄙陋尚可问乎？嗣后各省学政，务须通晓大体，多择工于阅文之幕友，即极小省分，亦不得不及五六人。并着各督抚留心稽察，如有不肯多延幕友、办理周章者，即随时据实奏闻，毋得稍涉徇隐。④

此后学政幕府中从事襄阅试卷与校士的游幕学者较以前有所增加。襄

---

① 安东强：《清代学政规制与皇权体制》，社会科学文献出版社2017年版，第78页。
② 《清高宗实录》卷二十四，乾隆元年八月壬申。
③ 《清高宗实录》卷八百二十七，乾隆三十四年正月庚戌。
④ 托津等奉敕纂：《钦定大清会典事例》卷二百九十五，《礼部六十三·学校·学政考核》。

阅试卷与校士的活动曲线在第八时段（1771—1775）出现一个较高的峰头，当与此有直接关系。为了明确乾嘉时期学政幕府的数量及游幕学者人数，和襄阅试卷与校士活动在不同时段的变化之间的关系，我们将表3.1中的有关数据整理成表3.7。

表 3.7　　　　　乾嘉时期学政幕府的数量与游幕学者人次

时段	一	二	三	四	五	六	七	八	九	十	十一	十二	十三	十四	十五	十六	十七	合计
数量	4	2	6	8	7	2	2	6	10	4	9	7	7	5	4	5	3	91
人次	4	3	8	8	8	2	2	18	11	5	12	20	60	7	4	5	3	180

由表3.7可以看出，在第八时段（1771—1775）和第十二、第十三时段（1791—1800），学政幕府的数量并没有出现明显增长，但幕府中的游幕学者人数却明显高于其他时段，尤其是第十三时段（1796—1800），学政幕府中的游幕学者人数大幅增加，除了参加幕主组织的学术工程与经史典籍考证，多数学者则要参与学政承担的襄阅试卷与校士活动，由此形成襄阅试卷与校士活动曲线的两个峰头。

8. 天文、历算等自然科学研究

表3.5和图3.4显示，乾嘉时期游幕学者从事天文、历算等自然科学研究的活动，在游幕学者九种学术活动中居于末位，仅占全部学术活动内容的2.4%，曲线位置最接近横轴，而且呈三条断线，即只在第二至第四时段（1741—1755）、第九至第十时段（1776—1785）、第十二至第十七时段（1791—1820）有少量数据，在第十三（1796—1800）、第十四（1801—1805）两个时段出现略微高于横轴的波峰。说明乾嘉时期游幕学者较少从事该类活动，而且呈阶段性。

明末清初，随着西方传教士东来，数学、天文、历法、地理、医学等学科在西学的刺激下得到进一步发展。雍正元年驱逐传教士，中断了同西方的科学文化交流，西学渐趋冷寂，天文、历算等学科的研究也由清初的中西兼采转向以中国传统方法治学。① 乾嘉时期，一些考据学家已经认识到数学、天文、历法等学科知识对于正确理解儒家经典中相关内容的重要性，倡导以天文、数学、历法等实用研究补充经典考证。如

---

① 漆永祥：《乾嘉考据学研究》，中国社会科学出版社1998年版，第49页。

阮元认为："数为六艺之一。而广其用，则天地之纲纪，群伦之统系也。天与星辰之高远，非数无以效其灵。地域之广轮，非数无以步其极。世事之纠纷繁颐，非数无以提其要。通天地人之道曰儒，孰谓儒者而可以不知数乎！"① 又曰："数术穷天地，制作侔造化，儒者之学，斯为大矣。"②

乾嘉时期，虽然有一些游幕学者从事天文、历算等研究，如戴震、钱大昕、凌廷堪、焦循、李锐、谈泰等，由于深受考据学风的影响，主要致力于对古代科学文献的整理和古代科学的复兴，而非对西方科学知识和技术的吸收与发展。如戴震将数学、天文等学科知识与小学研究融为一体，著成《原象》《历问》《历古考》《策算》《勾股割圜记》等著作，其《考工记图》利用数学知识计算和测定《考工记》中古代礼器铜钟的形状和尺寸，并且准确地恢复了铜钟的原型。钱大昕则致力于对传统天算学，如正史中的《天文志》等进行整理与研究，其所撰《三统历术》，对《汉书·律历志》保存的中国古代最完整的历法《三统历》进行研究，刊正了其中的脱误错谬，疏通了简奥疑难的文意。又如戴震在参与编纂《四库全书》的过程中，从《永乐大典》辑出多种古代数学文献，并主持对此类文献尤其是《算经十书》③ 的校理，后被收入《四库全书》子部天文算学类，书目提要亦由戴震撰写，论述了新发现的早期数学文献对考据学的重要性。④

乾嘉学者普遍认为西学中源、中优于西，如戴震认为，"中土测天用勾股，今西人易名三角、八线，其三角即勾股，八线即缀术。然而三角之法穷，必以勾股御之。用知勾股者，法之尽备，名之至当也"⑤。阮元亦

---

① 阮元：《里堂学算记序》，《揅经室三集》卷五。
② 阮元：《畴人传凡例》，《畴人传汇编》，彭卫国、王原华点校，广陵书社 2009 年版，第 1 页。
③ 《算经十书》，指《周髀算经》《九章算术》《孙子算经》《五曹算经》《夏侯阳算经》《五经算经》《海岛算经》《张丘建算经》《缉古算经》《缀术》十种古典数学著作。《缀术》宋初已亡佚，清人以《数术记遗》补足其数。
④ 梁启超：《中国近三百年学术史》，中华书局 1982 年版，第 488 页；[美] 艾尔曼：《从理学到朴学——中华帝国晚期思想与社会变化面面观》，赵刚译，江苏人民出版社 2012 年版，第 48—49 页。
⑤ 戴震：《与是仲明论学书》，《东原文集》卷九。

言,"西方实窃取于中国"①,对于西学的态度是"西士之术,固有胜于中法者,习其术,可也;习其术而为所愚弄,不可也"②。尽管《四库全书》收入了十多种西学著作,肯定了西方数学、天文、科学技术的成就,但由于上述观念和西学著作中造物主上帝的存在有违儒家思想,影响了乾嘉学者对西学的吸收与发展。西学对乾嘉学术的影响,主要表现在唤起了一些有识之士对传统学术中有关天文、历法、地理、数学等方面的研究兴趣。③

游幕学者从事天文、历算等自然科学研究者少,可能有三个方面的原因:其一,当时学者对天文、历法、数学等自然科学的认识,仍停留在原有的观念上而未有新的突破,相关研究多是对古代科学文献的整理,尝试复原其中论及的事物,以求复兴古代科学,创新性较少。其二,乾嘉时期的学术主流是经史考证,天文、历算等自然科学研究与经史考证、方志编纂等活动相比,属于陪衬乃至点缀,处于学术研究的边缘地位。其三,游幕学者的主要任务在于协助幕主处理行政事务、在幕主的组织与资助下参与相关学术活动,幕主的学术宗尚和喜好,对幕中学者的学术活动内容有直接影响,而喜好天算等自然科学研究的幕主寥寥无几。"在乾嘉时期,就具体学者而论,他们中有半数以上的考据学家如惠栋、沈彤、卢文弨、王昶、朱筠、段玉裁、王念孙、王引之、江声、余萧客、洪亮吉、孙星衍、臧庸等人,对天算学有的粗知皮毛,有的根本就不涉此学,对西学接触更少"④,如臧庸即称自己"不能通九九""不能通其数"⑤。

游幕学者从事天文、历算等自然科学研究,在第十三(1796—

---

① 阮元:《畴人传凡例》,《畴人传汇编》,彭卫国、王原华点校,广陵书社 2009 年版,第 1 页。
② 钱大昕:《与戴东原书》,《潜研堂文集》卷三十三。
③ 漆永祥:《乾嘉考据学研究》,中国社会科学出版社 1998 年版,第 46—49 页;刘墨:《乾嘉学术十论》,生活·读书·新知三联书店 2006 年版,第 276—285 页。
④ 漆永祥:《乾嘉考据学研究》,中国社会科学出版社 1998 年版,第 51 页。
⑤ 臧庸:《题汪孝婴北湖访凡焦君图》,《拜经堂文集》卷四;[美]艾尔曼:《从理学到朴学——中华帝国晚期思想与社会变化面面观》,赵刚译,江苏人民出版社 2012 年版,第 159 页有言:"臧庸为提高自己的天算研究水平,研读梅文鼎的《历算全书》,根据自己的研究心得写了《翼梅》一书,力图发展梅氏的学术建树。"现有整理臧庸《拜经堂文集》及其著述的研究,未见有关于《翼梅》一书的记述,不详艾尔曼此论所据,待考。参见丁喜霞《臧庸及〈拜经堂文集〉整理研究》,中国社会科学出版社 2016 年版,第 36—39 页。

1800)、第十四（1801—1805）两个时段出现略微高于横轴的波峰，主要原因是阮元在此期间先后任浙江学政、浙江巡抚，其对天文、数学、历算等自然科学的兴趣对幕中学者的学术活动产生了极大影响。乾隆六十年（1795）阮元组织幕中学者编纂《畴人传》，至嘉庆四年（1799）编成46卷①。幕中学者李锐、周治平佐阮元校录，钱大昕、凌廷堪、谈泰、焦循等人参与印正。"是编著录，专取步算一家"，"融会中西，归于一是"，甄录从远古至清初算家243人，附西洋37人，"综算氏之大名，纪步天之正轨，质之艺林，以谂来学。俾知术数之妙，穷幽极微，足以纲纪群伦，经纬天地，乃儒流实事求是之学，非方技苟且干禄之具。有志乎通天地人者，幸详而览焉"②。《畴人传》作为系统记载中国古代天文算法方面的科技人物和创造发明的专书，给后人考镜源流以极大方便。英国科学史家李约瑟认为此书"可以算是中国书籍中一本最近乎中国科学史的著作"③。

9. 其他学术活动

该类学术活动包含的内容比较繁杂，几乎每个时段都有一些数据，但因史料对游幕学者相关活动内容的记载往往阙而不录或语焉不详，我们目前搜集和掌握的相关资料较少，因此，该类活动的整体曲线比较接近横轴，只在第十四时段（1801—1805）有一个较高的波峰。主要原因在于此时正值阮元任浙江巡抚（1800—1805），创建了诂经精舍，精舍与幕中学者达33人，活动内容比较丰富。

第三节　乾嘉时期游幕学者的学术贡献与影响

乾嘉时期的游幕学者，尤其是那些专门或主要从事学术活动的游幕学者，活跃于各级官员幕府，积极参与幕主组织的大型学术工程，在幕主的

---

① 林存阳：《乾嘉四大幕府研究》，中国社会科学出版社2016年版，第203页。[美] 艾尔曼：《从理学到朴学——中华帝国晚期思想与社会变化面面观》，赵刚译，江苏人民出版社2012年版，第159页则言："1799年，阮元出版《畴人传》，这是他天算研究的最高成就……1799年阮元任国子监算学总监，当时人们正开展一场运动，试图把天文历算重新纳入儒家传统教育的一部分，这场运动至此达到高潮。"

② 阮元：《畴人传序》，《畴人传汇编》，广陵书社2009年版，第1—2页。

③ 傅祚华：《〈畴人传〉研究》，《明清数学史论文集》，江苏教育出版社1990年版，第259页。

资助下，从事学术研究、学术交流、学术传播等学术活动。他们的学术研究遍及经学、小学、史学、诸子学、地理学、金石学、校勘学、目录学、历算学等各个领域，相关撰著（或集体编撰，或独立撰著；或为幕主代撰，或为自撰）成果丰硕，尤其是在中国古典文献的训诂、注疏、辑佚、考订和大型经史著作的编纂、刊刻等方面取得了突出成就。乾嘉时期一系列大型学术工程，如《四库全书》《经籍籑诂》《经郛》《续资治通鉴》《史籍考》等，以及一些大型丛书、大型诗文总集的纂辑，如《雅雨堂丛书》《经训堂丛书》《国朝山左诗钞》等，主要由游幕学者完成。乾嘉时期的游幕学者实际上既是"一系列重要学术成果的主要创造者"，同时也是"大规模清理以往学术文化成果的重要承担者"①，是乾嘉时期学术活动的主体；其所从事的课读、讲习、阅卷、校士等活动，对于文士儒生的学术取向和学风、士习向经史考据的转向具有引导和推动作用；其与幕主、幕中学者、幕外学者的论学与学术论争，活跃了乾嘉时期的学术交流和传播，对于乾嘉学术的繁荣发展起到了重要的促进作用；其在不同幕府和不同地域之间的大规模流动，对于汉学研究地域的扩展和江浙地区学术文化地位的提升，以及由此带来的学术地理格局的演变和重构具有重要影响。乾嘉时期的游幕学者及其学术活动，为乾嘉学术的繁盛做出了巨大贡献，对中国传统学术文化的传承和发展产生了深远影响。

对乾嘉学术和清代幕府的研究，一直是中外史家颇为关注的研究领域，已有不少学者从不同角度进行了深入广泛的研究，取得了丰硕成果，有些研究已涉及乾嘉时期游幕学者的学术贡献。如梁启超《中国近三百年学术史》"清代学者整理旧学之总成绩"一节总结和评述了清代学者在经学、小学及音韵学、校注古籍、辨伪学、辑佚学、史学、方志学、地理学、谱牒学、历算学、乐曲学等诸多方面的成就②，其中许多著述是乾嘉时期的游幕学者独立完成，或与幕主和其他游幕学者协作完成的。尚小明《学人游幕与清代学术》和林存阳《乾嘉四大幕府研究》，对乾嘉时期的几个重要幕府进行了深入研究，重点探讨了幕主的仕履与学术宗尚、幕府的主要学者、幕府的主要活动与成就等方面的问题，也涉及幕中学者的主要学术

---

① 尚小明：《论清代游幕学人的撰著活动及其影响》，《北京大学学报》（哲社版）1999年第5期。

② 梁启超：《中国近三百年学术史》，东方出版社1996年版，第220—440页。

活动及贡献。上述成果是我们论述乾嘉时期游幕学者学术贡献的重要参考。

乾嘉时期，游幕学者的学术活动及其成就，涉及学术领域广泛，贡献巨大，影响深远，而笔者学识、能力、精力有限，对乾嘉时期游幕学者的学术贡献，难以进行详实全面的评述，只能在前修时贤相关研究的基础上，择要予以概述。

一　考镜群籍源流，董理传统国学①

乾嘉时期既是中国传统学术发展的鼎盛时期，也是对中国传统学术进行全面清理、总结的时期，如方东树所言："国家景运昌明，通儒辈出。自群经诸史外，天文、历算、舆地，靡不该综载籍，钩索微沉，既博且精，超越前古，至矣，盛矣，蔑以加矣。"②乾嘉时期的游幕学者多以正本清源、董理群籍为治学目的，在幕主的赞助与组织下，在古代学术文化的诸多领域开展精深研究，"意欲刊落浮词，独求真解"③，对一书、一人、一事、一地、一物、一词一义等每个问题的研究，都力争做到上起三代，下迄当时，探幽索微，钩沉其发展流变，涌现出无数具有集大成性质的学术成果，许多罕见的古代典籍和一些学者的重要著述得到发掘、校理、刊刻和流传，诸多影响深远的大型学术工程得以完成，客观上起到了总结传统国学的作用，在传统学术史上具有重要地位。

乾嘉时期游幕学者在董理传统国学方面的贡献，主要表现在经籍编校、疏释与刊刻，史著编纂、考证与补撰，子书校注与表彰，文集纂辑与校刻四个方面。④

---

① 传统国学即传统意义上的"国学"，指我国古代的学术和文化。也称"国故"。如魏源《圣武记》卷十一："欲综核名实，在士大夫舍楷书帖括，而讨朝章讨国故始。"鲁迅《花边文学·考场三丑》："于是使文人学士大叹国学之衰落。"胡适《〈国学季刊〉发刊宣言》："我们深信国学的将来，定能远胜国学的过去。"此处使用"传统国学"是为了与近年提出的"新国学"相区别。

② 方东树：《上阮芸台宫保书》，《仪卫轩文集》卷七。

③ 顾广圻：《与阮云台制府书》，《顾千里集》卷七。

④ 《四库全书》的纂修，其中多有游幕学者的编校之功，但因其为官修史籍，四库馆臣发挥了主要作用，游幕学者编校的具体内容记载不详，故此暂不作讨论。

1. 经籍编校、疏释与刊刻

乾嘉学者认为"《易》《书》《诗》《礼》《春秋》，圣人所以经纬天地者也，上之可以淑世，次之可以治身，于道无所不通，于义无所不该"①，"无才不烦读书，读书莫要于治经"②，治学目的在于恢复诸经典籍之旧，以返归儒学之本根，因此，对儒家经典文献的整理（校勘、注释、疏解）研究以及与经学有关的小学研究，成为乾嘉学术研究的基本重心。

儒学自西汉武帝时取得独尊地位以来，历代学者以研习儒家经籍相淬砺，成果丰硕，但是，经学典籍屡经传抄、翻刻，错讹迭出，加之历代学者对经义的阐释各逞己意，以致歧义纷出，乾嘉学者深感"经籍多讹，俗儒穿凿，疑误后进"③，主张"欲读书必先精校书"④。乾嘉学者运用比汉儒更为严密的考证方法，对儒家经典进行整理和研究，取得了卓越的成绩，游幕学者在幕主的赞助与组织下，纂辑了《经籍籑诂》《小学考》《经郛》等具有学术总结性质的皇皇巨著，校正、疏释、刊刻了大批经学典籍和小学文献，为乾嘉学术的繁荣做出了重要贡献。

（1）经籍编校

①《经籍籑诂》及《补遗》

欲正确理解经典，必须对经典的文字作出正确的训诂，由训诂以通经已经成为乾嘉学者共同的治学理念。如戴震曰："经之至者，道也；所以明道者，其词也；所以成词者，未有能外小学文字者也。由文字以通乎语言，由语言以通乎古圣贤之心志，譬之适堂坛之必循其阶，而不可以躐等。"⑤钱大昕亦曰："有文字而后有诂训，有诂训而后有义理，诂训者，义理之所由出，非别有义理出乎诂训之外者也。"⑥阮元认为："经非诂不明，有诂训而后有义理，许氏《说文》以字解经，字学即经学也。"⑦臧

---

① 钱大昕：《抱经楼记》，《潜研堂文集》卷二十一。
② 桂馥：《惜才论》，《晚学集》卷一。
③ 臧庸：《刻蔡氏月令章句序》，《拜经堂文集》卷二。
④ 王鸣盛：《十七史商榷序》，《十七史商榷》卷首。
⑤ 戴震：《古经解钩沉序》，《东原文集》卷十。
⑥ 钱大昕：《经籍籑诂序》，《经籍籑诂》卷首。又见于《潜研堂文集》卷二十四。
⑦ 阮元：《定香亭笔谈》卷四。

庸亦言："治经之法，必先通声音诂训。"① 但是，"经自汉经师所授受，已差违失次，其所训释，复各持异解"②，而且古人传注中的训诂材料散见于各书，不便查找，如何将历代关于经典的各种训诂成果汇为一编以利翻检，戴震、朱筠都曾提出过一些设想，但限于人力、物力、财力，均未成事，最终由浙江学政阮元与其幕中学者合力完成《经籍籑诂》。

戴震曾欲"搜考异文，以为订经之助；又广揽汉儒笺注之存者，以为综考故训之助"③，但因忙于四库馆之事、致力于《孟子字义疏证》的撰著，虽有志却未果。朱筠亦曾打算仿扬雄《训纂》而撰《籑诂》，亦欲编纂全部儒家经典的校记与所有经书注释的大型训诂之书，使士人对六经文字训诂有所遵循，④ 但是，要钩稽散见于众多古籍中的文字训诂并汇为一编，实非一人之力所能为，故也未能实现。

乾隆五十二年（1787）阮元参加会试未中，在京期间与同好朱锡庚⑤、孙星衍、马宗琏、史兆兰、赵万隆等相约磋商，商定凡例和取舍范围，并致书邀约家乡友人合作编纂《经籍籑诂》。⑥ 但因马宗琏南归⑦、孙星衍同年会试中榜眼，朱锡庚次年中举人，阮元于乾隆五十四年（1789）中进士，而远在江南之诸友也未必能全力于此，故此事"未及半而中辍"⑧。直至乾隆六十年（1795）阮元调任浙江学政，"以经术倡迪士子。思治经必先通诂训，庶免凿空逃虚之病，而倚古以来，未有汇辑成书

---

① 臧庸：《与丁道久书》，《拜经堂文集》卷三。
② 戴震：《古经解钩沉序》，《东原文集》卷十。
③ 戴震：《古经解钩沉序》，《东原文集》卷十。
④ 钱大昕：《经籍籑诂序》，《经籍籑诂》卷首。又见于《潜研堂文集》卷二十四；王引之：《经籍籑诂序》，《经籍籑诂》卷首。
⑤ 朱锡庚为朱筠次子，阮元在京与众友约为编纂《经籍籑诂》，或受到朱筠思想的启发。
⑥ 阮元：《约同里诸子为经籍籑诂》诗，王昶：《湖海诗传》卷四十；马宗琏《汉阴平道中怀阮伯元吉士》诗亦曰："余闲自可穷经训，《籑诂》精详远共稽。"并自注："余与朱少白、阮伯元、史苍言、赵东田共为《群经籑诂》，粗有端绪，而余南归，嘱伯元、少白二君为精校续成之。"马宗琏：《校经堂诗钞》卷一。
⑦ 《清史列传·儒林传下二》称，马宗琏"尝以解经必先通训诂，而载籍极博，未有汇成一编者，乃偕同志孙星衍、阮元、朱锡庚分韵编录，适南旋中辍"。
⑧ 钱大昕：《经籍籑诂序》，《经籍籑诂》卷首。又见于《潜研堂文集》卷二十四。

者，因遴拔经生若干人，分籍纂训，依韵归字，授之《凡例》①，示以《指南》"②，先后延请丁杰、臧庸为总纂，③ 组织幕府学者30多人，集诸崇文书院，搜集小学专著及汉唐旧注中的训诂材料，编纂《经籍籑诂》。阮元记其事曰：

> 余在浙召诸生之通经者三十余人，编辑《经籍籑诂》一百六卷④，并延武进臧镛堂及弟礼堂总理其事。……三十余人者，仁和赵坦、孙同元、宋咸熙、金廷栋、赵春沂、诸嘉乐、钱塘吴文健、梁祖恩、严杰、吴克勤、陆尧春、潘学敏、海宁陈鳣、倪绶、嘉兴丁子复、嘉善孙凤起、平湖朱为弼、海盐吴东发、乌程周中孚、张鉴、归安丁授经、丁传经、邵保初、杨凤苞、山阴何兰汀、会稽顾廷纶、刘九华、萧山徐鲲、王端履、陶定山、傅学灏、黄严、施彬、临海洪颐煊、洪震煊、沈河斗、开化张立本。收掌则仁和汤燧、宋咸熙，总校则歙县方起谦、钱塘何元锡也。⑤

《经籍籑诂》卷首列有《经籍籑诂姓氏》，载有上列诸人的具体承担

---

① 关于《经籍籑诂》的凡例，《经籍籑诂》卷首有《凡例》二十二条，题为阮元拟定。王引之《马进士家传》则以《籑诂凡例》为阮元、马宗琏二人所订。陈鸿森通过考证，"疑《凡例》为马氏所拟"。参见陈鸿森《马宗琏行年考》，《儒学与地域文化：徽学国际学术研讨会论文集》，2014年8月，第421页。

② 臧庸：《经籍籑诂后序》，《经籍籑诂》卷首。又见于《拜经堂文集》卷二。

③ 钱大昕《经籍籑诂序》："以教授归安丁小雅董其事，又延武进臧在东专司校勘。"《经籍籑诂》卷首。又见于《潜研堂文集》卷二十四。臧庸《经籍籑诂后序》："嘉庆三年春，移书来常州，属以总编之役。"《拜经堂文集》卷二。

④ 阮元《经籍籑诂凡例》："卷次谨遵《佩文韵府》，一韵为一卷；其卷繁多者，亦仿《韵府》例，每卷分为上下。"《经籍籑诂》卷首。故按韵计卷，当作"一百六卷"。中华书局1982年据阮氏琅嬛仙馆原刻本影印之《经籍籑诂》，与上海古籍出版社1989年版皆实有一百六卷。中华书局1982年《经籍籑诂》卷首所收钱大昕《经籍籑诂序》作"一百十六卷"，王引之《经籍籑诂序》作"一百一十六卷"，臧庸《经籍籑诂后序》作"一百一十六卷"，汉阳叶氏写本《拜经堂文集》卷二收臧庸《经籍籑诂后序》亦作"一百一十六卷"。盖因有些卷字多，又分为上下，故"一百一十六卷"概为合计之数。中国书店1985年、东方出版社1996年据中华书局1936年影印出版的梁启超《中国近三百年学术史》（前者为第207页，后者为第257页），皆题为"《经籍籑诂》一百六十卷"，疑误。

⑤ 阮元：《定香亭笔谈》卷四。

任务。臧庸《经籍籑诂后序》记述了该书的编纂经过。如臧庸所言"盖非宗伯精心卓识、雄才大力,不足以兴刱造之功,而非诸君子分籑之勤,亦不能汇其成也"①,因此,《经籍籑诂》的编纂,是阮元与其幕府30多位学者分工合作、共同努力的结果。

《经籍籑诂》是汇辑唐以前训诂成说的一部大型类书,兼具辞书功能,对研究古代经籍有重要参考价值。所辑录者主要有:古经古子本文中之训诂,各经注,汉、魏以前子书及古史注,古史部集部注,小学古籍。② 编纂思路是"以字为经,以韵为纬,取汉至唐说经之书八十六种,条分而缕析之,俾读经者有所资焉"。③ 编纂体例是按《佩文韵府》归字排列,各韵自为一卷。《佩文韵府》未载之字据《广韵》补录,《广韵》所无者据《集韵》补录。每字之下,"以本义前列,其引申之义,辗转相训者次之,名物、象数又次之"。引用诸经,仿陆德明《经典释文》例,先《易》《书》《诗》,次《周礼》《仪礼》《礼记》,次《左传》《公羊》《谷梁》,次《孝经》《论语》等④,并旁及多种古代子、史、集部典籍的文字训诂。

《经籍籑诂》博采唐以前群经、诸子正文中的训诂及传注,旁及史、集二部旧注,囊括训诂学、字书、韵书、音义书中的文字训释,汇为一编,使士子学者治学"绝无检书之劳,而有引书之乐"⑤,受到当世学者的高度评价。钱大昕认为:"此书出而穷经之彦焯然有所遵循,向壁虚造之辈,不得滕其说以衒世,学术正而士习端,其必由是矣,小学云乎哉!"⑥ 王引之称此书"展一韵而众字毕备,检一字而诸训皆存,寻一训而原书可识,所谓握六艺之钤键、廓九流之潭奥者矣……后之览是书者,去凿空妄谈之病而稽于古,取古人之传注而得其声音之理,以知其所以然,而传注之未安者,又能博考前训以正之,庶可传古贤著书本旨,且不失吾师籑是书之意与"⑦。臧庸认为是书"可谓经典之统宗、诂训之渊薮,

---

① 臧庸:《经籍籑诂后序》,《经籍籑诂》卷首。又见于《拜经堂文集》卷二。
② 梁启超:《中国近三百年学术史》,东方出版社1996年版,第257页。
③ 阮元:《定香亭笔谈》卷四。
④ 阮元:《经籍籑诂凡例》,《经籍籑诂》卷首。
⑤ 郝懿行:《再奉云台先生论尔雅书》,《晒书堂文集》卷二。
⑥ 钱大昕:《经籍籑诂序》,《经籍籑诂》卷首。又见于《潜研堂文集》卷二十四。
⑦ 王引之:《经籍籑诂序》,《经籍籑诂》卷首。

取之不竭、用之无穷者矣"①。

因《经籍籑诂》的收书范围存有缺失，浙江巡抚阮元于嘉庆五年（1800）着手对该书进行补遗。"补遗采书，悉依旧例，前所失采，俱为增入。"② 据《经籍籑诂补遗姓氏》，参与补遗的学者及其职责为：总校：萧山徐鲲；分校：仁和宋咸熙、孙同元；补纂：镇洋王瑜、仁和宋咸熙、乌程周中孚、钱塘严杰、临海洪震煊、洪颐煊、萧山徐鲲、钱塘姜遂登、海宁倪绶；编韵：仁和孙同元、宋咸熙、赵坦、赵春沂、临海洪震煊。

②《小学考》

由于乾嘉学者的高度重视和大力倡导，传统小学被越来越多的学者视为释读古代经典的管钥、通往古圣贤心志的津渡。有感于朱彝尊《经义考》所收小学书止详于《尔雅》而未及《说文》以下，为弥补其所收小学书籍之阙，翁方纲曾延王聘珍纂《经义考补正》，③ 但仍未为完备。浙江按察使谢启昆于乾隆五十九年（1794，甲寅）在使署辟"广经义考斋"，延幕中学者胡虔、陈鳣助纂《小学考》，并赋诗以记其事。④

次年谢启昆调任山西布政使，胡虔以道远不获同行，纂书之事中断。嘉庆二年（1797）谢启昆调任浙江布政使，胡虔复来幕中，续纂《小学考》，后钱大昭、袁钧也至幕参与其事，至嘉庆三年（1798）成书50卷，分训诂、文字、声韵、音义四门，于嘉庆七年（1802）重加厘定，付梓刊行。⑤ 谢启昆曰："国家稽古右文，广收载籍，汇为《四库全书》，群经之后附以小学，敕撰诸书即谨载焉，郁乎盛矣。乾隆乙卯，启昆官浙江按察使，得观文澜阁中秘之书经，始采辑为《小学考》。后复由山西布政使移任浙江，从政之暇更理前业，成书五十卷。"⑥

《小学考》体例仿照朱彝尊《经义考》，"卷首恭录敕撰；次训诂，则续《经义考》《尔雅》类而推广于《方言》《通俗文》之属也；次文字，则《史篇》《说文》之属也；次声韵，则《声类》《韵集》之属也；次音

---

① 臧庸：《经籍籑诂后序》，《经籍籑诂》卷首。又见于《拜经堂文集》卷二。
② 阮元：《经籍籑诂补遗凡例》，《经籍籑诂》卷首。
③ 翁方纲：《经义考补正序》，《经义考补正》卷首。
④ 谢启昆：《新作广经义考斋既成赋诗纪事》，《树经堂诗初集》卷十四《蓬峦轩草》。
⑤ 谢启昆：《新作广经义考斋既成赋诗纪事》，《树经堂诗初集》卷十四《蓬峦轩草》；袁钧：《吴山雅集第二图记》，《瞻衮堂文集》卷六；谢启昆：《小学考序》，《小学考》卷首。
⑥ 谢启昆：《小学考序》，《小学考》卷首。

义，则训读经史百氏之书。训诂、文字、声韵者，体也；音义者，用也，体用具而后小学全焉"①。《小学考》收录编者所见小学著述，不仅记录了我国传统小学的发展历程，也反映了小学在清代学术史上的重要地位，具有极其重要的学术价值。

③《十三经注疏校勘记》

阮元认为："士人读书当从经学始，经学当从注疏始，空疏之士、高明之徒读注疏不终卷而思卧者，是不能潜心掣索、终身不知有圣贤诸儒经传之学矣。至于注疏诸义，亦有是有非，我朝经学最盛，诸儒论之甚详，是又在好学深思、实事求是之士由注疏而推求寻览之也。"② 但是，《十三经注疏》版本众多，各本辗转翻刻，错讹百出，须广征善本，对其进行校勘，剖析源流，参互考订，确定去取，以备学界使用。

嘉庆五年（1800）阮元任浙江巡抚，即着手延聘长于校经的学者入幕，分经校勘。次年正月，臧庸、何元锡、顾广圻即应阮元之邀，入幕佐校《十三经注疏》，其后，李锐、徐养原、洪震煊、严杰、孙同元等亦参与其事。"遂取在馆时奉敕校石经《仪礼》之例，衡之群经，广搜江东故家所储各善本，集诸名士，授简西湖诂经精舍中，令详其异同，抄撮会萃之，而以官事之暇，乙夜燃烛，定其是非"③，并对各经沿革、校勘依据等进行了详细的说明④，对各位学者的校勘任务进行了分工：

> 《易》《谷梁》《孟子》则属之元和李锐，《书》《仪礼》则属之德清徐养原，《诗》则属之元和顾广圻，《周礼》《公羊》《尔雅》则属之武进臧庸，《礼记》则属之临海洪震煊，《春秋左传》《孝经》则属之钱塘严杰，《论语》则属之仁和孙同元。⑤

仿陆德明撰《经典释文》之意，"凡汉、晋以来名本之异同，师承之

---

① 谢启昆：《小学考序》，《小学考》卷首。
② 阮元：《江西校刻宋本十三经注疏后》，阮福按语，《揅经室三集》卷二。
③ 段玉裁：《十三经注疏释文校勘记序》，《经韵楼集》卷一。另，据萧穆《敬孚类稿》卷八《记方植之先生临卢抱经手校十三经注疏》，阮校《十三经注疏》是以卢文弨手校《十三经注疏》本为蓝本，又延聘七名学者分经校勘而成。究竟如何，仍有待详考。
④ 阮元：《十三经注疏校勘记序十三篇》，《揅经室一集》卷十一。
⑤ 钱泰吉：《曝书杂记》卷上。

源委，莫不兼收并载，凡唐以前诸经旧本赖以不坠"，以宋十行本为主，"复聚汉、唐、宋石刻暨各宋、元板本，选长于校经之士，详加校勘，自唐以后单疏分合之不同，明闽附音之有别，皆使异同毕录，得失兼明"，① 在主宾的共同努力下，于嘉庆十一年（1806）成《十三经注疏校勘记》217卷，附《孟子音义校勘记》1卷、《经典释文校勘记》25卷。晚清经学家皮锡瑞称赞该书"为经学之渊海"②，可见其在学术史上的价值。《十三经注疏校勘记》曾收于《清经解》第807—1054卷，今本阮刻《十三经》亦后附。

④《经郛》

《经籍籑诂》刊成之后，嘉庆六年（1801）浙江巡抚阮元遂有意纂辑群经古义为《经郛》，并嘱意于陈寿祺，因为陈寿祺不仅于经学颇有造诣，且于嘉庆三年（1798）已着手缀辑群经古义，但因"人事牵迫"③，"多未卒业，不忍遽弃，亦思稍加缀辑"④。嘉庆八年（1803）陈寿祺应邀至杭州，除主讲敷文书院外，兼课诂经精舍生徒，并着手拟定条例，纂修《经郛》。⑤ 陈寿祺自言："嘉庆辛酉季秋，余请假归。明年，吾师阮抚部自越招之，讲学敷文书院，不果往。又明年春乃至……其夏，师选校官及高才生十有六人，采唐以前说经文字，亲授义例，篹为《经郛》数百卷。属稿具，寿祺与编校焉，辄稽合同异，以竢吾师之审定。"⑥ 又曰："师选诂经精舍高才生十余人、文学博士数人分篹，使寿祺与总编之役。"⑦

"经郛"取自扬雄《法言·问神》"五经之为众说郛"之意。"《经郛》荟萃经说，本末兼赅，源流具备，阐许、郑之闳眇，补孔、贾之阙遗。上自周秦，下讫隋唐，网罗众家，理大物博。汉魏以前之籍，搜采尤勤，凡涉经义，不遗一字"，以实现其纂辑宗旨：探原本、钩微言、

---

① 阮元：《恭进十三经注疏校勘记折子》，《揅经室二集》卷八。
② 皮锡瑞著，周予同注释：《经学历史》，中华书局2004年新1版，第241页。
③ 陈寿祺：《上仪征阮夫子请定经郛义例书》，《左海文集》卷四。
④ 陈寿祺：《上仪征阮夫子书》，《左海文集》卷五。
⑤ 阮元：《隐屏山人陈编修传》，陈寿祺：《左海文集》卷首。
⑥ 陈寿祺：《西湖讲舍校经图记》，《左海文集》卷八。
⑦ 罗振玉辑：《昭代经师手简二编》，《罗雪堂先生全集》，大通书局1973年版，第5589页。

综大义、存古礼、存汉学、证传注、通互诠、辨勷说、正缪解、广异文。①

在阮元主持、陈寿祺总编之下，与事诸学者颇能勤于其事，加上诂经精舍生徒的襄助，嘉庆八年（1803）冬已编成数百卷。陈寿祺虽于是年冬还朝任职，但仍孜孜从事，随时辑录。② 范景福、臧庸、凌曙等人也参与了《经郛》的辑录与校补。③ 至嘉庆十六年（1811）4月，"《经郛》编录既成，计一百余卷"④，最终却因"采择未周，艰于补遗，是以未刻"，⑤ 但阮元从中厘析《诗》《书》之古训，撰成《诗书古训》六卷，"付门下士毕韫斋光琦校定之、删节之、增补之，遂为完书"。⑥

⑤《皇清经解》

嘉庆二十三年（1818）阮元任两广总督时已有将清儒说经之书汇编成《皇清经解》的想法，⑦ 继而在为江藩《国朝汉学师承记》撰序时有了更清晰的表述，并属意于江藩和顾广圻："元又尝思国朝诸儒说经之书甚多，以及文集说部，皆有可采，窃欲析缕分条，加以蔪截，引系于群经各章句之下……如此勒成一书，名曰《大清经解》。徒以学力日荒，政事无暇，而能总此事，审是非，定去取者，海内学友惟江君暨顾君千里二三人。"⑧ 但江、顾二人或远在三吴，艰于南行，或虽在幕府，却忙于他务，且此一编所涉之书至为繁富，亦需众人从事方可成就。囿于条件，只能暂时搁置。嘉庆二十五年（1820）阮元开学海堂，以经古之学课士，⑨ 为此事储备人才。道光五年（1825）延严杰负责编纂《皇清经解》，"编辑者

---

① 陈寿祺：《经郛条例》，《左海文集》卷四。
② 阮元：《与陈恭甫书二》，陈鸿森：《阮元揅经室遗文辑存》卷四，杨晋龙主编：《清代扬州学术》，第757—758页。
③ 陈寿祺：《春秋上律表序》，《左海文集》卷六；罗振玉辑：《昭代经师手简二编》，《罗雪堂先生全集》，大通书局1973年版，第13册，第5502页；包世臣：《清故国子监生凌君墓表》，《艺舟双楫》卷四。
④ 张鉴编，阮常生等续编：《雷塘庵主弟子记》卷四，嘉庆十五年条。
⑤ 张鉴编，阮常生等续编：《雷塘庵主弟子记》卷四，嘉庆十六年条，阮常生按语。
⑥ 阮福、阮佑：《诗书古训识》，阮元：《诗书古训》卷首。
⑦ 张维屏：《戊寅夏日制府阮芸台先生招同许青士乃济刘朴石彬华谢澧浦兰生三太史集节署东斋》，《松心诗录》卷三。
⑧ 阮元：《国朝汉学师承记序》，《揅经室一集》卷十二。
⑨ 张鉴编，阮常生等续编：《雷塘庵主弟子记》卷五，嘉庆二十五年条。

为钱塘严厚民先生杰,监刻者为吴石华学博,校对者为学海堂诸生。"①道光九年(1829)书成,共收经学著作180多种,1400卷,因板藏学海堂,故又称《学海堂经解》。虽然此编"以人为次","难于寻检",②但其"将清代前期的主要经学著述汇聚一堂,对此一时期的经学成就,尤其是乾嘉学派的业绩,做了一次成功的总结","集清儒经学精萃于一书,对于优秀学术文化成果的保存和传播,确乎用力勤而功劳巨",③可谓"汉学之巨观,经生之鸿宝"。④

(2)经籍疏释

①《尔雅正义》

乾嘉学者提倡经学,随着经籍注疏研究的深入,发现《十三经注疏》之汉魏旧注、唐宋旧疏多有漏略,遂博参众书,详加别择,另著新疏。乾嘉时期的游幕学者中为经籍新疏者,当首推邵晋涵《尔雅正义》。邵晋涵乾隆三十六年(1771)冬与章学诚一同应邀入朱筠安徽学政幕,与朱筠、章学诚论史作文,并开始撰著《尔雅正义》,且已"略得梗概"⑤。

邵晋涵认为《尔雅》"邢氏疏成于宋初,多掇拾《毛诗》正义掩为己说。间采《尚书》《礼记》正义,复多阙略。南宋人已不满其书,后取列诸经之疏,聊取备数而已"⑥,且旧本经文有讹,注亦多脱落。邵晋涵乃据唐石经及宋本、他书所引,对《尔雅》正文和郭璞注详加校勘,广采舍人、刘歆、樊光、李巡、孙炎、沈旋、顾野王等汉、晋诸家训诂、佚注,以郭注为主,分疏诸家于下。与郭注相同者,会通其说;相异者,博其旨趣;郭注云未详、阙如者,则博征他经之汉人注以补之;《尔雅》缘音训义者甚少,邵晋涵则取声近之字,申明其说,成书20卷。《尔雅正义》引经证注,稽考声韵,辨别名物,兼发明经注体例,不仅开启了清人重新注疏《十三经》的先声,而且构建了清人注疏《尔雅》的基本框架,开创了雅学研究的新局面。

---

① 张鉴编,阮常生等续编:《雷塘庵主弟子记》卷六,道光五年条。
② 周家禄:《重编皇清经解篇目序录》,《寿恺堂集》卷十九;平步青:《霞外攟屑》卷五,"大清经解"条。
③ 陈祖武、朱彤窗:《乾嘉学派研究》,河北人民出版社2005年版,第420、422页。
④ 杨守敬、李之鼎:《增订丛书举要》卷二。
⑤ 邵晋涵:《与程鱼门书》,《南江文钞》卷八。
⑥ 邵晋涵:《尔雅正义序》,《尔雅正义》卷首。又,《南江文钞》卷五。

此外，乾嘉时期游幕学者疏释《尔雅》之著述，尚有钱坫《尔雅释义》10卷，《释地以下四篇注》4卷等；另有专释《尔雅》名物者，如程瑶田《释宫小记》《释草小记》《释虫小记》等，洪亮吉《释舟》，钱大昕《释人》等；有专辑《尔雅》古注者，如臧庸《尔雅汉注》等。

臧庸学术精审，但家境贫穷，为求谋生与治学之资，先后游于毕沅、阮元、觉罗桂春、伊秉绶、刘凤诰、章子卿、孙星衍、吴烜等人幕府，长达17年之久（见附录一），以代人校书、注书、编书为业，阮元称其"生平考辑古义甚勤，故辑古之书甚多"①，皆能掇零拾坠，考核详析，精审不苟。臧庸不仅长于古籍校勘与辑佚，而且精于经义训释，于《尔雅》故训所造尤深。"见郭氏精美之语多本先儒，支离之谈皆由臆说，更或擅改经文，轻弃注义……又自岁阳至月名，及九州、九河之类，郭多不言其义，而不知古圣人创物定名各有取意，非无故漫为是称者。爰采《释文》《正义》及唐以前诸书所引旧注，录为三卷，以存汉学，俾读是经者有考焉。"强调"《尔雅》者，六艺之权舆也。治《尔雅》者，必根本汉学，而后参考之郭氏，则此书（《尔雅汉注》）又《尔雅》之权舆也。"② 所撰《尔雅毛诗异文》《雅注毛郑异文》《诗雅文同义异》诸文，③ 对《尔雅》与《毛诗》、《尔雅》郭注与《毛诗》郑笺的用字与字义异同多有揭示；所撰《尔雅注疏校勘记》辨析精当；所撰《录尔雅汉注序》《重雕宋本尔雅书后》《校宋椠板尔雅疏书后》《书吴元恭本尔雅后》《与段若膺论校尔雅书》诸文，④ 于《尔雅》之版本优劣、文字异同、字词义训，皆考证确当。

②《广雅疏义》

《广雅》为魏张揖著，较《尔雅》《方言》《释名》搜集更博，一直被视为研究汉魏以前词汇和训诂的重要著作，但文本错、讹、脱、衍、倒乙等现象十分严重，仅王念孙随条补正的即有"字之伪者，五百八十，脱者四百九十，衍者三十九，先后错乱者百二十三，正文误入音内者十

---

① 阮元：《臧拜经别传》，《拜经堂文集》卷首。
② 臧庸：《录尔雅汉注序》，《拜经堂文集》卷二。
③ 臧庸：《拜经日记》卷十二。
④ 上述各文见臧庸：《拜经堂文集》卷二。

九，音内字误入正文者五十七"①，故亟须对旧刊各本进行精校，以求得善本。乾嘉学者注重考据，校勘《广雅》者颇不乏人。南京图书馆藏卢文弨《广雅》校本"博雅卷一"下有墨笔小字曰："乾隆丙子正月卢文弨校"，可知卢氏早在乾隆二十一年（1756）即对《广雅》进行过校勘，所用底本为明吴琯刻《古今逸史》本，有校即书于其旁，并附有少量批语。此外，钱大昕、段玉裁、刘端临、顾广圻等人亦曾先后对《广雅》作过校勘。②

《广雅疏义》二十卷③，是钱大昭的殚精竭虑之作，亦是清代乾嘉时期研治《广雅》的三种重要注释书之一。④ 书前有乾隆五十八年（1793）七月桂馥序、张揖《上广雅表》和目录。依《广雅》各析其卷为。《广雅疏义》集疏义与校勘于一书，不仅着重疏解字义，广搜经籍异文并博采时贤（卢文弨、钱大昕、孙志祖、桂馥、戴震、毕沅、惠栋等）之说，以证明训诂依据，而且注重各本文字讹脱之校订，"按其原释各条，徧征群书文注。可以证明原释之义者，分疏诸字于各条之下；其字有讹者，则据各本考订，随文举正；其文有脱者，则据诸书征引，补列其字于各条之末"⑤。如《释言》"酌，漱也"条下曰"酌当为酳"，并以《说文》《玉篇》《广韵》、颜师古注等为证，既指出了原书文字之讹误，又解决了《广雅疏证》所"未详"之释义，徐复先生誉其"极训诂之能事"⑥。桂馥作序"叹其精审，当与邵先生《尔雅正义》并传"⑦。

钱大昭为钱大昕幼弟，"其学，浩博无涯涘，而思绪细密，精识洞

---

① 王念孙：《广雅疏证序》，《广雅疏证》卷首。
② 江庆柏：《广雅批校本考略》，《文教资料》1986年第1期。
③ 关于《广雅疏义》的卷数，各书均著录为二十卷，唯钱师璟《嘉定钱氏艺文志略》著录"《广雅疏义》，二十四卷"。
④ 据桂馥《广雅疏义序》，清代乾嘉时期，为《广雅》作注者有三家：1. 卢文弨《广雅释天以下注》二卷（卷数依《清史稿》本传。未见传抄）；2. 王念孙《广雅疏证》十卷；3. 钱大昭《广雅疏义》二十卷（有钞本）。钱大昭《广雅疏义》一名《广雅疏证》。参见张之洞撰，范希曾补正，孙文泱增订《增订书目答问补正》"王念孙《广雅疏证》十卷"条范补，中华书局2011年版，第127页。
⑤ 中国科学院图书馆整理《续修四库全书总目提要》经部，下册，中华书局1993年版，第1030页。
⑥ 徐复主编：《广雅诂林》"前言"，江苏古籍出版社1992年版，第6页。
⑦ 桂馥：《广雅疏义序》，钱大昭：《广雅疏义》卷首。

达,竹汀亟称之"①。事兄如严师,得其指授,博通经史,"工于小学,更善考据"②,时人对钱氏兄弟有大小徐之比。③ 钱大昭一生淡于仕进,不慕荣利,以著书为事。④ 据考证,钱大昭著述有25种247卷,经、史、子、集四部兼具⑤,"尝校录《四库全书》",佐助谢启昆纂辑《小学考》和《史籍考》⑥,然因乏斧资,其著述在清代仅刊行《汉书补表》《后汉郡国令长考》《补续汉书艺文志》《三国志辨疑》等少数几种,余悉未刊。⑦

钱大昭《广雅疏义》与王念孙父子《广雅疏证》相较,"彼此体例,各有不同。至所疏诸字之义,则十同八九。所补正脱文讹字,则互有详略。论其搜辑之博,疏解之精,是编之与《疏证》,正可并驾齐驱,未能有所轩轾"⑧。学界关于《广雅疏证》文献学和训诂学等方面的研究已经取得丰硕成果,而且相关研究仍在不断深入;而《广雅疏义》则一因钱大昭身无功名,家世和社会地位远不及王念孙,二因《广雅疏义》未曾刊刻,仅以抄传,获读不易,对其价值认识不足。近年来,钱大昭及《广雅疏义》也进入了学者的研究视野,取得了初步的研究成果,对《广雅疏义》的基本内容和研究价值有所认识,⑨ 仍需

---

① 支伟成:《清代朴学大师列传》之"吴派经学大师列传第三",钱大昕传附钱大昭,明文书局1985年版,第64页。
② 王鸣韶:《答大理述庵兄书》,王昶:《湖海文传》卷四。
③ 卢文弨《答钱辛楣詹事书》:"令弟精小学,如鼎臣之有楚金。"《抱经堂文集》卷十九。
④ 钱大昭事迹见《碑传集》卷四九、《清史列传》卷六八、《清史稿》卷四八一、《国朝耆献类征》卷四二〇、《国朝先正事略》卷三四、《文献征存录》卷八、《国朝汉学师承记》卷三、《清儒学案小识》卷一四、《清代朴学大师列传》等。另钱氏师友文集、论著、方志中亦有少量记述。
⑤ 顾围:《钱大昭著作考》,《文教资料》2008年10月号上旬刊;徐世昌等编,沈芝盈、梁运华点校:《清儒学案》,第4册,中华书局2008年版,第3285页;陈高春:《中国语文学家辞典》,河南人民出版社1986年版,第385页。
⑥ 林存阳:《〈史籍考〉编纂始末辨析》,《故宫博物院院刊》2006年第1期。
⑦ 丁喜霞:《〈清史稿艺文志拾遗〉著录钱大昭〈可庐著述十种〉辨正》,《中国经学》2018年第2辑。
⑧ 中国科学院图书馆整理《续修四库全书总目提要》经部,下册,中华书局1993年版,第1030页。
⑨ 丁喜霞:《未刊稿抄本〈广雅疏义〉成书与流存考略》,《中国典籍与文化》2014年第4期;丁喜霞:《基于数据库的〈广雅疏证〉与〈广雅疏义〉比较研究》,《河南大学学报》2018年第2期。

进一步深入研究。

③《说文解字注》

清代研究《说文》的著作有 200 多种,[①] 谢启昆主持纂修《小学考》收乾嘉时期研究《说文解字》的三部名著：段玉裁《说文解字注》30 卷，钱大昭《说文统释》60 卷，陈鱣《说文解字正义》30 卷。段玉裁、钱大昭、陈鱣皆为当时著名的游幕学者，而学界历来以段玉裁《说文解字注》为治《说文解字》之冠。

段玉裁为戴震弟子，精于训诂、考据之学，以研究《说文解字》著名。《说文解字》自唐宋以来，经后人窜改或传抄漏落、颠倒者多有，段玉裁自乾隆四十一年（1776）始校其讹字，考其文理，通其条贯，订古韵为十七部，每字注明所属韵部，由声音以通训诂，间以己意推定校正。"先撰长编数十巨册"，名曰《说文解字读》，凡 540 卷，而后"择其精华"，于嘉庆十二年（1807）撰成《说文解字注》[②]，前后历时 30 多年，当世学者皆极推崇。卢文弨称其人"于周、秦、两汉之书无所不读，于诸家小学之书靡不博览而别择其是非，于是积数十年之精力，专说《说文》"，称其书"盖自有《说文》以来，未有善于此书者。匪独为叔重氏之功臣，抑亦以得道德之指归，政治之纲纪，明彰礼乐而幽通鬼神，可以砭诸家之失，可以解后学之疑，真能推广圣人正名之旨，而其有益于经训者功尤大也"[③]。阮元则赞其书"可谓文字之指归，肆经之津筏矣"[④]，并将其收于《清经解》第 641—655 卷。

段玉裁曾入阮元幕府，为其主定《十三经注疏校勘记》，但未见明文记载其在幕时间，从其《经韵楼集》及其与友人的信札，如《跋黄尧圃蜀石经毛诗残本》《与孙渊如书》《与刘端临第二十九书》等推测，段玉裁为阮元幕宾当在嘉庆六至八年（1801—1803）。[⑤] 段玉裁嘉庆九年（1804）《与王怀祖书》有言："唯恨前此三年，为人作嫁衣而不自作，致

---

① 何九盈：《中国古代语言学史》，商务印书馆 2013 年版，第 542 页。
② 耿文光：《万卷精华楼藏书记》卷十五《经部》；皮锡瑞著，周予同注释：《经学历史》，中华书局 2004 年新 1 版，第 248—249 页。
③ 卢文弨：《段若膺说文解字读序》，《抱经堂文集》卷三。
④ 王章涛：《阮元年谱》，道光四年条。
⑤ 尚小明：《学人游幕与清代学术》（增订本），东方出版社 2018 年版，第 220—221 页；杨丽琴：《许宗彦诗集编订考》认为当在 1800—1803 年，《艺术科技》2014 年第 6 期。

此时拙著不能成矣，所谓一个错也。"① 或认为此乃段玉裁针对助阮元定《十三经注疏校勘记》而耽误了撰写《说文解字注》的进程所发之感慨，尚待详考。

段玉裁《说文解字注》刊行之后，不少学者对其进行订补，如严可均《说文订》、王绍兰《说文段注订补》、钮树玉《段氏说文注订》、徐承庆《段注匡谬》、冯桂芬《说文解字段注考正》等。

钱大昭著有《说文统释》60 卷，据《小说考》所引《自序》述其书之宗旨："一，疏证以佐古义；二，音切以复古音；三，考异以复古本；四，辨俗以证讹字；五，通义以明互借；六，从母以孳乳；七，别体以广异义；八，正讹以订刊误；九，崇古以知古字；十，补字以免漏落。"惜因乏斧资，未能刻板。② 陈鳣著有《说文解字正义》，阮元谓其"以声为经，偏旁为纬"（《小学考》引），当与朱骏声《说文通训定声》体例略同，然其书名为"正义"，又似为随文疏释，未见其书。

④《释名疏证》

《释名》为汉末刘熙撰，体例与《尔雅》略同，但"专以同音为训，为以音韵治小学之祖"③。毕沅认为"其书参校方俗，考合古今，晰名物之殊，辨典礼之异，洵为《尔雅》《说文》以后不可少之书"④，但《释名》旧本存在较多讹误，毕沅遂与幕中学者江声取群经及《史记》《汉书》注、唐宋类书、道释二藏校正之，表其异同，是正缺失，复引《尔雅》以下诸训诂书证成其义，成《释名疏证》8 卷，刊成于乾隆五十五年（1790）。其后又从《太平御览·时序部》中辑出《释律吕》《释五声》等材料，名为《续释名》，从各古书中辑出今本《释名》所无之材料，名为《释名补遗》。

《释名疏证》题为毕沅撰，学者对此存有异议，一说毕沅主撰，幕中

---

① 段玉裁撰、刘盼遂辑校：《经韵楼文集补编》卷下《与王怀祖第一书》，《经韵楼集》附；刘盼遂：《段玉裁先生年谱》，嘉庆九年条。
② 丁喜霞：《〈清史稿艺文志拾遗〉著录钱大昭〈可庐著述十种〉辨正》，《中国经学》2018 年第 2 辑。
③ 梁启超：《中国近三百年学术史》，东方出版社 1996 年版，第 255 页。
④ 毕沅：《释名疏证序》，《释名疏证》卷首。

学者江声助纂、审正，一说全出江声之手。① 《释名疏证》广征博引，辨异同，正讹误，对研读《释名》具有重要参考价值。《释名疏证》8卷，附《释名补遗》1卷及《续释名》1卷，曾收入毕沅主持辑刻的《经训堂丛书》（又称《灵岩山馆丛书》）。

⑤《方言疏证》

"扬雄《方言》为西汉最好的小学书"②，但因屡经翻刻，断烂讹误，几不可读。戴震自乾隆二十年（1755）始撰《方言疏证》，"广按群籍之引用《方言》及注者交互参订，改正伪字二百八十一，补脱字二十七，删衍字十七，逐条详证之"③，约乾隆四十年（1775）成书，共13卷。此书虽注重校勘而略于疏释，但有此著，《方言》始可读。卢文弨评价曰："《方言》至今日而始有善本，则吾友休宁戴太史东原氏之为也。义难通而有可通者通之，有可证明者胪而列之……自宋以来诸刻，洵无出其右者。"④ 之后又有卢文弨撰《重校方言》13卷、刘台拱撰《补校方言》若干卷、顾震福撰《方言校补》13卷及佚文1卷、王念孙撰《方言义证》13卷、钱绎撰《方言笺疏》13卷，使清代的《方言》研究取得了较大成就。

（3）经籍刊刻

①补刻《经义考》

朱彝尊"尝以近日谈经者局守一家之言，致先儒遗编失传者十九，因仿鄱阳马氏《经籍考》之例而推广之，著《经义考》三百卷。分存、佚、阙、未见四门，自御注、敕撰以迄自序，为类凡三十种"⑤，于每一书下首列作者、卷数，若卷数有异同，则注明某书作几卷，考述该书存、佚、阙、未见等情形，并一一详载该书序、跋及诸家评论，若有己见，则以案语形式附于卷末。全书搜罗广博，考证赅洽，"自汉迄今说经诸书，存亡可考，文献足征。编辑之勤，考据之审，网罗之富，实有裨于经学"⑥。

---

① 毕沅：《释名疏证序》，《释名疏证》卷首；梁启超：《中国近三百年学术史》，东方出版社1996年版，第255页。
② 梁启超：《中国近三百年学术史》，东方出版社1996年版，第254页。
③ 戴震：《方言疏证序》，《方言疏证》卷首。
④ 卢文弨：《重校方言序》，《抱经堂文集》卷三。
⑤ 朱稻孙：《经义考跋》，朱彝尊：《经义考》卷首。
⑥ 清高宗：《御题朱彝尊经义考》，朱彝尊：《经义考》卷首。

《经义考》成书后，先行刻出 167 卷，《宣讲》《立学》《家学》《自序》等属草未具，不幸染疾，未能付梓。乾隆十九年（1754）卢见曾再任两淮盐运使，朱稻孙①谒之邗上，出示其祖朱彝尊《经义考》未刊部分，卢见曾慨然捐俸为同志倡，且以其事嘱马曰琯。马氏兄弟"尽发二酉之藏，偕钱塘陈君授衣、仪征江君宾谷、元和惠君定宇、华亭沈君学子，相为参校。而稻孙仍率次子昌凉、长孙休承暨从孙婿同里金蓉，共襄厥事。既逾年而剞劂乃竣，计一百三十卷，合前所刻一百六十七卷成完书"②。《经义考》得以完书刊行于世，既得益于卢见曾和马氏兄弟的赞助，也得益于卢见曾幕府中惠栋、沈大成等学者的相助参校。

《经义考》刊行，卢见曾不仅为序表彰，③ 且于乾隆二十一年（1756）向高宗进呈该书，并大加褒崇："博征传世之书，志其存佚；提衡众家之论，判厥醇疵。幸际昌期，首冠以圣明之巨制；备陈列代，不遗夫师友之绪言。挈领提纲，开卷了如指掌；升堂入奥，披函灿若列眉。实裨益于稽古之儒，宜刊布于右文之世。"④《四库全书总目·史部·目录类一》评价该书云："上下二千年间，元元本本，使传经原委，一一可稽，亦可以云详赡矣。"

②重刻宋本《十三经注疏》

乾隆元年（1736）高宗即允准协办大学士三泰之请，颁发、刊布《十三经》，以资地方府、州、县学士子学习。然而由于《十三经注疏》版本或合刻或单行，递经流传，或因久历岁月而漫漶，或因辗转翻刻而讹谬，皆

---

① 葛兆光《清代学术史与思想史的再认识》记为"朱福孙"，疑为整理者误记。《中国典籍与文化》2012 年第 1 期。

② 朱稻孙：《经义考跋》，朱彝尊：《经义考》卷首。卢见曾于《经义考总目》后识语曰："《经义考》全书告成，余既为之序，又编《总目》二卷。此书初撰，原名《经义存亡考》……后先生以《篘竹》《聚乐》《淡生》《一斋》诸目所藏，及同人所见世有其本者，列'未见'一门，又有杂见于诸书，或一卷，或数条，列'阙书'一门。于是分存、佚、阙、未见四门，删旧名之'存亡'字，而名之曰《经义考》。已刻一百六十七卷，其《宣讲》《立学》《家学》《自序》三卷本阙，今补刻一百三十卷。"又曰"卷帙浩繁，校对不易，从事诸君子，各题名于每卷之后。而博征载籍，以正字画之讹者，钱塘陈授衣章、仪征江宾谷昱也。刻既成而复校之者，元和惠定宇栋、华亭沈学子大成也。其商略考订，兼综其事，则祁门嶰谷曰琯、半查曰璐云。"

③ 卢见曾：《经义考序》，《雅雨堂文集》卷一。

④ 卢见曾：《奏状》，朱彝尊：《经义考》卷首。

待是正。段玉裁曾以《左传》为例，剖析其是非，① 臧庸于嘉庆四年（1799）已呼吁重刻宋本《十三经注疏》，并勉力重雕雪牕书院本《尔雅》。

> 戊午仲冬，镛堂将有粤东之行，严君久能贻我雪牕书院《尔雅》三卷。审其雕刻，定为南宋本。深感良友所惠，不忍一己私秘之，将愿人人得读宋本也，因勉力重雕焉。
>
> ……
>
> 凡诸经义疏与经注皆别行，南宋以来欲省两读，始合载之，名之曰"兼义"。然经注本与义疏往往不同，分之则两全，合之则两伤。近日读经之士，多思重雕十三部注疏而未见有发轫者。盖因资费浩繁，善本亦难一时具得。故镛堂意以古人校刊书籍，必得善本，而勿参以己意，亦不取其兼备。试约同志于十三部中不拘经注、义疏，得一宋本即为重雕，无则宁缺。庶得友朋分任，力既纾缓，而所刊之书，复无私智臆改之失。不数年间十三部之注若疏亦可渐备。奚必一人一时合而为之，始称雄快哉？
>
> 吾友袁君又恺藏有宋雕单疏《尔雅》，希世之珍也。归将怂恿付梓。吴中多研经之士，又多善本经书。镛堂昔年所见，有单注《三礼》、单疏《仪礼》，皆宋槧善本。安得普大公无我之志者，为之次第刊行，以传汉、唐一线乎？则镛堂虽贫儒，《尔雅》虽小经，其即以此为刻十三经注若疏之权舆也可。②

嘉庆十八年（1813）江宁盐法道胡稷曾欲重刻汲古阁毛氏本，后调任江西盐法道，得观江西巡抚阮元所藏善本后，"昔欲重刊而志未逮者，又怦然心动矣"。③ 同时，阮元门生卢宣旬与南昌给事中黄中杰也有感于汲古阁毛本之善，请阮元将其所藏十行宋本十一经在南昌府学重刻，并借校黄丕烈所藏单疏《仪礼》《尔雅》一并刻之。胡稷任江宁盐巡道时"亦从吴中购得十一经，其中有可补元藏本中所残缺者"④。阮元遂于嘉庆二

---

① 段玉裁：《左传刊杜序》，《经韵楼集》卷四。
② 臧庸：《重雕宋本尔雅书后》，《拜经堂文集》卷二。
③ 胡稷：《重刊宋本十三经注疏后记》，《十三经注疏附校勘记》卷首。
④ 阮元：《江西校刻宋本十三经注疏后》，《揅经室三集》卷二。

十年（1815）主持刊刻宋板《十三经注疏》，参与此事者主要有胡稷、卢宣旬、黄中杰、方体、王赓言、张敦仁、陈煦、郑祖琛、周澍、刘丙、阿应麟、曾晖春、阮常生、黄中模、黄中栻、罗九叔、余成教、赵仪吉、袁泰开、李桢，或助以刊资，或分经校雠，历时19个月，成416卷。但因此书尚未刻校完竣，阮元即奉命移抚河南，襄事者亦不如当初细心校核，故初刻本未尽善。① 后经朱华临、倪模、余成教等人复校，再度刊刻，② 至今为学人治学之所资。③

③其他经学著作的刊刻

乾隆十九至二十二年（1754—1757）两淮盐运使卢见曾组织幕中学者惠栋、沈大成、宋弼等纂辑、校刻《雅雨堂丛书》，其中主要为解经之作，而且大部分由惠栋校勘，如《周易乾凿度》《尚书大传》《李氏易传》《匡谬正俗》等，④ 《大戴礼记》则为戴震和卢文弨所校⑤，惠栋的《周易述》等著也由卢见曾资助刊刻。乾隆四十六至五十五年（1781—1790）毕沅主持辑刻的《经训堂丛书》⑥ 中，经学著作如《明堂大道录》《易汉学》《禘说》《九经古义》《古文尚书考》等，"皆渊如为之校定"⑦，《释名疏证》则主要为江声校定。⑧ 阮元幕府诸多学者的经学著作

---

① 阮元：《江西校刻宋本十三经注疏后》，阮福按语，《揅经室三集》卷二；朱华临：《重刊宋本十三经注疏跋》，《十三经注疏附校勘记》卷首；汪绍楹：《阮氏重刻宋本十三经注疏考》，《文史》第3辑，1963年。

② 朱华临：《重刊宋本十三经注疏跋》，《十三经注疏附校勘记》卷首。

③ 阮刻本《十三经注疏》自嘉庆二十年南昌府学刊刻以来，历经翻刻，鲁鱼豕亥在所难免。阮元主持撰作的《十三经注疏校勘记》，因所见版本所限，且成于众手，各经体例和质量不一。1999年李学勤先生主编、北京大学出版社出版的《十三经注疏》标点本，因时间仓促且成于众手，排版和标点错误较多。2021年由方向东先生点校、中华书局出版的《十三经注疏》点校本，以道光丙戌本为底本，以南昌府学本、日藏北监本、日藏闽刻本等为校本，简体横排，全式标点，并将原位于卷后的校勘记移至每段后，方便阅读和使用。

④ 李斗：《扬州画舫录》卷十《虹桥录上》。

⑤ 戴震：《大戴礼记目录后语》，《戴震文集》卷一；卢文弨：《新刻大戴礼记跋》，《抱经堂文集》卷八。

⑥ 法式善：《陶庐杂录》卷四。

⑦ 王昶：《孙星衍》，《湖海诗传》卷四〇。

⑧ 毕沅：《释名疏证序》，《释名疏证》卷首；梁启超：《中国近三百年学术史》，东方出版社1996年版，第255页。

也得到阮元的资助刊刻，如汪中《述学》、凌廷堪《礼经释例》、臧庸《拜经日记》、江藩《国朝汉学师承记》等。

2. 史著编纂、考证与补撰

乾嘉时期学者治史主要围绕以下四个方面：校勘前史文名之讹舛，订正其所载事实之矛盾错误，补其遗阙，整齐其事实使有条理易省览。① 今据乾嘉时期游幕学者从事的相关史学活动，将其主要史学贡献归为史著编纂、史著考证、史著补撰，分类简述如下。

(1) 史著编纂

乾嘉时期，由幕主主持、游幕学者参与编纂的大型史著主要有《续资治通鉴》和《史籍考》，游幕学者独立编著的清代学术史著作主要有《国朝汉学师承记》。

① 《续资治通鉴》

《续资治通鉴》乃续司马光《资治通鉴》之作。《资治通鉴》问世以后，多有继起而续者，如南宋李焘《续资治通鉴长编》、李心传《建炎以来系年要录》，明代陈桱《通鉴续编》、王宗沐和薛应旂二种《宋元资治通鉴》，清初徐乾学在万斯同、阎若璩、胡渭等学者的协助下编成《资治通鉴后编》。诸书或因流传不广，或因不能网罗旧籍，或因详南略北而致史实缺失，② 有待进一步整理纂辑。乾隆中叶，朝廷纂修《四库全书》，宋、元时代的一些佚书陆续从《永乐大典》中辑出，海内进呈之书也多有"事涉宋元者"，且"前人都未寓目"③。毕沅任陕西、河南巡抚期间，以徐乾学所纂《资治通鉴后编》为蓝本，以幕中学者邵晋涵、严长明、孙星衍、洪亮吉、钱坫诸人任分纂，经邵晋涵复审、钱大昕复勘、增补考异，④ 纂

---

① 梁启超：《中国近三百年学术史》，东方出版社1996年版，第332—333页。
② 永瑢等：《四库全书总目提要》卷一〇《史部·编年类》；章学诚：《为毕制军与钱辛楣宫詹论续鉴书》，《章氏遗书》卷九；钱大昕：《太子太保兵部尚书湖广总督世袭二等轻车都尉毕公墓志铭》，《潜研堂文集》卷四十二。
③ 上皆引自钱庆曾《竹汀居士年谱续编》，嘉庆二年条。
④ 章学诚也曾参与商订义例，稿成，代毕沅撰《与钱辛楣宫詹论续鉴书》，并将《续资治通鉴》全书录副呈请钱大昕复勘。参见章学诚《为毕制军与钱辛楣宫詹论续鉴书》，《章氏遗书》卷九。

成《续资治通鉴》220卷①。冯集梧序曰：

> 经营三十余年，延致一时轶才达学之士，参订成稿，复经余姚邵二云学士核定体例付刻，又经嘉定钱竹汀詹事逐加校阅。然刻未及半，仅百三卷止。集梧于去岁买得原稿全部及不全板片，惜其未底于成，乃为补刻百十七卷，而二百二十卷之书居然完好。缘系毕氏定本，故稍为整理，不复再加考订。②

据钱大昕年谱嘉庆二年条云："是年为两湖制军毕公沅校刊《续资治通鉴》……先经邵学士晋涵、严侍读长明、孙观察星衍、洪编修亮吉及族祖十兰先生佐毕公分纂成书。阅数年，又属公复勘，增补考异，未蒇事而毕公卒，以其本归公子。"③

《续资治通鉴》虽题为毕沅撰，实则由其幕府多位学者担任分纂、校阅，方使此著考订精详，加之毕沅以其巡抚之职便得见秘府所藏之书，文献依据更为丰富，④故莫友芝认为该书"缜密详赡，在二代编年史家，固

---

① 关于毕沅修《续资治通鉴》的卷数，钱大昕《太子太保兵部尚书湖广总督世袭二等轻车都尉毕公墓志铭》："谓编年之史，莫善于涑水，续之者有薛、王、徐三家，徐虽优于薛、王，而所见书籍犹未备，且不无详南略北之病，乃博稽群书，考证正史，手自裁定，始宋讫元，为《续资治通鉴》二百二十卷，别为《考异》附于本条之下，凡四易稿而成。"《潜研堂文集》卷四十二。而据冯集梧《续资治通鉴序》，嘉庆二年（1797）毕沅卒时，《续资治通鉴》尚未刊成，至嘉庆四年（1799）其家因案被抄时，仅刻成103卷，原稿于嘉庆五年（1800）为冯集梧购得，次年续刊，成220卷。《续资治通鉴》卷首，中华书局1957年版，第13页。但章学诚所撰《为毕制军与钱辛楣宫詹论续鉴书》和《邵与桐别传》（《章氏遗书》卷九），认为《续资治通鉴》有两种本子，一为邵氏更正本，后因毕家被抄而不可访，一为据幕宾初定之本刊刻者，为200卷。胡适、黄云眉二先生曾加论辩，参见胡适著、姚名达订补《章实斋年谱》，乾隆五十七年条，安徽教育出版社1999年版，第121—122页；黄云眉编《邵二云先生年谱》，乾隆五十七年条，第447—453页。林存阳《乾嘉四大幕府研究》又详加申说，认为章氏所言200卷是指邵晋涵更正后录副呈钱大昕复勘之本，其后钱氏续有增益，加上目录、《举要历》，所成当为220卷。中国社会科学出版社2016年版，第104—108页。

② 冯集梧：《续资治通鉴序》，《续资治通鉴》卷首。

③ 钱庆曾：《竹汀居士年谱续编》，嘉庆二年条。

④ 王昶《与毕秋帆制军论续通鉴书》："闻是书搜采繁富，考据精审。如李焘、徐梦莘、李心传诸书，为前人所未见者，皆分别甄录，辨其异同，而补其疏略。诚所谓体大而思精，继温国之后，而前此所未有者也。"王昶：《春融堂集》卷三十二。

未能或之先也",① 张之洞《书目答问》亦曰:"宋元明人续《通鉴》甚多,有此皆可废。"②

②《史籍考》

《史籍考》的编纂艰难曲折,前贤已有不少讨论成果,③ 在此仅择要述其大略。首发纂辑《史籍考》先声者是时任京畿通永道的李调元,④ 乾隆四十七年(1782)李调元通过章学诚将此一想法告知周震荣,周震荣就编纂体例提出意见,⑤ 但李氏因忙于辑刻《函海》,且是年冬遭事去官,势去财绌,故未见付诸纂辑。⑥ 而周震荣忙于所职,章学诚为生计疲于奔波,虽心有余而力不足。

乾隆五十二年(1787),章学诚因周震荣之介致书毕沅自荐入毕沅河南巡抚幕,在毕沅的支持下,与同在毕沅幕府的洪亮吉、武亿、凌廷堪、严观、方正澍、胡虔、马宗琏等分纂《史籍考》。⑦ 次年秋毕沅调任湖广总督,编纂一度搁置,章学诚辗转于安徽、江苏、湖北各幕,四处致书寻

---

① 莫友芝:《修补毕氏续资治通鉴刊板跋》,《邵亭遗文》卷三。

② 张之洞撰,范希曾补正,孙文泱增订:《增订书目答问补正》卷二,"《续资治通鉴》三百二十卷"条,中华书局 2011 年版,第 172 页。按:范补曰"此书二百二十卷",条目作"三百二十卷",恐为误记。

③ 林存阳:《史籍考编纂始末辨析》,《故宫博物院院刊》2006 年第 1 期;乔治忠:《〈史籍考〉编纂问题的几点考析》,《史学研究》2009 年第 2 期;乔治忠、李金华:《毕沅幕府修史在乾隆时期史学发展中的地位》,《求是学刊》2010 年第 1 期;李金华:《史籍考编纂问题新探——周震荣上李观察书考析》,《文献》2013 年第 1 期;林存阳:《乾嘉四大幕府研究》,中国社会科学出版社 2016 年版,第 111—137 页;尚小明:《学人游幕与清代学术》(增订本),东方出版社 2018 年版,第 210—211、403—405 页。

④ 尚小明《学人游幕与清代学术》(增订本)认为《史籍考》"创始于章学诚"(东方出版社 2018 年版,第 403 页);乔治忠、李金华《毕沅幕府修史在乾隆时期史学发展中的地位》认为编纂《史籍考》的设想由周震荣首先提出(《求是学刊》2010 年第 1 期)。

⑤ 李金华:《史籍考编纂问题新探——周震荣上李观察书考析》,《文献》2013 年第 1 期;林存阳:《乾嘉四大幕府研究》,中国社会科学出版社 2016 年版,第 111—116 页。

⑥ 李调元《函海总序》:"始于辛丑秋,讫于壬寅冬,哀然成帙,真洋洋大观矣。"《函海》卷首,人民出版社 2012 年影印本,第 1 册。后因去官、藏书被火等变故,于嘉庆六年(1801)始刻竣。李调元:《函海后序》,《函海》卷首。李调元:《闻万卷楼火和潘东庵三十韵并序》,《童山诗集》卷四十,《续修四库全书》,第 1456 册,第 455 页。李调元:《续函海序》,詹杭伦:《李调元学谱》,天地出版社 1997 年版,第 220 页。

⑦ 章学诚:《上毕抚台书》,《章氏遗书》卷二十二;章学诚:《上毕制府书》,《章氏遗书补遗》;章学诚:《与孙渊如书》,《章氏遗书》卷二十九。

求支持。① 五十五年（1790）春，章学诚复得湖广总督毕沅支持，在武昌与胡虔、马宗琏等人续纂《史籍考》，成稿十之八九。② 五十九年（1794）秋，毕沅因湖北白莲教案降补山东巡抚，《史籍考》的编纂又一次陷入困境。毕沅虽于次年正月复职湖广总督，但疲于应对湖南苗民和湖北白莲教事，无暇顾及编书之事。章学诚虽依然致力于《史籍考》的编纂，但因生活所迫，进展艰难，至嘉庆二年（1797）毕沅卒时仅成书一百卷。③

嘉庆三年（1798），章学诚经朱珪和胡虔推荐入浙江布政使谢启昆幕，继续《史籍考》的编纂，④ 但因其与幕中宾客多有不合，且在增订《史籍考》问题上与谢启昆意见相左，⑤ 不久即离去。续纂《史籍考》实际上由胡虔、陈鳣、钱大昭、袁钧、郑勋、张彦曾等人担任。谢启昆主持续纂《史籍考》，体例更加细化，内容有较大扩充，据《史籍考总目》所列，续增至325卷。⑥ 嘉庆四年（1799）八月，谢启昆迁任广西巡抚，《史籍考》的编纂再次中辍。

道光二十六年（1846），南河总督潘锡恩再度对《史籍考》进行增订，参与其事者主要有许瀚、刘毓崧、包慎言等人，⑦ 此次增订在体例上有了进一步提高，在内容取舍上更为严谨，经过删繁补缺、分类编辑之后的《史籍考》虽然只有300卷，但"补录存佚之书，视原稿增四之一"，质量有了很大提高，"详审顿觉改观"，且已"写成清本，待付手民"。道光二十八年（1848），潘锡恩被革职时携《史籍考》原稿及清本归家，未将此书刊刻，咸丰六年（1856）毁于战火，⑧ 实为学林一大憾事。

---

① 章学诚：《上毕制府书》，《章氏遗书补遗》；章学诚：《丁巳岁暮书怀投赠宾谷转运因以志别》，《章氏遗书》卷二十八。

② 章学诚《与阮学使论求遗书》："鄙人楚游五年，秋帆制府《史考》功程，仅十八九。"《章氏遗书》卷二十九。

③ 章学诚：《丁巳岁暮书怀投赠宾谷转运因以志别》，《章氏遗书》卷二十八；史善长：《弇山毕公年谱跋》，《弇山毕公年谱》卷末。

④ 胡适著，姚名达订补：《章实斋先生年谱》，嘉庆三年条。

⑤ 罗炳绵：《史籍考修纂的探讨》上，《新亚学报》（香港）第6卷第1期，1964年。

⑥ 谢启昆：《复孙渊如观察》，《树经堂文集》卷四。

⑦ 潘骏文：《乾坤正气集跋》，顾沅辑：《乾坤正气集》卷末；刘寿曾：《广英堂遗稿后序》，《传雅堂文集》卷二。

⑧ 潘骏文：《乾坤正气集跋》，顾沅辑：《乾坤正气集》卷末。

《史籍考》虽然不幸毁于战火，但其所彰显的史学取向，几经更易的编纂体例，由编纂此书而取得的一些成果，如章学诚所撰《论修史籍考要略》《史考释例》《史考摘录》《史籍考总目》等，皆是宝贵的学术资源。从幸存的有关撰著可知，《史籍考》分制书、纪传、编年、史学、稗史、星历、谱牒、地理、故事、目录、传记、小说十二部，下含五十五目，是一部通贯古今的史部解题目录学著作，突破了传统的史籍分类框架，将经部、子部、集部有关历史记述的内容纳入其中，也将已佚史书列入考录范围，同时采择各部史籍的序论、题跋等资料，既反映了章学诚六经皆史、四部皆史的史学思想，也体现了乾、嘉、道三朝的学术演进脉络，堪称历代史籍的全面总结之作。由此书的编纂也可看出，毕沅、谢启昆、潘锡恩等地方大员对学术发展的扶持之力，章学诚、马宗琏、胡虔、钱大昭、洪亮吉、武亿等诸多游幕学者的史学趋向和编纂之功，尤其是章学诚为此付出了巨大的努力，经此历尽波折的纂书过程，其六经皆史、四部皆史的史学思想也得到了不断完善。

③《国朝汉学师承记》

《国朝汉学师承记》为江藩编撰。江藩受业于惠栋的弟子余萧客和江声，博通群经，尤谙史事，治学专宗汉儒训诂，痛诋宋学义理。阮元称其"得师传于红豆惠氏，博闻强记，无所不通，心贯群经，折衷两汉"①。一生大半时间生活贫困，曾先后游于大学士王杰、扬州太守伊秉绶、漕运总督、两广总督阮元幕府长达13年。《国朝汉学师承记》即其在两广总督阮元幕时为阮元所刊刻。②

清代汉学自顾炎武开山，阎若璩、胡渭奠基，惠栋开创，戴震集其大成于后，至乾嘉时期已臻于极盛，学者无不靡然向风。江藩从本学派的视角出发，选择清初至乾嘉时期的汉学家，各为立传，详述其师承关系、学术源流，揭橥其思想主张，列举其学术成就，撰《国朝汉学师承记》8卷，附《经师经义目录》1卷，记述和表彰汉学家及其学术，比较完整地勾勒出清代汉学发生发展的概貌，对于认识清代学术思想大有裨益。有论者认为《国朝汉学师承记》门户之见极深，因而也招致不少批评。如龚

---

① 阮元：《国朝汉学师承记序》，江藩：《国朝汉学师承记》卷首。又见于阮元《揅经室一集》卷十一。

② 闵尔昌：《江子屏先生年谱》，嘉庆二十三年条。

自珍在此书刊刻前致书江藩,就"汉学"之称提出质疑,认为"本朝自有学,非汉学,有汉人稍开门径而近加邃密者,有汉人未开之门径,谓之汉学,不甚甘心",又谓"若以汉与宋对峙,尤非大方之言。汉人何尝不谈性道","宋人何尝不谈名物训诂,不足概服宋儒之心"①。如梁启超所言,"然乾嘉以来学者事实上确各树一帜,贱彼而贵我,子屏不过将当时社会心理照样写出,不足为病也"②。

(2)史著考证

乾嘉时期学术研究以经史考据为重心,因此,在经学研究之外,许多学者(包括不少游幕学者)致力于史学考证,或通考自《史记》至《明史》的全部史著,或着力考证某一部史著,取得了辉煌成就。限于篇幅,此仅择游幕学者之要著略述如下。

①《廿二史考异》

《廿二史考异》是钱大昕的考史代表作。乾隆十六年(1751)高宗南巡,钱大昕因献赋获赐举人,乾隆十九年(1754)中进士,历官内阁中书、翰林院侍讲学士、詹事府少詹事等职。乾隆四十年(1775)因丁父忧归里,引疾不仕,历主钟山、娄东、紫阳书院讲席,潜心著述、课徒。乾嘉时期,学者首重经学,钱大昕力倡治史,既博且精,对转变一时学术趋向影响甚大。钱大昕认为"廿二家之书,文字烦多,义例纷纠。舆地则今昔异名,侨置殊所;职官则沿革迭代,冗要逐时。欲其条理贯串,了如指掌,良非易事"③,对《史记》《汉书》迄《金史》《元史》凡二十二史,一一校勘,详为考证,萃其平生之学,历时近50年撰成《廿二史考异》100卷。该书重在校勘文字,辨析名物,纠正讹误,考证历代舆地、职官、典章制度。于所考史书篇名之后纠举该篇之疏漏,旁征博引,校订讹误,驳正舛错。在乾嘉时期的考史著作中,《廿二史考异》以其规模宏大、方法缜密、考证精详而饮誉学林,将传统的历史考证学推向巅峰。

②《十七史商榷》

《十七史商榷》是王鸣盛的考史代表作。乾隆十九年(1754)王鸣盛

---

① 龚自珍:《与江子屏笺》,《龚自珍全集》,上海人民出版社1975年版,第346—347页。
② 梁启超:《中国近三百年学术史》,东方出版社1996年版,第360页。
③ 钱大昕:《廿二史考异序》,《廿二史考异》卷首。又见于钱大昕《潜研堂文集》卷二十四。

进士及第,授翰林院编修。乾隆二十六年(1761)之前曾多次游幕,乾隆二十八年(1763)丁内艰归遂不复出,家居30年读书著述,以汉学考证方法研究历史,历时20多年撰成《十七史商榷》100卷。《序》曰:"《十七史》者,上起《史记》,下讫《五代史》,宋时尝汇而刻之者也。商榷者,商度而扬榷之也。海虞毛晋汲古阁所刻行世已久,而从未有全校之一周者。予为改讹文,补脱文,去衍文,又举其中典制事迹,诠解蒙滞,审核踳驳,以成是书,故名曰'商榷'也。"①该书的考史范围包括《旧唐书》和《旧五代史》,实为十九史,名"十七史"是沿用宋人称前代纪传体皇朝史的说法。《十七史商榷》亦间释文句,补正讹脱,但所重在典章故实。对上自《史记》下讫五代各史作总体评价之后,以纪、志、表、传相互考证,又参阅其他史著,审事迹之虚实,辨纪传之异同,于舆地、职官、典章、名物,每致详述,为学者读史研史扫除障碍。如其《序》所言"学者每苦正史繁塞难读,或遇典制茫昧,事迹樛葛,地理、职官眼眯心瞀,试以予书为孤竹之老马,置于其旁而参阅之,疏通而证明之,不觉如关开节解,筋转脉摇,殆或不无小助也与"。② 书后《缀言》论史家义例殊为简当,为总结和清理我国古代史学做出了重要贡献。

③《廿二史札记》

《廿二史札记》36卷、补遗1卷是赵翼的考史代表作,于乾隆六十年(1795)撰成。赵翼于乾隆二十六年(1761)中进士后授翰林院编修,官至贵西兵备道。曾游幕十多年(见附录一),后因仕途受挫,乾隆五十三年(1788)后主讲安定书院,以著述和讲习为生。长于史学,考据精赅,所著《廿二史札记》与钱大昕《廿二史考异》、王鸣盛《十七史商榷》合称乾嘉时期的史学三大名著。《廿二史札记》的考证范围上自《史记》,下讫《明史》,是关于清代以前二十四史的考证札记,书名标以"廿二史",是沿袭时人惯常用法。"此编多就正史纪、传、表、志中参互勘校,其有牴牾处,自见辄摘出,以俟博雅君子订正焉。至古今风会之递变,政事之屡更,有关于治乱兴衰之故者,亦随所见附著之",③ 说明《廿二史札记》是一部考史与论史并重的史著。近代史家陈垣评价该书"每史先

---

① 王鸣盛:《十七史商榷序》,《十七史商榷》卷首。
② 王鸣盛:《十七史商榷序》,《十七史商榷》卷首。
③ 赵翼:《廿二史札记小引》,《廿二史札记》卷首。

考史法，次论史事"①，揭示出该书的撰述方法和主要特征，亦即该书不同于《廿二史考异》的旨趣所在。或以该书少谈考据而轻之，钱大昕则曰："读之窃叹其记诵之博，义例之精，论议之平和，识见之宏远，洵儒者有体有用之学，可坐而言，可起而行者也。"②

④《考史拾遗》

钱大昕撰《考史拾遗》，包括《三史拾遗》5卷和《诸史拾遗》5卷，前者考证《史记》《汉书》《后汉书》，后者考证《三国志》至《元史》，实为《廿二史考异》之续作或补遗。其内容是通过历代正史纪、传、志、表相互校勘，或利用碑志材料和其他文献相参校，考证文本，订补史实，达到纠谬辨误的目的。

⑤《诸史然疑》

杭世骏撰《诸史然疑》，虽然只有一卷，却深受史学者推重。杭世骏读史校史"于诸史中以意穿穴，有得则标举其旨趣，前人所论不复论，前人所纠者亦不复纠也"③。该书内容包括考证《后汉书》4条，《三国志》6条，《晋书》3条，《宋书》3条，《陈书》3条，《魏书》8条，《北史》6条，多纠补正史记事疏漏与舛误，"大致订讹考异，所得为多，于史学不为无补"④。

乾嘉时期游幕学者考史之作甚多，另如钱大昭撰《两汉书辨疑》40卷，考订班固《汉书》、范晔《后汉书》纪传、司马彪《续汉书》八志，广收纪传、碑碣资料，折衷群疑，择善而从，对于两汉官制、地理多有辨析之功。钱大昭又撰《后汉郡国令长考》1卷，认为班固《汉书·百官表》所谓万户以上为令、百户以下为长的记述过于绝对，实情并非完全如此。据范晔《后汉书》和东汉碑传资料细致梳理，分别注明何县设令，何县设长，令、长有异说者并存，不详者阙疑，《汉书》有而《续汉书·百官志》无，或《汉书》与《续汉书·百官志》俱无之令、长，凡有可考者，均一一列出，作为附录。又如钱坫考订《汉书》，撰《新斠注地理志》16卷，从考故城、考水道、考山经、尊时制、正字音、改误刊、破

---

① 赵翼著，王树民校证：《廿二史札记校证》附录二"陈垣题记"。
② 赵翼著，王树民校证：《廿二史札记校证》附录二"钱大昕序"。
③ 杭世骏：《诸史然疑序》，《诸史然疑》卷首。
④ 永瑢：《四库全书总目》卷四五《诸史然疑提要》。

谬悠、阙疑阒八个方面考订《汉书·地理志》，深中肯綮。他如钱大昭撰《三国志辨疑》3 卷，赵一清撰《三国志注补》65 卷，杭世骏撰《三国志补注》6 卷，吴兰庭撰《五代史纂误补》（后定为《五代史记纂误补》）4 卷，邵晋涵撰《旧五代史考异》2 卷，等等。

(3) 史著补撰

① 《西魏书》

《西魏书》24 卷，为纠正魏收《魏书》重东魏轻西魏之失而撰。卷首有钱大昕、姚鼐《序》各一篇，翁方纲、毕沅书札各一通，以及谢启昆撰《叙录》一篇，卷末有凌廷堪《后序》及胡虔《跋》各一篇。该著刊行后颇得当时及后世学者好评，如钱大昕赞其"不独为前哲补亡，而《将相》《大臣》《征伐》诸表，精核贯串，又补前史所未备。传诸异日，视萧常、郝经之《续后汉书》，殆有过之无不及也"①。凌廷堪称其"详于因革损益，著其兴衰治乱，洵足以存南、董之权度，为东观之规矩者矣"②。

《西魏书》题谢启昆撰，钱、姚二《序》均将撰著之功一概归于谢启昆，翁、毕之书和凌氏《后序》也未提及有他人助谢撰著。据尚小明考证，③《西魏书》创稿于乾隆五十二年（1787）秋，当时胡虔在江西学政翁方纲幕，谢启昆适丁忧在家，遂与胡虔约补正《魏书》之失。④ 次年，胡虔因回江南参加乡试，补史之事中断。乾隆五十六年（1791）谢启昆任江南河库道，胡虔客其幕继续补史，次年（1792）初稿已具，时凌廷堪亦在谢幕，为作《后序》。乾隆五十九年（1794）秋谢启昆迁浙江按察使，胡虔随至杭为《西魏书》最后定稿。书成，谢启昆在按察使署内筑"补史亭"，并作《补史亭草四首》咏之。其四有云："胡君耽史籍，苏潭共风雨。废簏携一编，青灯照江浦。君为风月宾，我又湖山主。编年纪四

---

① 钱大昕：《西魏书序》，《西魏书》卷首。又见于《潜研堂文集》卷二十四。
② 凌廷堪：《西魏书后序》，《西魏书》卷末。又见于《校礼堂文集》卷二十七。
③ 尚小明：《学人游幕与清代学术》（增订本），东方出版社 2018 年版，第 204—208、371—372 页。
④ 胡虔：《西魏书跋》，《西魏书》卷末；谢启昆：《赠胡雒君二首》，《树经堂诗初集》卷四《苏潭草中》。

帝，空斋汇万古。"① 胡虔《跋》曰"先生创稿于丁未秋，时虔主苏潭"②，《补史亭草序》则明言："虔待先生十余年，《西魏书》之作，虔实佐之。"③ 方东树《先友记》、马其昶《桐城耆旧传》及道光《桐城续修县志》皆言《西魏书》出胡虔之手。④ 综合上述史料，《西魏书》之撰实为谢启昆首倡，游幕学者胡虔主撰。

②史表、史志

自《史记》《汉书》出，纪、表、志、传四种体例成为纪传体史书的主要结构，而诸史或因所载皇朝历史短祚，或史家修史时间仓促，表、志两种体例多缺而不备，或记载漏略，有待后人补苴。鉴此，清代史家展开了大规模的史表、史志补遗，取得了骄人成绩。

乾隆中叶以后，补表之作逐渐增多，不少游幕学者也参与其中，如惠栋、钱大昕、孙星衍、洪亮吉、杭世骏、全祖望、钱大昭等，特别重视整理《汉书》《后汉书》，补制了许多图表，留下了许多重要著作。如钱大昭撰《后汉书补表》8卷，为《诸侯王》《王子侯》《功臣侯》《外戚恩泽侯》《宦者侯》《公卿》，凡六表，因旧著而补其阙，正其讹。另如钱大昕撰《唐书史臣表》1卷、《唐五代学士表》1卷、《宋学士年表》1卷、《元史氏族表》3卷、《宋辽金元四史朔闰考》（考，一作"表"）2卷，洪饴孙撰《三国职官表》1卷，皆为补史名作。

为古代学者编写年表、年谱，再现重要历史人物的生平，是乾嘉时期重实证考据学风的又一标志。乾嘉游幕学者特别重视考证古代历史人物的生卒年及年谱编纂，如钱大昕撰《疑年录》4卷，著录自汉至清儒林362人的生卒及享年，成为年代学工具书的先驱。另如汪中著《贾生年表》，丁晏著《陈思王年谱》，钱大昕著《洪文惠年谱》《洪文敏年谱》《深宁先生年谱》《弇州山人年谱》，凌廷堪著《元遗山年谱》，赵翼著《陆放翁年谱》，等等。

---

① 谢启昆：《补史亭草四首》，《树经堂诗初集》卷十。
② 胡虔：《西魏书跋》，《西魏书》卷末。
③ 胡虔：《补史亭草序》，《补史亭草》卷首。
④ 方东树《先友记》："谢所纂《西魏书》《小学考》《广西通志》皆出君手。"《仪卫轩集》卷一〇；马其昶《许胡刘张四先生传》："为代纂《西魏书》《小学考》《广西通志》。"《桐城耆旧传》卷一〇；金鼎寿纂修道光《桐城续修县志》卷十六《人物·文苑》："南康谢中丞启昆《西魏书》《小学考》《广西通志》皆出其手。"

乾隆末至嘉庆年间，补志之作趋于成熟，游幕学者多有致力于此者。如钱大昕撰《元史艺文志》4卷，取元代文人撰述目录，分经、史、子、集四部，并把辽金作者书目附见于后，以补前史之阙而蔚为大观。钱大昭撰《补续汉书艺文志》2卷，广集所见古文献，分经、史、子、集四部18类，以补司马彪《续汉志》缺《艺文志》之不足，较《隋书·经籍志》所录增加数倍，而各书源流及书中内容亦时复考述，视《隋志》体例尤密。洪亮吉撰《三国疆域志》15卷、《东晋疆域志》4卷、《十六国疆域志》16卷，对三国、东晋，尤其是北方五胡十六国的疆域范围、历史沿革作了专门探讨，于群雄割据、疆场屡迁的时代苦心钩稽，按年月以考其疆界，正其异名，深受时人推重。另如杭世骏撰《金史补阙》有《艺文志补阙》1卷，洪饴孙撰《补梁疆域志》4卷、《补后汉书艺文志》1卷，等等。

3. 子书校注与表彰

乾嘉时期，在以经史考证为学术主流的环境中，一些游幕学者或参与幕主组织的校书活动，或在其幕主的资助下独立或与其他学者共同开展对诸子之书的校注考订，是当时诸子考证兴起的重要表现，也是考据学家"以子证经"的结果。乾嘉时期游幕学者对诸子书的校注，不独于诸子之书有正讹发微之功，亦有益于治学领域的拓展。现据《汉书·艺文志》著录诸子之书，将乾嘉时期游幕学者校注与表彰诸子书之事，略加申述于下。

① 《墨子》

战国时儒、墨同称显学，然自孟子辟杨、墨以来，墨学渐趋式微，[①] 郑樵《通志·艺文略》载有唐乐台注，久佚，"乃唐以来，韩昌黎外无一人能知墨子者，传诵既少，注释亦稀。乐台旧本，久绝流传，阙文错简，无可校正，古言古字更不可晓，而墨学尘蕴终古矣。国朝镇洋毕氏始为之注，嗣是以来，诸儒益加雠校。涂径既辟，奥窔粗窥，墨子之书稍稍可读。"[②]

毕沅校刻《墨子》始于乾隆四十七年（1782），成于乾隆四十八

[①] 《四库全书总目》卷一百一十七《墨子》十五卷条称："墨家者流，史罕著录，盖以孟子所辟，无人肯居其名。"

[②] 俞樾：《墨子间诂序》，孙诒让：《墨子间诂》卷首。

（1783），刊入其主持辑刻的《经训堂丛书》中。孙星衍乾隆四十五年（1780）入毕沅陕西巡抚幕府，助毕沅校《山海经》《墨子》《晏子春秋》等书。① 所撰《墨子后叙》曰："弇山先生于此书，悉能引据传注、类书，匡正其失。又其古字古言，通以声音训故之原，豁然解释，是当与高诱注《吕氏春秋》、司马彪注《庄子》、许君注《淮南子》、张湛注《列子》并传于世。其视杨㤗、卢辩空疏浅略，则偶然过之。时则有仁和卢学士抱经、大兴翁洗马覃溪及星衍三人者，不谋同时共为其学，皆折衷于先生。"② 毕沅《自序》亦称："卢、孙互校此书，略有端绪，沅始集其成。"③ 可见，毕沅校刻《墨子》当是集卢文弨、翁方纲、孙星衍等人的成果而成，而且孙星衍时在其幕府，参与该书的校刊，并为之撰序。

学者多以毕沅为首注《墨子》者，④ 其实汪中于乾隆四十一年、四十二年间（1776—1777）已治此学，有校本及《表微》一卷，今不传。⑤ 汪中一生贫困，以游幕为生（见附录一），"读书极博，六经、子、史以及医药、种树之书，靡不观览"⑥，不仅以古文辞名震当世，而且博通经史，对先秦诸子，特别是荀、墨二子源流有精深研究，敢言前人所不敢言。著《墨子序》和《墨子后序》，将孔、墨并提，认为儒、墨之争是诸子百家内部的争论，"墨子之诬孔子，犹孟子之诬墨子也，归于不相为谋而已矣"⑦。此与传统儒家思想格格不入，因而翁方纲斥汪中为"名教之罪人"⑧，汪中卒后，章学诚仍著文斥"汪中之叙《墨子》，至谓孔、墨初不甚异。墨子诬孔，孟子诬墨，等于诸子之相非，则亦可谓好诞之

---

① 张绍南：《孙渊如先生年谱》，乾隆四十五年至四十九年条。
② 孙星衍：《墨子后叙》，《墨子》卷首。
③ 毕沅：《墨子序》，《墨子》卷首。
④ 俞樾《墨子间诂序》："国朝镇洋毕氏始为之注。"孙诒让《墨子间诂自序》："近代镇洋毕尚书沅始为之注。"《墨子间诂》卷首；林存阳《乾嘉四大幕府研究》："直到毕沅始为之整理校刊。"中国社会科学出版社2016年版，第93页。
⑤ 汪中：《墨子序》及《墨子后序》，《述学·内篇三》。梁启超：《中国近三百年学术史》，东方出版社1996年版，第282—283页。
⑥ 凌廷堪：《汪容甫墓志铭》，《校礼堂文集》卷三五。
⑦ 汪中：《墨子序》，《述学·内篇三》。"犹孟子之诬墨子也"，初刻本、文选楼本、问礼堂本同，道光三年刊六卷本作"犹老子之绌儒学也"。
⑧ 翁方纲：《书墨子后》，《复初斋文集》卷十五。

至矣"①。

乾嘉时期，校注《墨子》的学者较多，除上述卢文弨、孙星衍、翁方纲、毕沅、汪中等人外，顾广圻据道藏本重校，专务是正文字，洪颐煊亦有所校释，王念孙则摘条校注，撰《读墨子杂志》6卷，张惠言著《墨经说解》2卷，将四篇逐条拆开，互相比附，眉目朗然。②

②《荀子》

荀子与孟子同为儒家大师，在唐代以前率皆并称，至宋儒将《孟子》提升为"经"，而《荀子》以异端见斥，其书遂不彰。旧注仅唐代杨倞《荀子注》尚称简洁，但疏略之处亦有不少，刻本复有讹夺。汪中乾隆四十一年（1776）在江宁某幕府，校正《荀子》多条，③并著《荀卿子通论》和《荀卿子年表》，惜未撰成专书，仅收于其《述学·内篇》。自此《荀子》渐受学者重视，谢墉、卢文弨之合校本（《抱经堂丛书》本，《荀子》20卷，校勘补遗1卷），列辑校者除谢、卢二人外，尚有汪中、段玉裁、吴骞、赵曦明、陈奂等人，且谢墉序称"援引校雠，悉出抱经"，则此书盖为卢文弨校而谢墉刻。乾嘉间校注《荀子》者较多，顾广圻复校所得宋本，为《荀子异同》1卷，附辑《荀子佚文》；郝懿行有《荀子补注》1卷，刘台拱《荀子补注》1卷，陈奂《荀子异同》、陈昌齐《荀子正误》等，皆有所发明，王念孙《读荀子杂志》8卷，甄采诸家，精辟绝伦。④

③《管子》

《管子》旧注多误，明人刘绩虽有纠正，亦得失参半。嘉庆初，王念孙、王引之父子始校此书，并时与孙星衍商榷。⑤孙星衍对《管子》亦有所校，⑥但自任山东督粮道后，"日在案牍堆中"⑦，便聘请洪颐煊馆于平

---

① 章学诚：《述学驳文》，《章氏遗书》卷七。
② 梁启超：《中国近三百年学术史》，东方出版社1996年版，第283—284页。
③ 汪喜孙：《容甫先生年谱》，乾隆四十一年条。
④ 梁启超：《中国近三百年学术史》，东方出版社1996年版，第282页。嘉庆间，陈昌齐于《大戴记》《老子》《荀子》《吕览》《淮南》皆有校注。参见梁启超《近代学风之地理的分布》，《饮冰室文集》四十一，北京日报出版社2020年版，第178页。
⑤ 梁启超：《中国近三百年学术史》，东方出版社1996年版，第285页。
⑥ 张绍南：《孙渊如先生年谱》，嘉庆十五年条。
⑦ 孙星衍：《王大令复诗集序》，《岱南阁集》卷二。

津馆七年（1805—1811），①"委校一切书籍"，②并以所校《管子》稿属洪颐煊委其校正审定。适王念孙、王引之父子以校本见遗，洪颐煊遂删其重复，附以己说，于嘉庆十七年（1812）成《管子义证》8卷。③

王念孙又续有所校，并吸收洪颐煊《管子义证》，于嘉庆二十四年（1819）成《读管子杂志》24卷，凡640余条，最称浩博。

臧庸亦曾对《管子》多所校正，其《与孙渊如观察论挍管子书》曰："《管子》多三代遗文，然错误难读，仅成绝学。怀祖先生所校，颇析奥窔，深中窾要，悦服之至。余校亦多善者。庸久欲为此，未果，今既在此迂候旌节，因取手校原书，句栉字比。宋本之善者，既为一一补注，其似是而非者，兼订正之。更有心得者……校勘此书将已卒业，约签记六七百则。如得付梓，与《晏子音义》并传，甚善，甚善。内亦有后人浅俗之言，非《管子》本文者，拟分内外篇目以区别之。"④惜其校注之作未及刊刻，今所见仅有数条存留于此书札。

④《吕氏春秋》

《吕氏春秋》又名《吕览》，战国晚期秦相吕不韦召集门下宾客集体编纂而成，有汉高诱注，在先秦诸子中为最古之注。乾嘉时期游幕学者校注《吕氏春秋》者不乏其人，据汪中《吕氏春秋序》："《吕氏春秋》世无善本，余向所藏，皆明时刻。循览既久，辄有所是正。于时嘉善谢侍郎、仁和卢学士并好是书，及同学诸君，各有校本，爰辑为一编，而属学士刻之。"⑤梁玉绳于乾隆五十三年（1788）客毕沅湖广总督幕，为毕沅编订、校刻《吕氏春秋》，盖据元大字本精校，卢文弨亦与其事，⑥后刊入毕沅主持辑刻的《经训堂丛书》。汪中时在其幕，为撰《吕氏春秋序》。此后，梁玉绳又撰《吕子校补》2卷，陈昌齐撰《吕氏春秋正误》2卷。

⑤《晏子春秋》

《晏子春秋》又称《晏子》，成书于战国中后期，西汉刘向曾予整理。

---

① 洪颐煊：《别德州兼示封生宗翁田生元春》，《筠轩诗钞》卷三。
② 戚学标：《与洪筠轩书》，《鹤泉文钞续选》卷二。
③ 洪颐煊：《管子义证序》，《管子义证》卷首。
④ 臧庸：《与孙渊如观察论挍管子书》，《拜经堂文集》卷三。
⑤ 汪中：《吕氏春秋序》，《吕氏春秋》卷首。
⑥ 毕沅：《吕氏春秋新校正序》，《吕氏春秋》卷首；梁玉绳：《吕子校补序》，《清白士集》卷二十八《蜕稿四》。

学者对该书的作者及其性质归属历来意见不一，①孙星衍在陕西巡抚毕沅幕时，曾据明沈启南本校《晏子春秋》，并从《太平御览》补辑末章所缺，②后收入毕沅主持辑刻的《经训堂丛书》，毕沅又作《晏子音义》2卷。

此外，乾嘉时期游幕学者还校注过其他子书：如任大椿校《列子》张湛注本，秦恩复校《列子》卢重元注本，顾广圻校《韩非子》，有《识误》三卷，等。③

4. 文集纂辑与校刻

乾嘉时期，经、史考证是学术重镇，对经部、史部文献的搜讨、考证、疏释与纂辑等学术活动多不胜数，成果也最引人关注，子部文献因可与经部、史部"旁参"，也受到部分学者的青睐，相比之下，集部文献则不太受重视。

按照传统文献目录分类，集部主要分总集、文论、别集。文论在传统语境中指文章、著作，④如《后汉书·儒林传下·服虔》："有雅才，善著文论，作《春秋左氏传解》，行之至今。"别集指个人的诗文汇编。乾嘉时期文化事业繁盛，文人学者几乎人人有集，或选集，或全集，或生前已刊，或生前未刻，后由亲友刊刻，不一而足。⑤游幕学者在幕府中多有受幕主委托从事诗文的汇辑与刊刻者，如卢见曾组织幕中学者宋弼、董元度、惠栋、沈大成等编纂《国朝山左诗钞》，刊刻《渔洋山人感旧集》；阮元幕府组织学者编辑《淮海英灵集》《江苏诗征》（详见下文"保存地方文献"部分）；彭兆荪馆王昶三泖渔庄，助校《湖海诗传》《国朝词综》及陈子龙全集，客两淮盐运使曾燠幕，校勘《国朝骈体正宗》，刊

---

① 关于《晏子春秋》的编者，学界一直存有争议。详参南凯仁《关于〈晏子春秋〉编者的千古聚讼》，《中国社会科学报》2017年5月9日。

② 张绍南：《孙渊如先生年谱》，乾隆四十五年至四十九年条；孙星衍：《晏子春秋序》，《晏子春秋》卷首。

③ 梁启超：《中国近三百年学术史》，东方出版社1996年版，第286—287页。

④ 文论，现代专指文学理论方面的论文或著作，如《中国历代文论选》。

⑤ 李灵年、杨忠：《清人别集总目》（安徽教育出版社2000年版），博采清人别集之见存者，著录清代19500多名作者的传世别集40000种左右，每种注明现存不同版本，详列收藏单位，作者均附小传，并列举传记资料索引，全书兼具传记和索引的功能；柯愈春《清人诗文集总目提要》（北京古籍出版社2001年版），著录清代作家19700余人，别集4000余种，每种均著录卷数、版本、作者小传、主要内容及收藏单位或个人。

《小谟觞馆集》；臧庸受阮元嘱校勘刘台拱《刘端临先生遗书》（见附录一）等。限于时间和精力，本节主要讨论游幕学者纂辑的两部有较大影响的总集。

① 《全上古三代秦汉三国六朝文》

《全上古三代秦汉三国六朝文》，题严可均辑，是迄今为止收录唐以前文章最全的一部总集，同时也是中国古代文献中涵盖时间最长的一部总集。凡经、史、子、传记、专集、注释书、类书、旧选本、释藏、道藏、金石文、六朝以前之文，不论完篇成文、零章断句，广为搜寻辑入，篇末皆注明见某书某卷。全书共746卷，收录作者3497人，① 每人各为小传，冠于其文之前。共分15集：《全上古三代文》《全秦文》《全汉文》《全后汉文》《全三国文》《全晋文》《全宋文》《全齐文》《全梁文》《全陈文》《全后魏文》《全北齐文》《全后周文》《全隋文》《先唐文》。可谓"极学海之大观，为艺林之宝笈"②。

严可均，嘉庆五年（1800）举人，精通金石小学，长于辑轶考据，深于目录、考证辨伪之学，游幕近十年，在各级幕府中主要从事学术活动。先后应广东学政姚文田聘，主讲丰山书院，修订《说文声类》《唐石经校文》；客山东督粮道孙星衍幕，著《说文校议》，助孙星衍辑校《魏三体石经遗字考》《平津馆金石萃编》等（见附录一）。

嘉庆十三年（1808）清廷开馆纂辑全唐文，③ 严可均因请入《全唐文》局被拒，发愤创编《全上古三代秦汉三国六朝文》，"欲以压倒唐文馆"④。对此，该书《总叙》亦有详述：

---

① 关于《全上古三代秦汉三国六朝文》的卷数及收录作者人数，史著记载多有歧异。萧一山编《清代学者著述表》作746卷，未及人数。商务印书馆1943年版，第168页；梁启超《中国近三百年学术史》作746卷，凡3497家。东方出版社1996年版，第328页；恒慕义编《清代名人传略》（中）作741卷，3400余家。青海人民出版社1990年版，第412页；尚小明《学人游幕与清代学术》（增订本）作747卷，3502人。东方出版社2018年版，第381页。

② 王毓藻：《全上古三代秦汉三国六朝文序》，《全上古三代秦汉三国六朝文》卷首。

③ 嘉庆十三年（1808）清廷开馆纂修唐五代文章总集，由董诰领衔，阮元、徐松、胡承洪等百余人参与编纂，嘉庆十九年（1814）编成，全书1000卷，嘉庆二十四年（1819）刊成，即扬州官本《钦定全唐文》。

④ 袁昶：《题江子屏小像》自注，《安般簃集·诗续壬》。

> 嘉庆十三年开全唐文馆，不才越在草茅，无能为役，慨然曰：唐之文盛矣哉！唐以前要当有总集，斯事体大，是不才之责也。其秋始草创之，广搜三分书与夫收藏家秘籍、金石文字，远而九译，旁及释道鬼神，起上古迄隋，鸿裁巨制，片言单辞，罔弗综录，省并复迭，联类畸零……肆力九年，草创初定。又肆力十八年，拾遗补阙，抽换之，整齐之，画一之……唐以前文咸萃于此，可缮写。①

严可均生前该书未能刊刻。光绪十二年（1886）蒋维培将该书引书目录及传略部分编为103卷刊出，正文部分在王毓藻主持下，由广雅书局刊印，经多次校雠，于光绪十八年（1892）刊成于广州。该书对于保存和传播唐以前文献具有重要价值，谭献盛赞其如"神农尝草，巨灵开山"，可谓"方苑之尾闾"②。

严可均曾于道光二年（1822）选授建德教谕，兼署训导，不久即辞归，专心著述。著有《说文长编》七十卷、《说文校议》三十卷、《段氏说文订》一卷、《毛氏四书改错改》四卷，辑《高士传》一卷、《风土记》一卷、《山海经图赞》一卷、《初学记》三十卷，辑有《司马长卿集》二卷，《扬子云集》四卷，《蔡中郎集》十四卷，《陈恩王集》十卷，《孙渊如外集》五卷，自著《铁桥诗稿》十三卷，《文稿》十六卷，《铁桥漫稿》八卷，自撰、辑校、编著等70余种，1200余卷，编为四种门类，总称《四录堂类集》。③

关于《全上古三代秦汉三国六朝文》的编撰者，学界存有不同意见，归结起来主要有以下三说：一说此书为严可均独力纂辑，证据是该书"总叙"与"凡例"，严氏声称"一手校雠，不假众力，无因袭，无重出"，后人多持此说。二说是严可均攘孙星衍所辑，所据为吴鼒《吴山尊日记》"纂辑实出孙伯渊，铁桥攘为己有耳"。④ 三说孙星衍与严可均二人先后相续合作而成，证据是道光十九年（1839）俞正燮所作《全三古至

---

① 严可均：《全上古三代秦汉三国六朝文总叙》,《全上古三代秦汉三国六朝文》卷首。
② 范旭仑、牟晓朋整理：《谭献日记》卷五。
③ 萧一山编：《清代学者著述表》，商务印书馆1944年版，第168页。
④ 范旭仑、牟晓朋整理：《谭献日记》卷五。

隋文目录不全本识语》，① 言该书纂辑分为两个阶段，前一阶段由孙星衍主导，到嘉庆二十一年（1816）至二十三年（1818），"文已大备"。孙氏故去之后，严可均不断增补，最终成书。尚小明通过梳理上述诸说，认为该书著作权应归孙、严二人。严氏于"总叙"和"凡例"中丝毫不及孙星衍等人贡献，的确有将该书著作权攘为己有的嫌疑。② 梁启超认为："《吴山尊日记》谓此书实孙渊如辑而铁桥攘之。吾谓铁桥决非攘书者。况渊如贵人，铁桥寒士，铁桥依渊如幕府，以所著赠名渊如则有之耳。张绍南作《渊如年谱》，谓晚年与铁桥同辑此书。或渊如发起，且以藏书资铁桥，斯可信也。（杨星吾《晦明轩稿》论此案，与吾意略同。）"③ 根据现有史料，我们认为梁氏之说比较可信（限于内容与篇幅，此不作申论）。

② 《骈体文钞》

《骈体文钞》31 卷，李兆洛纂辑。李兆洛，嘉庆十年（1805）进士，嘉庆十三年（1808）官安徽凤台县兼摄寿州事。嘉庆十九年（1814）丁父忧归，遂不复出。主讲江阴书院 18 年，以实学课士，博览诸学，通音韵、史地、历算、文学、考证等。广聚图书，藏书逾 5 万卷，皆手加丹铅，校勘一过，是正谬误。曾应安徽怀远知县孙让聘，纂《怀远县志》；受东流县聘，与张成孙共纂《东流县志》；应广东巡抚康绍镛聘，校刊张皋文及臧庸著作，又校刊姚鼐《古文辞类纂》。（见附录一）李兆洛为文主张合骈、散两体之长，与桐城派立异。因病当世治古文者只知宗唐、宋，不知宗两汉，而欲宗两汉，须自骈体文入手，遂纂辑先秦两汉至隋代之文为《骈体文钞》，以便学者沿流溯源。

该书《序》云："自秦迄隋，其体递变，而文无异名。自唐以来，始有古文之目，而目六朝之文为骈体。为其学者，亦自以为与古文殊路。夫气有厚薄，天为之也；学有纯驳，人为之也；体格有迁变，人与天参焉者也；义理无殊途，天人合焉者也。得其厚薄纯杂之故，则于其体格之变，可以知世焉；于其义理之无殊，可以知文焉。文之体至六代而其变尽，夫

---

① 俞正燮：《全三古至隋文目录不全本识语》，《癸巳存稿》卷十二。
② 尚小明：《学人游幕与清代学术》（增订本），东方出版社 2018 年版，第 381—383 页。
③ 梁启超：《中国近三百年学术史》，东方出版社 1996 年版，第 329 页。

沿其流极而溯之以至乎其源，则其所出者一也。"① 蒋彤《武进李先生年谱》曰："先生以为唐以下始有古文之称，而别对偶之文曰骈体，乃更选先秦两汉下及于隋为《骈体文钞》，欲使学者沿流而溯，知其一原。"②

李兆洛纂辑《骈体文钞》，遍涉常州、京师、广州、扬州四地，历时14年成书。③ 是书分上、中、下三编。上编18卷，包括铭刻、颂、诏书、檄移等各体，是李氏所谓"庙堂之制，奏进之篇"；中编8卷，包括论、序、碑记、志状等各体，属于指事述意之作；下编5卷，包括连珠、笺、杂文等各体，多属缘情托兴之作。有嘉庆末唐氏原刻本，《四部备要》排印谭献手批评识本。

另，曾燠任两淮盐运使时选编《国朝骈体正宗》12卷，收六朝至嘉庆前中期具代表性的43位骈文家的172篇骈文，而主要校勘者是其幕府中的游幕学者彭兆荪。④ 吴鼒选辑清初骈文八大家孙星衍、孔广森、邵齐焘、吴锡麒、袁枚、曾燠、洪亮吉、刘星炜的作品为《国朝八家四六文钞》。

二 保存乡土文献，弘扬地域文化

我国清代疆域辽阔，各省区的自然地理环境、经济环境和文化环境、以及文化事业的发展水平各不相同，生活于不同区域的人们的生活方式、思想观念、社会活动的方式和内容，也表现出明显的区域特质，各个地域尤其是经济和文化相对发达的区域，或具有深厚文化积淀的省区，都积累有丰富的地方文献资料。但是，此类资料多历时久远，散见各处，需经过深入广泛的搜集整理，才能真正显示其应有的价值。

清代重视地域文化建设，尤其是乾嘉时期，社会承平，文化事业繁荣，各地的地方官员、乡贤、学者，基于乡土观念和桑梓之情，有意识、大规模地搜集整理乡邦人士的著述，出现了各地方志和家谱的纂修热潮，涌现了众多颇具地域特征的诗文总集。受此影响，乾嘉时期的游幕学者不

---

① 李兆洛：《骈体文钞序》，《骈体文钞》卷首。
② 蒋彤：《武进李先生年谱》，嘉庆二十五年条。
③ 钟涛、彭蕾：《李兆洛〈骈体文钞〉成书和版本考述》，《励耘学刊》（文学卷）2015年第1期。
④ 缪朝荃：《彭甘亭年谱》，嘉庆十一年条。

仅热衷于经史古籍的文献考证，在幕主的赞助下，也致力于地方文化资源的整理和研究，大力搜集、考证、纂辑家乡和幕府所在地（即游幕地）丰富的地方文献，对于保存地方史料、传承和弘扬区域文化，乃至于一地之学风和学术流派的衍生，都具有重要意义。梁启超曾指出：

> 盖以中国之大，一地方有一地方之特点，其受之于遗传及环境者盖深且远，而爱乡土之观念，实亦人群团结进展之一要素。利用其恭敬桑梓的心理，示之以乡邦先辈之人格及其学艺，其鼓舞濬发，往往视邈远者为更有力。地方的学风之养成，实学界一坚实之基础也。彼全谢山之极力提倡浙东学派，李穆堂之极力提倡江右学派，邓湘皋之极力提倡沅湘学派，其直接影响于其乡后辈者何若？间接影响于全国者何若？斯岂非明效大验耶。诗文之征，耆旧之录，则亦其一工具而已。①

乾嘉时期游幕学者在幕主的组织和赞助下，在保存与传承乡邦文献方面做出的贡献，主要表现为以下三个方面：对乡邦或游幕地有关疆域建置沿革、山川古迹、城池形势、风俗、职官、名宦人物等史料进行广泛搜集、整理，纂修省、府、州、县方志；对乡邦或游幕地出土的金石彝器等文物材料进行考证和纂辑；对乡邦或游幕地学者的诗文著作进行汇编与刊刻。

1. 方志纂修

方志既是一种地理书，也是一方之史书。无论是一省通志，还是府志、州志、县志，都需详细记载一地的地理、沿革、风俗、教育、物产、人物、名胜、古迹以及诗文、著作等内容，正因其分门别类、取材丰富，故而成为研究历史特别是地方史的重要参考资料。

雍正七年（1729）因修《大清一统志》，需省志作资料，因严谕促修，限期蒇事，旋复颁各省、府、州、县志60年一修之令。② 自此，地方官自督抚大员以至道台、知府，往往到任伊始就下令所属州县进呈志

---

① 梁启超：《中国近三百年学术史》，东方出版社1996年版，第378—379页。
② 梁启超：《中国近三百年学术史》，东方出版社1996年版，第363页。

书,以备披览。所谓"下到府州县,虽僻陋荒岨,靡不有志"①。四川布政使窦启英曰:"非志则无以知历代之成宪,非志无以知山川之险易、田地之肥瘠、谷种之异宜,非志无以知户口之多寡、官吏之贤否,是故圣王重焉。"②

乾嘉时期是清代方志学发展最辉煌的时期,无论是纂修地方志的数量之多,还是其体例及内容的充实完备,都远超前代。据郭松义③统计,乾隆和嘉庆两朝的85年中,刊刻的府、州、县志共1300余种,其中,虽大半成于俗吏之手,而经名儒精心结撰或参订者亦多。修志较多的省区及修志数量见表3.8。

表3.8　　　　　　　　　　乾嘉时期各省修志情况

省区	四川	河南	湖南	直隶	江西	陕西	山西	山东	广东	浙江	安徽	江苏	福建
数量(部)	159	111	97	92	90	86	80	79	73	69	61	58	51

由于各地地方官员普遍重视修志,很多游幕学者应聘参与其事,如钱大昕、段玉裁、齐召南、戴震、王昶、孙星衍、杭世骏、洪亮吉、章学诚、焦循、李兆洛等,其中一些游幕学者成为著名的方志学家。而钻研最深、修志最多、成就最大者当首推章学诚。

章学诚毕生致力于文史校雠和修志事业,不仅主修过安徽和州、亳州、直隶永清、湖北天门、常德、荆州、石首和湖北省通志等一大批志书,还对方志学的理论提出了许多精辟见解,是当时最著名的方志学家。

章学诚非常重视方志纂修,尝谓:"夫家有谱,州县有志,国有史,其义一也。然家谱有征,则县志取焉;县志有征,则国史取焉。"④ 主张"六经皆史","史学经世",认为"丈夫生不为史臣,亦当从名公巨卿,执笔充书记,而因得论列当世,以文章见用于时,如纂修志乘,亦其中之

---

① 吴章祁:道光《蓬溪县志》卷首《旧序》,乾隆五十一年(1786)漳州太守张松孙序。
② 查朗阿:乾隆《四川通志序》。
③ 郭松义:《清代地方志的纂修》,《中国地方志通讯》1984年第2期;郭松义:《清代政治与社会》,中国社会科学出版社2015年版,第270页。
④ 章学诚:《为张吉甫司马撰大名县志序》,《章氏遗书》卷十四。

一事也"①。章学诚学识渊博，但一生穷困潦倒，以游幕、讲学和修志资生。在其近30年的游幕生涯中，独撰、参撰了一大批志书：纂《顺天府志》《和州志》《永清志》《永定河志》《亳州志》《湖北通志》，参纂、修订《常德府志》《荆州府志》《麻城县志》《天门县志》《石首县志》《广济县志》（详见附录一），对于保存安徽、直隶、湖北等地方文献和史志的编纂，做出了重要贡献。

章学诚注重总结修志的经验，进行志书的理论建设，先后撰写《修志十议》《答甄秀才论修志》《与石首王明府论志例》《报广济黄大尹修志书》《方志立三书议》等理论性著述，提出"志为史体""志乃一方之史"的观点和方志宜立"三书"的主张：

> 凡欲经纪一方之文献，必立三家之学，而始可以通古人之遗意也。仿纪传正史之体而作"志"，仿律令典例之体而作"掌故"，仿《文选》《文苑》之体而作"文征"。三书相辅而行，阙一不可，合而为一，尤不可也。②

此一主张在其纂修《湖北通志》时得到集中体现。乾隆五十三年（1788），湖广总督毕沅在江夏治所择一公馆，献出经训堂20万卷藏书，延请胡虔、章学诚等纂修《湖北通志》，至乾隆五十七年（1792）编成，有《湖北通志》74篇，分二纪、三图、五表、六考、四政、五十三传；《湖北掌故》66篇，分户科、礼科、兵科、刑科、工科；《湖北文征》8集，裒录正史列传、词章诗赋等。《通志》纯为"词尚体要""成一家言"之著述，《掌故》《文征》则专以保存著述所需之资料。惜其未及刊刻，毕沅于乾隆五十九年（1794）因事被劾而降任山东巡抚，志局皆翻，该志最终仅存章学诚自录副本之一部分，即检存稿与未成稿数十篇，存于其《章氏遗书》中，得以窥其崖略。

章学诚之外，乾隆时期诸多游幕学者都曾参与纂修和续修府县方志。各地田土和户口的消长直接关系力役和赋税的征收，又经常处于增减变化之中，职官的迁转与降调、乡试会试中式人员的变化、文献的新

---

① 章学诚：《答甄秀才论修志第一书》，《章氏遗书》卷十五。
② 章学诚：《方志立三书议》，《章氏遗书》卷十四。

作等，都需要不断补充更新，"邑之有志与国史等，史必随事记注，志亦必因时修续，然后不致叹而无征，而足以资考鉴"。① 故续修或重修府、州、县志的现象十分常见。如毕沅任陕西巡抚不久，即在幕中学者孙星衍、钱坫、洪亮吉等人的协助下纂成《关中胜迹图志》32 卷②，并请求重修关中府志，在得到朝廷允准后，幕中诸多学者纷纷参与纂修陕西各府、州、县志。如严长明纂《西安府志》《汉中府志》，钱坫纂《朝邑县志》《韩城县志》，洪亮吉纂《延安府志》《淳化县志》《长武县志》，孙星衍纂《直隶邠州志》《醴泉县志》《三水县志》，并与洪亮吉合纂《澄城县志》，张埙纂《郿县志》《兴平县志》《扶风县志》，吴泰来纂《同州府志》，王开沃纂《盩厔县志》《蓝田县志》《鄠县志》等。毕沅任河南巡抚、湖广总督期间，继续组织幕中学者纂修方志，如洪亮吉纂《怀庆府志》《登封县志》《固始县志》，孙星衍纂《偃师县志》，徐鍊庆纂《卫辉府志》等。

另有李果撰《苏州府志》，沈彤撰《吴江县志》《震泽县志》，程廷祚修《上元县志》，胡天游撰《宁武县志》《榆次县志》《河间府新志》《蒲州府志》，夏之蓉撰《高邮州志》，吴玉搢、顾栋高撰《山阳县志》，汪沆撰《福州八旗志》，邵玘撰《桂阳州志》，施廷枢撰《荆州府志》，万廷兰撰《南昌府志》《南昌县志》《上高县志》，王昶撰《太仓州志》《青浦县志》《西湖志》，钱大昕纂《鄞县志》《长兴县志》，李文藻撰《历城县志》，戴震参纂《汾州府志》《汾阳县志》，孙星衍撰《松江府志》，武亿主撰《偃师县志》《安阳县志》，童钰撰《河南府志》，吴泰来撰《同州府志》，张九钺撰《束鹿志》《永宁志》《登封志》《偃师志》，杭世骏主撰《西宁府志》《昌化县志》《平阳县志》《海塘通志》，邵晋涵撰《杭州府志》《余姚县志》，刘大櫆撰《歙县志》等。

嘉庆时期，游幕学者所修方志亦多，如武亿主撰《鲁山县志》《宝丰县志》《郏县志》，洪亮吉撰《宁国府志》《泾县志》，钱坫撰《朝邑县志》，陆继辂撰《洛阳县志》《郯城县志》，焦循、秦恩复、江藩、赵怀玉、臧庸、王豫等纂《扬州图经》，姚文田撰《扬州府志》，江藩撰

---

① 徐鼎：嘉庆《江津县志序》。
② 《关中胜迹图志目录》，《关中胜迹图志》卷首；张绍南：《孙渊如先生年谱》，乾隆四十五年条；毕沅：《登封县志序》，乾隆《登封县志》卷首。

《六安州沿革说》《肇庆府志》，董士锡撰《怀远县志》，洪符孙撰《宁国府志》《禹州志》《鄢陵县志》《河内县志》，李富孙、吴东发总纂《嘉兴府志》等。

游幕学者受地方大员之聘纂修各省通志的情况亦屡见不鲜，如乾隆时期范咸受湖南巡抚陈宏谋聘纂修《湖南通志》，章学诚、胡虔受湖广总督毕沅聘纂修《湖北通志》；嘉庆时期胡虔、张元辂等人受广西巡抚谢启昆聘纂修《广西通志》，瞿中溶受湖南巡抚巴哈布及布政使翁元圻聘纂修《湖南通志》，杨芳灿受四川布政使方绩聘纂《四川通志》等。①

2. 金石释录

"文籍传写，久而踳讹，唯吉金乐石，流传人间，虽千百年之后，犹能辨其点画而审其异同，金石之寿，实大有助于经史焉。"② 因此，金石作为考经证史的辅助资料，自宋以来即受到一定的重视，及至清代更是蔚为大观，诸儒致力于此者甚多。乾嘉时期因受考据学风的影响，学者研究金石旨在证经补史，故多偏重于金石文字资料的考订与著录。

① 《关中金石记》和《中州金石记》

关中地区乃三代、秦汉、隋唐都会之地，吉金贞石之富甲于海内，陕西巡抚毕沅认为"以金石文字之在六朝前者，多足资经典考证，其唐后所载地理、职官及人物事迹，亦可补正史传讹误"③，故与其幕中学者孙星衍、严长明父子、张埙、钱坫等人，案部所次，广为搜讨，"自关内、河西、山南、陇右悉著于录，"④ 得金13，瓦3，石781，考史证经，订误补亡，裒为《关中金石记》8卷。后毕沅调任河南巡抚，以开封为中心的中州地区屡为古代定都之地，文物古迹、碑碣金石宏富，毕沅与其幕中学者"搜罗金石文字，考其异同，聚而拓之，编为《中州金石记》五卷"⑤。

《关中金石记》和《中州金石记》后均收入毕沅主持刊刻之《经训堂

---

① 上述各志的纂修时间、纂修者的籍贯、幕主、幕府所在地、文献来源等情况详见附录一。
② 钱大昕：《山左金石志序》，《潜研堂文集》卷二十五。
③ 史善长编：《弇山毕公年谱》，乾隆四十六年条。
④ 钱大昕：《关中金石记序》，《潜研堂文集》卷二十五。
⑤ 史善长编：《弇山毕公年谱》，乾隆五十二年条。

丛书》，均署毕沅撰。二书之成确实凝聚了毕沅心血，但其幕中学者之功亦不可没。孙星衍曾言："予始与子进尊甫侍读君及张舍人埙、钱刺史坫依毕中丞于关中节署，访求古刻，中丞手著《关中金石记》，刊行于世。其后移节中州，又成金石书如在关中时。子进亦省谒尊甫，作入洛之游，一时翘材之馆，风流文物，甲于海内。"① 子进为严观之字，其父即严长明。孙星衍在《关中金石记书后》中也有"谬承校录，略悉源流"之语。据此，毕沅《关中金石记》《中州金石记》二书，是在游幕学者孙星衍、严长明、严观、张埙、钱坫等人的协助下完成的，而且张埙在参与《关中金石记》的编著过程中，利用毕沅嘱其主纂《兴平县志》《扶风县志》《郿县志》金石门之机，撰成《金石志稿》5卷，入于自撰之《吉金贞石录》。② 此外，《关中金石记》的编纂亦得幕宾赵魏、宋葆醇、俞肇修等协助，钱泳也曾参与校订。③

《关中金石记》和《中州金石记》载录了自古以来关中和中原地区的金石刻文，使"秦凉之宝墨，荆豫之贞珉，搜采靡遗，殆称观止"④，"而且征引之博，辨析之精，沿波而讨源，推十以合一，虽曰尝鼎一脔，而经史之实学寓焉"⑤，著录金石与考证经史兼备，对金石学的发展和经史考证，具有重要意义。

②《山左金石志》

阮元于金石素有深好，认为"钟鼎彝器，三代之所宝贵……其造作之精，文字之古，非后人所能及……有可补经传所未备者，偏旁篆籀之字，有可补《说文》所未及者"⑥，"可以资经史篆籀证据者甚多"⑦。故当其于乾隆五十八年（1793）任山东学政时，即有心辑录山东金石。翌年冬，毕沅因事由湖广总督降职任山东巡抚，与阮元议纂《山左金石

---

① 孙星衍：《湖北金石诗序》，《五松园文稿》卷一。
② 张埙：《张氏吉金贞石录自序》，《张氏吉金贞石录》卷一。
③ 钱泳：《履园丛话》卷二，"秦汉瓦当"条；胡源、褚逢椿：《梅溪先生年谱》，乾隆五十三年条。
④ 洪亮吉：《中州金石记后序》，《卷施阁文乙集》卷六。
⑤ 钱大昕：《关中金石记序》，《潜研堂文集》卷二十五。
⑥ 阮元：《积古斋钟鼎彝器款识序》，《揅经室三集》卷三。
⑦ 阮元：《山左金石志序》，《揅经室三集》卷三。

志》。后因毕沅复任湖广总督,未能尽其事。但发凡起例,毕沅多所参定。① 阮元不仅于政务之暇即事考览,更延请朱文藻、何元锡、武亿、段松苓等人,四处搜访,加之各地知府、知州、知县及学官、生徒以拓本相送,乾隆六十年(1795)冬已成草稿。是年,毕沅复任湖广总督,阮元亦调任浙江学政,赴任途中对草稿进行厘订,并嘱游幕学者赵魏校勘,计24卷。段松苓恐原目散佚,特辑《山左碑目》4卷,记载碑目和所藏之地。由此,《山左金石志》虽题为毕沅、阮元同撰,或题为毕沅辑,实则毕沅、阮元及其幕中多位学者共同努力的结果,其中阮元幕中学者的贡献尤著。②

③《积古斋钟鼎彝器款识》

《积古斋钟鼎彝器款识》题阮元撰,实其与幕中学者共同编纂、审释而成。《山左金石志》纂成之后,阮元有感于"古器虽甚寿,顾至三四千年出土之后,转不能久,……然则聚一时之彝器,摹勒为书,实可使一时之器永传不朽。即使吉金零落无存,亦可无憾矣"③。而宋薛尚功《历代钟鼎彝器款识法帖》之明刊本、刻本多有讹误,遂据吴门袁氏影抄写本、家藏旧抄宋石刻本互校,再以文澜阁写本加以补正,延请游幕学者吴文健审文字,陈豫摹款识,高垲录释跋。④ 嘉庆七年(1802)又得宋王厚之《钟鼎款识》而"加以考释,摹刻成书"⑤,又将所收辑的钟鼎彝器款识拓本,及同好友人和游幕学者如江德量、朱为弼、孙星衍、秦恩复、宋葆

---

① 钱大昕《山左金石志序》:"乾隆癸丑秋,今阁学仪征阮公芸台奉命视学山左,公务之暇,咨访耆旧,广为搜索。其明年冬,毕尚书来抚齐、鲁,两贤同心,赞成此举,遂商榷条例,博稽载籍,萃十一府、两州之碑碣,又各出所藏彝器、钱币、官私印章,汇而编之。规模粗定,而秋帆移督三楚,讨论修饰润色,一出于公。"《潜研堂文集》卷二十五。史善长编《弇山毕公年谱》乾隆六十年条亦曰:"公与学政阮公元商议修纂《山左金石志》,搜罗广博,考证精核。会有湖督之命,谆属阮公继成其事。书成若干卷,其义例皆公定也。"阮元《山左金石志序》曰:"五十九年,毕秋帆先生奉命巡抚山东。先是,先生抚陕西、河南时,曾修关中、中州金石二志,元欲以山左之志属之先生。先生曰:'吾老矣,且政繁,精力不及此,愿学使者为之也。'元曰:'诺。'先生遂检关中、中州二志付元,且为商定条例暨搜访诸事。"阮元:《揅经室三集》卷三。
② 孟凡港:《〈山左金石志〉纂修考》,《北华大学学报》(社会科学版)2015年第3期。
③ 阮元:《山左金石志序》,《揅经室三集》卷三。
④ 阮元:《定香亭笔谈》卷四。
⑤ 阮元:《王复斋钟鼎款识跋》,《揅经室三集》卷三。

醇、钱坫、赵魏、何元锡、江藩等藏器拓本汇集，委托游幕学者朱为弼编定审释，至嘉庆九年（1804）秋订成《积古斋钟鼎彝器款识》10卷，计收550器①，"考文释义，远驾欧、薛"，"离奇炫耀，贯串坟典，嗜古者家置一编"②，对金石学发展有重要贡献。

④《两浙金石志》

据章学诚嘉庆二年（1797）致朱珪信中所言，"昨桐城胡太学虔有书来，伊不日赴浙，且云阮学使将与谢方伯合伙辑《两浙金石考》"③，阮元任浙江学政时即有意纂辑两浙金石，但因莅浙时间较短而未成事。嘉庆五年（1800）阮元再度赴浙任浙江巡抚，游历所至，"搜访摹拓，颇穷幽远"，多有收获，而其幕中学者赵魏、何元锡等人也尽力助其搜罗考证，许宗彦也"多考订增益"，至嘉庆十年（1805）正月编成《两浙金石志》。因阮元七月丁父忧归里，刊刻之事暂被搁置，而许宗彦"录全稿以去"，后经删略于道光四年（1824）刊成于广东。阮元作序曰："今而后，藏板于浙，印书通行，使古金石自会稽秦石刻以下，迄于元末，皆著于篇，好古者得有所稽，不亦善欤！"④

另，游幕学者严观、马绍基等为湖广总督毕沅访求各处金石拓本，编为《三楚金石记》三卷⑤。严观为所集湖北金石加以题咏，成《湖北金石诗》。⑥ 游幕学者严可均为山东督粮道孙星衍辑《平津馆金石萃编》。⑦

3. 诗文辑刻

出于桑梓之情和保存地方文献、推扬先贤的心理，乾嘉学者往往将汇辑乡贤诗文作为乡邦文化建设的一部分，故而出现了众多地方性的诗文总集。

①《渔洋山人感旧集》和《国朝山左诗钞》

清初山东（山左）诗盛，山东籍官员卢见曾感言："国初诗学之盛，

---

① 阮元：《积古斋钟鼎彝器款识序》，《揅经室三集》卷三；朱为弼《仪征相国师七十寿序》，《蕉声馆文集》卷五，《蕉声馆集》。
② 陈康祺：《郎潜纪闻二笔》卷十三，"积古斋钟鼎款识"条。
③ 章学诚：《又上朱大司马书》，《章氏遗书补遗》。
④ 阮元：《两浙金石志序》，《揅经室续集》卷三。
⑤ 史善长编：《弇山毕公年谱跋》，《弇山毕公年谱》卷末。
⑥ 孙星衍：《湖北金石诗序》，《五松园文稿》卷一。
⑦ 陈韵珊、徐德明：《清严可均事迹著述编年》，嘉庆十一年至十四年条。

莫盛于山左。渔洋以实大声宏之学，为海内执骚坛牛耳，垂五十余年。同时若宋荔裳、赵清止、高念东、田山姜、渔洋之兄西樵、清止之从孙秋谷，咸各先登树帜，衣被海内，故山左之诗甲于天下。"① 渔洋即王士禛（后改名王士祯），山东新城（今山东桓台县）人，号渔洋山人，世称王渔洋，以诗名于世，尝辑师友诗作500余首为《渔洋山人感旧集》。② 然成书40年，"仅有其序而未流传其书"。卢见曾购得书稿后，于乾隆十八年（1753）再任两淮盐运使之时，延其幕中同乡学者张元"采集故实"加以整理，并为补传，幕中同乡学者宋弼相助"搜罗幽隐"，秦大士"复加校订"，在富商马曰琯协助下得以刊刻。③

刊刻《渔洋山人感旧集》之后，卢见曾"每叹遗文散失，姓名无征。吾乡文献及今不为搜辑，再更数十年，零落澌灭尽矣，此后死者所大惧也"，为"备一代之诗史，以昭我圣朝风雅之盛"④，卢见曾组织编选《国朝山左诗钞》，凡属山东人所作及有关山东之诗作尽可能搜采完备，做到"诗有关于吾乡名胜、古迹、园亭，及小说、遗闻、录事之僻秘者……各附考辨于下，述古证今以释滞而晰疑，固好学深思者所共赏也。若夫诗有轶人，乡有轶事，皆为补载，其前朝人物、他郡事迹亦间及之，以世不经见故随笔纪录，以广见闻"⑤，"上自名公巨卿，下及隐逸方外，莫不毕载，厘为六十卷，每人各附小传，具列乡里出处，间缀名流评骘"⑥。经过五年多的考证编排，于乾隆二十三年（1758）完成编纂，名曰《国朝山左诗钞》，共收录山东籍620名诗人的5900余首诗作，后于乾隆三十二年（1767）由"雅雨堂"刊成。

《国朝山左诗钞》虽题为卢见曾辑，实则编纂此一具有山东诗人诗歌总集性质的文献，仅凭卢见曾一人之力难以完成。该书《凡例》详细记载了参与编纂的诸位学者及其分工：参与草创者，宋弼；参订考核者，董

---

① 卢见曾：《山左诗钞序》，《雅雨堂文集》卷二。
② 朱彝尊：《感旧集原序》，《渔洋山人感旧集》卷首。
③ 卢见曾：《刻渔洋山人感旧集序》，《雅雨堂文集》卷二；卢见曾：《感旧集补传凡例》，《渔洋山人感旧集》卷首。
④ 卢见曾：《山左诗钞序》，《雅雨堂文集》卷二。
⑤ 卢见曾：《国朝山左诗钞凡例》，《国朝山左诗钞》卷首。
⑥ 卢见曾：《山左诗钞序》，《雅雨堂文集》卷二；王培荀：《乡园忆旧录》卷二"宋弼"条。

元度、颜懋价、纪昀、惠栋、沈大成、卢谦；订伪考异者，刘星炜、王又曾、王昶、严长明。① 其中，同为山东人的游幕学者宋弼和董元度出力最多。因此，《国朝山左诗钞》是由卢见曾发起倡议，并与同为山东人的幕中学者宋弼商定编纂体例之后，组织其幕中学者、联络其友朋及其他多位学者共同完成的。《国朝山左诗钞》以其收录诗人和诗作多、体例完善等优点，在地域性清诗总集中占有重要地位。②

② 《淮海英灵集》与《淮海英灵集续集》

阮元认为"吾乡在江、淮之间，东至于海，汉、唐以来，名臣学士概可考矣；我国家恩教流被百余年，名公卿为国树绩，其余事每讬之歌咏；节臣、孝子、名儒、才士、畸人、烈女辈出其间，虽不皆藉诗以传，而钟毓淳秀发于篇章者实不可泯"，虽然"幼时即思辑录诸家以成一集，而力未逮，入都后勤于侍直，亦未暇及此，乾隆六十年，自山左学政奉命移任浙江，桑梓非遥，征访较易，遂乃博求遗籍，遍于十二邑，陈编蠹稿，列满几阁，校试之暇，删繁纪要，效遗山《中州》十集之体，录为甲、乙、丙、丁、戊五集，又以壬集收闺秀，癸集收方外，虚已、庚、辛三集，以待补录"③，名曰《淮海英灵集》，计有 7 卷，嘉庆三年（1798）刊成。

此集之纂辑，实因阮元深厚的桑梓之情和对乡贤的崇敬，欲汇其诗作，以备征考，因而纂辑力求做到详尽、完善，"每人各为小传数行，以纪爵里事迹，或以诗存人，或以人存诗……各家之诗皆就其所擅长者录之，庶各体皆备，不敢存选家唐宋流派门户之见"④。据该集《凡例》，此集之成得力于诸多游幕学者、友朋和家人的襄助：助征诗者，有其幕中学者汪光爔、焦循、江藩、陈燮、黄文旸、季尔庆等人，以及团维墉、汪荣

---

① 《国朝山左诗钞凡例》："是集征求草创，同里编修宋蒙泉弼之力为多，与共参订考核于京师者，庶吉士平原董曲汉元度、明经曲阜颜介子懋价、编修献县纪晓岚昀也。其在扬州，则长洲惠定宇栋、华亭沈学子大成。曲江继至，下榻年余，与儿子谦遍检原本，搜剔遗落，漏下三鼓，犹就余商榷。余行则舟中，止或馆舍，必携集以从。凡历五年之久而后成书。若夫订伪考异，参校旧闻，则侍讲武进刘圃三星炜、比部秀水王毂原又曾、中翰王兰泉昶及受业生江宁严东有长明。"

② 耿锐：《〈国朝山左诗钞〉成书考略》，《重庆三峡学院学报》2017 年第 5 期。

③ 以上皆引自阮元《淮海英灵集序》，《揅经室二集》卷八。

④ 阮元：《淮海英灵集凡例》，《淮海英灵集》卷首。

怀、程赞和、魏赞皇、魏赞宁、魏赞普、方仕杰、薛溶、李斗、张维桢、王引之、刘仙培等人；佐编辑者，有其幕中学者陈焯、赵蕙荣、陈文杰、端木国瑚、焦循、阮鸿；任校字者有阮亨、阮常生。

因《淮海英灵集》尚阙己、庚、辛三集，而王豫曾于其时"抄写数家，托友寄去"，且曾以诗谒阮元，故阮元于嘉庆十三年（1808）浙江巡抚任上，命阮亨、王豫"加意搜罗，似为此集汇续"，阮亨、王豫遂定条例10条，就所见及友人邮寄者，辑得771人诗作1494首，成《淮海英灵集续集》10卷，于道光六年（1826）付刊。①

③《两浙輶轩录》及《两浙輶轩录补遗》

《淮海英灵集》纂成之后，阮元认为其"盖江、淮间一郡之诗采录尚易，欲辑江苏一省之诗则力有未能，继思余督学于浙，乘輶轩采风，非力之所不能为也"，遂"访遗编，求总集，遍于十一郡，自国初至今，得三千余家，甄而序之，名曰《两浙輶轩录》"。嘉庆三年（1798）书成，但未及付刊。嘉庆六年（1801），阮元浙江巡抚幕中的游幕学者朱文藻、陈鸿寿"请出其稿，愿共葇之"二人"重加编定，序而行之，别为条例，以志其详"，② 成40卷，计3133家，9241首。此后杨秉初等人又有所辑补，得1120人，1981首，成10卷，是为《两浙輶轩录补遗》，嘉庆八年（1803）夏付刊。③

据《两浙輶轩录序》及《凡例》，参与纂辑《两浙輶轩录》的学者及其分工为：任采录者，有阮元幕府中的邵志纯、孙度、袁钧等学者，以及俞宝华、顾一麟、钱仁荣等人；参校补采者，有其幕中学者朱文藻、吴文溥、李福孙、郭麐、陈鸿寿、陈文述、陈传经、张鉴、顾廷纶、朱为弼等，以及戴殿海、汤礼祥、朱壬、蒋炯、方廷瑚等人，戴璐、法式善亦曾在京师阮元家助校阅，多所订正。据《两浙輶轩录补遗凡例》，参与辑补《两浙輶轩录补遗》者，有阮元幕中学者朱文藻、陈鸿寿，以及杨秉初、

---

① 王豫：《淮海英灵集续集序》，阮亨、王豫：《凡例》，《淮海英灵集续集》卷首。
② 上引皆出自阮元《两浙輶轩录序》，《揅经室二集》卷八。
③ 林存阳《乾嘉四大幕府研究》（中国社会科学出版社2016年版，第198页）言嘉庆六年（1801）《两浙輶轩录》"成书10卷"，概为笔误。尚小明《学人游幕与清代学术》（增订本，东方出版社2018年版，第228页）称《两浙輶轩录》50卷，刊行于嘉庆六年（1801），表述恐有不确。《两浙輶轩录》40卷，《补遗》10卷，共计50卷，《两浙輶轩录》刊于嘉庆六年（1801），《补遗》刊于嘉庆八年（1803）。

俞宝华、潘学敏、陈传经、华日南、余习等人；采有成帙汇寄入选者，有袁钧、余熊飞、朱为弼、陈鸿寿、张鉴、郑勋、蒋炯等人。

④《江苏诗征》

《江苏诗征》乃江苏一省诗作的汇集。此编之成，既得益于王豫此前的积累和后续的搜讨，更得益于阮元的大力支持及其幕中学者的删订校正。前述王豫曾助阮元完成《淮海英灵集续集》的纂辑，而且"年二十时即留心润州一郡之诗……积五六年，得二百余家，抄写一帙……读书松存阁，与张寄槎肆力搜采，又得二百余家，遂名之曰《京江耆旧集》……因念本籍丹徒自先大父铁甫公卜居江都，已阅三世矣，凡遇扬郡诗人之作，辄录之"，①惜未遇有力者资助刊布。嘉庆十一年（1806）王豫以诗拜谒阮元，阮元曰："余于扬、通诗辑《淮海英灵集》，督学浙江辑《两浙𫐉轩录》，久欲汇江苏诗刻之，勤劳王事，实无暇日，铭诸心而已……君如任之，抄胥之费、梨枣之资可无虑。"得到阮元的资助，王豫"遂摒弃一切，日事搜讨"，②至嘉庆二十一年（1816）辑成5430余家，勒为183卷，呈请阮元审订。然此时阮元"方驰驱豫、楚，心力不足，目力亦昏，不能如在浙时从事于此"，乃"束其稿入粤"，经幕中学者江藩、许珩、凌曙等人的"删订校正"后付梓。③但因"未能各郡采访"，"诗名甚著，而全稿难觅，无从采也"④等原因，所纂江苏之诗并不完备。

《淮海英灵集》《两浙𫐉轩录》《江苏诗征》辑录了清初至乾嘉时期江、浙两省诗人的大量诗作，对保存乡邦文献、研究清代诗学具有重要意义。

此外，乾嘉时期游幕学者受幕主之聘，参与辑刻、校订乡邦文献和乡贤文集者众多，如江藩、焦循、赵怀玉、臧庸、王豫、袁廷梼等人，曾受扬州太守伊秉绶聘，议编《扬州图经》和《扬州文萃》，后因伊氏丁忧而中辍，焦循撮录所搜扬州文士之作及有关掌故之文，辑为《扬州足征录》27卷。吴定璋曾汇太湖文士之诗、词、赋、文为一编，名曰《七十二峰

---

① 王豫：《淮海英灵集续集序》，《淮海英灵集续集》卷首。
② 上引皆出自王豫《江苏诗征序》，《江苏诗征》卷首。
③ 阮元：《江苏诗征序》，《揅经室二集》卷八。
④ 王豫：《江苏诗征凡例》，《江苏诗征》卷首。

足征集》，计 101 卷，游幕学者张埱曾助吴定璋校订是集。游幕学者吴定曾客两淮盐运使朱孝纯幕，校订刘大櫆《刘海峰文集》。臧庸客浙江巡抚阮元幕时曾校订《刘端临先生遗书》，为吴鉴庵纂辑《中州文献考》。顾广圻曾为秦恩复校刊所勘《骆宾王文集》。李富孙曾客严荣杭州府幕，辑刻《鹤征后录》等（详见附录一）。

三 培育汉学人才，引导士习学风

乾嘉时期，有许多游幕学者受督抚或学政等地方大员的延聘，或在各地书院任讲习、山长，或在官员府邸课读，或随幕主批阅试卷、校士所属，他们以其湛深的经学根柢和经世情怀培育人才，促进了当时士习学风向经史考据的转向，推动了乾嘉汉学的发展。

焦循"善读书，博闻强记，识力精卓，于学无所不通，著书数万卷，尤邃于经"[1]，但其 45 岁后"科举仕宦之心尽废"[2]，长期以课徒和阅卷作为维持生计的重要来源。课徒以属文之法和经学兼而教之，因材施教，精心指点，"余以作文之法教弟子二十年矣……乙卯，始为四方之游。丁巳复归，而馆于里中汤氏。戊午至庚申，馆于吴。辛酉在浙，为阮中丞课其弟与族子"[3]，"若其资质过人，则习时文时便可博览"，入学后，"则必使之知经学、史学及典章制度、六书九数、天文地理，以渐而博洽贯通。"[4] 自乾隆六十年（1795）春，焦循先后入阮元山东学政、浙江学政、浙江巡抚幕，佐其批阅诸生月课卷并校士各属（详见附录一）。其《答阮芸台先生》曰："雪夜，阅钱塘月课卷二十本，仁和月课卷三十本……十五日，又阅杭州府学月课卷三十二本。"阮元主浙江学政，力倡以实学试诸生，焦循为其阅卷、校士，必以实学通经为导向，且辨析深透，务使诸生明晰经典必博学精审而后可。有以实学见长者，多表而出之，"邵志纯解六书音均，驳段若膺合韵之说甚允"；"陆尧春说《尔雅》天文，倪彤书解《孝经》，闻人经、王汾用心于九数……俱博雅"；"吴克勤说经详

---

① 阮元：《通儒扬州凡庸各循传》，《揅经室二集》卷四。
② 焦循：《告先圣先师文》，《雕菰集》卷二十四。
③ 焦循：《欲香集自叙》，《焦循诗文集》，广陵书社 2009 年版，第 450 页。
④ 焦循：《里堂家训》卷上。

博";① "归安杨知新月课卷驳《六书音韵表》,据段以破段,可谓入室操戈矣,乃于段氏书似非浅尝者。杨凤苞驳段说尤详。按合韵之说,本有未协,前仁和邵君言之,今归安二杨又言之,好恶之功,不可没也……乌程张鉴依《说文》作篆书不误,武康沈寅说经详博,均非泛泛者。"对于诸生之八股文,则从经学视野进行考量,倡导根柢经术的实学八股文,且评点尤详,"会稽文字美不胜收,极尽精力,得五卷……西张十九号三大比,格正而韫酿经史,故渊穆之气令人生敬……西珍五号气炼神完,渊雅古戆,金玉锦绣中,不可无此周鼎商盘也。"②

书院教育既有传播知识、普及文化、开启民智等功能,也间接具有兴旺科举、博取功名、成就学术的功能。③ 如刘声木所言:"我朝崇尚儒术,书院遍天下,名儒辈出。退休林下及或未仕者,大半为书院掌教,以造育英才。若卢文弨、何绍基、张维屏、陈澧、朱士琇、王元启、姚鼐、俞樾、张裕钊、吴汝纶诸公,皆负盛名,久拥皋比。一院之中,生徒无虑千百人,从游者执经问难,师为之剖析疑义。"④ 硕学通儒掌教书院,不仅促进了书院的兴盛,也促进了当时的教育事业,而且造就了大批汉学人才和治国之士,书院中的许多生员日后也由此或走向仕途,或踏上研经榷史的学术之路。

乾嘉时期,学有根柢或学有所成的游幕学者常被聘为书院山长或主讲席,如钱大昕曾为紫阳书院肄业生,乾隆十九年(1754)进士及第后,官至翰林院编修、侍读学士、广东学政,博学多识,晚年以病乞归,先主江宁钟山书院,乾隆五十三年(1788)被巡抚闵公延请主教紫阳书院,掌教紫阳书院长达16年,门下学者不下两千人。钱大昕学识渊博,教士以通经读史为先,士子骎骎向化,并有远方好学之士负笈来游,经其指授而成名者甚众。⑤ 孙星衍,乾隆五十二年(1787)进士,授翰林院编修,充三通馆校理,官至山东兖沂草济道。丁母艰后不复出,"当道延为主讲,如扬州之安定、绍兴之蕺山、西湖之诂经精舍,造就后学,问字者千

---

① 上引自焦循《寄阮芸台先生》,《焦循诗文集·里堂札记·乙卯手札》。
② 上引自焦循《寄阮芸台先生》,《焦循诗文集·里堂札记·丙辰手札》。
③ 黄成林:《徽州文化地理研究》,安徽师范大学出版社2017年版,第350页。
④ 刘声木:《苌楚斋随笔》卷九,"书院掌教专撰一书"条。
⑤ 柳诒徵:《江苏书院志初稿》,《中国历代书院志》第1册。

余人"①。杭世骏工史学，能诗文，"主扬州安定书院者几十年，以实学课士子，暇即闭门著述，不预外事"②。王文治，乾隆三十五年（1770）进士，仕至云南临安知府，因事降级，乞病归，后当复官，厌吏事，遂不出，"往来吴越间，主讲杭州、镇江书院"③。李兆洛，嘉庆十年（1805）进士，改翰林院庶吉士，散馆后授安徽凤台县知县，后去官不出。归乡后"江阴延主暨阳书院，居之二十年而卒。及主讲暨阳，江阴人士颇能信受，毗陵之隽亦从而假馆四方，舣舟问字者无虚日。君乃得各就性情所近分途讲授，就染既久，多有能得其一体者。"④ 另如齐召南、王昶、张鉴等都曾主讲杭州敷文书院，⑤ 卢文弨、戚学标、张鉴等曾任教于杭州崇文书院，孙志祖、魏成宪、石韫玉、龚丽正等曾在杭州紫阳书院任教，⑥ 石韫玉"主讲紫阳书院二十余年，聘修郡志"⑦。由于有众多学识渊博的游幕学者主讲于书院⑧，书院因而成为培养考据学者以及考据学者传播学术的营地，一些著名书院，如扬州安定、梅花两书院，四方来肄业者甚众，段玉裁、王念孙、洪亮吉、孙星衍等能文通艺之士荟萃。⑨

浙江巡抚阮元在当地盐商的帮助下创办杭州诂经精舍，延聘的掌教皆为当时享有一定声誉的游幕学者，如孙星衍、王昶、陈寿祺、段玉裁、严元照、陈鳣、顾广圻、洪震煊等，学生都是经过选拔的浙江士子中的高材生，有些是阮元任浙江学政时识拔的有学之士，经史根柢深厚，参加过《经籍籑诂》的编纂，授课内容以经史为主，旁及小学、天文、地理、历算、词章。《国朝先正事略》记孙星衍曰："浙抚阮公元辟诂经精舍于西湖，聘先生及王侍郎昶迭主讲席，以经史疑义课士，旁及小学、天部、地

---

① 钱泳：《履园丛话·丛话六·耆旧·渊如观察》。
② 陈世箴辑：《敏求轩述记》卷二；李春光纂：《清代名人轶事辑览》，中国社会科学出版社 2004 年版，第 1856 页。
③ 赵尔巽主编：《清史稿》卷五〇三《艺术二·王文治》。
④ 缪荃孙纂录：《续碑传集》卷七三《儒学三·李凤台传》。
⑤ 魏颂唐编：《敷文书院志略》。
⑥ 王同编：《杭州三书院纪略》卷一《西湖志》。
⑦ 曹允源等编：民国《吴县志》（二）卷六六下《列传四》。
⑧ 王同编《杭州三书院纪略》卷二《院长记略》："国初至今，合三院计之，为院长者或一二年，或三四年，或十余年，应不下百余人，惜见于记载者绝少，缘归田主讲，行状、传记往往略而不书，而其人之不见传记者更无论矣。"
⑨ 李斗：《扬州画舫录》卷三《新城北录上》。

理、算法、词章，各听搜讨书传，条对以观其器识，请业者盈门。未十年，舍中士掇巍科、入馆阁及撰述成一家言者，不可胜数。"①

诂经精舍学术研讨的风气浓厚。钱泳曾言："余每游湖上，必至精舍盘桓一两日，听诸君议论风生，有不相能者，辄吵攘面赤，家竹汀宫詹闻之，笑曰：'此真所谓洙泗之间，啍啍如也。'"② 聘为掌教的游幕学者，以其广博的学识和学术造诣以及严谨的学风，影响着精舍中的学生，经常开展的各种学术讨论，不仅有助于学生掌握考据学的基本方法，培养学生的独立思考能力和实事求是的治学精神，对于培育汉学人才、扩大汉学影响、促进乾嘉学术发展也起到了重要的推动作用。

四 传播学术文化，重构汉学地理

总体而言，汉学为乾嘉学术的主流，江苏、浙江、京师、安徽为乾嘉学术的中心地域，但若从乾嘉时期各个时段来看，汉学研究的中心地域也并非一成不变。纵观清代学术发展史，乾嘉汉学经历了开创、确立、发展、鼎盛、总结等几个阶段，从学术地理的角度来看，乾隆初期汉学的中心区域在江苏、京师，随着时间的推移逐渐变为以浙江、江苏为中心区，以京师、安徽为次中心区，汉学研究地域不断扩大，逐渐推及边远的云南、贵州、四川等地区。

汉学初兴，江苏是中心区域。江苏元和人惠栋首先打出汉学旗帜，远绍清初顾炎武等学术大师博通务实的学风，近承阎若璩等学者的治学路径和方法，又接续家学渊源，一生除在扬州两淮盐运使卢见曾幕停留四年，大部分时间在苏州著书、教书，致力于汉儒经学的发掘和表彰，一代学术由此发皇。惠栋的弟子和学友江声、余萧客、沈彤、王鸣盛、钱大昕、汪中、贾田祖、江藩等皆为江苏人，且皆曾有时间长短不等的游幕经历，皆恪守尊崇汉学、强调文字、音韵、训诂的治学宗旨，被称为汉学中的"吴派"。

戴震虽为安徽休宁人，后被称为"皖派"创始人，但他近20年游幕于外（详见附录一），如葛兆光所说："'人'的籍贯，并不等于他受教育和从事学术的地域背景"，"家庭出身籍贯并不能作为学术活动和学术传

---

① 李元度：《国朝先正事略》卷三五《经学·孙渊如先生事略》。
② 钱泳：《诂经精舍》，《履园丛话》卷二三。

承的区域"。① 事实上，戴震于乾隆十九年（1754）即避仇入京师，馆于翰林院庶吉士纪昀家，得交于钱大昕，被称为"天下奇才"，因荐之于大司寇秦蕙田，助秦纂《五礼通考》。一时京师馆阁诸人如江苏嘉定王鸣盛、钱大昕，直隶大兴朱筠、纪昀，浙江余姚卢文弨，江苏清浦王昶，皆折节与其相交。四库馆开，戴震与邵晋涵等奉召充任纂修官。四库馆成为汉学家的大本营，大批学者和游幕学者集聚京师。因此，汉学兴起之初，京师乃江苏之外又一中心区域。

安徽为朱子故里，理学兴盛。戴震之前虽有江永治汉学，但其影响远不如桐城之学，② 江永的弟子戴震，学术活动主要在京师，金榜亦主要在京师为官，二人对安徽学风的直接影响有限。戴震的四大弟子：王念孙、段玉裁、孔广森、任大椿无一为皖人，对安徽学风发生影响最大的人是安徽学政朱筠及其幕中学者章学诚、邵晋涵、汪中、洪亮吉等。朱筠不仅首发搜采佚书与开馆辑校古书之先声，直接促成了四库馆的开馆，而且倡导"读书必先识字"，组织幕中学者刊刻汲古阁《说文解字》，"广布江左右，其学由是大行"③，安徽学风始有较大变化。如洪亮吉《书朱学士遗事》所说："先生去任后，二十年中，安徽八府有能通声音训诂及讲求经史实学者，类皆先生视学时所拔擢。"④

浙江学术在清初以理学和史学为主，有少数学者如毛奇龄、胡渭等为考据之学，至乾隆时期，理学不显，史学进一步发展，经学也有所发展，但治经之风远不如江苏。⑤ 乾隆后期至嘉庆时期，先后有谢启昆任浙江按察使、浙江布政使，阮元任浙江学政、浙江巡抚，提倡汉学，奖掖人才，相继延聘大批学者至幕，纂辑《西魏书》《小学考》《史籍考》《经籍籑诂》《十三经注疏校勘记》等（详见表3.6），汉学大行。陈康祺《郎潜纪闻二笔》尝谓："萧山毛西河、德清胡朏明所著书，初时鲜过问者。自阮文达来督浙学，为作序推重之，坊间遂多流传。时苏州书贾语人：'许氏《说文》贩脱，皆向浙江去矣。'"⑥ 可见汉学中心已由江苏移向

---

① 葛兆光：《清代学术史与思想史的再认识》，《中国典籍与文化》2012 年第 1 期。
② 尚小明：《学人游幕与清代学术》（增订本），东方出版社 2018 年版，第 319 页。
③ 孙星衍：《重刊宋本〈说文〉序》，《孙渊如外集》卷二。
④ 洪亮吉：《书朱学士遗事》，《更生斋文甲集》卷四。
⑤ 尚小明：《学人游幕与清代学术》（增订本），东方出版社 2018 年版，第 320 页。
⑥ 陈康祺：《郎潜纪闻二笔》卷十六，"阮文达推重经学"条。

浙江。

乾嘉时期汉学研究中心地域的变化，可以从游幕学者的籍贯地与其游幕地的数量和人次变化得到证明。从第一章的分析可知，乾嘉时期游幕学者的地域流动是比较普遍的现象，许多游幕学者都有过时间长短不等、区域大小有别的地域流动，有些学者甚至有过多次、多地的流动。比较表1.6、表1.10和附录二的资料，378名游幕学者来自15个省区（2人籍贯不明），游幕地域则分布于25个省区（有些游幕地或游幕时间记载不详）。为了便于对比说明籍贯地与游幕地的范围，以及游幕学者的人次分布差异，我们将表1.6、表1.10和附录二有明确记载游幕学者的籍贯、游幕地域、游幕时间的相关资料列于表3.9。

表3.9　　　　　游幕学者的籍贯地与游幕地人次统计

	京师	直隶	安徽	江苏	浙江	山东	江西	湖南	河南	山西	陕西	福建	广东	广西	湖北	云南
籍贯地人数		11	29	174	117	8	8	11	3	2	2	4	5	2	1	1
籍贯地人次		18	60	422	232	13	18	26	6	4	1	6	7	2	2	1
游幕地人次	112	36	79	243	247	48	43	22	52	20	61	27	52	13	74	19
游幕地	四川	贵州	新疆	甘肃	吉林	奉天	青海	台湾	琉球							
游幕地人次	17	20	9	6	2	1	1	1	1							

从表3.9可以得出以下几点认识：

（1）从区域范围来看，乾嘉时期游幕学者的游幕地域大于籍贯地域，说明汉学研究地区有所扩展。目前统计没有来自京师、四川、贵州、新疆、甘肃、吉林、奉天、青海、台湾、琉球等省区的游幕学者，却有数量不等的学者到上述省区游幕，尤其是到京师的游幕学者高达112人次，到贵州和四川两省区的游幕学者人次也比较多，分别为20人次和17人次，超出了到广西19人次和到云南的13人次。一方面说明京师作为全国的政治中心，同时也具有学术文化上的重要地位，另一方面表明汉学研究区域随着游幕学者的流动向边远地区扩展。

（2）江苏和浙江两省是游幕学者最为集中的地域，来自江、浙两省的游幕学者最多，到江、浙两省游幕的学者人次也最多，但是，若从时间维度考察，就会发现在不同时段，来自江、浙两省的游幕学者和到江、浙两省的游幕学者人次发生了变化。从籍贯地而言，表1.10显示，在第十三时段以外，江苏籍的游幕学者人数明显多于浙江籍的游幕学者，从一个侧面也说明江苏学术文化的兴盛；就游幕地而言，从附录二可以明显看出，江苏在乾隆前中期稳居游幕学者最热衷的游幕地的第一位，从乾隆后期至嘉庆末则一直处于第二位；浙江在乾隆前期处于第四位，乾隆中期居于第二位，乾隆后期至嘉庆大部分时间则处于第一位。说明浙江的地位随着时间的推移逐渐上升，并且逆袭江苏居于首位；而江苏的地位虽然依然强劲，但从乾隆后期开始则逐渐让位于浙江。说明江苏和浙江作为汉学研究中心区域的位置发生了此消彼长的变化，也说明汉学研究区域的中心发生了近距离的位移。

（3）对比第二行和第三行的数据可以看出，有些地域出游幕府的人次多于到本地游幕的学者人次，如江苏，本地出游幕府的人次为422人次，到本地游幕的人次却为243人次，说明有许多江苏籍的游幕学者到江苏以外的地域游幕。结合图1.4和图1.6可知，在乾隆前中期江苏籍的游幕学者出游的主要地域基本在江苏省内，乾隆中后期和嘉庆时期，江苏籍的游幕学者有一部分在本省内游幕，另一部分学者则向外省如邻省浙江、安徽和京师等地游幕。而有些地区如直隶、安徽、山东、江西、河南、山西、陕西、福建、广东等省区，出游幕府的人次明显少于到本地游幕的学者人次，说明有不少外省区的学者到上述地域游幕。以从事学术活动为主的游幕学者，在不同地域、不同幕府之间的流动，不仅能够促进不同地域、不同幕府之间的学术交流，同时也扩大了汉学研究的传播地域，尤其是有大量游幕学者由汉学重镇江苏出发，向邻省浙江、安徽以及较远的河南、山东、湖北、两广等地，甚至更远的贵州、青海、新疆等省区游幕，对乾嘉汉学的发展产生了重要影响。

（4）整体而言，京师是乾嘉时期除江、浙之外游幕学者最为热衷的游幕地，但从附录二可以看出，其地位随着时间的推移有所下降，由乾隆前期的第二位降至乾隆中期的第三位，再降至乾隆后期的第六位，至嘉庆时期则又提升至第四位。说明京师因其政治文化中心的地位而居于当时学术的重要区域，但随着江、浙学术文化地位的提升，其地位相对有所下降。

（5）安徽是乾嘉时期游幕学者比较热衷的游幕地，总体上处于第四位。但却是从乾隆中后期才逐渐进入游幕中心区域，并逐渐超越京师，居于浙江、江苏之后的第三位。此与安徽学政朱筠及其幕府中众多学者的努力以及皖派学者的崛起有密切关系。

乾嘉时期汉学中心区域的位移和区域扩展,以及由此造成的汉学地理格局的变化,实际上是一种学术文化传播和扩散的过程。"文化传播是一种文化特质或一个文化综合体,从一群人传到另外的一群人的过程。文化在不同代际人群中的传播为文化传承,文化在不同地区人群中的传播为文化扩散。"① 文化扩散的方式主要有人员交往、迁移(流动)、物品扩散等,其中最重要的文化扩散方式是人员交往和流动。②

乾嘉时期汉学的地域扩散固然与学术自身发展的需要有关,与游幕学者在不同幕府、不同地域的流动及其学术活动也有重要关系,甚至可以说汉学传播与地域扩散主要是通过游幕学者的地域流动实现的,扩散的信息载体是从事汉学研究的游幕学者及其学术思想、学术著作。游幕学者的地域流动主要表现为以下几个方面:一是游幕学者为了维持生计和继续从事学术活动,分赴各地官员的幕府做幕宾,以致流寓他乡;二是为了科举入仕、谋取功名,游幕学者每年都要有几次奔赴府州、省城、或京师,参加乡试、会试、殿试等;三是以游幕资生的学者往往同时兼做距幕府较近的教职或书院讲席;四是游幕学者与当世其他学者的交游,除书信之外也有面谈,也需到各处访书。其中最重要的也是最常见的地域流动,则是游幕学者由籍贯地或某地的某个幕府出发,追随各级官员流动到不同地域的幕府从事各种汉学研究活动,从而实现汉学的传播与地域扩散。

大批游幕学者来自相同的省区,或集聚于一些重要幕府,这些重要幕府及其所在地,以及具有群聚性的游幕学者的籍贯地,如杭州、扬州、苏州、京师、徽州,便形成了若干具有区域性和散射性的文化扩散"节点",而游幕学者及幕府的流动路线,即是联结这些节点的一条条"线",由此构成一个汉学地域扩散的空间网络。这一网络状结构,受不同省区的节点数量、各个节点地区的游幕学者人数、区域学术文化水平、经济发展程度、交通条件、幕府的类型与数量、幕主的好尚、节点之间的距离以及时局等因素的影响,不同省区和每个节点周围的网络稠密度不同,总体上是以苏州、扬州、常州为节点的江苏和以杭州、嘉兴、绍兴为节点的浙江地区最为稠密,京师和安徽次之,湖北、陕西、河南、广东又次之,山

---

① 周尚意、孔翔、朱竑:《文化地理学》,高等教育出版社2004年版,第175页。
② 黄成林:《徽州文化地理研究》,安徽师范大学出版社2017年版,第386页。

东、江西、直隶、湖南、福建更次之,而贵州、四川、新疆、吉林、青海等则最为疏阔。

乾嘉时期有大批游幕学者来自江、浙地区,或游于江、浙地区的各级幕府,在各级幕主的赞助和幕宾的共同努力下,完成了一系列大型学术工程,完成了对清代以前学术文化成果的整理和总结,在经、史、诸子、小学、地志、天算等各个领域进行的学术活动都取得了显著成果,促进了江、浙地区的学术文化发展,提升了以江、浙为中心的江南地区的学术文化地位,使江南一带和京师成为乾嘉时期的两大学术文化核心地域。江、浙等地的游幕学者追随幕主向安徽、河南、山东以及边远的广东、贵州、四川等地域流动,直接造成汉学由江、浙向上述地域的传播,使汉学研究的区域得到扩展,使清代学术的地理格局在乾嘉时期发生重要变化。

第四章　乾嘉时期游幕学者的学术生态

由于不同学科、专业在研究对象、研究视角等方面各有侧重，目前学界对于"学术生态"概念的理解还没有达成统一的认识，① 根据本书的研究内容和研究目标，我们认为学术生态是指学术主体在进行学术活动的过程中，学术主体之间以及学术主体与学术环境之间紧密联系、相互影响的复杂系统。"学术主体"与"学术环境"是学术生态研究的主要范畴，学术主体、学术环境、学术主体之间以及学术主体与学术环境之间的复杂关系是学术生态研究的主要内容。

考察乾嘉时期游幕学者的学术生态，首先要明确其学术主体。由前面三章的讨论可知，乾嘉学术的发展和繁荣，不仅得益于长时间的社会安定，经济和文化发展持续兴盛，统治者对学术文化事业高度重视，各级官员大力提倡，更是包括游幕学者在内的一大批学者辛勤耕耘的结果。为数众多的游幕学者，尤其是那些专门或主要从事学术活动的游幕学者，活跃于各级官员的幕府中，积极从事各种学术活动，在中国古典文献的训诂、注疏、辑佚、考订和一些大型经史著作的编纂、刊刻等方面，取得了突出成就，对传统学术的传承和发展做出了重要贡献；游幕学者从事的课读、讲习、阅卷、校士等活动以及广泛开展的学术论争，具有引导士习学风和推动汉学发展的作用；游幕学者在不同幕府和不同地域之间的流动，对于汉学研究地域的扩展和学术地理格局的演变具有重要影响。因此，乾嘉时期的游幕学者实际上成为乾嘉学术活动的主体，乾嘉时期的游幕学者及其学术活动，也因而成为研究乾嘉时期游幕学者学术生态的学术主体。

学术环境是一个具有层级性的环境系统，宏观的外层环境主要包括学术主体所处的时代背景、整个社会的政治、文化环境和学术风尚，中观的外部环境主要包括学术主体生活区域的自然环境、经济发展水平和文化环

---

① 张敏：《"学术生态"概念之诠释》，《考试周刊》2011年第44期；姬国君：《从学术生态视角看当代大学学术功利主义》，《思想战线》2015年增刊第41卷。

境，微观的内部环境主要包括学术主体个人及其生活和从事学术活动的具体环境，对于游幕学者而言，内部环境主要是指其家庭和所在幕府的环境。

前三章已经对乾嘉时期的游幕学者从时间和空间两个维度进行了观照，并对其生存境域进行了全方位的考察，对其学术活动的内容、贡献以及学术环境（除幕府的学术环境之外）也进行了较为全面的探讨，本章将重点讨论游幕学者所在幕府的学术环境及其学术生态，着力讨论以下四个方面的问题：游幕学者所在幕府的学术环境，幕府中学术活动的方式与特点，游幕学者在幕府中的人际关系，游幕学者的学术生态模式。

第一节 乾嘉时期游幕学者所在幕府的学术环境

幕府的学术环境是游幕学者在幕府中从事学术活动的内部环境和微观环境，支撑幕府中游幕学者学术世界的种种因素，如幕府的学术条件、幕府的特点、幕府的人际关系等，直接影响游幕学者的学术活动及其成就。

一 幕府的学术条件

1. 从事学术活动的条件

关于学者治学的条件，不少学者曾从不同角度作过论述，如清初学者计六奇曰：

> 昔之著书者必有三资四助。三资者，才、学、识是。落笔惊人，才也；博极群书，学也；论断千古，识也。四助维何？一曰势，倚借圣贤；二曰力，所须随致；三曰友，参订折衷；四曰时，神旺心闲。[①]

"才"和"识"是个人因素，即从事学术活动需具备的才具和识断能力，"学"和"四助"主要是指外部条件，强调博览群籍、经济基础、学友和时间对于读书治学的重要性。顾炎武认为："独学无友，则孤陋而难

[①] 计六奇：《明季南略跋》，《明季南略》卷末。

成；久处一方，则习染而不自觉。不幸而在穷僻之域，无车马之资，犹当博学审问，古人与稽，以求其是非之所在，庶几可得十之五六。若既不出户，又不读书，则是面墙之士，虽子羔、原宪之贤，终无济于天下。"①

考据学讲求广稽博考，无征不信，若无书可览，无师友切磋，很难取得大的成就。如袁枚所言"考据之功，非书不可"②。乾嘉时期，江浙地区之所以成为京师之外的学术文化中心，成为大批游幕学者最热衷的游幕区域，其中一个重要因素是江浙地区私人藏书风气极盛，藏书楼众多，在富商与士大夫等藏书者与学者之间形成了一个图书流通的网络，众多学者尤其是无力购书的游幕学者，可以利用丰富的私人藏书从事相关学术活动。如扬州盐商马曰琯、马曰璐兄弟"家藏书籍极富，贮丛书楼，装订致精，书脑皆用名手宋字，数人写之，终年不能辍笔。乾隆中开四库馆，其家恭进可备采用之书七百七十六种，优诏褒赏《古今图书集成》一部。又性好交游，四方名士凡过邗上者，款留觞咏无虚日"③。许多学者文士慕名前往读书、校书，有些学者的著述如全祖望的《困学纪闻三笺》《宋儒学案》，与丛书楼密切相关："予每客扬州，馆于马嶰谷斋中，则与竹町晨夕。竹町居东头，予居西头。余方修《宋儒学案》，而竹町终日苦吟，时各互呈其所得。"④又言："岁在辛酉，予客江都，寓寮无事，取二本合订之，冗者删简，而未尽者则申其说，其未及考索者补之，而驳正其纰缪者，又得三百余条。"⑤袁枚"横陈图史常千架，供养文人过一生"⑥，既是夸赞马氏藏书对学者治学和地区学术发展之功，也说明江浙地区的私人藏书对游幕学者的重要影响。《四库全书》书成，乾隆帝命抄录三部贮于扬州文汇阁、镇江文宗阁、杭州文澜阁，为江浙考据学者搜集资料提供了极大便利。而地域广阔的北方地区，在乾嘉时期，除京师之外，著名的学者不多，成就也不突出，缺少图书是一大原因。桂馥所言"北方学者，目不见书，又鲜师承，是以无成功"⑦，可谓一语中的。

---

① 顾炎武：《与人书一》，《亭林文集》卷四。
② 袁枚：《小仓山房尺牍·再答黄生》。
③ 阮元：《马曰琯》，《广陵诗事》卷三。
④ 全祖望：《宝瓶集序》，《鲒埼亭集》卷三十二。
⑤ 全祖望：《困学纪闻三笺序》，《鲒埼亭集外编》卷二十五。
⑥ 袁枚：《扬州游马氏玲珑山馆感吊秋玉主人》，《小仓山房诗文集·诗集》卷二十七。
⑦ 桂馥：《周先生传》，《晚学集》卷七。

学者深知图书对于考据学的重要性，大凡有心向学者无不尽己所能广为搜求。家有资财者则多方购书，如江苏江都人程晋芳，"罄其赀购书五万卷，招致方闻缀学①之士，与共讨论。海内之略识字、能握笔者，俱走下风，如龙鱼之趋大壑"②；家世不厚者则以其治生所得尽力为之，如安徽婺源人江永，"为诸生数十年，楗户授徒，束修所入尽以购书"③；又如江苏阳湖人彭潜，"见善本书，必倾囊典衣购之。当幕游数千里外，必挟书以出，所得幕俸必购书以归。于是陆则汗牛马，水则滞舟楫。行旅之费，倍于他人，比抵家而游囊无几矣。如是三十余年，积书数万册，筑此静坐斋以藏之"，所藏书多亲自校定，嘉庆二十五年（1820）编成《此静坐斋书目》，翁广平为之序；④ 资费不足以购书者，则借书抄写录存，如丁杰"在都十年，聚书至数千卷，手写者十二三"⑤。

但是，拥有一定数量的图书只是具备了从事学术活动的基础条件，而非充分条件。袁枚曾言做考据"除非收尽海内书籍，再遍请天下名儒，锁闭一堂，宽以十年之期，奉以千金之俸，使之互相遍校而后可也"⑥。此说虽过于绝对，但也说出了从事考据研究所需的必要条件：尽可能详尽地占有资料，有些研究需要集体合作或必要的学术交流，需要大量的时间投入，要有一定的经济基础作支撑。⑦ 如李调元、章学诚、周震荣都认为纂辑《史籍考》以补《经义考》之事可为，并就纂辑体例提出设想，但李氏因忙于辑刻《函海》，且不久"遭事去官"，势去财绌，而周震荣忙于所职，章学诚疲于奔波生计，故皆未能付诸实施。⑧ 李调元、周震荣、章学诚三人并非"才不逮"，而未能实现纂辑《史籍考》的心愿，实因

---

① 缀学，谓从事编辑前人旧文之学问。《大戴礼记·小辨》："子曰：'唯社稷之主，实知忠信。若丘也，缀学之徒，安知忠信？'"孔广森补注："缀学，捃拾闻见以为学也。"《文选·刘歆〈移书让太常博士〉》："往者缀学之士，不思废绝之阙，苟因陋就寡，分文析字，烦言碎辞，学者罢老，且不能究其一艺。"吕向注："缀，缉也。"章炳麟《检论·商鞅》："今缀学者不能持其故，而以抑民恣君蔽罪于商鞅。"
② 袁枚：《翰林院编修程君鱼门墓志铭》，《小仓山房文续集》卷二十六。
③ 李元度：《国朝先正事略》卷三四《经学·江慎修先生事略》。
④ 叶昌炽：《藏书纪事诗》卷六；翁广平：《此静坐斋书目序》，《听莺居文钞》。
⑤ 许宗彦：《丁教授传》，《鉴止水斋集》卷十七。
⑥ 袁枚：《小仓山房尺牍·寄奇方伯》。
⑦ 郭康松：《清代考据学研究》，崇文书局2001年版，第80页。
⑧ 李金华：《史籍考编纂问题新探——周震荣上李观察书考析》，《文献》2013年第1期。

"力不足"①,即时间、人力、财力、资料等条件不具备。此外,从事学术活动也需要有安定的社会环境和良好的学术风气,如梁启超所言:"欲一国文化进展,必也社会对学者有相当之敬礼;学者恃其学足以自养,无忧饥寒,然后能有余裕以从事于更深的研究,而学乃日新焉。"②

纵观清代学术史,结合前贤相关研究成果,笔者认为若要从事人文学科的学术活动并取得一定的学术成就,需要具备一定的个人条件和外部条件。

从事学术活动需具备的个人条件主要包括：对从事学术活动抱有坚定而强烈的志趣和热情;具备与从事学术活动相应的素养、才情和能力;有良好的家学或师承,接受过良好的教育和学术训练;有一群志趣相投的学友,可供学术交流和相互推重;最好能拥有一定的社会地位,如较高的功名或有仕宦经历。

从事学术活动的外部环境和条件,从宏观层面来说,需要有一个相对安定的社会环境,有利于学术发展的文化政策和社会风气。从中观层面来说,生活区域（省区、府、州、县）的经济水平相对发达,文化事业相对繁荣,有一个利于开展学术活动的文化氛围和便于学术交流的群体。从微观层面来说,家庭经济状况良好,至少生活无虞,能够保证从事学术活动的时间,能够提供从事学术活动必需的资料,以及延师、购书、抄书、刊刻成果和交游的资金支持。③

上述条件若能皆备,对于一个学者而言,实乃莫大幸事,自能成就一番事业。如阮元（1764—1849）,就其个人条件而言,阮元自幼即以经学为归趣,对学问有强烈追求,自言"余幼学以经为近也"④,"臣幼被治

---

① 周震荣《上李观察书》:"好学之士如林,岂无志于是者,而缺焉莫继,则才不逮、力不足也。"徐世昌:《清儒学案》卷九六《实斋学案》附录。

② 梁启超:《清代学术概论》,中华书局2011年版,第98页。

③ [美]艾尔曼:《从理学到朴学：中华帝国晚期思想与社会变化面面观》:"清代考据学者刊印的专著,只有学术价值,没有商业利益,因此,学者如果没有赞助者提供完成著述所必须的雇请抄手及刊印的费用,就只能自己支付出版开支。戴维·尼维森指出,每个学者都有一位财力雄厚、忠实可靠的赞助者。""除书院制度和各种形式的赞助外,考据学者还需要一个由藏书家、出版家、书商组成的交流网络,以促进学术研究的发展。"赵刚译,江苏人民出版社2012年版,第88、111页。

④ 阮元:《揅经室集自序》,《揅经室集》卷首。

化，肄业诸经，校理注疏，综核经义，于诸本之异同，见相沿之舛误，每多订正"①。从接受教育的角度来看，阮元既幼蒙庭训，又得益于师友的教益。阮元五岁即从母识字读书，其母林氏出身仕宦之家，"通书史，明古今大谊""性嗜图籍"，期望阮元"读书做官，当为翰林"。其父"熟于司马公《资治通鉴》"，教其"读书当明体达用""取士当先器识，取文亦当无所不收"，②对阮元治学深有影响。就外傅时，先后从贾天凝、胡廷森、栗溥、乔椿龄、李道南等受业，尤其是乔、李"两先生为吾乡特立独行之儒，而吾皆师之，吾所幸也"③，为阮元治学奠定了良好基础。此外，阮元还得益于乡里先辈学者的激励和学友的切磋，"元居在江淮间，乡里先进多治经之儒，若兴化顾进士文子九苞、李进士成裕惇、刘广文端临台拱、任侍御子田大椿、王黄门石臞念孙、汪明经容甫中，皆耳目所及，或奉手有所受"④，入京参加会试，得与邵晋涵、王念孙、任大椿等前辈学者论学请教。⑤此后，更与翁方纲、程瑶田、王昶、王鸣盛、鲍廷博等学者多所往还，对阮元的学术成长和为学趋向有很大影响。加之深受房师和正考官的赏识，仕途上平步青云。从乾隆五十四年（1789）中进士⑥之后，历官乾、嘉、道三朝，先后出任山东、浙江学政，浙江、河南、江西巡抚，漕运、湖广、两广、云贵总督，充兵部、礼部、户部、工部侍郎，拜体仁阁大学士。显赫的地位使阮元具备了其他学者和其他官员难以具备的优势条件。从外部环境和条件而言，阮元出身官宦家庭，祖官河南卫辉营参将，经济状况良好，能够保证从事学术活动的时间和所需资金，籍贯江苏仪征隶属扬州府，区域文化事业繁荣，生当乾隆汉学鼎盛时期，有良好的社会环境。

---

① 阮元：《恭进十三经注疏校勘记折子》，《揅经室二集》卷八。
② 上皆引自阮元《诰封光禄大夫户部左侍郎显考湘圃府君显妣一品夫人林夫人行状》，《揅经室二集》卷一。
③ 阮元：《李晴山乔书西二先生合传》，《揅经室二集》卷二。
④ 阮元：《任子田侍御弁服释例序》，《揅经室一集》卷十一。
⑤ 阮元：《王伯申经义述闻序》，《揅经室一集》卷五。阮元：《南江邵氏遗书序》，《揅经室二集》卷七。阮元：《任子田侍御弁服释例序》，《揅经室一集》卷十一。
⑥ 据江庆柏编著《清朝进士题名录》（中华书局2007年版，第648页）和朱保炯、谢沛霖编《明清进士题名碑录索引》（上海古籍出版社1979年版，第1929页），阮元是乾隆五十四年（1789）己酉科二甲第三名进士，尚小明《学人游幕与清代学术》（增订本，东方出版社2018年版，第218页）言阮元"乾隆五十一年（1786）中进士"，或为误记，或为笔误。

正因为阮元几乎完美地具备了治学所需的各种条件，故而能够在学术上取得令人瞩目的成就：自著《三家诗补遗》《曾子注释》《诗书古训》《性命古训》《积古斋钟鼎彝器款识》《定香亭笔谈》《小沧浪笔谈》等，诸多诗文杂著编为《揅经室一集》《二集》《三集》《四集》《续集》《外集》《再续集》刊行，组织游幕学者纂辑《经籍籑诂》《山左金石志》《畴人传》《两浙輶轩录》《两浙金石志》《淮海英灵集》《十三经注疏校勘记》《经郛》等大型学术著作，经学之外博涉史学、金石、考古、方志、谱牒、天文、历算、舆地、小学、目录、校勘、诗文诸学，且无不穷极隐微，有所阐发。①

普通学者实难如阮元一样具备如此理想的治学条件，若能具备其中较多条件，亦能有所成就。对于乾嘉时期的游幕学者而言，自是具备从事学术活动的志趣和热情，以及相应的学养和能力，乾嘉时期的社会环境和文化政策也适合从事学术活动，但游幕学者是否受过良好的教育、有多少学友、生活区域的文化氛围等情况则因人而异，至于社会地位（功名、仕宦）和经济状况，由第二章的讨论可知，乾嘉时期的游幕学者大多功名低微，家境贫寒，即使有从事学术活动的强烈愿望，也难以保证从事学术活动的时间，难以拥有较多图书资料，难以提供学术交游和刊刻学术成果的资费。因此，为了维持生计和继续从事学术活动，许多学者选择游幕，尤其热衷游于学政、督、抚等高级地方官员的幕府，冀以疗生活之贫、济学术与仕途之穷。

2. 幕中的学术条件

由于官员的品级高低不同，任职地域的经济发展水平不同，不同类别的幕府能够为游幕学者提供的生活条件和学术条件自然也存在差异。一般而言，游幕学者到馆至幕，各级官员都可以为游幕学者提供必需的食宿等生活条件，并提供一定数额的幕金（或束修），学政、督、抚等高级地方官员，还可以让游幕学者在所掌管的附近书院担任教职，② 可以为游幕学

---

① 龚自珍：《阮尚书年谱第一序》，《龚定庵全集类编》卷二。
② ［美］艾尔曼：《从理学到朴学：中华帝国晚期思想与社会变化面面观》："1733 年后，书院教师的聘用权掌握在各省总督、巡抚、学政手中。""19 世纪，一个学者充任幕宾后即得到安顿、食宿，还可以在附近的书院担任教职，他们年收入约为 560 两白银。省级官员幕宾的收入可能更高。总督巡抚直接向自己的幕僚提供官方资助。但是，各省学政必须自筹薪俸，或迫使地方绅商提供财政支持。"赵刚译，江苏人民出版社 2012 年版，第 106、108 页。

者提供较好的生活待遇和较高的幕金，从而使游幕学者个人及其家人生活无虞，可以拥有较多闲余时间，安心从事学术活动。

乾嘉时期，游幕学者在幕府的工作报酬，称为幕金、幕修、束修、岁修，或馆谷，每年或每季由幕主致送，主要从幕主（各级官员）的薪俸和养廉银中支付。官员的薪俸和养廉银的数额，因官职品级、任职区域、事务简繁不同而有所区别，不同时期也有所变化。就养廉银而言，不同品级的官员每年大体上的数额，外省总督 15000 两—20000 两（河道总督一般不到 10000 两），巡抚 10000 两—15000 两，布政使 8000 两—9000 两，按察使 4000 两—8000 两，道员 2000 两—4000 两，知府 1000 两—4000 两，知县 400 两—1000 两。京官也有养廉银，如户部堂官每年 17200 余两，吏部堂官 10000 两，礼部堂官 5000 两，等。① 各省学政的养廉银，从乾隆三十四年（1769）以后 3200 两—4000 两②。

就一般情况而言，督、抚、学政幕府的幕金高于知府、知州、知县等官员幕府，同等品级的官员，任职地在经济发达的江南地区，其幕金高于经济欠发达地区的幕府。加之每个游幕学者的学术声望不同，与幕主的关系远近不同，在幕府从事的具体活动内容不同，则所获幕金的多少也有区别。在正常的幕金外，还有伙食费，支付方式各地有别，"粤省幕友，束修与火食并送，与江浙等省修金之外别送火食者不同"③，逢年过节，幕主还会给予年节敬，数额则视幕中学者与主官的交谊深浅和官署肥瘠而别，多至十两，少者二两。总体而言，各级官员幕府的幕金比塾师和普通书院的束修高，如汪辉祖所说："吾辈从事于幕者，类皆章句之儒。为童子师，岁修不过数十金；幕修所入，或数倍焉，或十数倍焉。"④ 相对丰厚的幕金对于贫寒士子无疑具有更大的吸引力，也正可说明为何有 61.2% 的游幕学者所游幕府为藩台以上地方官幕（见表 3.2），41% 的游幕学者选择到江苏和浙江的官员府署游幕（见附录二）。

---

① 托津等奉敕撰：《钦定大清会典事例》卷二百八《户部·俸饷·京官养廉》，卷二百九《户部·俸饷·外官养廉一》。
② 各省有所不同，详见《清高宗实录》卷八百二十七，乾隆三十四年正月庚戌。
③ 徐珂编撰：《清稗类钞·幕僚类·粤省幕友》。
④ 汪辉祖：《佐治药言》，"自处宜洁"条。

陕西巡抚毕沅聘黄景仁入幕，先行支付京城至西安的旅费500两银子，许诺另给500两银子以安家用。① 乾隆时州县"游幕之士，月修或至数十金"②，以致"所入廉俸即尽支领，亦不敷延请幕友"，甚至出现"钱粮不能不额外加增，差徭不能不民间摊派"的情况。③ 卢见曾任职扬州期间，主持风雅，片言一艺皆见褒赏，故宾朋纷集，"士喁喁然以万数"，④ 供给甚繁，以致亏累官银七八十万两而见罪。⑤

官员的品级不同，薪俸及养廉银数额不同，直接影响其所能提供幕金的数额，也在很大程度上决定了幕府中游幕学者的人数。从附录四可以看出，乾嘉时期绝大多数幕府中的游幕学者在一个时段内（5年）只有1—2人；只有少数品级较高的官员幕府，如卢见曾两淮盐运使幕，朱筠安徽学政幕，毕沅陕西巡抚、河南巡抚、湖广总督幕，阮元山东学政、浙江学政、浙江巡抚、两广总督幕，谢启昆浙江布政使幕，游幕学者人数较多。⑥

游幕学者在获得幕主提供的生活资助之外，还可以获得一些从事学术活动的便利条件：

（1）能够拥有较多时间以读书、治学，思考相关学术问题并进行各种学术活动；

（2）可以利用幕主的藏书，并有机会通过幕主接触和利用官方秘藏及幕府所在地的图书资料，便于查阅善本文献进行经史考证研究；

（3）有机会参与幕主组织的大型学术工程，通过学术合作与实践，锻炼和提高自己的学术能力；

（4）便于与幕主及幕府中的学者进行频繁的、比较直接的学术交流，便于在较大范围内、较快地传播学术思想和学术成果；

（5）能够结识来自各地的同时代的名流，开阔自己的学术眼界，并通过与幕主和其他游幕学者的交流、相互推重与延誉，逐步建立自己的学

---

① 黄逸之：《黄仲则年谱》，乾隆四十六年条。
② 汪辉祖：《佐治药言》，"俭用"条。
③ 《清史列传》卷三四《姚文田传》，嘉庆十八年奏疏。
④ 袁枚：《与卢转运书》，《小仓山房文集》卷十七。
⑤ 李春光纂：《清代名人轶事辑览》，中国社会科学出版社2004年版，第849—850页。
⑥ 此处仅指幕府中从事学术活动的游幕学者，不包括幕府中专门从事刑名、钱谷等行政事务的幕友和专门从事文学、艺术活动的文人。

术关系网络。

　　此外，在不同幕府、不同地域游幕，不仅能够增长和丰富阅历，也有助于文学创作和史地研究。① 凡此种种，对于提高游幕学者的学术水平和撰著质量、扩大游幕学者的学术影响，甚至以后的仕途发展，都将产生莫大帮助，客观上也对乾嘉学术的繁荣起到重要的推动作用。

　　由于各级官员设幕都会为幕中学者提供一定数额的幕金，游幕学者在幕时基本可以保证自己和家人衣食无忧，故而能够拥有较多时间以读书、治学。

　　图书资料是从事人文学科学术研究和撰著的基础，尤其是对于以经史考证为主要研究内容的乾嘉学者，更需要充分占有相关图书资料，并且尽可能多地拥有善本、珍本。但多数游幕学者限于经济条件，难以大量购置和收藏图书，而且在当时的交通条件下，即便自己有些藏书，外出游幕也不方便大量携带，因此，对大多数游幕学者而言，学术研究和撰著活动除了利用自家的藏书之外，主要依赖所游幕府的幕主藏书，或者凭借幕主作为朝廷大员或地方要员的身份之便借阅官方藏书，以及幕府所在地的私人藏书。

　　幕主因官职品级和家世不同，藏书数量多寡不等。基于宾主之间的互济关系，游幕学者一般都能够比较便利地使用幕主的藏书进行相关学术研究和撰著活动。如孙星衍未第时曾多年游于毕沅陕西巡抚和河南巡抚幕，利用毕沅的藏书进行学术活动，自述"已而负笈，游学皖江、淮海、河洛之间，踰二崤而西，著述于关中节署，毕督部藏书甲海内，资给予，使得竟其学"②，孙星衍为官后也积累了大量图书，编著有《孙氏家藏书目》《廉石居藏书记》《平津馆鉴藏书籍记》等，尤"喜金石文字，生平游历所至，搜访无虚日，德州平津馆所藏碑，自周秦至唐末五代，凡廿余匣"，游幕学者洪颐煊在孙星衍山东督粮道幕，馆于平津馆七年，为孙星衍校订古书，助撰《尚书今古文注疏》，编著《孙氏祠堂书目》③，自撰

---

　　① 关于游幕经历对于增长阅历和边疆史地研究、当代史著作撰著、文学创作的影响，可参看尚小明《学人游幕与清代学术》（增订本），东方出版社 2018 年版，第 329—355 页。
　　② 孙星衍：《孙忠愍侯祠堂藏书记》，《五松园文稿》卷一。
　　③ 洪颐煊：《德州谒观察孙渊如师留馆平津》，《筠轩诗钞》卷二；洪颐煊：《别德州兼示封生宗翁田生元春》，《筠轩诗钞》卷三；戚学标：《与洪筠轩书》，《鹤泉文钞续选》卷二；孙星衍：《筠轩文钞序》，《筠轩文钞》卷首；王钟翰点校：《清史列传》卷六十九《儒林传下二·洪颐煊》；喻长霖纂修：《台州府志》卷一百五《人物传六·儒林二·洪颐煊》。

《管子义证》等，同时也因"游幕平津，始得尽见海内所有之碑"，遂取读以考证经史，成《平津读碑记》8卷。① 又如赵翼因游尚书汪由敦之幕，得以尽阅汪氏万卷藏书，"因是见闻日扩，益得肆力于古"②。

官方藏书规模宏大，内容丰富，如内府所藏明清旧档、实录、圣训、书志图册，北四阁所藏《四库全书》等，非官方人士难得一见，南三阁所藏《四库全书》，虽许普通学者到阁钞阅，但须事先呈明，多有不便。③ 而朝廷大员和地方要员则可以比较自由地使用南三阁的藏书，钞阅北四阁藏书乃至内府秘籍，其幕中学者也因此有机会得见一般学者难得一见的图书资料。如邵晋涵、洪亮吉、钱坫等学者在毕沅幕纂修《续资治通鉴》，毕沅以陕西巡抚之便，得见四库馆从《永乐大典》辑出的多种宋元时代的佚书，从各地征集和进献之书中"所载事涉宋元者"，"毕公悉钞得之，以为此书参考之助"④；李锐为阮元撰《畴人传》，胡虔、钱大昭、陈鳣等为谢启昆修《小学考》，许多史料来自文澜阁藏书。如谢启昆所说："乾隆乙卯，启昆官浙江按察使，得观文澜阁中秘之书经，始采辑为《小学考》。"⑤ 谢启昆主持续纂《史籍考》，内容比毕沅幕中所撰有较大扩充，主要原因亦在于能够观览文澜阁《四库全书》，图书资料更为丰富。谢启昆于嘉庆四年（1799）致书孙星衍称："毕宫保《史籍考》之稿，将次零散，仍为重加整理，更益以文澜阁《四库全书》，取材颇富，视旧稿不啻四倍之。腊底粗成五百余卷，修饰讨论，犹有待焉。"⑥ 徐时栋亦言："天下承平，士大夫研经考史，坛坫满江南……苏潭方召诸征士作《史籍考》，尽辇文澜阁书，置藩署蓬峦轩，又得广披博览，厌饫秘府。"⑦ 虽然上述学术活动都是在幕主的主持下、围绕幕主的需要进行的，

---

① 洪颐煊：《平津读碑记序》，《平津读碑记》卷首。
② 佚名：《瓯北先生年谱》，乾隆十九年条。
③ 平步青：《霞外攟屑》卷一，"七阁"条。七阁中北四阁和南三阁的合称，代指七阁中所藏之《四库全书》。北四阁指北京文渊阁、圆明园文源阁、热河行宫文津阁、奉天行宫文溯阁，是内廷四阁，又称北四阁。《四库全书》修成后先钞四部分藏于北四阁，续缮三份，分藏于扬州大观堂文汇阁、镇江金山寺文宗阁、杭州西湖行宫文澜阁，即江浙三阁，又称南三阁。
④ 陈祖武等：《乾嘉名儒年谱》，北京图书馆出版社2006年版，第39页。
⑤ 谢启昆：《小学考序》，《小学考》卷首。
⑥ 谢启昆：《复孙渊如观察》，《树经堂文集》卷四。
⑦ 徐时栋：《征举孝廉方正郑君墓碣》，《烟屿楼文集》卷二十四。

但游幕学者因此能有机会看到大量官方藏书,对自己的学术研究和撰著也多有帮助。如钱大昭因"代友人校录《四库全书》,人间未见之秘皆得纵观,由是学益浩博"①。

江浙地区的私人藏书十分丰富,而且收藏有许多未被《四库全书》收录的钞本和善本,往往能为学术研究提供得天独厚的条件。但是,江浙地区的藏书楼大多集中于扬州、苏州、杭州、嘉兴、湖州等经济发达、文化繁盛之地,在当时的交通和书籍流通的条件下,上述地区之外的学者,尤其是家境贫寒的游幕学者,想要利用他人的私人藏书也并非易事。但若能够游于该地官员的幕府,便可就近阅览。如江苏江宁人严长明,因被江宁学政梦麟荐入两淮盐运使卢见曾幕,得以窥见扬州马氏藏书,并与假馆马氏斋的众多东南名士质疑问难,遂博极群书。②

游幕学者在幕府中,尤其是在督、抚、学政等品级较高的学者型官员的幕府中,能够与幕主以及来自各地的学者进行比较频繁而直接的学术交流,有机会参与幕主组织的大型学术工程,提高自身学术研究的能力,同时也能够推动乾嘉学术的繁荣发展(详见本章第二节)。

谢启昆在浙江布政使司署辟"广经义考斋"以纂《小学考》,所作纪事诗为幕府的学术条件提供了一个很好的注解。其诗曰:

> 裒辑始甲寅,我初来此地。嘉肺有余清,笔研多同契。朱幡忽西行,一载疏编记。量移喜再临,故人重把臂。绿水泛红莲,众美翩联至。朝夕惠讨论,朱墨校同异。但使罗篇目,不教聚讼议。筑室拓十弓,脱腕钞群吏。官书用符调,匠石捐俸置。翻风带草碧,浥雨新桐翠。镂贮宋湖波,砖拓晋书媚。一一助校勘,时时披腹笥。夜语当饮醇,日长可破睡。斋成无丹雘,客来忘齿位。昔者胡安定,经义兼治事。我职任旬宣,理财思上计。讵敢泥周官,要各因时势。政学本相资,同文天下治。补史既有亭,广经焉可废。浙水盛人文,酉山培士

---

① 《清史列传·儒林传下·钱大昭》。
② 钱大昕《内阁侍读严道甫传》:"严长明字冬友,号道甫,江宁人……及补县学生,学使梦侍郎以国士目之。侍郎知其贫,问所需,长明曰:'贫乃士之常,闻广陵马氏多藏书,愿得一席为读书计耳。'因荐之卢运使见曾,立延致之。是时东南名士多假馆马氏斋,长明虚心质难,相与上下其议论,遂博极群书。"《潜研堂文集》卷三十七。

气。落成系以诗,聊附张老义。①

"有余清"即有空闲时间可以专心学术活动,"多同契"即有众多志同道合的学者,"朝夕惠讨论"与"时时披腹笥"说明幕府内学者之间学术交流之频繁,"官书用符调"指谢氏利用为官之便调用了文澜阁秘藏之书,使《小学考》的纂辑工作得以在较短时间内完成,"政学本相资"一则说明谢氏为官与为学互资互济、相得益彰,二则说明幕府中的学术活动是幕主官与游幕学者相互合作、共同努力的结果,"浙水盛人文"说明浙江地区文化学术事业繁荣,从事经史考证与小学研究的学者众多。

二 游幕学者入幕时的身份与入幕途径

关于幕府人员入幕时的身份与入幕途径,学界已有相关论述,如郑天挺认为"幕宾多数是通过介绍聘请的。他们的来源,包括专业幕宾在内,大约来自十四个不同方面":朝廷指派、随长官出差、特殊机会物色得来、国内著名学者、国内名流、地方人士、丁忧人员、退休或失意官吏、京官、新贵、秀才、门生故旧、亲属、专业幕宾。②郑文指出幕宾入幕的主要途径"是通过介绍聘请的",所谓幕宾的14种来源,实则包括幕宾的身份(如退休或失意官吏、京官、秀才)、幕宾入幕的方式(如朝廷指派、随长官出差、特殊机会物色得来)以及幕宾与幕主的关系(如门生故旧、亲属)等多个方面的问题,可能因文章篇幅所限而未做具体的分类分析。尚小明认为清中期,"绝大多数作幕人之身份,不外乎两种情况:一是征调在职或革职官员以为幕僚,二是以布衣而为幕宾"③。尚著所论"在职或革职官员"和"布衣"是游幕者入幕时的身份,"幕僚"或"幕宾"则是其在幕府中与幕主相对而言时的身份,而"征调"则是在职或革职官员入幕的途径。由于本书的研究对象是乾嘉时期的游幕学者,不包括专业的刑钱师爷及文人墨客,因此,我们在此只重点讨论游幕学者入幕时的身份与其入幕的途径。

---

① 谢启昆:《新作广经义考斋既成赋诗纪事》,《树经堂诗初集》卷十四《蓬峦轩草》。
② 郑天挺:《清代幕府制度的变迁》,《学术研究》1980年第6期;郑天挺:《清代的幕府》,《中国社会科学》1980年第6期。
③ 尚小明:《学人游幕与清代学术》(增订本),东方出版社2018年版,第65页。

1. 游幕学者入幕时的身份

身份即出身和社会地位。在封建时代,是否出仕为官以及官职品级高低,是评价一个人的社会地位至关重要的指标。因此,我们依据现有史料,将乾嘉时期游幕学者入幕时的身份,大致分为在职官员、候补官员及新贵、去职官员、普通士子四类。

(1) 在职官员

发生战事时,督、抚、将军等幕主官往往会根据战事和军需,奏请调用一些在职官员,甚至是革职官员,经朝廷允准后入幕协理军务或协办军需。如乾隆二十一年(1756)清军征讨阿睦尔撒纳,陕甘总督黄廷桂曾设幕馆,"凡藩、臬、兵备道、州、县等,所司军旅事者,皆寓其中"①。又如乾隆三十二年(1767)征缅之役,云贵总督明瑞"调河南开归道诺穆亲为滇盐道,陕西汉中道钱受谷为滇迤东道,及军机司官傅显、冯光熊襄军事",从征者有"员外郎富显、冯光熊,道员诺穆亲、钱受谷,道府杨重英、郭鹏冲、萧日章,革职知府陈元震、胡邦佑,同知图敏",以及提镇数人。次年明瑞战死,云南巡抚鄂宁迁云贵总督,大学士傅恒为经略,协办大学士阿里衮及阿桂为副将军,阿里衮抵滇,"时幕府为郎中明善、员外郎萨灵阿",旋又"请调邻近各省道、府来滇,办理军务",副将军阿桂继任云贵总督,"时幕府为革职郎中王昶、中书赵文哲"。②

乾嘉时期的游幕学者以在职官员的身份入幕者较少。一则因乾嘉时期社会整体比较安定,只在个别时间发生过几次局部战事,二则因学者兼武职官员者少。乾嘉时期战事起时,也有一些游幕学者投笔从戎,以参赞戎事的方式入幕。如庄炘、徐鏶庆、王崑高、包世臣、陈鸿寿、汪廷楷、石韫玉、洪亮吉、孙星衍、钱坫等人,③皆曾以布衣身份入戎幕,参军谋、协办军需,而以在职官员身份入戎幕的学者较少。除上文论及的钱受谷之外,赵翼在乾隆三十三年(1768)曾以广西镇安府知府的身份奉命佐征缅将军阿里衮、阿桂、傅恒幕,参军事,办军需,战事结束,仍回镇安府本任。

---

① 昭梿:《啸亭杂录》卷八,"黄文襄设幕馆事"条。
② 昭梿:《啸亭杂录》卷五,"缅甸归诚本末"条。
③ 上述各位游幕学者的游幕经历详见附录一,下文如无特别说明,均同此。

（2）候补官员及新贵

清制，未经补实缺的官员由吏部依法选用，选定后到某部或某省听候补缺或临时委用，称为候补官员。未补缺的京官也可以暂到各地入幕，待有机会补缺再回京。"所谓新贵，清代多指新中举人、进士或点翰林的人"①。科举时代，只有获得高级功名（进士、举人）才有可能入仕，但因乾嘉时期生员人数众多而官缺有限，即使有幸考取高级功名，获得了入仕的资格，也不一定能够即刻被授予官职。一些获得高级功名但未被授予实职者、候补官缺者，为了谋生，或为了满足个人或家庭某些其他方面的需求，②会选择暂时入幕。由第二章的讨论可知，有12.1%的学者（46人）在入幕前已经获得进士功名，有16.3%的学者（62人）在入幕前已经获得举人功名（见表2.2和表2.3）。中举或进士及第后，因候补官缺而入幕的现象在乾嘉时期比较普遍。

李文藻乾隆二十五年（1760）中进士，九年后始选得恩平知县，在候缺期间曾应诸城县令宫懋让聘纂《诸城县志》，入福建学政纪昀幕佐校阅，应历城县令胡德琳聘纂《历城县志》。邵晋涵乾隆三十六年（1771）中进士，当年冬至次年夏客安徽学政朱筠幕校士。顾九苞乾隆四十五年（1780）中进士，次年馆太平知府沈业富家授其子在廷经。汪辉祖乾隆四十年（1775）进士及第，因丁母忧归家，就慈溪黄元炜幕，旋赴海宁战效曾幕，后又辗转于平湖刘雁题幕、乌程兴德幕、龙游王士昕幕等，以游幕资生长达12年，至乾隆五十二年（1787）始得任湖南宁远知县。严可均嘉庆五年（1800）中举后，应广东学政姚文田聘主讲丰山书院，修订《说文声类》《唐石经校文》。此后以游幕资生十多年，道光初始选授建德教谕，兼署训导。

（3）去职官员

去职即离开职位，包括暂时离职和不复入仕两种情况，主要有丁忧、请假、辞官、致仕、革职、罢官等情形。去职的官员，有仕宦经历和政治阅历，人脉等各种资源也较普通士子多，延入幕府往往能对幕主处理各种事务及其仕途发展有较大帮助，故而常为幕主官所延聘。

---

① 郑天挺：《清代的幕府》，《中国社会科学》1980年第6期。
② 拥有进士功名而入幕的原因，可参见尚小明《清代士人游幕表》，中华书局2005年版，第16页。

按照中国古代礼法制度，父母之丧，无论官员平民，当在家守孝三年。清制，父母去世均须离职守制，称为丁忧，但可以作幕。守丧期满除服（服阕）可复职或另授官职。如江苏吴县人张埙，乾隆四十二年（1777）丁母忧去职还乡，次年客陕西巡抚毕沅幕，佐阅卷，参与《关中金石志》的撰著，主纂《兴平县志》《扶风县志》《郿县志》，服阕还京复职。江苏清浦人王昶，乾隆四十六年（1781）丁忧在里，知县杨卓聘其主修《青浦县志》。江苏阳湖人孙星衍，乾隆六十年（1795）任山东兖沂曹济道，嘉庆三年（1798）丁母忧归，嘉庆五年（1800）入浙江巡抚阮元幕，主讲诂经精舍，后应庐州太守张祥云聘，纂《庐州府志》。浙江钱塘人陈鸿寿，嘉庆六年（1801）拔贡后朝考以知县用，颁发广东。旋丁忧归，入浙江巡抚阮元幕，参理文檄，筹划海防，分纂《两浙盐法志》，助纂《两浙輶轩录》，服阕，奏留江南，署赣榆县，补溧阳县，擢河工江防同知，迁江南海防同知。

官员因事或因病等可以请求休假。有些官员在假满后会选择复职，如福建闽县人陈寿祺，嘉庆六年（1801）授翰林院编修，旋请假返里省亲。时其座师阮元巡抚浙江邀其至杭，嘉庆八年（1803）春乃应阮元之聘主讲敷文书院，兼课诂经精舍生徒，助阮元纂《海塘志》及《经郛》，是年冬还京复职。有些官员则因请假而不复出，如江苏江都人秦恩复，乾隆五十二年（1787）进士及第，入都官翰林编修四年，乃乞假归而不复为官，后曾应浙江巡抚阮元聘，主讲诂经精舍；两年后应两淮盐政阿克当阿聘，主讲乐仪书院。广东南海人谢兰生，嘉庆七年（1802）选翰林院庶吉士，以父老告归而不复出仕，历主粤秀、越华、端溪、羊城诸书院讲席，掌教羊城书院。

乾嘉时期有不少已入仕为官的学者因各种原因辞官，因衰病、年老等辞官称为致仕，辞官或致仕之后会为某些幕主官延聘入幕。如江苏阳湖人赵翼，乾隆三十八年（1773）以母老告假回乡，不复为官。乾隆五十二年（1787）闽浙总督李侍尧征台湾林爽文，邀请赵翼入幕佐办军需，事平，李侍尧奏请启用赵翼，赵翼坚辞。江苏丹徒人王文治，乾隆三十九年（1774）出为云南临安知府，以失察属吏事遭贬黜去职，后当复职，乃厌吏事，不复就官。"往来吴越间，主讲杭州、镇江书院"①。广东海康人陈

---

① 赵尔巽、柯劭忞等：《清史稿》卷五〇三《艺术二·王文治》。

昌齐，嘉庆九年（1804）出为浙江温处道，因事降职，遂辞官。后应雷州知府雷学海聘，纂《雷州府志》；应两广总督阮元聘，纂《广东通志》。江苏阳湖人孙星衍，服阕后补山东督粮道，兼署山东布政使，嘉庆十六年（1811）引疾归，不复出，嘉庆十八年（1813）受聘纂《松江府志》，次年秋应两淮盐政阿克当阿聘，校刊《全唐文》；"当道延为主讲，如扬州之安定、绍兴之蕺山、西湖之诂经精舍，造就后学，问字者千余人，一时推为学者"①。

革职即罢官，撤职，文献中常作"罢归"。有些官员因事被革职后暂时入幕，尔后又复起任职，如浙江仁和人杭世骏，乾隆元年（1736）召试鸿词，授编修，因事下吏议，罢归，曾于乾隆十四年（1749）受聘于浙江巡抚方观承，编纂《海塘通志》，后迎驾湖上，赐复原官。江苏清浦人王昶，乾隆三十二年（1767）以刑部郎中因案革职，次年，云贵总督阿桂帅师征缅，王昶请发军前效力，冀入幕建功以便复起，先后佐阿桂、温福征缅、平定大小金川，温福"疏请叙昶劳，授吏部主事"，乾隆四十一年（1776）凯旋，以"治军书有劳"擢鸿胪寺卿，仍充军机章京。② 赵文哲于乾隆三十三年（1768）冬以革职内阁中书舍人的身份居云贵总督、定边右副将军阿桂幕，从军征缅，充书记，后又为继任总督温福幕僚，从军征金川，战死沙场。③ 有些官员因事罢官后则不再出仕，如浙江钱塘人范咸，乾隆十年（1745）担任巡视台湾监察御史，纂辑《重修台湾府志》，罢归后于乾隆二十一年（1756）应湖南巡抚陈宏谋聘，总纂《湖南通志》。河南偃师人武亿，乾隆五十六年（1791）选山东博山知县，次年因涉和坤事被劾罢职，贫不能归，先后主讲东昌启文书院、临清清源书院，豫修鲁山、郏、宝丰三县志，凡五年始归里。

（4）普通士子

普通士子是指不曾仕宦或尚未仕宦，只有低级功名或无功名的士子。由第二章第三节的讨论可知，乾嘉时期的游幕学者多家境贫寒、出身低微，具有贡生和诸生（秀才）功名者占44.5%。如江苏武进人黄景仁，

---

① 钱泳：《履园丛话·丛话六·耆旧·渊如观察》。
② 赵尔巽等：《清史稿》卷三百五《列传九二·王昶》；《清史列传》卷二六《王昶传》。
③ 昭梿：《啸亭杂录》卷五，"缅甸归诚本末"条。

诸生，四岁而孤，"母老家贫，后无所赖，将游四方觅升斗为养"①，先后游于杭州道员潘恂、湖南按察使王太岳、太平知府沈业富、安徽学政朱筠、山东学政程世淳、陕西巡抚毕沅幕，以游幕资生十多年，卒于沈业富官署。江苏华亭人沈大成，诸生，游幕20多年，足迹遍于广东、福建、浙江、安徽等地。浙江杭州人陈撰，布衣，曾侨寓仪征，为仪征项絪校玉渊堂所刻书，后为两淮盐运使卢见曾延为上客。一些学者在取得高级功名、入仕之前，也会选择入幕。如浙江会稽人高文照，中举前曾客安徽学政朱筠幕三年，校士六郡。江苏嘉定人钱东垣，中举前在山东学政阮元幕，佐阅试卷，编著《历代建元表》《小尔雅校证》等书。浙江平湖人朱为弼，中举前在阮元浙江学政幕，分纂《经籍籑诂》。浙江钱塘人陈文述，中举前在浙江学政阮元幕，助纂《淮海英灵集》。

2. 游幕学者的入幕途径

综观乾嘉时期有关史料记载学者游幕的用语，从幕主角度而言，常用的语句有："延至……（地名），延至/礼致幕下/宾馆，延/聘/邀/请入幕，……致诸幕下，招往幕中，延为上客，礼为上宾，邀至署中，请随往，偕往，……聘之，留之幕中"等；从幕宾角度而言，常用的语句有："应/受……聘/招，游/佐/入/赴/客/就/在……幕/幕府/署（中），馆于……署，应……之荐/请/邀……入幕，自荐/荐入……幕，为……宾客/幕宾，受聘/受邀……，作幕/游幕/习幕……（地名），出入……幕中"等（见附录一）。由此，乾嘉时期的游幕学者，只有少数是在战时以在职官员的身份，由幕主奏调、朝廷指派而入军幕，绝大多数是通过幕主延聘，或经本人自荐、师友举荐，然后由幕主延聘而入幕。因此，我们将乾嘉时期游幕学者的入幕途径概括为：幕主奏调、幕主延请、他人举荐、本人自荐。

（1）幕主奏调

幕主奏调主要是战时征调在职官员入佐军幕，乾嘉时期游幕学者以在职官员的身份被征调入军幕者比较少，如前述乾隆三十二年（1767）时任兴汉道道员的钱受谷被明瑞将军奏调入幕，参征缅军事。② 乾隆三十三年（1768）赵翼以广西镇安府知府的身份被征调入阿里衮、阿桂、傅恒

---

① 《清史列传》卷七二《黄景仁传》。
② 《国朝耆献类征初编》卷二一二《钱受谷》。

云南军幕二年。① 同年冬时任内阁中书舍人的赵文哲被云贵总督、定边右副将军阿桂征调入幕，从军征缅；后又为继任总督温福幕僚，从军征金川。②

（2）幕主延请

幕主延聘学者入幕，一为协助处理校士、阅卷等行政事务，二为从事撰著、修志等学术活动，一些身居高位的学者型官员，还会凭借其雄厚的薪俸和养廉银，聘请多位学者入幕，实施大型学术工程，提高其社会声望。因此，幕主主动延请的游幕学者，多为丁忧、请假、辞官等去职官员、当时著名学者、在某一方面学有专长的学者、幕府所在地的学者等。如乾隆三十三年（1768）直隶总督方观承延聘戴震纂《直隶河渠书》《畿辅水利志》，次年山西布政使朱珪、汾州知府孙和相先后聘戴震纂《汾州府志》，后汾阳县令李侯复聘戴震纂《汾阳县志》。安徽学政朱筠欣赏洪亮吉与黄景仁之材，"甫莅江南，晤洪、黄二君，其才如龙泉太阿，皆万人敌"，③遂将二人礼致幕下。阮元嘉庆十八年（1813）督漕淮安时聘江藩主丽正书院，嘉庆二十三年（1818）出任两广总督时邀江藩入幕，辑《皇清经解》，纂《广东通志》《肇庆府志》，校订《江苏诗征》。

乾嘉时期是幕府发展的高潮时期，各级官员幕主主动延请游幕学者的情况十分常见。如乾隆元年（1736）顺天学政崔纪邀郑燮入幕校士。乾隆十八年（1753）卢见曾再任两淮盐运使，"四方名流咸集，极一时文酒之盛。金农、陈撰、厉鹗、惠栋、沈大成、陈章等数十人为上客"④。乾隆十九年（1754）刑部尚书秦蕙田邀王昶、钱大昕入都助修《五礼通考》。乾隆三十二年（1767）河南巡抚阿思哈、嵩贵延聘童钰入幕续纂《河南通志》。乾隆四十三年（1778）春安徽学政刘权之延请孙星衍入幕佐校，并与洪亮吉共为三礼训诂之学。乾隆四十八年（1783）布政使冯光邀史善长至兰州，同年秋道员景如柏延史善长至西宁。嘉庆二年（1797）阮元致书臧庸，邀其来浙总纂《经籍籑诂》。嘉庆六年（1801）湖州长兴知县邢澍邀钱大昕和钱大昭入幕，纂《长兴县志》。嘉

---

① 赵翼：《檐曝杂记》卷三；《清史列传》卷七二《赵翼传》。
② 昭梿：《啸亭杂录》卷五，"缅甸归诚本末"条。
③ 洪亮吉：《伤知己赋并序》，《卷施阁文乙集》卷二。
④ 《清史列传》卷七一《卢见曾传》。

庆十一年（1806）扬州太守伊秉绶议编《扬州图经》和《扬州文萃》，延请江藩、焦循、赵怀玉、臧庸、王豫等共任编纂。

(3) 他人举荐

荐举游幕学者入幕者，或为幕主的上级、前任、好友、门生故旧，或为游幕学者的师友。一般情况下，幕主会因绍介人的关系而聘用游幕学者。如戴震，乾隆二十年（1755）因钱大昕之荐，刑部尚书秦蕙田延至其邸，助纂《五礼通考》；后因纪昀之荐，馆两淮盐运使卢见曾署；乾隆三十八年（1773）因纪昀等人的推荐，被召入四库馆，任校勘《永乐大典》纂修官，辑录天文、算法、小学、方言、礼制诸书。章学诚经朱筠推荐，乾隆三十八年（1773）入和州知州刘长城幕，撰《和州志》。① 刘大櫆以方苞之荐，乾隆十三年（1748）入江苏学政尹会一幕阅卷。王杰乾隆二十一年（1756）在陕甘总督尹继善幕，尹氏内迁，荐其入陕西巡抚陈宏谋幕。汪中因朱筠之荐，乾隆三十八年（1773）入浙江宁绍台道冯廷丞幕。洪亮吉因蒋士铨之荐，乾隆三十九年（1774）入常镇通道袁鉴署。胡虔因左眉之荐，乾隆五十六年（1791）客湖广总督毕沅幕，参与纂修《湖北通志》《史籍考》，次年又因其师姚鼐荐客谢启昆江南河库道、浙江按察使幕，助纂《西魏书》《小学考》。臧庸因钱大昕、王昶之荐，乾隆五十九年（1794）春入湖广总督毕沅幕。张鉴以刘镮之之荐，嘉庆六年（1801）春客杭州浙江巡抚阮元幕，分纂《两浙盐法志》，参校补采《两浙輶轩录》。

有时，经他人举荐也未必能够入幕，如章学诚曾于乾隆四十六年（1781）托邵晋涵致书毕沅，欲谋一席而未果。② 嘉庆元年（1796）章学诚致书朱珪，请求其能代向直隶总督梁肯堂或河南巡抚景安谋求书院讲席而无果。③ 翌年，章学诚再次致书朱珪，请其代向阮元、谢启昆谋一职，亦无果，④ 直到嘉庆三年（1798）经朱珪和胡虔之介始得入谢启昆幕，继

---

① 胡适、姚名达：《章实斋先生年谱》，乾隆三十八年条。
② 章学诚：《与邵与桐书》："夏间接读手示，以关中一席，毕中丞覆以缓商，不识中丞覆意如何？倘淡漠无意，则无可投矣。若犹有平原旧意，或未得坐拥皋比，即从事编摩术业，不无少有所获。惟足下斟酌为之，度其不可，则竟不须饶舌；如在可否之间，则再以一牍讯问。"《章氏遗书》卷二十九。
③ 章学诚：《上朱中堂世叔》，《章氏遗书》卷二十八。
④ 章学诚：《又上朱大司马书》，《章氏遗书补遗》。

续纂辑《史籍考》。① 又如江苏长洲人胡量（眉峰），不仅诗才出众，且"精于史氏，而喜言兵"，深受朱筠赏识，称其为"奇才"，及毕沅任陕西巡抚，朱筠遂荐胡量。胡量见毕沅即劝其速至陕西练兵以备乱。毕沅不以为然，数月后果有乱，毕沅欲急招胡量入幕，幕中有客中伤胡量曰："眉峰语常丧气，闻者辄不祥。"毕沅遂不招其入幕。② 又如曾燠开《全唐文》馆，吴鼒荐江藩入馆，"卒不见收录"，严可均"亦以不得入馆"。③

（4）本人自荐

由本人自荐入幕在乾嘉时期的游幕学者中并不常见，章学诚和汪中为其代表。章学诚在屡次请托入名幕而未果的情况下，为谋生计，辗转于张维祺肥乡、大名衙署、肥乡清漳书院、永定河道陈琮署。至乾隆五十二年（1787），经周震荣的提示和引介，章学诚致书毕沅自荐，表达对毕沅的仰慕之情和目前的困境，同时以旧刻《和州志例》《永清县志》为贽，并言及所著之《校雠通义》《文史通义》，期望以自己的史学才能得到毕沅的重视。④ 毕沅或缘于引介人周震荣是自己的门生，或对章学诚的史学产生兴趣，遂招章学诚前往河南巡抚官署，与洪亮吉、凌廷堪等人纂修《史籍考》，⑤ 并承毕沅之命于次年2月就职归德府文正书院。⑥ 章学诚有诗记其事曰：

> 晏岁仓皇走梁宋，才拙岂可辞贱贫。镇洋太保人伦望，寒士闻名气先壮。戟门长揖不知惭，奋书自荐无谦让。公方养疴典谒辞，延见卧榻犹嫌迟。解推遽释目前困，迎家千里非逶迤。宋州主讲缘疑凤，文正祠堂权庙祝。潭潭深院花木饶，侨家忽享名山福。⑦

---

① 胡适著，姚名达订补：《章实斋先生年谱》，嘉庆三年条。
② 包世臣：《胡眉峰诗序》，《艺舟双楫》卷三。
③ 袁昶：《题江子屏小像》自注，《安般簃集·诗续壬》。
④ 章学诚：《上毕抚台书》，《章氏遗书》卷二十二。
⑤ 章学诚：《上毕抚台书》，《章氏遗书》卷二十二；章学诚：《上毕制府书》，《章氏遗书补遗》；章学诚：《与孙渊如书》，《章氏遗书》卷二十九。
⑥ 章学诚《崔母屏风题词》："乾隆五十三年戊申，余承乏来主文正书院讲席。"《章氏遗书》卷二十八。
⑦ 章学诚：《丁巳岁暮书怀投赠宾谷转运因以志别》，《章氏遗书》卷二十八；胡适、姚名达：《章实斋先生年谱》，乾隆五十二年条。

但是，毕沅乾隆五十三年（1788）秋调任湖广总督，章学诚随之失去文正书院讲席，不得已转投安徽亳州知州裴振。次年12月毕沅60寿辰，章学诚借机上书毕沅，"倘得驰一介之使，费崇朝之享，使学诚得治行具，安家累，仍充宾从之数，获成史籍之考。日期曰颐，常饫寿尊之余沥；善祷善颂，冀美盛德之形容"①，得到毕沅的同情与支持，次年春入毕沅湖广总督幕，与胡虔、马宗琏等人继续《史籍考》的编纂工作。

乾隆五十三年（1788）河南巡抚任毕沅曾荐汪中于某当事，汪中覆书自荐，表示"来岁将事公于梁"，并言："有士如某，公无遐弃之道；天下有公，某无饿死之法。"② 是年秋毕沅任湖广总督，来年遂礼聘汪中入幕。

三　幕府的特点

关于清代幕府的特点，已有学者从不同视角进行过讨论，提出了一些颇具价值的观点，对本书的讨论有很大的启发。如郭润涛认为清代幕府有私人性、平等性、佐治性、隐蔽性的特点，③ 张兵和侯冬认为幕府"是一种非官僚行政组织，具有很强的私人性"④，尚小明认为"开放与流动，是幕府所具有的两个既相互区别，又紧密相关的特性"，"幕府的开放性是从幕主一方面来讲的，即对幕主而言，随时随地可以聘请有才能的人为入幕之宾"，幕府的流动性包括幕主和幕宾的流动，"幕宾流动可以分为横向流动和纵向流动"⑤ 等。

幕府，一般解释为泛指军政大吏的府署，借指将帅或幕宾（如《汉语大词典》《清代典章制度辞典》"幕府"条）。实际上，学界在讨论幕府制度和幕府的特点时，所谓幕府并非仅指各级官员的府署，或借指将帅或幕宾，而是包括设幕的各级官员（即幕主）和被幕主延聘至府署协助其处理各种事务的游幕者在内。也就是说，幕府是由幕主及其府署和游幕者共同构成的，二者具有相互依存的关系，只有幕主及其府署，或者只有

---

① 章学诚：《上毕制府书》，《章氏遗书补遗》。
② 汪喜孙：《容甫先生年谱》，乾隆五十四年条。
③ 郭润涛：《清代幕府的类型与特点》，《贵州社会科学》1992年第11期。
④ 张兵、侯冬：《清代幕府研究述评》，《西北师大学报》（社会科学版）2011年第3期。
⑤ 尚小明：《学人游幕与清代学术》（增订本），东方出版社2018年版，第288—292页。

游幕者，都不能构成一个幕府。因此，讨论幕府的特点，有必要从幕主和游幕者两个方面进行考察。从乾嘉时期的游幕学者及其所在幕府的情况来看，我们认为乾嘉时期的幕府主要表现出以下三个特点：自主性、互济性、流动性。

1. 自主性

幕府的自主性，主要表现为幕主延聘游幕学者的自主性和游幕学者择幕及出入幕府的自主性。

从幕主一方来说，乾嘉时期的幕府，绝大多数是幕主根据自己处理各方面事务的需要而设，不属于国家行政系统，幕府人员不能由职官兼充，有劳绩也不能奖叙，即"官有黜陟，幕无黜陟；官有赔摊，幕无赔摊"①，而且"幕之修出自官禄"②，"古有幕僚，今唯幕友，待之以宾则有币聘之隆，尊之以师则有束修之奉"③。即使在战时，由朝廷指派在职官员临时入督、抚、将军幕以佐军务者，也多由幕主官先行择取和奏调，尔后由朝廷批准派遣。因此，包括游幕学者在内的幕府人员基本上都是由幕主自主选聘，人数及幕金的数额也都由幕主根据自己的薪俸和养廉银自主决定，幕府人员的工作内容和食宿等也都由幕主自主安排。

雍正元年（1723）三月乙酉谕吏部，"各省督抚衙门事繁，非一手一足所能办，势必延请幕宾相助，其来久矣"，并令"嗣后督抚所延幕客，须择历练老成、深信不疑之人，将姓名具题"④。由此，幕主选择幕宾可以不问出身，只要自己认为其符合"历练老成"和"深信不疑"的标准，即可聘用；只要薪俸和养廉银充足，即可多方罗致有用之才，正所谓"自己用人，权度在我，故虽小人而有才者亦可以器使"⑤，幕主择聘幕宾的自主性可见一斑。

游幕学者之所以选择游幕，大凡因为家境贫寒、出身低微，尤其缺少继续从事学术活动或继续科考的经济条件，一般来说，由幕主主动延聘的游幕学者，如无特殊原因都会欣然入幕。因此，幕主延聘是乾嘉时期游幕

---

① 葛士濬：《皇朝经世文续编》卷二三。
② 汪辉祖：《佐治药言》"得失有数"条。
③ 陈文述：《答问幕友》，《颐道堂文钞》卷六。
④ 《清世宗实录》卷五，雍正元年三月乙酉。
⑤ 王守仁：《答方叔贤》，《王文成公全集》卷十五。

学者入幕的主要途径。如乾隆五十一年（1786）毕沅聘邵晋涵入开封官署编纂《续资治通鉴》，① 嘉庆六年（1801）阮元邀臧庸、顾广圻入幕佐校《十三经注疏》，撰写《十三经注疏校勘记》，② 等等。

游幕学者择幕的自主性，主要体现在游幕学者可以根据个人的家境、学术能力、社会地位、师友圈等情况，自主决定何时游幕，到什么地域、什么幕府就幕，在某个幕府就幕多长时间、何时出幕，奉行"合则留，不合则去"③ 的原则。如江苏华亭人沈大成，中年游幕，为名公卿所礼重，然非其人则不就，"客康山江氏甚久，检校淮纲案牍，井然就里，以暇与士大夫唱酬……江方伯春为刻其《学福斋诗文集》"④。臧庸嘉庆六年（1801）应阮元邀客其浙江巡抚幕，校勘《十三经注疏》，次年秋，分任之《周礼》《公羊传》《尔雅》校勘事竣，"因请归。归而上侍老母，下抚群季，慨然念家事之败也，弃儒就贾。经理之一载，不可为，仍弃去，复理故业"⑤，继续寻求入幕读书为学之机。

有辞官选择游幕和主讲书院者，如江苏嘉定人钱大昕，官至詹事府少詹事，提督广东学政，乾隆四十年（1775）居丧归里，遂引疾不仕，潜心著述课徒，历主钟山、娄东、紫阳书院讲席，并于乾隆五十二年（1787）应鄞县知县钱维乔聘，总纂《鄞县志》，为宁波范氏编纂《天一阁碑目》。江苏长洲人吴泰来，召试赐内阁中书而不赴，于乾隆四十二年（1777）入陕西巡抚毕沅幕，主讲关中书院、江汉书院；后又客毕沅河南巡抚幕，主讲大梁书院。

有的学者根据家境、功名、学友关系等条件的变化，在不同时段选择不同的治生方式，或杂佣，或游幕，或处馆，或主书院讲席，或经商；有的学者则同时兼以多种治生方式。如江苏江都人汪中，早年丧父，家贫不能就学，"稍长，助书贾鬻书于市，因遍读经史百家，过目成诵，遂为通人"⑥，乾隆二十八年（1763）为诸生，自乾隆三十五年（1770）入安徽太平知府沈业富署始，长年以游幕资生。江苏阳湖人李兆洛，曾官安徽凤

---

① 孙星衍：《中州送邵太史晋涵入都》，《澄清堂稿》卷上。
② 阮元：《十三经注疏校勘记序》，《揅经室一集》卷十一。
③ 汪辉祖：《佐治药言》，"不合则去"条。
④ 嘉庆《江都县续志》卷六《人物》。
⑤ 臧庸：《送姚文溪大令还济南序》，《拜经堂文集》卷四。
⑥ 《清史稿》卷四八一《儒林二》。

台县兼摄寿州事，嘉庆十九年（1814）丁父忧归，绝意仕宦。服阙后先后应安徽怀远知县孙让、东流县、广东巡抚康绍镛聘，游幕数年，后因倦游，改主江阴暨阳书院讲席。① 江苏海州人凌廷堪，12 岁即弃书学贾，不成，复读书向学，乾隆四十年（1775）受知吴恒宣，助其为宫保尚书崔应阶纂辑、校订《云台山志》，后受两淮盐运使伊龄阿聘入扬州词曲局，"检校词曲中之字句违碍者，从事雠校，得修脯以自给"②。江苏江都人凌曙，家贫，读四子书未毕，即去乡，杂作佣保，而绩学不倦。年 20 为童子师，及入都，为仪征阮元校辑《经郛》；后阮元总督两广，延其入幕，校订《江苏诗征》，课阮元子，兼与阮元论学。浙江仁和人杭世骏，乾隆元年（1736）召试博学鸿词，授翰林院检讨，以言事罢归，曾开设荒货肆为生；③ 乾隆十四年（1749）受聘于浙江巡抚方观承，编纂《海塘通志》；晚年主讲广东粤秀、扬州安定等书院。

  需要说明的是，幕主选聘游幕学者和游幕学者择幕而入的自主性是相对的，都会受到一定的客观条件的制约。从幕主方来看，一方面，幕主官尤其是学者型的督、抚、学政等高官，为谋求、赢得较高的社会声望和学术影响，争相聘请有才华的学者到幕，但是，幕主选聘游幕学者的人数及其社会地位，要受幕主本身职官的品级、薪俸和养廉银的数额，以及幕府所在地域等各种条件的限制，有些低品级的幕主官由于不能提供较高的幕金，难以聘入较多的游幕学者，尤其是知名学者；有些官员就职于偏远地区，区域经济和文化事业发展迟缓，加之交通不便，也难以聘入较多游幕学者和知名学者。另一方面，因为游幕学者择幕也具有一定的自主性，有时幕主想要聘请的游幕学者，可能因忙于他事或不便远游而不能入幕，也可能有其他原因而不愿承担幕主安排之事。如嘉庆二十三年（1818）阮元想聘请江藩、顾广圻等二、三人纂辑《皇

---

  ① 蔡冠洛《清代七百名人传》第四编《学术·朴学·李兆洛》："惟一佐孙让修《怀远志》未竟，巡抚康绍镛固聘，始往。适康调广东，偕之行，嗣复随康处扬州。作四方游者数岁，节修脯所入，刻乡先哲遗书十余种，并纂《骈体文钞》三十一卷……士俗利病，既倦游，主江阴暨阳书院讲席，自是遂不复出。"《近代中国史料丛刊》第 63 辑，第 1654 页。

  ② 李春光纂：《清代名人轶事辑览》，中国社会科学出版社 2004 年版，第 1972 页。

  ③ 徐珂编撰《清稗类钞·农商类·杭堇浦设荒货肆于杭》："杭堇浦检讨世骏以言事罢官。高宗南巡至杭州，杭迎銮，玉音垂询里居何以自给，杭叩头，以设荒货肆对。上问荒肆云何，杭以收买破铜烂铁对。即日御笔书'买卖破铜烂铁'六字赐之。"

清经解》,① 但顾广圻远在三吴，牵于他事无法前来，而江藩虽在阮元幕中却迟迟未应阮元之邀，且于道光五年（1825）退息里门，阮元只好另聘严杰来负责此事。②

从游幕学者来看，其择幕的自主性受限更多，尤其是普通学者，能否进入有影响的大幕，很大程度上取决于幕主而非自己的意愿。如前文所述胡虔虽有朱筠之介仍不得入毕沅陕西巡抚幕，江藩、严可均虽有姚鼐之介仍不得入《全唐文》馆。一些学者会因幕主的变故或个人的原因而失幕失馆（详见下文流动性的分析），而陷入衣食无着的困境。如章学诚多方转托好不容易于乾隆五十二年（1787）进入毕沅河南巡抚幕，但次年秋毕沅调任湖广总督，章学诚也于是年冬失去文正书院讲席，不得不投奔友人亳州知州裴振，聊作栖身之地。章学诚《上毕制府书》曰：

> 事未及殷，而阁下移节汉江。学诚欲幞被相从，则妻子无缘寄食；欲仍恋一毡，则东道无人为主。盖自学诚离左右之后，一时地主，面目遽更，造谒难通。疣之赘，尚可言也；毛无附，将焉置此？阁下抚豫数年，学诚未尝一来；及其来也，阁下便去。进退离合，夫岂人谋？不得已还往亳州。③

2. 互济性

幕府的互济性是指，幕主设幕延宾和学者入幕是缘于彼此互有需求，凭借和发挥各自的优势，即"宾利主之修，主利宾之才"④，达到各取所需、各得所求的目的，在一定程度上满足双方的需求，从而使幕主与游幕学者之间呈现一种建立在双向选择基础上的主宾互济。

乾嘉时期，无论何种类别的幕府，幕主设幕主要是为了延请一些有能力"佐治"的幕宾，以期能为己分劳助力，实现"所谓专家治事"，或

---

① 阮元《国朝汉学师承记序》："元又尝思国朝诸儒说经之书甚多，以及文集、说部，皆有可采，窃欲析缕分条，加以剪截，引系于群经各章句下……如此勒成一书，名曰《大清经解》。徒以学力日荒，政事无暇，而能总此事、审是非、定去取者，海内学友惟江君暨顾君千里二、三人。"《揅经室一集》卷十一。

② 张鉴编，阮常生等续编：《雷塘庵主弟子记》卷六，道光五年条。

③ 章学诚：《上毕制府书》，《章氏遗书补遗》。

④ 汪辉祖：《佐治药言》，"就馆宜慎"条。

"资其见识,以救匡疏失"①,以巩固自己的政治地位;同时也希望借助一些有学有专长的游幕学者,开展一些诸如编书、著书、校书、修志、教读等学术文化活动,以扩大自己的社会影响,提高自己的学术影响力。"临民者曰官,佐治者曰幕"②,很好地说明了为官者与作幕者的职责。游幕者佐理之事包括幕主官职责范围内的军政、文教等各方面的事务,"著书立说也是为政治服务的,也是政治的有机组成部分。修志和教读更不待言"③。故"凡官至督抚司道至于牧令,均应岁奉千余金或数百金,敦请道德忠鲠之儒,以为师友,匡正其心思,增益其耳目知虑之所不及,必如是而后德可修,名可保也"④。因此,各级官员都乐意设幕延宾,一些督、抚等地方大员更热衷于此。如毕沅"为人仁而厚,博而雅,见人有一善,必咨嗟称道之不置。好施与,重然诺,笃于朋友"⑤,"闻有一艺长,必弛币聘请,惟恐其不来,来则厚资给之"。⑥ 幕中学者徐鏷庆曰:

> 庆依毕公前后十五六年,而见人之求于毕公者殆无虚日,毕公辄为之委曲应之,一材一技之善,毕公必赏誉之,使之博于衣食之途。朝士之贫者,有待以膏车者焉,至或弃官从之。山林穷老之儒之未识面者,有待以举火者焉,逆旅之殡、故人之孤,有待以归骸骨而毕婚嫁者焉,固以为大臣者当如此而已矣。⑦

由此,洪亮吉、黄景仁、孙星衍、邵晋涵、章学诚等诸多著名学者皆曾入其幕,从事编书、著书、校书等学术活动,可谓"生前幕府三千士,死后名山万卷书"⑧,对清代学术文化的发展产生了重要影响。但在幕主广延幕宾的同时,也会有一些沽名钓誉或附庸风雅之人借机混迹其中。邓石如对此类幕宾多有不满,"来此坐食无事,日见群蚁趋膻,阿谀而佞。

---

① 黄濬:《花随人圣庵摭忆》。
② 费山寿:《官幕同舟录·许楣录》。
③ 郭润涛:《清代幕府的类型与特点》,《贵州社会科学》1992 年第 11 期。
④ 胡林翼:《复曾制军书》,葛士濬:《皇朝经世文续编》卷三《学术·儒行》。
⑤ 钱泳:《履园丛话》卷六,"秋帆尚书"条。
⑥ 洪亮吉:《书毕宫保遗事》,《更生斋文甲集》卷四。
⑦ 徐鏷庆:《郑邵中翰序》,《玉山阁诗文选》卷三。
⑧ 徐鏷庆:《哭毕尚书》,《玉山阁诗文选》卷六。

此今之所谓时宜，亦今之所谓快捷方式也。得大佳处，大抵要如此面孔……日与此辈为伍，郁郁殊甚，奈何奈何！"①

幕主设幕延宾在满足自己需求的同时，客观上也为游幕学者提供了可以资生和继续从事学术活动的有利条件（见上文"幕府的学术条件"），督、抚、学政等幕主还会资助刊刻幕中学者的学术著作，如阮元曾刊刻其幕中学者汪中的《述学》、凌廷堪的《礼经释例》、焦循的《雕菰楼集》（书内页题《雕菰集》）、李锐的《算书》、臧庸的《拜经日记》、江藩的《国朝汉学师承记》、胡天游的《石笥山房诗文集》、邵晋涵的《南江邵氏遗书》等。② 游幕学者入幕，既可以获得一定数额的幕金以应生存之需，又可以得到幕主提供的许多有利条件，继续读书治学或准备科考，客观上也满足了幕主需人佐治、扩大社会影响等需求。

卢见曾与惠栋可谓幕主与游幕学者和衷互济的典范。两淮盐运使卢见曾延聘深研经学的惠栋入幕，惠栋与幕中其他学者一起佐助卢见曾校刊《雅雨堂丛书》，复校、补刻《经义考》，参订、编辑《国朝山左诗钞》。通过上述学术活动，一方面扩大了卢见曾及其幕府的学术影响，另一方面，惠栋也在为卢见曾编校古籍的过程中将自己的学术主张付诸实践，并通过与卢见曾的学术交流对其为学思想产生影响（见下文"学术交流"部分），卢见曾则与惠栋在论学中引为知己，刊刻惠栋遗著《周易述》，并撰序以推扬其学术价值③，又刻其《渔洋山人精华录训纂》，④ 使惠栋之学及其通经信古的为学方法得到彰显。

不同类别的幕府，幕主的职责及其对游幕学者的需求亦有不同，游幕学者也会因各自优势和相关条件的差异，影响其择幕及在幕中的活动内容。由第三章的分析可知，王公与京官幕府侧重于政务与文教活动，藩台以上地方官员的幕府在政务之外有较多的学术活动，并且常会组织实施一些大型的学术工程，道员以下地方官员幕府则以政务为主，兼事文教活动，学术活动以小规模的校书和纂修志书为主，武职官员幕府则以军政事

---

① 邓石如：《复徐嘉谷书》，穆孝天、许佳琼编著：《邓石如》，安徽教育出版社1983年版，第138页。
② 张鉴编，阮常生等续编：《雷塘庵主弟子记》卷二，嘉庆八年条。
③ 卢见曾：《周易述序》，惠栋：《周易述》卷首。
④ 卢见曾：《渔洋山人精华录训纂序》，《雅雨堂文集》卷二。

务为主,兼及边疆史地研究。因此,游幕学者比较热衷于到地方官员的幕府,尤其是藩台以上地方官员的幕府。幕主与游幕学者之间可以说是一种基于双向选择基础上的互助、互济关系。当然,由于幕主与游幕学者存在社会地位的差距,二者之间的双向选择和互济关系,并不是完全对等的,幕主整体上处于主导地位,而游幕学者除少数富有声望者则基本上处于被挑选的位置。

3. 流动性

幕府的流动性主要表现为幕主官职及其府署的变动和游幕学者的流动。

俗语"铁打的衙门流水的官",形象地反映了官员的流动性,同时也说明官员的官职是经常变动的。幕主官职及其府署的变动,主要有两种情况:一种是随着幕主官职的升迁、贬降、平调,其府署也随之发生变动;另一种是因幕主致仕、病故、丁忧去官、辞官或被罢职,失去官职的同时也就失去了官署和幕府。除了学政任期一般为三年外,其他官员的任期长短并无一定之规,加之不同官员的享年及仕宦时间长短不一,所任官职类别与品级高低不同,仕途平顺与否等各有区别,因此,不同官员的官职及其府署的变动频率各有不同,其延聘游幕学者的幕府也相应地发生频率不等的变动。总体而言,仕宦时间较长者,官职的变动较多,幕府的变动频率较高。

朱筠(1729—1781)享年53岁,26岁中进士,选为翰林院庶吉士,后由编修而右赞善至侍读学士、协办内阁学士批本事,"提督福建、安徽学政者二,充福建主考官者一,充辛巳、己丑、辛卯会试同考官者三,充戊子顺天乡试同考官者一,又充方略馆、《通鉴辑览》、三通馆、《日下旧闻》纂修官"①,而其设幕延聘游幕学者主要在任安徽学政、福建学政期间。

阮元(1764—1849)享年86岁,26岁考中进士,翌年授职编修,历仕乾、嘉、道三朝,内任翰林院编修、詹事府少詹事、礼户兵工四部侍郎、左都御史、内阁学士、协办大学士、体仁阁大学士,外任山东、浙江两省学政,浙江、江西、河南三省巡抚,兼署广东学政与巡抚,漕运总督

---

① 王昶:《翰林院编修前日讲起居注官翰林院侍读学士朱君墓表》,朱筠:《笥河文集》卷首。

和湖广、两广、云贵三地总督，至道光十八年（1838）休致，仕宦近50年，所仕之处皆以提倡学术、奖掖后学为务，故其设幕亦多，且随职务和任职地的变动而流动，就乾嘉时期而言，游幕学者较多之幕府为其任山东学政、浙江学政、浙江巡抚、湖广总督时所设。

沈业富（1732—1807）享年76岁，23岁考中进士，曾任翰林院编修、太平知府、充江西、山西乡试副考官、河东盐运使，自乾隆三十年（1765）冬补安徽太平知府，在任长达16年，① 故其幕府的变动较少，主要在其任太平知府和河东盐运使期间。

有一些官员因仕宦时间较短，或囿于各种条件而未曾设幕延宾。如陈寿祺（1771—1834）享年64岁，嘉庆四年（1799）中进士，嘉庆六年（1801）散馆授编修，旋假归省亲，嘉庆八年（1803）冬还京复职，先后任广东乡试副考官、河南乡试副考官、会试同考官、国史馆总纂，嘉庆十五年（1810）丁忧归，遂不复出，以课徒授业为生②，目前还未见其有设幕延宾的记载，也未见有学者入其幕为宾的记载。

游幕学者的流动比幕主及其府署的变动更为频繁，情况也更为复杂，许多游幕学者都曾出入于不同官员的幕府，或出入于同一个官员的不同幕府。一般来说，游幕时间的长短与所游幕府的多少成正相关，游幕时间越长，所游幕府越多，在不同幕府之间的流动性就越强。如章学诚游幕近30年，辗转于20多个官员的不同幕府：先后馆于顺天乡试分校沈业富家、武英殿编修朱筠邸，入于朱筠安徽学政幕，客宁绍台道署，入和州知州刘长城幕，客冯廷丞宁波道署，入永清令周震荣幕，馆于梁国治家和张维祺肥乡、大名廨署，主肥乡清漳书院讲席，客永定河道陈琮署、河南巡抚毕沅幕，就职文正书院讲席，入亳州知州裴振、湖广总督毕沅、安徽学政裴立纲、安徽巡抚朱珪、两淮盐运使曾燠、浙江布政使谢启昆幕。又如戴震游幕近20年，周游于十多个不同官员的府邸与官署：先后执教于歙县汪氏家馆，馆于翰林院庶吉士纪昀、刑部尚书秦蕙田、吏部尚书王安国府邸，馆于两淮盐运使卢见曾署，入直隶总督方观承、山西布政使朱珪、汾州知府孙和相等官员之幕。另如汪中、臧庸、黄景仁、胡天游、沈大成、陈黄中、汪沆、赵一清、万廷兰、王

---

① 阮元：《翰林编修河示盐运使沈公既堂墓志铭》，《揅经室二集》卷五。
② 吴守礼：《陈恭甫先生年谱》。

昶、赵翼、庄肇奎、吴文溥、朱文藻、沈可培、邵晋涵、钱坫、洪亮吉、钱大昭、史善长、祁韵士、胡虔、孙星衍、石韫玉、杨芳灿、凌廷堪、钱泳、焦循、李富孙、顾广圻、张鉴、李锐、彭兆荪、陆继辂、武亿等，都曾先后出入于多个官员的幕府。也有一些游幕学者虽长年游幕，但久在某一个幕府，流动性不高，如严长明游幕达14年，先后入于卢见曾两淮盐运使幕、毕沅陕西巡抚幕、毕沅河南巡抚幕，但仅在毕沅陕西巡抚幕就将近十年。

也有一些学者会追随某一个幕主至其新任职地的幕府，即在同一个官员的不同幕府流动。如徐鋉庆和洪亮吉连续在毕沅陕西巡抚、河南巡抚和湖广总督幕，孙星衍、严长明和钱坫连续在其陕西巡抚和河南巡抚幕，方正澍则连续在其河南巡抚和湖广总督幕。

从同一个幕府也可以清楚地看出游幕学者的流动性。如毕沅的河南巡抚幕中，游幕学者的流动就很频繁：乾隆五十一年（1786）严长明辞幕，同年邵晋涵离幕入都，次年孙星衍中进士而去，钱坫大约同时离去，乾隆五十三年（1788）吴泰来去世，凌廷堪离幕，章学诚虽入幕，但因同时受聘主讲归德文正书院，经常不在节署。洪亮吉在幕时一应礼部试，两归里第，出入频繁。只有方正澍、徐鋉庆、钱泳等几人常在幕府。

整体来看，乾嘉时期游幕学者的流动性比较强，但每个游幕学者的流动频率、流动范围，却因人、因时、因地而异，时代背景、社会环境、区域环境、幕府环境、游幕学者和幕主等各个方面，都可能影响游幕学者的流动，其中，游幕学者自身需求及其家庭的各种变化是影响游幕学者出入幕府的主要因素。

影响游幕学者出入不同幕府（相同地域或不同地域）的因素主要有：

（1）身体条件。体弱多病，不宜远游，只能选择在家乡或距离家乡较近的幕府游幕，一旦家乡附近的幕府因幕主的变故而撤幕，则只能出而另投他幕；在幕府中患病，需要家人照料，也只能离幕返家；无法忍受思乡念亲之苦，而离开远游之幕。

（2）父母家庭。父母年老，一则不可远游，二则远游时间不可过长；若父母罹患重病，则需暂时离幕以探亲；若父母离世，则需离幕奔丧，居里丁忧；其他家庭成员发生重大变故时，也可能会离幕返乡。

（3）科考入仕。乾嘉时期，由于游幕并非进身之阶，游幕学者改变社会地位的主要途径，仍然只能是通过科举考试谋取高级功名，进而被授予一定官职。所以，游幕学者即使入幕，仍会多次参加不同类别的科举考试，如汪辉祖作幕期间九应乡试、四上公车，45岁才考中进士，得任湖南宁远县知县。每逢科考幕中学者多离幕赴考，考后或回原幕，或另择他幕；考中举人或进士之后，有可能被授予相应官职，多数学者会离幕赴任，有些学者则选择继续游幕，如章学诚中进士之后仍以游幕为生。

（4）幕府环境。一些游幕学者因对幕府的学术环境不满，认为在幕中无法施展学术抱负而离幕；有些游幕学者因与幕主或幕中学者关系不睦而离幕；有些游幕学者因对幕府提供的幕金或生活待遇不满而另谋他就。

（5）幕主变故。幕主官职的变动（升迁、贬降、平级调动），或幕主因致仕、病故、丁忧去官、辞官或被罢职等原因失官，使原在某一官员幕府中的游幕学者不得不发生流动，或追随原幕主至新的地域、新的幕府，或离幕，或失幕而另择新幕。

此外，乾嘉时期统治者高度重视学术文化事业，大力提倡经史考证之学，文化学术事业欣欣向荣，各级官员承风宏奖，在力所能及的情况下广开幕府以招揽有学之士，为游幕学者创造了一个有利于游幕的社会文化环境，同时也为游幕学者提供了更多可供选择的幕府，为游幕学者在不同地域、不同幕府之间的流动提供了更多机会和更大的现实可能性。不同省区的自然环境和交通条件的优劣，区域经济发展和文化学术水平的高低，也会影响游幕学者的流动频率和流动范围。

幕主及其府署的变动以及游幕学者在不同地域、不同幕府中的流动，使游幕学者能够与不同幕主、不同学者进行学术交往，促进了幕府间学术信息的沟通，扩大了学术交流和学术传播的途径与范围，无论是对游幕学者、幕主的学术研究，还是对整个时代的学术发展都起到了积极的推动作用。

正因为幕府具有自主性、互济性、流动性等特点，为幕中学者提供了一个相对宽松、自由的学术环境，加之幕府相对优越的学术条件，使幕府成为大批家境贫寒、仕途失意的学者集聚之地，从而使幕府成为学术交流、学术研究和学术传播的阵地，为清代学术文化的发展起到了重要的推动作用。

第二节　乾嘉时期幕府中学术
活动的方式与特点

乾嘉时期，受清廷稽古佑文的文化导向影响，各级官员纷纷设幕揽才，学者游幕成为一时风尚，各级幕府中的学术研究、学术交流、学术传播等学术活动非常活跃。兹据相关史料，参考前贤的相关研究，简要讨论幕府学术活动的方式和特点。

一　学术研究与学术撰著的方式与特点

乾嘉时期大批游幕学者寄身于各级官员的幕府中，在幕主的赞助或组织下，能够比较专心地进行学术研究，从事经史考证、校勘、纂辑等学术撰著活动，取得了大批研究成果，不仅提高了游幕学者群体的学术声誉和社会地位，而且有力地促进了乾嘉学术的发展。

1. 学术研究与学术撰著的方式

学术研究的成果主要体现为学术撰著，学术撰著的形式多样，既有大型丛书、大部头的专书和汇编，也有短篇零章，有些研究成果甚至是以札记、日记或书信的形式呈现。幕府中学术成果的撰著方式主要分为两种，一种是幕主与游幕学者分工协作、共同完成，另一种是由幕主或游幕学者独立完成。

（1）幕主与游幕学者分工协作

一个人的精力和智力总是有限的，而文献浩瀚，一人耳目难周，从事图书校勘和经史考证的学术活动，尤其是大型学术工程的实施，不仅需要拥有大量图书资料，更需要集众人之力，讨论参酌、分工协作方可成事。由于幕主官尤其是地方官员日常行政事务繁杂，即使有从事学术撰著的意愿，对一些学术问题也有一定的学术积累，但是，一则难以抽出较多时间进行系统整理和撰著，二则难以静下心来进行深入细致的思考，尤其是一些耗时较长、部头较大的著述，凭一人之力实难完成。因此，大凡有一定财力的官员都会设幕延聘一些游幕学者，或助其处理行政事务，或助其完成一些学术撰著。其中，薪俸和养廉银较多、官阶较高的学者型官员，如卢见曾、毕沅、阮元、孙星衍等，常设幕延聘较多学有专长的游幕学者，采用幕主与游幕学者分工协作的撰著方式，组织实施一些大型的学术撰著活动。如《经籍籑诂》《十三经注疏校勘记》《经郛》《续资治通鉴》等大型经史考证之作，《雅雨堂丛书》《经训堂丛书》《岱南阁丛书》《平津馆丛书》《淮海英灵集》《两浙輶轩录》等大型丛书和诗文集的纂辑，以及各省通志的撰著，采用的都是幕主和游幕学者分工协作的撰著方式。

幕主与游幕学者分工协作进行学术撰著，一般由游幕学者担当大量具体的撰著任务，幕主也程度不同地参与其中，并发挥重要作用。根据幕主的参与度，又可将主宾合作的撰著方式分为两种：

一种是幕主不仅提供进行学术撰著的条件，而且从撰著条例的制定、研究成果的审核、修订以至定稿，全程参与。如《十三经注疏校勘记》的撰著，浙江巡抚阮元延聘顾广圻、臧庸等七位长于校经的学者至幕，专门修建了一座校书亭，① 将所需比勘之古本、珍本、稀见本等经典文献聚集其中以供校勘之用，将自己昔日手校本供诸人参考，对各位学者的校勘工作进行分工，对各经沿革、其间是非、校勘依据等进行详细说明，并对诸人校勘中的是非进行审订。② 因此，《十三经注疏校勘记》之成，实乃阮元与顾广圻、臧庸等幕中学者共同努力的结果。

阮元主持的大型学术活动基本上都采用此类撰著方式，如阮亨所说，"《十三经注疏校勘记》《经籍籑诂》《畴人传》《金石志》诸书，篇帙浩繁，皆自起凡例，择友人、弟子分任之，而亲加朱墨改订者甚多"③，而且不论工作量大小、耗费时间长短、延聘学者多少，基本上都会在相关的序、跋或凡例中，将参与者及其分工负责的工作内容予以明确，因此，尽管阮元幕府的撰著多署名为阮元，但很少有游幕学者与之发生著作权的争议（参见第三章第三节有关《经籍籑诂》和《十三经注疏校勘记》的纂修部分，此不赘述）。

毕沅以其史学卓识，认为《资治通鉴》之后的各种续作，或囿于所

---

① 阮亨《瀛舟笔谈》卷四："紫阳书院在吴山之麓，地最清旷，城市中有山林之意。兄即其地上构校书亭，招臧在东铺堂、顾千里广圻校定《十三经》。"

② 顾广圻校《毛诗》，臧庸校《周礼》《公羊传》《尔雅》，徐养原校《尚书》《仪礼》，洪震煊校《礼记》，严杰校《左传》《孝经》，李锐校《周易》《谷梁传》《孟子》，孙同元校《论语》，兼校《经典释文》，后由段玉裁复校。阮元：《十三经注疏校勘记序十三篇》，《揅经室一集》卷十一。

③ 阮亨：《瀛舟笔谈》卷七。

见史料不博，或存"详南略北之病"①，提出纂修《续资治通鉴》的选题，而且以其官陕西巡抚之便，钞录从《永乐大典》中辑出的"事涉宋元者"②以资纂修，"手自裁定"各种史料，组织幕中学者邵晋涵、严长明、孙星衍、洪亮吉、钱坫诸人分工纂修，③成编后又经邵晋涵复审、钱大昕复勘、增补考异，并于著中署名分任诸人，称"余"者乃毕沅自撰，另署名钱大昕、严长明、洪亮吉、邵晋涵等人各若干条，在考异中署有毕沅、钱大昕、严长明、洪亮吉、邵晋涵、孙星衍、瞿中溶、李锐、汪剑潭等人之名，最后由毕沅定名④。故《续资治通鉴》之成，乃毕沅与其幕中学者分工协作的结果。

《文选旁证》是由梁章钜创始并奠定基础，而后延聘多位学者勘补而成。⑤关于该书著述缘起及参与勘补人员，《自序》和《凡例》中皆有明言。《自序》云："伏念束发受书，即好萧选，仰承庭训，长更明师，南往北来，钻研不废，岁月迄兹，遂有所积。"⑥《凡例》："是编创于嘉庆甲子，丹黄矻矻，已三十余年，中间凡八易稿，而舛互漏略之处，愈勘愈多。外官以来，趋公鲜暇，每延知交之通此学者助我旁搜，如元和顾涧蘋明经千里、孙子和茂才义钧、朱酉生孝廉绶，吴县钮匪石布衣树玉，歙县朱兰坡侍读珔，华亭姜小枚明经皋，皆于各条详列姓名，亦不敢掠美云尔。"⑦

又如《广西通志》的纂修，谢启昆嘉庆四年（1799）九月离杭赴任广西巡抚，《己未九月奉命巡抚广西留别浙中诸同好诗》中有"载书八

---

① 钱大昕：《太子太保兵部尚书湖广总督世袭二等轻车都尉毕公墓志铭》，《潜研堂文集》卷四十二。
② 陈祖武等：《乾嘉名儒年谱》，北京图书馆出版社2006年版，第39页。
③ 钱庆曾：《竹汀居士年谱续编》，嘉庆二年条。
④ 章学诚：《为毕制军与钱辛楣宫詹论续鉴书》，《章氏遗书》卷九。
⑤ 关于该著的撰著者，学界存有不同意见。有人认为该书可能是陈寿祺之稿本，而梁氏集众手稍为增益而成。见李慈铭《越缦堂读书记》，同治己巳四月二十五日。晚清选学家李详则认为该书为程同文稿本。李详：《媿生丛录》卷五，《李审言文集》，第517页。今人袁行云经考证认为该书当是由姜皋最后完成。袁行云：《梁章钜著述多非自撰》，《文史》第19辑，中华书局1983年版，第230页。李永贤认为该书虽有赞助者参与之功，但主要工作仍由梁氏完成。李永贤：《文选旁证研究》，硕士学位论文，河南大学，2000年。
⑥ 梁章钜：《文选旁证自序》，《文选旁证》卷首。
⑦ 梁章钜：《文选旁证凡例》，《文选旁证》卷首。

船","舫有诗书驯远蛮"句,有志对旧志进行正讹和重修。次年正月十六即"开局于秀峰书院"重修《广西通志》。谢启昆"认修志为著述大业",亲任新志修纂总裁,并纂《序例》①,确定新志纂修体例,委胡虔为总纂,②聘张元铬等人助纂,对诸人所提供史料及纂修内容"是正而裁定"③。书成于嘉庆六年(1801),卷首有《恭进广西通志表》《恭修广西通志衔名》《广西通志序例》及目录,说明《广西通志》的纂修缘起、体例和与纂诸人名衔。今桂林迭彩山南面四望山麓有块摩崖,篆书题曰:"嘉庆五年,大中丞谢公重修《广西通志》,桐城胡虔与嘉兴王尚珏、任兆鲸、芷江朱锦、吴范来沛、宣城张堃、临桂朱依真、周维堂、关瑛,同县张元铬共事纂辑。"④

另一种是幕主提供图书资料、经费、处所等学术撰著的条件,组织游幕学者进行集体撰著,幕主为军政事务所牵,较少亲自参与撰著与审订等工作。如《史籍考》的纂修虽然得到了毕沅的支持,幕中学者洪亮吉、武亿、凌廷堪、胡虔、马宗琏等也曾参与纂辑,但纂修之事主要由章学诚负责,毕沅从乾隆五十二年(1787)至嘉庆二年(1797),先由河南巡抚调任湖广总督,又遭事降补为山东巡抚,不久又复任湖广总督,官职频繁变动,幕府也随之辗转于河南、湖北、山东,虽在湖广总督任时时间较长,但疲于应对湖南苗民和湖北白莲教起事,无暇顾及编书之事,更不可能亲自参与纂修和审订工作,章学诚与参与纂书诸人也随毕沅的官职升降和地域变动,时常失馆,或另谋他就,编纂工作举步维艰。

又如《经义考补正》的修撰,翁方纲虽自乾隆四十一年(1776)就有意与丁杰补正《经义考》,五十三年(1788)任江西学政时,"在南昌使院重校是书,欲汇成一帙而未暇也"。至五十六年(1791),翁方纲任山东学政,"门人王实斋来相助,重加校勘,因录所补正凡一千八十八条,为一十二卷"。⑤ 由此,《经义考补正》的修撰虽为翁方纲所发起,并

---

① 《序例》题谢启昆撰,或为胡虔所代撰。钱楷:《和中丞上元后一日开志局于秀峰书院志事二首原韵》,《绿天书舍存草》卷四。
② 萧穆《记广西通志谢中丞启昆所修本》:"时吾乡胡征士虔为总纂,体例皆其手定,论者以为可与阮文达公所修《广东通志》相匹。"《敬孚类稿》卷八。
③ 胡虔:《粤西金石略叙》,《粤西金石略》卷首。
④ 桂林文物管理委员会编:《桂林石刻》,下册,出版社不详,1979年版,第219页。
⑤ 翁方纲:《经义考补正序》,《经义考补正》卷首。

已做过一些资料准备，但官务繁杂而无暇与其事，终由其幕中学者王聘珍（号实斋）编撰而成。

(2) 幕主和游幕学者独立撰著

幕主的独立撰著可分为两类，一类确为幕主独立撰著，如阮元自著之《三家诗补遗》《考工记车制图解》《曾子注释》《诗书古训》《性命古训》《定香亭笔谈》《小沧浪笔谈》等；另一类则是仅署幕主一人之名，而实为幕中学者代撰。代撰者或为一人，如署名谢启昆的《史考释例》为章学诚代撰，① 署名为毕沅的《与钱辛楣宫詹论续鉴书》为章学诚代撰，② 署名毕沅的《释名疏证》为江声代撰，③ 署名胡克家的《重刻宋淳熙本文选序》和《文选考异序》均为顾广圻代撰，④ 署名方观承的《海塘通志》实为杭世骏代撰，⑤ 署名新柱的《福州八旗志》实为汪沆代撰⑥等；一些大型学术撰著，署名虽常为幕主一人，实际撰著则出于其幕中多位学者之手，如秦蕙田的《五礼通考》，主要由吴玉搢、戴震、钱大昕等撰；谢启昆的《小学考》实出胡虔与陈鳣之手；胡克家的《文选考异》主要为顾广圻与彭兆荪所撰⑦等。尚小明《学人游幕与清代学术》之"清代幕宾代撰学术著作表"，列有乾嘉时期署名为幕主独撰，实为幕中学者代撰或主撰的学术著作 25 部⑧，此不赘述。

游幕学者的独立撰著分为自撰和代撰两种情况。自撰是指游幕学者在幕府中从事自己的学术研究，独立撰著自己的学术著作。如沈廷芳在南河总督高斌幕，"潜心己业，著《理学渊源》十卷"⑨；程廷祚在卢见曾幕

---

① 章学诚：《史考释例》，《章氏遗书补遗》。
② 章学诚：《为毕制军与钱辛楣宫詹论续鉴书》，《章氏遗书》卷九。关于此函的撰写时间，学界存有争议，请参见林存阳《乾嘉四大幕府研究》，中国社会科学出版社 2016 年版，第 103 页。
③ 梁启超：《中国近三百年学术史》，东方出版社 1996 年版，第 255 页。
④ 此二序均存于顾广圻《顾千里集》卷十一。
⑤ 房兆楹：《杭世骏》，《清代名人传略》(中)。
⑥ 平步青：《霞外捃屑》卷二。
⑦ 钱泰吉：《曝书杂记》卷上；范旭仑、牟晓朋整理：《谭献日记》卷二。
⑧ 尚小明：《学人游幕与清代学术》(增订本)，东方出版社 2018 年版，第 357—359 页。
⑨ 杨钟羲：《雪桥诗话》卷四。

府主要潜心于自己的著述;① 惠栋客两淮盐运使卢见曾幕,写定《易汉学》。② 代撰是指游幕学者应幕主要求,代为幕主撰著。代撰的内容十分广泛,除公文之外,既有学术著作及序、跋,也有诗文、书牍、墓志、贺辞、寿序、哀辞等。如赵翼曾馆于尚书汪由敦家8年,教其子读书,兼代笔札,凡应制诗文皆为赵翼属草③。吴兰庭"七应礼部试不遇,主冯编修集梧家,编修校勘群籍,如考定《元丰九域志》、增注《杜樊川集》,皆出先生手"④。有时因为史料记载不详,或记载互有抵牾,对于某部著作究竟是自撰还是代撰,抑或是合撰;若为代撰,是一人代撰还是多人代撰,代撰者究为何人等问题,也会出现不同认识,由此形成学术史上的"著作权争议"现象(详见下文)。

由于幕主与其延聘的游幕学者之间存在事实的雇佣与被雇佣关系,游幕学者在幕府中应幕主的要求,代为幕主进行各种撰著实亦难免,同时,游幕学者在为幕主代撰学术著作,或参与幕府修书尤其是大型学术工程时,常可借机目睹或抄录平时难得一见的秘籍,为自撰创造条件,从而实现自撰与代撰相结合,达到宾主共赢。如章学诚在毕沅幕府为其纂《史籍考》的同时,也为完成自撰之《文史通义》积累了大量资料。其言曰:"鄙人比日与洪、凌诸君为中丞编《史籍考》,泛览典籍,亦小有长进,《文史通义》亦庶可藉是以告成矣。"⑤ 洪颐煊为山东督粮道孙星衍审定其所校《管子》,王念孙、王引之父子"以校本见遗",遂"删其重复",附以己说,"成《管子义证》八卷"。⑥ 又如吴兰庭于乾隆三十八年(1773)冬随朱筠入都,馆于朱筠椒花吟舫,得尽读其藏书及其所校四库馆之书,因成《五代史纂误补》。⑦

一人独立撰著,时间、精力、资料等条件以及必要的参酌讨论都难以与集体撰著相匹,若是部头较大的学术撰著,则需要在资料充足、生计无忧的情况下,集中精力专心致志为之,需要耗费大量时间,甚至需经多年

---

① 金兆燕:《程绵庄先生莲花岛传奇序》,《棕亭古文钞》卷六。
② 王昶:《易汉学跋》,《春融堂集》卷四十三。
③ 赵翼:《檐曝杂记》卷二"汪文端公"条。
④ 刘承幹:《胥石诗文存》跋语,《胥石诗文存》卷末。
⑤ 章学诚:《与孙渊如书》,《章氏遗书》卷二十九。
⑥ 洪颐煊:《管子义证序》,《管子义证》卷首。
⑦ 严元照:《吴胥石先生墓志铭》,《悔庵学文》卷五。

才能完成，故无论是为官的幕主还是游幕学者，独立撰著多为短篇零札，待有条件时再结集刊刻，长篇巨著仅凭一人之力难以在短时间内完成，且幕府具有的流动性也使游幕学者较少能够在游幕期间完成长篇巨著。

2. 学术研究与学术撰著的特点

幕府的性质、特点和幕府中学术撰著的方式，决定了幕府中的学术研究和学术撰著具有不同于官方撰著和私人撰著的特点，主要表现为以下几个方面：

（1）主宾共济，相得益彰

幕主尤其是一些学者型官员，学识湛深，拥有丰富的藏书和良好的社会资源，但事繁少暇；许多游幕学者虽不乏学识，但苦于家境贫寒，文献资料匮乏，学术研究及其撰著十分艰难，遑论开展较大规模的学术活动。学者型官员幕主延聘游幕学者，并为之提供优良的学术条件，使游幕学者得以展其才学，虽谓"因人成事"①，亦可稍慰其怀。幕主与幕中学者各凭优势，分工协作，则可收互资互益、相得益彰之成效。如阮元主持的《经籍籑诂》《十三经注疏校勘记》、毕沅主持纂修的《续资治通鉴》、卢见曾主持纂辑的《雅雨堂丛书》、毕沅主持辑刊《经训堂丛书》等，皆由幕主与其幕中学者合力完成。上述学术典籍的成书与刊行，不仅提高了阮元、毕沅、卢见曾等幕主官的学术声望，奠定了他们在乾嘉学术界的崇高地位，参与其事的诸位游幕学者也由此扩大了自己的学术影响，主宾和衷共济，相得而益彰，同时也使乾嘉学术具有了更多宏大和繁荣的气象，客观上起到了繁荣乾嘉学术的作用。

（2）各司其职，自主灵活

幕府的学术环境相对宽松，游幕学者受聘进入某一官员之幕后，在幕中的活动内容虽然各有不同，但主要是从事各种学术活动，因此，游幕学者可以根据各自承担的学术活动的任务量及难易程度，自主安排时间，只要在幕主要求的时间之内做好分内之事，不必一直在原幕中，可以同时游于不同幕府，也可以既游幕又兼书院讲学、课徒等不同活动，有时参与某一项学术活动的游幕学者，还可以分处不同地域，与刑钱师爷的活动内容及要求有较大区别。

如乾隆五十二年（1787）冬章学诚入河南巡抚毕沅幕，与洪亮吉、

---

① 臧庸：《别钮匪石序》，《拜经堂文集》卷四。

凌廷堪等人分纂《史籍考》。次年二月，章学诚承毕沅之命就职归德府文正书院，因书院尚未考录生徒，有较多时间从事编纂，但当时河南文献资料有限，遂致书洪亮吉、孙星衍等人寻求援助。章学诚致洪亮吉书：

> 三月朔日为始，排日编辑《史考》。检阅《明史》及《四库》子部目录，中间颇有感会，增长新解，惜不得足下及虚谷、仲子诸人相与纵横其议论也……不知足下及仲子，此时检阅何书？史部提要已钞毕否……此二项讫工，廿三史亦且渐有条理，都门必当有所钞寄。彼时保定将家既来，可以稍作部署。端午节后，署中聚首，正好班分部别，竖起大间架也。①

又致孙星衍书："至义例所定有应采者，邵君处已有大凡，可就询之。此间编得十卷八卷，亦当寄京，请足下辈为参定也。"② 可见，当时参与纂辑《史籍考》的学者分处三地：章学诚在归德文正书院，洪亮吉、凌廷堪、武亿诸人在开封（毕沅河南巡抚幕），邵晋涵、孙星衍、章宗源等人在京师，彼此遥相呼应，互通声气。③

又如洪亮吉乾隆三十八年（1773）往来于太平知府沈业富及安徽学政朱筠幕，既应沈业富之聘，总司安徽为四库馆搜采遗书事，兼为沈业富管书记，同时应朱筠之聘佐其校士徽州、宁国二府。乾隆四十年（1775）客江宁太守陶易署，课读兼掌书记，并校李锴《尚史》。④ 王芑孙乾隆五十至五十五年（1785—1790）馆大学士董诰邸，此后六年（1791—1796）馆睿亲王邸，其间又往来梁文定、王文端、彭文清诸家，为诸公代削草，朝廷有大典礼制，文字大半出其手。⑤ 嘉庆八年（1803）陈寿祺应浙江巡抚阮元之邀参与纂修《海塘志》和《经郛》，同时主讲敷文书院，兼课诂经精舍生徒。⑥

---

① 章学诚：《与洪稚存博士书》，《章氏遗书》卷二十二。
② 章学诚：《报孙渊如书》，《章氏遗书》卷九。
③ 林存阳：《乾嘉四大幕府研究》，中国社会科学出版社2016年版，第117—119页。
④ 吕培等：《洪北江先生年谱》乾隆三十八年至四十年条。
⑤ 王芑孙：《清华园感兴四首》，《渊雅堂编年诗稿》卷八；王芑孙：《出京四首》，《渊雅堂编年诗稿》卷十三。
⑥ 阮元：《隐屏山人陈编修传》，陈寿祺：《左海文集》卷首。

(3) 组织松散，多生变数

幕主凭借其人格、学问和提供的学术条件与幕金，将游幕学者吸纳至幕府，组织幕中学者分工合作进行学术撰著，这种方式有其优势，但也有其弱势：其一，幕主与游幕学者是聘用与被聘用关系，幕府学术活动组织比较松散，若学术撰著规模较大，所需时间较长，则难以保证有稳定的学术研究和撰著队伍；其二，幕府具有较大的流动性，每当幕主官职升、降、调动或因自身的其他变故而去官，其幕中的学者就不得不随官署的变动而迁移，或失馆而不得不另择新幕，游幕学者也会因自身各种原因而辞幕，或游走于不同幕府，直接影响幕府撰著尤其是大型学术工程的进展和成败；其三，幕主延聘游幕学者、进行学术活动所需经费，基本全由幕主个人承担（或出自俸银和养廉银，或由他途筹措，或靠赞助者资助），一旦遭贬或去官，幕主可能中止提供经费，使集体撰著活动难以长久维持；其四，大型学术工程参与者人数较多，意见难免存有分歧，实际撰修过程中不得不有所迁就，以致编撰体例和预定目标难以完全实现。①

如《史籍考》的编纂长达60年，历经毕沅河南巡抚幕、湖广总督幕、谢启昆浙江布政使幕、潘锡恩南河总督幕，章学诚、胡虔、钱大昭、马宗琏等十多位游幕学者倾心参与其中（参见第三章第三节的相关论述）。从《史籍考》的编纂过程可以看出，每一次幕主的变故都深刻地影响着编纂工作的进展乃至其最终的命运。《史籍考》的纂修史典型地反映了幕府撰著因组织松散和流动性强而多生变故的特点。

乾隆五十九年（1794），浙江按察使谢启昆延聘胡虔和陈鳣主纂《小学考》，次年谢启昆调任山西布政使而胡虔未同行，纂修之事被迫中断，两年后谢启昆调任浙江布政使，复延胡虔至幕，纂修之事始得恢复。② 可见，幕主的升转和幕中学者的流动，影响了《小学考》的纂修进度。

阮元主持纂辑《经籍籑诂》，因纂修者对于体例和收书范围存在意见分歧：是以《说文》为主还是以《广韵》为主，《说文》和《广韵》是否收入等，总纂和审订者臧庸"与同籑诸君往复辨难"③，但限于时日，

---

① 林存阳：《乾嘉四大幕府研究》，中国社会科学出版社2016年版，第210页。
② 谢启昆：《嘉庆二年正月十日抵浙藩之任纪恩二首》（其二），《树经堂诗初集》卷十四。
③ 臧庸：《经籍籑诂后序》，《拜经堂文集》卷二。江藩与焦循关于《经籍籑诂》编纂体例的书信讨论，参见闵尔昌编《江子屏先生年谱》，乾隆五十二年条。

体例不宜大改，故在实际的纂修过程中不得不有所迁就，而且书成众手，难免出现纰漏。阮元后又组织纂修《经籍籑诂补遗》，仍由臧庸负责。但因围绕诂经精舍奉许慎木主结衔问题，臧庸与孙星衍、洪颐煊等意见不合，而阮元采纳了孙星衍的主张，臧庸因称疾辞幕，阮元只得又延徐鲲负责此事，纂修进度和刊刻质量受到影响。

（4）代撰为主，时有争议

幕主延聘游幕学者主要是为佐治和从事学术活动，以提高自己的学术声誉和社会影响，游幕学者接受幕主对其生活及学术活动的资助而入幕，应幕主之需为幕主代撰文札及学术著作亦属分内之事。因此，游幕学者在幕府中的撰著活动，经常是既有为幕主代撰或在幕主的组织下参与大型学术工程的分纂，也有自撰，代撰占比相对较大。

张埙乾隆四十三年（1778）在毕沅陕西巡抚幕，参与《关中金石志》的撰著，利用毕沅嘱其主纂《兴平县志》《扶风县志》《郿县志》金石门的机会，撰成《金石志稿》五卷。① 祁韵士因宝泉局账目亏空事被遣戍伊犁，自嘉庆十年（1805）夏在伊犁将军松筠幕三年，充任印房章京，为松筠纂《伊犁总统事略》12卷、《西域释地》2卷，自著《万里行程记》《蒙池行稿》，又根据自己所接触的地方材料和实际考察，编成《西陲要略》4卷，为西北史地研究提供了卓有价值的基础资料。②

自撰与代撰有时难以区分，并易引起争议。有些著作虽署名幕主自撰，实则为幕中学者执笔，游幕学者为此付出了大量的时间、精力，影响了自撰的进度；若要说全为游幕学者代撰，似乎也不太合适，因为选题由幕主策划，撰著体例一般也由幕主制定或参与制定，经费由幕主提供，资料由幕主提供或通过幕主的关系而得，有时幕主还参与校阅、审订。幕主与游幕学者都付出了心力，但著作往往只署幕主之名，若在著作的凡例、序跋等处没有标注参与者及其工作内容，而真正的撰著者、参与者或知情者在其他记录中又有所揭示，但有时相关记述比较隐讳，后人根据所见史料，便会对该著作的撰著方式和撰著人产生不同认识。

如《西魏书》题谢启昆撰，钱大昕和姚鼐亦将撰著之功全归于谢氏，而胡虔《跋》及《补史亭草序》则言其有佐撰之功，方东树《先友记》、

---

① 张埙：《张氏吉金贞石录自序》，《张氏吉金贞石录》卷一。
② 祁韵士：《鹤皋年谱》，嘉庆十年至十九年条。

马其昶《桐城耆旧传》及道光《桐城续修县志》所载胡虔小传皆言《西魏书》出于胡虔之手（详见第三章第三节的相关讨论）。综观史料，《西魏书》概为谢启昆首倡，幕中学者胡虔代为主撰。

又如《直隶河渠书》署名为直隶总督方观承，实则由方观承延聘游幕学者编纂、删定，惜书未成而方观承病殁，以致该著的真正编撰者众说纷纭。段玉裁认为该著为戴震应方观承之聘编撰①；江藩云余萧客在戴震之前曾应方观承之聘修书，"因目疾复作，举歆戴震以代"②；李宗侗认为在戴之前赵一清已应方观承之聘纂修此书，时间长达三年，成132卷③；何元锡直言"《直隶河渠书》乃赵东潜作"，并从赵一清家抄得赵稿，寄与方观承之子；后段玉裁为文辨之，认为该书系"赵为草创，而戴为删定"④。由此可知，《直隶河渠书》之撰，是方观承先后延聘游幕学者赵一清、余萧客、戴震等人编纂，而后由戴震删定成102卷，并将书名由原来的《直隶河渠水利书》改定为《直隶河渠书》。

二 学术交流与学术传播的方式与特点

学术交流与传播对于学者个人、学者群体及其所处时代的学术发展，都具有重要影响，乾嘉时期学术以经史考证为主流，学术交流的重要性更为突出："今人亦当多方请教博学君子……谋求讨论，寻绎旧文，方有可成，否则，终有不到之处。"⑤ 幕府具有的自主性、互济性与流动性等特点，为游幕学者提供了更多、更便利的学术交流与传播的机会和条件，同时，由于幕主与游幕学者以及游幕学者之间，彼此师承、学派、学术理念、治学方法等各有不同，对同一学术问题的认识难免存在歧异，加之性情各异，处理人际关系的方式也各不相同，因此，幕府中幕主与游幕学者以及游幕学者之间，既常见彼此影响、互有助益之事，也时有彼此激烈论争乃至反目之事。

1. 学术交流与学术传播的方式

诚如梁启超所论，"清儒既不喜效宋明人聚徒讲学，又非如今之欧美

---

① 段玉裁：《戴东原先生年谱》，乾隆三十三年条。
② 江藩：《余古农先生》，《国朝汉学师承记》卷二。
③ 李宗侗：《赵东潜年谱稿》，乾隆二十六年至二十八年条。
④ 段玉裁：《赵戴直隶河渠书辩》，《经韵楼集》卷七。
⑤ 孙从添：《藏书纪要》，刘晚荣：《述古丛钞》。

有种种学会学校为聚集讲习之所，则其交换知识之机会，自不免缺乏"①，从目前掌握的史料来看，乾嘉时期游幕学者进行学术交流与学术传播的方式，主要有会面讨论、书信往来、著作刊行、讲习与课读、撰写序跋、传状、碑铭等。至于离乡到外地游学，向方闻之士请教，不仅需要有一定的财力，而且交流的人员和时间也比较有限，对于家境贫寒的游幕学者来说，缺乏现实的可行性。游幕学者在不同地域、不同幕府之间的流动，正可与不同学者（包括学者型官员幕主与幕中的游幕学者）进行更广泛的交流，实际上可以算是一种变相的游学，甚至比常规的游学更能起到学术交流的目的，收到更好的学术交流与传播的成效。

（1）会面交流

身处不同地域的普通学者由于交通不便，会面交流学术的机会较少，而游幕使来自不同地域的学者能够共处一地甚至同一幕府，尤其是江浙地区的地方大员幕府，幕中的游幕学者与幕主和其他幕中学者之间，以及相同地域的不同幕府的游幕学者之间，便有了更多会面交流研究心得、学术信息的机会，为游幕学者传播自己的学术观点和学术成果提供了更为便利的条件。由于会面交流是直接的、面对面的，较书信更容易充分阐明各自的学术主张，有利于不同学术思想和治学理念的碰撞，对交流双方的学术研究也更容易产生影响（详见下文），因此，会面交流作为幕府最普遍的学术交流方式，成为当时学者除书信之外的一种重要的学术交流途径。

戴震乾隆二十年（1755）入都，携所著书拜访钱大昕，二人谈论竟日，钱大昕赞其为"天下奇才"，并荐于秦蕙田；秦氏迎入官邸，与讲解观象、授时之旨，"以为闻所未闻"。②

孙星衍与钱坫曾同客陕西巡抚毕沅幕，二人时常就学术问题展开讨论，有时观点难以统一则激烈论辩，如"辩熊耳山所在，数十日不决"，钱坫"言未及吐，颈已发赤"。③ 汪梧凤与戴震、汪肇龙，"久处晨夕无他语，语必经义，义疑辄辨，辨必力持不相下，则辨益疾"，汪梧凤每因"口吃，尝咽塞不能出声气，须眉动张，童仆往往背立，睨视匿笑。

---

① 梁启超：《清代学术概论》，中华书局2011年版，第94页。
② 钱大昕：《戴先生震传》，《潜研堂文集》卷三十九。
③ 洪亮吉：《七招》，《卷施阁文乙集》卷二。

已乃复辨，必彼我意通乃已"。① 汪灼称戴震与"先严同学不疏园，南东异室处。偶读书有得，未尝不来先严处，分榻坐，执掌谈道，欢声达墙外"②。

焦循在浙江巡抚阮元幕与李锐共居一室，"共论经史，穷天人消息之理"③。谈泰在浙江学政刘钚之幕，与同在杭州之浙江巡抚阮元幕中的焦循时时会面，"互相订正古算学，甚获朋友讲习之益"④。凌廷堪客浙江巡抚阮元幕课阮元子常生，出所著各书相示，时与阮元讨论古今学问。⑤ 乾嘉时期幕府（尤其是地方大员幕府）中普遍存在会面交流学术的现象，既体现出幕中学者对相关学术问题质疑问难、以求其是的学术精神，也有力地促进了乾嘉学术的发展。

（2）书信往来

游幕学者离家别子，作幕异乡，友朋萍水聚散，主要依靠通信联系。游幕学者之间及其与当时知名学者之间书信函札往来不绝，不仅嘘寒问暖、增进感情，且内容多涉学术问题，成为学术交流和学术传播的重要方式。如臧庸《拜经堂文集》卷二、三、五收录书信49通，其中，致钱大昕5通，致阮元、段玉裁、卢文弨、陈寿祺各3通，致王念孙、王引之、孙星衍、翁方纲各2通，另有致郝懿行、洪亮吉、秦瀛、王鸣盛、王昶、毕沅、姚鼐、汪家禧等人书信若干通，内容或以经史古义相与质疑问难，或互倡古籍珍本的校勘考证，与诸位学者往复讨论，乐之不疲，至兀坐成疾，不以为困⑥。如与钱大昕讨论郑玄《易注》；⑦ 与陈寿祺讨论《礼》《诗》韵例及《尚书》古今文；⑧ 与孙星衍论校勘《管子》事；⑨ 与王引之、王念孙论任大椿遗著《小学钩沉》校勘事，并提出处理意见，王念

---

① 郑虎文：《汪明经梧凤行状》，钱仪吉：《碑传集》卷一三三。
② 汪灼：《四先生合传》，《渔村文集》卷五。
③ 焦循：《诚本堂记》，《雕菰集》卷二十。
④ 王永祥：《焦理堂先生年谱》，嘉庆五年条。
⑤ 阮元：《次仲凌君传》，《揅经室二集》卷四。
⑥ 臧庸：《列女传补注序》，《拜经堂文集》卷二。
⑦ 臧庸：《上钱晓征少詹书》，《拜经堂文集》卷三。
⑧ 臧庸：《答陈恭甫编修论冠昏辞韵书》《再答陈恭甫编修论韵书》，《拜经堂文集》卷三；陈寿祺：《答臧拜经论礼辞韵》《与臧拜经辨皋陶谟增句疏证书》，《左海文集》卷四。
⑨ 臧庸：《与孙渊如观察论校管子书》，《拜经堂文集》卷三。

孙复书，表示赞同；① 与秦瀛书辨韩愈郡望非昌黎，又与翁方纲书论《毛诗》"下武"之义，翁氏不以其说为然，复来书辨之，等等。②

钱大昕《潜研堂文集》卷三十三至三十六和《湖海文传》卷四十至四十四收录书信38通，通信对象有戴震、段玉裁、孙星衍、李文藻、朱筠、卢文弨、梁玉绳、姚鼐、王鸣盛、洪亮吉、周永年、严元照、袁枚等人，涉及中西历法、文字音韵、历史地理、志书体例、治学态度等多个方面的学术问题，其"六经皆以明道，未有不通训诂而能知道者"③ 的学术主张，也是在与其弟钱大昭的书信中提出的。戴震《戴东原集》收书信10通，通信对象有任大椿、段玉裁、姚鼐、是仲明等人，内容包括学理、治学方法、文字音韵、礼经丧服等学术问题，其《与是仲明论学书》自述学习心得，提出由文字训诂以通经义的治学门径："经之至者，道也；所以明道者，其词也；所以成词者，字也。由字以通其词，由词以通其道，必有渐。"④

据陈居渊统计，段玉裁《经韵楼集》有书信25通，陈寿祺《左海文集》有书信66通，凌廷堪《校礼堂文集》有书信23通，顾广圻《思适斋集》有书信10通，王引之《王文简公集》有书信15通，⑤ 大凡皆与学术问题有关。梁启超充分肯定了书信函札在学术交流中的作用及其学术价值：

> 后辈之谒先辈，率以问学书为贽。——有著述者则媵以著述。——先辈视其可教者，必报书，释其疑滞而奖进之。平辈亦然。每得一义，辄驰书其共学之友相商榷，答者未尝不尽其词。凡著一书成，必经挚友数辈严勘得失，乃以问世，而其勘也皆以函札。此类函札，皆精心结撰，其实即著述也。⑥

---

① 臧庸：《与王伯申学士论校小学钩沉书》《与王怀祖观察论校小学钩沉书》及所附《王石渠先生答书》，《拜经堂文集》卷三。
② 臧庸：《答秦小岘司寇论韩昌黎书》《答翁覃溪鸿胪卿书》，《拜经堂文集》卷三。
③ 钱大昕：《与晦之论尔雅书》，《潜研堂文集》卷三十三。
④ 戴震：《与是仲明论学书》，《东原文集》卷九。
⑤ 陈居渊：《清代乾嘉学人书札与经学对话》，《理论学刊》2012年第10期。
⑥ 梁启超：《清代学术概论》，中华书局2011年版，第94页。

晚学后辈多以书信向名儒前辈介绍自己的学术成果,以求得到提携和奖掖。如章学诚于乾隆五十二年(1787)致书毕沅,表达了对毕沅长久以来的仰慕之情,且述及自己目前的困境,希望能够入其河南巡抚幕;同时以旧刻《和州志例》《永清县志》为赞,并言及所著之《校雠通义》《文史通义》,期望以自己的史学才能得到毕沅的重视。①

许多学者把书信当作一种进行某些不宜以专著或论文形式发表的临时性研究的方式,借助信件文稿在友朋间的传抄、讨论,乃至刊行,传播自己的学术主张和学术成果,并得到学界的评价、认可和广泛注意,从而在一定范围内与诸多学术理念相近的学者建立学术联系,形成诸多大小不一的学术圈,如在苏州以惠栋为核心的经学圈,在嘉定以钱大昕为核心的经学圈,在扬州以王念孙父子为核心的经学圈和以阮元、焦循为核心的经学圈等②。

(3) 著作刊行

乾嘉时期,在统治者振兴文教的政策和官员、士绅、学者的倡行之下,朴学之风大盛,从事经史考证、训诂、典籍校勘等学术活动的考据学者辈出,为藏书业和刻书业的发展提供了良好的社会条件和学术支撑,江南地区经济发达,藏书业和刻书业更为繁荣。从刻书的内容和目的来看,"或刊刻经籍及其注疏,以传经典之高雅;或搜罗佚典秘籍行世,以示学问之渊博;或刊刻先人遗著和自著之作,以示门廷之高宠;或刊刻乡邦文献,以示地位之不凡;或代官场名流和贤达人士刻书,以利显达之举荐;或刊刻家谱、谱牒,以显家族之显赫……亦或刊刻童蒙读物以做家塾用书。"③ 一些实力雄厚的学者型地方大员,如卢见曾、毕沅、谢启昆、阮元等,不仅自著自刻,还组织学者汇刻经史巨著,汇辑、刻印丛书和乡邦文献。一些游幕学者精心结撰的学术著作,或自筹自刻,或由幕主或友朋资助刊刻,得以面世。如臧庸所集《孝经郑氏解辑》,鲍廷博见而喜其精核,遂与日本冈田挺之所辑《孝经郑注》合刻;④ 臧庸之《毛诗马王微》

---

① 章学诚:《上毕抚台书》,《章氏遗书》卷二十二。
② 陈居渊:《清代乾嘉学人书札与经学对话》,《理论学刊》2012 年第 10 期。
③ 江凌:《清代两湖地区的出版业》,中国书籍出版社 2011 年版,第 171 页。
④ 阮元:《孝经郑氏解辑序》,《知不足斋丛书》本《孝经郑氏解辑》卷首。

辑本，由孙冯翼序而刊之。① 学术著作不仅能够集中展现游幕学者的学术造诣，而且刊刻之后通过在学者、士子、藏书家、儒商等之间的购藏、流转，使游幕学者的学术观点和学术思想得以在更大范围进行传播。

著作刊行在学术交流和学术传播方面既具有上述优势，也有其劣势。经史考据等学术著作，不仅撰著较之时文辞章更为艰难，而且刊刻不易，流通渠道也并不十分通畅。坊间私人刻书者出于经济利益的考虑，更乐意刻印科举应试用的制义讲章和时艺选本，学术著作则多由私人集资刊刻，且多因财力不足而时断时续，耗时较长，一部考证精审的学术著作，往往经过多年甚至几十年才能面世，以致许多学者尤其是游幕学者的著作，生前多未能全部刊刻，从而又影响了其学术思想的传播。如钱大昕之幼弟钱大昭，博通经史，工于小学，先后游于钱大昕、翁方纲、阮元、谢启昆、邢澍等人之幕（见附录一），以著书为事，有著述 25 种，达 247 卷之多，经、史、子、集，四部兼具②，然限于各种条件，其著述刊行者仅《汉书补表》《后汉郡国令长考》《补续汉书艺文志》《三国志辨疑》等少数几种，余悉未刊，有些著述如《诗古训》《广雅疏义》等仅以稿本或抄本流传，有些著述如《得自怡斋诗集》《尊闻斋诗集》《尊闻斋文集》等仅见诸史志著录，却无由睹其具体内容。③

又如臧庸，在古籍校勘、文字考订、辑佚和小学训诂等方面成就显著，惜一生困于场屋，为求谋生与治学之资，游幕长达 17 年之久（见附录一），以代人校书、注书、编书为业，自著之书与裒集汉儒群经佚注之作，凡数十种，因家境贫困，多数著作在生前未能刊刻。④ 如《拜经日记》是集中体现其考据成果的代表作，乾隆五十九年（1794）既已成书，⑤"当代通儒硕彦留读者几遍"，但至嘉庆十六年（1811）卒时仍未能刊刻。臧庸卒后九年，其子臧相"始抱其遗书来粤，谒见仪征阮制军。

---

① 孙冯翼：《毛诗马王微序》，《问经堂丛书》本《毛诗马王微》卷首。
② 顾围：《钱大昭著作考》，《文教资料》2008 年 10 月号上旬刊；陈高春：《中国语文学家辞典》，河南人民出版社 1986 年版，第 385 页。
③ 丁喜霞：《〈清史稿艺文志拾遗〉著录钱大昭〈可庐著述十种〉辨正》，《中国经学》2018 年第 2 辑。
④ 丁喜霞：《臧庸及〈拜经堂文集〉整理研究》"研究篇"，中国社会科学出版社 2016 年版，第 3—39 页。
⑤ 臧庸：《拜经日记自序》，《拜经日记》卷一首。

制军命采择其要者，代为付刊，因以《日记》进。制军善之，为料量刻资，授梓顺德"，终在阮元的资助下乃得面世，而臧庸未刊之"其他著作，尚有三十余种"。①

由于游幕学者大多家境贫寒，身无功名，或拥有较低功名，社会地位较低，即使经年努力之后著述能够撰成，多方筹措或在幕主的赞助之下得以刊刻，也多是在族人、友朋、弟子之间小范围流通，且多为传抄或赠送，产生的学术影响和社会影响较小。如钱大昭的《广雅疏义》成书早于王念孙的《广雅疏证》，二者相较，无论是搜辑群书文注之博，还是疏解字义之精，都难分轩轾。《广雅疏证》书成后遂有家刻本问世，稍后又有俞樾《广雅释诂疏证拾遗》、王士濂《广雅疏证拾遗》、王树柟《广雅补疏》、刘岳云《书广雅释亲后》、陈邦福《广雅疏证补释》等，拾遗补阙，解释疑义，遂使《广雅疏证》卓然秀出，影响日盛。而钱大昭身无功名，亦无官职，家境贫困，无力剞劂，《广雅疏义》仅以抄传，流布不广，影响远不及《广雅疏证》。《广雅疏义》后流入日本，至日本昭和十五年（1940）六月，"静嘉堂文库"影印"静嘉堂丛书"，始得以行世。②

（4）课读与讲习

以汉学为依归，以经史考证为主要研究内容的游幕学者，受幕主之聘，在幕主的府署、第馆或主管书院，进行课读、讲习等活动，在向士子传授八股考课等常规的教育内容之外，常以经史疑义课士，并向学生传播自己的研究方法和学术观点，通过师生之间经常开展的学术交流，引导士子的为学方向，使书院成为培养考据学者和传播经史考证的阵地。如李惇主持暨阳书院时，"励诸生以朴学"；陈寿祺掌教泉州清源书院十年，福州鳌峰书院十一年，"修身励学，多士奋兴，一洗空疏之气"③，对书院学生进行严格要求，规定书院学生要"正心术、慎交游、广学问、稽习业、择经籍、严课规、肃威仪、严出入"④。考据学者主讲书院或任山长，对于书院和士子的治学方法、学术方向起到了重要的引导作用，促进了当地

---

① 臧相：《拜经日记跋》，《拜经日记》卷末。
② 丁喜霞：《未刊稿抄本〈广雅疏义〉成书与流存考略》，《中国典籍与文化》2014年第4期；丁喜霞：《基于数据库的〈广雅疏义〉与〈广雅疏证〉比较研究》，《河南大学学报》2018年第2期。
③ 支伟成：《清代朴学大师列传》，岳麓书社1998年版，第52页。
④ 陈寿祺：《鳌峰崇正讲堂规约八则》，《左海文集》卷十。

士习学风向经史考据的转向。

游幕学者在书院还可以将自己的研究心得进行系统总结，并传授给学生，以实学培育人才，如焦循"近来课徒之时，肆论及之，庶几胸中二十年所蓄演而出之"①，又如钱大昕"在紫阳至十六年之久，门下士积二千余人。其为台阁，侍从发名成业者不胜计，盖皆钦其学行，乐趋函丈，即当事亦均以师道尊礼之"②，许多学生后来成为术有专攻的知名学者，如精算术之学的李锐，长地理之学的夏文焘，精《说文》学的钮树玉、朱骏声，善经术之费士玑，长于金石学之张燕昌，擅长史学的陈稽亭等。书院学生经掌教学者的引导和培育，取得举人或进士，或成为知名学者，也会成为后辈学生的榜样，其学术取向对后辈学生具有示范和激励作用。

游幕学者在课读和讲习之余，不仅可以与其他掌教学者和高材生们进行学术交流，还可以利用书院相对简单的人际关系和清静的环境，开展学术探索和学术撰著，许多学者的重要著述都完成于掌教书院时。如钱大昕"设教钟山，讲肄之暇，复加讨论"③，完成了其代表作《廿二史考异》；在紫阳书院完成了《十驾斋养新录》；卢文弨在钟山书院和龙城书院分别完成了《钟山札记》和《龙城札记》。故孟森曰："清一代学人之成就，多在书院中得之，此固发展文教之一事也。"④

（5）撰写序跋、传状、碑铭

序跋即序文和跋文，内容主要是陈述著作的主旨和撰著经过，评述其价值和贡献等。序在汉以前是置于书末，后列于书首；跋则置于著作之后。历代学者都非常重视序跋的撰著，几乎无书不有序跋，乾嘉时期的游幕学者亦然，故学者文集中多有收录序跋之文者。如顾广圻《顾千里集》卷八至二十三收录序跋文 354 篇，钱大昕《潜研堂文集》卷二十三至三十二收录序跋文 273 篇，凌廷堪《校礼堂文集》卷二十六至三十二收录序跋文 44 篇，臧庸《拜经堂文集》卷二收录序跋文字 30 篇，洪亮吉《卷施阁文甲集》卷八收录序文 6 篇。

游幕学者之间及其与幕主和当时学术名家之间，通过互撰序跋，既可

---

① 焦循：《与某书》，《焦循诗文集·里堂札记·甲子手札》。
② 王昶：《詹事府少詹事钱君墓志铭》，《春融堂集》卷五十五。
③ 钱大昕：《廿二史考异序》，《潜研堂文集》卷二十四。
④ 孟森：《明清史讲义》，中华书局 1981 年版，第 533 页。

以相互砥砺，推扬友朋之学，又阐发自己对某些学术问题的看法，在一定程度上也传播了自己的学术观点，起到了学术交流和学术传播的作用。如李慈铭曾言"予每阅鲒埼亭、潜研堂两家题跋，深叹其学之无所不赅，令人茫然莫测其厓涘。其读书之精细，为前人所未有"[1]；臧庸所撰《刻吕氏古易音训序》和《题夏小正全书目录》表彰宋咸熙辑逸之功；《书宋椠左传不全本后》揭明宋本之可贵；《小尔雅征文》阐发戴震之说，考证《小尔雅》乃王肃作；《子夏易传序》阐述子夏非卜商，而系汉韩婴；段玉裁为臧庸所辑萧该《汉书音义》撰序，并为勘正讹谬；[2]阮元、许宗彦、王念孙皆为臧庸《拜经日记》撰序推扬其学，王念孙"亟称之，用笔圈其精确不磨者十之六七"[3]。

　　传状与碑铭虽然撰著形式或载体有所不同，但内容大致相同，主要记写主人的世系、籍贯、生卒年月、生平、德行、政绩，阐明其仕宦或学术方面的成就与影响。学者文集中多有收录，如钱大昕《潜研堂文集》卷三十七至五十收录传状、碑铭98篇，臧庸《拜经堂文集》卷五收录传状20篇，顾广圻《顾千里集》卷二十四及附录收录墓志铭14篇，凌廷堪《校礼堂文集》卷十三收录铭文12篇，卷三十三至三十五收录传状、碑铭8篇。一些名儒传状和碑铭，如钱大昕所撰《严先生衍传》《阎先生若璩传》《胡先生渭传》《惠先生栋传》《江先生永传》《戴先生震传》《钱处士行状》《布衣臧君墓志铭》《孝廉胡君墓志铭》、阮元撰《臧拜经别传》、臧庸撰《皇清日讲起居注前翰林院侍读学士卢先生行状》《礼部侍郎庄公小传》《汉阳叶先生庐墓记》等，皆叙其行实、治经大略及著作，以昌其学行，为研究汉学史提供了宝贵史料。为师友亲朋撰写传状、碑铭等，既可相互延誉，又可在一定程度上加强联系和感情，亦可借此建立人脉和学术圈，成就彼此的学术声望。

　　2. 学术交流与学术传播的特点

　　考据学是一种积累性很强的学问，既需要吸收借鉴前人和他人的研究成果，也需要指出并纠正前人和他人研究成果中的错漏，而一目所见、一人所思难免存有疏误，因此，考据学者十分重视学术交流和学术争鸣，以

---

[1] 李慈铭：《越缦堂读书记》，同治甲子三月十六日。
[2] 以上均见于臧庸《拜经堂文集》卷二。
[3] 阮元：《臧拜经别传》，《拜经堂文集》卷首。

求明辨是非，昌明学术。但因游幕学者身份的特殊性，幕府中幕主与游幕学者，尤其是游幕学者之间，由于师承与治学理念存在差异，对具体学术问题亦会产生不同认识，加之游幕学者的阅历、性情各异，对待学术异见的态度也各有不同，在学术交流与学术论争中就会表现出不同的特点。

（1）彼此影响，互有助益

乾嘉时期开幕延聘游幕学者的幕主，或如秦蕙田、毕沅、朱筠、阮元等地方大员，"其人学术文章固足卓尔名家，而宏奖风流，罗致宾客，用鸣盛于文酒，用编摩夫鸿典"，故而"幕中之彦，皆经史名流"；或如沈业富、冯廷丞等地方官员，"其人之学之位不甚通显，而能识英贤于未遇，而扶植之者也"①，故幕中除有佐治幕友之外，亦有游幕学者从事学术活动。

幕主与游幕学者在幕府中朝夕相习，"性情气质，最易染移"②，而且随着幕主官署和游幕学者的流动，通过经常性的较为直接的学术交流，在幕主与游幕学者之间、不同幕府的游幕学者之间形成学术交流的互动格局，对于彼此的学术思想、治学门径、治学方法和具体学术问题的认识等，都会产生潜移默化的影响。

如毕沅认为地理之学"有裨于民生事实"③，因而在"官事之暇，于地理尤所究心"④，校刊《山海经》《三辅黄图》《长安志》，补正《晋书·地理志》，并在幕中学者的协助下，辑出两种亡佚的重要地理著作《晋书地道记》《晋太康三年地记》。⑤ 毕沅对舆地之学的重视和身体力行，对幕中学者洪亮吉、钱坫等人产生了重要影响。洪亮吉自乾隆四十六年（1781）夏入毕沅陕西巡抚幕，"与纂《宋元资治通鉴》，始为地理之学"⑥，纂修《淳化县志》等志书之外，撰成《补三国疆域志》；后又客毕沅河南巡抚、湖广总督幕，续补《晋书·地理志》，并撰成《东晋疆域

---

① ［日］内藤虎次郎著，［日］吉川幸次郎译：《意园怀旧录》，《中和月刊》第1卷第7期，1940年。

② 郭润涛：《官府、幕友与书生——"绍兴师爷"研究》，中国社会科学出版社1996年版，第298页。

③ 毕沅：《水经注释序》，《水经注释》卷首。

④ 洪亮吉：《晋书地理志新补正后序》，毕沅《晋书地理志新补正》卷五。

⑤ 法式善：《陶庐杂录》卷四。

⑥ 孙星衍：《翰林院编修洪君传》，《孙渊如外集》卷五。

志》《十六国疆域志》《乾隆府厅州县图志》。① 钱坫也深受朱筠及幕中致力舆地之学的影响，在幕中为毕沅纂辑《续资治通鉴》之余，纂修《韩城县志》《朝邑县志》，并著《释地补注》《新斠汉书地理志》。②

毕沅任陕西巡抚和河南巡抚期间，在幕中学者孙星衍、严长明、钱坫、张埙等人的协助下，先后纂成《关中金石记》和《中州金石记》。毕沅搜罗、著录、汇辑金石资料旨在证经补史，此一为学理念对其幕中学者洪亮吉、王复等人产生了重要影响。如洪亮吉虽"于金石之学素寡究心"，但受毕沅金石之学的影响，校史常能佐以金石，"暇日尝假先生碑数百通，校史传阙遗，其间得史文之误者十之三，以史文正碑石之失者十之一。既又周览大河，纵观崇岳，南游乎汝颍，北极乎殷魏，又悟乎经史之失，有即可以金石正之者……前之药石足以订来刻之伪，昔之吉金亦可纠近著之失，有裨于实学不少也。"③ 王复因参与金石资料的纂辑，"久与之习，亦渐移其所嗜，凡历摄他县，访得片石，辄手摸上寄"④，而且任偃师知县之后，延童钰入幕，相与考订金石，续补武亿《偃师金石遗文录》，由四卷增至十六卷。⑤

惠栋于乾隆十九年（1754）客居两淮盐运使卢见曾幕，佐助卢见曾校刊《雅雨堂丛书》，复校、补刻《经义考》，在编校古籍和经常的论学质疑中，惠栋主张"汉经师之说，立于学官，与经并行。五经出于屋壁，多古字古言，非经师不能辨。经之义存乎训，识字审音，乃知其义，是故古训不可改也，经师不可废也"⑥ 的学术思想，对卢见曾的为学宗尚及《雅雨堂丛书》的取舍，产生了重要影响。卢氏提出"通经当以近古者为信"⑦ 的治学取向，即承于惠栋之说，而《雅雨堂丛书》对汉儒《易》

---

① 洪亮吉：《晋书地理志新补正后序》，毕沅《晋书地理志新补正》卷五；洪亮吉：《乾隆府厅州县图志序》，《乾隆府厅州县图志》卷首。
② 孙星衍：《释地补注序》，《孙渊如外集》卷二；钱坫：《补三国疆域志后序》，《补三国疆域志》卷末。
③ 洪亮吉：《中州金石记后序》，《中州金石记》卷首。
④ 武亿：《偃师金石遗文补录序》，《授堂文钞》卷三。
⑤ 李遇孙：《金石学录》卷四。
⑥ 惠栋：《九经古义述首》，《松崖文抄》卷一。
⑦ 卢见曾：《经义考序》，《雅雨堂文集》卷一。

学的表彰，亦可视为惠栋学术思想的体现。①

王念孙乾隆三十七年（1772）客朱筠安徽学政幕，为校《唐开元礼》、大徐本《说文》和《大戴礼记》，朱筠所撰《重刻说文解字系传序》，辨别六书要旨，多承王念孙之意。章学诚曰："昔朱竹君先生善古文辞，其于六书，未尝精研，而心知其意。王君怀祖固以六书之学专门名家者也。朱先生序刻《说文》，中间辨别六书要旨，皆咨于怀祖，而承用其言。仆称先生诸序，此为第一，非不知此言本怀祖也，而世或讥之，此不可语于古人为文之大体也。"②

戴震于乾隆二十二年（1757）客两淮盐运使卢见曾幕，得以结识同在幕中的惠栋。戴震本以为"圣人之道在六经。汉儒得其制数，失其义理；宋儒得其义理，失其制数"③，在卢幕与惠栋的相处和学术交流，对戴震的学术思想影响甚大，其后戴震倡导"故训明，则古经明；古经明，则贤人圣人之理义明，而我心之所同然者，乃因之而明。贤人圣人之理义非它，存乎典章制度者是也"④ 的为学主张，即发端于此时。⑤

汪中"三十以前工诗，善词赋"⑥，自述"某始时止习辞章之学，数年以来，略见涯涘。三《礼》《毛诗》以次研贯，且有志于古人立言之道"⑦。乾隆三十六年（1771）汪中就安徽学政朱筠幕，与朱筠及幕中学者邵晋涵、王念孙等人以及太平知府沈业富幕中的贾田祖多有交流，受上述学者的影响，治学门径开始变为"由声音、训诂之学，兼通名物、象数，由名物、象数之学精研大义"⑧，乾隆三十八年（1773）汪中致书朱

---

① 曹江红：《惠栋与卢见曾幕府研究》，《中国史研究》2012 年第 1 期。
② 章学诚：《答沈枫墀论学》，《章氏遗书》卷九。
③ 戴震：《与方希原书》，《东原文集》卷九。
④ 戴震：《题惠定宇先生授经图》，《东原文集》卷十一。
⑤ 惠、戴二人此次会晤的意义，参见陈祖武《清儒学术拾零》，湖南人民出版社 1999 年版，第 164—167 页。
⑥ 汪喜孙：《容甫先生年谱》，乾隆三十八年条。
⑦ 汪中：《与秦丈西岩书》，汪喜孙：《容甫先生年谱》乾隆三十三年条引。
⑧ 汪喜孙：《容甫先生年谱》，乾隆三十八年条。又，"秋，在朱学使幕，始与贾先生田祖定交"。李斗《扬州画舫录》卷三《新城北录上》称贾田祖"好学多所瞻涉，容甫所学半取资焉"。汪喜孙《容甫先生年谱》乾隆三十八年条则引用朱彬语曰："贾君以诗名。世人谓容甫之学出于贾稻孙，误也。"

筠云:"中泪于习俗,碌碌无成,于古人为学之方,至今岁始窥其门户。"①

与汪中相类,洪亮吉早年致力于诗文,客安徽学政朱筠幕之后,深受朱筠及幕中诸位学者的影响,始重经史之学。吕培等在《洪北江先生年谱》载:"及入学使署,又与邵进士晋涵、高孝廉文照、王孝廉念孙、章孝廉学诚、吴秀才兰庭交最密。由是识解益进,始从事诸经正义及《说文》《玉篇》,每夕至三鼓方就寝。"②

贾田祖自言"少喜为诗,至老不厌"③,乾隆三十八年(1773)游于太平知府沈业富幕,除与幕宾唱和之外,受沈业富和安徽学政朱筠幕(二幕同在当涂)中章学诚、黄景仁、顾九苞、汪中、王念孙等学者的影响,日益重视经学研究,最终成为汪中等人眼中的老儒。④

由此可见,幕主与游幕学者以及游幕学者之间,在学术思想、治学门径、治学方法和具体学术问题的认识等方面,都会因经常性的学术交流而受到彼此的影响而渐趋一致,通过幕主的积极倡导和大批游幕学者的努力推动,经史考证日益成为乾嘉学术的主旋律,推动了乾嘉学派的形成。

(2) 质疑问难,昌明学术

乾嘉时期的游幕学者十分注重学术交流与争鸣,如凌廷堪云"盖学问之道,愈辨乃愈精耳"⑤,故"所见不合,则相辩诘,虽弟子驳难本师,亦所不避,受之者从不以为忤"⑥。卢文弨与臧庸是师弟关系,乾隆五十四年(1789),卢文弨以今本《论语·宪问》子路、子贡疑管仲非仁两章为出《齐论语》,臧庸疑其说未可据,致书其师相讨论,卢氏明年撰《答臧生在东书》以复。⑦ 洪亮吉为订正臧庸所辑《论语郑注》

---

① 姚名达:《朱筠年谱》,乾隆三十八年条。
② 吕培等:《洪北江先生年谱》,乾隆三十五年条。
③ 贾田祖:《贾稻孙集·自叙》。
④ 吴海:《从博学诗人至经学老儒的贾田祖》,《福州大学学报》(哲学社会科学版) 2011年第 2 期。
⑤ 凌廷堪:《与程易畴先生书》,《校礼堂文集》卷二十五。
⑥ 梁启超:《清代学术概论》,中华书局 2011 年版,第 70 页。
⑦ 臧庸:《上侍读学士卢召弓言齐论语书》,《拜经堂文集》卷三;卢文弨:《答臧生在东书》,《抱经堂文集》卷二十一。

若干事，与卢文弨书以辨其非，卢氏韪洪氏之说，以其书示臧庸，臧庸就"束修"训解复书洪君以申其说。顾明则右臧庸说，与诸君反复辩论。赵怀玉因集录诸家论辩之说为《论语束修说》。① 臧庸《月令杂说》有驳郑注一条，卢文弨举之言于段玉裁，段不以其说为然；乾隆五十五年（1790）臧庸致书段玉裁讨论《月令》注疏，并以新作《虞书正义释》就正；复致书段玉裁，就段氏所校《尔雅》疏失提出商榷。② 江声不满焦循《群经宫室图》对"明堂"的考证，撰《与焦理堂论宫室书》以相辨诘，焦循认为"人有撰述以示于人，能移书规之，必此书首尾皆阅之矣。于人之书而首尾阅之，是亲我重我，因而规我。其规之当，则依而改之；其规之不当，则与之辨明。亦因其亲我重我而不敢不布之以诚，非恶夫人之规已而务胜之也"③，撰《复江艮庭处士书》以辨，并于《复蒋征仲书》中将二人所辨之事相告，同时将所辨内容移录于蒋征仲。④

孙星衍曰"文章天下之公，非好辨也"⑤，臧庸则曰"学问之道，贵平心以求其是非，而无取乎苟焉好异"⑥，学术交流与学术论争，目的在于"求其是而已，非将以求胜于前人而要名也"⑦，"是以古人之书，言乎其所不得不言，辨乎其所不得不辨，将以明道而祛惑，非以炫长而矜能。故其义研之弥永，其言久而益章。若病己之疏而务掩护之，嫉人之密而务攻击之，附会旧师之言，冯藉近儒之说，以求伸其见，必欲人之出我下而后已，无论其言，不能传之久远。"⑧ 因此，对于学术异见，游幕学者多能抛开成见，依据经典例证进行学术对话，平心以求其实、其是。如臧庸《与汪汉郊书》云：

---

① 洪亮吉：《与卢学士文弨论束修书》，《卷施阁文甲集》卷八；臧庸：《答洪稚存太史书》，《拜经堂文集》卷三；赵怀玉：《论语束修说序》，《亦有生斋集文》卷二。
② 臧庸：《与段若膺明府书》，《拜经堂文集》卷三；臧庸：《与段若膺明府论校尔雅书》，《拜经堂文集》卷二。
③ 焦循：《江处士手札跋》，《雕菰集》卷十八。
④ 焦循：《复蒋征仲书》，《雕菰集》卷十四。
⑤ 孙星衍：《答江处士声书论中星古今不异》，《问字堂集》卷四。
⑥ 臧庸：《题蜀石经毛诗考证》，《拜经堂文集》卷二。
⑦ 段玉裁：《左传刊杜序》，《经韵楼集》卷四。
⑧ 臧庸：《题汪孝婴北湖访焦君图》，《拜经堂文集》卷四。

拙《记》四卷,都中旧作,所惬心者,在言韵一卷。王伯申学士、陈恭甫编修皆诒书争之,惟王怀祖先生颇以鄙说为然。然当世多未信斯说,而复哓哓好辨,以求申其是,君子不为也。抑语曰:"狂夫之言,圣人择焉。"盖虽上智,必有所遗;下愚,亦有所得。圣人之经,非一二人之所能尽。试举鄙说,私质之足下,足下平心而察之,固不可曲循庸之臆见,亦不必遽执前人之成说以相诘难。是否有当,幸告我,足以决之矣。①

钱大昕认为:"学问乃千秋事,订讹规过,非以訾毁前人,实以嘉惠后学。但议论须平允,词气须谦和,一事之失,无妨全体之善,不可效宋儒所云'一有差失,则余无足观'耳……去其一非,成其百是,古人可作,当乐有诤友,不乐有佞臣也。"② 故其与学者之间或答问,或质疑,或论辩,"其气和,故貌不矜张……辨论而无叫嚣攘袂之习"③。

本着实事求是和昌明学术的初衷,游幕学者对于师友的精识卓见,亦多能闻善而从。如臧庸《刻通俗文序》言:"忆昔年尝手录一篇,就正于吾友钱君广伯,广伯校勘精致,纠绳切当。于身后镛堂始及见之,今录定,多从之焉。"④ 对于师友指出自己论学中的失误讹漏,亦能知错即改,而不文过饰非。如臧庸《上阮云台侍讲书》言:"前承惠书指正,状稿已改政,其上文正书有碍处,亦裁节过半。"⑤ 钱大昕《答卢学士书》:"来教谓《续汉志》述二十四气中星,大寒旦中,当是'心半'非'心二半'。仆初校时,但据闽本添'二'字,初未布算,兹以《四分术》推之,果是'心半',始悔向来粗心之误,受教良非浅矣。"⑥ 若对于他人所论仍存疑问,则复加申辩。如臧庸《答洪稚存太史书》言:"拙辑《论语郑注》,承校勘数则,已如教改正。惟'束修说'鄙见不以为然,今谨陈

---

① 臧庸:《与汪汉郊书》,《拜经堂文集》卷三。
② 钱大昕:《答王西庄书》,《潜研堂文集》卷三十五。
③ 段玉裁:《潜研堂文集序》,钱大昕:《潜研堂文集》卷首。
④ 臧庸:《刻通俗文序》,《拜经堂文集》卷二。
⑤ 臧庸:《上阮云台侍讲书》,《拜经堂文集》卷三。
⑥ 钱大昕:《答卢学士书》,《潜研堂文集》卷三十四。

之。"① "凡采用旧说，必明引之，剿说认为大不德"②，决不掠美，甚至删汰己稿中与他人雷同者。如钱大昕撰《廿二史考异》，"间与前人闇合者，削而去之；或得于同学启示，亦必标其姓名，郭象、何法盛之事，盖深耻之也。"③

（3）刚直孤傲，争而成仇

质疑问难和学术论争本属正常的学术交流，论争旨在明辨是非，昌明学术，而"不在争讦也"④，故需平心静气相互切磋，以求其是。如焦循云："窃谓争之说有二端：未深核乎众说之本原，私臆所属，求胜先正，此不可者也。力学之久，积疑成断，了然有得于心，以补正前人之缺与误，此学经者所不可废也……鉴以磨砻而愈光，丝以涚沤而益熟。孔子曰：'当仁不让于师。''不让'者，争之谓也。"⑤ 但有些学者或因囿于门户之见，或因性情刚直孤傲，往往不能平心以待其他学者的不同意见尤其是批评意见，或"议论过于骏利"，或有意吹求，"过为贬驳之辞"，⑥ 以致发生激烈论争甚至反目为仇，如阎若璩"学问淹通，而负气求胜，与人辨论，往往杂以毒诟恶谑，与汪琬遂成仇衅，颇乖著书之体"⑦，对学术交流造成消极影响。

乾嘉时期的游幕学者，既有因治学理念不同而相攻者，也有因性情孤直不能下人而对具体学术问题进行争竞者，并且常有因论学不合而辞幕或反目成仇者。清代学术史上比较著名的学术论争，如戴震与章学诚关于修志问题的论争、章学诚与汪中关于古文辞的论争、段玉裁与顾广圻关于《十三经》"注疏合刻"始于何时的论争、方东树与江藩的汉宋之争，⑧ 均发生于游幕期间。另如顾广圻与段玉裁、臧庸、何元锡等人关于学术规范和校勘理念的论辩、臧庸与洪亮吉等人关于"束修"之义的论争、孙星衍与严长明诸人之争、汪莱与李锐之争、江藩与洪亮吉之

---

① 臧庸：《苔洪稚存太史书》，《拜经堂文集》卷三。
② 梁启超：《清代学术概论》，中华书局2011年版，第70页。
③ 钱大昕：《廿二史考异序》，《廿二史考异》卷首。又见于《潜研堂文集》卷二十四。
④ 段玉裁：《答顾千里书》，《经韵楼集》卷十一。
⑤ 焦循：《代阮侍郎撰万氏经学五书序》，《雕菰集》卷十五。
⑥ 章学诚：《校雠通义叙》，《校雠通义》卷首。
⑦ 永瑢等：《四库全书总目》卷一一九"《潜邱札记》"条。
⑧ 尚小明：《学人游幕与清代学术》（增订本），东方出版社2018年版，第302—314页。

争，等。

关于顾广圻与段玉裁之争，学界已有不少讨论，① 兹据相关研究成果和所见史料，略加申述如下。段、顾之争起于二人在浙江巡抚阮元幕对于《十三经》"注疏合刻"始于何时的异见，继以二人对于学术论争和校勘理念存在不同认识而往复论辩，终因顾氏性情孤直、用语过激而愈演愈烈，势成水火，并累及同在幕中之臧庸、何元锡等人和卢文弨抱经堂本《经典释文》。

嘉庆五年（1800）阮元任浙江巡抚，为重刻宋本《十三经注疏》，延聘长于校经之士入幕，分经校勘。阮亨曰："紫阳书院在吴山之麓，地最清旷，城市中有山林之意。兄即其地上构校书亭，招臧在东镛堂、顾千里广圻校定《十三经》。"② 次年（1801）正月，臧庸、何元锡、顾广圻即应邀入幕，其后，李锐、徐养原、洪震煊、严杰、孙同元等亦至幕，分任诸经校勘，段玉裁则负责复校。③ 校勘进展比较顺利，是年腊月初一，阮元过访臧庸、顾广圻二人，并有诗纪之："延宾有陈蕃，下车愧卫飒。煮茶说群经，《郑志》互问答。"④ 此时臧庸、顾广圻二人关系应该还比较融洽。但关于《十三经》"注疏合刻"始于何时，幕中诸人意见不一。顾广圻据日本学者山井鼎《七经孟子考文》之《左传考文》载南宋黄唐《刊礼记跋》⑤，认为注疏合刻始于南宋，严杰和洪震煊赞同其说；而段玉裁

---

① 汪绍楹：《阮氏重刻十三经注疏考》，《文史》第 3 辑，1963 年；漆永祥：《论段、顾之争对乾嘉校勘学的影响》，《古籍整理研究学刊》1991 年第 3 期；袁媛：《也谈段、顾之争——时代风气与个人治学的交织》，《文献》2016 年第 3 期；侯婕：《清段玉裁、顾广圻相争始末》，《经学文献研究集刊》第 18 辑，上海书店出版社 2017 年版；华喆：《段玉裁、顾千里"西郊"、"四郊"之争再研究》，《文史》2018 年第 4 辑；沈相辉：《段玉裁、顾广圻交恶刍议——以段、顾来往书信为中心》，《中华文化论坛》2018 年第 7 期，等等。

② 阮亨：《瀛舟笔谈》卷四。

③ 阮元：《十三经注疏校勘记序》，《揅经室一集》卷十一；汪绍楹：《阮氏重刻宋本十三经注疏考》，《文史》第 3 辑，1963 年，第 22 页。

④ 阮元：《辛酉腊月朔日入山祈雪即得雪出山过诂经精舍访顾千里广圻臧在东镛堂用去年得雪诗韵》，《揅经室四集》卷五。

⑤ ［日］山井鼎《七经孟子考文》之《左传考文》载南宋黄唐《刊礼记跋》："本司旧刻《易》《书》《周礼》正经、注、疏，萃见一书，便于披绎。它经独缺。绍兴［熙］辛亥，遂取《毛诗》《礼记疏义》如前三经编汇，精加校正。"转引自尚小明《学人游幕与清代学术》（增订本），东方出版社 2018 年版，第 308 页。

认为"北宋之季合之"①，徐养原、臧庸、何元锡、李锐赞同其说。②

黄丕烈在《百宋一廛赋注》中重申顾广圻之注疏合刻始于南宋说："居士前在阮中丞元十三经局立议，言北宋本必经注自经注，疏自疏，南宋初始有注疏，又其后始有附释音注疏，晁公武、赵希弁、陈振孙、岳珂、王应麟、马端临诸君，以宋人言宋事，条理脉络，粲然可寻，而日本山井鼎《左传考文》所载绍兴辛亥三山黄唐跋《礼记》语，尤为确证，③ 安得有北宋初刻《礼记注疏》及淳化刻《春秋左传注疏》事乎？"④ 顾广圻又"为张古余重刻《仪礼注疏》，取宋景德官本'单疏'及宋严州'单注本'合编之，及抚州公使库本《礼记郑注》以成己志"⑤。段玉裁与顾广圻虽于《十三经》注疏合刻始于何时有不同意见，但未见有就此问题发生激烈争论，此异见或可认为是导致二人后来反目的发端或潜在原因，此后二人因学术规范和校勘理念的分歧发生了多次激烈论辩。

顾广圻于嘉庆七年（1802）九月作《重有感》（题注"壬戌九月西湖作"）诗："《南华》发冢柱生咍，莫挽颓波是殉财。《曲礼》顿教王式去，《公羊》频告郑詹来。但存博士同门蔽，况有高人割席猜。独恨漆书私改日，竖儒重焰祖龙灰。"⑥ 以"《南华》发冢"之典，将西湖校经

---

① 段玉裁：《十三经注疏释文校勘记序》，《经韵楼集》卷一。
② 乾嘉学者关于经书注疏合刻本的起源时间，"或以'注疏合刻'起于南、北宋之间，而《易》《书》《周礼》先刻，在北宋之末者，徐养原也。或以为起于南渡后者，顾千里、严厚民、洪榦堂也。而段氏独谓'合刻注疏'在于北宋，初谓'注疏汇刻'始于淳化……其后始移易其辞，谓'合注疏'在北宋之季……是时祖段者，盖臧在东、何梦华、李尚之。"汪绍楹：《阮氏重刻十三经注疏考》，《文史》第3辑，1963年，第29页。
③ 张丽娟认为：段玉裁、顾广圻等乾嘉诸儒关于经书注疏合刻本出现时代的争论，"实在于日本山井鼎《七经孟子考文补遗》引《礼记正义》黄唐跋误'绍熙辛亥'为'绍兴辛亥'所致。因乾嘉学者皆未见八行本《礼记正义》原本，所知者仅《七经孟子考文补遗》引用黄唐跋语，《考文》引用黄唐跋语中一个误字，导致乾嘉学者在注疏合刻起始时间上的错误认识。杨守敬在跋八行本《尚书正义》中特意订正了《七经孟子考文补遗》的错误……乾嘉诸儒聚讼之议，遂得迎刃而解。"张丽娟：《宋代经书注疏刊刻研究》，北京大学出版社2013年版，第33—34页。
④ 黄丕烈：《百宋一廛赋注》，顾广圻：《百宋一廛赋》，《顾千里集》卷一。《百宋一廛赋》为顾广圻撰，是以赋体记黄丕烈"百宋一廛"所藏宋椠本书，黄氏自为下注，详记版本、行款，阐明源流，可视为"百宋一廛"藏书志。尚小明：《学人游幕与清代学术》（增订本），东方出版社2018年版，第308—309页误题《百宋一廛赋注》为顾广圻撰。
⑤ 汪绍楹：《阮氏重刻十三经注疏考》，《文史》第3辑，1963年，第30页。
⑥ 顾广圻：《重有感》，《顾千里集》卷三。

事喻为盗取名利的闹剧；用汉代王式因诸生强劝而为礼博士，以坚守《曲礼》规制见詈辞归事，谓己参与校经是因段玉裁之荐，① 而己"以不校校之"的校勘原则与幕中诸人不合欲辞幕；以"漆书私改"指斥段玉裁、臧庸、何元锡等人私改旧籍；"高人割席猜"，盖指段玉裁等人因与顾广圻校勘理念不同几至割席断交；以汉高祖詈骂侯生语"竖儒"和"重焰祖龙灰"，斥阮元、段玉裁等主校《十三经注疏》并作《校勘记》，犹再遭秦火，使古代经典遭受巨大灾难。用此毒詈之语，可见顾广圻对幕中诸人私改旧籍之愤怒，说明是年秋冬之际顾广圻与段玉裁等人嫌隙已深。

顾广圻校《毛诗》，据经本、经注本、注疏本等十余种，此外还引用了日本学者山井鼎《毛诗考文》及众多事涉《毛诗》校勘的精粹之书，其中就有段玉裁的《校定毛传》和《诗经小学》。② 据萧穆《记方植之临卢抱经手校十三经注疏》载，方东树云："按《校刊记》成，芸台寄与段懋堂复校，段见顾所校《诗经》引用段说，未著其名，怒之。于顾所订，肆行驳斥，随即寄粤，付凌姓司刻事者开雕，而阮与顾皆不知也，故今《诗经》独不成体。此事当时无人知者，后世无论矣。乙酉八月，严厚民杰见告。盖以后诸经乃严亲赍至苏，共段同校者也。"③ 段玉裁此为或导因于此前关于注疏合刻始于何时的异见，或因怨顾氏以詈词入诗攻校经之人之事，或因怒顾袭用己说而不著名，但"肆行驳斥"而不告知主持者阮元与当事者顾广圻，亦有不当。若顾广圻当时得知，恐再生风波。

导致段顾二人反目的直接原因，是围绕孙志祖关于"《王制》西郊当作四郊"发生的论辩，以及由此引出的关于学术讨论的规范和校勘原则的激烈论争。孙志祖《读书脞录续编》卷一"《王制》西郊当作四郊"，认为《礼记·王制》"虞庠在国之西郊"之"西"当作"四"，顾千里作《礼记考异》则以作"西郊"不误，斥孙"模糊乱道"。此时孙志祖已卒，段氏认为顾广圻语出不逊，作书规劝，且以"暇即面谈为属"④ 相邀

---

① 段玉裁《与刘端临第二十九书》："今年一年，《说文》仅成三页，故虽阮公胜意，而辞不敷文。初心欲看完《注疏考证》，自顾精力万万不能，近日亦荐顾千里、徐心田养原两君而辞之。"《经韵楼文集补编》卷下。

② 阮元：《毛诗注疏校勘记序》《引据各本目录》，《十三经注疏校勘记·毛诗》卷首。

③ 萧穆：《记方植之临卢抱经手校十三经注疏》，《敬孚类稿》卷八。

④ 段玉裁：《与顾千里书》，《经韵楼集》卷十一。

而未果。

清代学者每讥明人刻书好臆改，甚而以它书易本书，严可均曾言"明人习气，好作聪明，变乱旧章，是谓刻书而书亡"①，阮元曰"刻书者最患以臆见改古书"②。对于古籍校勘，顾广圻主张"以不校校之"，认为：

> 盖以校书之弊有二，一则性庸识闇，强预此事，本未窥述作大意，道听而途说，下笔不休，徒增芜累；一则才高意广，易言此事，凡遇其所未通，必更张以从我，时时有失，遂成疮痏，二者殊途，至于诬古人惑来者，同归而已矣。广圻窃不自量，思救其弊，每言书必以不校校之：毋改易其本来，不校之谓也；能知其是非得失之所以然，校之之谓也。③

基于上述认识，顾广圻复札段玉裁，斥其为孙氏辩护之书札"于经之明文凿凿者，抹杀之曰讹"，"不能谓之讹者，则又换一法，悉抹杀之曰误"，"假借于他家之异义者以断章取证，而不计其为牵合"，"反将凡所举出者，遇一经改一经，遇一注改一注，遇一《正义》掊击一《正义》"，"方冀仍然开悟，将大说、拙辨拉杂摧烧，归诸太虚，则盛德未失为日月之更，而经、注、《正义》与阁下咸受其福"云云④，攻讦甚悍。段玉裁接书后以长札作答，认为学术交流当平心讨论，不宜用诟詈之言，并对顾氏的校勘主张进行商榷：

> 足下札复乃云某侍御模糊乱道……足下成言，姑无论义理之是非，说经之事，与朝廷议政同，平心讨论可矣……颐谷果谬也，足下当举其姓名而正其说，不当隐其姓名，斥其模糊乱道……凡今人及古人所说之是非，皆当平心易气，分析其孰是孰非，不当用诟詈之言曰

---

① 严可均：《书北堂书钞原本后》，《铁桥漫稿》八。
② 阮元：《江西校刻宋本十三经注疏后》，《揅经室三集》卷二。
③ 顾广圻：《礼记考异二卷阳城张氏刻本》，《顾千里集》卷十七。
④ 顾广圻：《与段茂堂大令论周代学制第二书》，《顾千里集》卷七；顾广圻：《顾千里第二札》，段玉裁：《经韵楼集》卷十一。

"模糊乱道"，古人文集中曾见有此种否？其故由于骄傲性成。且仆在杭州时，知足下为颐谷所疏忽，故以此报之。一见《上阮云台书》，再见为古余所作《考异》，三见答仆书。是以讲经为修怨之捷径也。如此居心，尚有人品否？如此校经，尚可信从否……凡校书者，欲定其一是，明贤圣之义理于天下万世，非如今之俗子夸博赡、夸能考核也。故有所谓宋版书者，亦不过校书之一助，是则取之，不是则却之。宋版岂必是耶？故刊古书者，其学识无憾，则折衷为定本，以行于世，如东原师之《大戴礼》《水经注》是也；其学识不能自信，则照旧刊之，不敢措一辞，不当据撼各本，侈口谈是非也。今足下为《礼记考异》，既不敢折衷定本，乃欲谈是非耶？果能谈是非，则何不折衷定本也？①

此后段玉裁"为《四郊小学疏证》以正于千里，千里经两月之久，为《学制备忘之记》驳之"②，段玉裁则作《与顾千里书论学制备忘之记》以应，两人书札往还二十余通，相互诘难，以致师弟反目。陈鳣虽"欲为调人，而终莫解。尝汇集其书为一册，题曰《段顾校雠篇》"③。

顾广圻不仅与段玉裁意见不合，与同在阮元幕校《十三经注疏》之臧庸、何元锡、孙同元等人亦不合。臧庸为清初著名经师臧琳之玄孙，校勘学家卢文弨之弟子，亦师事段玉裁，且卢与段交谊甚厚。段玉裁所撰《卢公墓志铭》云："先生与余交忘年，一字剖析欢开颜，十年知己情则坚。先生一去余介然，归于其宫神理绵，其书可读其泽延。"④ 臧庸之校勘理念与其师卢、段一脉相承，认为"校书以复原本为最"⑤，不可逞"一己之私意"轻改原文，下以己意及诸家异同，可另成书札或附以校语，既可避免对古书妄加取舍，以存古书之真，又可保留诸家异说。如其辑校《汉书音义》，"其正文从汲古阁毛本，与萧书互有异同，则各仍其

---

① 段玉裁：《答顾千里书》，《经韵楼集》卷十一。
② 段玉裁：《答黄绍武书》，《经韵楼集》卷十二。
③ 陈鳣：《宋本礼记注跋》，陈鳣：《经籍跋文》，《国家图书馆藏古籍题跋丛刊》，第5册，北京图书馆出版社2002年版，第74页。
④ 段玉裁：《翰林院侍读学士卢公墓志铭》，《经韵楼集》卷八。
⑤ 臧庸：《毛诗注疏校纂序》，《拜经堂文集》卷二。

旧，不敢据此改彼，致两失其真，并录《后汉书注》补其阙遗，缀《隋书本传》等溯其原委。"①

顾广圻因臧庸持论与卢文弨、段玉裁同而与己论异，常以"妄""妄人""好变乱黑白"攻之。如其跋《唐石经考异不分卷钞本》云："嘉庆辛酉，元和顾广圻借录一部讫，时寓西湖孤山之苏公祠中。凡《毛诗》内夹签出臧庸堂手笔，妄特甚，今粗用朱笔抹之，其说详余所辨《毛诗注疏考证》中，此不及细载。"② 其《经典释文三十卷校本》跋云："武进臧庸堂在东氏用叶林宗景宋本校，③ 元和顾广圻临。近知此人好变乱黑白，当不足凭据，拟借元本一覆之。"④ 又云：

> 余尝言近日此书有三厄，卢抱经重刻本所改多误，一厄也；段茂堂据叶钞更校，属其役于庸妄人，舛驳脱漏，均所不免，二厄也；阮云台办一书曰《考证》，以不识一字之某人临段本为据，踳驳错误，不计其数，三厄也。彼三种书行于天壤间一日，则陆氏之真面目晦盲否塞一日。⑤

又曰："予尝言近日此书有三厄：卢抱经新刻本多误改，一厄也；段先生借叶钞重校，而其役属诸庸妄人之手，未得其真本，即此，二也；阮中丞办《考证》，差一字不识之某人临段本为据，又增出无数错误，三也。以此而陆氏身无完肤矣。"⑥ 其中之"庸妄人"即指臧庸，而所谓"一字不识之人""一字不识之某人"则指何元锡。顾氏跋《经典释文三十卷校本》云："壬戌八月，西湖孤山寓中续校此《毛诗》三卷，用何梦华临段校本。"⑦ 何梦华即何元锡，与顾广圻同为钱大昕弟子，与段氏亦有师弟之谊，顾氏攻其"一字不识"，可见顾氏性情之孤傲不群。顾广圻诋卢本"多误改"，盖与其既与段玉裁交恶，又与卢文弨弟子臧庸不和，

---

① 臧庸：《刻汉书音义序》，《拜经堂文集》卷二。
② 顾广圻：《唐石经考异不分卷钞本》，《顾千里集》卷十七。
③ 臧庸：《校影宋经典释文书后》，《拜经堂文集》卷二。
④ 顾广圻：《经典释文三十卷校本》，《顾千里集》卷十七。
⑤ 顾广圻：《经典释文三十卷校本》，《顾千里集》卷十七。
⑥ 顾广圻：《经典释文三十卷校本》，《顾千里集》卷十七。
⑦ 顾广圻：《经典释文三十卷校本》，《顾千里集》卷十七。

以此累及卢氏重雕本《经典释文》。① 李详曰：

> 顾千里为阮文达校书湖上，与臧庸堂不和。杭州搢绅先生如孙颐谷侍御，不知何事与千里忤，千里盛诋之。后与其师段懋堂论"四学"，即从侍御之论发端，师弟至于互削名籍。侍御所著《文选考异》，余见千里批本，即《读画斋丛书》本。勾乙满纸。一则曰："不知《文选》，又不知《系传》，此之谓俗学。"又云："不知《文选》，又不知《后汉》，火枣儿羔，是名俗学。"又云："五臣荒陋，侍御所见略与五臣等耳。"如此凡数十处。侍御选学，不及千里之精。平心而论，既考异，广列诸说，存而不论，未为不可。千里诋之过甚，非也。②

时为甲子年（1804）十一月。孙颐谷即孙志祖，为《论语注疏》承校者孙同元之父。

顾广圻与同幕之段玉裁、臧庸、何元锡、孙同元诸人交恶，虽与经疏合刻始于何时、《王制》"西郊"还是"四郊"以及校勘理念有关，更与其性情孤傲、不肯下人有关。

顾广圻"天质过人，经史、训诂、天算、舆地靡不贯通，至于目录之学，尤为专门……兼工校雠……乾嘉间以校雠名家，文弨及广圻为最著云"③，但"特以贫故，见役于人"，"身通六艺，仅为谋食之资，学贯百家，穷于反古之世，终以不遇"④，常年以游幕资生，遂致"性刚果，故出语恒忤触人"。其友戈宙襄曰：

> 顾子行端洁，性刚果，故出语恒忤触人。醉后论事，尤中时要，而慢易人尤甚；即不慢人，习见者多徙席以避。余之交顾子以此，而顾子之不合于世亦以此。今使顾子一游而遂降其操，易其贞，非吾顾

---

① 杨军、黄继省：《卢文弨抱经堂本〈经典释文〉再评价》，《文献语言学》第2辑，2006年。
② 李详：《愧生丛录》卷三。按：书名原作《媿生丛录》。
③ 赵尔巽等：《清史稿》卷四八一《列传》二六八《儒林二·顾广圻》。
④ 夏宝晋：《奎文阁典籍顾君墓志铭》，《冬生草堂文录》卷四。

子矣；不降且易，则恐真识顾子者少，而遂至不能容也。况游士之纷杂琐碎，此推彼翼，互誉交进，举世一趋，乃所异者，独吾顾子尔。顾子于游士之中下者，固奴蓄之，其上者，亦非眉目间人。遇之当必有挥斥，不则亦谈笑置之，不与之同也，决矣。人见顾子之独异而妒且恨也，又决矣。顾子诚明哲，其不能畅达所怀，而或几几乎有所沮止也，又决矣。然则，顾子又何为游也哉?!①

臧庸"博闻强记，说经专宗两汉，一义未安，必求其是而后已。尝辑《郑氏论语注》二卷"②，关于"束修"之义的阐释与洪亮吉等人发生论争。《论语述而》"自行束修以上，吾未尝无诲焉"句中"束修"之义向有二说，或以为束身修饰，或谓贽见之修脯。《后汉书·延笃传》李贤注曰："束修，谓束带修饰。"郑玄注《论语》曰："谓年十五已上也。"臧庸据以破古说，谓李贤"束带修饰"之言亦郑玄之义，引《伏湛传》李贤注"自行束修，谓年十五以上"为证。洪亮吉谓"束修"宜从《说文》本训，以"修脯"为义，与卢文弨书以辨其非："今臧君等据唐人单词，而即欲破三《礼》二《传》及先后郑诸家之诂训，又使圣人之言语字支离，可谓锐于立异矣。"③卢氏亦韪洪氏之说，以其书示臧庸，臧庸则谓经传"无男子用修脯为贽事"，且孔子不当止论贽之重轻，"反复郑义，不能无疑"，复移书洪君再申其说，④顾子明则右臧庸说，与诸君反复辩论。臧庸同里之赵怀玉因集录诸家论辩之说为《论语束修说》，收文八、解二、辨三、书三。⑤

孙星衍与严长明诸人之争，发生于陕西巡抚毕沅幕。孙星衍"恃才傲物，目无余子，浅学者动遭讥詈，同辈不能堪，欲群殴而攻之"⑥，孙星衍《别长安诗》有"日日危谈动四筵"句，自注曰"予与严道甫、钱献之、洪稚存、王秋塍客节署最久，议论时有不合"⑦，实则幕中严长明

---

① 戈宙襄：《赠顾子游序》，《半树斋文》卷十。
② 赵怀玉：《论语束修说序》，《亦有生斋集文》卷二。
③ 洪亮吉：《与卢学士文弨论束修书》，《卷施阁文甲集》卷八。
④ 臧庸：《答洪稚存太史书》，《拜经堂文集》卷三。
⑤ 赵怀玉：《论语束修说序》，《亦有生斋文》卷二。
⑥ 叶衍兰、叶恭绰：《孙星衍》，《清代学者象传》第一集。
⑦ 孙星衍：《别长安诗》，《澄清堂续稿》。

等人欲揭逐之，并以辞馆相挟，毕沅为孙氏另构一室，众人方作罢。洪亮吉记其事曰：

> 余与孙兵备星衍留幕府最久，皆擢第后始散去。孙君见幕府事不如意者，喜谩骂人，一署中疾之若仇。严侍读长明等辄为公揭逐之，末言："如有留孙某者，众即卷堂大散。"公见之不悦，曰："我所延客，诸人能逐之耶？必不欲与共处，则亦有法。"因别构一室处孙，馆谷倍丰于前，诸人益不平，亦无如何也。①

焦循、汪莱、李锐三人并通算学，关系密切，往来于杭州、扬州、京师等地，或面晤，或信札往来，商讨争论，各致其力，被称为"谈天三友"②。然而，汪莱"与元和李尚之锐论开方题解，及秦九韶立天元一法不合，遂如寇仇，终身不相见"③，究其因乃"亲此者或斥彼，迩彼者或诋此，故相传其齮齕焉"④。江藩与洪亮吉"论《说文解字》五龙六甲之说及'冕旒'字不合"，致使洪亮吉面有愠色。后二人又论舆县之所在，洪氏寓书于江藩，"洒洒千言，反复辨论。藩不答一字，恐激君之怒耳，岂知益增其怒，遂不复相见矣"⑤。综观乾嘉时期，此类现象究属少数。

(4) 信息不畅，不谋而同

由于当时学术交流与传播条件有限，学者之间主要依靠并不广泛的通信和并不常有的会面来传递学术信息，由信札和并不发达的出版与流通渠道来发布学术成果，所需时日较多，一封信要耗时一两个月，若从江苏到广东，通信最便利者也需要四十天，⑥ 南北学者之间不能及时了解别人和外界的研究成果，故时有不同学者同时对同一研究对象或同一学术问题各自独立展开研究，取得相同或相近结论的现象。学术研究的重复性、同时性问题即使今天仍不能全然避免，乾嘉时期由于学术交流和传播途径有

---

① 洪亮吉：《书毕宫保遗事》，《更生斋文甲集》卷四。
② 阮元《畴人传·李锐传》：李锐"在嘉庆间与汪君孝婴、焦君里堂齐名，时人目为'谈天三友'。"
③ 江藩：《国朝汉学师承记》卷六《洪榜》附。
④ 焦循：《答李尚之书二》，《雕菰集》卷十四。
⑤ 江藩：《国朝汉学师承记》卷四《洪亮吉》。
⑥ 葛兆光：《清代学术史与思想史的再认识》，《中国典籍与文化》2012年第1期。

限，而且学术风尚更加趋同于经史考证，学术研究的重复性更加突出。如崔述、崔迈治《古文尚书》，经过考证，提出与阎若璩相同的结论。尽管崔氏居直隶，阎氏居京师，两地相距不远却信息不畅。①

《广雅》是研究汉魏之前词汇和训诂的重要著作，但旧本错讹严重，乾嘉学者多有对其进行校勘和注释者，如卢文弨、钱大昕、段玉裁、刘端临、顾广圻等人均曾对《广雅》作过校勘，② 为《广雅》作注并见诸载录者有三家，一为卢文弨《广雅释天以下注》2 卷，二为王念孙《广雅疏证》10 卷，三为钱大昭《广雅疏义》20 卷，③ 而且钱大昭所撰《广雅疏义》原亦名《广雅疏证》。《书目答问补正》"王念孙《广雅疏证》十卷"条补正："钱大昭亦著《广雅疏证》，凡二十卷，未刊，有传抄本，一名《广雅疏义》。"④

对唐以前文章的汇集，亦有多位乾嘉学者致力于此。如邓立诚嘉庆十九年（1814）参与校《全唐文》，另辑唐以前文为《三古八代全文》；⑤ 严可均被拒入《全唐文》局，纂辑《全上古三代汉魏六朝文钞目录》⑥，后经多年增补、校勘始成书，即今之《全上古三代秦汉三国六朝文》（详见第三章）；吴蕭也曾"与同人搜集全上古八代文"⑦。

另如卢文弨、孙星衍、翁方纲、毕沅、顾广圻、洪颐煊、王念孙、丁杰、许宗彦、张惠言等，多位学者都曾校注《墨子》或对《墨子》的相关问题进行过考证。⑧

由此又会引发著作权和学术发明优先权问题。如乾隆中叶赵一清、戴震、全祖望同时治《水经注》，因所据资料大略相同，故研究内容与结论相同者十有七八，而三家门生及乡里后学各尊其先辈，指他人所著为蹈

---

① ［美］艾尔曼：《从理学到朴学：中华帝国晚期思想与社会变化面面观》，赵刚译，江苏人民出版社 2012 年版，第 173—174 页。
② 江庆柏：《广雅批校本考略》，《文教资料》1986 年第 1 期。
③ 桂馥：《广雅疏义序》，钱大昭：《广雅疏义》卷首。
④ 张之洞撰，范希曾补正，孙文泱增订：《增订书目答问补正》，中华书局 2011 年版，第 127 页。
⑤ 陈逢衡：《读骚楼诗二集》卷二；张慧剑《明清江苏文人年表》嘉庆十九年条。
⑥ 陈韵姗、徐德明：《清严可均事迹著述编年》，嘉庆十九年至二十一年条；闵尔昌：《严可均传》，《碑传集补》卷二十七；袁昶：《题江子屏小像》自注，《安般簃集·诗续壬》。
⑦ 金天翮：《吴蕭金兆燕传》，《皖志列传稿》卷四。
⑧ 梁启超：《中国近三百年学术史》，东方出版社 1996 年版，第 283—284 页。

袭，遂成百年来一学术公案。① 又如乾隆五十三年（1788）杭世骏刊行《三国志补注》，其同乡赵一清同时则有《三国志注补》。二者是否存在抄袭，学界也曾有争论。郑天挺经过比较认为杭氏未看过赵本，而赵氏读过杭氏著作。② 关于《古文尚书》为伪的最早提出者，学界一直存在争议，皮锡瑞《经学历史》认为是明代梅鷟，钱大昕认为是惠栋，四库馆臣认为是阎若璩。③

乾嘉学者在发现学术研究出现重复时，有些学者也会承认其他学者的学术优先权，或改变研究对象，或对相关研究加以说明。如对《说文》的研究，除段玉裁《说文解字注》外，王念孙也曾注《说文》，并撰《说文考异》2卷，④ 乾隆四十一年（1776）贾田祖曾作《丙申孟冬同李成裕过王怀祖庶常湖西别业时怀祖正注许氏说文奉赠三首》，记述王念孙注释《说文》的源起和意义。后王念孙得知段玉裁亦注《说文》，遂转而着重对《广雅》进行研究。江声认为研究篆书起源是文献考证的关键，故研究《说文》，后发现段玉裁已就此进行多年探讨，遂放弃继续研究，并将有关资料转与段玉裁。⑤

乾隆五十年（1785），邵晋涵撰成《尔雅正义》20卷。据黄云眉《邵二云先生年谱》载，"是时汪中亦以《诗》《书》《左氏正义》《说文》《释文》《广韵》《史记》《后汉书》《宋书》《隋书》《山海经》《齐民要术》、李善《文选注》，考校郭注异同，多于先生者四十六事。欲刊行而先生书已出，因藏其稿于家。又王念孙从戴震受声音文字训诂，通《尔雅》《说文》，皆有撰述矣；嗣见先生为《尔雅》疏，段玉裁为《说文》注，遂不复为。惟郝懿行继先生后，著《尔雅义疏》二十卷，近人

---

① 梁启超：《中国近三百年学术史》，东方出版社1996年版，第297—301页；[美] 艾尔曼：《从理学到朴学：中华帝国晚期思想与社会变化面面观》，赵刚译，江苏人民出版社2012年版，第174—176页。

② [美] 艾尔曼：《从理学到朴学：中华帝国晚期思想与社会变化面面观》，赵刚译，江苏人民出版社2012年版，第176页。

③ [美] 艾尔曼：《从理学到朴学：中华帝国晚期思想与社会变化面面观》，赵刚译，江苏人民出版社2012年版，第173—174页。

④ 刘盼遂：《王石臞先生年谱》，乾隆三十七年至四十年条。

⑤ 房兆楹：《清代名人传》，第140、227页。

多谓出先生所著上。"①

谢启昆虽久有纂修《史籍考》之志，闻毕沅已委章学诚等人编纂，遂辍笔；纂修之事未竟而毕沅去世，谢启昆乃寻访遗编进行续纂，并于《史考释例》中承认此前毕沅主持纂修的创始之功，同时说明续纂的因由与发展（详见章学诚代谢启昆所撰《史考释例》）。②

第三节 乾嘉时期幕中学者的人际关系

清代游幕之风盛行，关于游幕者③与幕主以及游幕者之间的关系，尤其是对于幕府中从事刑名、钱谷等事的"幕友"（或称"师爷"）与幕主的关系，学界已从不同角度进行了较多讨论，如缪荃吉《清代幕府之官幕关系与幕席类别》《清代幕府对主官以外之关系》、宫崎市定《清代の胥吏と幕友—特に雍正朝を中心として》（《清代的胥吏与幕友——以雍正朝为中心》）、郑天挺《清代的幕府》《清代幕府制度的变迁》、瞿同祖《清代地方政府》、王振忠《绍兴师爷》、郭润涛《官府、幕友与书生——"绍兴师爷"研究》、李乔《中国的师爷》等，④而关于游幕学者的人际关系，特别是其在幕府中的人际关系，虽在总论官幕关系的论著中有不同程度的体现，却少有专论。人际关系是在人与人相互交往的过程中所建立的社会关系，对每个人的情绪、生活和工作都会产生影响。每个人的身份、社会角色、职责、交往对象、交往范围不同，人际关系的样貌也各有不同，对于普通人而言，人际关系主要包括亲属关系、朋友关系、学

---

① 黄云眉：《邵二云先生年谱》，乾隆五十年条。
② 章学诚《史考释例》："此书为镇洋赠宫保毕公所创稿，遗编败麓，断乱无绪。予既为朱氏补《经考》，因思广朱之义。久有斯志，闻宫保既已为之，故辍笔以俟观厥成焉。及宫保下世，遗绪未竟，实为艺林阙典。因就其家访得残余，重订凡例，半籍原文，增加润饰，为成其志，不敢掩前人创始之勤也。"《章氏遗书补遗》。
③ 对于游幕人员，古今存在诸多不同称谓，如幕宾、幕友、幕客、幕僚、师爷、幕府、西宾、西席、老夫子等等，有些学者认为上述称谓意思相同，有些学者则认为上述称谓所指各有不同，并根据游幕者在幕府的工作内容和工作性质，使用不同称谓，有时不同学者使用同一术语，但理解却存在歧异。为避免重复和概念的纠缠，本书尽可能省略有关概念的叙述，除引述文字之外，使用"游幕者"统称幕府中从事各种活动的人，用"游幕学者"指称在幕府中主要从事学术活动的人，用"幕友"指称在幕府中主要从事"奏记、刑名、钱谷之事"的人。
④ 上述各种著述的主要内容、刊出时间等相关情况参见本书"引言"部分。

友关系、师生关系、雇佣关系、同事关系、上下级关系等。

根据游幕学者的活动范围及交往对象，可以将游幕学者的人际关系大致分为两类，一类是其与幕府中的人发生的人际关系，另一类是其与幕府外的人发生的人际关系。游幕学者与幕府中的人发生的人际关系主要有：游幕学者与幕主的关系、游幕学者与幕中其他游幕学者之间的关系、游幕学者与幕中师爷和胥吏的关系、游幕学者与幕中文人的关系。游幕学者与幕府中的人发生的人际关系，与其所在幕府的类别及其人员构成密切相关，幕主官阶越高、幕府中人员越多、人员构成越复杂，人际关系也会比较复杂；反之，则关系就会比较简单。游幕学者与幕府外的人发生的人际关系主要有：游幕学者与幕外学者型官员的关系、游幕学者与幕外学者的关系、游幕学者与其师友的关系、游幕学者与藏书家和赞助学术的富商的关系、游幕学者与其家庭成员和亲戚的关系，等等。鉴于本书的研究主旨，我们重点讨论游幕学者在幕府中经常性直接面对的人际关系，其中以游幕学者与幕主的关系、游幕学者与幕中其他学者的关系最为重要。

一　幕中学者与幕主的关系

清人杨宾终生以游幕资生，认为幕中从事"机务、奏记、刑名、钱谷之事"的幕友，因"其名不持于吏部之籍"，"有功不居，有过不受"，故而与幕主的关系"在师友之间"。

> 士之挟笔墨以游者，运筹于仕宦者帷幄之中，以代其机务、奏记、刑名、钱谷之司，受其糈以糊口，而没其姓名于世，此皆士之怀才负智而甚不得志于时者之所为也……若今之挟笔墨以游者，则在师友之间，平居与仕宦分庭抗礼，名其糈曰束修，其所代之机务、奏记、刑名、钱谷之事，有功不居，有过不受，不合则拂袖而去。其阳为遵礼而便其去来如此，然其名不持于吏部之籍，苟不舍是而他图，则终其身不得见知于天子。故士之怀才负智，非甚不得志于时者，则不屑以为之。①

游幕学者在幕府中的主要活动虽然与刑钱幕友有别，但绝大多数亦属

---

① 杨宾：《糊口编序》，《晞发堂文集》卷一。

"怀才负智而甚不得志于时者",且"其名不持于吏部之籍",性质并无不同。郑天挺《清代的幕府》认为由幕主延聘的幕府人员,无论在幕府中的活动内容如何,与幕主之间"是宾主关系,是平等的",同时指出他们之间存在私人关系,但未做具体讨论。其文曰:

> 清代幕府人员统称幕宾,由幕主自己延聘,不属于国家行政系统。因此,他们的聘辞、工作安排、人数以及束修多少,都独立于官府之外。他们的工作称为馆地,或简称馆。入幕称为到馆,离去称为辞馆。他们和幕主的关系是宾主关系,是平等的,没有上下级隶属关系。他们称幕主为主人,为东主、东翁,或称东家;幕主称他们为西宾、西席,为老夫子;旁人都称他们为师爷。幕宾与幕宾之间,也是平等的,不因各人的年龄、行辈、学识、地位而有高下。至于他们各个人之间的私人关系,自当别论。①

郑文所论幕府人员与幕主是平等的宾主关系的观点,基本成为学界共识,仅在表述上稍有区别。如李志茗认为"幕友和长官是主客平等关系"②;郭润涛认为"府主与幕友之间是一种私人的关系",同时具有"平等性"③;郭琳认为"主管官与幕友的关系是一种平等而紧密的宾主或朋友关系"④;尚小明认为清中期"绝大多数作幕人之身份,不外乎两种情况:一是征调在职或革职官员以为幕僚,一是以布衣而为幕宾。官幕关系相应可以分为这两种情况来说明",前者"是一种上下级僚属关系",后者"是一种主宾或师友关系","文人学士游幕的主流是以布衣而为幕宾,官幕之间是一种师友或宾主关系"⑤。

尚著根据入幕者的身份对幕主与作幕者的关系进行分类阐述,研究方法更为科学,所得结论也补充、完善了此前诸人研究中的一些漏略。但是,作幕者的身份及其与幕主的关系,仍有进一步细化分析的可能,而且

---

① 郑天挺:《清代的幕府》,《中国社会科学》1980年第6期。
② 李志茗:《离异与回归——中国幕府制度的嬗变》,《史林》2008年第5期。
③ 郭润涛:《清代幕府的类型与特点》,《贵州社会科学》1992年第11期。
④ 郭琳:《略论清代的幕友》,《淮南师范学院学报》2005年第5期。
⑤ 尚小明:《学人游幕与清代学术》(增订本),东方出版社2018年版,第65、67、74页。

幕主的官阶、品级不同，幕府的主要职能和性质不同，幕府中游幕者的来源和入幕方式也各有不同，由此造成游幕者与幕主的关系错综复杂。因此，讨论幕主与游幕者的关系，需依据研究对象的类别和特点进行分类讨论。

就本书的研究对象而言，现有史料还未见有游幕学者以外出办案的京官随员和河臣属员的身份充作幕僚的情况，乾嘉时期的游幕学者在幕府中主要从事学术活动，占全部活动内容的79.25%，从事文学艺术活动者占10.88%，仅有少数游幕学者在战时参与军谋，占9.87%（详见表3.3）。游幕学者进入幕府时的身份与其入幕方式各有不同（见前文分析），游幕学者与幕主的关系，也因时、因地、因人以及所在幕府的类别而有所不同。总体而言，游幕学者与幕主之间的关系，可以从两个层面进行讨论，一种是官面上的表层关系，另一种是深层次的私人关系，两种层面的关系又可以细分为若干次类。

1. 官面上的表层关系

乾嘉时期的游幕学者主要是通过幕主延聘，或由他人举荐、本人自荐后再由幕主延聘入幕，有军事征伐时，则由督、抚、将军等幕主官奏调、朝廷指派在职官员或革职官员入军幕。因此，从官面上看，游幕学者与幕主之间的关系大致可以分为两类：行政隶属关系和特殊宾主关系。

（1）行政隶属关系

行政隶属关系，主要是指在职官员或革职官员，如王昶、钱受谷、赵翼、赵文哲等人，在战时由幕主奏调、朝廷指派，以幕僚或属员的身份效力于军幕，故常被称为"幕僚"。被征调入军幕的在职官员或革职官员，隶属于幕主官，在军幕中的主要职责是参军谋，佐军需，需服从幕主官的调度和决定，不可擅自离幕，若有功则可奖叙，有过亦需受罚，无特别功过则于战事结束后仍归原职。如前述广西镇安府知府赵翼奉命入征缅将军阿里衮、阿桂、傅恒幕，佐办军需，战事结束后仍回镇安府本任。即使是革职或辞职官员，因其名籍在于吏部，仍在行政系统之内，被征召入幕，有功亦可奖叙。如王昶革职后为求复起，自请入军幕，先后佐阿桂、温福征缅、平定大小金川，后以"治军书有劳"擢鸿胪寺卿，充军机章京。①

---

① 赵尔巽等：《清史稿》卷三百五《列传九二·王昶》；《清史列传》卷二六《王昶传》。

（2）特殊宾主关系

乾嘉时期的游幕学者大多因家境贫寒或科举受挫，凭其经史考证等方面的才能，被各级官员礼致入幕，在幕中主要从事学术活动，即使佐理政事，因其与幕主官不存在行政隶属关系，"有功不居，有过不受"，去留较为自由，即使是入军幕者，因其并无官职，去留完全视其与督抚、将军等幕主的关系而定，"合则留，不合则去"。而身为幕主的各级官员延聘游幕学者，多为满足佐理政务或从事学术活动之需，所聘游幕学者多为其敬重或赏识之人，故多以宾师之礼相待，游幕学者因而常被称为"幕宾"。因此，游幕学者与延聘其入幕的幕主之间，无论私人关系如何，从官面上讲都是宾主关系，而且是一种特殊的宾主关系。因为幕主与游幕学者虽然是基于互资互济走到一起，各自都保有一定的自主性，幕主对游幕学者礼遇有加，但二者之间实际上存在着雇佣与被雇佣的关系，无论是在现实层面还是在心理层面，都难以实现真正的地位平等，故幕主和游幕学者在幕中都特别注重"礼"。

宾主和衷共济是游幕学者与幕主之间最理想的关系，此种关系的形成，基于双方共同的努力。作为幕主，对于延聘的游幕学者，不仅要提供尽可能优裕的幕金和生活待遇，创造尽可能优越的学术条件，更需显示足够的诚意和礼敬，特别是那些有一定学术影响的学者，"大抵天资高，读书多，洞悉时务，而又能立品，不可轻屈，非隆礼厚币不能致"①，入幕之后仍需对其礼遇有加。清代社会等级森严，下级对上级要行跪拜礼或者请安礼，②请安俗称打千（或作打跧），需屈一膝，而幕府内主宾相见，均止相对长揖，设宴则幕宾上座，或坐西席。③古人席次尚右，右为宾师之位，居西而面东，因此幕宾也常被尊称为"西席"或"西宾"。乾隆时，陈道致信其子陈守诚（时任浙江金衢严道），嘱其对"幕中诸友，须情谊亲洽，礼貌周到，不可似向年疏忽。饮食酌定数品，只一二席稍丰，时常陪饭，便令厨子不敢省减"，"诸友馆谷，逐季送清"，"论事当和婉相商，无执己见，轻行改窜。即或意见不合，亦宜礼

---

① 陈必宁：《幕友说》，《皇朝经世文新增续编》卷二十三《吏政八》。
② 梁章钜：《南省公余录》卷三，《拜礼》条。
③ 刘禹生：《世载堂杂忆》，中华书局1960年版，第48页。

貌相别，无出恶声"①。作为游幕学者，一旦应幕主之聘入幕，则当在保持人格独立、去留自主的基础上，尽心尽力佐助幕主，利用幕主提供的学术条件，积极从事编书、校书等学术活动，并借以实现自身的学术抱负。游幕学者与幕主相向而行，和衷共济，才能形成良好的宾主关系，才能达到互资互济的目的。如孙星衍官山东兖沂曹济道时，对幕中学者毕亨"折节下交，久而益敬"，每有所疑，必质之，毕亨则"就其手稿涂抹，或至不可辨。及观察汇梓所纂丛书，凡先生所改乙，仍之不易一字，说者谓观察《易》《书》二经疏义精当处多本先生书"②。因为孙星衍作为幕主能够对幕中学者深致礼敬，且能诚心质疑问难，使毕亨颇为感佩，才愿尽心竭力为之校订古书。

若幕主不能以礼相待，或者不能提供相应的学术条件，游幕学者认为有损其人格尊严，或幕府的条件与人际关系不能使其一展才学，都会影响宾主关系的和谐，甚至出现游幕学者愤而离幕的现象。如戴震于乾隆三十三年（1768）"应直隶总督方恪敏公之聘，修《直隶河渠书》一百十一卷，未成。会恪敏薨，接任者前大学士杨公廷璋，不能礼敬，先生辞之入都"③。有所谓"老幕则皆通才夙学，不利场屋，改而就幕，品学俱优，崖岸尤峻，主者尊之如师，不敢以非礼非义相加，礼貌偶疏，即拂衣而去，通省公论，便哗然矣"④。幕府中人际关系复杂，尤其是督、抚、学政等官员之幕，游幕者较多，人员构成也比较复杂，难免会有一些不和谐的声音，即使是游幕学者之间，也会因学术理念、师承、治学方法等不同，就某些学术问题产生争议或论辩。此种情况在不同类别的幕府中多少都会存在，而一些性情刚果、高其标举的游幕学者，有时则会因上述情况而心生不满，或难与幕中其他学者兼容而愤然离幕，甚至反目成仇（如顾广圻）。此种情况一旦发生，不仅会破坏宾主关系，而且会影响当事游幕学者和幕主在士林中的形象，故幕主一般都会竭力避免。

---

① 陆耀：《切问斋集》卷十一《服官类》；陈道：《官戒示长儿》，贺长龄辑：《皇朝经世文编》卷二十一《吏政七·守令上》。
② 杨以曾：《九水山房文存叙》，毕亨：《九水山房文存》卷首。另可参见徐世昌《清儒学案小传》卷十一《?轩学案·毕先生亨》；李慈铭：《越缦堂读书记》，光绪丙戌六月十九日。
③ 段玉裁：《戴东原先生年谱》，乾隆三十三年条。
④ 欧阳兆熊、金安清：《水窗春呓》卷下，"三老一变"条。

2. 深层次的私人关系

从官面上讲，多数游幕学者与幕主之间是特殊的宾主关系，若从深层次进行具体而微的分析，就会发现，游幕学者与幕主之间存在着复杂多样的私人关系，如师弟、故旧、同乡、亲属、同年、学友等关系。

（1）师弟

师弟即老师和弟子。弟子亦称门生或门弟子，指亲授业的学生。如赵南星《笑赞·张江陵》："门生就上本参老师，顾不的师弟之情。"清代所谓门生或门弟子，范围较广，凡是教读学业者，统称受业师；凡是科举考试及第者对取录自己的主考官，统称受知师。无论对受业师还是受知师，都自称门生或门弟子，有时也称为门人，终身对师尽礼。① 乾嘉时期的幕府中，幕主与游幕学者之间多有师弟关系者。如姚名达《朱筠年谱序》所言：

> 朱筠是乾嘉朴学的开国元勋……朱门弟子著录的有五六百人之多……如戴震、王念孙、邵晋涵都曾在他的幕府，因他的揄扬而成名，汪中、黄景仁、章学诚、洪亮吉、李威、吴兰庭、杨师曾、武亿等，不但常在幕府，②以成学问，且有长寄门下，相依为生，至二三十年之久的。当时学者，间接受其影响而有造就者姑不具论，仅数其门人著述，已极可惊。章学诚之史学，洪亮吉之地理学，任大椿之礼制学，钱坫之文字学，程晋芳、武亿之经学，黄景仁之诗歌，孙星衍之训诂学，江藩之传记学、汪中之诸子学、汪辉祖之姓氏学，皆卓卓有名，传于后世。③

阮元委陈寿祺总纂《经郛》，不仅因为陈寿祺曾缀辑群经古义而未卒

---

① 顾炎武：《座主门生》，《日知录》卷十七；陆以湉：《冷庐杂识》卷一，"受业"条。
② 关于戴震和汪中是否曾入朱筠幕府，清代记述与当今学者观点不一。洪亮吉《伤知己赋》自注（《卷施阁文乙集》卷二）言二人并未在朱筠幕，而孙星衍《翰林院编修洪君传》（《孙渊如外集》卷五）言戴震为朱筠幕宾。姚名达《朱筠年谱序》（《朱筠年谱》卷首）认为二人均为朱筠幕宾，尚小明《学人游幕与清代学术》（增订本，东方出版社2018年版，第166—167页）则认为戴震未曾入朱筠幕，而汪中曾入朱筠幕。
③ 姚名达：《朱筠年谱序》，《朱筠年谱》卷首。

业，① 更重要的原因则在于陈寿祺是阮元的门生。陈寿祺于嘉庆四年（1799）参加会试，阮元为其副考官（朱珪为正考官），陈寿祺得中进士有阮元为之周旋之功。故而陈寿祺不仅于省亲假中应阮元之邀至杭，一边主讲敷文书院兼课诂经精舍生徒，一边手定条例，纂修《经郛》②，而且在假满还朝任职之后，仍孜孜从事，随时辑录。③

邵晋涵乾隆三十六年（1771）中进士，得益于时任会试同考官的朱筠力赞总裁刘统勋拔其居第一，④ 是年冬朱筠出任安徽学政，邀邵晋涵入幕，居至次年夏。⑤

胡虔、陈鳣、钱大昭、袁钧、郑勋、邵志纯等人，同于嘉庆元年（1796）举孝廉方正，嘉庆三年（1798）同入浙江布政使谢启昆幕，续纂《史籍考》，其中陈鳣、袁钧、郑勋、邵志纯为谢启昆所举士，胡虔和钱大昭后又入谢启昆广西巡抚幕。袁钧言曰："晦之、雒君并浙江方伯今广西巡抚谢苏潭先生客。仲鱼、怀粹、书常及钧则先生所举士。"⑥

王聘珍为翁方纲的门弟子，"乾隆己酉，翁覃溪学使拔贡成均"⑦，乾隆五十六年（1791）入山东学政翁方纲幕，助其校勘《经义考补正》。翁方纲《序》言："门人王实斋来相助，重加校勘，因录所补正凡一千八十八条，为一十二卷。"⑧

毕沅抚陕时幕中多为其门生故旧，"老友如吴竹屿、严冬友、程鱼门，门人如邵二云、洪稚存、孙渊如、钱十兰诸人，咸招至幕中。"⑨

（2）故旧

毕沅"生平笃于故旧，尤好汲引后进，一时名儒才士，多招致幕

---

① 陈寿祺：《上仪征阮夫子书》，《左海文集》卷五。
② 阮元：《隐屏山人陈编修传》，陈寿祺：《左海文集》卷首。
③ 阮元：《与陈恭甫书二》，陈鸿森：《阮元揅经室遗文辑存》卷四，杨晋龙主编：《清代扬州学术》，第757—758页。
④ 李威：《从游记》，《筠河文集》卷首。
⑤ 黄云眉：《邵二云先生年谱》，乾隆三十六年至三十七年条。
⑥ 袁钧：《吴山雅集第二图记》，《瞻衮堂文集》卷六。
⑦ 梅体萱等修，李人镜等纂：《南城县志》卷八《文学·王聘珍》。
⑧ 翁方纲：《经义考补正序》，《经义考补正》卷首。
⑨ 徐世昌：《晚晴簃诗话》，华东师范大学出版社2009年版，第635页。

府"①，符葆森《怀旧集》亦曰："弇山宫保情深念旧，尤喜蒹葭拂寒畯。开府秦、豫，不独江左人才半归幕府，而故人罢官者亦往往依之。"② 如严长明、洪亮吉、钱坫、徐镰庆、孙星衍等，先后入毕沅陕西巡抚和河南巡抚幕，章学诚、徐镰庆、洪亮吉等人，先后入毕沅河南巡抚和湖广总督幕。

阮元幕中亦多故旧，如焦循先后入阮元山东学政、浙江学政和浙江巡抚幕，朱文藻先后入阮元山东学政和浙江学政幕，孙韶、何元锡先后入阮元山东学政和浙江巡抚幕，孙同元、臧庸、陆继辂、端木国瑚、陈文述、朱为弼、李锐、王聘珍、赵魏等人，先后入阮元浙江学政和浙江巡抚幕。

黄景仁曾两入沈业富太平知府幕，一入毕沅陕西巡抚幕，乾隆四十八年（1783）为债家所逼，再入秦谋赀，次解州，卒于河东运使沈业富官署。黄景仁可谓沈业富和毕沅的故旧。沈业富悯惜其早逝，厚币恤之，毕沅、王昶等亦皆厚赙之，并委其好友洪亮吉为之治丧。洪亮吉所撰《行状》言："沈君经恤之甚至，巡抚毕公暨今陕西按察使王君昶等，亦厚赙之。皆俾亮吉挟之归，以奉君之亲，以抚君之孤，以无贻君九泉之戚。毕公又将梓君诗以行。盖数公者，于君皆始终礼爱之，为近今所难及，亦君之才有以致之也。"③ 黄景仁所著诗及乐府，由洪亮吉交毕沅、王昶、严长明等删定，后翁方纲因沈业富请，辑黄景仁遗集为《悔存诗钞》。

（3）同乡

同乡即同一乡里，同一籍贯而在外地者互称同乡，如今之称老乡。根据出游地与籍贯地的距离远近，同乡的概念范围也有大小之别。同处一个县域内，称同一里居地者为同乡；同一府州内，则称同县者为同乡；同处一省，则称同府州、同县者为同乡；出省者，则可称同一省者为同乡，其中同府州、同县或同一里居地者也称同乡，关系则更为亲密。故同乡关系中也存在远近之分、亲疏之别，基本上是以里居地为核心逐层向外围扩展，构成一个不同层级的圈层结构，同乡关系的亲密程度也由内向外逐层递减。

---

① 钱大昕：《太子太保兵部尚书湖广总督世袭二等轻车都尉毕公墓志铭》，《潜研堂文集》卷四十二。
② 李桓辑：《国朝耆献类征初编》卷一八五《疆臣三十七·毕沅》。
③ 洪亮吉：《候选县丞附监生黄君行状》，黄景仁：《两当轩集》。

贾田祖与沈业富同为江苏高邮人，沈业富在安徽当涂任太平知府时，贾田祖曾入其幕，因为与幕主为同乡关系，贾田祖在幕中生活比较闲适，心情也比较愉快，即使偶有思乡之情，也可与幕主共叙乡愁："悠悠镇长坐，一弓足不越。借问此何为，升斗足觊活……讵无素餐耻，故人容懒拙。一起故乡愁，心中乱轇轕。"①

宋弼与卢见曾同为山东德州人，卢见曾在江苏任两淮盐运使时，邀宋弼入幕，在卢见曾的倡议下，二人商定编纂体例，与同在幕中的山东平原县人董元度，以及惠栋、沈大成等人编纂山东诗人诗歌总集《国朝山左诗抄》，以幕主卢见曾的同乡宋弼和董元度出力最多。②

王鸣韶与钱大昕同为江苏嘉定人，钱大昕任广东学政时邀其赴粤，佐钱大昕阅卷，并著《入粤记》《粤东窃闻记》。③

幕主与幕中学者同属一省的则更为多见，如毕沅任陕西巡抚时，乾隆四十六年至五十年（1781—1785）在其幕中的游幕学者有 17 人，其中王开沃、杜昌意、程晋芳、徐鐄庆、孙星衍、胡量、黄景仁、洪亮吉、严长明、张埙、钱坫、庄炘、陈燮等 13 人，与其同为江苏人，占 76.5%；毕沅任河南巡抚时，乾隆五十年（1785）在其幕中的游幕学者有 10 人，其中江苏人有严长明、徐鐄庆、孙星衍、洪亮吉、钱坫、吴泰来、孙泰溶等 7 人，占 70%；乾隆五十一年至五十三年（1786—1788）在其幕有学者 14 人，其中江苏籍有钱泳、凌廷堪、徐鐄庆、杨芳灿、孙星衍、汪端光、洪亮吉、钱坫等 8 人，占 57.1%；阮元任山东学政时，幕中学者有 9 人，其中与其同为江苏人的学者有焦循、钱东垣、孙韶、乔椿龄、钱大昭 5 人，占 55.6%；嘉庆五年（1800）在阮元浙江巡抚幕中有学者 31 人，江苏籍学者有臧庸、臧礼堂、焦循、张彦曾、孙星衍、孙韶、陆继辂、王昶、王瑜、李锐、段玉裁、谈泰等 12 人，占 38.7%（以上详见附录四）。另如朱筠为直隶大兴人，直隶宛平人徐瀚入其安徽学政幕，助其重刻《说文解字》；④谢启昆为江西南康人，江西南城人王聘珍入其浙江布政使

---

① 贾田祖：《杂兴》，《贾稻孙集》卷四。
② 卢见曾：《山左诗钞序》，《雅雨堂文集》卷二。
③ 钱大昕：《竹汀居士年谱》，乾隆三十至三十一年条；《王鸣韶》，《国朝耆献类征初编》卷四三九。
④ 朱筠：《说文解字叙》，《笥河文集》卷五。

幕，为其参订古籍。①

（4）亲属

士人初次觅馆，因为没有经历、没有名气，很难入幕，若有亲戚为官，则较为便利。如汪辉祖乾隆十七年（1752）乡试不中，而其岳父王坦人恰署金山县知县，得入其幕，自言"余不幸少孤家贫，年二十有三，外舅王坦人先生令金山，因往佐书记"②，自此开启了三十余年的游幕生涯；乾隆四十年（1775）钱大昕督学广东，其弟钱大昭与同乡王鸣韶同往，佐校。③ 张师诚于乾隆四十五年（1780）秋佐其外舅安徽学幕，分校兼记室；④ 马宗琏"少从舅氏姚比部鼐学诗文，早有声誉，既而精通古训及地理之学"⑤。

阮元任浙江学政时纂辑《淮海英灵集》，其堂弟阮亨和嗣长子阮常生共任校字。⑥

焦循娶阮元族姐，与阮元一生交好，阮元督学山东、浙江时，多次招焦循往游，既与观览山水，又共切磋学问。焦循在阮元山东学政幕佐校士，为阮元作《仪礼石经校勘记后序》，于馆中识武亿，与孙星衍论考据著作之非，著《山左诗钞》；在阮元浙江学政幕佐辑《淮海英灵集》，代阮元撰《万氏经学五书序》；在阮元浙江巡抚幕，续补《坤舆全图》，与李锐共论经史，穷天人消息之理。⑦

（5）同年、学友

同年指古代科举考试同科中式者。清代乡试、会试同榜登科者皆称"同年"，科考先后中式者，其中式之年甲子相同，亦称"同年"。如乾隆十九年（1754）甲戌科试，朱筠、王鸣盛、王昶、钱大昕、翟灏、纪昀等同中进士，纪昀曰："此科最号得人，如王鸣盛、王昶、朱筠、钱大

---

① 《清史列传》卷六九《王聘珍》。
② 汪辉祖：《佐治药言自序》，《佐治药言》卷首。
③ 钱大昕：《竹汀居士年谱》，乾隆四十年条。
④ 张师诚：《一西自记年谱》，乾隆四十五年至四十七年条。
⑤ 马其昶等修：《桐城扶风马氏族谱》卷首之马宗琏小传；马宗琏：《校经堂诗钞》卷首马树华录《县志》。
⑥ 阮元：《淮海英灵集凡例》，《淮海英灵集》卷首。
⑦ 王永祥：《焦理堂先生年谱》，乾隆六十年、嘉庆元年、五年、六年条。

昕、翟灏，皆称汲古之彦。"① 同年中式者在仕途和学术上都会彼此关照，若一人先为官，一人候补，或一人因事、因假等暂时去职，另一人一般会念同年之谊，延之入幕。如阮元与孙星衍"丙午同出朱文正公之门，学问相长，交最密"②，阮元任浙江巡抚延孙星衍佐理幕务，并主讲诂经精舍。③

凌廷堪与阮元"交久且深……次仲长元七年，合志同方，谊若兄弟"④，乾隆五十五年（1790）"成进士，出朱文正、王文端二公之门，盖与洪君亮吉等皆以宏博见拔者也"，阮元与凌廷堪同出朱文正公之门，有同门之谊。阮元任浙江巡抚邀凌廷堪入幕，课子常生。阮元记曰："嘉庆十一年，君以母丧去官，兄嫂相继殁，哀且病。十三年，元复任浙江巡抚，君免丧来游杭州，出所著各书相示。元命子常生从君学。"⑤

阮元与江藩"同里同学，窃闻论说三十余年"⑥，阮元督漕淮安时聘江藩主丽正书院，任两广总督时复邀之入幕，辑《皇清经解》，纂《广东通志》《肇庆府志》，校订《江苏诗征》，阮元为刻《国朝汉学师承记》八卷，并为之撰《序》。⑦

阮元与焦循"少同游，长同学，元以服官，愧荒所学，焦君乃独致其心与力于学"⑧，焦循中举前，阮元常招之入幕，"岁乙卯，元督学山东，招君往游，遂自东昌至登州，有《山左诗钞》一卷。嘉庆岁丙辰，元督学于浙，复招君游浙东，有《浙江诗钞》一卷。岁庚申，元抚浙，招君复游浙。"⑨

需要说明的是，幕主与幕中学者的关系比较复杂，上述分类只是为了便于叙述。因为游幕学者入幕时的身份、入幕方式、入幕时间、来源

---

① 纪昀：《前刑部左侍郎松园李公墓志铭》，《纪晓岚文集》卷一六。
② 阮元：《山东粮道渊如孙君传》，《揅经室二集》卷三。
③ 李元度：《国朝先正事略》卷三五《经学·孙渊如先生事略》；钱泳：《履园丛话·丛话六·耆旧·渊如观察》。
④ 阮元：《凌母王太孺人寿诗序》，《揅经室三集》卷五。
⑤ 上皆引自阮元《次仲凌君传》，《揅经室二集》卷四。
⑥ 阮元：《国朝汉学师承记序》，《揅经室一集》卷十一。
⑦ 闵尔昌：《江子屏先生年谱》；阮元：《江苏诗征序》，《江苏诗征》卷首；阮元：《国朝汉学师承记序》，《揅经室一集》卷十一。
⑧ 阮元：《焦氏雕菰楼易学序》，《揅经室一集》卷五。
⑨ 阮元：《通儒扬州焦君传》，《揅经室二集》卷四。

地域等各不相同，幕主与幕中不同游幕学者的关系也会有所区别，即使与同一个游幕学者，也可能同时具有多重关系，如阮元与焦循，即是江苏同乡、学友，也有亲戚关系，而同一个游幕学者与不同幕主的关系也各有不同。

二 幕中学者之间的关系

幕府中游幕学者之间的关系，官面上讲都是同幕之友，从私人关系而言，则有同门、同乡、学友、亲戚，以及同门兼同乡、同乡兼学友等各种不同的关系，兹略作说明如下。

1. 同门

阮元与孙星衍"丙午同出朱文正公之门"①，凌廷堪与洪亮吉于乾隆五十五年（1790）"成进士，出朱文正、王文端二公之门"②，即孙星衍、洪亮吉、凌廷堪有同门之谊，三人曾同入毕沅河南巡抚幕，孙星衍与洪亮吉还曾同入毕沅陕西巡抚。洪亮吉在陕西巡抚毕沅幕，与孙星衍、钱坫等日偕毕公筹兵画饷，并为毕沅校勘古籍，纂《淳化县志》《长武县志》《固始县志》《延安府志》等，与孙星衍合纂《澄城县志》，与修《续资治通鉴》；在毕沅河南巡抚、湖广总督幕，纂修《史籍考》《大冶县志》《登封县志》《固始县志》等。③ 孙星衍在陕西巡抚毕沅幕，与洪亮吉、钱坫等日偕毕公筹兵画饷，并校《山海经》《墨子》《晏子春秋》《神农本草经》《孙子兵法》，纂《醴泉县志》《直隶邠州志》《三水县志》，与洪亮吉合纂《澄城县志》，校录《关中金石记》；在毕沅河南巡抚幕，分纂《续资治通鉴》，纂《偃师县志》。凌廷堪在河南巡抚毕沅幕，与洪亮吉、吴泰来、方正澍等为文酒之会，参与编纂《史籍考》。④

胡虔、陈鳣、钱大昭、袁钧、郑勋、邵志纯、程瑶田，同于嘉庆元年（1796）举孝廉方正，陈鳣、袁钧、郑勋、邵志纯四人皆为谢启昆所举士，且同于嘉庆三年（1798）入浙江布政使谢启昆幕，续纂《史籍考》。袁钧《吴山雅集第二图记》云：

---

① 阮元：《山东粮道渊如孙君传》，《揅经室二集》卷三。
② 阮元：《次仲凌君传》，《揅经室二集》卷四。
③ 吕培等：《洪北江先生年谱》，乾隆四十六年至五十四年条。
④ 上述三人在幕中的活动内容较多，具体时间和史料记载详见附录一。

> 嘉庆三年夏六月二十七日，钧与程君易畴、钱君晦之、陈君仲鱼、胡君雒君、邵君怀粹，会于郑君书常之吴山寓斋……吾七人同以元年制科被征……晦之、雒君并浙江方伯今广西巡抚谢苏潭先生客。仲鱼、怀粹、书常及钧则先生所举士。其时先生方修《史籍考》，群居布政司署之兑丽轩。①

谢启昆《题吴山雅集图二首》前有小序云："图中七人，程易畴、钱可庐、袁陶轩、胡雒君、陈仲鱼、邵怀粹、郑书常，皆以孝廉方正征者。易畴自新安来杭，诸君俱居余幕也。时戊午季夏。"②

同门但未同游一幕的游幕学者更多，如段玉裁和王念孙是戴震的弟子，二人皆曾游幕；江声、余萧客、王鸣盛、钱大昕、王昶等同为惠栋弟子，亦皆曾游幕；江声的弟子顾广圻、江藩、钮树玉等亦皆曾游幕。

2. 同乡

乾嘉时期是清代方志学发展最盛的时期，各地地方官员普遍重视修志，且多延请当地学者入幕为之，故幕中修志之游幕学者多为同乡关系。如淮安太守卫哲治于乾隆十一年（1746）聘顾栋高、吴玉搢、周振采、任瑗、叶长扬等纂修《淮安府志》，③ 其中，顾栋高为江苏无锡人，吴玉搢、周振采、任瑗均为江苏山阳人，属淮安府，叶长扬为江苏吴县人。河南知府施诚乾隆四十三年（1778）聘童钰、孙枝荣、裴希纯等纂修《河南府志》，孙枝荣、裴希纯同为河南开封人。④ 泾县知县李德淦嘉庆十年（1805）聘洪亮吉、赵绍祖、左煊、朱煐、陈宝泉等人纂修《泾县志》，⑤ 修志诸人除洪亮吉为江苏阳湖人之外，其余均为安徽泾县人。

一些学者型官员的幕府中游幕学者人数众多，其中不乏来自同一省区者，有一些游幕学者与幕主具有同乡关系（前文已述），如毕沅湖广总督幕中，严观、江声、钱泳、徐鏊庆、洪亮吉、汪中、王文治与幕主同为江苏同乡，游幕学者之间自然也是同乡。还有一些游幕学者主要来自幕府所

---

① 袁钧：《吴山雅集第二图记》，《瞻衮堂文集》卷六。
② 谢启昆：《题吴山雅集图二首》，《树经堂诗续集》卷六。
③ 乾隆《淮安府志》。
④ 张慧剑：《明清江苏文人年表》，乾隆四十四年条。
⑤ 吕培等：《洪北江先生年谱》，嘉庆十年条。

在地或相近省区,彼此之间也具有同乡关系。如阮元浙江学政幕中,浙江籍学者有41人,江苏籍学者有12人;阮元浙江巡抚幕中有浙江籍学者17人,江苏籍学者有12人;在阮元两广总督幕,许珩、江藩、凌曙为江苏同乡,仪克仲、陈昌齐、谢兰生和曾钊为广东同乡;在安徽学政朱筠幕,邵晋涵、吴兰庭、章学诚、高文照、张凤翔为浙江同乡,黄景仁、王端光、洪亮吉、王念孙、庄炘、汪中为江苏同乡;① 在浙江布政使谢启昆幕,项墉、王尚珏、郑勋、章学诚、邵志纯、陈鳣、袁钧为浙江同乡;扬州太守伊秉绶议编《扬州图经》和《扬州文萃》,延请江藩、焦循、赵怀玉、臧庸、王豫等共任编纂,② 诸人为江苏同乡,且赵怀玉与臧庸同为江苏武进人,江藩与焦循同为江苏甘泉人。

3. 同乡兼学友

黄景仁是江苏武进人,洪亮吉是江苏阳湖人,二人既为同府(常州府)同乡,亦为学友、至交。乾隆三十二年(1767)邵齐焘主常州龙城书院讲席,洪亮吉"偕黄君景仁受业焉,先生尝呼之为'二俊'"。乾隆三十六年(1771)二人又同入安徽学政朱筠幕,从朱筠校文六郡,受到朱筠的赏识,朱筠曾致书钱大昕、程晋芳云:"甫莅江南,晤洪、黄二君。其才如龙泉太阿,皆万人敌。"③ 乾隆四十六年(1781)秋二人又同在陕西巡抚毕沅幕。乾隆四十八年(1783)黄景仁为债家所逼,拟入秦谋资,途中卒于沈业富官署。黄景仁"性不广与人交,落落难合……独与亮吉交十八年……临终以老亲弱子拳拳见属",洪亮吉自西安毕沅幕借骑驰七百里至运城为之治丧,并送其灵柩归里,又为之撰《行状》。④

洪亮吉和孙星衍同为江苏阳湖人,既为同里同乡,亦为学友,早年均以诗文有声于当时,曾同游毕沅陕西巡抚、河南巡抚幕,均因受到幕主毕沅和幕中章学诚、汪中、严长明、庄炘、胡量、钱坫、程晋芳等学者的影响而转向经史考证之学(前文已述,此不赘)。

汪中是江苏江都人,王念孙是江苏高邮人,二人是同府(扬州

---

① 朱筠:《说文解字叙》,《笥河文集》卷五。
② 闵尔昌:《江子屏先生年谱》,嘉庆十一年条;赵怀玉:《收庵居士自叙年谱》,嘉庆十一年条。
③ 洪亮吉:《伤知己赋并序》,《卷施阁文乙集》卷二。
④ 洪亮吉:《候选县丞附监生黄君行状》,《卷施阁文甲集》卷十。

府）同乡，且曾同游安徽学政朱筠幕，并于幕中定交，同校《大戴礼记》。王念孙《与汪喜孙书三》："尊甫与念孙定交于筠河先生幕府，在壬辰之冬。"①

邵晋涵是浙江余姚人，章学诚是浙江会稽人，二人为同府（绍兴府）同乡，且曾同客安徽学政朱筠幕，佐校士之余，"论史契合隐微"②。

高邮人贾田祖与阳湖人洪亮吉，为江苏同乡，且在安徽游幕时定交，虽年龄相差较大，但交情深厚。乾隆三十八年（1773）贾田祖游于太平知府沈业富幕，洪亮吉则往来于太平知府沈业富及安徽学政朱筠幕。洪亮吉《伤知己赋并序》曰："岁癸巳，余在姑熟与贾明经订交。明经年六十余，即席次王元之高斋韵三首见赠。③后予游维扬，又与明经为焦山海门之游……予交海内士流最众，其质直好义，未有如明经也。"④洪亮吉《高邮哭亡友贾田祖》"囊钱斗酒江南路，他日相期报憨孙"句下自注曰："丙申夏，予留滞太平几不能行，先生假钱携酒送归。"⑤

江苏阳湖人李兆洛与江苏武进人臧庸，既为同府（常州府）同乡，又同在龙城书院从卢文弨学。李兆洛云："抱经卢先生主讲龙城……囊时同游者，如臧在东、顾子明，皆能通训诂，学有所述造，表见于世。"⑥又云："乾隆五十四年己酉，先生主讲常州之龙城书院，兆洛才弱冠，从受业，讲习制举文而已，于先生之学无所窥也。同几席者，臧在东、顾子明，颇能研求一二，私心喜之，不能专意。"⑦二人治学趋向虽有不同，也未曾同游一幕，但同为乾嘉时期的游幕学者，且李兆洛曾于嘉庆二十五年（1820）夏应广东巡抚康绍镛聘，校刊张惠言及臧庸著作。⑧

4. 亲戚

有些学者暂时未能获取功名，亦无更好谋生手段，而父兄或家中亲戚

---

① 罗振玉：《高邮王氏遗书》，江苏古籍出版社2000年版，第13页。
② 章学诚：《邵与桐别传》，《章氏遗书》卷十八。
③ 即贾田祖所作《丙申岁仲夏洪稚存来自毗陵访予寓斋用王荆公和王微之登高斋韵三首奉赠》。
④ 洪亮吉：《伤知己赋并序》，《卷施阁文乙集》卷二。
⑤ 洪亮吉：《高邮哭亡友贾田祖》，《卷施阁诗》卷一。
⑥ 李兆洛：《张汉宾屺轩诗集序》，《养一斋文集》卷四。
⑦ 李兆洛：《抱经堂诗钞序》，《养一斋文集》卷二。
⑧ 蒋彤：《李申耆年谱》；张慧剑：《明清江苏文人年表》，嘉庆二十五年条。

正在游幕或曾经游幕，则会择机将其引荐给幕主，或与之一同游幕，既可解决生计，亦可为之后进入仕途准备条件，具有较强的现实可行性。乾嘉时期的游幕学者余萧客、吴定、洪亮吉、史善长、施晋、李富孙、陈文述、严观、姚莹、赵光、黄乙生等，其父辈皆曾游幕，甚或以游幕资生。另如毕沅曾于乾隆十六年（1751）与舅父张凤孙客直隶总督方观承幕，学为章奏。① 乾隆六十年（1795）冬焦循与其子焦廷琥同入浙江学政阮元幕，次年2月阮元出试宁波，焦循父子随同前往，由山阴、四明至甬东，焦循助阮元批阅天文、算学两卷，并由焦廷琥负责复合，同时二人寻访万氏遗书，代阮元撰《万氏经学五书序》，助纂《山左金石志》《淮海英灵集》。②

嘉庆三年（1798）臧庸与其弟臧礼堂同应浙江巡抚阮元聘，总纂《经籍籑诂》。③ 洪震煊、洪颐煊兄弟则先后入阮元幕：洪震煊于嘉庆三年（1798）客阮元浙江学政幕，分纂《经籍籑诂》，任《方言》；嘉庆六年（1801）客阮元浙江巡抚幕，校勘《十三经注疏》，任《小戴礼记》；洪颐煊则于嘉庆二十二年（1817）入阮元两广总督幕研经治史。④ 钱大昕于嘉庆六年（1801）与弟钱大昭应浙江湖州长兴知县邢澍之邀，纂《长兴县志》。⑤ 钱大昕之从子钱坫、钱东垣、钱侗等⑥亦曾游幕（见附录一）。洪亮吉于嘉庆七年（1802）应谭廷柱聘，携子洪符孙、婿缪梓前往安徽旌德洋川书院主讲席；后受泾县李德淦聘，与其子洪饴孙纂修《泾县志》；受宁国太守鲁铨聘，与其子洪符孙共赴宣城，纂辑《宁国府志》。⑦

三 幕中学者与胥吏和幕友的关系

胥吏和幕友是协助地方官处理日常行政事务的人。清人韩振有言：

---

① 李桓：《国朝耆献类征初编》卷四三八《文艺十六·孙泰溶》。
② 徐世昌：《晚晴簃诗汇》；陈居渊：《焦循阮元评传》，南京大学出版社2006年版，第26—27页。
③ 陈鸿森：《臧庸年谱》，嘉庆三年条。
④ 洪颐煊：《昆季别传》，《筠轩文钞》卷八；《清史列传》卷六九《洪颐煊》。
⑤ 钱大昕：《竹汀居士年谱》，嘉庆六年至七年条。
⑥ 钱大昕与其"弟大昭，从子塘、坫、东垣、绎、侗，子东壁、东塾，一门群从，皆治古学，能文章，可谓东南之望矣"。江藩：《国朝汉学师承记》卷三《钱大昕》。
⑦ 吕培等：《洪北江先生年谱》，嘉庆七年、十年、十一年条。

"内掌曹郎之事，以代六部出治者，胥吏也；外掌守令、司道、督抚之事，以代十七省出治者，幕友也。"① 游幕学者被各级官员延聘至幕府，主要从事学术活动，但也有佐助文翰、河务、荒政、刑名、钱谷乃至军需者（见第三章），故游幕学者在地方官员幕中，虽主要与幕主和其他游幕学者相处，但既然同在一幕，有时也难免与胥吏和幕友有所交往。

胥吏一般泛指官府的吏役，包括掾吏、书吏、司吏、典吏、都吏、通吏、狱典、撰典、攒典、驿吏、提控等吏职，以及"供奔走驱使，勾摄公事"的皂隶、快手、弓兵、仵作、门子、库子等役职。胥吏多由招募而来，也有名家子弟，科艺未就，托业公门者。据缪全吉统计，胥吏额数总计：经制京吏1247人（攒典31人），外吏23743人（攒典5268人），其中总督衙门平均有37.63人，巡抚平均24.56人，州平均10.75人，县平均11.29人。② 由于捐纳的存在，额外胥吏往往几倍甚至几十倍于经制定额，③ "大邑每至二三千人，次者六七百人，至少不下四五百人"④，以至在清代地方政府中普遍存在"放手使用胥吏则弊端百生，用之过严则请辞。每日有一日不可闲置之公务依赖彼等，岂容辞去。这乃是衙门的秘密"⑤。

"吏胥生长里巷，执事官衙，于民间情伪，官司举措，孰为相宜，孰为不宜，无不周知"⑥，对地方政府的正常运转起到了至关重要的作用，被称为"官民交接之枢纽"⑦ 和"为政所必不可少者"⑧。章学诚亦曰："六卿联事，交互见功，前人所以有冬官散在五典之疑也。州县因地制宜，尤无一成之法，如丁口为户房所领，而编户烟册乃属于刑房"⑨，"此皆典例，胥吏行文之所晓悉，而学士大夫往往茫然……故道隐而难知，士

---

① 韩振：《幕友论》，贺长龄等编：《清经世文编》卷二五。
② 缪全吉：《清代胥吏研究计划》，《明代胥吏》附录，嘉新水泥文化基金会1969年版。
③ 陆平舟：《官僚、幕友、胥吏——清代地方政府的三维体系》，《南开学报》2005年第5期。
④ 贺长龄等编：《清经世文编》卷二四《请惩治贪残吏胥折》。
⑤ 袁守定：《图民录》卷一，《政书集成》第8辑。
⑥ 陈宏谋：《在官法戒录》卷一，《政书集成》第8辑。
⑦ 梁章钜：《退庵随笔》卷五，"官常二"。
⑧ 贺长龄等编：《清经世文编》卷二六《吏政·生财裕饷疏》。
⑨ 章学诚：《永清县志例议》，《文史通义》卷六。

第四章　乾嘉时期游幕学者的学术生态

大夫之学问文章,未必足备国家之用也;法显而易守,书吏所存之掌故,实国家之制度所存,亦即尧舜以来因革损益之实迹也"①。胥吏通常为本地人,熟悉当地人情风俗,易与地方势力勾结,如秦瀛上疏嘉庆帝言"胥役熟习地方情形,串同官亲家属,肆为民害。广东胥役,每有暗通盗匪,收受陋规,此尤不可不严行惩创也"②,因此,地方官不得不治吏、驭吏,并旁求于幕友以检吏。

幕友是由地方官员私聘以协理文案、刑名、钱谷等事务为主要职责者,不在官列,也无定额,由幕主官提供束修(或称馆谷),但因地方官员依赖幕友"佐治"和"检吏",往往"隆其礼貌,优其饩廪,尊之为宾师"③,故也常称为幕宾、幕客、师爷等。"幕友之为道,所以佐官而检吏也。谚云'清官难逃猾吏手',盖官统群吏,而群吏各以其精力相与乘官之隙,官之为事甚繁,势不能一一而察之,唯幕友则各有专司,可以察吏之弊","约束书吏是幕友第一要事",④ 故幕友的身份、地位高于胥吏。

虽然胥吏与幕友"大都有才学而不得场屋者,又深明例案,故所作奏稿,驳斥事理悉无懈可击,而文亦晓畅"⑤,但在士人的价值观念中,儒吏分途,道术分流,士以"不习吏事"为荣,对胥吏和幕友其人其事往往以轻贱视之,自汉至清,几无改变。如东汉王充曰:"文吏以事胜,以忠负;儒生以节优,以职劣","然则儒生所学者,道也;文吏所学者,事也……儒生治本,文吏理末,道本与事末比,定尊卑之高下,可得程矣。"⑥ 南北朝时颜之推以"算"为"术",认为"可以兼明,不可以专业"⑦,宋代的叶适以士学钱谷、刑狱为"自贬而求容于世"⑧,清代明确规定"凡衙署应役之皂隶、马快、步快、小马、禁卒、门子、弓兵、仵

---

① 章学诚:《史释》,《文史通义》卷三。
② 《清史稿》卷三五四。
③ 许同莘:《公牍学史》,档案出版社1989年版,第233页。
④ 汪辉祖:《佐治药言》,"检点书吏"条;[日]宫崎市定《清代的胥吏与幕友》从经济因素入手揭示幕友和胥吏的监督与被监督的关系。南炳文译:《日本学者研究中国史论著选译》,第6卷,中华书局1993年版。
⑤ 欧阳兆熊、金安清:《水窗春呓》卷下,"部曹才学"条。
⑥ 王充:《论衡·程材》。
⑦ 颜之推:《颜氏家训·杂艺》。
⑧ 叶适:《士学上》,《水心别集》卷三。

作、粮差及巡捕营番役,皆为贱役,长随与奴仆等"①,甚至"在州县官或其幕友面前,长随不得坐下"②。清初魏际瑞曰:"自朝廷重资格,百年、数十年间,士大夫读书成进士者,其视吏员杂职,虽殊才异能,贱之如足下尘土。"③胡志伊曰:"顾吏积贱,士人不屑就"④,郭棻认为,"儒遂自尊其为儒,吏已沦胥其为吏,闒茸鄙陋,为士流所不齿,于是用人者不得不弃彼而取此,而人之稍稍有才具者,宁终老于经生,而不屑寄迹于公署"⑤。对吏事的偏见导致对胥吏和幕友的轻贱,故幕府中游幕学者的身份地位高于幕友和胥吏。如章学诚乾隆四十二至四十三年(1777—1778)在永清令周震荣幕纂《永清县志》时,与几位同乡同幕,做幕友的同乡认为章学诚被邀入幕著书修志,比之"高人一筹"⑥。由于游幕学者和幕友、胥吏在幕府中的主要活动内容不同,彼此之间交集不多,亦能相安无事。

四 幕中学者与文人的关系

游娱唱和是历代读书人的生活常态,清代科考自童试及岁试、乡试、会试,以至各朝考、散馆、大考等皆需作诗,小试间作赋,且又特设博学鸿词科,为那些颇具文才而拙于科考的文人另辟一仕进之途。游幕学者虽多为科举失意者,主要原因在于中式数额有限或其时文不济,非因其诗文才弱,反而多有文名,而能够被称为游幕学者,说明其亦擅长经史考据等学术活动,如钱大昕、王鸣盛、洪亮吉、孙星衍、张惠言、焦循、凌廷堪、汪中、邵晋涵等人,未仕时皆曾游幕,既是考据学家,又是词赋家,或散文家,或诗人。阮元赞孙星衍"君为儒者,亦为文人"⑦,孙星衍、洪亮吉、黄景仁、赵怀玉、杨伦、吕星垣、徐书受被称为"毗陵七子",袁枚称孙星衍为"天下奇才",洪亮吉有诗云"奇才朴学我兼师,辛苦高

---

① 《清史稿》卷一二〇。
② 瞿同祖:《清代地方政府》,法律出版社2003年版,第144页。
③ 魏际瑞:《送燕客顾龙川序》,《魏伯子文集》卷一。
④ 胡志伊:《幕职问答》,甘韩:《皇朝经世文新编》卷八。
⑤ 郭棻:《策略七》,《学源堂文集》卷十八。
⑥ 章学诚:《庚辛之间亡友列传》,《章氏遗书》卷十九。
⑦ 阮元:《山东粮道渊如孙君传》,《揅经室二集》卷三。

斋论述时。他日许教儿辈拜，臧生经术陆郎诗"①，臧生即臧庸，陆郎即陆继辂，此诗表明洪亮吉希望自己乃至儿辈皆能兼具诗赋辞章与经学训诂，这也是当时许多文人学者的共同心声。又如焦循在阮元山东学政幕时，不仅佐阮元校士，为阮元作《仪礼石经校勘记后序》，与幕中学者武亿、孙星衍等人论考据著作之是非，并著成《山左诗钞》一卷；后阮元督学浙江，焦循亦随往，佐辑《淮海英灵集》，代阮元撰《万氏经学五书序》，同时著有《浙江诗钞》一卷。② 有些考据学者，因学术声望高，掩盖了其诗文才华，如时人多谓邵晋涵"不长于诗"，法式善称邵晋涵"经术湛深，诗其余事"，而郭麐云："邵二云学士经学湛深，古诗多深思古意"，叶德辉《郋园读书志》则谓"先生于诗功力至深，《诗钞》所存多此类，而人不甚称颂者，为他著述所掩尔"，③ 其言诚确。

因"经学须深思冥会，或至抑塞沈困，机不可转，诗词可以移其情，而转豁其枢机，则有益于经学不浅"④，故乾嘉时期的游幕学者多为文士兼经生，或由文士而经生且诗文不辍，⑤ 多能与幕中文人和谐相处。游幕学者在佐治与学术研讨之余，时与幕中文人诗赋唱和，不仅可以展现自我才情，更可借此积攒人脉，以为仕进之途的铺垫。而各级地方官员尤其是学者型官员，受时代风尚的影响，揽聘大批文人学者入幕，每逢佳节或公暇，常与幕中文人学者为诗酒文会，或出游凭吊古迹，既可扩大幕府和幕主的社会影响，也可增进宾主之间的情谊，融洽幕中人员的关系，幕主对幕中诸人的延誉，也有助于提高其声望。

两淮盐运使卢见曾"筑苏亭于使署，日与诗人相酬咏"，乾隆二十二年（1757）卢见曾再度修禊红桥，大会江南名士，"其时和修禊韵者七千

---

① 陆继辂：《合肥学舍札记》，"稚存先生诗"条。
② 阮元：《通儒扬州焦君传》，《揅经室二集》卷四；王永祥：《焦理堂先生年谱》，乾隆六十年、嘉庆元年、五年、六年条。
③ 黄云眉：《邵二云先生年谱》，乾隆五十六年条。
④ 焦循：《词说一》，《雕菰集》卷十。
⑤ 蔡长林：《论清中叶常州学者对考据学的不同态度及其意义——以臧庸与李兆洛为讨论中心》，（台北）"中研院"中国文哲研究所编《中国文哲研究集刊》第23期，2003年；蔡长林：《从文士到经生——考据学风潮下的常州学派》，（台北）"中研院"中国文哲研究所2010年版；吴海：《从博学诗人到经学老儒的贾田祖》，《福州大学学报》（哲学社会科学版）2011年第2期。

余人，编次得三百余卷"①，一时扬州纸贵。同时其幕中也有惠栋、程廷祚、全祖望、沈大成、宋弼、胡天游、王昶、严长明等知名学者；幕中活动既有《山左诗钞》之辑，也有《雅雨堂丛书》之刻。

朱筠"提倡风雅，振拔单寒，虽后生小子一善行，及诗文之可喜者，为人称道不绝口。饥者食之，寒者衣之，有广厦千间之概。是以天下才人学士，从之者如归市"，其都中"所居之室，名曰椒花吟舫，乱草不除，杂花满径，聚书数万卷，碑版文字千卷，终年吟啸其中。足不诣权贵门，惟与好友及门弟子考古讲学，酾酒尽醉而已"②。椒花吟舫成为京师文人雅集之所，翁方纲、姚鼐、纪昀、王昶等是其常客，以至"一时名士皆从之游，学者以不得列门墙为憾"③，家中"座客常满，谭辨倾倒一世"④。王念孙乾隆三十八年（1773）冬随朱筠入都，馆朱筠椒花吟舫约一年，为文酒之会，并撰《说文考异》二卷。⑤ 朱筠离京出任安徽学政时，"友生联镳十二乘，一时相传学使宾从之盛，无有与朱学使侔者"⑥。朱筠安徽学政幕中"宾客甚盛，越岁三月上巳，为会于采石之太白楼，赋诗者十数人"，黄景仁"日中阅试卷，夜为诗，至漏尽不止。每得一篇，辄就榻呼亮吉起夸视之"。⑦ 乾隆三十七年（1772）三月初五，朱筠与邵晋涵、章学诚、洪亮吉、黄景仁、张凤翔等游青山；四月，朱筠又与邵晋涵、洪亮吉等游黄山、齐云、九华诸胜。⑧ 幕中学者黄景仁、洪亮吉、章学诚、汪中、王念孙等人的文学才情和学术成就更使其声名远播。

江苏高邮人贾田祖，"好学，多所涉猎。喜《左氏春秋》，未尝去手，旁行斜上，朱墨烂然。善为诗，所作凡三千余篇……性明达，于释老神怪，阴阳拘忌，及宋以后禅学无所惑"，"与同里李惇、王念孙友，三人皆善饮。酒酣，君辄钩析经疑，间以歌诗"⑨。贾田祖游于太平知府沈业

---

① 李斗：《扬州画舫录》卷十《虹桥录上》。
② 江藩：《国朝汉学师承记》卷四《朱笥河先生》。
③ 陈祖武校补：《清代学者象传校补》第一集《朱筠》。
④ 孙星衍：《笥河先生行状》，《笥河文集》卷首。
⑤ 刘盼遂：《王石臞先生年谱》，乾隆三十七年至四十年条。
⑥ 姚名达：《朱筠年谱》，乾隆三十六年条。
⑦ 洪亮吉：《候选县丞附监生黄君行状》，《卷施阁文甲集》卷十。
⑧ 黄云眉：《邵二云先生年谱》，乾隆三十七年条。
⑨ 汪中：《大清故高邮州学生贾君之铭并序》，《新编汪中集》之《文集》第八辑。

富幕,与幕中的鲁馥旦、章步廷、朱润木、陆若泉、金玉相等诗人唱和,"此间诗才尤辈出,金朱姜鲁连旌幢。搜奇凿险压元白,森森壁垒夸大邦。中有博士主敦盘,呼酒屡罄巨腹缸"①。又与同在当涂的沈业富幕和朱筠安徽学政幕中的章学诚、黄景仁、顾九苞、汪中、王念孙、洪亮吉等考据学者相过从,研究经学。

毕沅抚陕十余年,幕中文人、学者汇集,于署内辟"终南仙馆"为酬唱之所,公余与幕中诸人时相唱和,并将唱和之作结集为《乐游联唱集》刊行。徐世昌云:"秋帆少从归愚游,以能诗闻,天性和易,笃于故旧。开府西安时,爱才下士,老友如吴竹屿、严冬友、程鱼门,门人如邵二云、洪稚存、孙渊如、钱十兰诸人,咸招至幕中,一时名流翕集,流连文酒,殆无虚日。又性好游览山水,为诗益多且工。"② 毕沅"诗编三十二卷,曰《灵岩山人诗集》"③,幕府中文学雅集名目繁多,每年12月19日于衙署内集幕中同人祀苏轼生辰,并于乾隆四十七年(1782)将历年祀诗结为《东坡生日设祀诗》序而刊之;乾隆四十八年(1783)"与吴舍人及幕中文士为消寒之会,自壬寅十一月十七日始,每九日一集,至癸卯二月二日止,分题拈韵,成《宫阁围炉诗》二卷"④。

毕沅幕中参与文酒之会者既有诸多诗文名士,也不乏考据学者。吴泰来与王昶、王鸣盛、钱大昕、赵文哲、曹仁虎、黄文莲合称"吴中七子",乾隆四十二年(1777)吴泰来入陕西巡抚毕沅幕,主讲关中书院、江汉书院,与洪亮吉、孙星衍等饮酒赋诗,往还唱和无虚日,共作《昭陵石马联名句》。⑤ 孙星衍亦参与幕中诗会,"是时节署多诗人,约分题赋诗,各题拟古共数十首。同人诗成,君未就,与同人赌以半夕成之,但给抄胥一人,约演剧为润笔。既而闭户有顷,抄胥手不给写,至三更出诗数十首,有东坡生日诗在内,即文不属稿之作也。中丞叹为逸才,亟为演剧"⑥。同处幕府,文人与学者若能志趣相合,谈诗论道、研讨学术,自是游幕生活一大乐事。

---

① 贾田祖:《寄李成裕兼柬陈沛舟》,《贾稻孙集》卷四。
② 徐世昌:《晚晴簃诗话》,华东师范大学出版社2009年版,第635页。
③ 袁枚:《随园诗话》卷十一,人民文学出版社1982年版,第370页。
④ 史善长:《弇山毕公年谱》,乾隆四十八年条。
⑤ 毕沅:《终南山馆丛菊盛开邀冬友竹屿友竹石亭献之宴集》,《灵岩山人诗集》卷三十。
⑥ 张绍南:《孙渊如先生年谱》,乾隆四十七年条。

经史考证虽为乾嘉学术主流，有不少学者早年以诗文名而后转事考据，"自四库馆开而士大夫始重经史之学"①，"盖前此惟重诗文耳，惟笃学者乃重经史，至是则凡为士大夫者皆重之也"②，但当时文人士子也并非皆以考据为事，有不少文人仍然坚持其诗文之道，甚至鄙薄考据，如袁枚认为"著作之文形而上，考据之学形而下"③，考据之学不过是"备参考者"④。由此在文人与学者之间，围绕考据与诗文辞章之高下，时常发生论辩乃至交恶。李兆洛以为自"史家列传有'儒林''文苑'之目，而词章、经术若分两涂，或鄙经生为朴学，或黜文士为浮华"⑤，章太炎亦云"震始入四库馆……天下视文士渐轻，文士与经儒始交恶"⑥。

考据学者虽"其始皆不过于时文中，用一古义古训，以求警策于主司"，后则"于说经之书，标名古学，以自尊异于讲章帖括之业"，⑦ 对词章诗赋多有轻视。如戴震尝论："古今学问之途，其大致有三：或事于理义，或事于制数，或事于文章。事于文章者，等而未者也。"⑧ 焦循则曰："经学者……得圣贤立言之指，以正立身经世之法，以己之性灵合诸古圣人之性灵，并贯通于千百家著书立言者之性灵，以精汲精，非天下之至精，孰克以与此！不能得其精，窃其皮毛，敷为藻丽，则词章诗赋之学也。"⑨ 王鸣盛亦称词章之学是波澜沧漭，以供人习赏，为"学之绪余焉已尔"⑩。孙星衍与袁枚互劝弃其学而学，终不能如愿，袁枚曰：

> 日前劝足下弃考据者，总为从前奉赠"奇才"二字横据于胸中，近日见足下之诗之文，才竟不奇矣，不得不归咎于考据。盖昼长则夜短，天且不能兼也，而况于人乎？故敢陈其穴管。足下既不以为然，

---

① 钱大昕：《日讲起居注官翰林院侍讲学士邵君墓志铭》，《潜研堂文集》卷四十三。
② 陈澧：《东塾杂俎》卷一。
③ 袁枚：《随园随笔序》，《小仓山房文集》卷二十八。
④ 袁枚：《散书后记》，《小仓山房文集》卷二十九。
⑤ 李兆洛：《洞箫楼诗纪序》，宋翔凤：《洞箫楼诗纪》卷首。
⑥ 章太炎：《訄书·清儒第十二》。
⑦ 汪绍楹：《阮氏重刻宋本十三经注疏考》，《文史》第3辑，1963年，第54页。
⑧ 戴震：《与方希原书》，《东原文集》卷九。
⑨ 焦循：《辨学》，《雕菰集》卷八。
⑩ 王鸣盛：《王懋思先生文集序》，《西庄始存稿》卷十六。

则语之而不知舍之可也,又何必费足下援儒入墨之心,必欲拉八十翁披腻颜帢,抱《左传》逐康成车后哉?今而后仆乃以二十年前之奇才视足下,足下亦以二十年前之知已待仆可也。如再有一字争考据者,请罚清酒三升,飞递于三千里之外,何如?①

惠栋认为弃考据而为诗文是"舍本而逐末"②,曾致书袁枚劝其从事考据学,袁枚复札曰:"足下乃强仆以说经。倘仆不能知己知彼,而亦为以有易无之请,吾子其能舍所学而相从否?"云"宋学有弊,汉学更有弊。宋偏于形而上者,故心性之说近玄虚;汉偏于形而下者,故笺注之说多附会"③。此说出,汪中、孙星衍、凌廷堪、焦循等人与袁枚围绕"考据"展开论辩,并引起乾嘉学者的广泛思考。孙星衍致书袁枚曰:

来书惜侍以惊采绝艳之才为考据之学,因言形上谓之道,著作是也;形下谓之器,考据是也。侍推阁下之意,盖以钞撮故实为考据,抒写性灵为著作耳,然非经之所谓道与器也。道者谓阴阳柔刚仁义之道,器者谓卦爻象象载道之文,是著作亦器也……此则侍因器以求道,由下而上达之学,阁下奈何分道与器为二也……古人重考据甚于重著作,又不分为二……是古人之著作即其考据,奈何阁下欲分而二之?④

凌廷堪则云:"窃谓近者学术昌明,士咸以通经复古为事,本无遗议。而一二空疏者流,闻道已迟,向学无及,遂乃反唇集矢,谓工文章者不在读书,瀹性灵者无须考证。此与卧翳桑而侈言屏膏粱,下蚕室而倡论废昏礼者何异。不知容有拙于藻缋之儒林,必无昧于古今之文苑也。"⑤此后,袁枚虽不认同考据学者的观点,但在考据学强大的压力之下,也只能偃旗息鼓。

---

① 袁枚:《答书》,孙星衍:《答袁简斋前辈书》附,《问字堂集》卷四。
② 袁枚:《答惠定宇书》引惠栋语,《小仓山房文集》卷十八。
③ 袁枚:《答惠定宇书》,《小仓山房文集》卷十八。
④ 孙星衍:《答袁简斋前辈书》,《问字堂集》卷四。
⑤ 凌廷堪:《答孙符如同年书》,《校礼堂文集》卷二十四。

第四节 乾嘉时期游幕学者的学术生态模式

学术生态模式主要通过学术主体与学术环境的关系来构建。乾嘉时期的游幕学者作为幕府学术活动的主体，在构成学术生态模式中起关键作用，学术主体之间以及学术主体与学术环境之间的相互作用与影响，是不同学术生态模式存在的前提，它们相互依存、共荣共生是学术生态模式的本质。基于上述认识，我们主要选择游幕学者与幕主和幕中学者关系的和谐度、游幕学者与学术生态环境的融合度等重要生态因子关系，结合游幕学者的出身、性情与游幕心态、游幕学者所游幕府的类别多样性和游幕时间的长度、游幕学者在幕府中从事学术活动的方式与内容的丰富性、游幕学者的价值观与目标实现度等生态影响因素，构建乾嘉时期游幕学者的学术生态模式，并选择有代表性的游幕学者分类略作说明。

一　自适型学术生态模式

自适型学术生态模式的主要特点在于，游幕学者与学术生态环境的适应性强、融合度高。具体来说，主要表现为以下几个方面的特征：

（1）游幕学者与幕主和幕中学者的关系和谐度高；（2）专心幕中学术之事，与幕府学术生态环境的融合度高；（3）家境贫困、功名不高，游幕心态平和；（4）游幕时间长，而且长期跟随同一个幕主，与幕主相始终；（5）所游幕府的类别相对单纯，幕府的学术条件比较优越；（6）在幕府的学术活动内容比较单一，主要是经史类著作的编校、纂辑、著述和地志的编撰；（7）学术撰著的方式基本上是在幕主的组织和支持下，与幕中学者分工协作、共同完成，著述以代撰为主。

乾嘉时期游幕时间超过 5 年的游幕学者有 102 人，超过 10 年的游幕学者有 52 人（详见第一章），但能长期跟随同一个幕主的游幕学者并不多见，"有才又必有遇，遇合甚难，非可固求"①，能够做到与幕主和幕中学者和睦相处，潜心学术且不计个人得失，实属不易，故符合自适型学术生态模式特征的游幕学者不多，胡虔是其典型代表。

胡虔（1753—1804），字雏君，安徽桐城人，10 岁而孤，家贫，以诸

---

① 万枫江、张应俞：《幕学举要杜编新书》，伊犁人民出版社 1999 年版，第 19 页。

生终。据目前掌握的史料，胡虔有近15年的游幕生涯，其中10年在谢启昆幕，与谢交谊深厚。乾隆五十七年（1792）胡虔入江南河库道谢启昆幕，为谢撰《西魏书》。此后，除谢启昆任山西布政使胡虔未随行之外，胡虔一直跟随谢启昆，先后入其浙江按察使、浙江布政使、广西巡抚幕，在谢启昆的组织下，与幕府中学者一起竭尽心力为《西魏书》定稿、纂辑《小学考》、续纂《史籍考》、总纂《广西通志》《临桂县志》等（详见附录一）。嘉庆七年（1802）谢启昆卒于广西巡抚任上，两年后胡虔亦病亡于广西。谢启昆曾作《怀人诗二十首》，记胡虔曰："循良有贤裔，安定抱遗经。万卷高楼在，环山一片青。香云书共校，砚舫字同铭。耐久真吾友，相期采茯苓。"①

胡虔"学问淹通，于书无所不读"②，尤钟情于经史考据，在经学、史学、地志学、目录学等方面均有深造，在谢启昆幕府10年，殚精竭虑为其编撰各种学术著作，为谢启昆在史学、目录学和方志编纂等方面取得的一系列重要成就做出了巨大贡献，而其自撰之作因时间、精力所限多未卒业，成书者虽见载于少数史籍，亦多散佚不传，甚可惋惜。其同乡方东树《先友记》载：

> 胡虔，字雒君……好学，刻苦自成，师事姚姬传先生。家贫，客游为养。乾隆丙午，翁学士方纲视学江西，君在其幕。时南康谢公启昆居忧在籍，因得与订交——谢故学士门生也。其后谢官江南河库道、浙江按察使，皆邀君至其署。惟任山西藩司，以道远不获同行，遂入观察秦瀛幕。及谢调浙藩以至巡抚广西，自是君皆相从，与之终始焉。谢所纂《西魏书》《小学考》《广西通志》皆出君手……先是毕尚书沅督两湖日，聘君纂修《两湖通志》及《史籍考》等书。君平生撰述多他人主名，故己所私著罕卒业。尝刻《识学录》一卷，其余残稿散佚，尽为乡里小生窃取去。今其家藏书手墨盖无只字存者。③

---

① 谢启昆：《怀人诗二十首》之《胡雒君》，《树经堂诗续集》卷八。
② 金鼎寿纂修：《桐城续修县志》卷十六《人物·文苑》。
③ 方东树：《先友记》，《仪卫轩集》卷一〇。

马其昶《许胡刘张四先生传》载其著述较详：

> 胡征君讳虔，字雏君，号枫原……家贫，客游为养，与南康谢公启昆交莫逆。谢为布政使、巡抚，必请与偕，遂相从终始。为代撰《西魏书》《小学考》《广西通志》。平生勤于撰述，有《战国策释地》四卷、《诸史地理辨异》六卷、《汉南江夏豫章三郡沿革考》三卷，余多他人主名，惟自刻《识学录》《柿叶轩笔记》各一卷。①

胡虔不唯与幕主谢启昆交谊深厚，相从始终，与谢启昆幕中学者如钱大昭（字晦之，号可庐）、陈鳣（字仲鱼、号简庄）等人的关系也非常融洽，曾绘《三子说经图》以志知己之感，② 幕主谢启昆也赋诗称赞三人的学术及其在幕中的学术活动与情谊：

> 铿铿嘉定钱可庐，《毛诗》古训穷爬梳，结跏趺坐捻其须。旁有抱膝清而腴，安定之望桐城胡，古文今文说《尚书》。髯也超群娴且都，三家识坠思萦纡，是为海宁陈仲鱼。地之相去千里殊，二十门出陈与朱，其一乃厕苏潭徒。学有专家异辙途，胡为绘事同一图。方今诏令征醇儒，东南薮泽多璠玙。其尤著者越与吴，举三君可概其余。东浦先生今大苏，搜罗奇士及菰芦，鼎足之语非虚誉。近者研北同操觚，兑丽轩开实佐余。《小学考》补如贯珠，《史籍》日夕供咿唔。闲来接席笑言俱，便便腹笥相嬉娱。汉之三贤充统符，又曰宏宽董仲舒。诸子经术古不渝，勿为标榜顾及厨。倩君添画一老夫，高谈雄辩惊四隅。③

"鼎足之语非虚誉"句下注曰："东浦方伯每语人曰：'有好古之学者，必有高世之行，如可庐、雏君、仲鱼，可称鼎足。'三君感其意，因

---

① 马其昶：《许胡刘张四先生传》，《桐城耆旧传》卷一〇。
② 谢启昆：《与陈东浦方伯》，《树经堂文集》卷三；陈奉兹：《题说经图》，《敦拙堂诗集》卷十三。
③ 谢启昆：《三子说经图》，《树经堂诗续集》卷一。案：尚小明《学人游幕与清代学术》（增订本），东方出版社 2018 年版，第 202—203 页引此诗以普通长律施加标点，并于"兑丽轩开实佐余"句下注："原刻本此句下漏刻一句"，实则该诗用韵和句式比较独特，并不存在漏刻。

绘此图。"乾隆五十六年（1791）胡虔曾因同乡左眉之荐客湖广总督毕沅幕，与章学诚等人一起纂修《湖北通志》《史籍考》。同年秋姚鼐致谢启昆书曰："胡生雒君在楚中，甚为章实斋所苦，余人多去之，雒君勉留以终其事。秋冬之间或来铃阁，未可知也。计此时其书亦向成矣。若今冬不来，必于明春尔。"① 即使是对于曾甚受其苦的章学诚，胡虔也能念及同幕之情，建议走投无路的章学诚寻求阮元、谢启昆等人援助，凭借自己久在谢启昆幕、深受谢氏赏识的有利条件，向谢启昆推荐章学诚入幕继续纂修《史籍考》。②

二　棱柱型学术生态模式

棱柱是指有两个面互相平行，其余各面均为平行四边形，相邻四边形的公共边互相平行，由这些面所围成的多面体。作为一种学术生态模式，棱柱型的主要特征在于它的多面性。具体来说，棱柱型学术生态模式的特征主要表现为以下几个方面：

（1）游幕时间较长，所游幕府的类别具有多样性；（2）入幕时功名不高或没有功名，游幕期间多曾参加科举，但未能获取高级功名（进士），或未能入仕；（3）潜心学术，个性鲜明，与不同幕主和游幕学者的关系因人而异，有时比较和睦，有时则因意见不合发生论争，甚至辞幕或反目；（4）价值观多变甚至互相矛盾，与学术生态环境的融合度，因幕府的类别、幕主和幕中学者的不同、个人心态的变化等而时有高低；（5）在幕府的学术活动内容比较丰富，既有经史著作的编校、纂辑，也有地志的纂修和其他学术活动；（6）学术撰著的方式多样，既有与幕主和幕中学者分工协作的集体撰著，也有个人独立撰著；既有代撰，也有自撰。符合棱柱型学术生态模式特征的游幕学者最多，兹以臧庸、焦循、章学诚为其典型代表略作考述如下。

臧庸（1767—1811），初名镛堂，字在东。后易名庸，字用中，一字西成、拜经。江苏武进人。家贫，为求谋生与治学之资，在45年的生命旅程中有17年在外游幕，先后游于毕沅湖广总督、山东巡抚幕，阮元浙江学政、浙江巡抚幕，伊秉绶扬州太守幕，刘凤诰浙江学政幕，章子卿仁

---

① 姚鼐：《与谢蕴山》，《惜抱轩尺牍》卷一。
② 胡适、姚名达：《章实斋先生年谱》，嘉庆三年条。

和场大使幕，孙星衍山东督粮道幕，京师觉罗桂春和吴烜馆等。① 臧庸游幕时间长，幕府类别多样，既有督、抚、学政等地方大员的幕府，也有道、府等低品级地方官员的幕府，还有京官的幕府。游幕期间曾三应乡试而皆不中，以诸生终。

臧庸是清初经学名儒臧琳之玄孙，校勘学家卢文弨的弟子，"经史小学，精深不苟"②，且为人"沉默敦重，天性孝友"③，与朋友交，但求"真诚相与，坦率以待"④，"只以《诗》《书》为性命，绝无城府在交游"⑤，故与当时学者（包括幕主和游幕学者）多有至交、挚友。如其《拜经日记》卷首有阮元、王念孙、许宗彦三人为之序，庄述祖、许宗彦、陈寿祺为之题辞，《拜经日记赠言校勘里居姓氏》载有卢文弨、王鸣盛、朱珪、钱大昕、王昶、毕沅、阮元、孙志祖等83位乾嘉时期的著名学者；其《拜经堂文集》卷首载有阮元撰《臧拜经别传》、宋翔凤撰《亡友臧君诔》、秦瀛和吴士模所撰序，一些文章录有当时学者如洪亮吉、严元照、许宗彦、郝懿行、阮元诸家的眉批与评语，《拜经堂文集》中收录有致钱大昕、阮元、段玉裁、卢文弨、陈寿祺、王念孙、王引之、孙星衍等人的书信49通，可见臧庸与当时学界交往之密，学友之众。

从其与幕主和幕中学者关系的和谐度及其与幕府的融合度而言，多数情况下，臧庸与幕主和幕中学者的关系都比较融洽，如其在毕沅湖广总督幕、扬州太守伊秉绶幕、山东督粮道孙星衍幕，与幕主及幕中学者严观、徐鏷庆、胡虔、钱大昕、焦循、赵怀玉、袁廷梼、管同、毕以田、洪颐煊等人都能和睦相处，与幕府的融合度较高，而与阮元交最厚。

臧庸自嘉庆二年（1797）春入阮元浙江学政幕始，至嘉庆十四年（1809）9月阮元因事革职，臧庸归里，有近十年时间在阮元幕或虽游于外而仍为阮元校书。⑥ 臧庸与阮元交谊深厚，论学多相契，但也有意见不合之时，甚至愤而辞幕。如嘉庆五年（1800）臧庸应浙江巡抚阮元之邀至杭，任《经籍籑诂补遗》总纂。因诂经精舍议立许慎木主衔之事，臧

---

① ［日］吉川幸次郎：《臧在东先生年谱》，乾隆五十八年至嘉庆十六年条。
② 阮元：《定香亭笔谈》卷一。
③ 阮元：《臧拜经别传》，臧庸：《拜经堂文集》卷首。
④ 臧庸：《渔隐小圃文饮记》，《拜经堂文集》卷四。
⑤ 焦循：《臧上舍庸》，《雕菰集》卷四。
⑥ ［日］吉川幸次郎：《臧在东先生年谱》，嘉庆二年至十四年条。

庸与孙星衍、洪颐煊、洪震煊意见不合，臧庸认为应题"汉故太尉南阁祭酒汝南许君"，①而阮元认为"洪两生议是"，最终题以孙星衍所议"汉汶长太尉南阁祭酒许公"，臧庸因称疾辞归。②与幕中学者也会因学术观点不同发生争论，如嘉庆二年至三年（1797—1798）臧庸在浙江学政阮元幕任《经籍籑诂》总校，"与同籑诸君往复辨难"③。嘉庆四年（1799）严元照曾致信规劝臧庸，同时也暗示臧庸与幕中学者的不合：

> 足下天性戆直，有言必尽，欲少宛委一字而不可得，坐是而不谐于俗……足下去年在杭州书局，局中人皆不悦足下。此亦不可尽责于人，亦足下有以召之也。夫人心之不同如其面，学问亦犹是矣……又臧否人伦，尤宜谨慎，而足下且肆然见之笔墨之间，辄曰"某某不足道"。此大失儒者谨厚之风，姑无论其为人所憎恶矣……足下以尽言见恶于时。④

臧庸的人生价值观具有多面性。一方面，臧庸重汉学考据、轻科举时文、弃酬应诗赋，故常以经生自况，以考据、辑佚为职志，致力于古籍的纠谬正讹、拾遗补阙，不屑从事帖括与词章。他认为：

> 盖吾儒之事业，以圣人为归……使吾党移研经之力肆力词章，词章即工，或不能得一第、为显扬之资，终属无用，而又坐废不朽之业，是两失也。至酬应无益之举，尤足荒功逸志，即肆力词章者所当屏绝，况有志正学者哉？⑤

> 读书当先通诂训，始能治经。尊信两汉大儒说，如君师之命，弗敢违。非信汉儒也，以三代下，汉最近古，其说皆有所受。故欲求圣人之言，舍此无所归……此可必之于己，得之足以自乐，有功于先哲，有造于来学，愿足下为之无倦。若夫富贵，乃偶然之遇，其为之

---

① 臧庸：《汉太尉南阁祭酒考》，《拜经堂文集》卷四。
② ［日］吉川幸次郎：《臧在东先生年谱》，嘉庆五年条。
③ 臧庸：《经籍籑诂后序》，《拜经堂文集》卷二。
④ 严元照：《与臧在东书》，《悔庵学文》卷一。
⑤ 臧庸：《与丁道久书》，《拜经堂文集》卷三。

也劳心费神，穷年累世，遇者少，不遇者多，一旦侥幸得之，亦可以夸耀世俗。然品谊不修，学业不讲，常为有识者所鄙。不幸而毕生帖括，以兔园册子于自终，《十三经注疏》至不能举其名目、姓氏，其时文即高出于王、归、金、陈之上，究之，此物有何足用？①

臧庸强调治经当先通训诂，并要尊崇郑儒，汉学考据乃不朽之业，而词章即使高于汪、归、金、陈之上，若不能得一第，终属无用；即使侥幸得之，若学业不讲，亦常为有识者所鄙。《拜经堂文集》中无一篇诗赋、时文，几乎全为论学之语，体现出臧庸"性命古文，粪土时议"②的学术价值观。

另一方面，臧庸也希望通过参加科举来实现其行"实政"的目的，其《答秦小岘少司寇书》曰："庸虽溺志于诂训考订，未尝不有意于文章，愿读先生之文，庶知立言之道也。"③曾于嘉庆六年（1801）、嘉庆九年（1804）、嘉庆十五年（1810）三应乡试，结果却皆不中。臧庸深感惭愧，撰《刻庚午落卷跋》曰："或云'君著述自足不朽，不藉科第为重'，此无聊慰藉，余岂足当之？且国家以制义取士，而文不合格，屡摈有司，亦已之过也。……乃至落卷亦不可得，是必余之罪戾丛积，天降之罚，俾诸君子有知言之识者，决科不验，深可愧已。"④《与王怀祖观察书》曰："于学问一途，粗涉津涯，或能黾勉万一。至举业荒落，科名或有辜雅望也。"⑤究其落第之因，当与其早年即"尽弃俗学而专习郑氏学"⑥、重汉学考据、轻科举时文有关，与其在心态上和行为上对应试文章的疏离有关。正因为臧庸的价值观具有多面性，甚至表现出一定的矛盾性，故其目标的实现度有高有低，高在其汉学考据方面取得了突出成就，低在其科举功名仅以诸生终。

从臧庸在幕府中的学术活动来看，内容十分丰富，撰著方式多样。学

---

① 臧庸：《与顾子明书》，《拜经堂文集》卷三。
② 宋翔凤：《亡友臧君诔》，《拜经堂文集》卷首。
③ 臧庸：《答秦小岘少司寇书》，《拜经堂文集》卷三。
④ 臧庸：《刻庚午落卷跋》，《拜经堂文集》卷四。
⑤ 臧庸：《与王怀祖观察书》，《拜经堂文集》卷三。
⑥ 臧庸：《先师汉大司农北海郑公神坐记》，《拜经堂文集》卷四；臧庸：《皇例赠文林郎府学增广生员苏景程先生行状》，《拜经堂文集》卷五。

术活动内容既有在幕主的组织下参与大型学术工程,如《经籍籑诂》《十三经注疏校勘记》《经郛》等的纂修与辑补,又有受幕主的委托从事经、史、子、集等各类著述的纂辑与校订,如纂辑《扬州图经》《扬州文萃》《中州文献考》,校订《刘端临先生遗书》《管子》《史记天官书考证》《小学钩沉》等,还有课读与授经等活动(详见附录一),至于其与当时学者书札往还进行学术交流更是履见不绝;学术撰著的方式,既有代幕主编校,也有自著。其自著之书与裒集汉儒群经佚注之作凡数十种,多完成于游幕期间。嘉庆元年(1796)至嘉庆十六年(1811),在完成幕主分派的学术活动之外,订补臧琳所辑《六艺论》,纂《周易郑注叙录》,录唐释湛然《辅行记》,撰《皋陶谟增句疏证》《孔子年表》《七十子年表》《孟子编年略》,著《诗考异》,辑刻《汉书音义》《通俗文》《华严经音义》《经义杂记叙录》等,为友朋撰著序、跋、行状亦多。① 臧庸之所以能够代撰与自撰兼顾,著述等身,如其师卢文弨所言,"武进臧生在东,研求遗经,志甚锐,力甚勤"②,其"为吴鉴庵通政使纂《中州文献考》,踰月未出,每夜必至漏三四下,饥寒不恤,孜孜于此,殆天性然也。虽其事甚烦且重,将来能成与否皆不可必,而现在之勤笃,性命以之"③,及至病尪,宋翔凤往问之,其在床笫犹编校未休,④ 而其中年早逝与其勤学太过不无关系。

焦循(1763—1820),字理堂,江苏甘泉人。"善读书,博闻强记,识力精卓,于学无所不通,著书数百卷,尤邃于经;于经无所不治,而于《周易》《孟子》专勒成书"⑤,又精于天算。焦循为阮元姊夫,与阮元一生交好,阮元督学山东、浙江及抚浙时均招焦循入幕。焦循6年游幕于外,在阮元幕中近5年(见附录一),在幕府中的学术活动比较丰富,撰著方式灵活多样,既随阮元校士各属,批阅试卷,又助其纂辑《淮海英灵集》,续补《坤舆全图》;既有代阮元撰《仪礼石经校勘记后序》《万氏经学五书序》《丧服足征记序》等,又有自著之《山左诗钞》《浙江诗

---

① 丁喜霞:《臧庸及〈拜经堂文集〉整理研究》,中国社会科学出版社2016年版,第36—39页;[日]吉川幸次郎:《臧在东先生年谱》,嘉庆元年至嘉庆十六年条。
② 卢文弨:《辑卢子干礼记解诂序》,《抱经堂文集》卷六。
③ 臧庸:《与秦小岘少司寇书》,《拜经堂文集》卷三。
④ 宋翔凤:《亡友臧君诔》,《拜经堂文集》卷首。
⑤ 阮元:《通儒扬州焦君循传》,《揅经室二集》卷四。

钞》等。与幕主阮元、伊秉绶及幕中学者武亿、孙星衍、李锐、谈泰、顾广圻、陈鸿寿、朱为弼、程瑶田、臧庸、赵怀玉等关系融洽，共论经史，订正古算学等，不仅拓展了学术视野，也增进了学术交流和学谊。在进行学术交流时，焦循虽与当时学者就一些学术问题有意见分歧，如与江声关于《群经宫室图》中相关问题的论争，[①] 与钱大昕关于君臣、父子、夫妇等社会伦理问题的争议等，[②] 能够本着"各信所是，非可用以相攻诘"[③] 的态度，平心静气讨论是非，未影响彼此的友谊。

焦循对待科举和游幕的心态十分复杂，导致其相关行为多变。焦循科举之路坎坷，多次乡试不中，嘉庆六年（1801）39岁始中举，已超过考取举人的平均年龄（31岁），也已超过考取进士的平均年龄（36岁），因此，焦循对科举功名有所失望，名利之心已有所淡薄，欲作"局外人"，如其《看棋》诗曰："蛮触争持智各殚，旁观我色独无难。乃知人世争荣辱，最妙身从局外看。"[④] 然而，焦循仍未能完全摆脱利禄的诱惑，科举名利之心仍未完全泯灭，嘉庆七年（1802）又北上参加会试。此次会试焦循本来踌躇满志，结果不幸落第，焦循十分失落，感叹"两鬓萧疏已欲霜，才来京国学观场。文章未解趋风气，禄命惟知听颢苍。梦里归心萦故里，灯边夜语集诸方。卷帘已是三更后，月影如金上棘墙"[⑤]，虽心有不甘，惆怅满怀，无奈禄命由天，"四十始入都，自怯时闭户。一二旧交外，未敢强与伍"，深感"势利诱我心，不绝已如缕。何以操吾真，舍经莫为主"[⑥]，自此"科第仕宦之心尽废"[⑦]。

焦循因科举失意而郁闷不乐之际，阮元再次招其入幕，但焦循此时已是身心疲惫，仅在杭停留三月便归里，欲居家著述，兼以课徒授业[⑧]，决意不再游幕。但是，或因馆谷不足以养家，或因幕在扬州，嘉庆十一年（1806）焦循又应扬州知府伊秉绶之聘，与赵怀玉、臧庸、江藩、袁廷

---

① 焦循：《复蒋征仲书》，《雕菰集》卷十四。
② 焦循：《翼钱》，《雕菰集》卷七。
③ 焦循：《复蒋征仲书》，《雕菰集》卷十四。
④ 焦循：《看棋》，《雕菰集》卷五。
⑤ 焦循：《题闱中壁》，《雕菰集》卷四。
⑥ 焦循：《吴玉松太史言刑部戴金溪尝道仆所著书明日至铁厂访之》，《雕菰集》卷三。
⑦ 焦循：《告先圣先师文》，《雕菰集》卷二十四。
⑧ 焦循：《寄阮芸台先生》，《焦循诗文集·里堂札记·丙辰手札》。

梼、姚文田等人纂辑《扬州图经》和《扬州文萃》，次年秋伊父病卒，伊秉绶辞官扶柩归里，编书事乃止，但焦循将自己所辑部分手稿编为《扬州足征录》27卷，并因纂书事得修金500两，得以修葺半九书塾、新筑"雕菰楼"，潜心著述。

　　章学诚（1738—1802），字实斋，号少岩，浙江会稽人。游幕近30年，所游幕府类别多样，既有顺天乡试分校、武英殿编修、四库馆编修等京官幕府，也有湖广总督、河南巡抚、安徽巡抚、浙江布政使、安徽学政、两淮盐运使等高品级地方官员幕府，还有宁绍台道、河道、知州、县令等低品级的地方官员幕府。游幕期间的学术活动内容十分丰富，既有校士、论学、主讲肥乡清漳书院、归德文正书院等学术交流与传播活动，也有修志、史书纂著等学术著述活动。学术撰著的方式多样，既有在幕主的组织下参与《史籍考》《续资治通鉴》等大型学术工程的分纂，又有独立或与幕中学者合作纂修方志，如《湖北通志》《顺天府志》《常德府志》《荆州府志》《和州志》《永清县志》《大名县志》《亳州志》《永定河志》等，也有自撰之《文史通义》《校雠通义》等（详见附录一）。

　　章学诚与不同幕主和幕中学者的关系各有不同，人际关系的和谐度及其与幕府的融合度也因人而异。

　　就其与幕主的关系而言，章学诚与朱筠关系最为亲厚，论学则深受毕沅的赏识，支持其纂修《史籍考》，但与谢启昆则相处不睦，与其他幕主的关系，因缺乏史料记载而不详。章学诚自乾隆三十年（1765）学文章于朱筠始，从游朱筠6年，朱筠对其极为宽厚。李威《从游记》曾载"及门会稽章学诚议论如涌泉，先生乐与之语。学诚姗笑，无弟子礼，见者愕然，先生反为之破颜，不以为异"①。据沈元泰《章学诚传》所言，朱筠上奏提议开馆征书，亦与章氏建议有关。"学士尝慨然以复古自任，学诚因请搜访遗书，仿刘向《七略》条别群书，各疏原委，学士遂有征书之奏，而四库全书之馆自此开矣。"② 章学诚从游毕沅5年，乾隆五十二年（1787）冬河南巡抚毕沅招章学诚入幕，不仅解其生活之困，且属其经营《史籍考》纂修事，并命其就职文正书院以为纂书之便，后因毕沅官职调动，章学诚亦于乾隆五十三年（1788）、五十五年（1790）至五

---

① 李威：《从游记》，朱筠：《笥河文集》卷首。
② 沈元泰：《章学诚传》，《碑传集补》卷四十七。

十九年（1794）复依其湖广总督幕，继续纂修《史籍考》。嘉庆三年（1798）章学诚入浙江布政使谢启昆幕，但因与幕中学者如孙渊如、袁枚等多有不合，①且在增订《史籍考》问题上与谢启昆意见相左，未能得到谢氏重用，不久即离去。②

就章学诚与幕中学者的关系而言，其与邵晋涵、左眉等相处融洽，与戴震、洪亮吉、孙星衍、汪中等人则因论学多有不合，甚至发生笔讼。

乾隆三十六年（1771）章学诚与邵晋涵同入朱筠安徽学政幕，据《邵二云先生年谱》载，"学诚学古文词于筠，苦无藉手，先生辄举前朝遗事，俾筠与学诚各试为传记以质文心。其有涉史事者，若表志记注世系年月地理职官之属，凡非文义所关，覆按皆无爽失。由是与学诚论史，契合隐微。"③ 章学诚于幕中作《文史通义》，深得邵氏赞许。章学诚曰："余著《文史通义》，不无别识独裁，不知者或相讥议，君每见余书，辄谓如探其胸中之所欲言，间有乍闻错愕，俄转为惊喜者，亦不一而足。以余所知解，视君之学，不啻如秭米之在太仓，而君乃深契如是。"④ 乾隆四十八年（1783）春，章学诚卧病京旅，邵晋涵载至其家，延医治之，论学每至夜分，相约纂修《宋史》，⑤ 其后与邵氏论修《宋史》事及与论学之书札往还不绝。邵晋涵去世，章学诚哀悼甚切。其与胡雒君书云："昨闻邵二云学士逝世，哀悼累日，非尽为友谊也。浙东史学，自宋元数百年来，历有渊源，自斯人不禄，而浙东文献尽矣。"⑥ 其作《邵与桐别传》曰："前后二十余年，南北离合，历历可溯，得志未尝不相慰悦，至风尘潦倒，疾病患难，亦强半以君为依附焉。"⑦ 知己之感，不能自已，

---

① 章学诚曾作《地志统部》规洪亮吉之非，作《妇学》《妇学篇书后》《诗话》《书坊刻诗话后》《论文辨伪》《题随园诗话》等文痛诋袁枚。胡适、姚名达：《章实斋先生年谱》，嘉庆二年条。

② 罗炳绵：《史籍考修纂的探讨》（上），（香港）《新亚学报》1964 年第 6 卷第 1 期，第 381、396 页。

③ 黄云眉：《邵二云先生年谱》，乾隆三十六年条。

④ 章学诚：《邵与桐别传》，《章氏遗书》卷十八。

⑤ 黄云眉：《邵二云先生年谱》，乾隆四十八年条。

⑥ 章学诚：《与胡雒君论校胡稚威集二简》，《章氏遗书》卷十三；黄云眉：《邵二云先生年谱》，嘉庆元年条。

⑦ 章学诚：《邵与桐别传》，《章氏遗书》卷十八。

故其言往复悱恻，读之凄咽。①

乾隆五十五年（1790）章学诚与左眉同客湖广总督毕沅幕，二人关系亲密，左眉辞幕时章学诚"苦死留"，左氏"归意已决"，章学诚无奈之下只得申以后约，属以旁求同侪，左眉便向其推荐自己的同乡胡虔。左眉记其事曰：

> 官斋多秀士，与余独绸缪。呼余曰夹漈，亦或称左邱。名园临绿水，快阁醑金瓯。宵分穷五雅，歌阕辨三侯。相难不相下，其实无怨尤。霜风入庭树，予欲返龙湫。尚书询所以，君只苦死留。余归意已决，旦旦挽行辀。申余以后约，属余以旁求。荐士余所好，何况余同州。处士曰胡虔，贵与乃其俦。报君以此士，艺院骋骅骝。②

章学诚对于自己在史学方面的见解自视甚高，"藐视六合间，高论无一人"③，亦极为自负，"吾于史学盖有天授，自信发凡起例多为后世开山"④，加之个性"刚鲠"，与当时学者尤其是同游幕府的学者论学多不相契，经常发生学术论争。如乾隆三十八年（1773）夏，章学诚与戴震同在宁绍台道冯廷丞幕，二人论史多有不合，特别是关于修志问题发生了激烈争论，⑤在戴震过世多年之后，章学诚撰写《记与戴东原论修志》，追叙此次争论，称"戴君经术淹贯，名久著于公卿间，而不解史学。闻余言史事，辄盛气凌之"⑥。章学诚与汪中（1745—1794）曾三次同游一幕（详见附录一），汪中生性亢直，"疾恶如风"⑦，与"性刚鲠"的章学诚因对古文辞的见解不同，发生激烈论争，⑧几至挥刃相向。洪亮吉有诗记曰：

---

① 黄云眉：《邵二云先生年谱》，嘉庆元年条。
② 左眉：《述旧事一篇寄章实斋》，《静庵诗集》卷四。
③ 洪亮吉：《有人都者偶占五篇寄友·章进士学诚》，《卷施阁诗》卷八。
④ 胡适、姚名达：《章实斋先生年谱》，乾隆三十年条。
⑤ 尚小明：《学人游幕与清代学术》（增订本），东方出版社2018年版，第302—304页。
⑥ 章学诚：《记与戴东原论修志》，《章氏遗书》卷十四。
⑦ 王念孙：《述学序》，汪中：《述学》卷首。
⑧ 尚小明：《学人游幕与清代学术》（增订本），东方出版社2018年版，第304—307页。

鼻窒居然耳复聋，头衔应署老龙钟。未妨障麓留钱癖，竟欲持刀抵舌锋。君与汪明经中议论不合，几至挥刃。独识每钦王仲任，多容颇罝郭林宗。安昌门下三年住，一事何尝肯曲从。君性刚鲠，居梁文定相公寓邸三年，最为相公所严惮。①

章学诚与洪亮吉、孙星衍、阮元、袁枚等人不仅在古文辞方面见解不合，在整体为学趋向上亦"绝不相入"。其在与朱锡庚的书信中屡有表述：

> 盖渊如天分虽高，却为名心甚急，故用功不懈，至今无自得之学者，名心为之累也。功浅之时，求人赏鉴；今功稍深，又求胜人……洪稚存近来所得不知何如？彼天分稍逊渊如，而用功似较渊如沉着。如阮学使亦颇高明，所得似在孙、洪之间，但不致放言高论……然其论刻石如史官纪事之类，则不免乱道矣……此数公皆与鄙人路数绝不相入，故无争竞之心，亦无附会之意。阮学使与洪稚存在河南抚署日，作书与洪稚存曰："会稽有章实斋，所学与吾辈绝异，而自有一种不可埋殁气象，不知是何路数，足下能定之否？愚意此亦一时之奇士也。"云云。②

> 洪、孙诸公洵一时之奇才，其于古文辞乃冰炭不相入，而二人皆不自知香臭……以洪君之聪明知识，欲弹驳弟之文史，正如邵先生所云"此等拳头，只消谈笑而受，不必回拳，而彼已跌倒"者也。彼驳邵之《尔雅》，方长篇大章，刻入文集，以为得意，而邵之议论已如此。今彼刻驳弟之书，乃因绌于口辩，而遂出于装点捏造，殆较驳邵为更甚矣。③

其批评孙星衍曰："若渊如则本无所得，全恃聪明，立意以掀翻古人

---

① 洪亮吉：《续怀人诗十二首·章进士学诚》，《卷施阁诗》卷十五。
② 章学诚：《与朱少白书》，《章学诚遗书佚篇》。
③ 章学诚：《又答朱少白书》，《章氏遗书补遗》。洪亮吉驳邵晋涵之文见《卷施阁文甲集》卷七《释大别山一篇寄邵编修晋涵》（附《汉水释》）《又与邵编修辩尔雅斥山书》，洪亮吉驳章学诚之文见《卷施阁文甲集》卷八《与章进士学诚书》。章学诚驳洪亮吉之说见《地志统部》，《章氏遗书》卷十四《方志略例一》。

为主，而力实未能，故其文集疵病百出。鄙所纠正，特取与《文史通义》相关涉者而已，其余非我专门，不欲强不知以为知也。倘他篇又别有专门之人如鄙之纠驳，则身无完肤矣。"① 又作《妇学》《妇学篇书后》《诗话》《书坊刻诗话后》《论文辨伪》《题随园诗话》痛诋袁枚，且多谩骂之语。胡适评论章学诚与当时学者的论争曰："先生之攻戴震，尚不失为诤友；其攻汪中，已近于好胜忌名；至其攻袁枚，则完全是以'卫道'自居了！"②

章学诚自乾隆二十五年（1760）始应顺天乡试，七应科场之后，于乾隆四十二年（1777）中举，翌年中进士，归部待铨，但"自以迂疏，不敢入仕"③，故毕生致力于文史典籍的校雠与修志事业。章学诚在游幕期间，除参纂《续资治通鉴》、主纂《史籍考》外，主修、参修省、府、县等各级各类地方史志十余部，创设了志科，并且通过长期的修志实践和对方志性质、体例、功用及编纂方法的研讨，形成一整套系统的方志理论，所撰《方志辨体》《方志立三书议》《记与戴东原论修志》《修志十议》等，对近代方志学研究影响颇大，其自撰之《文史通义》，不仅是章学诚的代表作，亦是乾嘉时期最为著名的史学理论著作。

章学诚学识渊博，尤其是其史学见识独到，成就卓著，自清末以来，章炳麟、梁启超等学者即渐以章学诚与戴震并尊，视之为"清代中叶学术思想史上的两个高峰"④。但在乾嘉时期，章学诚的治学路径并未得到当时学者的认可。自言"至论学问文章，与一时通人全不相合。盖时人以补苴襞绩见长，考订名物为务，小学音画为名；吾于数者皆非所长……吾之所为，则举世所不为者也。如古文辞，近虽为之者鲜，前人尚有为者；至于史学义例，校雠心法，则皆前人从未言及，亦未有可以标著之名"⑤，又言"学诚从事于文史校雠，盖将有所发明，然辨论之间颇乖时

---

① 章学诚：《又与朱少白书》，《章氏遗书补遗》。
② 胡适、姚名达：《章实斋先生年谱》，嘉庆二年条。
③ 胡适、姚名达：《章实斋先生年谱》，乾隆四十三年条。
④ 余英时：《论戴震与章学诚：清代中期学术思想史研究》（增订本），生活·读书·新知三联书店2012年版，第3页。
⑤ 章学诚：《家书二》，《章氏遗书》卷九。

人好恶"①，所论作志传之法"与流俗言则不解，与通人言又每多不以为然"②，即使是可与之言史的邵晋涵，③ 在一些史学问题上仍有分歧。如章学诚认为："《廿一史》中，《宋史》最为芜烂，邵欲别作《宋史》……然邵长于学，吾善于裁。如不可以合力为书，则当各成一家，略如东汉之有二谢、司马诸书，亦盛事也，但恐不易易耳。"④ 章学诚"恃才睥睨，所持论务高远，恒与俗违，知之者寡"⑤，这使章学诚非常郁闷，甚至心生怨气，加之其相貌"颇不扬，往往遭俗弄"⑥，故其对论学不合之学者时有论争，乃至出言不逊，这或许是其抒发胸中抑郁不平之气的一个出口。又因其社会地位和经济实力所限，一生以游幕、讲学、修志资生，穷困潦倒，才学未能充分施展，晚年贫病交加，极文士之不幸。谢启昆有诗怀章学诚曰："登第不求官，空斋耐岁寒。耳聋挥麈易，鼻垩运斤难。晚境贫愈甚，芳情老未刊。近来稽水侧，谁授故人餐？"⑦

三 散射型学术生态模式

散射原指光线、声音等由一点向四周发射、传送。作为一种学术生态模式，散射型的主要特征在于它的多向性。具体来说，散射型学术生态模式主要有以下特征：

（1）游幕时间可长可短，所游幕府的类别多样；（2）游幕期间继续科考并获得高级功名，多入仕为官；（3）与不同幕主和游幕学者的关系基本和谐，偶有论争；（4）价值取向具有多元性，游幕心态比较积极，目标实现度高；（5）在幕府的活动内容非常丰富，既有学术活动，也有文学活动和佐理军政事务的活动；（6）学术撰著的方式多样，既参与集体撰著，也有个人独立撰著；既有代撰，也有自撰。符合散射型学术生态

---

① 章学诚：《上钱辛楣宫詹书》，《章氏遗书》卷二十九。
② 章学诚：《又答朱少白书》，《章氏遗书补遗》。
③ 严元照《吴胥石先生墓志铭》："国子监典籍会稽章君学诚，亦善史，不轻许可，尝言'今之可与言史者，唯二云与胥石耳．'"《悔庵学文》卷五。
④ 章学诚：《家书五》，《章氏遗书》卷九。
⑤ 蔡冠洛：《清代七百名人传》第 4 编《学术·朴学·章学诚》，《近代中国史料丛刊》第 63 辑，第 1623 页。
⑥ 曾燠：《赠章实斋国博》，《赏雨茅屋诗集》卷二。
⑦ 谢启昆：《怀人诗二十首》之《章实斋》，《树经堂诗续集》卷八。

模式特征的游幕学者较多，现以洪亮吉、王念孙、邵晋涵作为其中的典型代表略作考述。

洪亮吉（1746—1809），字君直，号稚存，一号北江、更生，江苏阳湖人。六岁而孤，家境贫寒，常以游幕资生。两应乡试不中，以馆谷不足养亲，于乾隆三十六年（1771）冬至安徽太平府，往来于太平知府沈业富和安徽学政朱筠幕，乾隆三十八年（1773）因朱筠卸任而归里。次年（1774）至乾隆四十五年（1780）中举，频繁出入常镇通道袁鉴、江宁太守陶易、浙江学政王杰、安徽学政刘权之、常州太守黄泽定、四库总校孙溶、四川按察使查礼等幕，几乎是一年一幕，与幕府的融合度不高。在上述幕府中，洪亮吉或佐校阅，或课读，或掌书记，或校书，学术撰著活动较少。①

中举后洪亮吉继续以游幕资生，乾隆四十六年至五十四年（1781—1789）除赴山西处理黄景仁丧事并送其灵柩归里，以及入都参加会试和两次归里外，均在毕沅幕，随毕沅由陕西巡抚升转河南巡抚、湖广总督而至西安、开封、武昌，②洪亮吉有诗言"从公十年游，八年居幕府"③，与毕沅及其幕中学者关系比较融洽，在幕府中的活动内容十分丰富，既有诗酒文会等文学游娱活动，也佐理军政事务，如在毕沅陕抚幕，与孙星衍、钱坫等日偕毕公筹兵画饷，更有各种学术活动，如校勘古籍，纂修《淳化县志》《长武县志》《固始县志》《延安府志》《大冶县志》《登封县志》《固始县志》等方志，参与《续资治通鉴》《史籍考》等大型学术工程，并自撰《补三国疆域志》《东晋疆域志》《十六国疆域志》《乾隆府厅州县图志》等书，自著《汉魏音》《公羊古义》。④

洪亮吉乾隆五十五年（1790）进士及第，授翰林院编修，历官顺天乡试同考官、贵州学政、上书房行走、实录馆纂修官、己未科庶吉士教习。嘉庆四年（1799）虽因上书言事获罪戍守伊犁，但不足百日即获释，次年归里后居家著述，先后应谭廷柱、两淮盐政额勒布聘，主安徽旌德洋

---

① 吕培等：《洪北江先生年谱》，乾隆三十五年至四十五年条。
② 李金松：《洪亮吉年谱》，乾隆四十六年至五十四年条。
③ 洪亮吉：《本欲诣武昌以驿道迂回不果行次建阳驿三鼓得尚书师急递以适欲至襄阳阅兵为先期行二日约相会于钟祥途次时亮吉已越行二百余里势不能回车再图握手夜起不寐辄成长句一篇却寄》，《卷施阁诗》卷十二。
④ 吕培等：《洪北江先生年谱》，乾隆四十六年至五十四年条。

川书院、扬州梅花书院，受泾县李德淦、宁国太守鲁铨聘，主修《泾县志》，纂《宁国府志》，兼校勘《南史》和《北史》。①

综上，洪亮吉游幕时间长达25年，所游幕府类别多样，既有督、抚、学政等地方大员，也有众多不同地域的太守、知府、知县等低品级地方官员，还有四库总校等京官，幕中活动非常丰富，既有文学活动，也有佐理军政事务的活动，还有种类繁多的学术活动。与不同幕主尤其是朱筠和毕沅及其幕府中绝大多数学者文人的关系融洽，同舟共济，相得益彰。多年游历南北及其与幕主和幕中文人学者的游娱唱和，开阔了文学视野，丰富了文学创作的素材和技能，从与幕主和幕中学者的相互交流中吸收有关文学和学术思想的合理内容，利用参与幕主组织的大型学术活动的机会，结识当时从事经史考据的著名学者，在诗文创作之外，衍生出经学、史学、地志学等新的学术生长点，并且完成了诸多具有代表性的学术撰著，从而成为乾嘉时期著名的诗人和学者。洪亮吉诗与黄景仁齐名，号"洪黄"；"穷究经籍，尤精熟三史"②，"舆地之嗜，几于成癖"③，与孙星衍齐名，号"孙洪"；又与黄、孙及赵怀玉、杨伦、徐书受、吕星垣称"毘陵七子"④，授经堂刊《洪北江全集》收录其各类著述220卷。洪亮吉在游幕期间继续参加科举考试并获得高级功名，进士及第后为官10年，所任职皆为当时入仕者所羡，因触犯时忌被流放旋被释，归家后又受聘主书院讲席、纂修方志、校勘史籍，能够在幕—官—师、学者—文人—官员等多种角色之间转换自如。从其价值取向的多元性和较高的目标实现度来讲，洪亮吉可谓乾嘉时期游幕学者成功的榜样，散射型学术生态模式也成为学术主体与学术生态环境处于动态平衡状态下的理想模式。

王念孙（1744—1832），字怀祖，号石臞，江苏高邮人。戴震弟子。乾隆三十年（1765）中举，四次参加会试不第，乾隆三十七年（1772）因避祸入安徽学政朱筠幕，朱筠"敬礼之，时从问字质疑，未尝以前辈体貌自居，为飞书当路护持其家尽力"⑤。王念孙在幕主要从事学

---

① 吕培等：《洪北江先生年谱》，乾隆五十五年至嘉庆十二年条。
② 孙星衍：《翰林院编修洪君传》，《孙渊如外集》卷五。
③ 洪亮吉：《中州金石记后序》，《卷施阁文乙集》卷六。
④ 李斗：《扬州画舫录》卷三；刘声木：《苌楚斋四笔》卷十，"毘陵前后七子"条。
⑤ 李威：《从游记》，朱筠：《笥河文集》卷首。

术活动,如校正《唐开元礼》《大戴礼记》,校刻大徐本《说文》,代朱筠撰《重刻说文解字系传序》。次年9月朱筠因生员欠考捐贡案部议降三级调用,是年冬奉旨以编修身份入四库馆供职,① 王念孙随入都,馆朱筠椒花吟舫约一年,时为文酒之会,并撰《说文考异》。② 乾隆四十年(1775)王念孙进士及第,选庶吉士,散馆改工部主事,累官郎中、御史、给事中、直隶永定河道、山东运河道等职,究心治河之法,为《导河议》二篇。乾隆四十四年(1799)曾援据经义首劾和珅,后因永定河泛滥,引罪辞职,居家深研古籍与文字、音韵、训诂之学,著《广雅疏证》《读书杂志》,为一时学者推重,二著至今仍是汉语言文字学专业的必读著作。

王念孙为避祸而入朱筠幕,得到朱筠的尽力护持,其忧纷得以排解;虽仅游幕3年,且仅跟随朱筠一人,但所游幕府却有两类,一为高品级地方官幕,二为京官幕;在幕中的活动内容,既有经籍校勘和小学著述等学术活动,也有游娱和文学活动;撰著方式既有代幕主而撰,也有自撰;与幕主和幕中学者关系和睦,时以经义小学相切劘,为学深受朱筠和幕中学者汪中、邵晋涵等人的影响,为其学术发展奠定了重要基础。孙星衍所撰朱筠《行状》曰:"戴征君震、邵学士晋涵、王观察念孙诸人,深于经术训诂之学,未遇时皆在先生幕府,卒以撰述名于时,盖自先生发之。"③ 在都从游朱筠时继续参加会试,进士及第并授与实职,实现了读书人入仕治国的人生理想。无论是为摆脱困境、为治学、为交游,还是为继续科考以入仕,王念孙作为仅有3年游幕经历的游幕学者,其目标的实现度不可谓不高;为官秉公持正,颇有政声,辞官后居家著述,成就斐然,且享年89岁,诚可谓人生赢家,无愧为散射型学术生态模式的典型代表。

邵晋涵(1743—1796),字与桐、二云,号南江,浙江余姚人。"于学无所不窥,而尤能推求本原,实事求是","于经深《三传》《尔雅》"④,

---

① 朱锡经《南厓府君年谱》,乾隆三十八年癸巳条曰:"九月,五伯父以安徽生员欠考捐贡,部议降三级调用。奉旨:'念其学问尚优,加恩授为编修,在《四库全书》馆行走。'"
② 刘盼遂:《王石臞先生年谱》,乾隆三十七年至三十九年条。
③ 孙星衍:《笥河先生行状》,朱筠:《笥河文集》卷首。
④ 洪亮吉:《邵学士家传》,《卷施阁文甲集》卷九。

尤长于史,"经学、史学并冠一时"①。乾隆三十六年（1771）进士及第,但未能入选词馆,是年冬,其会试座师朱筠出任安徽学政,邀其入幕,佐校阅,与朱筠、章学诚等论史契合隐微,又校勘《宋史》,自撰之《尔雅正义》亦于此时创稿,并"略得梗概"②。次年与朱筠及幕中学者章学诚、洪亮吉、黄景仁、张凤翔等游青山、黄山、齐云、九华诸胜,各有诗。乾隆三十八年（1773）以会试总裁大学士刘统勋荐,特旨改庶吉士,充纂修官,入四库馆编校秘籍,与戴震、周永年、余集、杨昌霖号称"五征君"③,在馆主撰史部提要,又据《永乐大典》辑出《旧五代史》,次年授翰林院编修。④ 乾隆四十二年（1777）受聘于杭州知府邵齐然,与钱塘汪沆、会稽王增同纂《杭州府志》。次年应余姚知县唐若瀛聘,协纂《余姚县志》。乾隆四十八年（1783）丁父忧回籍,次年应杭州知府郑沅聘,续修《杭州府志》。后应河南巡抚毕沅聘至开封,参与编纂《续资治通鉴》,编校《水经注》（详见附录一）。毕沅对其十分爱重,徐铄庆曾言"二云学问、容貌率不与世俗合,微毕公,谁其爱重之者?"⑤ 与同幕的孙星衍论学甚契。孙星衍有诗云:"暇日出我书,折衷而拾遗,十言九合辙,闭户法在兹。"⑥ 服阙入都补官,但仍为湖广总督毕沅编纂《续资治通鉴》,复审完毕,书寄毕沅军营。⑦

从邵晋涵的人生经历来看,首先,科第顺利,乾隆三十年（1765）中举,乾隆三十六年（1771）进士及第,早期仕途稍受挫,幸有座师朱筠、刘统勋周旋、推荐,总体平顺,累官四库馆修纂、翰林院庶常馆教习、左中允、侍讲学士兼文渊阁直阁事、日讲起居注等职。其次,游幕十余年,所游幕府既有督、抚、学政等高品级地方官幕,也有知府、县令等低品级地方官幕;与幕主及幕中学者关系基本和睦,与朱筠、毕沅、章学诚、孙星衍关系尤厚;虽因"好援秦汉人说以驳唐宋诸家之言,世

---

① 阮元:《南江邵氏遗书序》,《揅经室二集》卷七。
② 邵晋涵:《与程鱼门书》,《南江文钞》卷八。
③ 陈康祺:《郎潜纪闻初笔》卷六,"五征君"条。
④ 黄云眉:《邵二云先生年谱》,乾隆三十八年至三十九年条。
⑤ 徐铄庆:《送邵中翰序》,《玉山阁古文选》卷三。
⑥ 孙星衍:《中州送邵太史晋涵入都》,《澄清堂稿》卷上。
⑦ 黄云眉:《邵二云先生年谱》,乾隆五十五年条。

多怪之"①，与幕主或幕中学者也有意见不合，如乾隆四十二年（1777）受甘泉令聘修《甘泉县志》，因所议纂修体例不合，不果行；其《尔雅正义》撰成后，洪亮吉撰《释大别山》和《汉水释》与其"汉南曰荆州"条商榷，又与辩《尔雅》斥山，②但均属正常的学术交流。最后，在幕府中的活动内容十分丰富，既有佐校阅、论学、校勘古籍、与修府县地志等各种学术活动，又有游娱与诗文创作等文化娱乐活动；学术撰著方式多样，既有代撰和参与集体纂辑，也有独立撰著和自撰。在经学、小学、史学、地志学等学术领域都取得了相当重要的成果，与当时学者的学术交流密切并多有受益，仕途也得到了较好的发展，各个方向的目标实现度都比较高，很好地体现了散射型学术生态模式的特征。

四 昙现型学术生态模式

昙现即昙花一现，主要特点在于短暂性。昙现型学术生态模式的特征主要体现为：

（1）游幕时间短，所游幕府的类别单一；（2）入幕时功名、身份各有不同；（3）与幕主和游幕学者的关系基本和谐，与幕府的融合度不高；（4）价值观和目标实现度不详；（5）幕中活动内容单一；（6）学术撰著方式单一，多为参与集体撰著，以代撰为主。

据目前掌握的史料，乾嘉时期有102位学者入幕时间在1年之内（包括1），约占全部380位游幕学者的27%（详见第一章），故符合昙现型学术生态模式特征的游幕学者较多。如姜恭寿（1708—1759），举人，乾隆十八年（1753）入江苏学政雷鋐幕，佐校士，并辑时人诗为《瓠尊集》；宁楷（1713—1802），功名不详，乾隆十五年（1750）应上元知县蓝应龙聘纂修《上元县志》；程晋芳（1718—1784），进士，曾授翰林院编修，晚年迫于生计，入陕西巡抚毕沅幕，参与《经训堂丛书》的纂辑，病故于幕中；余萧客（1729—1777），功名不详，乾隆三十三年（1768）应直隶总督方观承之聘纂修《畿辅水利志》；周永年（1730—1791）中举前应历城县令胡德琳聘，与李文藻同纂《历城县志》；钱东垣（1768—1833），

---

① 徐鑅庆：《送邵中翰序》，《玉山阁古文选》卷三。
② 洪亮吉：《释大别山一篇寄邵编修晋涵》（附《汉水释》）《卷施阁文甲集》卷七；洪亮吉：《又与邵编修辩尔雅斥山书》，《卷施阁文甲集》卷七。

中举前在山东学政阮元幕佐阅试卷；严元照（1773—1817），诸生，嘉庆十三年（1808）入浙江巡抚阮元幕校书；金鹗（1771—1819）于嘉庆二十三年（1818）入礼部尚书汪廷珍幕，讲论学术，撰成《礼书》3卷。

另有不少游幕学者的生卒年缺载，仅见载有一次游幕经历，如周斯才乾隆四十六年（1781）为四库馆官员助校《四库全书》；周治平嘉庆四年（1799）在阮元礼部侍郎幕，助纂《畴人传》；范景福嘉庆八年（1803）在阮元幕分纂《经郛》；顾述嘉庆九年（1804）前在浙江巡抚阮元幕，助阮元衡文，并参校群经；马怡孙嘉庆九年（1804）秋随马履泰视学陕甘，校阅文艺（详见附录一）。

属于昙现型学术生态模式的游幕学者，入幕时的功名有进士、举人、贡生、诸生等，也有无功名者和功名不详者，总体上以举人以下的低等级功名和无功名者居多；既有去职官员，也有普通士子；游幕大凡与贫困有关；虽未见有与幕主和幕中学者关系不谐的记载，但因游幕时间很短，说明与幕府的融合度不高；总体而言，所游幕府类别多样，既有京官，也有地方官，而以地方官员幕府为主，既有督、抚、学政等高品级地方大员，也有知府、知县、县令等低品级地方官员，但每个游幕学者所游幕府的类别单一；游幕学者在幕府的学术活动内容各不相同，既有经史著作和地志的纂修，也有诗文集的汇辑，还有佐校阅、论学等，但每个学者的具体活动内容则比较单一；学术撰著多为参与集体编撰，以代撰为主，少有独立撰著和自撰。

上述四种学术生态模式及其主要特征可以用列表形式表示：

表 4.1　　乾嘉时期游幕学者的学术生态模式及其特征

	自适型	棱柱型	散射型	昙现型
总体特点	适应性	多面性	多向性	短暂性
人际关系和谐度	高	有高有低	较高	一般
与幕府的融合度	高	较高	有高有低	不高
性情、心态	心态平和	个性鲜明	心态积极	不详
目标实现度	可高可低	有高有低	高	不详
游幕时间	长	较长	有长有短	短
幕府类别	较多	多样	多样	单一

续表

	自适型	棱柱型	散射型	昙现型
活动内容	专一	比较丰富	非常丰富	单一
活动方式	代撰为主	多样	多样	代撰为主

上述四种生态模式，是基于"主体与环境"关系的生态学认知，以游幕学者与幕主和幕中学者关系的和谐度、与学术环境的融合度、游幕学者的出身、性情与游幕心态、游幕时间和幕府的类别、幕府中学术活动的内容与方式、游幕学者的价值观与目标实现度等生态影响因素为切入点，通过分析、概括游幕学者及其学术活动与学术环境之间的关系而构建的。

由于乾嘉时期游幕学者众多，每位学者的出身、功名、家境、性情等各不相同，游幕的动因、游幕心态、价值观等因人因时而异，不同类别幕府的学术环境和所在地的区域经济、文化环境亦有不同，幕府中的学术活动内容和方式也因学者的学术特长和幕府类别、幕主的好尚而有差别，与不同幕主及幕中学者的人际关系、与幕府的融合度等也因人而异，因此，游幕学者的学术生态极其丰富，也非常复杂，有些学者尤其是游幕时间较长的学者，其学术生态特点可能介于两种模式（如棱柱型和散射型）之间，或兼具不同模式的特点，造成生态模式划分和归类的困难，我们只能依据游幕学者学术生态的主要特点进行归类。相对于游幕学者生动复杂的学术生态样貌，上述四种生态模式的划分仍显得比较粗疏，相关生态因子关系的选取仍需进一步筛选和调整，每种生态模式的代表性游幕学者也还可以再补充完善，而这正是我们需要继续努力和深入研究的地方。

结　语

　　乾嘉时期游幕兴盛，游幕学者人数多，地域分布广，学术活动内容丰富，成就显著。作为一个学术群体，游幕学者的学术活动对乾嘉学术的繁荣产生了重要影响，而游幕学者的功名、家庭出身、家境等生活境况，所处的社会环境和区域环境，幕府的学术环境和人际关系，幕府中学术交流与学术活动的方式和特点，幕府的类别和幕主的学术宗尚等情况，对游幕学者的学术取向和学术成就有直接影响。随着乾嘉学术研究的深入，对幕府和游幕学者的相关研究逐步展开，对游幕学者的生存境域及其学术生态进行细致研究的必要性日益凸显。因此，我们在前修时贤相关研究的基础上，检视与乾嘉时期游幕学者的相关史料，从"学者生存"与"学术繁衍"的关系视角，结合学术史、社会史和生态学、文化地理学的研究方法，描述游幕学者的生存环境、幕府中的人际关系和复杂多样的学术生态，探讨其生存境域和学术发展之间的内在联系，探究乾嘉学术的发展动因和生成力量。

　　第一章首先对乾嘉时期的游幕学者进行时、空两个维度的观照，以凸显本书研究的生态主体取向。通过对大量相关史料的搜检与考辨，并参考相关研究成果，筛选出乾嘉时期的游幕学者380人，将其相关信息制成《乾嘉时期游幕学者简表》。以此为基础，首先从时间维度对乾嘉时期的游幕学者进行考察。为了能够体现乾嘉时期游幕学者的整体面貌及其在不同时段内的数量变化，我们将乾隆朝和嘉庆朝各分为前、中后三个时期，又以5年为一个时段，对每个时段游幕学者的人员和数量进行统计分析。结果表明，嘉庆朝的学者游幕比乾隆朝兴盛，前者平均每年约有14人次，后者约为8人次；从发展趋势来看，乾隆朝游幕学者的数量逐渐增多，而嘉庆朝游幕学者的数量在最初的5年达到最高值后逐渐下降；从时段来看，游幕学者集中在乾隆后期和嘉庆初期，即第十至第十六时段（1781—1815），尤以嘉庆初期的第十三、第十四时段（1796—1805）为多，而乾隆初期的第一、第二时段（1736—1745）和乾隆中期的第六、第七时段（1761—1770），游幕学者的数量最少，其后逐渐增多，至嘉庆初期达到鼎盛，此后虽有所减少，但仍保持在相对的高位。此种分布特点与乾嘉时期游幕学者所处的社会环境、乾嘉时期的政治军事局势和社会经济文化的发展走向紧密相关，其中尤与乾隆中期清廷的文化政策转向和汉学考据在乾嘉时期的发展进程有密切关系。

其次，对乾嘉时期游幕学者的年龄结构、入幕时的年龄及其作幕时长进行了分类统计。游幕学者生存的平均年龄约为67岁，人数最多的年龄段是61—70岁，其次是71—80岁，二者占已知年龄人数的53.1%，是乾嘉时期游幕学者的主体；游幕学者初次入幕时的平均年龄约为39岁，已经超过了考取进士的平均年龄（36岁），说明多数游幕学者在入幕时，或已科举无望（未考取进士，功名较低），或已放弃科举，或虽考取了进士却未被授予实职，或不愿入仕，或因丁忧、养病、遭贬、致仕等各种原因去职，转而选择游幕；游幕学者平均在幕时长约为5年，游幕时间在5年之内的学者占全部已知游幕时长学者的72.5%，说明游幕对于多数学者而言，并非其赖以谋生的长久之计，游幕学者多会选择在游幕的同时继续科考以获取更高功名，争取入仕的机会以改变自己的社会地位和生活条件，也有一部分学者则另择其他治生手段，如坐馆、授徒、服贾、卖文、行医、业农等，或多种治生手段互用、并用以资生。

从空间维度考察乾嘉时期游幕学者的籍贯分布，结果显示游幕学者来源于江苏、浙江、安徽、直隶、山东、江西、湖南、湖北、河南、山西、陕西、福建、广东、广西、云南15个省区，分布极不均衡。其中有46%的游幕学者源于江苏省，31%的游幕学者源于浙江省，7.7%的游幕学者源于安徽省，其他12个省份的游幕学者仅占15.3%，云南的游幕学者只有1人，说明游幕是乾嘉时期江、浙、皖三地学者比较普遍的择业途径。游幕学者的籍贯分布在不同时段表现出不同的特点，说明某一地域游幕学者出游幕府的数量和时间，与当时当地的自然环境、地理区位和交通条件、经济与文化发展水平、区域学术风尚等密切相关，与当时当地是否有学者型官员设幕有直接关系。

从动态的视角考察乾嘉时期游幕学者的游幕地及分布变化，发现游幕学者的游幕地域十分广阔，足迹遍布大江南北25个省区，最为集中的地域在浙江和江苏两省，其次是京师和安徽；在乾嘉时期的不同时段，游幕学者出游幕府的地域又呈现动态的变化。总体来看，江苏、浙江、京师是乾嘉时期游幕学者的核心游幕地域，其中，乾隆前期江苏是最主要的游幕地域，其次是京师；乾隆中期浙江逐渐取代京师和江苏的核心地位，直到嘉庆时期的大部分时间，都是游幕学者最集中的地域；安徽则从乾隆中后期逐渐进入游幕核心区域。此外，湖北、陕西、河南作为游幕学者比较集中的游幕地域，在乾隆时期的地位随着时间的推移有所提高，至乾隆后期一度成为游幕学者比较集中的地域；山东则从乾隆后期至嘉庆前中期成为游幕学者的主要游幕地域；广东在嘉庆后期一度成为游幕学者最集中的游幕地域。

影响游幕学者选择游幕地域的因素主要有：游幕地的地理环境、交通条件、人文环境、经济发展水平、游幕地与居住地的距离、大型幕府的所在地、时局的影响、学者自身的条件，等等。在不同时期，对于不同的游幕学者，影响其选择游幕地的因素往往不止一种，各种因素的影响因子也不尽相同。江苏、浙江和安徽长期作为核心游幕地，一个很重要的原因是，来自上述三省的游幕学者远多于其他省份，而且有相当一部分学者是在本省或相邻的三省游幕。京师成为核心游幕地，主要因为京师是全国的政治和文化中心，清廷和王公大臣大力提倡学术文化事业，尤其是诏开四库馆，为数众多的游幕学者被吸纳到京师。湖北、陕西、河南、广东、山东一度成为主要游幕地，与著名的学者型官员毕沅、阮元、孙星衍等人曾在上述省区长期设幕有很大关系。此外时局也会对游幕学者选择游幕地域产生影响。

第二章从宏观、中观和微观三个层面，对乾嘉时期游幕学者的生存境域进行了重点讨论，以凸显本书研究的生态环境取向。宏观层面主要讨论游幕学者所处时代的社会、政治、文化环境和学术风尚，中观层面主要探讨游幕学者所在地域的区域环境，包括该地域的自然环境、经济发展水平和文化环境，微观层面主要讨论游幕学者个人及其家庭生活境况。

乾隆时期，清朝统治达于鼎盛，乾隆后期虽然吏治、边防和财政等方面的问题逐渐暴露，边地动乱时有发生，但广大内陆地区的社会秩序基本稳定，经济和文化发展比较繁荣。乾隆帝开始对文化政策进行调整，在维持理学官方地位的同时，通过改革取士标准、科场程式与考试内容、支持书院的经史教学、表彰经术之士、征书编书等举措，大力提倡经学和经义考证，特别是诏开四库馆和编纂《四库全书》，对当时学风产生了深刻影响。顺应朝廷文化政策的转向，一些有识见的朝廷重臣、督、抚、学政，如卢见曾、朱筠、谢启昆、毕沅、孙星衍、阮元等人，乃至道、府、州、县各级官员，如沈业富、卫哲治、兰应龙、郑见龙、王继祖、施诚等人，无不承风宏奖，纷纷设幕延聘学有专长的学者入幕编书著书，校梓群籍。流风所向，经史考证的治学路径渐成一时学术风尚。

自然地理环境与区域经济环境、文化环境具有相互影响、相互制约的密切关系，因此，我们采取自然地理与人文地理相结合的方法，考察乾嘉时期游幕学者所处的区域环境。依据清代嘉庆时期的疆域全图和省区分布，结合中国地理的区域划分习惯，综合考虑游幕学者的籍贯和游幕地的区域分布，以及各省区的地理区位、交通条件、经济水平、文化发展等因素，重点讨论了游幕学者分布较多的华东地区（山东、江苏、浙江、福建四省）和华中地区（河南、湖南、湖北、安徽、江西五省）的区域环境，游幕学者分布较少的地区则择要讨论个别有代表性的省区，如华北地区以京师为中心的直隶省，西北地区的陕西省，西南地区的四川省，华南地区的广东省等省区的区域环境。由此可以更好地解释乾嘉时期游幕学者在籍贯分布和游幕地分布不均衡的原因。

讨论游幕学者入幕前的功名、家庭出身、家境等情况，有助于揭示学者出游幕府与其功名和家庭状况之间的关联。研究表明，乾嘉时期游幕学者入幕前的功名以贡生居多，占 24.8%；其次是诸生，占 19.7%；再次是举人，占 16.3%；其后是进士，占 12.1%；最后是监生，占 4.7%。此外，还有 2.9% 的学者无功名，19.5% 的学者功名缺载（多数应该是低级功名的诸生、监生或无功名者）。总体而言，功名越高的学者选择出游幕府的越少，说明学者功名的有无与高下与其职业选择和前途密切相关，至于最低功名的监生和无功名者入幕的人数也不多，是因为游幕学者在幕府中主要从事学术活动，需要有一定的学术能力和学术影响。从游幕学者的家庭出身来看，游幕学者的父亲以低品级的文职地方官为最多，占 17.4%；其次是授徒者，占 4.7%；其后依次是服贾者占 3.7%；学者占 3.4%，游幕者占 2.9%，行医者和业农者各占 0.5%。另有 2.6% 载有功名，但未详从事何种职业；3.2% 仅知未仕，而未载具体职业。在有史料记载家境的游幕学者中，生活富足者占 2.9%，家道中落者占 14.6%，明言家贫者占 82.5%。大多数游幕学者在入幕前家境贫寒、功名低微或入仕无望，说明谋取衣食是多数学者游幕最直接、最基本的动机，进而利用幕府相对优越的学术条件，满足其读书治学的精神需求，或继续科考以获取高级功名争取入仕，是其选择游幕的内源性因素。乾嘉两朝政治稳固，社会秩序较为稳定，经济文化持续发展，汉学考据日益兴盛的社会环境，以及各省区的区域环境，是影响乾嘉学者游幕的外源性因素。

第三章对乾嘉时期游幕学者的学术活动内容及学术贡献进行了较为全面的讨论，以凸显本书研究的学术生态主体取向。游幕学者在幕府中的活动内容与其所游幕府的类别有重要关系。研究显示，乾嘉时期游幕学者所游幕府以地方官员幕府为主，其中，藩台以上地方官员（以总督、巡抚、学政为主）幕府的数量，多于道员以下官员（以知府、知县为主）幕府的数量，各占幕府总数的47%和37%；王公及京官幕府占13%，武职官员幕府占3%。游幕学者相对集中于地方官员幕府，尤其热衷于藩台以上地方官员幕府，约占游幕学者的61.2%；其次是道员以下地方官员幕府，约占27.1%；再次是王公及京官幕府，占9.4%；最后是武职官员幕府，约占2.3%。

乾嘉时期的游幕学者在幕府中主要从事学术活动，占全部活动内容的79.25%；从事军政事务与文学艺术活动者较少，分别占全部活动内容的9.87%和10.88%。游幕学者在幕府中从事何种活动，与游幕学者自身的能力和特长有关，与其出游幕府的时间和当时的社会环境、幕府的类别、幕府所在地域及环境、幕主的嗜好和学术宗尚、幕主的社会地位和学术影响等因素都有重要关系。

乾嘉时期游幕学者的学术活动内容十分丰富，大致分为参与大型学术工程、文献整理与刊刻、舆地研究与方志的纂修、金石文字的纂辑与考证、论学与学术论争、课读与书院讲习、襄阅试卷与校士、天文、历算等自然科学研究、其他学术活动等九类。为了更好地体现乾嘉时期不同时段游幕学者的学术活动内容及其变化，我们对游幕学者的学术活动内容进行了分类统计，并对不同时段、不同活动内容的变化及成因进行分析。结果显示，参与大型学术工程的活动内容，占全部学术活动内容的15.2%，整体呈跳跃式分布，与乾嘉时期学术文化事业的发展进程、学者型官员大幕的形成时间、大型学术工程的组织实施等紧密相关；文献整理与刊刻活动占19.8%，与乾嘉时期整个社会的学术风尚有直接关系；舆地研究与方志纂修活动占18.8%，且与上述两类活动"错峰"出现，与大型幕府的出现时间、不同类别幕府的数量、幕中学术活动的类别等因素有关；金石文字的纂辑与考证活动占4.1%，说明金石虽有证经补史之功用，但毕竟不为显学，故从事者少；论学与学术论争本是学术交流活动的常态，由于史料记载不详，目前所见仅占8.6%；襄阅试卷与校士活动占14.8%，课读与书院讲习活动占10%，且分布平均，说明游幕学者经常从事此两类活动；天文、历算等自然科学研究活动仅占2.4%，从一个侧面说明乾嘉时期自然科学仍处于学术研究的边缘地位。

乾嘉时期游幕学者的学术活动及其取得的成就，涉及学术领域广泛，影响深远。我们在前修时贤相关研究的基础上，着重探讨其在考镜群籍源流，董理传统国学；保存乡土文献，弘扬地域文化；培育汉学人才，引导士习学风；传播学术文化，重构汉学地理四个方面的突出贡献。每个方面又分为若干小类，结合游幕学者的具体活动内容和代表成就，进行简要论述，以确定该时期游幕学者的学术实绩，从而确证乾嘉时期的游幕学者不仅是一系列重要学术成果的主要撰著者，也是董理传统学术和乡土文献的主要承担者，是乾嘉学术活动的主体。

第四章着重探讨乾嘉时期游幕学者的学术生态，主要讨论游幕学者所在幕府的学术环境和学术条件、游幕学者入幕时的身份及其入幕途径、幕府的性质和特点、幕府中学术活动和学术交流的方式与特点、游幕学者在幕府中的人际关系等方面的问题，在此基础上构建游幕学者的学术生态模式。首先讨论乾嘉时期游幕学者所在幕府的学术环境和学术条件，以凸显本书研究的学术生态环境取向。游幕学者在获得幕主提供的生活资助之外，还可以获得从事学术活动的诸多便利条件，如较多的闲余时间、更多更好的图书资料、较多学术合作与实践的机会、频繁而直接的学术交流，便于结交名流、开阔视野，对于提高其学术水平和撰著质量、扩大学术影响，甚至对其以后的仕途发展都有所助益。

在封建时代，是否出仕为官以及官职品级的高低，是评价一个人社会地位的至关重要的指标。因此，我们依据现有史料，将乾嘉时期游幕学者入幕时的身份，分为在职官员、候补官员及新贵、去职官员、普通士子四类，其中以普通士子身份入幕者最多，其次是候补官员及新贵，再次是去职官员，以在职官员身份入幕者最少。游幕学者的入幕途径主要有幕主奏调、幕主延请、他人举荐、本人自荐，其中以幕主延请或经他人举荐之后由幕主延聘入幕者居多，幕主奏调主要发生在战时，且以在职官员为主体，故其与本人自荐入幕的途径一样较为少见。对游幕学者入幕身份和入幕途径的分析，均选取有代表性的学者进行论证说明。

综合考察幕主和游幕学者双方的主客观需求及其表现，我们认为乾嘉时期的幕府具有自主性、互济性、流动性等特点。幕府的自主性，主要表现为幕主延聘游幕学者的自主性和游幕学者择幕及出入幕府的自主性。幕府的互济性，是指幕主和游幕学者缘于彼此互有需求，凭借和发挥各自优势，达到各取所需、各得所求的目的，二者之间是一种建立在双向选择基础上的主宾互济。幕府的流动性，主要表现为幕主官职及其府署的变动和游幕学者在不同地域、不同幕府之间的流动。不同官员的官职及其府署的变动频率各有不同，总体而言，仕宦时间较长者官职的变动较多，幕府的变动频率较高。游幕学者的流动性比幕主官职的变动更强，但每个游幕学者的流动频率、流动范围，因人、因时、因地而异，其中，游幕学者自身需求及其家庭的各种变故是影响游幕学者流动的主要因素。幕府的特点具有相对性，会受到一定的客观条件的制约。

学术研究的成果主要体现为学术撰著，幕府中学术成果的撰著主要有两种方式，一是幕主与游幕学者分工协作，二是由幕主或游幕学者独立完成。分工协作的撰著方式，一般是由游幕学者担当大量具体的撰著任务，而幕主也程度不同地参与其中，并发挥主导作用。幕主的独立撰著也分为两类，一类确为幕主独立撰著，另一类则是虽署幕主之名，而实为幕中学者代撰。游幕学者的独立撰著分为自撰和代撰两种情况，代撰的内容十分广泛，且为幕府中学术撰著的主要方式。幕府中的学术研究和学术撰著，具有不同于官方撰著和私人撰著的特点，主要表现为：主宾共济，相得益彰；各司其职，自主灵活；组织松散，多生变数；代撰为主，时有争议等四个方面。

乾嘉时期游幕学者进行学术交流与学术传播的方式，主要有会面讨论、书信往来、著作刊行、讲习与课读、撰写序跋、传状、碑铭等。由于游幕学者身份的特殊性，幕府中幕主与游幕学者之间，游幕学者彼此之间，存在师承与治学理念的差异，对具体学术问题亦会产生不同认识，加之游幕学者的阅历、性情各异，对待学术异见的态度也各有不同，因此，幕府中的学术交流与学术论争表现出不同的特点：或彼此影响，互有帮助；质疑问难，昌明学术；或刚直孤傲，争而成仇；或因信息不畅，不谋而同，引发学术著作权争议。

人际关系是在人与人相互交往的过程中所建立的社会关系，对每个人的情绪、生活和工作都会产生影响。每个人的身份、社会角色、职责、交往对象、交往范围不同，人际关系的样貌也各有不同。游幕学者在幕府中的人际关系，主要表现为游幕学者其幕主的关系、游幕学者之间的关系、游幕学者与幕中师爷和胥吏的关系、游幕学者与幕中文人的关系四个方面。游幕学者与幕主之间的关系，既有官面上的总体关系，也有深层次的私人关系；官面上主要有行政隶属关系和特殊宾主关系；私人关系复杂多样，主要有师弟、故旧、同乡、亲属、同年或学友等关系；幕府中游幕学者之间的关系，官面上都是同幕之友，从私人关系而言，则有同门、同乡、学友、亲戚，以及同门兼同乡、同乡兼学友等各种不同的关系；由于传统儒学者对吏事的偏见导致对胥吏和幕友的轻贱，游幕学者虽常与幕友和胥吏同处一幕，身份地位则相对较高，但彼此之间交集不多，总体上亦能相安无事；游幕学者与幕中文人多能和睦相处，时相唱和，也有因治学理念不同，围绕考据与诗文辞章之高下发生论辩乃至交恶。

在上述研究的基础上，我们采用学术史与生态学相结合的方法，选取游幕学者与幕主和幕中学者关系的和谐度、游幕学者与学术生态环境的融合度等重要生态因子关系，结合游幕学者的出身、性情与游幕心态、幕府类别的多样性和游幕时间的长度、游幕学者在幕府中从事学术活动的方式与内容的丰富性、游幕学者的价值观与目标实现度等生态影响因素，构建出自适型、棱柱型、散射型、昙现型四种学术生态模式，选择乾嘉时期各时段有代表性的游幕学者，分析各种生态模式的特点，以窥游幕学者学术生态的复杂性和多样性。

通过对乾嘉时期游幕学者的生存境域和学术生态进行多角度、多层面的考察和分析，我们在引言中提出的学术宗旨和研究理路上的四重取向，即清代乾嘉时期的时间取向、游幕学者生存境域的空间取向、游幕学者的主体取向、游幕学者学术活动发生的生态环境取向四位一体的框架，游幕学者的生存境域与学术生态的关系脉络，以及游幕学者的学术生态模式已初步建构完成。

本书旨在探索时、空、人有机结合，主体与环境、生存与学术系统构建的研究视角，以及学术史与生态学、文化地理学相结合的研究方法，难免存在各种缺陷，所得结论也难免存在见仁见智的分歧，甚或错谬，还有许多问题尚需进一步深入探讨。如对于"游幕"与"游幕学者"的界定，尤其是"幕外之宾"的归属问题，目前学界仍未有定论，本书提出的界定标准可能还有进一步讨论的空间，而且因为与游幕学者相关的史料范围广，记载零散、隐晦，搜检、考订烦琐，限于学殖浅薄，眼目不周，所择取之游幕学者及其学术活动内容难免挂一漏万，对相关材料的分类整理和统计分析，也难免会存在一些错漏。随着新材料的发掘和新的研究成果的问世，需要对目前的数据及相关内容进行补充和修正。

为了对乾嘉游幕学者的生存境域和学术生态进行整体观察，本书从不同角度探讨了游幕学者的生存境域、生活境况、学术活动、学术环境、学术生态，以及幕府类别、幕主好尚、文化政策调整等诸多层面的问题。由于分析视角较多，不仅耗费了更多精力，研究对象和材料运用也难免会出现琐碎和重复；由于时间和精力有限，难以做到对游幕学者的生存环境进行全面细致的描述，地域环境分析的"择要而论"也有可能会影响相关结论的客观性。

幕府尤其是学者型官员幕府的经费来源和幕府学术活动的经济基础、游幕学者的生活待遇和报酬，以及这些报酬对于游幕学者及其家庭的生活有何影响等问题，本书虽有所论及，但是，由于掌握资料有限，目前还难以做到系统化的呈现，需要进一步发掘文献资料，从经济史和社会史的角度进行深入细致的探讨。

此外，对于"学术生态模式"概念的内涵及其科学性也有继续探讨的空间，对于游幕学者学术生态模式的构建和特点的把握，也有待作进一步的细化和丰富；与游幕学者群体的整体观照相对而言，游幕学者的个案研究有待加强。这些都是我们在后续研究中需要着力解决的问题。唯望通过本书的尝试和探索，能够在前贤时彦已有研究成果的基础上，对于游幕学者的相关研究和乾嘉学术研究，以及不同学科的交叉研究，能有些微的推进。

附 录

一 乾嘉时期游幕学者简表[①]

	姓名	字号	籍贯	生卒	家境	功名	游幕前活动	游幕经历及幕中活动	出幕后活动	参阅文献
1	黄之隽	字石牧，号唐堂	江苏华亭（原籍安徽休宁）	1668—1748		1720年举人，1721年进士		1745年应两淮都转运使朱续晫聘，纂《淮盐志》。		黄之隽《冬录》、《唐堂集》附。
2	张元	字殿传，号榆村	山东淄州	1672—1756	父不仕。家贫。	1726年举人	永平敬胜书院山长。	1751年长芦盐运使卢见曾延至津门，编辑、校刊王士禛《渔洋山人感旧集》，并为之补传。	鱼台教谕。	宋弼《张榆村墓表》，张元《绿筠轩诗》卷首。申士秀《张榆村传》，张元《绿筠轩诗》卷首。卢见曾《感旧集》、《渔洋山人感旧集补传凡例》，卷首。

[①] 本表是以尚小明《清代士人游幕表》（中华书局2005年版）为基础，核以史传、地志、年谱、诗文集等原始材料，并参考学界相关研究成果，如尚小明《学人游幕与清代学术》（东方出版社2018年增订本）所附《清代学者人幕表》、陈祖武《清代学者传略补》（商务印书馆2017年版），林存阳《乾嘉四大幕府研究》（中国社会科学出版社2016年版）所附《乾嘉四大幕府客简表》、《乾嘉学术编年》，张慧剑《明清江苏文人年表》（上海古籍出版社2008年第2版），陈祖武、朱彤窗《乾嘉学术编年》（河北人民出版社2005年版）等，增补、删正，调整而成，特此说明并致谢忱。

续表

	姓名	字号	籍贯	生卒	家境	功名	游幕前活动	游幕经历及幕中活动	出幕后活动	参阅文献
3	沈德潜	字确士，号归愚	江苏长洲	1673—1769	祖、父曾为塾师。家贫困。	1738年举人，1739年进士		1737年长洲蒋重光延至家坐馆，并纂唐末八家文选。	授翰林院编修，官至内阁学士、礼部侍郎。诏赠太子太师，加太子太傅，赐国子监祭酒，入祀贤良祠。	沈德潜《沈归愚先生年谱》。沈德潜《沈德潜自订年谱》。曹文埴《幕中答沈确士先生见赠》，《江苏诗征》卷四十。陈祖武校补《清代学者象传校补》第一集。
4	陈祖范	字亦韩，号见复	江苏常熟	1676—1754		1723年举人，会试中试，未与殿试。	先后主苏州紫阳、徐州云龙、安庆敬敷、扬州安定诸书院讲席。	1738年与姚培谦共客济南，助山东布政使黄叔琳纂定《文心雕龙辑注》10卷。	1750年，荐举经学，以年老不任职，赐国子监司业衔。	黄叔琳《黄昆圃年谱》。张慧剑《明清江苏文人年表》。陈祖武校补《清代学者象传校补》第一集。
5	顾陈垿	字玉停，号宾阳	江苏镇洋	1678—1747	祖、父不仕。故贫。	1705年举人	入谙蹇斋修书。议纂叙补行人司行人。	1736年入江苏巡抚顾琮幕试卷，后以举人内府为诚亲王胤祉宾客，任纂修秘书。1753年两淮盐运使卢见曾延为上客。		顾陈垿《宾阳子年谱》。平步青《霞外捃屑》卷二。沈起元《敬亭公自订年谱》。
6	陈撰	字楞山，号玉几	浙江杭州	1678—1758		布衣		1736年侨寓扬，为仪征项絪校王澍堂所刻书。		《卢见曾传》，《清史列传》卷七十一。道光《仪征县志》卷三九。
7	李果	字硕夫，号客山	江苏长洲	1679—1751	十二岁而孤。家贫。	弃举业		1742年至1743年应苏州太守雅尔哈善聘，纂《苏州府志》。	李果《送苏郡守宽罗雅公升汀漳道序》，《在亭丛稿》卷三。李果《董子祠记》，同上，卷九。李果《亡室陆孺人事略》，同上，卷十二。

续表

	姓名	字号	籍贯	生卒	家境	功名	游幕前活动	游幕经历及幕中活动	出幕后活动	参阅文献
8	顾栋高	字复初,一字震沧,自号左畲	江苏无锡	1679—1759		1721年进士,官内阁中书。雍正时要职返籍。		1737年卢见曾初任两淮都转盐运使时,延顾栋高课其子。1739年客九江大孤山堂,列《国地形口号》113首。1746年应淮安太守卫玉潜等共纂《淮安府志》,并序吴玉潜所纂《山阴耆旧诗》。	1751年被诏举,授国子监司业,因年老不任职。	卢见曾《雅雨堂文集》卷一。顾栋高《国地形口号》卷首。吴玉潜《山阴志遗》。张慧剑《明清江苏文人年谱》。段朝端《吴山夫年谱》《淮安府志》(乾隆)。杨庆椿《孟邻堂文钞》卷五。
9	王又朴	字从先,号介山	直隶天津	1681—1760	父以家贫弃学业贾。	1713年举人,1723年进士	为扶风府佐三年。	1736年至1737年河南学政张考授聘人幕,校阅试卷,以诗歌受知于卢见曾。	署西安府丞,署池郡、徽郡,建镇等。	王又朴《介山自订年谱》。
10	江永	字慎修,号慎斋	安徽婺源	1681—1762	祖、父皆不仕。	1739年岁贡生	授徒著述。	1742年尝应江西学政金德瑛聘,为诸生校阅文字。1753年人馆休宁汪梧凤家,课徒。	授徒、著述。	王昶《江慎修先生墓志铭》,《碑传集》卷一三三。《清史稿》卷四八一《儒林》。《清史列传》卷六八《儒林传下》。江藩《国朝汉学师承记》。戴震《江先生事略状》。钱大昕《江慎修先生传》,王世重《江慎修先生年谱》。陈祖武校补《清代学者象传校补》第二集。

续表

	姓名	字号	籍贯	生卒	家境	功名	游幕前活动	游幕经历及幕中活动	出幕后活动	参阅文献
11	朱稻孙	字稼翁，号芋陂	浙江秀水	1682—1760	少孤。父不仕。	1677年贡生		1754年两淮盐运使卢见曾延至上客。稻孙出其祖朱彝尊《经义考》未刊部分，卢见曾资助刊刻，稻孙率饮寓兄弟与诸君相为参校，从孙婿同金子旦凉、长孙祖承、迨年乃没，蓉共襄厥事，迨年乃没，遂成完璧。		李桓《国朝耆献类征初编》卷四百二十三《文艺十一·朱稻孙》，朱稻孙《经义考跋》，朱彝尊《经义考序》，卢见曾《经义考序》，《雅雨堂文集》卷一。
12	丁有煜	字丽中，号狂竹园丁，秋空一鹤	江苏海门	1683—1764	父曾任陕西省扶风县知县。	贡生		1754年受通州知州王继祖聘，与夏之蓉等人共纂《直隶通州志》。		（光绪）《通州直隶州志》卷首。
13	何梦篆	字庚堞，耕迟，号退夫	江苏江宁	1683—？		1720年举人，1723年考取	1741年任广东新安县知县。	1750年应上元知县盡应龙聘，纂修《上元县志》竣事。		（乾隆）《上元县志》。
14	王植	字怀三，号赣思	直隶深泽	1685—1751	祖曾教谕。父有孝行。	1705年举人，1721年进士。		1745年应山西布政使陶正中聘，佐校阅。	历任广东、山东知县。	《大清畿辅先哲传》卷十四《师儒传》，王植《自记》，《崇德堂稿》卷十。
15	张庚	字浦三，号瓜田，逸史	浙江秀水	1685—1760	七岁而孤。家素贫。	不为科举业。	授徒。	1741年前后客游睢州蒋蔚公幕，1746年在四川学政蒋蔚幕，佐校阅。1748年游山左，转大梁年归。1752年主湖州知府治李署。		张庚《礼部精膳司郎中四川学政蒋公墓志铭》，《强恕斋文钞》，张庚《先室蔡孺人行述》，《强恕斋文钞》卷二，平步青《霞外捃屑》卷二，李富孙《鹤征后录》。
16	周振采	字白民，号菘畦	江苏山阳	1687—1756		拔贡生。		1746年应淮安太守卫哲治聘，与吴玉搢等共纂《淮安府志》。		吴玉搢《山阳志遗》，张慧剑《明清江苏文人年表》。

续表

	姓名	字号	籍贯	生卒	家境	功名	游幕前活动	游幕经历及幕中活动	出幕后活动	参阅文献
17	沈彤	字冠云，号果堂	江苏吴江	1688—1752	祖、父皆不仕。家贫。	诸生	尝被荐为三礼馆编纂，散馆未任。	1742年馆吴江徐大椿家治医籍，著《释骨》1卷。作《赠徐大椿习经济，劝徐大椿习经济，以济时务》。1744年秋至1746年冬受吴江、震泽二县县令聘，纂《吴江县志》、《震泽县志》。	授徒自给。	沈彤《修吴江县志序》，《果堂集》卷五。沈彤《震泽县志序》，《果堂集》卷五。陈黄中《沈征君传》，《碑传集》外编卷一二。全祖望《鲒埼亭集》二三。钱廷龙《四当斋书目》下。
18	蒋恭棐	字维御，迪吉	江苏长洲	1690—1754		1721年进士	进士及第即改翰林院庶吉士，散馆，授编修。又充《大清会典》、《五朝国史》馆纂修。	1754年受两淮盐运使卢见曾聘，主扬州安定书院。		钱陈群《香树斋文集》卷一五。张慧剑《明清江苏文人年表》。
19	邵泰	字峙东，号北崖	直隶大兴	1690—1758	少孤	1711年举人，1721年进士	翰林院编修假归。	1757年冬客江苏巡抚陈宏谋幕，评膳课士。		陈宏谋《编修邵北崖先生墓志铭》，《培远堂偶存稿》卷八。
20	黄子云	字野鸿	江苏昆山	1691—1754	不事生产，薪米之供或缺。	布衣		1742年赴浙西客道员叶笃幕，作自传《长春阁双霞语》，并作《酋言诗》。述浙中大热诗。		杨萧珊《长吟阁集序》，《长吟阁集》卷首《长吟阁集》。黄子云《长吟阁集》卷一、二。

续表

姓名	字号	籍贯	生卒	家境	功名	游幕前活动	游幕经历及幕中活动	出幕后活动	参阅文献
21	连云龙	字耕石，号晴江	江苏吴县	1691—1760		1732年副贡		1739年至1741年随云南总督庆复入滇，佐平文址。1744年前后庆复督川陕，复请随往，主奉文移。1754年至1756年又佐湖北学政陈浩幕，襄校，与刘大櫆游处。晚年浙江按察使李治运招入幕。	卒于杭州。	李富孙《鹤征后录》、钱仲联《清诗纪事》（乾隆朝卷）、刘大櫆《刘大櫆集》、刘大櫆《海峰诗集》。
22	陈鉌	字宏猷	江苏太仓	1691—1763	家贫。	不应科举	授徒。	1752年至1753年雷鋐任江苏学政时以宾礼延留幕中，借所著《四书折疑》往谒，论学无虚日。		黄嗣东《圣清渊源录》卷二十六、吴德旋《初月楼续闻见录》卷八。
23	程廷祚①	字启生，号绵庄，自号青溪居士。	江苏上元	1691—1767	世业雠，家极贫。	诸生		1750年应蓝应龙之聘与修《上元县志》，应经筵荐到京师，观天主教堂，作《沈西夷篇》。1758年与金兆燕同客两淮盐运使卢见曾幕，著书，有《莲花岛传奇》。		金兆燕《程绵庄先生连花岛传奇序》、《棕亭古文钞》卷六、（乾隆）《上元县志》、张应昌《清诗铎》卷一二、《明清江苏文人年表》。
24	王孝咏	字慧音	江苏吴县	1691—?		诸生。屡试不第，弃举业游幕。		1739年②客广西巡抚杨超曾幕，著《岭西杂录》二卷。		王韬玉《后海书堂杂录》、石韫玉《独学卢初稿》、《岭西杂诗钞》卷一、《江苏艺文志·苏州卷》、《四库全书总目》卷一二九。

① 程廷祚，初名默。
② 张慧剑：《明清江苏文人年表》录为1737年。

附　录

359

续表

序号	姓名	字号	籍贯	生卒	家境	功名	游幕前活动	游幕经历及幕中活动	出幕后活动	参阅文献
25	史震林	字公度，号榕冈	江苏金坛	1692—1778	务农。	1735年举人，1737年进士	曾任广东高要县知县，1747年改任淮安府学教授，1755年辞官。	1756年留淮安，馆柳衣园崔氏，1764年馆扬州，所书《文昌情灵》刊行。		史震林《华阳散稿》卷下。
26	王国栋	字殷高，号竹楼	江苏兴化	1692—？	王仲儒子，七岁丧父。	1741年副榜		1755年在任如皋汪之珩汪氏文园坐馆，王之珩为重印王仲儒《西斋集》。		《江苏省通志稿·司法志二》《江苏艺文志·扬州卷》。
27	郑燮	字克柔，号板桥	江苏兴化	1693—1765	祖为儒官，父授徒。家故贫。	1732年举人，1736年进士		1736年顺天学政崔纪邀入幕，校士。1753年至1762年曾为两淮盐运使卢见曾宾客，诗文酬唱。	官范县令。调署潍县。	周积寅、王凤珠《扬州画舫录》卷十。陈祖武《清代学者象传校补》第一集。
28	姚培谦	字平山	江苏华亭	1693—1766			为人清高，淡泊名利，尚书沈德潜荐于朝，不赴。	1738年与陈祖范共客济南，助山东学政黄叔琳纂定《文心雕龙辑注》10卷。		黄叔琳《黄昆圃年谱》。
29	任瑗	字恕庵，号东涧，别号梓桐山人	江苏山阳	1693—1774	父历官户部主事，工部郎中等职。			1746年应淮安太守卫哲治聘，与吴玉搢等共纂《淮安府志》。1748年山阴县令金秉祥延请延修县志，分纂水利。		吴玉搢《山阳志遗》。张慧剑《明清江苏文人年表》。
30	吴檠	字青然，号岑华	安徽全椒	1696—1750		1741年举人，1745年进士		1739年馆江阴，1742年前后入顺天府学政刘吴龙幕，校士。	刑部主事。	（光绪）《安徽通志》卷二二八《人物志·文苑七》。刘大櫆《海峰文集》。

续表

	姓名	字号	籍贯	生卒	家境	功名	游幕前活动	游幕经历及幕中活动	出幕后活动	参阅文献
31	胡天游（胡天游，初姓方）	字稚威，号云持	浙江山阴	1696—1758	家贫，在会稽王府庄王为童子师。	1723年副贡生。1736年，礼部尚书任兰枝荐举博学鸿词，殿试，鼻血污卷，乃报罢。1749年经学，又因病再罢。		1736年至1746年客礼部尚书任兰枝邸10载。1747年馆宗丞王晋川第。1748年客宁武守周景柱署，纂《宁武府志》。1749年应榆次县令钱之青聘，纂《榆次县志》。1750年礼部侍郎田懋招之山西，修志太原。1751年馆兵部侍郎袁日修邸。1752年直隶总督方观承礼聘陈保定，天津都转运使卢见曾以礼聘游天津。1753年游河间知府杜甲修幕，纂《河间府新志》。1754年至1755年客蒲州周景柱府署，纂《蒲州府志》。	主河中书院讲席。	胡元琢《先考稚威府君年谱纪略》。金恩辉《中国地方志目提要》。袁枚《胡稚威哀辞》，《随园诗话》卷一。朱仕琇《方天游传》。陈祖武校朴《清代学者象传校朴》第一集。
32	范咸	字九池	浙江钱塘	1696—1771		1713年举人，1723年进士。	1745年至台湾担任巡察御史，纂辑《重修台湾府志》，后被革职。	1756年至1757年应湖南巡抚陈宏谋聘，总纂《湖南通志》。		（乾隆）《湖南通志》。陈仲河《先文恭公年谱》。

续表

姓名	字号	籍贯	生卒	家境	功名	游幕前活动	游幕经历及幕中活动	出幕后活动	参阅文献
33 杭世骏	字大宗，号堇甫，号堇浦	浙江仁和	1696—1773	家贫。父读书，喜性格亢直，持才傲物。	1724年举人。	1736年召试博学鸿词，授翰林院检讨。	1749年至1750年受聘于浙江巡抚方观承，编纂《海塘通志》。晚年主讲广东粤秀、扬州安定等书院。	翰林院编修，以言事罢归。	杭世骏《两浙经籍志序》，《道古堂文集》卷六。房兆盈《杭世骏》（中）。《清史列传》卷七十一。洪亮吉《书杭检讨訒事文甲集》。应㧑谦《杭大宗墓志铭》陈祖武《清代学者象传校补》第一册。徐珂编撰《清稗类钞》·杭堇浦设皮荧肆于杭。
34 惠栋	字定宇，号松崖	江苏元和①	1697—1758	祖官知县。父官广东学政，以木称奏对不称旨，镌江城恒，产尽停归，家事素。	1716年诸生。1744年秋应乡试，因《汉书》引《易》论斥，愤而弃举业，潜心课徒著述。	授徒自给。惠栋连年奔走于苏州、镇江间，遭遇饥寒困顿，基于著述。	1754年至1757年客两淮盐运使卢见曾幕，佐修《雅雨堂丛书》，与沈大成复校，朴刻未奏奉遗著《经义文录》、《周易乾凿度》、《高氏战国策》、校勘《郑氏易》《郑司农集》卷五十五。《尚书大传》《俗》《封氏闻见记》《李氏易传》《唐摭言》《感旧集》等，又与王㟲、严长明等参订，编辑《国朝山左诗抄》。	从事著述。	严长明《秋灯夜读图序》，《松崖文抄》卷二。王㟲《惠先生墓志铭》，《善馆堂集》卷五十五。王㟲《惠栋》《湘海诗传》卷十四。李斗《虹桥録上》《扬州画舫録》卷二。王瑞柄《乡园忆旧録》卷一。陈祖武《清代学者象传校补》第二册。朱释称《经义考跋》，《经义考》卷首。户见曾《经义考》总目后识语，《经义考》卷首。

① 陈祖武：《清代学者象传校补》作"吴县"。

续表

序号	姓名	字号	籍贯	生卒	家境	功名	游幕前活动	游幕经历及幕中活动	出幕后活动	参阅文献
35	曹学诗	字以南,号震亭	安徽歙县	1697—1773	歙中望族	1729年举人,1748年进士		1770年与黄景仁同客湖南按察使王太岳幕,佐校士	中进士后,令麻城,调崇阳,以丁忧归,不复出	黄逸之《黄仲则年谱》。曹学诗《先府君竹溪公及亡儿健行状》,(光绪)《安徽通志》卷十一。(光绪)《安徽通志》卷二三三《人物志·文苑》。
36	夏之蓉	字芙裳,号醴谷	江苏高邮	1697—1784		1726年举人,1734年进士		1754年应通州知州王继祖相聘,有邓等人共纂《直隶通州志》。1782年受高邮太守杨宜仓聘,总纂《高邮州志》。	中举后官盐城教谕,中进士后投检讨,官至广东学政。	夏味堂《检讨公年谱》。(光绪)《通州直隶州志》卷首。
37	方泽	字巨川,号待庐	安徽桐城	1697—?		1747年优贡	八旗生教习。	1756年游河南学政李宗文幕。1759年湖北学政温如玉邀入幕,又游山西学政幕,佐校阅。	主洪洞玉峰书院。	姚鼐《方待庐先生墓志铭》。方泽《发良乡》,《待庐遗集》卷十三。方泽《丙子冬暂去荆门为中州之行书寄同侣》,同上,卷一。
38	沈祖惠	字叱望,号虹舟	浙江乌程	1698—1765	祖官工部主事。	1752年进士	教授生徒。	1736年周霖任陕甘学政,聘之阅卷,凡衡文取定,悉由祖惠。又尝游刘墉、李文藻幕,往来大江南北。	知江西高安县。	严可均《沈记室传》,见《铁桥漫稿》。王元文《沈虹舟先生行状》,《北溪文集》卷下。
39	吴玉搢	字籍五,号山夫	江苏山阴	1698—1773	家贫,父官广德州学正。	1744年贡生		1746年应淮安太守卫忭洽聘,栋高纂《淮安府志》。1747年山阴知县金秉祚招至其地,酌修《山阴县志》。1753年人京主荆部尚书秦蕙田邸手定《五礼通考》。1753—1762年又曾为两淮盐运使卢见曾幕友。	晚年待任凤阳府训导。	段朝端《扬州画舫录》。李斗《吴山夫先生年谱》卷十。韩梦周《吴山夫先生传》,《碑传集》卷四十五。吴吉祜《丰南志》卷三《人物志·文苑》。

续表

	姓名	字号	籍贯	生卒	家境	功名	游幕前活动	游幕经历及幕中活动	出幕后活动	参阅文献
40	刘大櫆	字才甫、号海峰	安徽桐城	1698—1779	世业衣，祖、父均县学生。	1729年、1732年两中副榜		1739年客江阴，序长洲徐葆光所著琉球纪行诗《海舶集》。1748年以方苞荐入江苏学政尹会一幕，阅卷。1754年至1755年在湖北学政陈浩幕，阅卷。1757年在浙江学政窦光鼐幕，阅卷。1771年受歙县令张佩芳聘，纂《歙县志》20卷。	黟县教谕。	孟醒仁《桐城派三祖年谱》。吴孟复《刘海峰简谱》。刘大櫆《杨黄在文序》，《刘大櫆集》卷二。刘大櫆《徐昆山文序》，同上，卷二。刘大櫆《送潘孚》，同上，卷四。刘大櫆《蓑溪书屋图记》，同上，卷九。刘大櫆《祭张闲中文》，《刘大櫆集》卷十。《陈浩》，《国朝耆献类征初编》卷一二七。张慧剑《明清江苏文人年表》。《中国地方志综录》。
41	周大枢	字元木、元牧	浙江山阴	1699—？		1752年举人		1739年果毅公阿里衮为上客，日讲《通鉴》。	平湖教谕。	周大枢《存吾春轩集》卷四。张维屏《国朝诗人征略初编》卷三十。李元度《国朝先正事略》卷四。李富孙《鹤征启录》。

续表

姓名	字号	籍贯	生卒	家境	功名	游幕前活动	游幕经历及幕中活动	出幕后活动	参阅文献
42 沈大成	字学子，号沃田	江苏华亭	1700—1771	先世以科第起家。父官县令。	诸生		1736年至1742年先后在王恕广东按察使、广东布政使、福建巡抚及浙江布政使及安徽巡抚幕，讲经济之学。1746年至1753年先后在潘恩惠浙江布政使及安徽巡抚幕，参益颇多。1754年至1762年客两淮盐运使卢见曾幕，与惠栋等为卢见曾校刻《雅雨堂丛书》，参校《经义考》、《水经注》，编辑《国朝山左诗钞》，又藏震共校手钞惠栋所著书，并校正。	馆于盐商江春邸。	沈大成《香苕斋诗集序》，《学福斋集》卷二。沈大成《太原王公墓集序》，同上，卷五。沈大成《卷施阁刘山人序》，同上，卷八。沈大成《太原王楼山先生传略》，同上，卷十七。沈大成《奉怀卢雅雨使君即次石芝园原韵四首》，《学福斋诗集》卷二一。严长明《题沈学子五十小像》，《归求草堂诗集》卷二。王昶《惠先生墓志铭》，《春融堂集》卷五十五。王靖荀《乡园忆旧录》卷二。杨绍和《楹书隅录》二。汪大经《沈先生大成行状》，朱稻孙《碑传集》卷一四○。《经义考跋》《经义考》总目后识语。卢见曾《经义考》卷首。
43 顾镇	字备九，号古湫，虞东。	江苏昭文	1700—1771		乾隆年间进士		1745年客京师，为兵部侍郎黄叔琳校刊《夏小正》。	先后主讲于金台，游文、白鹿、钟山书院。	黄叔琳《黄昆圃年谱》，张慧剑《明清江苏文人年表》，殷孙《顾镇生卒年考辨》。

续表

	姓名	字号	籍贯	生卒	家境	功名	游幕前活动	游幕经历及幕中活动	出幕后活动	参阅文献
44	旷敏本	字鲁之，晚年自号岣嵝	湖南衡山	1700—1784	家徒四壁。父以授徒为业。	1732年举人，1736年进士	馆选后以婴疾归。	1737年至1738年应两广总督鄂弥达聘，论苗寨、论苗免、论蠲册。1751年至1753年客湖南巡抚范时绥幕。1774年客湖南按察使郑大进幕。	掌教岳麓书院。	（光绪）《湖南通志》卷一八四朝人物十》。旷敏本《岣嵝删余文钞》。
45	陈兆仑	字星斋，号句山	浙江钱塘	1701—1771	祖、父皆不仕。	1724年举人，1730年进士	福建即用知县。内阁中书。丁忧归。	1749年至1750年应江南河库道向煟聘，课读子弟；与河督张师诚商定《陆清献公年谱》，刊行之；与门弟子讲中庸生道教义之旨，作《理堂》。	侍读学士。顺天府尹。太常寺卿。	陈玉绳《陈句山先生年谱》。陈祖武校补《清代学者象传校补》第一集。
46	冒春荣	字寒山，葊原	江苏如皋	1702—1760		监生		1748年与纂《两淮盐法志》40卷。1756年受通州知州王继相聘，之蓉等人共纂《直隶通州志》22卷。1758年馆凤阳，修《凤阳府志》。1758年受知县姜炳聘，纂《象山县志》。		（乾隆）《两淮盐法志》。（光绪）《江苏艺文志·南通卷》。（乾隆）《象山县志》。项樟《玉山诗钞》卷三。
47	齐召南	字次风，号琼台，晚年号息园	浙江天台	1703—1768		1729年副贡，1736年举人		乾隆初（约1737年至1746年）入馆礼部尚书任兰枝邸，代纂乾隆《一统志》，与问天游共处，晨夕商榷谈书。	翰林院检讨。内阁学士兼礼部侍郎。原任礼部侍郎齐公墓志铭》。晚主万松书院。	齐召南《胡稚威集序》，《宝纶堂文钞》卷五。齐召南《宝纶堂诗钞》卷六。袁枚《题严冬防送方大苏台，《原任礼部侍郎齐公墓志铭》。小仓山房续文集》卷二十五。陈祖武校补《清代学者象传校补》第一集。

续表

	姓名	字号	籍贯	生卒	家境	功名	游幕前活动	游幕经历及幕中活动	出幕后活动	参阅文献
48	宋弼	字蒙泉	山东德州	1703—1768	祖官教谕。	1738年举人，1745年进士	翰林院编修，以丁父忧去职。	1753年至1758年两淮盐运使卢见曾聘之，佐辑《渔洋山人感旧集》《国朝山左诗钞》。	官至甘肃按察使。	卢见曾《国朝山左诗钞序》，《雅雨堂文集》卷二。卢见曾《感旧集补传凡例》，《渔洋山人感旧集》卷首。《宋弼》，《国朝耆献类征初编》卷一八〇。王培荀《乡园忆旧录》"宋弼"条。
49	陈黄中	字和叔 号东庄	江苏吴县	1704—1762	祖慷慨尚义，父景云为学者。	诸生		约1740年人福建巡抚王恕幕，主章奏。1741年秋人福安淮北上。1742年春人淮安漕运总督顾琮幕，借顾转漕北上。同年冬，至武昌人湖广总督鄂嘉锡幕，主章奏，办河工，著《导河书》。又尝佐湖南巡抚冯钤幕。	归家著述。	沈廷芳《陈征士墓志铭》，《隐拙斋集》卷四十八。彭绍升《陈和叔传》，《国朝文录》卷七十。陈黄中《导河书》，《清文汇乙集》卷十三。陈黄中《上海宁相公书》，《东庄遗集》。
50	汪沆	字西颢 号槐塘	浙江钱塘	1704—1784		诸生，1736年举鸿博		1738年曾应天津分巡河道陈玄谋聘，篡天津郡，邑二志。1746年至1747年客福州将军新柱幕，撰《福州八旗志》。1748年就新柱湖广总督任兴幕，调兵进剿金川。1749年至1750年就湖广总督永兴幕。1751年至1752年春客福州将军新柱幕。	归家著述。	邵晋涵《槐塘诗集序》，《槐塘诗集》卷首。汪沆《海石雯清集》，《槐塘诗集》卷二。汪沆《怅忱集》，《槐塘诗集》卷八。汪沆《奉萱集》，《槐塘诗集》卷九。汪沆《樱笋亭集》，《槐塘诗集》卷十。

续表

	姓名	字号	籍贯	生卒	家境	功名	游幕前活动	游幕经历及幕中活动	出幕后活动	参阅文献
51	全祖望	字绍衣，号谢山，自署鲒埼亭长	浙江鄞县	1705—1755	祖耕读终老。父教授乡里。	1732年举人，1736年进士		1733年冬至1736年春客寓入旗志书纂修官李绂紫藤轩3年，或沦学，或考据史事，并常借观翰林院《永乐大典》。1737年后客赴扬州，曾客两淮盐运使卢见曾。1738年为马曰琯、马曰璐作《丛书楼记》。1741年在扬州，著《困学纪闻三笺》。1744年夏尝客余姚孔今施念曾署。	中进士后以知县用，未仕。掌教浙江蕺山、广东端溪等书院，倡导经史，作育人才。晚年贫病交加，仍快意学术。	蒋天枢《全祖山先生年谱》。李斗《扬州画舫录》卷四。洪亮吉《鲒埼亭集》外编一七。陈祖武校补《清代学者象传校补》第二集。
52	夏敬渠	字二铭	江苏江阴	1705—1787	家贫。七岁而孤。	诸生		1736年客京师，识场名时。1739年客直隶总督孙嘉淦幕。1740年客兴义。1750年应南河总督高斌聘，讲性理之学。		谭正璧《中国文学家大辞典》。赵景深《小说家夏二铭年谱》。

续表

姓名	字号	籍贯	生年	家境	功名	游幕前活动	游幕经历及幕中活动	出幕后活动	参阅文献
53 姚世钰	字念慈，号贞庵	浙江归安	1705—？	父为诸生，一贫如洗。	副贡	三礼馆纂修。主晋阴金台书院。	1746年入山西巡抚鄂弼幕，1748年鄂弼安抚豫，世钰随往，著《中州记略》。	授徒江都。	平步青《霞外捃屑》卷二，全祖望《姚薏田圹志铭》，《国朝文录》卷六十一，钱实甫《清代职官年表》，李富孙《鹤征后录》。
54 姜恭寿	字静斋	江苏如皋	1708—1759	父官翰林院编修。	1741年举人		1753年入江苏学政雷鋐幕，佐校士，其《佐雷督学校士》诗句有"灯花吐焰雷前席，莫谓无神鉴此衷"，校士公正无私，并辑时人诗为《弧尊集》。		王昶《湖海诗传》卷九，《如皋县志·人物传二》（乾隆），姚际春《白蒲镇志·文苑》，黄楚桥《东皋印人传》。
55 周天度	字心罗，号让谷	浙江钱塘	1708—？	父教谕，幼困。	1750年举人，1752年进士		1746年与万廷兰同客江西按察使张师载幕，讲濂洛关闽之学。1751年冬至1752年春客张师安徽巡抚幕。	官至许州知州。	周天度《长青夜坐书杯示弟及子》《十诵斋集·诗》。周天度《九华日录》。万廷兰《纪年草》。钱仪吉《碑传集》。
56 赵一清	字诚夫，号东潜	浙江杭州	1709—1764	父为学者。	监生		1749年冬至1750年夏客北铺吴姚立德署，助姚勘修北极阁，为姚点定《楚游诗稿》，自著《白下吟》50首。1752年冬署山西巡抚胡宝瑔署任，著《晋游拾遗草》。1753年应山西按察使唐绥祖聘，1756年应冀宁道姜末菴聘住太原，著《五度天门集》。1761年至1763年应直督方观承聘，纂《直隶水利书》。		李宗侗《赵东潜年谱稿》。

续表

	姓名	字号	籍贯	生卒	家境	功名	游幕前活动	游幕经历及幕中活动	出幕后活动	参阅文献
57	顾我钧	字陶元	江苏吴江	1709—1789		1744年举人		1753年至1761年刑部尚书蔡惠田聘之，参与编纂《五礼通考》。		（同治）《苏州府志》卷一百六《人物三十三》。
58	邵玘	字西樵	江苏青浦	1710—1793		贡生		1765年应桂阳太守张宏燧聘，居湖南两载，辑《桂阳州志》28卷。		王昶《邵西樵墓志》，（嘉庆）《松江府志》卷六十《人传十二》，（光绪）《青浦县志》一九。《春融堂集》卷六十。《古今
59	万光泰	字柘坡	浙江秀水	1712—1750		1736年举人		1749年受聘于兵部尚书梁诗正，主持续修《通考》。	卒于幕。	《万光泰》，《清史列传》卷七十二《王元启》附。刘毓崧《书柘林居士集后》，《通义堂文集》卷十三。
60	董元度	字曲江，别号寄庐	山东平原	1712—1787	总督蔡琬左都御使董讷之孙。	1747年举人，1752年进士		1753年至1758年两淮盐运使卢见曾聘，编辑《国朝山左诗钞》。	出幸江西，改东昌府教授，晚主保定莲池书院。	平步青《霞外攟屑》卷二。董元度《丙戌生日放歌》，《旧雨草堂诗》卷五。卢见曾《国朝山左诗钞序》，《雅雨堂文集》卷二。
61	徐坚	字孝先，号友竹	江苏吴县	1713—1798	少贫苦，父教馆。	贡生	教馆。	1784年至1785年游湖南巡陆耀幕。1789年客南昌，辑西江诗卷，与翁方纲、谢启昆等会。		陶梁《红豆树馆书画记》卷五。钱实甫《清代职官年表》。徐坚《绢园烟墨箦录》。
62	宁楷		江苏江宁	1713—1802				1750年应上元知县盖应龙聘，纂修《上元县志》事竣。		（乾隆）《上元县志》。张慧剑《明清江苏文人年表》。

续表

	姓名	字号	籍贯	生卒	家境	功名	游幕前活动	游幕经历及幕中活动	出幕后活动	参阅文献
63	廖景文	字觐扬，号古檀	江苏娄县	1713—？		1747年举人		1744年至1748年应天津盐运使邓钊之邀，游其幕五年。1781年王昶受知县杨卓聘，主纂《青浦县志》，廖景文任分纂，至1786年成书。	官合肥知县。	邓长风《廖景文和他的〈清绮集〉》，《明清戏曲家考略》，王昶《青浦县志序》，（光绪）《青浦县志》卷末。
64	施廷枢	字北亭，号慎甫	浙江钱塘	1714—1758		国子生		1751年应福州徐景熹太守之聘，纂郡志。1754年应荆州叶仰高太守之聘，纂《荆州府志》。		《施廷枢》，《国朝耆献类征初编》卷四三五，金恩辉主编《中国地方志总目提要》。
65	汪轫	字莘云，号鱼亭	江西武宁	1714—1771	少孤贫。	贡生	为人执炊。	1750年至1751年鲁仕骥与同客浙江学政雷翀幕，改名九皋，佐校阅。	任含水训导三月，卒于任。	蒋士铨《汪鱼亭学博传》，《碑传集补》卷四十七。鲁仕骥《雷公时若哀辞》，《山木居士文集》卷十二。
66	贾田祖	字礼耕，号稻孙	江苏高邮	1714—1777	没落的文学世家，早年生活艰难	廪生	1745年至1754年，与高邮瞻湖诗社诸子相和唱和，钻研诗学和史学。	约1773年至1776年游于太平府，沈业富幕，与章学诚唱和，与黄景仁、章学诚等相过从，研究经学。	致力于经学考据	汪中《大清故高邮学生贾君之铭并序》，《述学》外编。江潘《贾田祖传》，《国朝汉学师承记》卷七，李金松《洪亮吉年谱》。
67	张凤翔	字方海	浙江上虞	？—1777		诸生		1771年至1773年客安徽学政朱筠幕，校文。		洪亮吉《仿知己赋并序》，《卷施阁文乙集》卷二。朱筠《和州梅豪亭记并铭》，《笥河文集》卷七。

续表

姓名	字号	籍贯	生卒	家境	功名	游幕前活动	游幕经历及幕中活动	出幕后活动	参考文献
68 钱受谷	字黄子	浙江秀水	1715—1772	孤贫。父文成公受业师。	1757年举人，1760年进士		约1739年佐917广东肇高学政沈昌宇幕，校士。复从谢太守某于安徽，转至甘肃州逾20年。1758年翰林院学士蒋廷之宾奇，典书记。1767年将军明瑞奏调入幕，参征缅军事，理粮饷。1768年至1769年将军傅恒奏调人幕，参征缅军事，办军需。	赐举人后授内阁中书舍人。入明瑞前官兴汉道，仕至云南迤东道。	《钱受谷》，《国朝耆献类征初编》卷二一二。
69 刘星炜	字映榆，号圃三	江苏武进	1718—1772		1744年举人，1748年进士	1754年任广东学政，1756年丁母忧去职。	1758年受卢见曾约任扬州安定书院掌教。	1759年服阕，补任原官。	袁枚《随园诗话》卷五。
70 程晋芳	字鱼门，号蕺园	江苏江都（祖籍安徽歙县）	1718—1784	世业盐，家颇富。后中落。	1762年举人，1771年进士	进士及第主事，授吏部主事，举充为四库馆纂修官，书成授翰林院编修。	晚年迫于生计，乞限起复，冬人陕西巡抚毕沅远幕，参与《经训堂丛书》的纂辑，次年夏病故于幕中。	卒于幕中。	赵怀玉《勉行堂文集》卷首袁枚《翰林院编修程君鱼门墓志铭》，《小仓山房续文集》卷二十六。《清史稿》卷四八五。《清史列传》卷七十二《程晋芳传》。翁方纲《蕺园程先生墓志铭》，《复初斋文集》卷十四。陈祖武《清代学者象传校补》，《清代学者象传校补》第一集。

371

续表

	姓名	字号	籍贯	生卒	家境	功名	游幕前活动	游幕经历及幕中活动	出幕后活动	参阅文献
71	万廷兰	字芝堂，号梅皋	江西南昌	1719—1807	父为贾。	1752年举人，1753年进士		1746年应聘入江西按察使张师载幕，为子弟师，暇则讲濂洛关闽之学。1782年至1783年夏客直隶总督袁守侗幕。1787年至1788年应陈松山观察聘，篆《南昌府志》。1788年至1789年应张古余之聘客端州，主讲端州书院。1791年馆丁上高县署，篆《上高县志》。1793年至1794年应南昌县知县徐午桥聘，篆《南昌县志》，校刻《太平寰宇记》。	1753年进士及第后改庶吉士，散馆，以知县用，历官献县知县、通州知州，因故不入献多年。	万廷兰《纪年》。金恩辉主编《中国地方志总目提要》。吴锡麒《奉直大夫直隶知通州事万公墓志铭》，《有正味斋骈体文续集》卷八。
72	孙泰溶	字学成，号霞岑	江苏	1720—1785	少孤家贫。			1741年至1743年客广东巡抚王安国幕，习刑名算数之学。1748年游幕闽中半载，主章奏。1755年至1756年相继客明德四川布政使及山西巡抚幕，主章奏。1757年客陕西巡抚吴达善幕，主章奏，办荒政。1758年至1767年客陕西巡抚文绶幕归。1770年自陕西巡抚文绶幕归。1774年至1776年就近佐江苏巡抚吴坛、闽鄂三等幕，襄办军务。1785年入河南巡抚毕沅幕，办荒政。	卒子幕。	孙云桂《先考霞岑府君行述》，《妙香阁文钞》卷三。孙云桂《显妣张太安人行述》，同上，卷三。李桓《国朝耆献类征初编》卷四百八《文艺十六·孙泰溶》。

续表

	姓名	字号	籍贯	生卒	家境	功名	游幕前活动	游幕经历及幕中活动	出幕后活动	参阅文献
73	童钰	字二如，改字二树，号璞岩，自称二树山人	浙江山阴	1721—1782		布衣	不事举业，致力于古文辞。	1767年受河南巡抚阿思哈嵩贵聘，续纂《河南通志》。1774年客河南巡抚沈同樾幕，与同幕沈西村唱和，南通客南下。1778年自扬州客南下，王复令怀师时，相与订证金石。1778年至1779年受河南知府施诚聘，纂成《河南府志》120卷，1782年任扬州修志事，卒于扬州。		童钰《题沈西村晴雪访春图》，见《二树山人诗稿》。李遇孙《金石学录》卷四，《国朝耆献类征初编》卷四三七。邵松年《古缘萃录》一五。袁枚《小仓山房文集》卷二六。张惟骧《疑年录汇编》一一（乾隆）《续河南通志》。
74	江声	字叔澐，号艮庭	江苏元和	1721—1799			授徒为业。	约1760年应邀至光禄寺卿王鸣盛家，商订王所撰《尚书后案》。1789年前后入湖广总督毕沅幕，助毕沅编纂、审订《释名疏证》。		孙星衍《江声传》，《平津馆文稿》卷下。毕沅《释名疏证序》，见《释名疏证》卷首。陈祖武《清代学者象传校补》第二集。
75	张九钺	字度西，号紫岘	湖南湘潭	1721—1803	父官山西河曲知县。	1741年拔贡，1762年举人	教习	1746年起南昌布政使彭家屏聘，助撰《历代诗话》《杏华杂记》。1751年客昆明，作《游铜瓦寺记》。1755年秋客杭州申佑庵织部幕，校童子试，1762至1763年应郴州吕刺史聘，1784至1786年在许修况洛志，居陂川，作《楼笈行》，又作《禹州风语》，写其地夹地夫妇之的修状。	官峡江，南昌，海阳等后主南丰，知县。娶官后主院讲席十余年。	张家杖《陶园年谱》。张九钺《陶园全集》。张慧剑《明清江苏文人年表》。

续表

	姓名	字号	籍贯	生卒	家境	功名	游幕前活动	游幕经历及幕中活动	出幕后活动	参阅文献
76	吴泰来	字企晋，号竹屿	江苏长洲	1722—1788	祖父官吉安太守。	1759年举人，1760年进士	中进士后召试赐内阁中书，不赴。	1787年应刘文徽聘，纂《永宁志》《登封志》。1788年应汤焕亭聘，纂《偃师志》。		毕沅《同州府志序》，《同州府志》卷首。毕沅《终南山馆丛菊盛开邀冬友竹屿作石亭献之宴集》，《灵岩山人诗集》卷三十。毕沅《乐游联唱集》。张绍南《孙渊如先生年谱》。吕培等《洪北江先生年谱》。王昶《吴企晋净名轩遗集序》，《春融堂集》卷三十九。李桓《国朝耆献类征》卷一四五。
77	王鸣盛	字凤喈，号西庄，晚号西沚	江苏嘉定	1722—1798	父教授为生。家本寒素，常鬻文自给。	1741年举人，1754年进士		1741年至1742年客元和令黄建署。1754年进士及第，一时名公巨卿争礼致之。掌院学士蒋溥延为上客。约1754年至1761年刑部尚书秦蕙田亦聘之，分修《五礼通考》之军礼部分。	授翰林院编修，擢至光禄寺卿。	黄文相《王西庄先生年谱》。陈祖武校补《清代学者象传校补》第一集。
78	丁传	字希曾，号鲁斋	浙江仁和	1722—1799	父为处士，能诗。	诸生		游幕闽、粤、江、楚，纂辑《八闽方言》。		阮元《两浙輶轩录》。《丁传》，《国朝耆献类征初编》卷三十二。张撝之等《中国历代人名大辞典》。

续表

姓名	字号	籍贯	生卒	家境	功名	游幕前活动	游幕经历及幕中活动	出幕后活动	参阅文献
79 戴震	字慎修、东原，号杲溪	安徽休宁	1724—1777	父为布商，家贫。	1751年诸生，1762年举人	1740年随父贩布江西、福建，课督学童于邵武。1752年执教汪氏家塾。歙县西溪迁家馆。	1754年避仇人都，馆翰林院庶吉士纪昀家，所著《考工记图注》由纪昀主持刊行，并为之作序；又作《勾股割圜记》。1755年因钱大昕荐，刑部尚书秦蕙田延至其邸，助纂《五礼通考》。1756年馆吏部尚书王安国府第，授经，王念孙从学。1757年冬至1758年卢见曾署，为卢见曾撰《金山志》。1765年再馆两淮盐运使卢见曾署，为卢见曾校订《大戴礼记》《水经注》，揭出"故训明则古经明"主张。1766年馆于袁曰修。1768年应直隶总督方观承聘至保定，纂《直隶河渠书》110卷，未成，接续余萧客纂《戴捕水利说》。1769年先后应山西布政使朱珪、汾州知府孙和相聘，纂《汾州府志》34卷。1771年应汾阳县令李侯复聘，纂《汾阳县志》14卷。	1773年因纪昀等人的推荐被召入四库馆，任分校官，纂《永乐大典》，修兼分校官，辑录天文、算法、小学、方言、礼制诸书。	段玉裁《戴东原先生年谱》。钱大昕《竹汀居士年谱》。戴震《大戴记》《大戴礼记目录后语》。卢文弨《大戴礼记跋》，《大戴礼记》卷首。杨绍和《楹书隅录》。陈祖武《清代学者象传校补》第二集。

续表

	姓名	字号	籍贯	生卒	家境	功名	游幕前活动	游幕经历及幕中活动	出幕后活动	参阅文献
80	余庆长	字庚耦，号元亭	湖北安陆	1724—1800		1750年举人	元江通判。	1787年云南布政使王昶延致宾馆，为王昶编次《铜政全书》80卷。告归后，受云南巡抚谭南恩聘，主讲五华书院。	成都同知，署广西平乐知府。	王昶《同知署广西平乐府知府余君墓志铭》，《春融堂集》卷五十四（宣统）《湖北通志》卷三三九（人物志十七·列传七）。
81	檀萃	字默斋，号废翁	安徽望江	1724—1801		1760年举人，1761年进士	青溪知县，丁忧归。	1771年入粤应广东学使聘，襄试事。1773年至1774年应番禺知县任果，篡《番禺县志》。	朴稼劝农县。成材，五华书院。	王重民《檀萃传》，《冷庐文薮》（上）。
82	纪昀	字晓岚，春帆，号石云，道人，观弈，孤石老人，谥文达	直隶献县	1724—1805	祖有善行。父官姚安知府。	1747年举人，1754年进士	进士及第后，选庶吉士，散馆，授编修。1762年授福建学政。1768年授贵州都匀府知府，庭擢侍读学士，未几坐通盐运使户见曾事，谪戍乌鲁木齐。	1768年至1770年从军新疆，为伊所印务章京，佐理军务。	1771年召还，1773年擢侍读，总纂《四库全书》，馆局凡十三年。官至兵部侍郎，左都御史，礼部，兵部尚书，协办大学士，加太子少保。	贺治起，吴庆荣《纪晓岚年谱》，《清史稿》三百二十。《清史列传》卷二十八。朱珪《协办大学士礼部尚书文达纪公墓志铭》《清代学者象传校补》第一集。
83	张熙纯	字策时	江苏上海	1725—1767	家贫。	1762年举人		1756年至1757年江南学政李因培招入幕，襄校。	内阁中书。方略馆纂修。	张熙纯《华海堂诗》卷四。

续表

	姓名	字号	籍贯	生卒	家境	功名	游幕前活动	游幕经历及幕中活动	出幕后活动	参阅文献
84	赵文哲	字璞庵	江苏上海	1725—1773		1762年举人。	内阁中书舍人。方略馆纂修。因故革职。	1756年左右曾以诸生游江南学政李因培幕，佐校士。1768年至1771年初夏，与王昶同居云贵总督定边右副将军阿桂幕府，从军征缅，充书记。1771年夏至1773年夏为继任总督温福幕僚，从军征金川，战死。	官至户部主事。	戴璐《吴兴诗话》卷十五，王昶《恤赠光禄寺少卿户部主事赵君墓志铭》，《碑传集》卷一二一，《江苏诗征》卷一〇九。昭梿《啸亭杂录》卷五，"缅甸归诚本末"条。
85	汪缙	字大绅	江苏吴县	1725—1792	少孤。	1753年举人。	主建阳书院，授徒。	1757年前后尝应浙江学政窦光鼐聘，校试文。		《汪先生缙》，《清儒学案小传》，《清儒学案》《南韵斋》卷五，（同治）《苏州府志》卷八十三《人物十》。
86	王杰	字伟人，号葺园，一号畏堂	陕西韩城	1725—1805	父为石门主簿，父丧，家甚贫窭。	1760年举人，1761年未赴任，遭父丧。	选蓝田教谕，1761年未赴任，遭父丧。	1756年陕甘总督尹继善聘幕府为记室。同年，尹继善内迁，荐入巡抚陈宏谋幕，留三载，司笔札，眼则潜心读书。①	官至左都御史，兵部尚书，大学士，赐太子太师，入祀贤良祠，谥文端。	阮元《王文端公年谱》，陈祖武校补《清代学者象传校补》第一集，《揅经室稿》卷三四〇《王杰传》。
87	王昶	字德甫，号琴德，又号兰泉，晚号述庵	江苏青浦	1725—1806	家贫。	1753年举人，1754年进士。		1754年应刑部尚书秦蕙田之邀入都，助修《五礼通考》。1756年至1757年客两淮盐运使卢见曾署。1757年大成手抄《感陈所著书，并加校订。又为卢见曾撰《红桥小志》。1759年馆兵部尚书梁诗正邸，校勘《续文献通考》。	1759年后由内阁中书迁刑部郎中。1773年后历任大理寺卿、左副都御史、刑部右侍郎述职、江西按察使、滇直陕二省布政使。	严荣《述庵先生年谱》，王昶《惠定宇先生墓志铭》，《春融堂集》卷五十五。阮元《诰授光禄大夫刑部右侍郎述庵王公神道碑》，《揅经室二集》卷三。《清史列传》卷二十六。

① 陈祖武校补：《清代学者象传校补》第一集载："尹文端、陈文恭为江南督抚时，皆聘入幕府。"

续表

姓名	字号	籍贯	生卒	家境	功名	游幕前活动	游幕经历及幕中活动	出幕后活动	参阅文献
							1768年冬至1771年初夏人云贵总督、定边右副将军阿桂幕，从军征缅，著《滇行日录》《征缅纪闻》。1771年夏阿桂卸职，人继任总督温福幕，从军征金川，著《蜀徼纪闻》。1772年阿桂复职，复就其幕五载，参军事，征金川。1781年丁忧去职，知县杨卓聘其主修《青浦县志》，未及成书，即(1783)赴陕西按察使任，遂携稿至官署，续加考证，至1786年成书。1782年至1783年春，浙闽总督和浙抚聘至杭州，遴未文漵同纂。1800年受浙江巡抚阮元之聘，主讲诂经精舍。	1788年擢荆部部右侍郎。	《清史稿》卷三百一十一。王豫《江苏诗征》，王昶《青浦县志序》，(光绪)《青浦县志》卷末。陈祖武校补《清代学者象传校补》第一集。
88	程瑶田	字易田，号易畴，号葺荷，晚号让堂	安徽歙县	1725—1814		1770年举人	1788年授江苏嘉定县教谕。1791年以病告归。1796年举孝廉方正。	1802年夏，秋客浙江巡抚阮元幕，为阮元监铸杭州府文庙钟，作《铸钟纪略》。	授徒。	罗继祖《程易畴先生年谱》。《清史稿》卷四百八十。《清史列传》卷六十八。夏炘《程瑶田别传》。陈祖武校补《清代学者象传校补》第二集。

续表

	姓名	字号	籍贯	生卒	家境	功名	游幕前活动	游幕经历及幕中活动	出幕后活动	参阅文献
89	周大业	字敬堂，号存斋	浙江海宁	1727—1787	家贫，父授徒。	1779年举人，1780年进士		1756年至1757年客嘉兴太守知州李孚南六幕，教读。1761年至1765年南丰知州李孚南复延入幕，掌同州学。1776年至1777年李孚南六任湖北盐道仍延入幕，司笔札。1778年馆江都杨府署。1781年至1782年客浙闽总督陈辉祖幕，教读。	宁波府学教授。	周广业《先兄存斋公行略》，《蓬庐文钞》卷六。钱实甫《清代职官年表》。
90	赵翼	字云松，号瓯北	江苏阳湖	1727—1814	父客授，翼十五而父殁，家贫甚。	1750年举人，1761年进士	教馆。	1749年入都，大学士刘统勋延致邸中，助纂《音史》。1750年冬至1758年馆于尚书汪凡应制诗文皆襄草，教其子读书，兼代笔札。1758年客缅将军阿里衮幕，办军需。1769年佐经略傅恒幕，参军事，办军需。1787年至1788年春佐闽浙总督李侍尧幕，办军需，佐平台林爽文起义。	中进士后授翰林院编修。官至贵西兵备道。1788年后，主讲安定书院。	赵翼《簷曝杂记》卷一、卷二。赵翼《皇朝武功纪盛》。赵翼《瓯北先生年谱》卷首。赵翼《清史稿》卷四〇九。
91	庄肇奎	字星堂，号胥园	浙江秀水	1728—1798	祖官县令，父官遗贡。	1753年举人	守制在家。	1758年应山东武定府知府赫达色聘，兼教胞业书院，秋莅任。1760年复仍应武夌察使沈廷芳聘，1768年应聘入贵州云贵总督阿府桂幕，佐政府。1774年应聘入云贵总督阿府桂幕，佐政事。	由端安教谕累官至广东布政使。	庄兆钤《胥园府君年谱略》。

续表

	姓名	字号	籍贯	生年	家境	功名	游幕前活动	游幕经历及幕中活动	出幕后活动	参阅文献
92	钱大昕	字晓征，一字竹汀，晚号潜研老人	江苏嘉定	1728—1804	祖、父皆为学者，家贫。	1751年举人，1754年进士	授徒。	1751年秋及1752年春夏两客南河总督高斌幕。1754年应刑部尚书秦蕙田邀，商定《五礼通考》，并问秦推荐戴震。1787年应鄞县知县钱维乔聘，总纂《鄞县志》，为宁波范氏编纂《天一阁碑目》。1795年至1797年受湖广总督毕沅委为其审定，校订《续资治通鉴》。1801年至1802年与弟钱大昭应浙江湖州长兴知县邢澍之邀，纂《长兴县志》。	翰林院编修，侍读学士，广东学政，主讲钟山、娄东、紫阳诸书院。	钱大昕《竹汀居士年谱》，钱庆曾《竹汀居士年谱续编》嘉庆二年条，冯集梧《续资治通鉴》卷首，毕沅《续资治通鉴》，钱东壁《钱竹汀自订年谱》，钱东塾《先大夫《清代学者象传校补》，陈祖武《清代学者象传校补》第一集，高斌《篁村山人为写归帆图自题二首》、《固哉草亭集》卷二。
93	余萧客	字古农	江苏吴县	1729—1777	家贫，父客游不归。		教馆。	1768年应直隶总督方观承之聘至保定，纂《畿辅水利记》。		江藩《国朝汉学师承记》卷二，段玉裁《戴东原先生年谱》，支伟成《清代朴学大师列传》。
94	朱筠	字竹君，一字美叔，号笥河	直隶大兴，祖籍浙江萧山	1729—1781	祖官中书舍人，父官知县。	1753年举人，1754年进士	家居教授。	1747年初次乡试下第，大学士刘统勋呼其校雠连日，1750年至1751年大学士刘统勋延聘其子纂，纂《盛京通志》。	中进士后历任武英殿编修，会试同考官，顺天乡试同考官，乡试主考官，福建、安徽学政，福建学政等职。	《清史列传》卷六十八，李桓《国朝耆献类征初编》卷一百二十八，朱珪《翰林院编修儒林郎侍讲中宪大夫加二级先叔日讲起居注官翰林院侍读学士朱公墓志铭》、《知足斋文集》卷三，王昶《翰林院侍读学士朱君墓表》、《春融堂集》卷首，朱锡经《南厓府君年谱》，罗继祖《朱笥河先生年谱》。

续表

	姓名	字号	籍贯	生卒	家境	功名	游幕前活动	游幕经历及幕中活动	出幕后活动	参阅文献
95	李文藻	字素伯，芸畹，号南涧	山东益都	1730—1778		1759年举人，1760年进士		1762年应诸城县令宫懋让聘，纂《诸城县志》。1763年应福建学政纪昀延入幕，佐校阅。1766年应历城县令胡德琳聘，与周永年同纂《历城县志》。	1769年选得恩平知县。署新安。1772年调潮阳知县。1777年升桂林府同知，次年病逝于任。	王兰荫《朱笥河先生年谱》，《朱筠年谱》。姚名达《朱筠年谱》。李文藻《诸城县志序》，《南涧文集》卷上。贺治起、吴庆荣《纪晓岚年谱》。（道光）《广东通志》卷二五九《宦迹录二十九》。陈祖武校补《清代学者象传校补》第二集。
96	周永年	字书昌，号林汲山人	山东历城	1730—1791	家酷贫。	1770年举人，1771年进士		1766年应历城县令胡德琳聘，与李文藻同纂《历城县志》。	梓招修《四库全书》，授编修，充文渊阁校理官等职。	桂馥《周先生传》，《晚学斋集》卷七。（民国）《续历城县志》卷三十八《官迹续录》。陈祖武校补《清代学者象传校补》第一集。
97	毕沅	字纕蘅，号秋帆，灵岩山人	江苏镇洋	1730—1797	少孤。	1753年举人，1760年进士		1751年冬与舅父张凤孙客直隶总督方观承保定宾馆，学为章奏。	历任翰林院编撰、陕西、河南巡抚、湖广总督。	史善长《弇山毕公年谱》。毕沅《灵岩山人诗集》《灵岩山馆文钞》。李桓《国朝耆献类征初编》卷四三八《文艺十六·孙星衍》。
98	周广业	字勤朴，号耕厓	浙江海宁	1730—1798	十岁而孤，家贫。父授徒。	1783年举人	授徒。	1784年入都京师三年，四库馆争先延聘，校勘典籍，各庆所得。1791年秋至1792年应安徽巡抚朱珪聘，掌教广德书院兼纂修《广德州志》。	授徒。	同春《蓬庐文钞》卷首。周广业《谒护国帝君庙记》，同上，卷二。周广业《新修广德志序》，同上，卷三。

续表

	姓名	字号	籍贯	生卒	家境	功名	游幕前活动	游幕经历及幕中活动	出幕后活动	参阅文献
99	王文治	字禹卿，号梦楼。	江苏丹徒	1730—1802		1759年举人，1760年进士		1756年随册封琉球使节全魁、周煌游琉球，作纪事诗《海天游草》。1779年应杭州知府王燧聘，校订邵晋涵等所纂《杭州府志》。1780年游幕杭州，为地方官撰《三衣得调》《龙井茶歌》《样征冰茧护》《山东延龄》《瑞前天台》《瀍波宴》等工尺谱，迎鉴乐府沅诗作序。1792年至1793年客湖广总督毕沅署，跋所藏苏东坡《种橘帖》真迹，观扬潮观所作《吟风阁杂剧》。	进士及第后授编修，擢侍读，充国史馆纂修。1774年出为云南临安知府。数年后以失察属吏事去职，自滇归，买童教之度曲，曾主讲数文书院。	王文治《海天游草》，《梦楼诗集》卷二。张慧剑《明清江苏文人年谱》。黄云眉《邵二云先生年谱》，张舜徽《方志著录元明清曲家传略》。傅惜华《清代杂剧全目》卷七。赵力《京江画派画家年表》。王文治《浙江迎鉴乐府跋》。《清史稿》列传二百九十《艺术二》。王文治《快雨堂题跋》四。
100	吴兰庭	字胥石，号虚谷，晚号南一雯。	浙江归安	1730—1802	家贫。授徒为生。	1772年举人		1771年至1773年客安徽学政朱筠幕，与洪吉吉、黄景仁等游处。1773年冬随朱筠入都，宿于朱筠椒花吟舫，得尽读其藏书及其所校四库馆之书，因于1778年成《五代史记纂误补》。后主编修冯集悟家，代冯校勘群籍。1800年客浙江按察使秦瀛署中，佐纂《嘉兴府志》。		严元照《吴胥石先生墓志铭》，《胥石文存》附。又见刘承幹《胥石文存》跋语，《胥石文存》卷末。吕培等《洪北江先生年谱》卷五。朱筠《和州冯蒙亭记并跋》，《笥河文集》卷七。秦瀛《胥兴府志序》，《小岘山人续文集》。李金松《洪亮吉年谱》。

续表

	姓名	字号	籍贯	生卒	家境	功名	游幕前活动	游幕经历及幕中活动	出幕后活动	参阅文献
101	吴省钦	字充之,号白华	江苏南江	1730—1803	父授徒,生计困顿。	1757年举人,1763年进士。		1752年至1753年应九江太守董榕聘,聚府聘,课读。1754年应九江权使唐英聘,创恳稿凡例,在九江权使唐英处做馆,作志,同年,在崇湖梓校,作《甘棠湖梓歌》。1760年湖南学政吴鸿逆入幕,作《峋嵝碑》《回雁峰》诗。	由编修累迁内阁中书,官至左都御史。	吴省钦《吴白华自订年谱》。吴省钦《白华前稿》,卷二二、七,卷三二。
102	王初桐	字竹所	江苏嘉定	1730—1821		诸生		1773年入京,四库馆修纂官争聘之,助纂《四库全书》,并著《京邸校书录》4卷。1783年至1784年佐士曹仁虎聘,课读。1797年入山东巡抚伊潘轩幕,掌诗古文秉文之事。1800年告老后,应知县吴棺聘,编纂嘉庆《嘉定县志》24卷,又编纂《方泰志》3卷。	由齐河县丞升至宁海州同。	王初桐《逸王少山》,《古香堂丛书・海右集》卷三。曹仁虎《古香堂丛书序》,《古香堂丛书》卷首。李湘芝《纪事》,《古香堂丛书・柳絮集》附。
103	陆炳		江苏	1730—?				1765年至1770年签人四川学政罗典幕,佐阅卷。1769年客山西安邑县署。1772年客四川宜宾县署。		陆炳《偶谈杂录》,《剑囊草卷次目录》附。陆炳《剑囊草》,卷一至卷三。
104	严长明	字冬有,或作东有,一字用晦,号道甫	江苏江宁	1731—1787	家贫。	1762年以献赋召试,特赐举人。		1754年因江宁学政多麟之荐,两准盐运使卢见曾延之入幕,阅卷,博览扬州富户马氏藏书,结识众多游扬学者。	赐举人后授内阁中书,入军机,约1771年權内阁侍读,卒于合肥书院。	严长明《题沈学子五十小像》,《归求草堂诗集》卷三。钱大昕《内阁侍读严长明传》,《潜研堂文集》卷三十七。

续表

	姓名	字号	籍贯	生卒	家境	功名	游幕前活动	游幕经历及幕中活动	出幕后活动	参阅文献
105	张埙	字商言，号瘦铜	江苏吴县	1731—1789		1765年举人，1769年进士	1765年官内阁中书，1773年入《四库全书》馆缮书处任分校官。1777年丁母忧去职，服阙还京复职。	约1773年至1782年在陕西巡抚毕沅幕，为毕沅定奏辞，搜罗金石，撰《西安府志》40卷，共作《汉中府志》80卷，《昭陵石马联句》。1782年严长明与孙星衍入谒孙星衍，逐孙星衍。1777年客淮安，程晋芳为序《归求草堂诗集》。1785年随毕沅至河南巡抚毕沅幕，分纂《续资治通鉴》。		孙星衍《湖北金石诗序》，《五松园文稿》卷一。姚鼐《严冬有墓志铭》，《惜抱轩文集》卷九。钱实甫《清代职官年表》。《清史稿》卷四八五。程晋芳《勉行堂文集》卷二。朱士嘉《中国地方志综录》。王昶《湖海诗传》卷二二。张埙《张氏吉金贞石录自序》，《张氏吉金贞石录》卷一。张埙《渡渭集》，《竹叶庵文集》卷十五。邓长风《张埙和他的竹叶庵文集》（《明清戏曲家考略》）。蒋湘南《关中志乘》卷一。戴璐《吴兴诗话》卷十五。
106	陆斯	字漱闇	浙江钱塘	1731—1806				尝佐学使幕于秦陇，鬻文。	晚年改官户部京仓监督。	丁申、丁丙《国朝杭郡诗三辑》卷十一。

续表

姓名	字号	籍贯	生卒	家境	功名	游幕前活动	游幕经历及幕中活动	出幕后活动	参阅文献
107 汪辉祖	字焕曾 号龙庄	浙江萧山	1731—1807	先世业商，辉祖之父初读书，游幕，后业商，例入官为河南淇县典史八年，辉祖幼孤，生活凄苦。	1748年秀才，1768年举人，1775年进士	教书。	1752年乡试不中，入外舅金山县幕，自此游幕30余年，主刑名。1753年赴外舅武进县署。1754年赴常州知府胡文伯幕。1755年随胡文伯赴常督粮道幕，因病末同行，暂赴无锡知县魏廷慶幕。乡试不中，6月仍就胡文伯幕。1757年至1758年因常熟常熟幕。1760年赦长洲知县郡毓贤幕。1761年赦秀山沟县孙景夏幕。1762年8月孙氏升任河南开封府同知，汪辉祖转赴平湖县刘国桂幕，至1767年。1767年正月刘祖升为江西九江府吴城同知，转就仁和县李学幕，同年10月李君因事离职，转就乌程知县幕志辞幕。1768年5月辖君离任，12月因会试任乌程知县战效曾幕，转人继离幕。1769年5月辖君战效曾幕。1770年12月因会试落第，丙寅无錫幕。1771年5月因会试落第，入戴效曾嘉善阳幕。9月孙景溪子孙全中任宁绍台道，招人幕，12月因会试辞幕。	1787年任湖南宁远县，1801年署道州知州，归家闭户读书，专事著述。	汪辉祖《病榻梦痕录》。汪辉祖《佐治药言自序》。汪辉祖《汪辉祖年表》。毕兑之《汪龙庄行状》。王宗炎《奉直大夫湖南宁远县知县加三级萧山汪君墓志铭》。洪亮吉《更生斋文续集》卷一。阮元《儒史汪辉祖传》卷三。汪辉祖《史姓韵编自序》，《史姓韵编》卷首。

续表

姓名	字号	籍贯	生卒	家境	功名	游幕前活动	游幕经历及幕中活动	出幕后活动	参阅文献
108 王鸣韶	字夔律，号鹮溪	江苏嘉定	1732—1788				1772年至1774年在海宁刘雁题幕。1775年进士及第，因守母丧归家，就慈溪黄元炜幕，旋赴海宁成效曾幕。1776年至1778年在由平湖刘雁题幕。1779年在由平湖转赴乌程兴德幕，今因母接辞官，辞祖故归家。1780年在龙游王土昕幕。1781年至1785年在归安王土昕幕，8月王君以奉养老母辞官，因归家。		钱大昕《竹汀居士年谱》，《国朝耆献类征初编》卷四十九，《光绪》《嘉定县志》。
109 王元文	字翠曾，号北溪	江苏震泽	1732—1788	少贫苦。	贡生	父今业贾。	1778年游山左客按察使陆曜幕，论学。	授徒讲学。	王元文《北溪旅稿》，《北溪诗集》（同治）《苏州府志》卷一百六《人物三十三》。
110 鲁九皋①	字絜非，号乐庐、山木	江西新城	1732—1794	祖官内阁中书，父官庐陵，训导。	1770年举人，1771年进士	里居授徒。	1750年至1751年与汪初初客浙江学政鼓幕，佐阅卷。	夏县知县。	蒋士铨《汪鱼亭学博传》，《碑传集补》卷四十七，鲁仕骥《雷公午时若哀辞》，居士文集《夏县知县新城鲁君墓志铭》，姚鼐《惜抱轩文集》卷十三。

① 鲁九皋，初名仕骥。

续表

	姓名	字号	籍贯	生卒	家境	功名	游幕前活动	游幕经历及幕中活动	出幕后活动	参阅文献
111	吴宗元	字大始，号岱芝	浙江石门	1732—1800	父有行谊。	1750年岁贡		中年后频出游，秦聘入山左学使幕，约1790年前后邹炳泰聘佐阅试卷，不遗余力，邹每以大案相质，宗元有所可否，必侃侃而陈。	家居。	《吴宗元》，《国朝耆献类征初编》卷四。
112	罗有高	字台山	江西瑞金	1733—1778		1762年举人	少习技勇，治兵家言。	1770年游广东，藁客，与文棐论学。		鲁仕骥《罗台山哀辞》，《山木居士文集》卷十二。王昶《罗君有高墓志铭》，《碑传集》卷一四一。
113	李梦松	字欹夫	江西临川	1733—？				1800年至1801年广东学政万承风聘，衡校。		万承风《李欹夫重游粤东藁序》，《思不辱斋文集》卷一。
114	李惇	字成裕，号孝臣	江苏高邮	1734—1784	家故富，祖、父好施与，遂贫。	1779年举人，1780年进士。		1777年浙江学政彭元端聘诸幕中。	登第后注选知县，旋南归。主讲暨阳书院。	焦循《李孝臣先生传》，《雕菰集》卷二十一。汪喜孙《李先生家传》，见《尚友记》。
115	王嵩高	字少林	江苏宝应	1735—1800		1762年举人，1763年进士。		1754年应两淮都转盐运使卢见曾聘，参与编纂《国朝山左诗钞》。1760年至1761年游幕中州两载。1776年至1778年客荆南幕府。1779年至1780年客湖北学使洪朴幕。1797年佐湘广总督毕沅幕，赞军事。	平乐知府。以乞养归。主安定书院。	王嵩高《小楼诗集》。郭则沄《十朝诗乘》。蒲松《清湘山房诗话》。刘台拱《平乐府知府王先生传》，《碑传集补》卷二十一。

续表

	姓名	字号	籍贯	生卒	家境	功名	游幕前活动	游幕经历及幕中活动	出幕后活动	参阅文献
116	段玉裁	字若膺，号茂堂，晚年又号砚北居士、长塘湖居士，侨吴老人	江苏金坛	1735—1815	父段徒，家赤贫。	年十三补诸生。1760年举人		1768年偶句答。1769年随戴震往山西寿阳书院，至则主寿阳书院，同纂《修寿阳县志》。1800年至1803年前后应浙江巡抚朱珪之聘，主定《十三经注疏校勘记》。1808年至娄东书院，作《述书经》文，期间晤卢顾广圻发生笔讼。	1770年官贵州玉屏知县，1773年，改四川巫山县知县。1781年引疾归。	刘盼遂《段玉裁先生年谱》。汪绍楹《阮氏重刻末十三经注疏考》，《文史》第三辑。许宗彦《同孙渊如段懋堂释来许郑二公祠饮福第一楼》，《鉴止水斋集》卷三。段玉裁《经韵楼集》卷八，一〇。张鉴等《雷芬楼愍余年书录》。王章涛《阮元年谱》《清代学者象传校补》。陈祖武校补《清代学者象传校补》第一集。
117	吴文溥	字博如，号瀚川	浙江嘉兴	1736—1800	中年家贫。	1805年贡生。		1777年秋陕西巡抚毕沅招人关中，佐幕两载，掌书记。眼则访问秦汉唐以来旧迹。1780年客泾阳三年，撰有《泾渠水利说》等。1782年客泾阳，留巡抚徐嗣曾幕，入学政陆耀轩幕，校士诸郡。1788年至1789年客应台湾道员万钟杰聘，掌海东书院，佐治幕。1793年冬至1794年春人学政广东总督毕沅幕。1794年春至1801年夏客浙江巡抚阮元幕，校订《两浙輶轩录》，以诗文见赏。	老于幕府。	吴文溥《南野堂诗集总序》，《南野堂诗集》卷首。吴文溥《关中草序》，同上，卷三。吴文溥《游闽编序》，同上，卷五。吴文溥《杂编序》，同上，卷六。吴文溥《南野堂笔记》卷三。阮元《两浙輶轩录》卷二十八。

续表

	姓名	字号	籍贯	生卒	家境	功名	游幕前活动	游幕经历及幕中活动	出幕后活动	参阅文献
118	朱文藻	字映漘，号朗斋	浙江仁和	1736—1806		诸生	馆浙江钱塘振绮堂汪氏，任校雠之役。	1773年佐浙江学政延之至京师，佐校《四库全书》。1782年至1783年受王昶邀至杭州，与王昶共为浙闽总督富勒浑重修《西湖志》。1794年至1795年客阮元山东学政幕，与段松苓、何元锡辑《山左金石志》。1797年至1798年客阮元浙江学政幕，助阮元编两浙诗数千家。1801年至1803年在阮元浙江巡抚幕，与陈鸿寿定凡例14条，编定《两浙輏轩录》。后客王昶幕邸，与钱侗、陶梁助王昶辑《金石萃编》，1805年事竣。		（民国）《杭州府志》卷一四五《人物八·文苑》。阮元《两浙輏轩录序》，《揅经室二集》。阮元《定香亭笔谈》卷一。阮元《山左石志序》，《揅经室二集》。张慧剑《明清江苏文人年表》嘉庆十年条。
119	黄文旸	字时若	江苏甘泉	1736—？	家贫。	诸生		1780年至1782年两淮盐巡盐御使伊龄阿、图明阿相继聘入词曲局，甄查古今剧曲，并就所见资料所纂《曲海》20卷。1799年到曲阜服伋阜公府教读，得纵观车服礼器。1803年至1805年客浙江巡抚阮元幕。1805年还扬州后两淮盐运使曾燠招入题襟馆。		阮元《净因庵道人传》，《揅经室二集》。李斗《扬州画舫录》卷五。《黄文旸》《清史列传》卷七十二。黄文旸《扫垢山房诗钞》。王豫《江苏诗征》卷六。

续表

	姓名	字号	籍贯	生年	家境	功名	游幕前活动	游幕经历及幕中活动	出幕后活动	参阅文献
120	丁子复	字见堂，号小鹤	浙江嘉兴	?—1815		诸生		1797年至1798年在阮元浙江学政幕，参纂《经籍纂诂》。		李慈孙《丁小鹤遗诗序》，《拙守斋诗文钞》卷六。《清词综补》卷二四小传，《清史稿艺文志补编》。
121	庄炘	字景炎，似撰，号虚庵	江苏武进	1736—1818	祖官知州，父国子监生。	1768年举人		1771年与部晋谒、洪亮吉、黄景仁等客安徽学政朱筠幕，佐校士。1775年至1781年在陕西前后从陕西巡抚毕沅幕，司奏，佐平苏四十三之乱。1796年至1799年在陕任总督官绸幕，治军书，筹兵饷。	离毕沅幕后官陕西数县，署乾州、兴安，迁邠州。	赵怀玉《庄君炘墓志铭》，《碑传集》卷一百十。黄逸之《黄仲则年谱》，张绍南《孙渊如先生年谱》。《武进阳湖县志》卷二十二《人物》。
122	沈可培	字豪泉，号尚斋	浙江嘉兴	1737—1799	家贫，耕读传家。	1771年举人，1772年进士	官江西上高县，因病告归。	1775年河南学政庄存举招入幕。1776年至1777年在庄存南阳府署。1779年至大名府守庄公聘入幕。1780年至治宁济河运河道署，稽古今治河同异，著《东运镜机》。1783年至1785年应通永道李公聘，掌教源河书院。1784年至1785年游幕深州、保定。1786年至1791年应山东巡抚托明兴、惠龄聘，掌教沥源书院。1793年馆嘉兴郡署。1794年至1795年夏馆浙江按察使田凤仪署。1795年秋至1797年春馆福建按察使田凤仪署。	1781年曾署吴桥，安萧。	沈可培《依竹山房集》。冯浩《安萧县知县沈君传略》，《碑传集》卷一百七。

续表

	姓名	字号	籍贯	生卒	家境	功名	游幕前活动	游幕经历及幕中活动	出幕后活动	参阅文献
123	高文照	字涓中，号东井	浙江会稽	1738—1776	父官知县。	1774年举人		1771年至1773年与黄景仁等客安徽学政朱筠幕，酬唱诗歌，并随朱筠校士安徽六部。		黄逸之《黄仲则年谱》，徐熊飞《高东井诗选序》，《高东井先生遗诗》卷首。王昶《湖海诗传》，阮元《两浙輶轩录》《湖州府志》卷七十六。
124	顾九苞	字文子，荀南	江苏兴化	1738—1781		1777年拔贡，1780年进士		1781年佐太平知府沈业富幕，授其子廷经。		章学诚《庚寅间亡友列传》，《章氏遗书》卷九。
125	章学诚	字实斋，号少岩	浙江会稽	1738—1802	1751年父官湖北应城知县。1756年失官，贫不能归，主应城天门讲席。	1777年举人，1778年失大门主考，1778年进士	1764年助纂《天门县志》。	1765年馆顺天乡试分校牧业富家，预修《国子监志》。1766年至1768年初馆于武英殿编修朱筠郎，客冯廷圣朱筠处融洽，学文章于朱筠。1771年至1772年就朱筠安徽学政幕，与邵晋涵相处融洽，二人论史"契合陰微"。随朱筠校文，始作"文史通义"。1773年初客冯廷珏绍兴台道署，因朱筠介，应利州知州刘长城幕聘，同年夏，客冯廷圣朱筠处，夏客利州，多氏和震，论史事多轶。1774年春，冬客宁波道署。1775年冬客宁波道署。1777年春馆应永清令周展来聘，1778年主梁园治家。1779年馆于梁园治家。	1787年辞知县而不受。或游幕或家居著述。	胡适《章实斋先生年谱》，姚名达《章实斋先生年谱》，范耕研《章实斋先生年谱》，赵宗船《章籍考修纂的探讨》，罗炳绵《史籍考修纂的探讨》《清史稿》卷四八五，章学诚《清代学者象传校朴》《清代学者象传校朴》《竹门居士年谱续编》嘉庆二年条。陈祖武校朴《清代学者象传校朴》第二集。章学诚《上毕制府书》，《章氏遗书·补遗》《章学诚遗书》章学诚《与孙渊如书》，《章氏遗书》卷二十九。

续表

姓名	字号	籍贯	生年	家境	功名	游幕前活动	游幕经历及幕中活动	出幕后活动	参阅文献
							1781年依张维祺于肥乡、大名衙署，1783年至1784年客永定河道陈宗圣，主肥乡清漳书院讲席。撰《永定河志》。1787年冬至1788年冬客河南巡抚毕沅幕，《史籍考》，得《文史通义》10篇。1788年2月赴职文正书院讲席。1788年底至武昌就毕沅湖广总督幕。1789年春、夏馆于安徽学政表立纲署，为徐氏辑宗谱。得《文史通义》内外23篇。1789年秋冬至1790年春客亳州知州裴振署，纂《亳州志》。1790年春至1794年秋冬复就湖广总督毕沅幕，《史籍考》、《续资治通鉴》，纂《湖北通志》、《荆州府志》、《常德府志》、《石首县志》等。1796年底至1797年春依安徽巡抚朱珪，佐校阅。1797年秋投两淮盐运使曾燠，作《地乡统部》，驳答洪亮吉《题随园诗话》诗，痛诋袁枚。1798年依浙江布政使谢启昆，与胡虔等纂《史籍考》。		

续表

	姓名	字号	籍贯	生卒	家境	功名	游幕前活动	游幕经历及幕中活动	出幕后活动	参阅文献
126	丁杰①	字小雅。	浙江归安	1738—1807	家贫。	1771年举人，1781年进士	授徒新安。	1772年入都至1779年，四库馆事毕朱筠、戴震等延之佐校，小学一门多出其手。因与朱筠、卢文弨、金榜、程瑶田等相讲习，诸君咸重之。在京与翁方纲对门而居，论质经史，相约补正朱彝尊《经义考》。1789年客学政赵佑署，同年，佐于江西布政使姚棻家，课姚氏之子。1792年依山东学政朱彝尊补正未彝尊《经义考》。1796年底至1797年春依安徽巡抚朱珪，佐校阅。1797年至1798年3月客阮元浙江学政幕，负责《经籍籑诂》修事。	任宁波府学教授。	陈鸿森《丁杰行实辑考》，阮元《集传录存·丁杰》，《揅经室续集》卷二。许宗彦《丁教授传》，《鉴止水斋集》卷十七。钱泰吉《翁氏经义考补正》杂记》卷上。汪喜孙《丁教授家传》，见记》。
127	余集	字蓉裳，号秋室	浙江仁和	1739—1823		1762年举人，1766年进士	1773年与邵晋涵、周永年、戴震、杨昌霖同荐修《四库全书》，授编修，入翰林院主供读，累迁至侍读学士，引疾告归，主大梁书院。	1765年至1766年宿睦州知府赵起杲署，审定并刊行蒲松龄所著《聊斋志异》。1797年秋投奔两淮盐运使曾燠，酬答洪亮吉诗，作《题随园诗萧诗》，作《题》亮萧诗》。		余集《聊斋志异序》，《秋室学古录》卷二。余集《书聊斋志异后》，同上，卷一。《清史列传》卷七十一。《清史稿》卷五百四。李桓《国朝耆献类征初编》卷一百三十。

① 丁杰，初名锦鸿，字升衢，别字小山。后易名杰，字小雅。

续表

	姓名	字号	籍贯	生卒	家境	功名	游幕前活动	游幕经历及幕中活动	出幕后活动	参阅文献
128	沈起凤	字桐威，号红心词客	江苏吴县	1741—1802		1768年举人		1779年至1780年客扬州盐政幕，编写迎銮供御大戏，作《报恩缘》传奇。1781年在苏州客织造德昌署，南校戏曲。1798年依浙江布政使谢启昆、庚等纂《史籍考》。	官祁门县教谕。1799年调任全椒县教谕。	陆萼庭《沈起凤年表》。石韫玉《沈氏四种传奇序》，《独学庐余稿》。
129	吴翌凤	字伊仲，号牧庵	江苏吴县	1742—1819		诸生		1787年至1788年客武昌幕府。1793年至1795年入湖南巡抚姜晟延人幕，课读，有《湘春馆兴》。	教授楚中诸生十余年。	石韫玉《吴牧庵墓志铭并序》，《独学庐四稿》卷五。吴翌凤《与籍斋丛稿》，陈其荣《迎忘堂杂钞序》，《迎忘堂杂钞》卷首。
130	邵晋涵	字与桐，一云二云，号南江	浙江余姚	1743—1796	世传道学。祖父曾任镇海教谕。	1765年举人，1771年进士		1771年冬至1772年夏客安徽学政朱筠幕，校士，与章学诚论史，又校勘《尔雅正义》、《孟子音义》，并"略得梗概"。1777年受聘于杭州知府郑齐然，钱塘汪沆，会修王曾同纂《杭州府志》、《甘泉县志》。1784年应河南巡抚毕沅聘，协纂《续资治通鉴》，论学甚契。与孙星衍同人都谈纂，不久即归。1786年应河南巡抚毕沅直郡幕，仍继续为湖广总督毕沅编纂《续资治通鉴》。	1773年以会试总裁大学士刘统勋赏荐，特旨改庶吉士，充翰林院庶吉士。1774年授翰林院编修，仍纂修《四库全书》，钱大昕、学士部荩奏，辑《续三通》兼馆教习，左春坊左中允，侍讲学士兼文渊阁直阁事，日讲起居注官，卒于官。	邵潜涵《与程鱼门书》，《南江文钞》卷八。黄云眉《邵二云先生年谱》。孙星衍《中州送邵太史晋涵人都》，《澄清堂稿》卷上。洪亮吉《邵学士家传》，《卷施阁文甲集》卷九。钱大昕《日讲起居注官翰林院侍讲学士部君墓志铭》、《潜研堂文集》卷四十三。钱庆曾《竹汀居士年谱续编》卷首二年条。李集《续资治通鉴》卷首，毕沅《续资治通鉴》卷首。嘉庆李斗《扬州画舫录》。

续表

	姓名	字号	籍贯	生卒	家境	功名	游幕前活动	游幕经历及幕中活动	出幕后活动	参阅文献
131	方正澍	字子云，号玉溪	安徽歙县	1743—1809		监生		1780年冬至1787年前后以直隶州判衔入毕沅陕西巡抚、河南巡抚幕，作《河南新乐府》六章，记毕沅政绩，与幕中文人唱和颇多，与钱坫、洪亮吉、孙星衍等校订古书，搜罗金石，讨论训诂、舆地之学。1788年至1793年前后在毕沅湖广总督幕，助纂《史籍考》。		史善长《弇山毕公年谱》，《春融堂集》。王昶《使楚丛谭》，史善长《秋树读书楼遗集》卷十三。方正澍《弇山中丞因河南旱次奏留漕粮井奉特恩加赈喜而有赋》，《子云诗集》。《清史列传》卷七十二。吴应逵《方正澍》，《怀旧集》卷八。
132	陈昌齐	字宾臣，号观楼	广东海康	1743—1820	祖诸生。父恩贡生。	1770年举人，1771年进士	1804年，为浙江温处道，降职，遂解组。	1810年秋至1811年秋应雷州知府聘，纂《雷州府志》。1819年至1820年应阮元总督两广之聘，纂《广东通志》。	主雷阳、粤秀书院讲席。	陈昌齐《续修雷州府志序》，《赐书堂集钞》卷三。陈昌齐《海康县志序》，同上，卷六。吴应逵《渊母周太夫人墓志铭》、温母陈道陈公传》，《国朝文录》卷七十一。
133	钱兆鹏		江苏通州	1743—1820		1775年进士		1805年馆徐氏，收集资料，辑《周史》。		钱兆鹏《述古堂集》。张慧剑《明清江苏文人年表》嘉庆十年条。
134	段松苓	字劲伯	山东益都	1744—1800	十二岁丧母，十七岁丧父。			1794年至1795年客阮元山东学政幕，搜访金石遗文，在自己所编《益都金石记》的基础上助阮元辑成《山左金石志》。之后段松苓恐原目散佚，特辑《山左碑目》4卷，记载碑目和所藏之地。		王立胜《青州通史》卷二。阮元《山左金石志序》，《挈经室三集》。

续表

	姓名	字号	籍贯	生卒	家境	功名	游幕前活动	游幕经历及幕中活动	出幕后活动	参阅文献
135	钱坫	字献之，号十兰，篆秋、泉坫	江苏嘉定	1744—1806	少孤贫，父毕祖，为监生，钱大昕族侄，钱塘弟。	1774年副贡生		游京师，学士筠延为上客。1774年至1778年就陕西巡抚毕沅幕，与严长明、孙星衍、张埙、洪亮吉等讨论训诂、舆地之学，助毕沅篡《关中胜迹图记》。1780年冬至1781年，应杭州知府王穆聘，校订部晋涵等所纂《杭州府志》。1781年至1787年先后入毕沅陕西巡抚、河南巡抚幕，为毕沅篡《关中胜迹志》，与洪亮吉、孙星衍、孙星衍等校订古书，搜罗金石、训诂、舆地之学，作《昭陵石马联句》。著《新斠补注》4篇，撰之作序，分篡《续资治通鉴》、《韩城县志》《朝邑县志》。	官陕西乾州州判，乾州、署文川、乾州、华州事。	张绍南《孙渊如先生年谱》。杨芳灿《答袁灿《清代学者像传校补》第一集。江藩《国朝汉学师承记》附。包世臣《钱献之传》、《安吴四种》卷三、孙星衍《释地补注序》、《孙渊如外集》卷二。《清史稿》卷四八一。《清史列传》卷六十八。钱坫《关中胜迹图志目录》、《补三国疆域志启序》、《补三国疆域志》卷末。
136	吴定	字殿麟，号澹泉	安徽歙县	1744—1809	家贫甚，父游幕。	诸生		约1776年至1779年两淮盐运使朱孝纯幕，该书论文，校订《刘海峰文集》。1799年应安徽布政使康基田聘，同年夏又应安徽巡抚马慧裕聘，课读。1805年应浙江巡抚阮元聘，衡文。		及门诸子《澹泉先生事实》、《紫石泉山房诗文集》卷首。吴定《答鲍生士贞书》、《紫石泉山房诗文集》卷五。吴定《奉马抚军书》，同上，卷五。

续表

	姓名	字号	籍贯	生卒	家境	功名	游幕前活动	游幕经历及幕中活动	出幕后活动	参阅文献
137	钱大昭	字晦之，弘甫，号可庐，竹庐	江苏嘉定	1744—1813	大昕弟，少大昕20岁，家贫。	监生		1775年钱大昕督学广东，大昭与王鸣韶同任，佐校。1793年入阮元，翁方纲山东学政幕，校士，作《七姬浪笔跋》。1795年入阮元浙江布政使幕，校士。1798年至1799年各浙江布政使谢启昆幕，与胡虔、陈鳣、袁钧等助篆《小学考》、《史籀考》。1801年至1802年应长兴知县邢澍聘，与钱大昕篆《长兴县志》。		钱大昕《竹汀居士年谱》。阮元《定香亭笔谈》卷一。阮元《小沧浪笔谈》卷一。袁钧《吴山雅集第二图记》、《嗜袅堂集》卷六。谢启昆《小学考序》、《小学考》卷首。谢启昆《树经堂诗续集》卷二。陈祖武校补《清代学者象传校补》第二集。
138	庄有可	字大久，号岱玖	江苏武进	1744—1822	父邃于经。家贫。	增生	主讲顺德莲城，卜里书院。	1792年游幕，侍读孙镜渓，校文潮阁《四库全书》。1801年至1802年受聘于合肥知县左辅，纂《合肥县志》。	主讲顺德莲城，卜里书院。	左辅《郡庠生庄大久先生传》。碑传集》卷七十二。庄俞《岱玖公讳献可字大久年谱》。
139	王念孙	字怀祖，号石臞	江苏高邮	1744—1832	世为学者。父官吏部尚书。	1765年举人，1775年进士		1772年至1773年秋客朱筠安徽学政幕，与汪中定交，校《唐开元礼》，大徐本《说文》，和《大戴礼记》，代朱筠撰《重刻说文序》和传序》。1773年冬随朱筠入都，馆朱筠椒花吟舫一年，为文酒之会，撰《说文考异》2卷。	进士及第，第后选庶吉士，散馆改工部主事，累迁礼部郎中，擢礼科给事中。1799年洪亮吉授直隶永定河道，1803年署山东运河道，次年安徽，1810年仍调永定河道。	刘盼遂《高邮王氏父子年谱》。《旬河文集》卷首。李威《从游记》。洪亮吉《伤知己赋并序》、《卷施阁文乙集》卷一。刘盼遂《王石臞先生年谱》。陈祖武校补《清代学者象传校补》第一集。

续表

姓名	字号	籍贯	生卒	家境	功名	游幕前活动	游幕经历及幕中活动	出幕后活动	参阅文献
140 汪中	字容甫、颂父	江苏江都	1745—1794	七岁而孤，家素贫，四壁萧然，冬夜藉薪而卧，以母老不能具甘旨，以游幕为生。	1763年诸生，1777年拔贡，赴朝考，绝意仕进。	贩书。	1770年至1771年客安徽太平知府沈业富署，掌书记。1771年冬至1773年秋就安徽学政朱筠幕，与邵晋涵、王念孙定交，始治小学，与王念孙同校《大戴礼记》。1773年冬，朱筠卸任，恐汪中穷困，遂修书推荐其人浙江绍台道冯廷丞幕。1774年春宁绍台道冯廷丞幕。1776年在江宁府某幕府，校《荀子》《尔雅》。1777年秋至江就总督某公、巡抚某公。1779年至1780年冬章桂江宁知府幕，撰《述学》。1779年末挂我江南试，督浙江学政，招致之，同反扬州文献，作《广陵对》，文极奇伟。1789年至1790年夏任湖广总督毕沅幕，属撰《黄鹤楼铭》《甫脱稿，远近传抄已遍，又撰《吕氏春秋序》《云楼将军碑跋尾》等。1790年夏至1791年两淮盐政戴全德礼致之，被聘检点文汇阁所藏本《四库全书》。1793年在家里，被聘赴杭州，检校文澜阁本《四库全书》。1794年冬应聘赴杭州，检校文澜阁本《四库全书》，不久病故。		汪喜孙《容甫先生年谱》。《清史列传》卷四八一。《清史列传》卷六八。江藩《国朝汉学师承记》卷七。吴修祖《初月楼续闻见录》卷四。陈祖武《清代学者象传校补》第一集。

续表

	姓名	字号	籍贯	生卒	家境	功名	游幕前活动	游幕经历及幕中活动	出幕后活动	参阅文献
141	武亿	字虚谷，号小石，授堂，又号半石山人。	河南偃师	1745—1799	父官吏部郎中，冠未及连丁父母忧，家无石储，又不同生计，衣食几不能给。	1770年举人，1780年进士		1777年任武英殿编修朱筠幕佐校。1788年客河南巡抚毕沅幕籍考》。同年5月因奔丧，增怀庆府通判署。1794年至1795年前后在山东学政阮元幕，佐校，助阮元辑《山左金石志》。1799年应安阳陶县赵希黄请，署佐订金文字。	1791年选山东博山知县，1792年因忤和珅事被勒要去。先后主讲东昌府文书院、临清清源书院、鲁豫修黉山县志，至丰5年始归里。	朱珪《前博山县知县武君墓志铭》，《知足斋文集》卷五，《武虚谷文集》卷四，阮元《山左金石志序》，《研经室三集》卷三，胡思敬《朱筠年谱》，姚名达《章实斋先生年谱》，章学诚《与洪稚存博士书》，《章氏遗书》卷七，《清史列传》卷六十八，陈祖武校朴《清代学者象传校朴》第二集。
142	梁玉绳	字曜北，号谏庵，别号清白士，无心子	浙江钱塘	1745—1819	家世显贵。	增贡生。		1788年底至1789年初曾为湖广总督毕沅幕客，为毕沅编订、校刻《吕氏春秋》。	入应乡试未中，遂专心著述。	梁玉绳《吕子校朴序》，《清白士集》卷二十八（脱稿四）、梁玉绳《腊月十九日会即席制公为东坡作生日会子即席赋呈》，《清白士集》卷二十七（脱稿三）相唏嗟（梁玉绳，《清代人物略》中。
143	洪亮吉①亮吉。	字君直，号稚存，北江，更生	江苏阳湖	1746—1809	祖官直隶州同。父殁，贫，游幕东未抵任。太宁业沈留人府署，亮吉六岁而孤。	1769年秀才，1780年举人，1790年进士	授徒	1771年以馆谷不足养亲，谒太平府，买舟安徽，因朱筠编修召入幕。1771年冬至1772年在安徽学政朱筠幕，与同晋涵、王念孙、章学诚。	1790年进士及第长翰林院编修。1792年充顺天乡试同考官，任贵州学政。	吕培等《洪北江先生年谱》，林逸《清洪北江先生亮吉年谱》，李金松《洪亮吉年谱》，洪亮吉《伤知己赋并序》，《卷施阁文乙集》卷二。

① 洪亮吉，初名礼吉。

续表

姓名	字号	籍贯	生卒	家境	功名	游幕前活动	游幕经历及幕中活动	出幕后活动	参阅文献
				家境贫寒。			吴兰庭等定交,始从事诸经正义及《说文》《玉篇》;从朱筠案试徽州、宁国、池州、安庆、庐州、凤阳六府,六安一州。1773年任来子大平知府沈业富及安徽学政为朱筠馆之聘,应沈业富及司安徽学政为四库馆搜采遗书事,复为沈业富办书记;助朱筠校士徽州、宁国二府,朱筠卸任,亮吉亦回里。此年著《两汉南北史乐府》2卷,《两西晋南北史铨释人常镇通道衰鉴要》。1775年春,夏客江宁太守陶易署,课读兼掌书记,并校李晋《尚史》。旋就馆句容。1776年夏,秋客浙江学政王杰幕,校士。1777年冬至1778年冬客安徽学政刘权之幕,佐校文,随试太平、池州、宁国、池州四府,并与孙星衍共为《三礼》训诂之学。1779年春客常州太守黄汴定幕,阅府试文。1780年八月应四川按察使看礼聘公筹兵画饷,与星衍、钱坫等日偕毕沅溶幕,校孙济聘,校官书。1781年春夏至1785年客陕西巡抚毕沅幕,	1797年奉土上书房行走,侍皇曾孙奕纯读书。1799年四月,实就馆纂修《高宗实录》。参与编修《高宗实录》。已末科殿试吉土,充已末科殿试吉土教习。1800年自伊犁戍成归逐归田园,主洋川书院,潜心著述。	洪亮吉《赠程上舍敦即题其抱经图卷子》,《卷施阁诗》卷六。洪亮吉《三月三日作》,《卷施阁诗》卷十八。洪亮吉《书朱学士遗事》,《更生斋文甲集》《重修固始县志序》,卷四。谢聘《重修固始县志》,卷首。孙星衍《清故奉直大夫翰林院编修加三级洪君墓碑铭》,《孙渊如外集》卷三。洪亮吉《翰林院编修洪君传》,《更生斋诗续集》卷五。洪亮吉《吴生行为昌言文学作》,《更生斋诗续集》卷三。洪亮吉《消夏十绝句》,《更生斋诗续集》卷七。洪亮吉《志事将被欲归宣城率赋二篇》,《更生斋诗续集》卷七。洪亮吉《志事将被与宁国太守国文乙集》《关中胜迹图志序》,《更生斋文集》卷四,《关中胜迹图志》。洪亮吉《新修澄城县志序》,《澄城县志》卷二十。陈祖武《清代学者象传校朴》第一集。

续表

姓名	字号	籍贯	生卒	家境	功名	游幕前活动	游幕经历及幕中活动	出幕后活动	参阅文献
							助毕沅纂《关中胜迹图志》，纂《淳化县志》《长武县志》《固始县志》《延安府志》，与孙星衍合纂《澄城县志》等方志，与修《续修陕西通志》，始为地理之学，撰《朴三国疆域志》等书；线佔为其《汉魏音》《公羊谷梁古义》作序；自著《汉魏音》。1785年春至1789年客毕沅幕，与毛大瀛、方正澍、湖广总督毕沅、章学诚等游处，纂《史籍考》《固始县志》《大冶县志》《怀庆府志》；著《东晋疆域志》《十六国疆域志》《乾隆府厅州县图志》等。1789年秋，冬应常州太守李廷敬纂幕府志，并选唐百家诗。1802年2月应覃廷柱聘，携子洪符孙、婿缪梓前往安徽旌德应覃廷柱聘。1803年2月应两淮盐政额勒布复旋聘主扬州梅花书院，月余旋辞，复前任洋川书院，应覃廷柱请，作《洋川毓文书院碑记》。1805年至1806年受泾县李德金聘，于萧公祠主修《泾县志》，与赵良澍、赵绍祖、左烜、朱续、陈宝泉等订定志例，酬酢往还。1806年至1807年受宁国太守鲁铨聘，纂《宁国府志》，暇余校《南史》《北史》。		

续表

姓名	字号	籍贯	生卒	家境	功名	游幕前活动	游幕经历及幕中活动	出幕后活动	参阅文献
144	赵魏	字晋斋	浙江仁和	1746—1825	家贫无以为养。	岁贡		1783年至1784年在陕西巡抚毕沅幕，搜罗金石，助毕沅撰《关中金石记》。1785年至1786年前后客陕西按察使王昶幕，与毕沅、余鹏飞等为文酒之会。1795年至1805年前后客阮元浙江学政、浙江巡抚幕，校勘《七经孟子考》《山左金石志》，校勘阮元即阮元锡等人即阮元辑考《两浙金石志》。		钱泳《履园丛话》卷二。史善长《秋树读书楼遗集》卷七至卷八。阮元《刻七经孟子考文并补遗序》，《揅经室一集》。阮元《山左金石志序》，《揅经室三集》。阮元《两浙金石考》，同上，卷二。陈康祺《金石专家赵晋斋》，《郎潜纪闻四笔》。
145	王聘珍	字贞吾，号实斋	江西南城	1746—？		1789年拔贡		1791年至山东学政翁方纲幕，佐校《经义考补正》。1794年至1805年久客浙西，为谢启昆、阮元参订古籍。		翁方纲《经义考补正》之《经义考补正高邮丛书》。《王聘珍》。《清史列传》卷六十九。阮尔昌《碑传集补》卷三。
146	王复	字敬初，一字秋塍	浙江秀水	1747—1797	父初官刑部主事，后笔耕南北。复幼孤家贫。	举人		1780年至1781年客刑部侍郎王杰幕，参理文檄，办理河工。1783年至1788年先后入陕西巡抚毕沅河南巡抚毕沅幕，参理文檄，办理河工；受毕沅金石癖的影响，所至他县，访得金石，并手摹上奉，参与《关中金石记》《中州金石记》的编纂。	鄢陵、商丘、郾师知县王君行实辑略》，《授堂文钞》卷二。孙星衍《王大令复诗集序》，《岱南阁集》。王复《嘉平七日第二子招同人作汤饼会用昌黎示儿韵》，《晚晴轩稿》，卷一。吴泰来《丁老屋集序》，《清文汇乙集》卷三十。李桓《国朝耆献类征初编》卷二百四十五。

续表

姓名	字号	籍贯	生卒	家境	功名	游幕前活动	游幕经历及幕中活动	出幕后活动	参阅文献
147 冯敏昌	字伯求,号鱼山	广东钦州	1747—1806		1770年举人,1778年进士	翰林院编修。以主事候铨	1787年客河南巡抚毕沅幕,与钱泳、洪亮吉、孙星衍等游处,纂《孟县志》。	户部、刑部主事。主讲端溪、粤秀书院	胡源、褚逢椿《梅溪先生年谱》。张维屏《国朝诗人征略》、《国朝耆献类征初编》卷一四七。《清史列传》卷七十二。翁方纲《冯敏昌传》《复刻斋文集》卷十四。吴兰修《户部主事冯公敏昌传》。
148 赵怀玉	字亿孙、味辛,晚号收庵	江苏武进	1747—1823	祖官两浙盐驿副使。父官刑部郎中。	1780年举人,年十九,授内阁中书,出为山东青州府海防同知,兖州知府署登州,丁父忧归。		1783年客海宁,作《游两尖山记》。1787年至1788年客清漕运总督毓贞幕,佐幕务。1788年夏客河南学政刘种子幕,与毕沅幕宾洪亮吉、钱坫等游,助纂贞《宋辽史详节》。1805年客苏松太道宋廷敬幕,修纂《扬州图经》《扬州文萃》。1806年应扬州太守伊秉绶之招,	晚主讲文正、关中爱山书院	赵怀玉《收庵居士自叙年谱》。寿石山人《续天下名山胜景记》。陈祖武校朴《清代学者象传校朴》第一集。
149 朱春生	字伯韶	江苏吴江	?—1823	祖、父行贾。家贫。	诸生		1795年游幕淮阴,授馆。1811年至1813年客同知严娘幕,充记室。1815年至1818年秋客严娘徐州道幕。		朱春生《西房圩墓道葬记》,《铁箫庵文集》卷二。朱春生《观复杂记》,同上,卷二。朱春生《徐州十八里天然碱水名砚记》,同上,卷二。朱春生《严小农侍郎五十寿序》,同上,卷一。朱春生《龚荫轩墓志铭》,同上,卷四。

续表

姓名	字号	籍贯	生卒	家境	功名	游幕前活动	游幕经历及幕中活动	出幕后活动	参阅文献
150 汪端光	字剑潭，号涧景，号陆丛	江苏仪征	1748—1826		1771年举人		约1772年尝客安徽学政朱筠幕，佐阅卷。1786年客河南巡抚毕沅幕，与钱沅、王念孙等京师客成亲王邸。1799年在京师客成亲王邸。已放阿克当阿等聘，晚年历主扬州安定、盐政阿克当阿等聘，校钦定《全唐文》。	官至广西南宁府同知，庆远、镇远府后知府。	孙星衍《翰林院编修洪君传》，《渊如外集》卷五。方正澍《同人于相国寺演剧饯王繭夫东归》，《子云诗集》卷六。胡源、褚逢椿《梅溪先生年谱》。《重修仪征县志》卷三十一。李金松《洪亮吉年谱》。
151 宋葆醇①	字师初，号芝山	山西安邑	1748—?		1783年举人（一说1786年举人）		1783年至1784年在陕西巡抚毕沅幕，搜罗金石，助毕沅撰《关中金石记》。	隰州学正。	钱泳《履园丛话》卷二。李榕之《清画家诗史》。冯金伯《墨香居画识》。
152 黄景仁	字仲则，号汉镛，号鹿菲子，鹿菲非人	江苏武进	1749—1783	祖官高亭训导。四岁而孤，家极贫。	1765年诸生	1775年在安徽太平正阳书院讲学。	1767年客杭州道员潘陶幕，观潮钱塘，作前后观潮行。1769年至1770年夏客湖南按察使王太岳幕，历览湖南名胜。1771年春，夏客太平知府沈业富署，识江都汪中。1771年冬至1773年夏客安徽学政朱筠幕，与洪亮吉、邵晋涵从朱筠校文六郡。1775年复入沈业富幕，顾九苞等同游当涂白苎山。同年，辞业富幕，路遇汪端光，同人京师，作《东阿项羽墓》诗。	1775年曾任武英殿书签官三年。	黄逸之《黄仲则年谱》。许隽超《黄仲则年谱考略》。黄景仁《两当轩集》卷一、一〇、一五。王昶《春融堂集》卷五十八。翁方纲《复初斋诗集》卷二七，《聘关毕侍郎笺》，《候选县丞附监生黄君行状》，《卷施阁文甲集》卷十，《黄县丞墓志》，《念宛斋文稿》卷四。左辅《黄县丞景仁状》。陈祖武校补《清代学者象传校朴》第一集。

① 宋葆醇，一作宋荣淳。

续表

姓名	字号	籍贯	生卒	家境	功名	游幕前活动	游幕经历及幕中活动	出幕后活动	参阅文献
							1780年秋冬同客山东同学政程世淳幕，冬复还京师，作《别岱》《望蒿山》诗。1781年秋客陕西巡抚毕沅幕，与洪亮吉、孙星衍等游处。1782年复以四库全书馆叙绩选县丞，入秦谋选处。1783年为傅家所遁，庞复北返。迁道山西运访河东盐运使沈业富，卒于沈业富官署。洪亮吉自西安借骑驰七百里至运城为之治丧，并送其菠柩归里。翁方纲以沈业富、辑黄景仁之遗集《悔存诗钞》。		黄逸之《黄仲则年谱》。许隽超《黄仲则年谱考略》。黄景仁《两当轩集》卷一、一〇、一一、一五。王昶《春融堂集》卷五。洪亮吉《复初斋诗集》卷一七，《卷施阁文乙集》卷六，《候选县丞附监生黄君行状》，《黄县丞景仁状》，《念宛斋甲集》左辅《卷施阁文甲集》，卷一〇，《黄县丞景仁状》《念宛斋文稿》卷四。陈祖武《清代学者象传校补》《梅存仁遗集》第一集。
153	史善长	字仲文，号育芬，号赤崖、赤霞	江苏吴江	1750—1804	父尝客陇	诸生		1783年春，应布政使冯光之邀至兰州，同年秋，与幕人陕西按察使王昶幕，居约一载，与王昶、赵魏唱和，校王昶诗。1789年春复与吴照客王昶江西布政使幕。1792年春夏客浙江按察使赤霞幕。1792年秋至1797年在湖广总督毕沅幕，与王文治、王宸、方正瑟、钱伯洞等时时酬唱，作有《常山道中》《武昌书事》诗。1796年毕沅到校江平白连数起文，史善长随幕，作《募乡兵》《樊城火》等诗，记湖北此年兵事。1803年助王昶编《湖海诗传》破幕。		史善长《秋树读书楼遗集》卷五至卷十五。史善长《弇山毕公年谱贬》。吴照《南昌斋诗集》卷七。《听雨斋诗集》卷五。王云五《续修四库全书遗集》提要（光绪）《苏州府志》卷一百三十六。钱仲联《清诗纪事》（乾隆朝卷）。徐世昌《晚晴簃诗汇》。王芑孙《渊雅堂编年诗稿》卷三。

续表

	姓名	字号	籍贯	生卒	家境	功名	游幕前活动	游幕经历及幕中活动	出幕后活动	参阅文献
154	程枚	字时斋	江苏海州	1750—1810				1780年受两淮巡盐御使伊龄阿聘入词曲局，分校古今剧本曲本，将进呈者子以修改和删段。		李斗《扬州画舫录》卷五。张慧剑《明清江苏文人年表》。
155	胡量	字眉峰	江苏长洲	1750—1821		监生		1768年朱筠召入都，篆《明史》，刘墉聘之。1773年至1785年参毕沅陕西巡抚幕。1787年在京指摘王鸿绪旧所篡《明史》稿，多有驳正。1787年至1788年又从两广总督孙士毅云南，安南之役，参军谋。		包世臣《胡眉峰诗序》，《艺舟双楫》卷五。李濬之《清画家诗史》戊下。冯金伯《墨香居画识》。包世臣《艺舟双楫》卷三。
156	黄钺	字佐佩①号壹斋①	安徽芜湖②	1750—1841	幼孤。寄生外家。	1788年举人，1789年进士		1787年至1788年在浙勤勤殿行走，官至户部尚书、军机大臣，赠太子太保，入祀贤良祠。	1799年以朱珪荐，次年命在懋勤殿行走，官至户部尚书、军机大臣，赠太子太保，入祀贤良祠。	黄钺、黄富民《黄勤敏公年谱》。陈祖武校补《清代学者象传校补》第一集。
157	乔椿龄	字书青	江苏甘泉	1751—1794				1793年至1794年在山东学政阮元幕，佐校阅。		阮元《李晴山乔书西二先生合传》，《揅经室二集》卷一。阮元《淮海英灵集甲集》卷四。

① 陈祖武校补《清代学者象传校补》第一集作：字壹客，号左田。
② 陈祖武校补《清代学者象传校补》第一集作：安徽当涂。

续表

	姓名	字号	籍贯	生卒	家境	功名	游幕前活动	游幕经历及幕中活动	出幕后活动	参阅文献
158	袁钧	字秉国，号陶轩、西庐	浙江鄞县	1751—1805	父官云南永北知府，家道中落。	拔贡。		1795年至1798年阮元抚浙，招至幕中，佐校。1798年谢启昆任浙江布政使，延之入幕，纂修《史籍考》。入幕人游秦瀛观察幕。	嘉庆同举孝廉方正。后主讲稽山书院。	袁钧《吴山雅集第二图记》、《瞻衮堂集》，阮元《瀛舟笔谈》卷六，《重修浙江通志稿》（民国）卷十。《重修浙江通志稿》（民国）·人物表（传）。
159	祁韵士	字鹤皋，号筠渌	山西寿阳	1751—1815	父官长治教谕。	1777年拔贡，1778年进士。	翰林院编修，国史馆纂修，宝泉局监督。	1805年夏至1808年秋祁因宝泉局账目亏空事被谴成伊犁，为伊犁将军松筠礼重，充刑房章京，纂《伊犁总统事略》12卷、《西域释地》2卷，自著《西陲百城诗刻》、《万里行程记》。根据自己所接触的地方材料和实际考察，编成《西陲要略》4卷。1810年章松筠调两江总督，招祁韵士襄理事务。1811年夏陕甘总督直表总督仍招祁韵士人幕，授经。1814年春那彦成任表总督再招祁韵士人幕，课读。	因与权臣和珅不和，官途受挫，直到40岁始补授右春坊中允，后改朴户部主事。	祁韵士《鹤皋年谱》嘉庆十年至十九年条，松筠《伊犁总统事略序》、《西陲总统事略》卷首，祁韵士《西陲要略自序》、《西陲要略》卷首。
160	何有颜	字星伊，号梅正	湖南宁乡	1751—1819	家贫。	诸生。	授徒。	1782年应泰安县知县黄钤聘，助修《泰安县志》，教读。1793年后启伸冤任江苏荆溪，吴江知县，复延之，教读。		魏元平主编《泰安市志》，《何有颜》，《国朝耆献类征初编》卷四四。
161	左眉	字良彛，号静庵	安徽歙县	1751—1823	父官福建，家极贫。	1789年拔贡。		1790年秋客湖广总督毕沅幕，与章学诚游处，向章推荐修志。	授徒京师。	左眉《述旧事一篇寄静庵诗集》卷四，左眉《晚瘙黄鹂歌》，同上，卷六，（道光）《桐城续修县志》卷十六《人物志·文苑》。

续表

	姓名	字号	籍贯	生卒	家境	功名	游幕前活动	游幕经历及幕中活动	出幕后活动	参阅文献
162	左辅	字仲甫，号杏庄	江苏阳湖	1751—1833		1783年举人，1793年进士	设塾授徒。	1775年至1776年宿仁和场大使署，授读，作平定两金川道澜安陈，授读。1791年应聘浙江学政裘光蔚幕，1792年佐上海县令郭司园幕，办理书启。	由知县累官至湖南巡抚。	左昂《杏庄府君自叙年谱》。
163	孙韶	字九成，号莲水居士	江苏江宁	1752—1811		副贡生		1794年先福守黄州时客其署，酬唱吟咏、坐论古今。1795年春入山东学政阮元幕，佐校文。1799年冬至1802年复客阮元浙江巡抚幕，1809年至1811年客先福江西巡抚幕，卒于幕。		先福《春雨楼诗序》，《春雨楼诗略》卷首。阮元《小沧浪笔谈》卷二。阮元《孙莲水春雨楼诗序》，《揅经室三集》卷五。陈文述《孙莲水传》，《颐道堂文钞》卷三。
164	赵绍祖	字绳伯，号琴士	安徽泾县	1752—1833	父早卒。	诸生	教馆。	1805至1806年受泾县县令李德淦聘，与洪亮吉等修纂《泾县志》，订定志例。	主池州秀山，太平翠螺两书院。	陶澍《赵琴士征君墓志铭》，《陶文毅公全集》卷十五。钱仲联《广清碑传集》卷十。洪亮吉《吴生行为昌文学作》，《更生斋诗续集》卷三。《清史稿》卷四百八十六附传。朱珔《赵琴士征君传》，《小万卷斋文稿》。

续表

姓名	籍贯	字号	生卒	家境	功名	游幕前活动	游幕经历及幕中活动	出幕后活动	参阅文献
165 胡虔	安徽桐城	字雒君，号枫原	1753—1804	家贫。十岁而孤。父官刑部主事，山西石灵石知县。	诸生		1786年至1787年在江西学政翁方纲幕，校士，与谢启昆订交。1791年因左眉之荐客湖广总督毕沅幕，参与纂修《湖北通志》《史籍考》。1791年至1794年因姚鼐荐客谢启昆南河库道幕，为谢撰《西魏书》，定初稿。1794年秋客谢启昆浙江按察使幕，撰《西魏书》，辑《小学考》。1796年客杭嘉湖道蓁薰幕。1797年至1799年秋客谢启昆浙江布政使幕，纂辑《小学考》，续纂《史籍考》。1799年冬至1802年客谢启昆《广西通志》巡抚幕，总纂《广西通志》。	主讲广西秀峰书院。	谢启昆《树经堂诗初集》卷四至卷十五。谢启昆《树经堂诗续集》卷一至卷七。胡虔跋《西魏书》，《西魏书》卷末。姚廷堪《西魏书后序》，《校礼堂文集》卷二十七。袁钧《吴山雅集第二图记》，《瞻衮堂集》卷六。方东树《先友记》，《仪卫轩集》卷十。金鼎寿纂修《桐城续修县志》卷十六《人物·文苑》"胡虔小传"。胡虔、姚名达《章实斋先生年谱》。萧穆《记广西通志谢启昆中丞所修本》，《敬孚类稿》卷八。朱衣真《谢启昆临桂县志序》，《临桂县志》卷首。章学诚《胡母朱太孺人墓表》，《章氏遗书》卷十六。方损之《胡虔传》，《柿叶轩笔记》卷四。左眉《述旧事一篇寄章实斋、静庵诗集》《与谢蕴山》，《悄抱轩尺牍》卷一。姚鼐《与谢蕴山》，《悄抱轩尺牍》卷一。

续表

编号	姓名	字号	籍贯	生年	家境	功名	游幕前活动	游幕经历及幕中活动	出幕后活动	参阅文献
166	陈鳣	字仲鱼，号简庄、河庄	浙江海宁	1753—1817	父弱冠为诸生，受业沈廷芳之门。	1796年举孝廉方正，1798年举人		1797年浙江巡抚阮元聘之，分纂《经籍跋》。1798年客浙江布政使谢启昆幕，助谢启昆纂《小学考》《史籍考》。1805年客江阴，作《商丽略经跋》。1806年客扬州，作《汉隽斗歌》。1809年客苏州，黄丕烈以所争购之未本《周易集解》归鳣，取黄丕烈所校《却扫本》复校一过。1814年客苏州。		袁钧《吴山雅集第二图记》,《赡衰堂集》卷六。阮元《定香亭笔谈》卷四。谢启昆《后乐园草》,《树经堂诗集》卷十五。谢启昆《兑丽轩集》,《树经堂诗续集》卷一。陈鸿森《清儒陈鳣年谱》。陈鳣《简庄文钞续编》卷一、二。陈鳣《简庄缀文》。
167	孙星衍	字渊如，伯渊，号季速，薇隐	江苏阳湖	1753—1818	父署丹阳教谕，选授句容教谕，官河曲知县。	1786年举人，1787年进士		1773年至1776年客陕西巡抚毕沅幕，助毕沅纂《关中胜迹图志》。1778年春客安徽学政刘权之延请入幕佐校，与洪亮吉共为三礼训诂之学。1779年江宁太守章攀桂延入幕。1780年底至1785年初客毕沅陕西巡抚公署，钱坫等日偕毕沅画坊，《墨子》《孙子兵法》《晏子春秋》《山海经》《神农本草经》《体泉铭》《直隶邺州志》《三水县志》,校录《关中金石记》《三水县志》等。1785年至1787年春客毕沅河南巡抚幕，分纂《偃师县志》《澄城县志》《三水县志》，毕沅考治通鉴》刊成。	1787年中进士后授翰林院编修，充三通馆校理，历官刑部主事，广东兖州司郎中，山东兖沂曹济道（1795）。1798年丁母忧归，1804年补山东督粮道，署布政使。1811年引疾归，不复出。主讲扬州安定书院，绍兴蕺山书院，诂经精舍，西湖诂经精舍，乐育人才。	毕沅《关中胜迹图志目录》卷首。孙星衍《关中金石记跋》,《孙渊如外集》卷六。张绍南《孙渊如先生年谱》,《登封县志序》,《登封县志》卷首。毕沅《三水县志》,《三水县志》卷首。洪亮吉《卷施阁文甲集》卷十。汤毓悼《新修澄城县志序》,《澄城县志》卷二十一。吕培等《洪北江先生年谱》。张鉴等《雷塘庵主弟子记》卷首。阮元《孙氏仓颉篇序》,《仓颉篇》。阮元《山东粮道孙渊如君传》,《揅经室二集》卷三。

续表

	姓名	字号	籍贯	生卒	家境	功名	游幕前活动	游幕经历及游幕中活动	出幕后活动	参阅文献
	刘廷楠	字让木，号云冈	直隶任邱					1786年馆正忻咸宁知县署中，纂《咸宁县志》。1800年至1801年浙江巡抚阮元延佐幕务，主讲沽州经精舍。1802年应庐州太守张祥云聘，纂《庐州府志》。1813年受聘至松江，纂《松江府志》。1814年秋应两淮盐政阿克当阿聘，校刊《全唐文》。1816年孙星衍主讲钟山书院，与严可均共纂《全上古三代秦又三国六朝文》。		李元度《国朝先正事略》卷三五《经学·孙渊如先生事略·丛话六·管旧钱泳《履园丛话·渊如观察》。
168	徐青	字让木，号云冈	直隶任邱	1753—1820	父官至总兵。	1780年举人，1787年进士	以知县归班候选。丁艰守制。	1792年至1795年应聘佐山西学政戈源幕，总衡文艺。	历任广东知县、知州、直隶知州。	徐青《景康堂年谱》。
169	李燧	字东生	直隶河间	1753—1825	父为官。			1787年秋游幕武昌府。1793年夏至1795年夏山西学政衡招入幕，著《雪爪留痕》，刊行时改名为《晋游日记》。	晚官浙西。	李燧《青野诗稿》卷一至卷三。
170	杨芳灿	字才叔，香叔，号蓉裳	江苏金匮	1754—1816	世父潮观官至知州。家贫甚。	年十九补县学生。1777年拔贡		1777年客浙江学政彭元瑞署，阅试文。1778年应四库馆总校杨懋珩聘，校勘书籍。1786年秋冬及1787年春两客河南客河南抚毕沅幕，与洪亮吉、孙星衍、钱坫，吴泰来等为文酒之会。	廷试得知县，分发甘肃，以平乱之军功擢灵州知州。不乐为外吏，捐资为户部员外郎。	杨芳灿，余一鳌《杨蓉裳先生年谱》《清史列传》卷四八五《清史稿》卷七十一、《国朝耆献类征初编》卷一七四，《伏敔纪事诗序》杨芳灿《伏敔纪事诗》卷首。

续表

姓名	字号	籍贯	生卒	家境	功名	游幕前活动	游幕经历及幕中活动	出幕后活动	参阅文献
171 杨凤苞	字傅九，号秋室	浙江临安	1754—1816		诸生		1808年应浙江巡抚阮元聘，主讲诂经精舍。1811年冬至1815年应四川布政使方绩聘，重纂《四川通志》。		赵怀玉《户部广东司员外郎前甘肃灵州知州杨君芳灿墓志铭》，《亦有生斋集》卷十八。陈祖武《清代学者象传校补》第一集。
172 王学浩	字孟养，号椒畦	江苏昆山	1754—1832	代传儒业。六岁而孤，家贫甚。	1786年举人		1788年应侍讲学士周兴岱聘，课读。1791年自京师就岱广东学政幕，襄校。嘉庆初应山东河道策丹聘，主兖州书院讲席。1800年应金华太守严荣聘，课读。1809年佐阮象山县幕，筹划海防。	授经吴门刘氏，碧山庄二十余年。	石韫玉《王学浩传》，《易画轩诗录》卷首。王学浩《哭亡室葛孺人》，《易画轩诗录》卷一。张光熊《易画轩诗跋》，《易画轩诗录》卷末。张同陶《船山诗草》卷四。陈祖武《清代学者象传校补》第一集。
173 吴照	字照南，号白庵	江西南城	1755—1811		1789年拔贡	大庾教谕，未久弃去。	1789年春与邓石如客长芦盐运使王昶幕。1793年与邓石如客湖广总督毕沅署，刻自著之《说文字原考略》。1806年又应两淮盐运使曾燠题襟馆客。	寓居苏州。主讲沧浪书院。	吴照《南昌晴史赤霞将住武昌》，《听雨斋诗集》卷七。曾燠《邓石如年谱新编》（光绪）《江西通志》卷一五六《列传二十三》。

续表

姓名	字号	籍贯	生卒	家境	功名	游幕前活动	游幕经历及幕中活动	出幕后活动	参阅文献
174	王芑孙	字念丰，一字楙夫，号铁夫、楞伽山人	江苏长洲	1755—1817	祖官宣城教谕。	1788年举人		1785年客通州，作《乞米妇》诗，《客马兰峪》诗，作《黄花山晚发》诗。1785年至1790年客大学士董诰邸六年。1791年中间任来梁文定，文清诸家。在京期间，朝廷有大典礼制，文字大半出其手。1798年任两淮盐运使曾燠幕，主真州讲席。1799年任京师郑亲王邸幕，号游浊处。1800年再客两淮盐运使曾燠题襟馆。	1796年自京赴华亭县任教谕职。	王芑孙《清华园感兴四首》，《渊雅堂编年诗稿》卷八。王芑孙《出京四首》，同上，卷十三。王芑孙《与毅人夜饮题襟馆因赠宾谷二首》，同上，卷十五。王芑孙《渊雅堂应奉稿自序》，《渊雅稿》卷一。王芑孙《题城南雅游图卷后》，同上，卷十六。胡颖、褚逢椿《梅溪先生年谱》，《船山诗草》卷二三。张同陶《陈祖武校朴《清代学者象传校补》第一集。张慧剑《明清江苏文人年表》乾隆五十年条。
175	吴鼒	字山尊，又名之，号抑庵，禹山樵，晚号夕园	安徽全椒	1755—1821	少孤家贫。	1792年举人，1799年进士		1797年至1798年客两淮盐运使曾燠题襟馆。又客安徽巡抚朱珪幕，珪所进文字多出吴手。1814年入全唐文局，辑校《全唐文》，于二三寺书院中见郑都察所书书画润格卷，刻石。同年，荐江藩入全唐文局，被当事所拒。	官至翰林院侍读学士。归田后寓扬州，主讲书院。	吴鼒《西园十一咏并序》，《吴学士诗集》卷一。吴鼒《广学堂中丞述职人都过紫阳书院棒口道旧赋此率呈》，同上，卷四。金天翮《吴鼒传》，《广清碑传集》卷十。杨钟羲《雪桥诗话余集》卷六。叶廷管《鸥陂渔话》卷六。

续表

	姓名	字号	籍贯	生卒	家境	功名	游幕前活动	游幕经历及幕中活动	出幕后活动	参阅文献
176	张士元	字翰宜，号蚧江	江苏震泽	1755—1837		1788年举人		约1799年馆大学士董诰闻其贤，尝馆之于家。1812年应秦瀛聘，与共纂《无锡县志》，作《游惠山石门记》。		张士元《北渚寓舍记》、《嘉树山房集》（同治）《苏州府志》卷一百八《人物三十五》。
177	邵志纯	字怀粹，号右庵	浙江仁和	1756—1799		诸生		1798年客浙江布政使谢启昆幕，与胡虔、钱大昭、陈鳣、袁钧等参纂《史籍考》。		袁钧《吴山雅集第二图记》、《瞻衮堂集》卷六，秦瀛《邵怀粹哀辞》、《小岘山人文集》卷六。
178	施晋	字进之，号锡番，一号雪帆	江苏常州	1756—1818	以游幕资生。	诸生		1806年至1808年，应洪亮吉之邀与其共修《宁国府志》。		侯学愈《续梁溪诗钞》、《洪亮吉年谱》，李金松《续梁溪诗钞》卷二。
179	石韫玉	字执如，号琢堂，花韵庵主人，亦称独学老人	江苏吴县	1756—1837	家故寒素。	1779年举人，1790年进士		1783年馆子王应中昆山县署，校《前汉书》，著《汉书刊讹》。1784年至1786年馆和珅来恩幕，阅文童试卷，凡兵刑、讼狱无不与议。1786年作《津舫记》，作记。1787年秋至1788年馆徐州府水龄幕。1796年与修《苏州府志》。1801年夏至1803年冬四川总督勒保辟人幕，总理行营事务，著《教匪始末》。1811年勒保总督两江，复招韫玉佐幕。	1791年后官翰林院修撰。嘉庆重庆南道，山东臬台。1807年革职。主讲紫经，紫阳书院。	吴骞《独学老人年谱》，陶澍《恩贵翰林院编修前山东按察使司按察使陶琢堂石公墓志铭》，《陶文毅公全集》卷四十五。石韫玉《山东粮储道宋公墓志铭》，《独学庐三稿》卷七十二，《清史列传》卷七十二，《国朝耆献类征初编》卷一百九十五。张慧剑《明清江苏文人年表》嘉庆元年条，陈祖武校补《清代学者象传校补》第一集。

续表

	姓名	字号	籍贯	生卒	家境	功名	游幕前活动	游幕经历及幕中活动	出幕后活动	参阅文献
180	黄佳色	字籍若，号建山	湖南零陵	1756—1839		1780年举人		湖南巡抚桐某赏其才华，聘入幕中教读。周昌出守河彰道，迎佐人幕，佐助政务。		（光绪）《湖南通志》卷一百八十六《国朝人物十二》。
181	魏成宪	字宝臣，号仁庵	浙江钱塘	1756—?	父为诸生。	1777年举人，1784年进士	教馆。	1781年冬至1783年秋佐江西学政胡高望幕，有《匡庐纪游录》1卷，1810年两江总督松筠招致幕，复辞归。1814年应两广总督蒋攸铦之聘起广西，佐理公事，著有《参鸾诗草》1卷。	游松筠幕前官至山东道员。晚年主讲书院。	魏成宪《仁庵自记年谱》。徐世昌《晚晴簃诗汇》卷一·五。
182	马宗琏	字器之，号鲁陈，一号骥甫	安徽桐城	1757—1802	祖官知县，父驾子孝友。	1786年举人，1801年进士		1790年客湖广总督毕沅幕，分纂《史籍考》史学部之音义、评论、编制部之篆籀代、历表、年谱诸专家、图画，历代各门。1790年秋冬间各广东学政兴位沾幕，佐衡文，所兴起古学。	历署合肥、休宁、东流教谕，阮元书院主讲。	（民国）《安徽通志稿》《桐城续修》卷首之五马宗琏行考》、陈鸿森《马宗琏年谱》。马宗琏《校经堂诗抄》卷首马树华录《县志》。
183	凌廷堪	字次仲、仲子	江苏海州，祖籍安徽歙县	1757—1809	父业贾于海州，堪六岁而孤，困苦巷中，劳勤十二岁即弃书学贾。	1789年举人，1790年进士	学贾不成，始复读书向学。	1775年受知吴熙宦，助其为宫保尚书并从其应阶伊龄阿之辟。1779年大使许执中聘。1781年至1782年两淮盐运使伊龄阿扬州词曲局，与黄文旸修改古今剧曲。1782年秋冬客京师，助阮文馆校核章馆校书。1787年春江西学政翁方纲招人幕，佐阅江南首府属生童卷。	中进士后例选知县，以养母，经为由，改选宁国府教授。	张其锦《凌次仲先生年谱》、江藩《国朝汉学师承记》卷七、阮元《饮仲菱君传》、《清史列传》卷六十八、《清史稿》《明清江苏文人年表》乾隆四十年条。张慧剑《明清江苏文人年表》乾隆四十年条。陈祖武校朴《清代学者象传校补》第一集。李慧豢《清代名人轶事辑览》。

续表

	姓名	字号	籍贯	生卒	家境	功名	游幕前活动	游幕经历及幕中活动	出幕后活动	参阅文献
184	陈鹤	字鹤龄，号稽亭	江苏元和	1757—1811	父为诸生。遭家难，资产荡然。	1792年举人，1796年进士	工部主事。归里教授。	1787年秋至1788年春客河南巡抚毕沅幕，与洪亮吉、吴泰来、方正澍等为文酒之会，参与编纂《史籍考》。1790年夏海州分司何来聘之。1791年夏秋客江南河库道谢启昆幕。1792年夏再客谢启昆江南河库道幕，为《西魏书》作序。1794年赴杭州，客浙江按察使谢启昆幕，以所校本与卢文弨商榷所纂《仪礼注疏》。1808年秋至1809年客浙江巡抚阮元幕，课阮元子常生，时与阮元讨论古今学问。	主讲尊经书院。	陈鹤《读书改过斋丛录》。秦瀛《工部主事陈稽亭墓志铭》，《国朝文录》卷六十三。（嘉庆）《江宁府志》附表。
185	瞿培	字德田	江苏武进	1757—1821	少孤。	屡踬场屋		1787年春就仓场侍郎刘秉恬幕，校三分书籍。1790年馆史卓峰延佐幕府数载，漳州知府史卓峰延佐幕府数载。1806年馆德安。1809年馆泽苹。1814年至1815年就湖北按察使严烺幕。1816年至1821年佐黄安知县楼光蒂。	卒于幕。	瞿培《德田存稿》。刘秉恬《公余集》卷十。

续表

	姓名	字号	籍贯	生卒	家境	功名	游幕前活动	游幕经历及幕中活动	出幕后活动	参阅文献
186	徐𪩘庆①	字朗斋	江苏金匮	1758—1802	祖官知府,父不仕。家贫。	1786年举人		1782年入关中，客陕西巡抚毕沅幕。1785年至1789年客毕沅河南巡抚、湖广总督幕。1787年作《游百泉记》。1793年至1794年客毕沅湖广总督幕。1797年再入毕沅湖广总督幕，参与平定白莲教起义。	官湖北蕲州知州。	徐𪩘庆《自述篇》、《玉山阁诗选》卷八。徐𪩘庆《校经堂诗集》。胡源、褚逢椿《梅溪先生年谱》。毕沅《重修卫辉府志序》、《重修卫辉府志》卷首。王𣂏荀《听雨楼随笔》卷二。朱骑《古文汇钞》卷一四六。张慧剑《明清江苏文人年表》。
187	徐养原	字新田，号饴柔	浙江德清	1758—1825	父宦京师。	1801年副贡		1801年后应聘入浙江巡抚阮元幕，校勘宋本《十三经注疏》、《尚书》、《仪礼》。1807年至1808年受德清知县周绍濂聘，纂辑《德清县续志》。		阮元《十三经注疏校勘记序》、《揅经室一集》卷十一。严元照《书手校汲古阁刻本仪礼注疏后》、《悔庵学文》卷六。孙星衍《诂经精舍题名碑记》、《平津馆文稿》卷下。
188	姚文田	字秋农，号梅漪	浙江归安	1758—1827	少时家贫，父客游他方，母沈氏亲自授他经籍。	1789年举人，1794年进士	1794年授内阁中书，1799年授修撰。提督广东、河南、江苏学政。	1808年至1810年应两淮巡盐御史阿克当阿聘，纂《扬州府志》。	1813年入直南书房，1817年充会试总裁，历户、兵、工三部侍郎，1827年擢礼部尚书，卒于官。	阮元《扬州府志事志图表氏族表图说三门记》、《揅经室二集》卷八。金恩辉主编《中国地方志总目提要》。陈祖武校补《清代学者象传校补》第一集。刘鸿翱《礼部尚书姚文僖公墓志铭》、《续碑传集》卷八。

① 徐𪩘庆，原名嵩。

续表

	姓名	字号	籍贯	生卒	家境	功名	游幕前活动	游幕经历及幕中活动	出幕后活动	参阅文献
189	陈宝泉	字记方，号凤石	安徽泾县	1759—1819		1789年举人		1805年与洪亮吉等人订志例，参纂修《泾县志》。	曾官淮安训导、石棣县教谕等。	朱珔《小万卷斋文集》卷二十一，阮文藻、赵懋曜等纂修《泾县续志》，李金松《洪亮吉年谱》。
190	钱泳	字立群，号梅溪	江苏金匮	1759—1844	父不仕。家贫。	诸生	课徒。	1787年秋至1788年秋客河南巡抚毕沅幕，为毕沅校《中州金石记》。1788年秋至1789年春毕沅馆苏州私第，为毕沅编《经训堂帖》。1789年夏至毕沅湖广总督幕，秋回吴门，经理镌刻临之事。1791年秋至1792年应绍兴知府李亨特聘，纂《绍兴府志》。1793年李亨特调任杭州，招钱泳往。1796年馆杭州督粮道张映玑署。1797年至1798年馆杭州两浙转运使秦瀛钧署，与布政使谢启昆任来密切。1799年秦王报来王招致京邸三月，与汪端光、王芑孙等游处。1805年应成亲王及户部侍郎刘镮之聘，为刘氏双钩《治晋斋帖》《巾箱帖》，为成亲王双钩《诒晋斋帖》《清爱堂帖》。1814年应高邮知州冯馨聘，纂《高邮州志》。1816年秋与王昙客梅州刺史禹门幕三阅月。1819年客江苏督粮道袭良延入幕，为《抱春榭帖》12卷。		胡颖、褚逢椿《梅溪先生年谱》。□颖《梅溪先生年谱》卷一。钱泳《梅花溪诗集》卷一。钱泳《烟霞万古楼文集》卷首。钱泳《履园丛话》卷一。

续表

	姓名	字号	籍贯	生卒	家境	功名	游幕前活动	游幕经历及幕中活动	出幕后活动	参阅文献
191	张腾蛟	字孟词	福建宁化	1760—1796		1782年举人1793年进士		1781年受福建学政朱珪招入幕人，所至辄与偕。		《张腾蛟》，《国朝耆献类征初编》卷四四〇。
192	钮树玉	字蓝田，号匪石	江苏苏州	1760—1827	幼孤。贫困不堪。	不为举业	隐于贾。	1794年受聘于同郡著书家顾之逵，为之校勘《诗人玉屑》。1812年入馆孙星衍金陵葦庐，作《石刻就章书后》。1813年前后数年客江苏溧阳知县陈鸿寿署。1817年至1818年客上海道姜丽正蒞署。	病殁家中。	百濑弘《钮树玉》，《钮山人墓志铭》（中）。梁章钜《钮山人墓志铭》，《碑传集补》《清代列传》卷六十八。《清史南》卷四百八十一。钮树玉《匪石先生文集》神田喜一郎《顾千里年谱》下。
193	谢兰生（谢兰生，原名学增）	字佩士，号澧浦、里甫，别号理道人	广东南海	1760—1831		1792年举人，1802年进士	选翰林院庶吉士，以父老告归。历主粤秀、端溪、羊城诸书院讲席，掌教羊城书院。	嘉庆末道光初应两广总督阮元聘，总篆《广东通志》，又修《南海县志》，条例皆谢兰生手定。	研究儒先书。	《谢兰生》，《清史列传》卷十二。陈祖武《清代学者象传校朴》第二集。
194	詹应甲	字鳞飞，号湘亭	江苏吴县（原籍安徽婺源）	1760—1840		1788年举人		1787年游幕山东。1790年冬至1792年夏佐江苏巡抚长麟幕，主文书章奏，朴注吕新吾《呻吟语》。1793年复客长麟浙江巡抚幕，主文书章奏。	试令为湖北天门县，主文书章奏，朴以治水有功，以恩施令。	长麟《赐绮堂集旧序》，《赐绮堂集》卷首。詹应甲《魏吟歌》，同上，卷二。詹应甲《上长抚军书》，同上，卷二十二。陈祖武《清代学者象传校朴》第一集。

续表

姓名	字号	籍贯	生卒	家境	功名	游幕前活动	游幕经历及幕中活动	出幕后活动	参阅文献
195 翁广平	字海琛、海村	江苏吴江	1760—1842		诸生		1796年吴江句县唐仲冕设局谋纂《江震志》,翁广平为撰沿革、食货二部。		李濬之《清画家诗史》、沈粹芬等《国朝文汇》丙二、张慧剑《明清江苏文人年表》嘉庆元年条。
196 秦恩复	字近光	江苏江都	1760—1843	父官岳常遭道。	1783年举人,1787年进士	翰林院编修、病归。	1807年浙江巡抚阮元聘之,主经精舍。1809年两淮盐政阿克当阿聘之,主讲乐仪书院。1815年复应两淮盐政廖贵聘,校勘钦定《全唐文》。	入都官翰林编修四年,仿乞假归。	秦恩复自传,《碑传集补》《续纂扬州府志》(同治)《官志》。
197 张惠言	字皋文、号茗柯	江苏武进	1761—1802	少孤贫世以教授乡里堪生。	1786年中举,1799年进士	八旗官学教习,回籍服母丧。	1785年馆歙县岩镇,游其地先春园。1795年至1796年依其敬于富春县署,佐纂。	1799年改庶吉士,充实录馆编修,1801年授翰林院编修。	张惠言《杨云珊览辉阁诗序》,《茗柯文三编》,阮元《张惠言传》,《碑传集》卷一三五,《茗柯文朴编》下。
198 江藩	字子屏、号郑堂、水松、晚号节甫。	江苏甘泉,(祖籍安徽旌德)	1761—1831	家贫。	监生		1791年馆大学士王杰邸。1797年再客大学士王杰邸,作《六安州沿革记》。1806年伊秉绶官扬州太守,议编《扬州图经》和《扬州文萃》,延请江藩、焦循、赵坏玉、威庸、王豫等共任编纂,未竣事散。1813年伊秉阮元督淮安时聘之,主丽正书院。		闵尔昌《江子屏先生年谱》,阮元《江苏诗征》,《揅雅集》卷二,阮元《国朝汉学师承记序》,又《国朝汉学师承记》卷十一、《揅经室一集》卷首。

附录

续表

	姓名	字号	籍贯	生卒	家境	功名	游幕前活动	游幕经历及幕中活动	出幕后活动	参阅文献
199	钱林	字金粟	浙江仁和	1762—1828	父尝官滇南。	1800年举人，1808年进士		1818年至1826年应两广总督阮元之邀客其幕，辑《皇清经解》，纂《广东通志》《肇庆府志》，校订《江苏诗征》阮元为刻《国朝汉学师序记》八卷。		伍崇曜《玉山草堂诗集续集五卷跋》，《湖野钱氏家集》。钱林《峡山寺贻元上人》《玉山草堂集》卷二十六，《杭州府志》(民国)卷一四六《人物八·文苑三》。
200	苏秉国	字均甫	江苏清河	1762—1829	家故贫。	诸生	客授。	1806年应广东学政陈荔峰之聘入粤，校文。	翰林院编修。内阁侍读学士。	丁晏《制科孝廉方正苏君传》。
201	张师诚	字心友，号兰渚	浙江归安	1762—1830	家贫。	1786年举人，1790年进士		1813年至1815年汪廷珍视学浙江，延至瀚院，读文澜阁秘书，重加改乙。1815年江南河总督黎世序亦延入幕，每相见论《易》外，痛陈民生疾苦，助赈急。	历任赣、闽、苏、晋、院等省巡抚，闽浙总督。	张师诚《一西自记年谱》。
202	严可均	字景文，号铁桥	浙江乌程	1762—1843		1800年举人		1802年至1804年夏广东学政姚文田聘，主讲丰山书院，修订《唐石经校文》。1805年至1807年夏山东督粮道孙星衍幕，著《说文校议》，为孙辑《平津馆金石萃编》。	道光初选授建德教谕，兼署训导。	黄武三《与严铁桥书》，《敝居杂著》卷四。陈韵珊，徐德明《清严可均事迹著述编年》《严可均传》，《碑传集补》卷二十。严可均《铁桥漫稿》。

续表

姓名	字号	籍贯	生卒	家境	功名	游幕前活动	游幕经历及幕中活动	出幕后活动	参阅文献
203 张彦曾	字蕢文，号农间	江苏嘉定	1763—1806		贡生		1814年严可均敬拒入全唐文局，客南京，为孙星衍校朴所著《孔子集语》17卷。1815年留南京，作跋文《彘禹谟旧刻改，自《艺文类聚》等书中辑得《亦雅图絜》，合为2卷。1816年孙星衍主讲南京钟山书院，严可均秋客姚文田江苏学政幕，校《全上古三代秦汉三国六朝文》。1819年秋客姚文田江苏学政幕，校士。		（嘉庆）《嘉定县志》卷十九《人物志四》，阮亨《瀛舟笔谈》卷七。
204 焦循	字理堂，一字里堂，号里堂老人	江苏甘泉	1763—1820	世传《易》学。	1779年秀才，1801年举人。	教书。	1795年春应山东学政阮元之招赴山东，校士，为阮元作《仪礼石经校勘记后序》，于馆中识武亿，与孙星衍等据著作之非，著《山左诗钞》。1795年冬客1796年底客阮元浙江学政幕，佐辑《淮海英灵集》，校由山明，四明至东访万氏遗书，代阮元课《万氏经学五书序》，有《浙江诗钞》。	1802年会试落第，不堪举业跎跎，绝意仕进，潜心著述，课徒授业。	阮元《通儒扬州焦君传》，《擘经室二集》卷四。王永祥《焦理堂先生年谱》，赖贵三《焦循年谱新编》，陈祖武校朴《清代学者象传校朴》第二集。

续表

	姓名	字号	籍贯	生卒	家境	功名	游幕前活动	游幕经历及幕中活动	出幕后活动	参阅文献
205	顾日新	字剑峰	江苏吴江	1763—1823	家贫，数岁而父丧。	诸生		1800年冬至1801年底客阮元浙江巡抚幕，与李锐共论经史，夯天人消息之理。阮元学政曾请刘锴之之幕客谈秦订正古算学。1802年秋再客阮元浙江巡抚处，冬归，与朱为弼、程瑶田相处，代阮元作序，又自撰《群经宫室图》，程瑶田亦以所著《通艺录》请朱侑正。《丧服足征记》、程瑶田《算学记》1806年至1807年秋应扬州太守伊秉绶聘，纂辑《扬州图经》、《扬州文粹》。		朱春生《顾剑峰墓志铭》，《铁箫庵文集》卷四。顾日新《寸心楼诗集》卷三十七至卷四十二，周三燮《送顾剑峰明经之武昌》，《抱玉堂集》卷二。
206	严杰	字厚民	浙江钱塘	1763—1843		监生		1796年客杭州。1797年游幕江西，阅卷。1810年至1811年阮元在政武昌。1812年应广东布政使曾燠聘，多有唱和。1813年游阮武昌幕峰观察幕。1797年入阮元浙江学政幕，参与编纂，审定《经籍籑诂》。1801年入阮元浙江巡抚幕，校勘末本《十三经注疏》，分任《左传》、《孝经》。1811年至1812年阮元任翰林院编修，工部侍郎，严杰随从在京，校文。	主讲嘉定。	张鉴等《雷塘庵主弟子记》、阮元《十三经一集》经籍序》卷十一。阮元《钱塘严氏父邸祖墓图记》，《揅经室三集》卷四。严厚民《书手校仿古阁刻本仪礼注疏后》，见《定香亭笔谈》。阮元《晦庵学文》卷四。

续表

	姓名	字号	籍贯	生卒	家境	功名	游幕前活动	游幕经历及幕中活动	出幕后活动	参阅文献
207	袁廷梼	字又恺、寿阶，绶阶	江苏吴县	1764—1810	家道中落。六岁而孤。	监生		（不详时间）道员江颔云延之康山宾馆。1806年应扬州太守伊秉绶聘，循等纂辑《扬州图经》《扬州文粹》。		江藩《国朝汉学师承记》卷四《王兰泉先生》附。王永祥《焦理堂先生年谱》、钱仲联《清诗纪事》《嘉庆朝卷》《国朝耆献类征初编》卷四百二十。
208	李富孙	字芗沚	浙江嘉兴	1764—1844	家道中落。父李国华游幕浙江府州县。	1784年生员，1800年拔贡	课徒。	1798年尝应伊汤安之聘至虎林，代书记事。1800年复应嘉兴知府伊汤安之聘，与吴东发总纂《嘉兴府志》。同年秋应运判于鹏图聘，教读。1801年夏应江苏盐政延丰之聘，校勘《盐法志》。1803年春朱赓等人宁波知府李坦幕，与胡虔等阅郡府试文卷。同年夏至冯椒园课源书署，襄阅试卷。1803年秋至1810年夏客严荣金华府幕，阅卷、课读兼主丽正、从公等书院。1810年秋至1811年夏客严荣杭州府幕，刻《鹤征后录》成。1812年先后应宁郡太守宋如林、山阴县令张英江岭德、三衢江岭德，襄太守邪英之聘，三衢江阅试卷。	主讲绣川，金沙安澜等书院。	李富孙《游东萧塘记稿》卷十六。李富孙《花南老屋图记》卷十六。《李富孙》《清史列传》卷六十七。

续表

	姓名	字号	籍贯	生卒	家境	功名	游幕前活动	游幕经历及幕中活动	出幕后活动	参阅文献
209	阮元	字伯元，号芸台、云台	江苏仪征	1764—1849	祖官河南卫辉营参将。父为监生。	1786年举人，1789年进士		1786年1月至10月江苏学政谢塘招入幕，佐阅试文。	由翰林院编修官至体仁阁大学士。历任礼部、兵部、户部、工部侍郎，山东、浙江学政，浙江、江西、河南巡抚及漕运总督，湖广总督，两广总督，云贵总督等职。	张鉴等《雷塘庵主弟子记》。王章涛《阮元年谱》。陈祖武校补《清代学者象传校补》第一集。
210	汪光爔	字晋藩，号芝泉	江苏江都	1765—1807	父为部郎，检处长，家困乏。	诸生		1797年至1798年阮元任浙江学政时在幕，助辑《淮海英灵集》。		凌廷堪《与阮伯元学论画舫录书》，《校礼堂文集》卷二十三，焦循《亡友汪晋藩传》，卷二十一。阮元《淮海英灵集凡例》，《淮海英灵集》卷首。
211	舒位	字立人，号铁云	直隶大兴	1765—1815	祖官翰林院检讨。父官广西河池州知州。	1788年举人	生活困顿，无以为养，作幕四方。	1791年至1792年游食浙江石门，作长诗《兰州水烟篇》。1796年入河间知府王朝梧幕，文书。1797年随王朝梧赴黔，入云贵总督勒保幕，参与制苗军事，作《黔苗竹枝词》52首。1799年初去勒保幕。		王昙《奉和舒铁云姨丈见赠之作》，《烟霞万古楼诗选》卷一。舒位《瓶水斋诗集》卷三、十、十三、十六。张慧剑《明清江苏文人年表》。李濬贵《清代名人传略》(中)。

续表

姓名	字号	籍贯	生年	家境	功名	游幕前活动	游幕经历及幕中活动	出幕后活动	参阅文献
212 赵坦	字宽夫，号石侣	浙江仁和	1765—1828		诸生	少为郡小吏。	1800年归吴门，旋应湖南布政使通榷聘，充书记。1801年在天津县衙门供职。1804年在天津毕修松江府供职。1809年与毕华珍客礼亲王昭梿府，撰写一批剧本，在府中上演，所著《瓶笙馆修箫谱》有成稿。同年，自京南还，被聘校文，客粟阳、金坛。1812年复任松江作幕。1814年自金陵改住江苏仪征作幕，作《米籼》诗，反映江省大旱，州运河断流，冬还吴。1815年复客仪征，见张安保、张镠为作《寄巢夜话图》。		（同治）《畿辅通志》卷二二六《列传三十四·国朝一》。陈祖武校补《清代学者象传校补》第二集。
213 洪颐煊	字旌贤，号筠轩	浙江临海	1765—1833	家贫。父官嘉善教谕。	1801年拔贡		1797至1798年浙江学阮元延入幕，人幕，分纂《经籍诂》。1805年至1811年客山东督粮道孙星衍之平津馆，研讨学问，校订古书，为孙星衍撰《孙氏祠堂书目》《平津读碑记》，自撰《管子义证》等。1817年阮元任两广总督时聘之，研经治史以为常。	由博士而知县，知府至监司。入阮幕前纳资为观察师留馆州判，署广东新兴县事。	张鉴等《雷塘庵主弟子记》。（民国）《杭州府志》卷二三八《人物五·儒林》。洪颐煊《德州谒孙渊如观察师留别》，《筠轩诗钞》卷二。洪颐煊《别德州兼示宗翁田生元春》，同上，卷三。洪颐煊《管子义证序》，《管子义证》卷首。（民国）《临海县志》卷二十一《人物·儒林》。

续表

姓名	字号	籍贯	生年	家境	功名	游幕前活动	游幕经历及幕中活动	出幕后活动	参阅文献
214 何元锡	字梦华，号蝶隐	浙江钱塘	1766—1829		监生		1794年至1795年客阮元山东学政幕，与朱文藻、段松苓辑《山左金石志》。1797年至1798年在浙江巡抚阮元幕，臧庸总司编校《经籍籑诂》事。1801年入阮元浙江巡抚幕，与臧庸、顾广圻佐校《十三经注疏》。1805年前后助浙江巡抚阮元搜访考证、编辑《两浙金石志》。晚年游幕中而卒。		阮元《山左金石志序》，《揅经室三集》卷三。阮元《两浙金石志》，《揅经室续集》卷三。阮元《定香亭笔谈》卷四。张鉴等《雷塘庵主弟子记》。洪亮吉《葛林园岭为何文学元锡赋》，《更生斋诗续集》卷二。叶昌炽《藏书纪事诗》，《思适斋集序》，《思适斋集》卷首。
215 顾广圻	字千里，号涧蘋，思适居士，无闷子	江苏元和	1766—1835	父及以上几代均业医。广圻幼孤，家境贫困。	1795年诸生		1801年至1802年客扬州，校勘《十三经注疏》，外任《毛诗》。1803年为黄丕烈校刊宋高诱注《战国策》33卷。1804年应安徽庐州知府张祥云聘，手校嘉靖陆广严本《史通》并为之跋。同年冬还扬州，客太守张敦仁署。1805年冬至1807年冬客江宁孙星衍家，为孙星衍校刊《广韵》《轩辕黄帝传记》，观秦恩复研斋所藏典籍。1808年至1809年客江苏布政使胡克家，与彭兆荪校宋淳熙本李善注《文选》。其间与段玉裁发生笔讼。		阮亨《瀛舟笔谈》卷七。汪宗衍《新订顾千里先生广圻年谱》。李宗庆《彭甘亭千里年谱》。李兆洛《养一斋文集续编》卷四《墓志铭》。《清史列传》。顾广圻《思适斋外集》卷六十一。缪荃孙《清顾广圻先生广圻年谱》。张慧剑《明清江苏文人年表》嘉庆二十一年条。陈康祺《郎潜纪闻初笔》卷八"顾千里校书之精"条。

续表

姓名	字号	籍贯	生卒	家境	功名	游幕前活动	游幕经历及幕中活动	出幕后活动	参阅文献
216 臧庸①	字在东、东序。字用中、西成、拜经。	江苏武进	1767—1811	高祖臧琳为清初经学名儒，父服三，家贫。	以县学生为国子监生。乡试不中，以诸生终。		1793年12月钱大昕、王昶荐入湖广总督毕沅幕，授其孙兰庆经。次年春至楚。1794年秋毕毕沅降补山东巡抚，臧庸于冬抵济南就幕，识阮元，以《华严经音义》相间。1795年至1796年夏再至湖广总督毕沅幕。1797年至1798年阮元邀客其幕，江学政幕，总纂《经籍纂诂》。1798年12月至1799年底与臧礼堂至广东，为阮元校刊《经籍纂诂》。1800年自广东至阮元浙江巡抚幕，对《经籍会议》许慎木主事，与孙星衍进行补遗。后因对经颐煊、洪颐煊意见不合，而阮元采用洪氏说，以疾辞归。	1803年岁莽需就贾一年。	吉川幸次郎《臧在东先生年谱》。陈鸿森《臧和贵墓表》、《惜抱轩文集》、《楷抱轩手简二编》、《罗雪堂先生全集后集》卷六。臧庸《与金振玉与经师手简》。阮亨《瀛舟笔谈》卷七、《亡友臧君诔》，《拜经堂文集》。宋翔凤《卷首。

① 臧庸，初名镛堂，字在东，又字东序。后易名庸，字用中，一字西成，又字拜经。

续表

姓名	字号	籍贯	生卒	家境	功名	游幕前活动	游幕经历及幕中话动	出幕后活动	参阅文献
							1801年正月应阮元邀，复至浙阮元抚江巡抚幕，校勘《十三经注疏》，任《周礼》《公羊传》《尔雅》。 1802年秋事毕归乡。 1804年至京师应京兆试，至1805年在京师，就馆宽罗桂芳家，教读，为阮元校补《经邦》。 1806年夏应扬州太守伊秉绶聘，与焦循等纂《扬州图经》《扬州文萃》。 1807年入浙江学政刘凤诰幕，编次《五代史注》。 1808年夏及1809年复客浙江巡抚阮元幕，校订《刘端临先生遗书》，识跋廷堪。 1810年春客仁和场章子珊署。同年夏，客山东督粮道孙星衍署月余，与孙氏覆勘孙氏所撰《史记天官书考证》，又与管同、毕以田会订《官道署凡例》，作《纂十三经集解凡例》，为孙星衍代撰。 1810年秋至1811年在都客吴桓家，为吴氏纂辑《中州文献考》，校订任大椿《小学钩沉》。		

续表

姓名	字号	籍贯	生卒	家境	功名	游幕前活动	游幕经历及幕中活动	出幕后活动	参阅文献
217	顾廷纶	字郑乡	浙江会稽	1767—1834				1799年至1805年夏客浙江巡抚阮元署，为阮元参校朴学《两浙輶轩录》，潜心经史之学，兼习吏治。1805年秋至1811年应两江总督铁保聘，1811年秋至1813年铁保在京任职偕往京师，纂《集古成方年》。1814年铁保遣成吉林，廷纶概然从行，历三载。		《玉笥山房要集述略》《顾氏家集》卷首。顾廷纶《抱膝图为史韡堂先生作》，《玉笥山房要集》卷三。阮亨《瀛舟笔谈》卷九，铁保《集古成方序》。《两浙輶轩录补遗凡例》，《铁庵文钞》卷首。《两浙輶轩录补遗》《古林轩录补遗》卷首。
218	江沅	字子兰 号铁君	江苏吴县	1767—1838	江声之孙。父亦有学行。	1807年优贡生		1810年至1812年馆陈奂家，课举子业，同以校雠之说讲授，校勘段玉裁《经韵楼集》未定本，并助段玉裁校刊《说文解字注》，事未毕即游闽，以校雠委陈奂。	1831年至常州出家为僧。	江沅《梁香庵文集》卷下。张慧剑《明清江苏文人年表》嘉庆十八年条。范希曾补正《书目答问补正·小学类》。陈奂《师友渊源记》。陈祖武《清代学者象传校朴》第二集《陈奂》。
219	欧阳格	字峒东	湖南新化	1767—1841	父官州判。格少孤贫。	1794年举人		1798年冬至1800年广学政钱楷延人幕三载，兼校。1815年至1817年客广西巡抚庆保幕三载，唱和颇多。	躬耕奉母，非力不食。	欧阳格《峒东诗钞》卷五。欧阳格《席同赋送庆中丞人觐二百》，《峒东诗钞》卷八。王先谦《欧阳先生传》，《虚受堂文集》卷一。钱实甫《清代职官年表》。

续表

	姓名	籍贯	生卒	家境	功名	游幕前活动	游幕经历及幕中活动	出幕后活动	参阅文献
220	许宗彦①字积卿、固卿，号周生	浙江德清	1768—1818	父官内阁中书，云南盐驿道、云南按察使、广东布政使等职。	1786年举人，1799年进士	兵部车驾司主事，居两月以亲老辞归。	1799年冬入阮元诂经精舍，与阮元幕府及精舍中文士多有切磋。1800年夏与段玉裁、孙星衍等参加诂经精舍的拜师仪式。1802年至1805年应阮元邀助阮元辑《两浙金石志》，赵魏、何元锡等助其搜访考证，许宗彦也"多考订增益"，成书后因阮元下忧就里，而许宗彦"录全稿以去"。1807年至1808年受德清县令同绍濂聘，覆校《德清县续志》。	专心读书著述。	钱仪吉《碑传集》卷六○。杨丽琴《许宗彦诗集编订考》，《沽经精舍题名碑记》，《平津馆文稿》卷下。许宗彦《同孙渊如段懋堂释莱许郑二公祠饮福第一楼作》、《鉴止水斋集》卷三。阮元《两浙金石志序》，《两浙金石续集》卷三。王章寿《阮元年谱》，嘉庆五年条。《清史稿·儒林传三》。
221	陈鸿寿字子恭、翼庵，号曼生	浙江钱塘	1768—1822	家贫，以幕书记游幕诸府公争延礼之。	1801年拔贡		1801年客苏州，与钱大昕、段玉裁等烹茶烈红椒山馆。1801年在浙江巡抚阮元幕，筹划海防，参酌文檄。1802年至1803年在浙江巡抚阮元幕，与阮文笺定凡例14条，编定《两浙辅轩录》。1805年从阮幕，应那彦成人鄂，粤洋剿抚之策。1806年应两江总督铁保聘，佐治河，"掣画参赞，称诣恶焉"。	拔贡后朝考以知县用，颁发广东。奏留江南，署赣榆县，丁忧服阕阮元即奏调川府君行状。陈文述《皇清貤赠即修职郎教封文林郎即晋封奉政大夫先考汾川府君行状》，同上。陈文述《家天一先生传》，同上。胡珊《书农君年谱》。陈祖武校朴《清代学者象传校朴》第一集。	赞。陈文述《从兄翼庵先生三十九岁像》，《颐道堂诗选》卷九。陈文述《颐道堂文钞》卷四。	郭麐《陈曼生墓志铭》，《灵芬馆杂著三编》卷一。陈文述《秋夜受云吟馆对月有怀曾兄兼呈芸台师》，《颐道堂诗选》卷九。

① 许宗彦，初名庆宗。

续表

	姓名	字号	籍贯	生卒	家境	功名	游幕前活动	游幕经历及幕中活动	出幕后活动	参阅文献
222	王豫	字应和，号柳村	江苏丹徒	1768—1826		监生。举孝廉方正，不毂，以布衣终。		1797年与石韫玉同客杭州阮元浙江学政幕。1806年伊秉绶官扬州，议编《扬州文萃》和《扬州图经》，王豫、赵怀玉、臧庸、焦循等共任编纂。王豫到泰州访宫增佑，以搜集有关《扬州图经》资料。1808年为浙江巡抚阮元辑《淮海英灵续集》，号阮学共定《凡例》，订《京江耆旧集》。1808—1816年在自己所辑《凡例》的基础上，更加搜讨，制定《江苏诗征》，在阮元的支持下完成《江苏诗征》183卷的纂辑。		林苏门《续淮海英灵集》、《祁江百咏》卷二。王豫《淮海英灵集序》、《淮海英灵集续集》卷首。王豫《江苏诗征凡例序》、《江苏诗征》卷首。王豫《江苏诗征凡例》、《江苏诗征》卷首。《丹徒县志》卷二十三。《明清江苏文人年表》嘉庆二年条。张慧剑
223	周中孚	字郑堂	浙江乌程	1768—1831	祖、父均为县吏。	1801年拔贡		1797年至1798年应浙江学政阮元聘，分纂《经籍诂》。	仕至奉化县学教谕。	周中孚《郑堂札记》卷五。戴望《外王父周先生述》、《续碑传集》卷七十二。《家相》类二。
224	钱东壃	字既勤，号亦轩	江苏嘉定	1768—1833	钱大昭子。	1798年举人		1793年后在山东学政阮元幕，佐阅试卷，所编纂《历代建元表》、《尔雅校证》等书有成稿。		阮元《定香亭笔谈》卷二。阮元《小沧浪笔谈》卷二。
225	张鉴	字春冶，号秋水	浙江乌程	1768—1850	善医，家无长物。	1804年副贡	家贫，卖画自给。	1801年春以刘镶之之客杭州浙江巡抚阮元幕，分纂《两浙輶轩录》。1802年冬至1806年冬客浙江巡抚阮元幕，佐书记，校书。	选武义教谕，卒于官。	阮元《两浙輶轩录》卷八。阮元《揅经室二集》、《揅经室二集》、《两浙輶轩录》、《冬青馆乙集》卷一。张鉴《冬青馆乙集》卷一至卷二。

续表

	姓名	字号	籍贯	生卒	家境	功名	游幕前活动	游幕经历及幕中活动	出幕后活动	参阅文献
226	李锐	字尚之，号四香	江苏元和	1769—1817		诸生		1795年助钱大昕为湖广总督毕沅校阅《续资治通鉴》。1796年至1802年在浙江学政、浙抚阮元幕，与焦循论经史，为阮元校勘《测圆海镜》和李锐敬斋《礼记正义》和李锐敬斋《十三经注疏》，分任《周易》《孟子》，朴斋法国传教士蒋友仁献给乾隆皇帝的《坤舆全图》又依据阮元朴斋《地域图说》朴斋画地图和天文图等20图。1805年为扬州太守张敦仁幕宾，校录《开方补记》。1806年作阮元，吴县两县署。		瞿中溶《瞿木夫自订年谱》乾隆六十年条。张鉴等《雷塘庵主弟子记》《雷塘庵主弟子记》。王永祥《焦理堂先生年谱》嘉庆七年条。张星鉴《李尚之传》，《仲萧楼文集》。严荣杰《李尚之年谱》，《仲萧楼文集》。阮元《十三经注疏校勘记序》，《擘经室一集》卷十一。阮元《畴人传凡例》，《畴人传》卷首。罗士琳《李锐传》，《畴人传》卷五。阮元《定香亭笔谈》卷四。
227	黄乙生	字小仲	江苏武进	1769—1821	父游幕。少孤。			1788年游幕广东。1811年受江宁守令吕某聘，与陈鹤、陈奂、严杰等助纂《江宁府志》。1815年随阮元助纂《江宁府志》，句世臣共攻书法，同处三月，朝夕辩证不相下。		吴育《黄征君传》，《吴山子遗文》（嘉庆）《江宁府志》附表。句世臣《艺舟双楫·论书一》。

续表

姓名	字号	籍贯	生卒	家境	功名	游幕前活动	游幕经历及幕中活动	出幕后活动	参阅文献
228 彭兆荪	字甘亭、湘涵	江苏镇洋	1769—1821	父官宁武知县，改官教授，既殁，家贫甚。产以偿，积通重，只身客游以为养。诸大吏多资其才，倾身内交。	诸生		1795年冬至1797年秋客准上道员吴秉韶幕，作《东园雄草诗》、郭麐，作《相逢行》。1802年馆王昶三咿渔庄，助校《湖海诗传》《国朝词综》，反陈子龙全集。1804年秋至1807年夏客两淮盐运使曾燠幕，一与乐钧、刘嗣绾、顾广圻订交，校勘《国朝骈体正宗》，刊《小谟觞馆集》。1807年冬至1809年客江苏淳熙本季善注《文选》60卷，附考异10卷。1810年秋人胡克家准安郡守幕。1812年客胡克家江宁布政使幕，校元本胡注《资治通鉴》，旋归，作《赡园》诗，述园史。1813年客胡克家安徽巡抚幕，校勘《通鉴》并兼笺奏，冬归里，作《皖游归舟口号》。1816年客胡克家江苏巡抚幕，校刊元刊三省注本《资治通鉴》事毕，刊《小谟觞馆续集》成。1820年秋起杭州应兵备道林则徐之招。		缪荃荪《彭甘亭年谱》。彭兆荪《小谟觞馆诗》六、七。

续表

姓名	字号	籍贯	生卒	家境	功名	游幕前活动	游幕经历及幕中活动	出幕后活动	参阅文献
229 李兆洛	字申耆，号养一老人	江苏阳湖	1769—1841		1804年举人，1805年进士	1808年官安徽凤台县。摄寿州事。1814年丁父忧归。	1817年至1818年初应安徽怀远知县孙让聘，纂《怀远县志》，又受东流县聘，与张成孙共纂《东流县志》。1820年至1821年夏应广东巡抚康绍镛聘，校刊姚鼐、张惠言遗著，辑《骈体文钞》《古文辞类纂》，辑《茗柯文钞》，游西樵山，作《端溪砚坑记》。	主江阴暨阳书院讲席20年。	蒋彤《武进李先生年谱》。蒋彤《李申耆年谱》。张慧剑《明清江苏文人年表》嘉庆二十五年条。陈祖武校朴《清代学者象传校朴》第一集。蔡冠洛《清代七百名人传》《学术·朴学·李兆洛》。缪荃孙纂录《续碑传集》卷七三《儒学三·李凤台传》。
230 瞿中溶	字苌生，号木夫	江苏嘉定	1769—1842	祖官候选知府。父谕官钱大昕婿。	诸生		1793年为钱大昕整理所藏金石文字2000余种，因作《石经辨证》。1795年助钱大昕为湖广总督毕沅校阅《续资治通鉴》。1801年至1802年应长兴知县邢澍聘，与钱大昕纂修《长兴县志》。1804年应嘉定县令之聘，谈艺论文。1811年夏秋应湖南巡抚景忆山之聘，署辰州浦市通判。1815年至1818年应湖南巡抚巴哈布及潘台翁元折聘，分纂《湖南通志》《湖南金石志》，作《天中端景图》。	捐布政使理问，1807年签出湖南，代理安福县。晚署辰州浦市通判。官湖南15年，至盛署，"长物斋"售所藏书画碑帖以佐家食。	瞿中溶《瞿木夫自订年谱》。江标《黄尧圃先生年谱》。董其昌《南屋大成》卷五。陈祖武校朴《清代学者象传校朴》第二集。

续表

	姓名	字号	籍贯	生卒	家境	功名	游幕前活动	游幕经历及幕中活动	出幕后活动	参阅文献
231	胡敬	字以庄，号书农	浙江仁和	1769—1845		1801年举人，1805年进士		1801年夏应浙抚阮元和江苏盐政延丰聘，与张鉴、陈鸿寿等辑《两浙盐法志》。1804年应江苏学政刘镮之聘，佐校试文并校《丹徒县志》。1807年秋人都侍大学士英廉家，教读并代草部议制文字。	官翰林院编修，安徽学政，侍讲学士。	胡星《书农府君年谱》。
232	洪颐煊	字旌里，号筠轩堂	浙江临海	1770—1815	家贫。父官善教诲。	1813年拔贡		1798年客应阮元江政幕，《经籍籑诂》，任《方言》。1801年客应阮元江巡抚幕，《十三经注疏》，校勘《小戴礼记》。1804年应福建学政阮自昌聘，佐阅卷。1815年冬应直隶学政杜锷聘，佐阅卷。	卒于幕。	洪颐煊《昆季别传》，卷八。洪震煊《经轩文钞》，《清史列传》、《洪颐煊》附。
233	李黼平	字绣子，贞甫	广西嘉应	1770—1832	父官知县。	1800年举人，1805年进士	尝就幕保定。又尝主直隶巡抚陈桂生署。1820年人两广总督阮元幕，阅学海堂课艺，授诸子经。		中进士后官昭文知县。因故人狱八年。晚年主讲宝安书院。	刘熙《南归集序》，《李先生集》卷首。梁廷枏《昭文县知县李君墓铭》，《续碑传集》卷七十二。
234	孙尔准	字平叔	江苏金匮	1770—1832	父官巡抚。	1795年举人，1805年进士		1791年春至1792年春应两广总督福康安和布政使祖京之招游粤，许宗彦、黎恕等研经校史。1793年春应江苏巡抚奇丰额以书招以书馆，与沈维熊酬唱。	由翰林院编修累官院，粤、闽巡抚，闽浙总督等。	孙慧惇《平叔府君年谱》，陈祖武校补《清代学者象传校补》第一集。陈寿祺《兵部尚书闽浙总督金匮孙公墓志铭》，《左海文集》卷九。

续表

姓名	字号	籍贯	生卒	家境	功名	游幕前活动	游幕经历及幕中活动	出幕后活动	参阅文献
235 阮常生	字彬甫,号寿昌,小云	江苏仪征	?—1833	阮元嗣长子。	1796年恩旨得二品荫生		1796年至1798年阮元任浙江学政时纂辑《淮海英灵集》,阮常生与阮元任校字。	考荫后分户部,由主事擢升云南司郎中,后擢清河道,累官至署直隶按察使。	阮元《淮海英灵集序》,《揅经室二集》卷八。
236 高垲	字子高,号爽泉	浙江钱塘	1770—1839	父以知县需次四川。	不事举业。		约1800年浙江巡抚阮元征入幕,主章奏,校勘金石文字。录来辟尚《历代钟鼎彝器款识法帖》释跋。		(民国)《杭州府志》卷一四六《人物八·文苑三》。李桓《国朝耆献类征初编》卷四二《文艺二十》。
237 金鹗	字风荐,号诚斋	浙江临海	1771—1819	先世以经济起家。	1816年优贡	授徒。	1818年入都,礼部尚书汪廷珍延之,与之质疑问难,成《礼书》3卷。		郭协寅《金诚斋先生传》,《碑传集》卷四十。陈奂《求古录礼说跋》,《三百堂文集》卷二。
238 陈寿祺	字恭甫,苇仁,号左海,晚号隐屏山人	福建闽县	1771—1834	祖、父均学者。家贫无食。	1789年举人,1799年进士	1801年授翰林院编修,旋请假返里省亲。	1803年应浙江巡抚阮元聘,主讲敷文书院,兼课诂经舍生徒,阮元弟子散出,徐养原、徐养灏、洪颐煊、洪震煊等皆相从同业,助纂阮元《经郛》及纂修巡抚张诚拓师诚聘,纂《海塘志》,迄未成书。1811年应福建巡抚张师诚聘,纂《鳌峰全史诗话》。	1804年、1807年分别任广东、河南乡试副考官,1809年充会试同考官,国史馆总纂。1810年丁忧归,不复出,徒授业自给,主讲泉州鳌峰、福州清源书院。	吴守礼《陈恭甫先生年谱》。林东进《陈寿祺学术年表》。阮元《隐屏山人陈编修传》,陈寿祺《左海文集》卷首,又《揅经室续集》卷一。陈寿祺《西湖讲舍校经图记》,《左海文集》卷八。陈寿祺《隐屏山人传》,《隐屏山人集》。陈寿祺《左海文集》卷九。陈祖武校补《清代学者象传》第二集。

续表

	姓名	字号	籍贯	生卒	家境	功名	游幕前活动	游幕经历及幕中活动	出幕后活动	参阅文献
239	陆耀遹	字邵文	江苏阳湖	1771—1836		诸生		1797年至1798年佐浙江学政阮元署，佐阅卷。1800年客荆南皮幕，主章奏。1802年前后至1811年历官就庄吉邑咸阳、大荔、蓝田、咸宁、潼关等方维等幕，掌文案。1812年前后客陕西巡抚朱助、幕，掌书记。1813年客陕甘总督那彦成署。1819年馆宁令沈琛幕。	1821年举廉方正，选阜宁县学教谕，至任日卒。	陆耀遹《双白燕堂诗集》卷一至卷八。陆耀遹《画隝赘稿》、《双白燕堂外集》卷一至卷二。李兆洛《阜宁县学教谕陆君耀遹传》，《养一斋集》卷末下。(民国)《续修陕西省通志稿》卷十七《职官八》。(民国)《续修陕西省通志稿》卷八十五《人物十二·留寓》。陆耀遹《金石续编》二。
240	朱为弼	字右甫，号椒堂、颐斋，又号蕉声。	浙江平湖	1771—1840	幼孜父母，以孝敬祖母名闻乡里。	1800年举人，1805年进士		1797年至1798年在阮元浙江学政幕，分纂《经籍纂诂》。1800年阮元实授浙江巡抚，聘未为幕西席。1801年至1804年在阮元浙江巡抚幕，参校补采《两浙輶轩录》，为阮元编定审释《积古斋钟鼎彝器款识》。	1805年以兵部主事用，1817年授职方司主事。累官至漕运总督。	阮元《定香亭笔谈》卷四。阮元《题朱椒堂西冷话别图》，《揅经室三集》卷七。阮元《揅经室四集》卷三。朱为弼《仪征阮相国师七十寿序》，《蕉声馆文集》卷五。朱为弼《书前茂才诗稿后》，同上，卷五。杨岘《漕运总督朱公墓表》，《迟鸿轩文弃》卷二。《两浙輶轩录补遗凡例》、《两浙輶轩录朴遗》卷首。

续表

	姓名	字号	籍贯	生卒	家境	功名	游幕前活动	游幕经历及幕中活动	出幕后活动	参阅文献
241	陈文述①	字云伯,号碧城外史、退庵,又称颐道居士,晚号莲可生	浙江钱塘	1771—1843				1796年至1798年在浙江学政阮元幕,以诗见赏,助阮元纂辑《淮海英灵集》。1798年秋至1799年冬至1803年前后客阮元在京。江巡抚幕,为书记,参校补采《两浙輶轩录》。1806年两江总督铁保聘之,佐治河。	以河工叙劳,留官江南,历署宝山、常熟、上海、崇明五邑,奉贤,至皆有政声。所至皆有政声。后退选安徽繁昌县令,未久乞病归。	阮元《淮海英灵集凡例》、《淮海英灵集》。阮元《两浙輶轩录补遗序》、《揅经室二集》卷八。陈文述《颐道堂诗选自序》、《颐道堂诗选》卷首。陈文述《飓风行》,同上,卷二。陈文述《皇清诰封奉政大夫先考汾川府君行状》,即晋封奉政大夫先考汾川府君敕封文林郎修职郎《颐道堂文钞》卷五。陈文述《家天一先生传》,同上,卷九。顾廷纶《北征日记》。张鉴等《清史列传》卷七三。《神传集补》卷四八。陈祖武《清代学者象传校补》《清塘庵主弟子记》第一集。
242	孙同元	字雨人	浙江仁和	1771—?		1800年举人		1797年至1804年阮元任浙江学政及浙江巡抚时聘之,分纂《经籍纂诂》,校勘《十三经注疏》,分任《论语》。		丁申、丁丙《国朝杭郡诗三辑》卷二十七。阮元《定香亭笔谈》卷四。阮元《十三经注疏校勘记序》、《揅经室一集》卷十一。

① 陈文述,初名文杰。

续表

	姓名	字号	籍贯	生卒	家境	功名	游幕前活动	游幕经历及幕中活动	出幕后活动	参阅文献
243	凌霄	字芝泉	江苏江宁	1772—1829		诸生		1792年以袁枚荐，入湖广总督毕沅幕，与孙星衍、洪亮吉等文。后馆江宁布政司署。		诸可宝《畴人传三编》卷一。张慧剑《明清江苏文人年表》。
244	陆继辂	字祁生，修平	江苏阳湖	1772—1834	父官知县，署同知。继辂九岁而孤。家贫。中举者不克具礼，敏告洪亮吉贷钱五万。	1800年举人		1797年至1798年因洪亮吉之荐客浙江学政阮元幕，佐校试文。1799年阮听元巡抚浙江，复依其幕。1800年与刘嗣绾等论学，与朱筠、郭麐、吴嵩梁等读书属文。期间曾赴京会试。1802年至1804年客苏松太兵备道李廷敬幕，作《洞庭缘》《秣陵秋》《仙蝶谱》。1809年冬至1810年春客山东鄄城县幕，纂修《鄄城县志》。1810年客洛阳，作《洛阳伽蓝记》的老年司阅。1811年至1813年任河南永宁知县幕，作讯时诗《诬鹦鹉》。	1819年选合肥训导。1820年后十余年在安徽合肥任训导，1832年任贵溪知县。	秦翰才《陆继辂年谱稿》。陆继辂《先太孺人年谱》，《崇百药斋文集》卷二十。李兆洛《清史列传》卷七十二。陆继辂《贵溪县知县陆君墓志铭》，《养一斋文集》卷十三。陆继辂《崇百药斋文集》卷九、十九。
245	毛国翰	字大宗，号青垣	湖南长沙	1772—1846		诸生		1820年沈道宽宰郡县，权茶陵，朴桃源，聘之十余载，教读，唱和颇多。	卒于幕	王先谦《毛青垣先生传》，《虚受堂文集》卷八。沈道宽《话山草堂诗钞》卷二。

续表

	姓名	字号	籍贯	生卒	家境	功名	游幕前活动	游幕经历及幕中活动	出幕后活动	参阅文献
246	方东树	字植之,号仪卫老人	安徽桐城	1772—1851	累世以学行显。父方绩博学工词。	1793年诸生		1799年馆江西新城,著《老子章义》成。1807年至江宁,在姚鼐家教读。1811年应江宁太守吕某聘,分纂《江宁府志》。1812年至1816年客安徽巡抚胡克家幕,授经。1819年至1825年客应两广总督阮元聘,纂修《广东通志》,授经,著《汉学商兑》《书林扬觯》。	授徒。主讲书院。	郑福照《方仪卫先生年谱》。张慧剑《明清江苏文人年表》嘉庆十二年条。陈澧《上阮芸台宫保书》,《校刊汉学商兑书》文集七。方宗诚《校刊汉学商兑书林扬觯叙》,《柏堂集后编》卷三。
247	汤金钊	字敦甫	浙江萧山	1772—1856	世代经商。	1794年举人,1799年进士	授徒于京。	1796年秋至1797年夏安徽学政戴均元招人幕,襄校。	官翰林院编修,光禄寺卿,协办大学士,吏部尚书。	汤金钊《文端公自订年谱》。
248	陶梁	字宁求,号凫芗	江苏长洲	1772—1857		1808年进士		1803年与曾长善编王昶《湖海诗传》,1805年客王昶邸,助其纂辑《金石萃编》。	进士及弟后选庶吉士,授编修,累迁至礼部侍郎。	张慧剑《明清江苏文人年表》嘉庆八年、十年条。徐世昌《晚晴簃诗汇》。陈祖武校朴《清代学者象传校补》第一集。
249	洪怡孙	字孟慈,佑甫	江苏阳湖	1773—1816	父洪亮吉早岁游幕,后官贵州学政。	1798年举人		1806年受父命任安徽经县丁《泾县志》修纂事,1812年入江宁布政使朱明克幕,居南京瞻园,任修纂《瞻园杂诗》12章,述园史。	官湖北东湖知县。	吕培《洪北江先生年谱》嘉庆十一年条。洪怡孙《青瑶山人诗》卷八。张慧剑《江苏明清文人年表》嘉庆十七年条。《清史列传》卷六九。

续表

	姓名	字号	籍贯	生卒	家境	功名	游幕前活动	游幕经历及幕中活动	出幕后活动	参阅文献
250	严元照	字修能，号梅庵	浙江归安	1773—1817	父未仕，喜聚书。	诸生。弃举业		1808年浙江巡抚阮元尝招入幕，校书。		严元照《梅庵学诗自序》，《梅庵学文》（同治）《湖州府志》卷七十六《人物传·文学三》。
251	端木国瑚	字子彝，井伯，号鹤田，晚号太鹤山人	浙江青田	1773—1837	祖、父皆诸生。	1798年举人，1833年进士		1797年至1798年客浙江学政阮元幕，佐辑《淮海英灵集》。1800年阮元出接浙江巡抚，复招端木入幕。1813年客天津道李鉴官署。	1808年由举人大挑知县，乞改教职，任浙江归安教谕。官至内阁中书。	端木百禄、陈谧《太鹤山人年谱》陈祖武校补《清代学者象传校补》第二集。
252	童槐	字晋三，树眉，号萼君	浙江鄞县	1773—1857		1800年举人，1805年进士		1797年至1798年秋客阮元浙江政幕，阅试卷。1798年冬至1799年阮元在京，随阮元佐校。1816年阮元抚江西，佐办辑匪，保甲诸事。	中进士后由工部主事官江西、山东按察使、通政司副使等。	童恩编《显考尊君年谱》徐世昌《晚晴移诗汇》卷———七。
253	何冶运	字文海	福建闽县	1774—1821	先世业盐策。雄于赀。	1807年举人	大挑用教谕。	1817年冬游岭南，总纂《广东通志》。1818年入两广总督阮元幕，寓广东巡抚陈若霖署。1819年至1820年客陈若霖抚署，陈若霖为刊其《何氏学》（经解及论辨文字）4卷。		陈若霖《何氏学序》，《何氏传》《福建新通志》（民国）卷八《儒林传》。
254	方起谦	字牧夫	安徽歙县	1774—?		生员		1797年至1798年在浙江巡抚阮元幕，号问，无锡，佐阮庸司编校《经籍籑诂》事。		张穆《方牧夫先生寿序》，《月斋高文集》卷一。

续表

	姓名	字号	籍贯	生卒	家境	功名	游幕前活动	游幕经历及幕中活动	出幕后活动	参阅文献
255	汪家禧	字汉郊，号选楼	浙江仁和	1775—1816	家日益困。	诸生		1808年冬至江宁陈鸿寿同知幕，与李桐郪交，序其诗集。1813年在江南学使陈希曾幕，佐试事。		姚椿《汪家禧别传》，《晚学斋文集》卷六。姚椿《桐郪诗集序》，《东里生烬余集》卷三。郭麐《汪选楼墓志铭》，《灵芬馆杂著三编》卷四。
256	凌曙	字晓楼	江苏江都	1775—1829	家甚贫。	监生	作杂佣，授徒。	约1799年后入都，寓阮元所，辑校《经郛》，为《公羊》之学。约1818年在阮元总督两广，校订《江苏诗征》，课阮元子，兼与阮元论学。		包世臣《国子监生凌君墓表》，《碑传集》卷七十四。包世臣《清故国子监生凌君墓表》，《艺舟双楫》卷四。
257	俞正燮	字理初	安徽黟县	1775—1840	父官句容训导，署望江教谕。家贫。	1821年举人	嘉庆初，二十余年，发北游，谒孙星衍于兖州，作《左丘明子孙姓氏论》《左山考》《申屠篇》等杂难蒉文，名渐起。	1802年至1804年在山东学政刘凤浩幕，佐阅卷。1803年重客句容，于亡友王乔城家借阅明吕邦耀所编小说《芦城平话》4卷，负，排比明末诸大案史实，作《书芦城平话后》。1805年客京师会典馆总纂叶继雯幕，助纂《大清会典》。1804年和1806年客馆孙星衍山东文选，又有《古天文说》。又有《六壬书》。梁道乡，与同撰《古天文说》。1810年冬返乡，应滕县知县吴旬华聘，簒修《滕县志》，后游河南，佐客汲县、旌德、应城诸县，助湖南学督杨芳校《全上古至隋文》。1816年客严可均，合可均，共检补《全上古至隋文》。	掌教南京惜阴书院。	王立中《俞理初先生年谱》。柳雨生《黟县俞理初先生年谱》。袁行云《许瀚年谱》。杜联喆《俞正燮》《清代名人传略》（中）。俞正燮《书管子后》《书旧唐书舆服志后》《校文选李注识语》《癸巳存稿》卷二一四。缪荃孙《孙渊如年谱》《清代学陈硕士同年表》。陈祖武校补《上虞学陈硕士象传校补》第二集。严可均《铁桥漫稿》卷三。张慧剑《明清江苏文人年表》嘉庆二十一年条。

续表

	姓名	字号	籍贯	生卒	家境	功名	游幕前活动	游幕经历及幕中活动	出幕后活动	参阅文献
258	梁章钜	字闳中、茝林，号退庵	福建长乐	1775—1849	父官宁化教谕。	1794年举人，1802年进士	1805年任用部主事，托病回籍。主南浦书院七载。	1808年秋福建巡抚张师诚延入幕，拟颁册及奏铜文字，校勘所进遗书数十种。1811年复就福建巡抚张师诚幕，与陈寿祺分纂《铜制全史诗注》，巡寿祺分纂，凡三年有余。	1814年入都，1816年充军机章京，累官至江苏巡抚兼两江总督。	梁章钜《浪迹三谈》卷三。梁章钜《退庵自订年谱》，陈祖武校勘《清代学者象传校补》第二集。
259	许乔林	字贞仲，精石华	江苏海州（祖籍安徽）	1775—1852	其父曾任运河通判。	1807年举人		1800年客两淮海州盐运分司通判邓鸣岗先生处授徒。又海州唐仲冕聘，为唐仲冕纂校刊《岽览》32卷，参与海州《嘉庆海州志》，协助谢元淮纂事《云台新志》20卷。1812年至1813年任郁州书院山长1816年馆海州知州师禹门部斋。	1823年任山东平阴县知县，后养官回乡，致力于教书立说。	钱兆鹏《述古堂集》。张慧剑《明清江苏文人年表》嘉庆十年条。
260	包世臣	字慎伯，号倦翁，安吴先生	安徽泾县	1775—1855	父以教蒙童糊口，家贫。	1808年举人	1793年年十九在乡开馆，授学童，种菜。	1796年游芜湖，知中江书院山长程世淳，推荐至徽宁道朱幕事。1797年苦旱，安徽巡抚朱珪买赏其文，末馆请包世臣作《诛旱蝗文》，垂询练乡兵，包世臣乃织训练乡兵，作《十三经注疏》反对。1798年应陈祭酒之招至湖北，参兵机。1799年川，楚左参赞明口聘入署中，治戎事。始于子署中见《十三经注疏》，参加招人幕，包世臣未挂抚乡兵，安江防事宜，练乡兵。	晚年试合江西。年余敬勘，讲学卖官自给。	胡韫玉《包慎伯先生年谱》。丁俭卿等《丁俭卿年谱》，陈祖武校勘《清代学者象传校补》第二集。

续表

姓名	字号	籍贯	生卒	家境	功名	游幕前活动	游幕经历及幕中活动	出幕后活动	参阅文献
261 臧礼堂 字和贵		江苏武进	1776—1805	父服贾。家贫。	诸生		1798年应浙江巡抚阮元聘，与臧庸总纂《经籍诂》。1805年应长兴县令邢澍聘，校经三月。 1801年教读于太平府太平府同知姚逢年署中，撰《说储》下篇。1802年应上海地方官邀请至崇明巡视岛屿，防蔡牵。1808年两江总督铁保请幕六百万议改河道，协办大学士长麟、戴衢亨奉命视河，延包世臣同计，世臣撰《筹河刍言》《黄河四略》力言不可，改河告竣，节省丁大笔费用。1811年春刑部尚书金光悌招至其邸，同年秋，两江总督百龄聘入幕，分司江西案牍兼办河工。1812年人河南总督鄂锡恩幕，佐办河工。1819年与张琦同客济南，得北朝碑版甚多，因著《历下笔谈》。		吉川幸次郎《臧在东先生年谱》。陈鸿森《臧庸年谱》。姚鼐《臧和贵墓表》、《惜抱轩文集》后集卷六，《臧君墓表》，焦循《节孝节士臧君墓表》集卷二十二，陈寿祺《雕菰楼集》卷九。

续表

	姓名	字号	籍贯	生卒	家境	功名	游幕前活动	游幕经历及幕中活动	出幕后活动	参阅文献
262	邓显鹤	字子立，号湘皋，晚号南村老人	湖南新化	1777—1851		1804年举人		约1807年至1809年为湖南按察使曾燠点定诗文。1816年客广西巡抚李宗瀚幕。	晚授宁乡训导。	刘基定《宁乡训导邓湘皋先生墓表》，《续碑传集》卷八十二。《清史稿·儒林传》邓显鹤传。
263	钱侗	字同人，号赵堂	江苏嘉定	1778—1815	钱大昕侄。	1810年举人		1802年馆王昶三泖渔庄，所著《历代泉雨图考》12卷有成稿。1805年客王昶邸，助其纂辑《金石萃编》成。	中举后充文颖馆校录，叙知县。	彭兆荪《小谟觞馆诗》卷七，张慧剑《明清江苏文人年表》嘉庆七年、十年条。
264	陈均	字受堂	浙江海宁	1779—1828		1810年举人		1804年秋马履泰视学奏中，邀与偕行，校阅文艺。	考取官学教习，叙知县。	（民国）《杭州府志》卷一四六，物八·文苑三，钱实甫《清代职官年表》。
265	刘开	字明东，号孟涂	安徽桐城	1781—1821	生数月而孤，家贫不能养。	诸生		1812年客两广总督蒋攸铦幕，上书论粤政。	客死亳州。	方宗诚《刘孟涂先生事表》，《续碑传集》卷七十六。周三燮《喜晤桐城刘孟涂秀才》，《抱玉堂集》卷二。刘开《上蒋丽堂大司马书》，《刘孟涂集》卷三。
266	徐松	字星伯，号孟品	直隶大兴（祖籍浙江上虞）	1781—1848	父宦京师。	1800年举人，1805年进士	1808年充编修。1809年预修《全唐文》，1810年视学湖南。	1814年至1819年受知于伊犁将军松筠，受命纂《新疆志》，伊犁总统事略》12卷，成《新疆识略》，宣宗即位改题书名为《新疆识略》。	官至廷榆兵备道。	缪荃孙《徐星伯先生事辑》，《艺风堂文集》卷一。陈祖武校补《清代学者象传校补》第二集。

续表

	姓名	字号	籍贯	生年	家境	功名	游幕前活动	游幕经历及幕中活动	出幕后活动	参阅文献
267	董士锡	字晋卿	江苏武进	1782—1831	祖官知县。父以诗名，非客游无以为养。	副贡		1807年客九江方大守幕，至方守饶州。1816年客江西巡抚阮元幕。1817年冬至1818年应怀远知县孙让聘时，纂辑《怀远县志》。	历主通州紫琅、扬州广陵、泰州诸书院。	吴德旋《晋卿董君传》、《初月楼文续钞》卷六。董士锡《怀远县志序》、《齐物论斋文集》卷一。董士锡《廖雪鹭诗序》同上，卷一。董士锡《代阮抚宪南昌府学碑记》同上，卷四。钱实甫《清代职官年表》。
268	冯登府	字云伯，号柳东	浙江嘉兴	1783—1841	家贫。	1818年举人，1820年进士	教馆。	1817年赴江苏观察之招，辑书卷外集》诗三卷并为之序。1819年重纂辑《嘉定金石器皿。	宁波府学教授。	史诠编《冯柳东先生年谱》。冯登府《闽中金石志自序》、《石经阁文集》卷二。
269	阮亨	字梅叔，号仲嘉	江苏仪征	1783—1859	阮元从弟。	1818年副贡		1796年至1798年阮元任浙江学政时幕辑《淮海英灵集》，1808年与王豫定凡例，辑《淮海英灵集续集》。		阮元《淮海英灵集》卷首。王豫《淮海英灵集续集》卷首。阮亨《淮海英灵集续集》凡例、王豫《淮海英灵集续集》。
270	洪符孙	字幼怀	江苏阳湖	1784—1848	父洪亮吉早岁游幕书记。家贫。	监生		1807年随父亮吉赴首城，守鲁餘纂辑《宁国府志》。	为宁国大守。	吕培《洪北江先生年谱》。
271	姚莹	字石甫，号明叔	安徽桐城	1785—1853	父客游为书，客家境贵州学政。	1807年举人，1808年进士	授经。	1809年至1810年两广总督百龄幕，参与定蔡牵起义，因语悉海上事。1811年至1812年客粤东学政陈鹤樵幕，授经。1812年至1814年底客长化令王蓬蓬纂辑。	1816年选授福建平和知县。官至广西按察使。	姚濬昌《先府君石甫先生年谱》。嘉庆十二年条。

续表

	姓名	字号	籍贯	生卒	家境	功名	游幕前活动	游幕经历及幕中活动	出幕后活动	参阅文献
272	梅曾亮	字伯言	江苏上元	1786—1856	父为1800年举人。	1821年举人，1822年进士		1814年入全唐文局，与纂《全唐文》，作《扬州唐文馆记事》。	官至户部郎中，1849年归金陵，掌教扬州。	吴葊棻《梅郎中年谱》，梅曾亮《柏枧山房诗集》卷一。
273	方履籛	字彦闻	直隶大兴	1790—1831	父官知州家无余赀。	1818年举人		1818年以修志客安徽东流，与洛等同访陶潜遗迹，作《游菊江亭记》。	署福建永定、调闽县。	洪符孙《跋方君彦闻遗墨后》，《齐云山人文集》，《方志考稿》卷三。瞿兑之《明清江苏文人年表》，张慧剑《明清江苏文人年表》嘉庆二十三年条。
274	钱泰吉	字辅宜，号警石，深庐，甘泉乡人	浙江嘉兴	1791—1863	祖官同知，父官知县。	1812年贡生		1818年客镇江府署，校阅试卷。	1821年以训导荐修，1827年选授浙江海宁州学训导，凡27年。	钱应溥《警石府君年谱》，陈祖武《清代学者象传校补》第二集。
275	谢茭	字锡夫	湖北黄冈	1792—1861		1825年举人		1815年湖北黄冈县令郑家屏、陈若畴聘入幕一年，作《竹楼诗草》。1816年宜和之聘人孝感县幕课读，1818年秋至1819年夏教高城令范牧亭幕，作《高城游草》。1819年秋至1821年就钱清履湆川沙袭县幕，作《湆川游草》。	历官霍山、婺源、泾县。	谢茭《锡夫诗草》。
276	曾钊	字敏修	广东南海	1793—1854		1825年拔贡		1818年至1822年两广总督阮元聘之，任学海堂山长，助纂《广东通志》。	道光年同官合浦县教谕，调钦州学正。	曾钊《仪君墨农墓志铭》，《面城楼集钞》卷四。曾钊《曾钊传》，缪荃孙《碑传集补》卷四十一。（道光）《南海县志》卷十八《列传·文苑》。

续表

	姓名	字号	籍贯	生卒	家境	功名	游幕前活动	游幕经历及幕中活动	出幕后活动	参阅文献
277	魏源	字默深	湖南邵阳	1794—1857	父官江苏。	1814年拔贡，1822年举人		1814年春入都信左副都御使李宗瀚家，识文珠沆。1819年游山西学政贺长龄幕，佐文衡文。	1829年捐内阁中书。	魏耆《邵阳魏府君事略》，黄丽镛《魏源年谱》。
278	丁晏	字俭卿，号柘堂，晚号石亭居士	江苏山阳	1794—1875		1821年举人		1820年客京师五月，主左都御史迁协揆家，阅文讲学未。	历应主阜宁、盐城、淮关之观海、表海、文津诸书院，累官至内阁中书。	丁寿恒等《丁俭卿年谱》。丁一鹏《丁柘堂先生历年纪略》。丁晏《颐志斋感旧诗》。杨铎《许印林先生传》，《续碑传集》卷七十九。
279	仪克中	字协一，号墨农	广东番禺（祖籍山西太平）	1797—1838	父分发广东知府。	1832年举人		1818至1822年应两广总督阮元聘，佐幕《广东通志》，任采访之责。	中举后任广东巡抚记室。	仪克中《忆旧游》，见《剑光楼词》。僧成果《剑光楼诗钞》卷首。曾钊《仪君墨农墓志铭》，《面城楼集钞》卷四。陈祖武《清代学者象传校补》第一集。
280	赵光	字仲明，号蓉舫	云南昆明	1797—1865	祖官知县。父幕游，家贫甚。	1816年举人，1820年进士		1818年初应云南安宁州知州魏某聘，旋丁忧江归。浙江学政，办书后幕折，入京会试。	1822年接编修，后任河南、浙江学政，工、刑、兵、户、吏部尚书。	赵光《赵文恪公自订年谱》。
281	乔廷选	字国士	江苏南江			贡生		精研家言，远近争之。1742年潘思榘迁浙江布政使，延之与来人幕，辩论有黉九家之《易》，元清儒经说，发所不发。		（嘉庆）《松江府志》卷五十九《古今人传十一》。

续表

姓名	字号	籍贯	生年	家境	功名	游幕前活动	游幕经历及幕中活动	出幕后活动	参阅文献
282	吕烜	字文岩	山东掖县			1747年举人		屡应当道聘,从学使蒋蔚至1746年两任四川学政,衡文取士。	授徒	(宣统)《山东通志》卷一七三《人物志十一·国朝人物》。
283	倪炳	字亦文						为两淮盐运使卢曾见刻《雅雨堂十种》。		李斗《扬州画舫录》卷十。
284	吴可训	字襄调	浙江仁和			1741年贡生		1743年尝客宣化府知府王畔幕,辑《宣化府志》。1748年东道沈廷芳延入幕。		(乾隆)《宣化府志》。沈廷芳《南涧诗钞序》,《南涧诗钞》卷首。
285	瞿源洙	字时夏,号芝洲	江苏宜兴			副贡生	丹徒县教谕	1744年再客南岳,为陈庄有恭,辑集苑事。1753年受聘于中丞王有恭,为其掌书记,一切碑铭序记,鸿篇巨制,皆为其手制。	归里后授徒九峰楼。	朱珪《国朝古文汇钞二集》卷八。张慧剑《明清江苏文人年表》,《清文献通考》卷二三三。
286	宋宾王	字蔚如	江苏太仓				起家市井。	1745年与修《镇洋县志》。		(乾隆)《太仓州志》卷二一。张慧剑《明清江苏文人年表》。蒋光煦《东湖杂记》。
287	叶长扬	字亦祥、定湖	江苏吴县			1718年进士,1736年荐博学鸿词。		1746年应淮安太守卫哲治聘,与吴玉搢等共纂《淮安府志》。		吴玉搢《山阳志遗》。张慧剑《明清江苏文人年表》。(乾隆)《淮安府志》。
288	周植		江苏如皋					1747年受如皋知县郑见龙聘,与范景颐共纂《如皋县志》。		(乾隆)《如皋县志》。

续表

姓名	字号	籍贯	生卒	家境	功名	游幕前活动	游幕经历及幕中活动	出幕后活动	参阅文献
289	范景颐	字漱芳，号逸陵	江苏如皋		早孤。	廪生		1747年受如皋知县郑见龙聘，纂修《如皋县志》。1755年受通州知州王续祖聘，与夏之蓉等人共纂《直隶通州志·南通卷》。		(乾隆)《如皋县志》。(光绪)《通州直隶州志》卷首。《江苏艺文志·南通卷》。
290	周书	字天一，号淡園	江苏宝山			诸生		1748年同邑陵存淳出宰广东高要，招之偕往，总纂《恩平县志》，作《采视歌》，刺地方官强开砚坑扰民事。		赵景深、张骨元《方志著录元明清曲家传略》。张慧剑《明清江苏文人年表》。李金松《洪亮吉年谱》。(光绪)《宝山县志》。
291	王岁舆	字敬侨，号孟亭	江苏宝应		王式丹孙。	1712年进士。官卫辉知府。		1748年应江宁知县袁枚聘，纂《江宁县志》26卷成。		(乾隆)《续纂江宁府志》卷一五。张慧剑《明清江苏文人年表》。徐世昌《晚晴簃诗汇》卷五八。
292	苏加王	字维晋，号餐霞	江苏太仓		贫甚。	诸生		1748年至1752年依汪廷珍安徽、江西、河南学幕，1779至1781年訾游朱筠福建学幕，佐闽卷。1801年征王昶湖学金纂《姜东诗派》，苏加王朗金浩等与其役，与洪亮吉交好。		王犁《苏加王》、《湖海诗传》卷三十四。李堂《缘庵诗话》。盛大士《蕴誊阁文集》。洪亮吉《北江诗话》卷二。
293	朱志广	字药岑	江苏吴江			副贡		1753年至1755年客湖北学政陈浩幕，襄校，与刘大櫆等唱和。		王象晋《江苏诗征》卷十八。刘大櫆《刘大櫆集》卷十七。陈浩《楚帆集自序》、《生香书屋文集》卷二。钱实甫《清代职官年表》。李金松《洪亮吉年谱》。
294	俞琪	字佑申	浙江钱塘					1763年客福建学政纪昀幕，衡文。		丁申、丁丙《国朝杭郡诗三辑》卷十二。

续表

姓名	字号	籍贯	生卒	家境	功名	游幕前活动	游幕经历及幕中活动	出幕后活动	参阅文献
295	孙鲁	字浩如	浙江嘉善					1763年至1764年纪昀、王杰先后视学七闽，曾聘入幕，衡文。1780年游江西布政使王昶幕。		阮元《两浙輶轩续补遗》卷七。
296	徐瀚	字文圃	直隶宛平					1771年前后在安徽学政朱筠幕，助朱筠重刻《说文解字》。		朱筠《说文解字叙》，《笥河文集》卷五。
297	程瑶衡	字雅亭	江苏太仓			1737年进士	榆社知县。	1771年受当事聘，纂《太仓州志》。		(乾隆)《太仓州志》卷一二。
298	王成	字耕青	江苏太仓			1742年进士	曾任云南学政、安徽庐州知府等职，1767年引疾归。	1771年受当事聘，纂《太仓州志》未卒稿。		(乾隆)《太仓州志》卷一二。
299	柳先义	字青岩	湖南长沙			1762年举人		1773年至1782年纪昀主修《四库全书》时聘之，襄校。1796年刘权之任江南学政时亦聘之，襄校。		李桓《国朝耆献类征初编》卷二三三；李金松《洪亮吉年谱》。
300	陈燮	字理堂	江苏泰州			1798年举人		1785年至1785年毕沅任陕西巡抚时延为上客，毕沅尝其诗于《吴会英才集》中。1789年冬游幕河南，诗酒唱和。1790年至1791年客武陟令王复幕，吟咏唱和。又为两淮盐运使曾燠馆客，与陈鹤、黄乙生、严观集题襟。1811年受江宁太守吕某聘，助观纂《江宁府志》。		(同治)《续纂扬州府志》卷十三《人物志五·文苑》。曾燠《邗上题襟集》。毕沅《雪花清集原序》，《忆园诗钞》卷首。《江宁府志》附表。

续表

姓名	字号	籍贯	生卒	家境	功名	游幕前活动	游幕经历及幕中活动	出幕后活动	参阅文献
301 杜昌熹	字载兹	江苏娄县	年80卒		诸生	入国子监读书。	游幕50余年，以在本省游幕时间为长。习刑名家言，治官文书。乾隆中尝游山西巡抚幕，校书。又游陕西巡抚毕沅幕，晚年馆上海道署。		（嘉庆）《松江府志》卷六十《古今人传十二》。
302 马振	字冈千，号竹庐	陕西乾州					在毕沅陕西巡抚幕，撰刻《关中胜迹图志》，又为毕沅作《行乐图》24幅。		钱泳《履园丛话》卷十一。
303 董椿	字耕云	江苏青浦					在毕沅陕西巡抚幕，撰刻《关中胜迹图志》。		钱泳《履园丛话》卷十一。
304 戴纯	字渭川	江苏丹徒					受山西高平知县傅儋宣聘，1774年纂成《高平县志》22卷。1783年在杭州校文。		（乾隆）《高平县志》。《中国地方志集成·山西府县志辑36》。戴婺元《瑞芝山房诗钞》。张慧剑《明清江苏文人年表》。
305 施晋元	字礼泉，号菅亭	浙江桐乡		少孤。	1774年举人		1775年游山东学使黄登贤幕，佐校文。	四库馆行走，江西安福令。	（光绪）《桐乡县志》卷十五《人物下·文苑》。法式善《清秘述闻》卷十一。
306 裴希纯		河南开封			贡生		1778年至1779年受河南知府施诚聘，与童钰等共纂《河南府志》。		朱士嘉《中国地方综录》。张慧剑《明清江苏文人年表》。
307 孙枝荣		河南开封			贡生		1779年受河南知府施诚聘，与童钰、裴希纯共纂《河南府志》。		朱士嘉《中国地方综录》。张慧剑《明清江苏文人年表》。

续表

	姓名	字号	籍贯	生卒	家境	功名	游幕前活动	游幕经历及幕中活动	出幕后活动	参阅文献
308	李炫	字同宇	江苏江宁					1780年受两淮巡盐御使伊龄阿聘入词曲局，分校古今剧本，与黄文赐主甄查古今剧曲事。碍者予以修改和抽毁。		李斗《扬州画舫录》卷五。张慧剑《明清江苏文人年表》。
309	李经	字理斋	江苏江宁					1780年受两淮巡盐御使伊龄阿聘入词曲局，分校古今剧本，与黄文赐主甄查古今剧曲事。碍者予以修改和抽毁。		李斗《扬州画舫录》卷五。张慧剑《明清江苏文人年表》。
310	荆汝为	字玉樵	江苏丹阳					1780年受两淮巡盐运使伊龄阿聘入词曲局，分校古今剧本，将违碍者予以修改和抽毁。		李斗《扬州画舫录》卷五。张慧剑《明清江苏文人年表》。
311	徐钲		安徽青阳					1780年在福建学政朱筠幕，为朱筠修补破损书籍。		朱筠《苏州张氏广韵刊本书后》，《笥河文集》卷六。
312	程敦	号篆斋	安徽歙县			贡生	少客苏杭间，师事郑虎文。	1780年前后客陕西巡抚毕沅幕，助纂《关中金石记》。	主临潼书院	民国石国柱等修《歙县志》《士林》。李金松《洪亮吉年谱》。
313	王希伊	字耕伯，一字在川	江苏宝应			1741年举人	1776年任水知县，西白以病改江苏青浦教谕，寻乞归。	1781年王昶受知县卓阜聘，主纂《青浦县志》，王希伊任采订，1786年成书。		王昶《青浦县志序》，（光绪）《青浦县志》卷末。
314	周斯才	字受青，号梦溪	江苏上元		周榘子。	附监生		1781年为四库馆官员助校《四库全书》。	曾任国文馆校录，外调叙州州同，1801年至1808年间两次任马边厅通判。	张慧剑《明清江苏文人年表》。

续表

	姓名	字号	籍贯	生卒	家境	功名	游幕前活动	游幕经历及幕中活动	出幕后活动	参阅文献
315	俞肇修							1783年至1784年在陕西巡抚毕沅幕，搜罗金石，助毕沅撰《关中金石记》。		钱泳《履园丛话》卷二。
316	王开沃	字文山，号半庵	江苏镇洋			诸生		1785年前后在陕西巡抚毕沅幕《盩厔县志》《蓝田县志》《永寿县志》，1796年王开沃留陕，复纂《蓝田县志》16卷。		杨仪《盩厔县志旧志》卷首，《永寿县旧志》卷首，张慧剑《明清江苏文人年表》嘉庆元年条，王昶《国朝词综》卷四小传。
317	严观	字子进，号述斋	江苏江宁		父严长明久游幕府。	监生		1788年前后至湖广总督毕沅幕，篡《湖北金石诗》。1797年客河南巡抚、湖广总督毕沅幕，著《史籀考》《中州金石记》。1797年沂曹济道幕，校雠《篡字访碑录》。1798年客孙星衍山东兖沂曹济道幕，校雠《篡字访碑录》。1802年应院南兵备道张祥云之聘客庐阳、分篡郡志。1811年受江宁吕太守吕某聘，与陈鹤、陈燮、黄乙生等助篡《江宁府志》。		孙星衍《湖北金石诗序》，《五松园文稿》卷一。王昶《使楚丛谭》，《春融堂杂记》。汪阴《江宁金石记跋》，严观《篡字访碑录》卷末。《清代学人列传·严长明传附》。《清史稿·文苑·严长明传附》。（同治）《续篡江宁府志》卷十四。《清史列传》卷七二。
318	张舟	字廉船，号吾山	江西铅山					1790年严观、方正澍、章学诚等为毕沅所纂《史籀考》。		王昶《使楚丛谭》，《春融堂杂记》。
319	周硕中	字烛斋	江苏溧阳					1794年游陕西，助南郑县令王行俭纂《南郑县志》。		（乾隆）《南郑县志》，张慧剑《明清江苏文人年表》。

续表

	姓名	字号	籍贯	生卒	家境	功名	游幕前活动	游幕经历及幕中活动	出幕后活动	参阅文献
320	徐鲲	字北溟、白民	浙江萧山		家酷贫。	诸生		嘉庆中阮元在浙江学政(1795—1798)、巡抚(1800—1805)时先后聘之，编纂《经籍纂诂》。		阮元《定香亭笔谈》卷四，张鉴等《雷塘庵主弟子记》，（民国）《萧山县志稿》卷十八《人物·列传五》。
321	杨土埈	字尊一	江苏阳湖	年五十四卒。	家贫。	入太学应乡试		约1796年就浙江学政陈万青之聘，佐校阅。又曾居四川布政使陔为幕，掌书记后又游楚北，晚年时任来江淮间。		李兆洛《旧言集诗人小传》，《碑传集补》卷四十八，缪荃孙《江苏艺文志·常州卷》。
322	季尔庆	字廉夫	江苏泰兴					1796年浙江学政阮元招至幕下，篡辑《淮海英灵集》，并绘《淮庄征诗图》。1797年至海上，为阮元收集资料，助纂《淮海英灵集》。		季尔庆《静思堂续稿》，袁洁《蠡庄诗话》。
323	焦廷琥	字虎玉	江苏甘泉		焦循子。	优廪生		嘉庆间父焦循在阮元浙江学政幕，随往学，习算学，访方氏遗书，并助编《山左金石志》。		《清史列传》卷六九，徐世昌《晚晴簃诗汇》。
324	陈焯	字映之，号无轩	浙江乌程			贡生	镇海训导。	1796年至1798年在浙江学政阮元幕，助阮元纂辑《淮海英灵集》。		阮元《淮海英灵集凡例》，《淮海英灵集》卷首。冯金伯《墨香居画识》卷四，盛叔清《清代画史增编》卷八。
325	阮鸿		江苏仪征					1796年至1798年在浙江学政阮元幕，助阮元纂辑《淮海英灵集》。		阮元《淮海英灵集凡例》，《淮海英灵集》卷首。
326	赵惠荣		浙江秀水					1796年至1798年在浙江学政阮元幕，助阮元纂辑《淮海英灵集》。		阮元《淮海英灵集凡例》，《淮海英灵集》卷首。

续表

	姓名	字号	籍贯	生卒	家境	功名	游幕前活动	游幕经历及幕中活动	出幕后活动	参阅文献
327	毕亨①	字语谿	山东文登	年且80		1807年举人		1797年主讲岱文书院。1798年在孙星衍山东督粮道署上，与南归途经兖州之洪亮吉等人相聚游南楼。孙星衍官山东督粮道时聘之，校订古书。孙所著《尚书今古文注疏》多采其书。	1826年，以大挑知县分发江西，署安义县，后朴崇义，以积劳卒于官。	毕亨《说迪》篇首自识语，《九水山房文存》卷上，李金松《洪亮吉年谱》嘉庆三年条，徐世昌等《毕先生亨小传》《清儒学案》卷十一《犀轩学案》。
328	吴文健		浙江钱塘					1797年至1798年阮元任浙江学政时在幕，参纂《经籍籑诂》。审定薛尚功《历代钟鼎彝器款识法帖》。		阮元《定香亭笔谈》卷四，张鉴等《雷塘庵主弟子记》，《经籍籑诂》书前。
329	金廷栋		浙江仁和					1797年至1798年阮元任浙江学政时在幕，参纂《经籍籑诂》。		阮元《定香亭笔谈》卷四，张鉴等《雷塘庵主弟子记》，《经籍籑诂》书前。
330	丁传经		浙江归安					1797年至1798年阮元任浙江学政时在幕，参纂《经籍籑诂》。		阮元《定香亭笔谈》卷四，《雷塘庵主弟氏》，《经籍籑诂》书前。
331	丁授经	字湘士，号莲庄	浙江归安					1797年至1798年阮元任浙江学政时在幕，参纂《经籍籑诂》。		阮元《定香亭笔谈》卷四，张鉴等《雷塘庵主弟氏》，《经籍籑诂》书前。

① 毕亨，原名以田，一名以珣。

续表

姓名	字号	籍贯	生卒	家境	功名	游幕前活动	游幕经历及幕中活动	出幕后活动	参阅文献
332 傅学灏		浙江萧山					1797年至1798年阮元任浙江学政时在幕，参纂《经籍籑诂》。		阮元《定香亭笔谈》卷四。张鉴等《雷塘庵主弟子记》，《经籍籑诂》书前。
333 何兰汀		浙江山阴					1797年至1798年阮元任浙江学政时在幕，参纂《经籍籑诂》。		阮元《定香亭笔谈》卷四。张鉴等《雷塘庵主弟子记》，《经籍籑诂》书前。
334 黄严		浙江萧山					1797年至1798年阮元任浙江学政时在幕，参纂《经籍籑诂》。		阮元《定香亭笔谈》卷四。张鉴等《雷塘庵主姓氏》，《经籍籑诂》书前。
335 梁祖恩		浙江钱塘					1797年至1798年阮元任浙江学政时在幕，参纂《经籍籑诂》。		阮元《定香亭笔谈》卷四。张鉴等《雷塘庵主姓氏》，《经籍籑诂》书前。
336 刘九华		浙江会稽					1797年至1798年阮元任浙江学政时在幕，参纂《经籍籑诂》。		阮元《定香亭笔谈》卷四。张鉴等《雷塘庵主姓氏》，《经籍籑诂》书前。
337 倪绶	字印楼号墨卿	浙江海宁					1797年至1798年阮元任浙江学政时在幕，参纂《经籍籑诂》。		阮元《定香亭笔谈》卷四。张鉴等《雷塘庵主姓氏》，《经籍籑诂》书前。

续表

	姓名	字号	籍贯	生卒	家境	功名	游幕前活动	游幕经历及幕中活动	出幕后活动	参阅文献
338	陆尧香		浙江钱塘					1797年至1798年阮元任浙江学政时在幕，参纂《经籍籑诂》。		阮元《定香亭笔谈》卷四。张鉴等《雷塘庵主弟子记》，《经籍籑诂》书前。
339	沈河斗		浙江临海					1797年至1798年阮元任浙江学政时在幕，参纂《经籍籑诂》。		阮元《定香亭笔谈》卷四。张鉴等《雷塘庵主弟子记》，《经籍籑诂》书前。
340	施彬		浙江萧山					1797年至1798年阮元任浙江学政时在幕，参纂《经籍籑诂》。		阮元《定香亭笔谈》卷四。张鉴等《雷塘庵主弟子记》，《经籍籑诂》书前。
341	孙凤起	字振云，号省斋	浙江嘉善					1797年至1798年阮元任浙江学政时在幕，参纂《经籍籑诂》。		阮元《定香亭笔谈》卷四。张鉴等《雷塘庵主弟子记》，《经籍籑诂》书前。
342	汤壎		浙江仁和					1797年至1798年阮元任浙江学政时在幕，参纂《经籍籑诂》。		阮元《定香亭笔谈》卷四。张鉴等《雷塘庵主弟子记》，《经籍籑诂》书前。
343	陶定山		浙江萧山					1797年至1798年阮元任浙江学政时在幕，参纂《经籍籑诂》。		阮元《定香亭笔谈》卷四。张鉴等《雷塘庵主弟子记》，《经籍籑诂》书前。

续表

	姓名	字号	籍贯	生卒	家境	功名	游幕前活动	游幕经历及幕中活动	出幕后活动	参阅文献
344	王端履	字小谷	浙江萧山			1814年进士		1797年至1798年阮元任浙江学政时在幕，参纂《经籍籑诂》。	官翰林院庶吉士	阮元《定香亭笔谈》卷四。张鉴等《雷塘庵主弟子记》，《经籍籑诂》书前。
345	吴东发		浙江海盐					1797年至1798年阮元任浙江学政时在幕，参纂《经籍籑诂》。		阮元《定香亭笔谈》卷四。张鉴等《雷塘庵主弟子记》，《经籍籑诂姓氏》，《经籍籑诂》书前。
346	吴克勤		浙江钱塘					1797年至1798年阮元任浙江学政时在幕，参纂《经籍籑诂》。		阮元《定香亭笔谈》卷四。张鉴等《雷塘庵主弟子记》，《经籍籑诂姓氏》，《经籍籑诂》书前。
347	张立本		浙江开化					1797年至1798年阮元任浙江学政时在幕，参纂《经籍籑诂》。		阮元《定香亭笔谈》卷四。张鉴等《雷塘庵主弟子记》，《经籍籑诂姓氏》，《经籍籑诂》书前。
348	赵春沂		浙江仁和					1797年至1798年阮元任浙江学政时在幕，参纂《经籍籑诂》。		阮元《定香亭笔谈》卷四。张鉴等《雷塘庵主弟子记》，《经籍籑诂姓氏》，《经籍籑诂》书前。
349	诸嘉乐		浙江仁和					1797年至1798年阮元任浙江学政时在幕，参纂《经籍籑诂》。		阮元《定香亭笔谈》卷四。张鉴等《雷塘庵主弟子记》，《经籍籑诂姓氏》，《经籍籑诂》书前。

续表

姓名	字号	籍贯	生卒	家境	功名	游幕前活动	游幕经历及幕中活动	出幕后活动	参阅文献
350 邵保初	字升泰,号东江	浙江归安					1797年至1798年阮元任浙江学政时在幕,参纂《经籍纂诂》。1800年至1804年阮元在浙江巡抚幕,以诗见赏。1807年至1808年受德清知县周绍濂聘,纂辑《德清县续志》。		阮元《定香亭笔谈》卷四。张鉴等《雷塘庵主弟子记》、《经籍纂诂》书前。阮元《揅经室椒堂西泠话别图》、《经籍四集》卷七。孙星衍《诂经精舍题名碑记》、《平津馆文稿》卷下。
351 潘学敏		浙江钱塘					1797年至1798年阮元任浙江学政时在幕,参纂《经籍纂诂》。1801年至1803年阮元在浙江巡抚幕,辑补《两浙䣝轩录》。		阮元《定香亭笔谈》卷四。张鉴等《雷塘庵主弟子记》、《经籍纂诂》书前。《两浙䣝轩录补遗凡例》、《两浙䣝轩录补遗》卷首。
352 林懋曾		江苏甘泉					1798年冬至1799年12月随臧庸在广东负责《经籍纂诂》的刊版复校。		阮元《定香亭笔谈》卷四。张鉴等《雷塘庵主弟子记》、《经籍纂诂》书前。
353 宋咸熙	字德咸,号小茗	浙江仁和					1798年阮元任浙江学政时在幕,参纂《经籍纂诂》。		阮元《定香亭笔谈》卷四。张鉴等《雷塘庵主弟子记》、《经籍纂诂》书前。
354 郑勋	字书常	浙江慈溪					1798年谢启昆任浙江布政使,延之入幕,纂修《史籍考》。		袁钧《吴山雅集第二图记》、《瞻衮堂集》卷六。(民国)《重修浙江通志稿》人物表(传)。

续表

	姓名	字号	籍贯	生卒	家境	功名	游幕前活动	游幕经历及幕中活动	出幕后活动	参阅文献
355	周治平		浙江天台					1799年前后在礼部侍郎阮元幕，助纂《畴人传》。		阮元《畴人传凡例》，《畴人传》卷首。
356	项塘	字金门，号秋子	浙江钱塘					1799年谢启昆任广西巡抚，延之入幕，为谢启昆咏史诗。		谢启昆《怀人诗二十首》，《树经堂诗续集》卷八《畴人传》，《清风堂草》下。
357	王尚廷	字若农	浙江嘉兴					1799年谢启昆任广西巡抚，延之入幕，纂修《广西通志》。		王昶《湖海诗传》卷四十二。
358	谈泰	字阶平、星符	江苏上元			1786举人	山阴县学教谕。	1799年在杭州为浙江巡抚阮元阅定镇之幕，约1800年至1801年客浙江巡抚阮元之幕，与谢启昆、阮元宾焦循互相订正古算学。		王永祥《焦理堂先生年谱》。赖贵三《焦循年谱新编》。阮元《畴人传凡例》，《畴人传》卷首。《清史列传》卷六九。
359	孙依真	字小岑	广西临桂					1800年后客广西巡抚谢启昆幕，为谢注咏史诗。		谢启昆《铜鼓亭草》，《树经堂诗续集》卷四至五。
360	查柟	字让之，号春山	浙江海宁					1800年前后在浙江巡抚阮元幕，修《两浙盐法志》。		丁申、丁丙《国朝杭郡诗三辑》卷十五。
361	姜遂登		浙江钱塘					1800年至1801年在阮元浙江巡抚幕，补纂《经籍籑诂》。		《经籍籑诂补遗姓氏》，《经籍籑诂》书前。
362	王瑜		江苏镇洋					1800年至1801年在阮元浙江巡抚幕，补纂《经籍籑诂》。		《经籍籑诂补遗姓氏》，《经籍籑诂》书前。
363	张元赓	字虬御，号石绮	安徽桐城		父官南路同知。		久困场屋，以九品需次广西。	嘉庆时选授广西巡抚谢启昆（1800—1802）之，纂修《广西通志》。	聘吏，以来归，门肯述。	（道光）《人物志·文苑》，《桐城续修县志》卷十六。汪福来《桐城文化志》。李金松《洪亮吉年谱》。胡度《粤西金石略叙》，《粤西金石略》卷首。

续表

姓名	字号	籍贯	生卒	家境	功名	游幕前活动	游幕经历及幕中活动	出幕后活动	参阅文献
364	汪廷楷	字式庵，号仰亭	江苏丹徒		1777年举人	金乡知县，谪戍伊犁。	1803年至1806年伊丰利将军松筠延入幕，主奏稿，纂修《伊犁总统事略》，著《西行草》。		马大正等整理《吴丰培边事题跋集》，（光绪）《丹徒县志》卷二十八《人物·宦绩》，星汉《清代西域诗研究》。
365	沈靖	字安成	江苏镇洋				1803年客王昶蒲褐山房，助编《湖海诗传》		（嘉庆）《太仓县志》卷二二，张慧剑《明清江苏文人年表》八年条。
366	徐云路	字楚万，号懒云	江苏昆山		诸生		1803年应王昶聘为参《湖海诗传》。	寄居吴门董蓉卿家	刘声木《苌楚斋随笔》，张慧剑《明清江苏文人年表》八年条。
367	范景福	字介兹	浙江仁和		优贡生		1803年在浙江巡抚阮元幕分纂《经郛》。		李慈铭《清画家诗史》，《春秋上律表序》，《左海文集》卷六。
368	顾述		江苏武进				1804年前在浙江巡抚阮元幕，助阮元衡文，并参校群经。		阮元《定香亭笔谈》卷一。
369	马怡孙	字和仲，号小药、悦卿	浙江仁和	父官太常。			1804年秋随马履泰视学陕甘，校阅文艺。		李濬之《清画家诗史》已上，钱实甫《清代职官年表》。
370	朱续	字楳士，一作题士	安徽泾县		廪贡生		1805年与洪亮吉等人订定志例，参与纂修《泾县志》。	宿州训导	阮文藻、赵懋曜等修《泾县续志》，卷三《文苑》，《洪亮吉年谱》嘉庆十年条，李金松《洪亮吉年谱》。

续表

	姓名	字号	籍贯	生卒	家境	功名	游幕前活动	游幕经历及幕中活动	出幕后活动	参阅文献
371	左煊	字春谷，号省庵。	安徽泾县			拔贡，曾蒙城教谕。		1805年与洪亮吉等人订定志例，与纂修《泾县志》。		（光绪）《重修安徽通志》卷二百二十；吕培等《洪北江先生年谱》嘉庆十年条；李松《洪亮吉年谱》嘉庆十年条。
372	江临泰	字棣荫，号云樵。	安徽全椒	年89卒。		诸生		1809年后齐彦槐任江苏金匮知县时延之佐幕。后齐彦槐引疾归，张作相复聘之，助编《翠微山房算学丛书》等算学书。		徐世昌《清儒学案小传》卷十三《丹邨学案·江先生临泰》。
373	周三燮	字南卿，号芙生。	浙江钱塘		家贫。	1830年岁贡		1811年春应江宁太守邓廷桢之招，校阅试卷。1812年至1815年客广东布政使曾燠幕，诗酒唱和。1815年至1816年应两广总将敕钴聘。1819年应两淮盐运使广泰聘，纂阳月课卷。		周三燮《抱玉堂集》卷一至卷八。
374	高培源	字师厚	江苏青浦			增贡生		1813年受聘至松江，与修《松江府志》。		（光绪）《青浦县志》卷一九。
375	邓立诚		江苏甘泉					1814年与校《全唐文》，别辑唐以前文，集为《三古八代全文》。		陈逢衡《该骚楼诗二集》卷二；张慧剑《明清江苏文人年表》嘉庆十九年条。

续表

	姓名	字号	籍贯	生卒	家境	功名	游幕前活动	游幕经历及幕中活动	出幕后活动	参阅文献
376	黄本骐	字伯良	湖南宁乡		少孤。	1808年举人		1814年至1815年应宜章令陈永图之聘，纂《宜章县志》。	城步县学训导	陈永图《三十六湾草庐序》，黄本骐《三十六湾草庐初编》卷首，《国朝耆献类征初编》卷二五九，李金松《洪亮吉年谱》。
377	郑谟	字元吉，号瘦山	江苏吴江		家世服贾。嘉庆时中落。	1810年举人	教谕。候选训导。	1815年至1818年秋客徐州道严烺幕，主云龙书院。		郑谟《海红花馆诗钞》卷七，董兆熊《郑先生墓志铭》，《续碑传集》卷七十八，严烺《海红花馆诗钞序》，《海红花馆诗钞》卷首，赵兰俪《江震人物志续》卷四。
378	张成孙	字彦惟	江苏武进		张惠言子。			1817年以李兆洛邀，入阮幕，众人共纂《东流县志》。		蒋彤《李申耆年谱》卷各，《清史列传》卷六十九。
379	许珩	字楚生	江苏仪征			诸生		1818年前后在两广总督阮元幕，校正《江苏诗征》。		阮元《江苏诗征序》，《揅经室二集》卷八，《清史列传》卷六十八。
380	陈善	字扶雅，号寿客	浙江钱塘			1801年举人	嘉善教谕。	1820年客安徽学政胡敬幕，校阅试文。曾应聘赴福建修志。		闵尔昌《碑传集补》卷四八《陈善传》，沈曾植《落帆楼文集》卷首，陈善《赠高雨衣序》，《落帆楼文集》卷六，胡珪《书衣府君年谱》，李金松《洪亮吉年谱》，张㧑之等《中国历代人名大辞典》。

二 乾嘉时期不同时段游幕学者的游幕地域与人次分布统计表

序号	时间段	京师	直隶	安徽	江苏	浙江	山西	河南	山东	江西	湖南	湖北	陕西	四川	云南	福建	广东	广西	贵州	新疆	甘肃	吉林	奉天	青海	台湾	琉球	小计	位次
1	1736—1740	6	4		6	1		1	2	1					1	1	4	1	1								31	15
2	1741—1745	5	2	1	8	3	1	1		1	2	2	1	3	1	1	2										31	15
3	1746—1750	7	1	1	19	4	3	3	1	4		2		3	1	2	2										52	13
4	1751—1755	14	5	5	21	4	4	1	3	3	1	4	2	1	1	1					1						68	10
5	1756—1760	8	1		17	5	2	2	3	1	4	3			1	1	2				1					1	54	12
6	1761—1765	2	3	1	7	2	5	1	2	2	1		1			4		1									24	17
7	1766—1770	2	2		1	6	2	4	2	1				2	4				1	1							34	14
8	1771—1775	11	1	19	2	12	1	5	3	1	1	3	3	2	6	3	5				1						73	9
9	1776—1780	7	3	3	13	16		9		1		2	15	2		3	1	1	1								77	8
10	1781—1785	13	6	4	9	10	1	17		8		19	20		2	4	5							1			82	4
11	1786—1790	6	1	1	11	3		1	14	6	1	18	2			1	3						1				86	3
12	1791—1795	3			14	19		1	5	5	1	10	2	2	1	1	2	5		2	1						82	4
13	1796—1800	10	1	6	11	94		1								1	3				1				1		160	1

续表

序号	时间段	京师	直隶	安徽	江苏	浙江	山西	河南	山东	江西	湖南	湖北	陕西	四川	云南	福建	广东	广西	贵州	新疆	甘肃	吉林	奉天	青海	台湾	琉球	小计	位次
14	1801—1805	5	1	16	30	44			3	3			2	1			1	3		3							112	2
15	1806—1810	4		6	30	16		3	5	5	2	1				2	6			1							82	4
16	1811—1815	7	3	4	30	6		2	2	2	3	4	5	1		1	4	1		1	2	1					79	7
17	1816—1820	2	2	9	14	2	1		1	2	2	6			1	1	14	2			6	1	1	1	1	1	61	11
合计	1736—1820	112	36	79	243	247	20	52	48	43	22	74	61	17	19	27	52	13	2	9	6	2	1	1	1	1	1188	
位次		3	11	4	2	1	14	7	9	10	13	5	6	16	15	12	7	17	20	18	19	20	22	22	22	22		

说明：游幕时间或游幕地域不明者未计入。

三　乾嘉时期游幕学者家庭出身状况统计表

出身	官宦					有功名	授徒	学者	业农	游幕	服贾	行医	仅知未仕	无记载	合计
	京官	藩台以上地方官	道员以下地方官	武职	官职不详										
游幕学者父辈所任最高官职与职业	王念孙（尚书）,马宗梿（太常）,赵怀玉（郎中）,汪沆（鸿胪）,胡虔（郎中）,王复（主事）,姜泰寿（翰林院编修）	孙尔准（巡抚）,王国栋（布政使）,许宗彦（都察）,董元度（学政）	庄肇奎（道员）,纪昀、秦恩复（知府）,袁钧、陆继辂、张元锡（同知）,欧阳格灿、舒位、方履籛（知州）,吴泰来（太守）,许乔林（运判）,仪克中（知事）,张九钺、高文照、孙星衍、章学诚、马宗琏、朱筠、彭兆荪、李赓芸、高垲、王玉澍、钱泰吉、吴王有煊（知县）,沈大成（县丞）,宋弼、邵晋涵、惠棟、朱理、董骥、霍中淳、梁章钜、鲁九皋（主簿）,祁韵士、洪颐煊、俞正燮、章九皋（教谕）,王昙仁（训导）,王欣（县吏）,汪辉祖（典吏）,黄桂仁,周中孚	刘廷楠（总兵）	左眉（父官福建）,陈楫（人）,陈昌齐（恩贡生）,徐养原（父官松）,姚世钰（父官蜀郡）,陈鳣、端木国瑚、魏成憲（诸生）,钱林（父官溟南）,冯汝骥（父官江苏）,魏源（父为官）	旷敏本、全祖望、周天度、陈黄中、赵一清、贾田祖、钱大昕、王鸣盛、周广业、吴兰庭、吴省钦、姚鼐、朱鸣韶、吴鼒、王鸣韶、段玉裁、张惠言、包世臣、钱受之（诸生）,周大业、王学浩、沈德潜、赵翼、徐燮、郑堃	陈寿祺、焦循、钱东樾、方东树、王昶、江沅、张惠、孙王歲、奥斯，周才	刘大樹、史震林	余萧客、吴定、洪亮吉、史晋芳、李富孙、陈文述、严观、姚堂、赵光、黄春乙生	江声、王义朴、万廷兰、戴震、程廷祚、凌廷堪、臧庸、金鹗、向治运、臧礼堂、朱春生、郑金制、汤金钊	顾广圻、张鉴	张元、顾陈垿、江永、朱稻孙、沈彤、丁杰、仑可培、沈可培、沈可培、徐镛、钱泳、严元照	人多不录	
人数（人）	10	7	42	1	6	10	18	13	2	11	14	2	12	232	380
百分比（%）	2.6	1.8	11.1	0.3	1.6	2.6	4.7	3.4	0.5	2.9	3.7	0.5	3.2	61.1	100

四　乾嘉时期游幕学者所在幕府的幕主姓名与官职情况统计表

序号	时间段	幕主姓名	幕主官职	在幕学者
1	1736—1740	顾琮	江苏巡抚	顾陈垿
		胤祉	诚亲王	顾陈垿
		张考	河南学政	王又朴
		杨超曾	广西巡抚	王孝咏
		任兰枝	礼部尚书	胡天游、齐召南
		阿里衮	果毅公	周大枢
		王恕	广东按察使	沈大成
		王恕	广东布政使	沈大成
		王恕	福建巡抚	沈大成、陈黄中
		王恕	浙江布政使	沈大成
		鄂弥达	两广总督	旷敏本
		顾琮	漕运总督	陈黄中
		孙嘉淦	湖广总督	陈黄中
		陈宏谋	天津分巡河道	汪沆
		李绂	八旗志书纂修	全祖望
		卢见曾	两淮盐运使	全祖望、陈撰
		崔纪	顺天学政	郑燮
		庆复	云南总督	迮云龙
		周霱	陕甘学政	沈祖惠
		沈昌宇	广东肇高学政	钱受谷
		谢某	太守	钱受谷
		黄叔琳	山东布政使	陈祖范、姚培谦
		孙嘉淦	直隶总督	夏敬渠
2	1741—1745	朱续晫	两淮都转运使	黄之隽
		雅尔哈善	苏州太守	李果
		金德瑛	江西学政	江永
		陶正中	山西布政使	王植
			吴江县令	沈彤
			震泽县令	沈彤
		任兰枝	礼部尚书	胡天游、齐召南
		王恕	广东布政使	沈大成
		王恕	福建巡抚	沈大成
		王恕	浙江布政使	沈大成

续表

序号	时间段	幕主姓名	幕主官职	在幕学者
2	1741—1745	王恕	广东按察使	沈大成
		施念曾	余姚县令	全祖望
		黄建	元和县令	王鸣盛
		潘思榘	浙江布政使	乔廷选
		蒋蔚	四川学政	张庚、吕煊
		庆复	云南总督	连云龙
		庆复	川陕总督	连云龙
		谢某	太守	钱受谷
		王安国	广东巡抚	孙泰溶
		叶士宽	道员	黄子云
		黄叔琳	兵部侍郎	顾镇
		邓钊	天津盐运使	廖景文
			江苏镇洋县	宋宾王
		王畹	宣化知府	吴可训
3	1746—1750		吴江县令	沈彤
			震泽县令	沈彤
			宗丞	胡天游
		王晋川	宁武太守	胡天游
		任兰枝	礼部尚书	胡天游、齐召南
		方观承	浙江巡抚	杭世骏
		卫哲治	淮安太守	吴玉搢、顾栋高、叶长扬、周振采、任瑗
		金秉祚	山阴县令	吴玉搢
		尹会一	江苏学政	刘大櫆
		潘思榘	浙江布政使	沈大成
		潘思榘	安徽巡抚	沈大成
		何煟	江南河库道	陈兆仑
		新柱	福州将军	汪沆
		新柱	湖广总督	汪沆
		永兴	湖广总督	汪沆
		高斌	南河总督	夏敬渠
		鄂弼	山西巡抚	姚世钰
		鄂容安	河南巡抚	姚世钰
		张师载	江西按察使	周天度、万廷兰
		姚立德	北捕通判	赵一清
		梁诗正	兵部尚书	万光泰

续表

序号	时间段	幕主姓名	幕主官职	在幕学者
3	1746—1750	彭家屏	江西布政使	张九钺
		刘统勋	大学士	赵翼、朱筠
		汪由敦	尚书	赵翼
		雷鋐	浙江学政	鲁皋、汪轫
		沈廷芳	东莱道	吴可训
		蓝应龙	上元县令	程廷祚、何梦篆、宁楷
		蒋蔚	四川学政	张庚、吕煊
		谢某	太守	钱受谷
		汪廷玙	安徽、江西、河南学政	苏加玉
		金秉祚	山阳县令	任瑗
		袁枚	江宁知县	王箴舆
		郑见龙	如皋知县	范景颐、周植
		邓钊	天津盐运使	廖景文
		凌存淳	恩平县令	周书
4	1751—1755		榆次县令	张元
		周景柱	礼部侍郎	朱稻孙
		雷鋐	江苏学政	陈鋐、姜恭寿
		雷鋐	浙江学政	汪轫
			兵部侍郎	胡天游
		钱之青	直隶总督	胡天游
			都转运使	胡天游
		田懋	河间知府	胡天游
		裘曰修、方观承、卢见曾、杜甲修、周景柱	蒲州知府	胡天游
		卢见曾	两淮盐运使	惠栋、吴玉搢、王嵩高、严长明、沈大成、宋弼、董元度、郑燮、蒋恭棐
		王继祖	通州知州	夏之蓉、丁有煜、范景颐、冒春荣
		秦蕙田	刑部尚书	吴玉搢
		李堂	湖州知府	张庚
		汪廷玙	安徽、江西、河南学政	苏加玉
		庄有恭	中丞	瞿源洙
			凤阳府	冒春荣
		姜炳璋	象山知县	冒春荣

续表

序号	时间段	幕主姓名	幕主官职	在幕学者
4	1751—1755	谢某	太守	钱受谷
		明德	四川布政使、甘肃布政使、山西巡抚	孙泰溶
		陈浩	湖北学政	刘大櫆、连云龙
		范时绶	湖南巡抚	旷敏本
		新柱	福州将军	汪沆
		潘思渠	浙江布政使	沈大成
		潘思渠	安徽巡抚	沈大成
		张师载	安徽巡抚	周天度
		胡宝瑔	山西巡抚	赵一清
		唐绥祖	山西按察使	赵一清
		秦蕙田	刑部尚书	顾我钧、王鸣盛、钱大昕、戴震、王昶
		徐景熹 叶仰高	福州太守 荆州太守	施廷枢 施廷枢
		申佑庵	织部	张九钺
		蒋溥	掌院学士	王鸣盛
		纪昀	翰林院庶吉士	戴震
		汪由敦	尚书	赵翼
		高斌	南河总督	钱大昕
		刘统勋	大学士	朱筠
		方观承	直隶总督	毕沅
		唐英	九江榷使	吴省钦
		董榕	九江太守	吴省钦
		王坦之	金山知县、武进知县	汪辉祖
		雷鋐	浙江学政	鲁皋
		胡文伯	常州知府、常熟督粮道	汪辉祖
		陈浩	湖北学政	朱志广
5	1756—1760	陈宏谋	江苏巡抚	邵泰
		卢见曾	两淮盐运使	程廷祚、吴玉搢、戴震、沈大成、宋弼、董元度、王昶、郑燮、刘星炜
		陈宏谋	陕西巡抚	范咸、王杰
		窦光鼐	浙江学政	刘大櫆、汪缙
		喀尔吉善	闽浙总督	汪沆
		新柱	将军	汪沆
		庄有恭	浙江巡抚	汪沆

续表

序号	时间段	幕主姓名	幕主官职	在幕学者
5	1756—1760	李钦斋	两广总督	汪沆
		龚未庵	冀宁道	赵一清
		秦蕙田	刑部尚书	顾我钧、王鸣盛
		王鸣盛	光禄寺卿	江声
		吕某	郴州刺史	张九钺
		王安国	吏部尚书	戴震
		李因培	江南学政	张熙纯
		尹继善	陕甘总督	王杰
		梁诗正	兵部尚书	王昶
		汪由敦	尚书	赵翼
		赫达色	武定知府	庄肇奎
		沈廷芳	山东按察使	庄肇奎
		周煌	册封琉球使节	王文治
		吴鸿	湖南学政	吴省钦
		陈浩	湖北学政	连云龙
		李治运	浙江按察使	连云龙
		刘吴龙	顺天学政	吴㮣
		李宗文	河南学政	方泽
		温如玉	湖北学政	方泽
		蒋溥	翰林院掌院学士	钱受谷
		吴达善	陕西巡抚	孙泰溶
		李南六	嘉兴太守	周大业
		明德	四川布政使、甘肃布政使、山西巡抚	孙泰溶
		胡文伯	常熟督粮道	汪辉祖
		魏廷夑	无锡知县	汪辉祖
		郑毓贤	长洲知县	汪辉祖
6	1761—1765	卢见曾	两淮盐运使	吴玉搢、戴震、郑燮
		方观承	直隶总督	赵一清
		秦蕙田	刑部尚书	顾我钧
		张宏燧	桂阳太守	邵玘
		李文耀	束鹿县令	张九钺
		宫懋让	诸城县令	李文藻
		纪昀	福建学政	李文藻、孙鲁、俞琪
		王杰	福建学政	孙鲁
		孙尔周	秀山知县	汪辉祖

续表

序号	时间段	幕主姓名	幕主官职	在幕学者
6	1761—1765		平湖知县	汪辉祖
		沈业富	顺天乡试分校	章学诚
		明瑞	将军	钱受谷
		李南六	同州知州	周大业
		罗典	四川学政	陆炳
		赵起杲	睦州知府	余集
7	1766—1770	王太岳	湖南按察使	曹学诗
		张宏燧	桂阳太守	邵玘
		方观承	直隶总督	戴震、余萧客、
		朱珪	晋藩（山西布政使）	戴震、段玉裁
		孙和相	汾州知府	戴震
		阿桂	云贵总督	王昶、赵文哲
		阿桂	定边右副将军	王昶、赵文哲
		阿里衮	征缅将军	赵翼
		傅恒	经略	赵翼
			贵州巡抚	庄肇奎
		胡德琳	历城县令	周永年、李文藻
		李学李	仁和知县	汪辉祖
			平湖知县	汪辉祖
		蒋志铎、战效曾	乌程知县	汪辉祖
		芮泰元	钱塘知县	汪辉祖
		李文藻	恩平知县	罗有高
		阿思哈嵩贵	河南巡抚	童钰
		傅恒	将军	钱受谷
		李因培	江南学政	赵文哲
		罗典	四川学政	陆炳
			山西安邑县	陆炳
		文绶	陕西巡抚	孙泰溶
		朱筠	武英殿编修	章学诚
		赵起杲	睦州知府	余集
		沈业富	太平知府	汪中
		潘恂	杭州道员	黄景仁
		王太岳	湖南臬台	黄景仁
		王杰、刘墉	大学士	胡量

续表

序号	时间段	幕主姓名	幕主官职	在幕学者
8	1771—1775	郑大进	湖南按察使	旷敏本
		沈业富	太平知府	贾田祖、洪亮吉、黄景仁
		何煟	河南巡抚	童钰
		李侯复	汾阳县令	戴震
			广东学使	檀萃
		任果、常德	番禺知县	檀萃
		阿桂	定边右副将军	王昶、赵文哲
		温福	云贵总督	王昶、赵文哲
		阿桂	云贵总督	王昶、庄肇奎、赵文哲
		朱筠	安徽学政	徐瀚、邵晋涵、黄景仁、汪端光、洪亮吉、王念孙、吴兰庭、庄炘、章学诚、高文照、汪中、张凤翔
		冯集梧	编修	吴兰庭
		朱筠等人	四库馆	王初桐、王念孙
		毕沅	陕西巡抚	杜昌意、严长明、孙星衍、胡量、庄炘、洪亮吉、钱坫、陈燮
		战效曾	嘉善知县、富阳知县、海宁知县	汪辉祖
		孙会中	宁绍台道	汪辉祖
		刘雁题	海宁知县	汪辉祖
		黄元伟	慈溪知县	汪辉祖
		钱大昕	广东学政	王鸣韶、钱大昭
			浙江学政	朱文藻
		庄存舆	河南学政	沈可培
		冯廷丞	宁绍道台	章学诚、汪中、
		刘长城	和州知州	章学诚
		袁鉴	常镇通道	洪亮吉
		陶易	江宁太守	洪亮吉
		王杰、刘墉	大学士	胡量
		张佩芳	歙县县令	刘大櫆
			太仓州	王宬、程穆衡
		傅德宣	山西高平知县	戴纯
		文绶	四川总督	孙泰溶
			四川宜宾县	陆炳
			仁和场大使	左辅
		黄登贤	山东学使	施福元
		纪昀	四库馆	柳先义

续表

序号	时间段	幕主姓名	幕主官职	在幕学者
		邵齐然	杭州知府	汪沆
		毕沅	陕西巡抚	程敦、杜昌意、吴泰来、孙星衍、胡量、洪亮吉、钱坫、严长明、庄炘、张壎、吴文溥、陈燮
		阿桂	云贵总督	王昶
		王燧	杭州知府	王文治
		刘雁题	平湖知县	汪辉祖
		兴德	乌程知县	汪辉祖
		王士昕	龙游知县	汪辉祖
		钱大昕	广东学政	王鸣韶
		洪朴	湖北学使	王嵩高
			泾阳知县	吴文溥
		彭元瑞	浙江学政	李惇
		伊龄阿、图明阿、朱子颖	两淮盐运使	黄文旸、吴定、李经、程枚、李纮、荆汝为
			南阳知府、大名郡守	沈可培
			运河道	沈可培
		周震荣	永清县令	章学诚
9	1776—1780	邵齐然	杭州知府	邵晋涵
		唐若瀛	余姚知县	邵晋涵
		王燧	杭州知府	钱坫
		章攀桂	江宁知府	汪中、孙星衍
		某公	总督、巡抚	汪中
		朱筠	武英殿编修	武亿
		朱筠	福建学政	徐钰、苏加玉
		王杰	浙江学政	洪亮吉
		刘权之	安徽学政	洪亮吉、孙星衍
		黄泽定	常州太守	洪亮吉
		孙溶	四库馆总校	洪亮吉
		查礼	四川按察使	洪亮吉
		程世淳	山东学政	黄景仁
		彭元瑞	浙江学政	杨芳灿
		杨懋珩	四库馆总校	杨芳灿
		许执中	仪征税课司大使	凌廷堪
		王复	偃师县令	童钰
		施诚	河南知府	童钰、孙枝荣、裴希纯

续表

序号	时间段	幕主姓名	幕主官职	在幕学者
9	1776—1780	王杰、刘墉	大学士	胡量
		文绶	四川总督	孙泰溶
		吴坛、闵鄂元	江苏巡抚	孙泰溶
		李南六	湖北盐道	周大业
		杨明	江都知府	周大业
		陆曜	山东按察使	王元文
			扬州盐政	沈起凤
			仁和场大使	左辅
			安徽学使	张师诚
		王昶	江西布政使	孙鲁
		朱珪	福建学政	苏加玉
		杜玉林	刑部侍郎	王复
		纪昀	四库馆	柳先义
10	1781—1785	杨宜仑	高邮太守	夏之蓉
		毕沅	陕西巡抚	王开沃、俞肇修、杜昌意、程晋芳、徐鏶庆、孙星衍、胡量、宋葆醇、黄景仁、赵魏、洪亮吉、严长明、张埙、庄炘、钱坫、王复、陈燮
		袁守侗	直隶总督	万廷兰
			浙闽总督	王昶、朱文藻
			浙江巡抚	王昶、朱文藻
			四库馆	周广业、洪亮吉、周斯才
		曹仁虎	学士	王初桐
		毕沅	河南巡抚	严长明、徐鏶庆、孙星衍、洪亮吉、钱坫、方正澍、王复、吴泰来、张九钺、孙泰溶
		杜玉林	刑部侍郎	王复
		王士昕	龙游知县	汪辉祖
		王士昕	归安知县	汪辉祖
		伊龄阿、图明阿	两淮巡盐御使	黄文旸、凌廷堪
			通永道	沈可培
			深州知县	沈可培
			保定知县	沈可培
		沈业富	太平府	顾九苞
		沈业富	山西运城河东盐运使	黄景仁
		张维祺	肥乡知县、大名知县	章学诚

序号	时间段	幕主姓名	幕主官职	在幕学者
10	1781—1785	陈琮	永定河道	章学诚
		郑沄	杭州知府	邵晋涵
		王昶	陕西按察使	赵魏、史善长
		冯光	藩台	史善长
		景如柏	道员	史善长
		杨卓	青浦知县	王昶、廖景文、王希伊
		王杰、刘墉	大学士	胡量
		董诰	大学士	王芑孙
		陈辉祖	浙闽总督	周大业
		全德	苏州织造	沈起凤
		胡高望	江西学政	魏成宪
		朱珪	福建学政	张腾蛟、苏加玉
			安徽学使	张师诚
		姜晟	刑部侍郎	张师诚
		朱筠	福建学政	苏加玉
		陆耀	湖南巡抚	徐坚
		黄钤	泰安知县	何有焕
		王应中	昆山知县	石韫玉
		宋恩仁	和州知县	石韫玉
		章维垣	四库馆总校	凌廷堪
		纪昀	四库馆	柳先义
11	1786—1790	陈松山	观察使	万廷兰
		张古余	端州知府	万廷兰
		毕沅	湖广总督	张舟、严观、江声、钱泳、马宗琏、徐鏊庆、左眉、梁玉绳、洪亮吉、汪中、方正澍、邵晋涵、王文治、章学诚
		毕沅	河南巡抚	章学诚、钱泳、凌廷堪、徐鏊庆、杨芳灿、孙星衍、汪端光、冯敏昌、洪亮吉、武亿、钱坫、方正澍、王复、张九钺
		王昶	云南布政使	余庆长
		李侍尧	闽浙总督	赵翼
		钱维乔	鄞县知县	钱大昕
			四库馆	周广业
		徐嗣曾	福建巡抚	吴文溥
		陆楣轩	福建学政	吴文溥

续表

序号	时间段	幕主姓名	幕主官职	在幕学者
11	1786—1790	万钟杰	台湾道员	吴文溥
		明兴、长麟	山东巡抚	沈可培
		李廷敬	常州太守	洪亮吉
		裴立纲	安徽学政	章学诚
		裴振	亳州知州	章学诚
		赵佑	学政	丁杰
		戴全德	两淮盐政	汪中
		王昶	陕西按察使	赵魏
		王昶	江西布政使	史善长、吴照
		王昶	云南布政使	余庆长
		管幹贞	漕运总督	赵怀玉
		刘种子	河南学政	赵怀玉
		孙士毅	两广总督	胡量
		翁方纲	江西学政	胡虔、凌廷堪
		宋恩仁	和州知县	石韫玉
		永龄	徐州知府	石韫玉
		周兴岱	广东学政	马宗琏、王学浩
		何某	淮北盐运使海州分司	凌廷堪
		庄炘	咸宁知县	孙星衍
		王杰、刘埔	大学士	胡量
		朱珪	浙江学政	汪中、黄钺
		邹炳泰	山东学使	吴宗元
		朱澜安	清河道	左辅
		周兴岱	侍讲学士	王学浩
		董诰	大学士	王芑孙
		刘秉恬	仓场侍郎	瞿培
		长麟	江苏巡抚	詹应甲
		史卓峰	漳州知府	瞿培
		王复	武陟令	陈燮
		杨卓	青浦知县	王昶、廖景文、王希伊
		谢墉	江苏学政	阮元
12	1791—1795		上高知县	万廷兰
		徐午	南昌知县	万廷兰
		朱珪	安徽巡抚	周广业
		毕沅	湖广总督	严观、王文治、臧庸、徐鲲庆、吴照、胡虔、史善长、邵晋涵、方正澍、吴文溥、章学诚、钱大昕、凌霄

续表

序号	时间段	幕主姓名	幕主官职	在幕学者
12	1791—1795	毕沅	山东巡抚	臧庸
		阮元	浙江巡抚	吴文溥、赵魏、袁钧
		惠龄	湖北巡抚	吴文溥
		阮元	山东学政	朱文藻、钱东垣、焦循、孙韶、乔椿龄、武亿、钱大昭、段松苓、何元锡
		翁方纲	山东学政	钱大昭
		姜晟	湖南巡抚	吴翌凤
		唐仲冕	江苏荆溪、吴江知县	何有焕
		窦光鼐	浙江学政	左辅
		郭可园	上海县令	左辅
			睿亲王	王芑孙
		福康安	两广总督	孙尔准
		奇丰额	江苏巡抚	孙尔准
		王复	武陟令	陈燮
		曾燠	两淮盐运使	陈燮
		王行俭	陕西南郑县令	周炳中
		长鳞	浙江巡抚	詹应甲
		长鳞	江苏巡抚	詹应甲
		祖京	两广布政使	孙尔准
		戈源	山西学政	刘廷楠、李燧
		周兴岱	广东学政	王学浩
		阮元	浙江学政	季尔庆、钱大昭、焦循、赵魏、王聘珍
		明兴、长麟	山东巡抚	沈可培
		惠龄	嘉兴郡守	沈可培
		田凤仪	浙江按察使	沈可培
		田凤仪	福建按察使	沈可培
		戴全德	两淮盐政	汪中
			杭州知府	汪中
		谢启昆	浙江按察使	王聘珍、胡虔、凌廷堪
		谢启昆	江南河库道	胡虔、凌廷堪
		翁方纲	山东学政	王聘珍
		顾长绂	浙江按察使	史善长
		先福	黄州知府	孙韶
		李亨特	绍兴知府、杭州知府	钱泳
		恽敬	富春知县	张惠言
		王杰	大学士	江藩
		吴秉韬	淮上道员	彭兆荪

续表

序号	时间段	幕主姓名	幕主官职	在幕学者
13	1796—1800	阮元	浙江巡抚	查楩、王瑜、姜遂登、邵保初、徐鲲、臧礼堂、方起谦、端木国瑚、陆继辂、孙同元、陈文述、朱为弼、王昶、高垲、李锐、顾廷纶、臧庸、何元锡、焦循、杨凤苞、张彦曾、孙星衍、陈鳣、孙韶、袁钧、吴文溥、王聘珍、赵魏、段玉裁、谈泰、许宗彦
		阮元	浙江学政	金廷栋、赵春沂、诸嘉乐、梁祖恩、吴克勤、陆尧香、潘学敏、倪绶、孙凤起、吴东发、丁传经、丁授经、何兰汀、刘九华、王端履、陶定山、傅学灏、黄严、施彬、沈河斗、张立本、汤燧、邵保初、吴文健、林懋曾、宋咸熙、陈焯、赵蕙荣、阮鸿、陈文述、徐鲲、端木国瑚、阮常生、阮亨、童槐、陆继辂、孙同元、陆耀遹、朱为弼、李锐、洪震煊、丁子复、周中孚、臧庸、赵坦、汪光爔、严杰、焦循、赵魏、王聘珍、朱文藻、丁杰、王豫、焦廷琥
		阮元	侍郎	周治平、陈文述、童槐、凌曙
		万承风	广东学政	李梦松
		毕沅	湖广总督（两湖制军）	严观、王嵩高、臧庸、史善长、徐鋆庆、钱大昕
		恽敬	富春知县	张惠言
		秦瀛	浙江按察使	吴兰庭
		伊瀞轩	山东巡抚	王初桐
		吴桓	嘉定知县	王初桐
		秦瀛	杭嘉湖道	胡虔
		宜绵	陕甘总督	庄炘
		田凤仪	福建按察使	沈可培
		朱珪	安徽巡抚	章学诚、包世臣、吴鼒
		曾燠	两淮盐运使	陆继辂、章学诚、吴照、王芑孙、陈鳣、吴鼒
		谢启昆	浙江布政使	项墉、王尚珏、郑勋、章学诚、张彦曾、邵志纯、陈鳣、胡虔、袁钧、钱大昭、王聘珍
		谢启昆	广西巡抚	张元辂、孙依真
		康基田	安徽布政使	吴定
		马慧裕	安徽巡抚	吴定
		孙镜渠	侍读	庄有可

续表

序号	时间段	幕主姓名	幕主官职	在幕学者
13	1796—1800	刘云房	大学士	庄有可
		左辅	合肥知县	庄有可
		成亲王	亲王	汪端光
		董诰	大学士	张士元
		张映玑	杭州督粮道	钱泳
		秦震钧	两浙转运使	钱泳
			郑亲王	钱泳、王芑孙
		王杰	大学士	江藩
		伊汤安	嘉兴知府	李富孙
		于鹏图	运判	李富孙
		吴秉韬	淮上道员	彭兆荪
			荆南戎幕	陆耀遹
		陈某	祭酒	包世臣
		明某	川楚左参赞	包世臣
			两淮盐政	汪端光
		刘权之	江南学政	柳先义
		刘钚之	浙江学政	谈泰
		孙星衍	山东督粮道	毕亨
		赵希璜	安阳知县	武亿
			江西新城	方东树
		宋镕	徽宁道	包世臣
		严荣	金华太守	王学浩
			睿亲王	王芑孙
		钱楷	广西学政	欧阳辂
		戴均元	安徽学政	汤金钊
		陈万青	陕甘学政	杨士燡
		揆为	四川布政使	杨士燡
		唐仲冕	吴江知县	翁广平
		邓鸣岗	两淮海州盐运分司通判	许乔林
		王朝梧	河间知府	舒位
		勒保	云贵总督	舒位
		通椿	湖南布政使	舒位
		策丹	山东运河道	王学浩
			衍圣公	黄文旸
		松筠	伊犁将军	汪廷楷

续表

序号	时间段	幕主姓名	幕主官职	在幕学者
14	1801—1805	阮元	浙江巡抚	王瑜、姜遂登、范景福、顾述、邵保初、徐鲲、孙同元、陈文述、程瑶田、朱为弼、陈寿祺、洪震煊、胡敬、李锐、陈鸿寿、顾廷纶、臧庸、何元锡、顾广圻、汪光爔、严杰、焦循、徐养原、孙星衍、孙韶、赵魏、王聘珍、吴定、段玉裁、黄文旸、朱文藻、张鉴、潘学敏
		邢澍	长兴知县	钱大昕、臧礼堂、钱大昭、瞿中溶
		曾燠	两淮盐运使	黄文旸、陆继辂、彭兆荪、陈燮
		额勒布	两淮盐政	洪亮吉
		李德淦	泾县知县	左煊、朱瑛、洪亮吉、赵绍祖、陈宝泉
		李廷敬	苏松太兵备道	赵怀玉、陆继辂
		松筠	伊犁将军	祁韵士、汪廷楷
		谢启昆	广西巡抚	胡虔、张元辂
		张祥云	庐州太守	孙星衍、顾广圻
		张祥云	皖南兵备道	严观
		勒保	四川总督	石韫玉
			成亲王	钱泳
		刘钚之	户部侍郎	钱泳
		刘钚之	江苏学政	胡敬
		刘钚之	浙江学政	谈泰
		姚文田	广东学政	严可均
		孙星衍	山东督粮道	严可均、洪颐煊、顾广圻
		伊秉绶	扬州太守	袁廷梼
		延丰	江苏盐政	李富孙、胡敬
		李坦	宁波知府	李富孙
		冯椒园	溧源知县	李富孙
		严荣	金华知府	李富孙
		张敦仁	扬州太守	顾广圻、李锐
		铁保	两江总督	顾廷纶
		那彦成	两广总督	陈鸿寿
			嘉定县令	瞿中溶
		邵自昌	福建学政	洪震煊
		庄吉逮	咸阳、大荔、蓝田、咸宁、潼关等县署	陆耀遹
		刘凤诰	山东学政	俞正燮

续表

序号	时间段	幕主姓名	幕主官职	在幕学者
14	1801—1805	马履泰	陕西学政	陈均、马怡孙
		唐仲冕	海州知州	许乔林
			天津县衙	舒位
			松江府	舒位
		叶继雯	会典馆总纂	俞正燮
		姚逢年	太平府知府	包世臣
15	1806—1810	雷学海	雷州知府	陈昌齐
		李德淦	泾县知县	洪亮吉、赵绍祖、洪饴孙
		鲁铨	宁国太守	洪亮吉、施晋、洪符孙
		伊秉绶	扬州太守	赵怀玉、臧庸、江藩、焦循、王豫
		松筠	伊犁将军	祁韵士
		松筠	两江总督	祁韵士、魏成宪
		先福	江西巡抚	孙韶
		阮元	浙江巡抚	严元照、杨芳灿、张鉴、王豫、臧庸、凌廷堪、秦恩复、阮亨
		阮元	侍郎	张鉴
		史积荣	江宁布政使	陈鹤
		阿克当阿	两淮盐政	姚文田、秦恩复
		陈荔峰	广东学政	钱林
		严荣	金华知府	李富孙
		严荣	杭州知府	李富孙
		孙星衍	山东督粮道	洪颐煊、臧庸、顾广圻、俞正燮
		胡克家	江苏布政使	顾广圻、彭兆荪
		胡克家	淮安郡守	彭兆荪
		刘凤诰	浙江学政	臧庸
		章子卿	仁和知县	臧庸
		铁保	两江总督	顾廷纶、陈文述、陈鸿寿
		潘世恩	江右学政	张鉴
			元和知县	李锐
			吴县知县	李锐
		曾燠	两淮盐运使	彭兆荪、陈燮
		曾燠	湖南按察使	邓显鹤
		英廉、长麟、戴衢亨	大学士	胡敬、包世臣
			郯城知县	陆继辂
		张师诚	福建巡抚	梁章钜

续表

序号	时间段	幕主姓名	幕主官职	在幕学者
15	1806—1810		江西九江太守	董士锡
		周绍濂	德清县令	邵保初、徐养原、许宗彦
		杨芳	湖南提督	俞正燮
		万承风	广东学政	李梦松
		吴甸华	安徽黟县知县	俞正燮
			浙江象山县	王学浩
		蒋攸铦	两广总督	魏成宪
		陈鸿寿	同知	汪家禧
		百龄	两广总督	姚莹
		邓廷桢	江宁太守	周三燮
		曾燠	广东布政使	周三燮
		齐彦槐、张作枏	江苏金匮知县	江临泰
		昭梿	礼亲王	舒位
			松江府	舒位
			饶州太守	董士锡
16	1811—1815	雷学海	雷州知府	陈昌齐
		那彦成	陕甘总督	祁韵士、陆耀遹
		那彦成	直隶总督	祁韵士
		阿克当阿	两淮盐政	孙星衍
		方绩	四川布政使	杨芳灿
		勒保	两江总督	石韫玉
		冯馨	高邮知州	钱泳
		陈鸿寿	溧阳知县	钮树玉
		廖寅	两淮盐政	秦恩复
		阮元	漕运总督	江藩、张鉴
		阮元	侍郎	严杰
		阮元	江西巡抚	张鉴
		汪廷珍	浙江学政	苏秉国
		黎世序	南河总督	苏秉国
		严荣	杭州知府	李富孙
		宋如林	宁郡太守	李富孙
		张荫庭	山阴县令	李富孙
		江岭德	三衢知县	李富孙
		那英	豫太守	李富孙
		孙星衍	山东督粮道	洪颐煊、钮树玉

续表

序号	时间段	幕主姓名	幕主官职	在幕学者
16	1811—1815	胡克家	江宁布政使	顾广圻、彭兆荪、洪饴孙
		严烺	湖北按察使	瞿培
		曾燠	广东布政使	顾日新
		严烺	同知	朱春生
		严烺	徐州道	朱春生、郑潢
		庆保	广西巡抚	欧阳辂
		秦晓峰	观察	顾日新
		陈希曾	江南学使	汪家禧
		陈鹤樵	广东学政	姚莹
		王蓬壶	长化令	姚莹
		郑家屏、陈若畴	湖北黄岗县令	谢荚
		李宗瀚	左副都御使	魏源
			松江府	高培源
			全唐文局	梅曾亮、吴蕱、邓立诚
		胡克家	安徽巡抚	彭兆荪、方东树、顾广圻
		潘世恩	江右学政	张鉴
		景忆山、巴哈布	湖南巡抚	瞿中溶
		翁元圻	藩台	瞿中溶
		杜堮	直隶学政	洪震煊
		张师诚	福建巡抚	陈寿祺、梁章钜
		朱勋、方维甸	陕西巡抚	陆耀遹
		魏襄	永宁知县	陆继辂
		吕某	江宁太守	方东树、严观、陈鹤、陈燮、黄乙生
		李銮宣	天津道	端木国瑚
		金光悌	刑部尚书	包世臣
		百龄	两江总督	包世臣
		潘锡恩	河道总督	包世臣
		蒋攸铦	两广总督	刘开、周三夔
		松筠	伊犁将军	徐松
		陈永图	宜章县令	黄本骐

续表

序号	时间段	幕主姓名	幕主官职	在幕学者
17	1816—1820	阮元	两广总督	许珩、仪克仲、陈昌齐、何治运、方东树、洪颐煊、谢兰生、江藩、凌曙、曾钊
		阮元	广西巡抚	李黼平
		阮元	江西巡抚	童槐、董士锡
		师禹门	梅州刺史	钱泳
		斌良	江苏督粮道	钱泳
		龚丽正	上海道	钮树玉
		姚文田	江苏学政	严可均
		陈鸿寿	溧阳知县	钮树玉
		林缙光	黄安知县	瞿培
		严烺	徐州道	朱春生、郑潢
		庆保	广西巡抚	欧阳辂
		沈道宽	鄡县知县	毛国瀚
			镇江府	钱泰吉
		马宣和	孝感知县	谢荚
		范牧亭	高城令	谢荚
		钱清履	浠川、沙羡县	谢荚
		贺长龄	山西学政	魏源
		汪协揆	左都御史	丁晏
		姚某	云南安宁知州	赵光
		杨平山	代抚	赵光
		广泰	两淮盐运使	周三夔
		师禹门	海州知州	许乔林
			安徽东流县	李兆洛、张成孙、方履籛
		蒋攸铦	两广总督	周三夔
		胡克家	江苏巡抚	彭兆荪、顾广圻
		胡克家	安徽巡抚	方东树
		林则徐	兵备道	彭兆荪
		孙让	怀远知县	李兆洛、董士锡
		康绍镛	广东巡抚	李兆洛
		巴哈布	湖南巡抚	瞿中溶
		翁元圻	藩台	瞿中溶
		汪廷珍	礼部尚书	金鹗
		沈琮	咸宁县令	陆耀遹
		沈琮	平定知州	陆耀遹

续表

序号	时间段	幕主姓名	幕主官职	在幕学者
17	1816—1820	陈若霖	广东巡抚	何治运
		陈若霖	浙江巡抚	何治运
		任寿世	亳州邑令	刘开
		松筠	伊犁将军	徐松
		斌某	江苏观察	冯登府
		胡敬	安徽学政	陈善
18	时间不明	卢见曾		王又朴
			畿南学政	张坝
		冯铃	湖南总督	陈黄中
		陈桂生	直隶巡抚	丁子复
		姚棻	江西布政使	丁杰
		毕沅	陕西巡抚	马振、董椿
		朱筠	学士	钱坫
		江颉云	道员	袁廷梼
		谭南忠	云南巡抚	余庆长
		李宗瀚	广西巡抚	邓显鹤
		钱清履	浠川、沙羡县	谢焭
			江西学政	方泽
		刘墉		沈祖惠
		周某	湖南巡抚	黄佳色
		周昌	河彰道	黄佳色
			陕西学使	陆新
			江宁布政司	凌霄
		卢见曾	两淮盐运使	倪炳
		乾隆中晚年	山西巡抚上海道	杜昌意
官职不明		刘文薇、汤焕亭	1787—1788	张九钺
		谭廷柱	1802—1803	洪亮吉
			1781	黄景仁
		觉罗桂芳	1804—1805	臧庸
		吴煊	1810—1811	臧庸
			1768—1770	纪昀
		阮元	1808—1816	王豫
		秦瀛	1812	张士元
		梁国治	1779	章学诚
			1776—1778 荆南	王嵩高

续表

序号	时间段	幕主姓名	幕主官职	在幕学者
		王昶	1796 陕西	王开沃
			1802—1805 江苏	彭兆荪、钱侗、沈靖、陶梁、徐云路、史善长、朱文藻
			1802 上海地方官	包世臣
			1819 山东济南	包世臣
		黄丕烈	1801 江苏	陈鸿寿、顾广圻
			1803 江苏	俞正燮
			1807—1810 河南汲县、辉县	俞正燮
		汪学金	1801 江苏	苏加玉
			1795 江苏	朱春生
			1796—1797 杭州、江西 1810—1813 武昌	顾日新
			1790—1809 江右、彭泽	瞿培
			1787 武昌	李燧、吴翌凤
			1748 闽滇	孙泰溶
			1739 江阴	吴槃
	官职不明		1805	钱兆鹏
			1748 江左、大梁	张庚
		蒋泰	1741 睢州	张庚
		秦恩复	1819	顾广圻
			1816 江苏	俞正燮
			1805—1806、1809 江苏	陈鳣
		黄丕烈	1814 江苏	陈鳣
		姚鼐	1807 江宁	方东树
			1810 洛阳	陆继辂
		顾之逵	1794 江苏	钮树玉
			1813、1816 江苏	孙星衍
		汪梧凤	1753 安徽	江永
		徐大椿	1742 江苏	沈彤
		吴定璋	1745 江苏	张埙
			1783 海宁	赵怀玉
			1785 通州	王芑孙
			1785 歙县	张惠言
			1751 昆明	张九钺

续表

序号	时间段	幕主姓名	幕主官职	在幕学者
			1782 扬州	童钰
		钱大昕	1793—1795	瞿中溶、李锐
		吴恒宣	1775	凌廷堪
			1791—1792 浙江，1812—1815 松江、仪征	舒位
			1789 河南	陈燮
			1788 广东，1815 扬州	黄乙生
		陈奂	1810—1812 江苏	江沅
		蒋重光	1737 长洲	沈德潜
	官职不明	项絪	1737 仪征	陈撰
		储大文	1744 南岳	瞿源洙
			1739 九江	顾栋高
			1748 两淮	冒春荣
		汪之衍	1755 如皋	王国栋
			1756 淮安，1764 扬州	史震林
			1783 杭州	戴纯
			1789 南昌	徐坚
			1787 山右	詹应甲
		孙星衍	1814—1816 江苏	严可均
			1799 江西新城	方东树
			1760—1761	王嵩高
	时、人、官三不明			杭世骏、汪端光、丁传、丁子复、石韫玉、段玉裁、杨士焞

主要参考征引文献[①]

《明神宗实录》，（台北）"中研院"历史语言研究所校印 1966 年版。
《清世宗实录》，中华书局 1985 年版。
《清高宗实录》，中华书局 1985 年版。
《清仁宗实录》，中华书局 1986 年版。
阿思哈、嵩贵等：《河南通志》，同治八年补刻本。
安东强：《清代学政规制与皇权体制》，社会科学文献出版社 2017 年版。
包世臣：《艺舟双楫》，中国书店 1983 年版。
包世臣：《中衢一勺》，广陵书社 2006 年版。
暴鸿昌：《朱筠与乾嘉学术风气》，《北方论丛》1997 年第 6 期。
鲍存良纂修：歙县《新馆鲍氏著存堂宗谱》，光绪元年木活字印本。
毕亨：《九水山房文存》，《清代诗文集汇编》，上海古籍出版社 2010 年影印本，第 451 册。
毕懋第纂修，郭文大续纂，王兆鹏增订：乾隆《威海卫志》，1929 年威海九华小学校刊本。
毕沅：《毕沅诗集》，杨焄校点，人民文学出版社 2015 年版。
毕沅：《关中金石记》，乾隆四十六年《经训堂丛书》刻本。
毕沅：《关中胜迹图志》，广陵书社 2003 年版。
毕沅：《晋书地理志新补正》，光绪间广雅书局刻本。
毕沅：《灵岩山馆文钞》，《清代诗文集汇编》，上海古籍出版社 2010 年影印本，第 370 册。

[①] 此目录所列为书中主要参考引用文献，依文献著者的音序排列，以便检核。所引二十四史及《清史稿》均为中华书局标点本，此目录中不再分列。引言所及有关晚清幕府、文人游幕与文学发展、幕府中的师爷等研究论著，视其与本书研究主旨的相关度，择要予以列入，余见注文。

毕沅：《灵岩山人诗集》，《续修四库全书》，上海古籍出版社 2002 年影印本，第 1450 册。

毕沅：《续资治通鉴》，中华书局 1957 年版。

毕沅：《中州金石记》，中华书局 1985 年版。

毕沅辑校：《吕氏春秋》，乾隆五十三年镇洋毕氏灵岩山馆刻本。

毕沅疏证：《释名疏证》，乾隆五十四年镇洋毕氏灵岩山馆刻本。

毕沅校注：《墨子》，乾隆四十八年至四十九年太仓毕氏校刊《经训堂丛书》本。

蔡长林：《从文士到经生——考据学风潮下的常州学派》，（台北）"中研院"中国文哲研究所 2010 年版。

蔡长林：《论清中叶常州学者对考据学的不同态度及其意义——以臧庸与李兆洛为讨论中心》，（台北）"中研院"中国文哲研究所编《中国文哲研究集刊》第 23 期，2003 年。

蔡呈韶、金毓奇修，胡虔、朱依真纂：《临桂县志》，嘉庆七年刻本。

蔡冠洛：《清代七百名人传》，中国书店 1984 年版。

蔡锦芳：《刘大櫆与徽州学术文化》，《中国典籍与文化》2002 年第 3 期。

曹江红：《惠栋与卢见曾幕府研究》，《中国史研究》2012 年第 1 期。

曹允源等编，王謇校补：《民国吴县志校补》，国家图书馆出版社 2014 年版。

曹之：《清代幕府著书述略》，《山东图书馆学刊》2011 年第 1 期。

曾燠：《赏雨茅屋诗集》，《清代诗文集汇编》，上海古籍出版社 2010 年影印本，第 456 册。

柴德赓：《清代学术史讲义》，商务印书馆 2013 年版。

常明修、杨芳灿等纂：嘉庆《四川通志》，扬州古籍书店 1986 年版。

常之英修，刘祖幹总纂：民国《潍县志稿》，1941 年刊本。

陈昌齐：《赐书堂集钞》，《清代诗文集汇编》，上海古籍出版社 2010 年影印本，第 406 册。

陈登原：《古今典籍聚散考》，上海书店 1993 年版。

陈逢衡：《读骚楼诗二集》，《清代诗文集汇编》，上海古籍出版社 2010 年影印本，第 525 册。

陈奉兹：《敦拙堂诗集》，《清代诗文集汇编》，上海古籍出版社 2010

年影印本，第 359 册。

陈谷嘉、邓洪波：《中国书院史资料》，浙江教育出版社 1998 年版。

陈鹤：《读书改过斋丛录》，文海出版社 1974 年版。

陈宏谋：《培远堂偶存稿》，《清代诗文集汇编》，上海古籍出版社 2010 年影印本，第 280—281 册。

陈宏谋等：《湖南通志》，乾隆二十二年刊本。

陈鸿森：《丁杰行实辑考》，《传统中国研究集刊》第 6 辑，2009 年。

陈鸿森：《段玉裁年谱订补》，《"中央研究院"历史语言研究所集刊》第 60 本第 3 分册，1989 年。

陈鸿森：《洪亮吉北江遗文辑存》，《中国文哲研究通讯》2013 年第 23 卷第 4 期。

陈鸿森：《马宗琏行年考》，《儒学与地域文化：徽学国际学术研讨会论文集》，合肥，2014 年 8 月。

陈鸿森：《强项无欲武虚谷——清代中州朴学第一名宿武亿学术述要（上）》，《中国经学》第 17 辑，2015 年。

陈鸿森：《清儒陈鱣年谱》，《"中央研究院"历史语言研究所集刊》第 62 本第 1 分册，1993 年。

陈鸿森：《阮元〈经籍籑诂〉纂修考》，《传统中国研究集刊》第 4 辑，2008 年。

陈鸿森：《阮元揅经室遗文辑存》（增订本），杨晋龙主编《清代扬州学术》，（台北）"中研院"中国文哲研究所 2005 年版。

陈鸿森：《臧庸年谱》，《中国经学》第 2 辑，2007 年。

陈奂：《师友渊源记》，《清代传记丛刊》，明文书局 1985 年影印本，第 29 册。

陈黄中：《东庄遗集》，《清代诗文集汇编》，上海古籍出版社 2010 年影印本，第 301 册。

陈建初、吴泽顺：《中国语言学人名大辞典》，岳麓书社 1997 年版。

陈居渊：《汉学更新运动研究——清代学术新论》，凤凰出版社 2013 年版。

陈居渊：《焦循阮元评传》，南京大学出版社 2006 年版。

陈居渊：《清代乾嘉学人书札与经学对话》，《理论学刊》2012 年第 10 期。

陈康祺：《郎潜纪闻初笔二笔三笔》，《清代史料笔记丛刊》本，中华书局 1984 年版。

陈康祺：《郎潜纪闻四笔》，《清代史料笔记丛刊》本，中华书局 1990 年版。

陈澧：《东塾杂俎》，中国书店 1985 年版。

陈梦雷等辑：《古今图书集成》，中华书局、巴蜀书社 1985 年版。

陈蕢纕、丁元正修，倪师孟、沈彤纂：乾隆《吴江县志》，江苏古籍出版社 1991 年版。

陈乃乾：《清代碑传文通检》，中华书局 1959 年版。

陈其元：《庸闲斋笔记》，中华书局 1989 年版。

陈生玺：《政书集成》，中州古籍出版社 1996 年版。

陈士镠：《明江南治水记》，《丛书集成新编》本，新文丰出版公司 1985 年版，第 91 册。

陈寿祺：《左海文集》，《清代诗文集汇编》，上海古籍出版社 2010 年影印本，第 499 册。

陈铁凡：《清代学者地理分布概述》，载吴宏一：《清代词学四论》，联经出版事业公司 1990 年版。

陈文和主编：《嘉定钱大昕全集》，江苏古籍出版社 1997 年版。

陈文述：《颐道堂文钞》，《续修四库全书》，上海古籍出版社 2002 年影印本，第 1505 册。

陈寅恪：《崔浩与寇谦之》，《岭南学报》1950 年第 1 期。

陈寅恪：《金明馆丛稿初编》，生活·读书·新知三联书店 2001 年版。

陈毓罴：《沈三白年谱》，《稽古拓新集》，成都出版社 1992 年版。

陈韵姗、徐德明：《清严可均事迹著述编年》，艺文印书馆 1995 年版。

陈鳣：《简庄文钞》，《续修四库全书》，上海古籍出版社 2002 年影印本，第 1487 册。

陈鳣：《经籍跋文》，《国家图书馆藏古籍题跋丛刊》第 5 册，北京图书馆出版社 2002 年版。

陈张翼纂修：乾隆《河源县志》，乾隆十年县署刊本。

陈祖武、朱彤窗：《乾嘉学派研究》，河北人民出版社 2005 年版。

陈祖武、朱彤窗：《乾嘉学术编年》，河北人民出版社2005年版。
陈祖武：《清代学术源流》，北京师范大学出版社2012年版。
陈祖武：《清儒学术拾零》，湖南人民出版社1999年版。
陈祖武等：《乾嘉名儒年谱》，北京图书馆出版社2006年版。
程国栋纂修：乾隆《嘉定县志》，乾隆七年刻本。
程遂营：《唐宋开封生态环境研究》，中国社会科学出版社2002年版。
戴名世：《戴名世集》，王树民编校，中华书局1998年版。
戴震：《戴震文集》，赵玉新点校，中华书局1980年版。
戴震：《东原文集》，《安徽丛书》第6期，安徽丛书编印处1936年影印。
丁喜霞：《〈清史稿艺文志拾遗〉著录钱大昭〈可庐著述十种〉辨正》，《中国经学》2018年第2辑。
丁喜霞：《基于数据库的〈广雅疏义〉与〈广雅疏证〉比较研究》，《河南大学学报》2018年第2期。
丁喜霞：《未刊稿抄本〈广雅疏义〉成书与流存考略》，《中国典籍与文化》2014年第4期。
丁喜霞：《臧庸及〈拜经堂文集〉整理研究》，中国社会科学出版社2016年版。
丁喜霞：《〈拜经日记〉校注》，中国社会科学出版社2020年版。
丁晏：《颐志斋文钞》，上虞罗氏校印雪堂丛刻本。
丁一鹏：《丁柘堂先生历年纪略》，《北京图书馆藏珍本年谱丛刊》，北京图书馆出版社1999年影印本，第147册。
董诰：《全唐文》，中华书局1983年版。
杜贵墀：《桐华阁文集》，《清代诗文集汇编》，上海古籍出版社2010年影印本，第698册。
杜维运：《学术与世变》，环宇出版社1971年版。
段玉裁：《戴东原先生年谱》，《安徽丛书》第6期，安徽丛书编印处1936年影印。
段玉裁：《经韵楼集》（附补编、年谱），钟敬华校点，上海古籍出版社2008年版。
法式善：《陶庐杂录》，涂雨公点校，中华书局1959年版。

范成大：《吴郡志附校勘记》，中华书局 1985 年版。

范耕研：《章实斋先生年谱》，文史哲出版社 1999 年版。

范金民：《明清江南进士数量、地域分布及其特色分析》，《南京大学学报》（哲社版）1997 年第 2 期。

范锴辑：《汉口丛谈》，江浦等校释，湖北人民出版社 1999 年版。

范旭仑、牟晓朋整理：《谭献日记》，《中国近代人物日记丛书》，中华书局 2013 年版。

方东树：《仪卫轩文集》，文听阁图书有限公司 2011 年版。

方汝翼等纂：光绪《增修登州府志》光绪七年刊本。

付金柱：《章学诚与〈史籍考〉》，《图书馆杂志》2003 年第 11 期。

傅惜华：《清代杂剧全目》，人民文学出版社 1981 年版。

傅振伦：《清朝目录学家章学诚》，《中国历史博物馆馆刊》1980 年第 2 期。

傅祚华：《〈畴人传〉研究》，《明清数学史论文集》，江苏教育出版社 1990 年版。

甘韩：《皇朝经世文新编》，光绪二十一年绛云斋书局。

高浣月：《清代刑名幕友研究》，中国政法大学出版社 2000 年版。

戈宙襄：《半树斋文》，《清代诗文集汇编》，上海古籍出版社 2010 年影印本，第 478 册。

葛士濬：《皇朝经世文新增续编》，光绪二十三年扫叶山房铅印本。

葛士濬：《皇朝经世文续编》，光绪十二四年上海书局石印本。

葛兆光：《清代学术史与思想史的再认识》，《中国典籍与文化》2012 年第 1 期。

耿锐：《〈国朝山左诗钞〉成书考略》，《重庆三峡学院学报》2017 年第 5 期。

耿文光：《万卷精华楼藏书记》，据山西省文献委员会编山右丛书初编本影印，国家图书馆出版社 1997 年版。

龚萼：《雪鸿轩尺牍》，大中书局 1933 年版。

龚嘉儁修、李榕纂：民国《杭州府志》，成文出版社 1922 年铅印本。

龚抗云：《湖南书院在湖湘文化形成中的重要作用》，王兴国、聂荣华主编：《湖湘文化纵横谈》，湖南大学出版社 1996 年版。

龚自珍：《龚定庵全集类编》，中国书店 1991 年版。

龚自珍：《龚自珍全集》，上海人民出版社1975年版。

辜天佑编：《湖南乡土地理教科书》第3册，群益书社、群智书社、作民译社，宣统二年版。

故宫博物院明清档案部编：《李煦奏折》，中华书局1976年版。

顾广圻：《顾千里集》，王欣夫辑，中华书局2007年版。

顾广圻：《思适斋集》，《清代诗文集汇编》，上海古籍出版社2010年影印本，第482册。

顾围：《钱大昭著作考》，《文教资料》2008年10月号上旬刊。

顾炎武：《亭林诗文集》，刘永翔校点，上海古籍出版社2012年版。

顾炎武：《天下郡国利病书》，黄坤、顾宏义校点，上海古籍出版社2012年版。

顾炎武著，黄汝成集释：《日知录集释》，栾保群校注，浙江古籍出版社2013年版。

顾沅辑：《乾坤正气集》，道光二十八年刻本。

顾祖禹：《读史方舆纪要》，中华书局2005年版。

桂馥：《晚学集》，《清代诗文集汇编》，上海古籍出版社2010年影印本，第389册。

桂林文物管理委员会编：《桂林石刻》，内部编印本。

郭伯恭：《四库全书纂修考》，商务印书馆1937年版。

郭棻：《学源堂文集》，《清代诗文集汇编》，上海古籍出版社2010年影印本，第79册。

郭康松：《清代考据学研究》，崇文书局2001年版。

郭琳：《略论清代的幕友》，《淮南师范学院学报》2005年第5期。

郭麐：《灵芬馆诗话》，杜松柏主编：《清诗话访佚初编》，第2册，新文丰出版公司1987年版。

郭麐：《灵芬馆杂著三编》，《清代诗文集汇编》，上海古籍出版社2010年影印本，第485册。

郭起元：《介石堂集》，北京出版社2000年版。

郭润涛：《官府、幕友与书生——"绍兴师爷"研究》，中国社会科学出版社1996年版。

郭润涛：《清代幕府的类型与特点》，《贵州社会科学》1992年第11期。

郭润涛：《试论"绍兴师爷"的区域社会基础》，《中国社会经济史研究》1991年第4期。

郭润涛：《试析清代幕业经济生活状况》，《中国社会经济史研究》1996年第4期。

郭润涛：《中国幕府制度的特征、形态和变迁》，《中国史研究》1997年第1期。

郭松义：《清代地方志的纂修》，《中国地方志通讯》1984年第2期。

郭松义：《清代政治与社会》，中国社会科学出版社2015年版。

郭嵩焘：《郭嵩焘日记》，湖南人民出版社1981年至1983年版。

郭文娟：《毕沅及其幕僚对陕西的文化贡献》，《西安文理学院学报》2005年第1期。

国史馆：《清史列传》，王钟翰点校，中华书局1987年版。

杭世骏：《道古堂文集》，《清代诗文集汇编》，上海古籍出版社2010年影印本，第282册。

杭世骏：《诸史然疑》，《丛书集成初编》本，中华书局1936年版。

郝懿行：《尔雅义疏》，上海古籍出版社1983年影印郝氏家刻本。

郝懿行：《晒书堂文集》，《清代诗文集汇编》，上海古籍出版社2010年影印本，第449册。

何怀宏：《选举社会及其终结——秦汉至晚清历史的一种社会学阐释》，生活·读书·新知三联书店1998年版。

何家琪：《天根文钞》，《清代诗文集汇编》，上海古籍出版社2010年影印本，第752册。

何九盈：《中国古代语言学史》，商务印书馆2013年版。

何龄修、张捷夫：《清代人物传稿》，辽宁人民出版社1988年版。

何晏集解，皇侃义疏：《论语集解义疏》，上海商务印书馆1937年版。

贺长龄等编：《清经世文编》，中华书局1992年版。

贺治起、吴庆荣：《纪晓岚年谱》，书目文献出版社1993年版。

洪亮吉：《补三国疆域志》，乾隆四十九年经训堂刻本。

洪亮吉：《洪亮吉集》，刘德权点校，中华书局2001年版。

洪亮吉：《乾隆府厅州县图志》，光绪二十三年三味书室刊本。

洪迈：《容斋随笔》，穆公校点，上海古籍出版社2015年版。

洪璞：《明代以来太湖南岸乡村的经济与社会变迁——以吴江县为中心》，中华书局2005年版。

洪颐煊：《管子义证》，嘉庆道光间临海洪氏刻《传经堂丛书》本。

洪颐煊：《筠轩诗钞》，《清代诗文集汇编》，上海古籍出版社2010年影印本，第479册。

洪颐煊：《筠轩文钞》，《清代诗文集汇编》，上海古籍出版社2010年影印本，第479册。

洪颐煊：《平津读碑记》，《续修四库全书》，上海古籍出版社2002年影印本，第905册。

侯爱敏、居易、袁中金：《苏州人居环境建设中创业文化氛围的培育》，《地域研究与开发》2004年第3期。

侯冬：《毕沅幕府与乾隆后期诗坛》，《中南大学学报》2015年第2期。

侯冬：《曾燠幕府雅集与乾嘉之际文人心态》，《西北师大学报》2012年第6期。

侯冬：《乾嘉幕府对清代文学之影响》，《北方论丛》2013年第2期。

侯冬：《乾嘉幕府与文学研究——以卢见曾、毕沅、曾燠、阮元幕府为例》，博士学位论文，西北师范大学，2012年。

侯冬：《清代中期艺文幕府著书与乾嘉学术》，《图书与情报》2014年第2期。

侯婕：《清段玉裁、顾广圻相争始末》，《经学文献研究集刊》第18辑，2017年。

胡承谋纂修：乾隆《湖州府志》，乾隆四年刊本。

胡克家：《文选考异》，嘉庆顾修辑刊《读画斋丛书》本。

胡虔：《柿叶轩笔记》，《续修四库全书》，上海古籍出版社2002年影印本，第1158册。

胡适：《〈水经注〉校本的研究》，《中华文史论丛》1979年第2辑。

胡适著、姚名达订补：《章实斋先生年谱》，《胡适文集》，北京大学出版社2013年第2版，第7册。

胡源、褚逢椿同订：《梅溪先生年谱》，《北京图书馆藏珍本年谱丛刊》，北京图书馆出版社1999年影印本，第122册。

胡韫玉：《包慎伯先生年谱》，《包世臣全集》附，黄山书社1991

年版。

胡宗宪：《筹海图编》，嘉靖四十一年刻本。

胡宗宪修，薛应旗纂：嘉靖《浙江通志》，《天一阁藏明代方志选刊续编》本。

许承尧：《歙事闲谭》，黄山书社 2001 年版。

许隽超：《黄仲则年谱考略》，上海古籍出版社 2008 年版。

许檀：《明清时期山东商品经济的发展》，中国社会科学出版社 1998 年版。

许同莘：《公牍学史》，档案出版社 1989 年版。

许瑶光修，吴仰贤等纂：光绪《嘉兴府志》，国家图书馆出版社 2016 年版。

许宗彦：《鉴止水斋集》，《续修四库全书》，上海古籍出版社 2002 年影印本，第 1492 册。

华喆：《段玉裁、顾千里"西郊"、"四郊"之争再研究》，《文史》2018 年第 4 期。

黄爱平：《清代汉学流派研究的历史考察及其评析》，《中国文化研究》2008 年秋之卷。

黄成林：《徽州文化地理研究》，安徽师范大学出版社 2017 年版。

黄俶成：《论两淮盐业经济对清代学术文化的影响》，《江海学刊》2001 年第 3 期。

黄景仁：《两当轩集》，李国章标点，上海古籍出版社 1983 年版。

黄开国：《经学辞典》，四川人民出版社 1993 年版。

黄强：《论焦循与八股文》，《清史论丛》2013 年号。

黄庆雄：《阮元辑书刻书考》，花木兰文化出版社 2007 年版。

黄廷鉴：《第六弦溪文钞》，《清代诗文集汇编》，上海古籍出版社 2010 年影印本，第 475 册。

黄文相：《王西庄先生年谱》，《辅仁学志》1947 年第 1、2 期合刊。

黄秀文：《中国年谱辞典》，百家出版社 1997 年版。

黄濬：《花随人圣庵摭忆》，中华书局 2008 年版。

黄逸之：《黄仲则年谱》，台湾商务印书馆 1980 年版。

黄云眉：《邵二云先生年谱》（书名题《清邵二云先生晋涵年谱》），《新编中国名人年谱集成》第 17 辑，台湾商务印书馆 1982 年版。

黄之隽：《唐堂集》，乾隆六年序刻本。

黄宗羲：《明夷待访录》，浙江古籍出版社 1985 年版。

惠栋：《松崖笔记》，刘世珩辑《聚学轩丛书》，广陵书社 2009 年影印本。

惠周惕、惠士奇、惠栋：《东吴三惠诗文集》，漆永祥点校，（台北）"中研院"中国文哲研究所 2006 年版。

姬国君：《从学术生态视角看当代大学学术功利主义》，《思想战线》2015 年增刊。

佶山修，章渠纂，方浚颐续纂：嘉庆《两淮盐法志》，《扬州文库》第 1 辑，广陵书社 2015 年版。

纪黄中纂修：《仪封县志》，1935 年铅印本。

计六奇：《明季南略》，任道斌、魏得良点校，中华书局 1984 年版。

纪昀：《纪晓岚文集》，孙致中等校点，河北教育出版社 1991 年版。

纪昀：《阅微草堂笔记》，中国戏剧出版社 2002 年版。

贾田祖：《贾稻孙集》，《清代诗文集汇编》，上海古籍出版社 2010 年影印本，第 333 册。

江藩：《国朝汉学师承记》，钟哲整理，中华书局 1993 年版。

江藩著，漆永祥笺释：《汉学师承记笺释》，上海古籍出版社 2006 年版。

江凌：《清代两湖地区的出版业》，中国书籍出版社 2011 年版。

江庆柏：《广雅批校本考略》，《文教资料》1986 年第 1 期。

江庆柏：《明清苏南望族文化研究》，南京师范大学出版社 1999 年版。

江永：《乡党图考》，学苑出版社 1993 年版。

姜亮夫：《历代人物年里碑传综表》，中华书局 1959 年版。

姜守鹏：《明清北方市场研究》，东北师范大学出版社 1996 年版。

蒋启雄等修、汪士铎等纂：《续纂江宁府志》，光绪六年刊本。

蒋天枢：《全谢山先生年谱》，商务印书馆《中国史学丛书》本，1932 年版。

蒋彤：《武进李先生年谱》，台湾商务印书馆 1981 年版。

焦循：《焦循诗文集》，刘建臻点校，广陵书社 2009 年版。

焦循：《里堂家训》，《续修四库全书》，上海古籍出版社 2002 年影印本，第 951 册。

金鼎寿：《桐城续修县志》，道光七年刊本。

金恩辉、胡述兆：《中国地方志总目提要》，汉美图书有限公司 1996 年版。

金家恒：《徽州朴学成因考释》，《黄山高等专科学校学报》2001 年第 1 期。

金敬娥：《清代游幕与小说家的视野》，《四川师范大学学报》2010 年第 2 期。

金天翮：《皖志列传稿》，成文出版社有限公司 1974 年版。

金兆燕：《国子先生全集》，《清代诗文集汇编》，上海古籍出版社 2010 年影印本，第 344 册。

金兆燕：《棕亭古文钞》，嘉庆十二年至道光十六年全椒金氏赠云轩刊《国子先生全集》本。

金之俊：《金文通公集》，《清代诗文集汇编》，上海古籍出版社 2010 年影印本，第 8 册。

康熙：《圣祖仁皇帝御制文集》，《景印文渊阁四库全书》，台湾商务印书馆 1986 年版，第 1298 册。

柯愈春：《清人诗文集总目提要》，北京古籍出版社 2001 年版。

孔尚任：《孔尚任诗文集》，中华书局 1962 年版。

昆冈等修，刘启瑞等纂：《钦定大清会典事例》，《续修四库全书》，上海古籍出版社 2002 年影印本，第 798—814 册。

来新夏：《近三百年人物年谱知见录》（增订本），中华书局 2010 年版。

赖贵三：《焦循年谱新编》，里仁书局 1994 年版。

雷平：《近十年来大陆乾嘉考据学研究综述》，《史学月刊》2004 年第 1 期。

李春光纂：《清代名人轶事辑览》，中国社会科学出版社 2004 年版。

李慈铭：《越缦堂读书记》，中华书局 1963 年版。

李慈铭：《越缦堂诗文集》，上海古籍出版社 2008 年版。

李调元：《函海》，人民出版社 2012 年影印本。

李调元：《童山诗集》，《清代诗文集汇编》，上海古籍出版社 2010 年影印本，第 384 册。

李斗：《扬州画舫录》，《清代史料笔记丛刊》，中华书局 1960 年版。

李昉等：《太平御览》，中华书局 1960 年版。

李果：《在亭丛稿》，《清代诗文集汇编》，上海古籍出版社 2010 年影印本，第 244 册。

李亨特、平恕等：《绍兴府志》，乾隆五十七年刻本。

李鸿章等：《湖南通志》，光绪十一年刊本。

李鸿章等：《畿辅通志》，宣统二年石印本。

李桓辑：《国朝耆献类征初编》，《清代传记丛刊》，明文书局 1985 年影印本，第 155 册。

李金华：《毕沅及其幕府的史学成就》，博士学位论文，南开大学，2010 年。

李金华：《史籍考编纂问题新探——周震荣上李观察书考析》，《文献》2013 年第 1 期。

李金松：《洪亮吉年谱》，人民出版社 2015 年版。

李金松：《乐钧卒年辨》，《书品》2014 年第 1 辑。

李敬修纂修：《费县志》，光绪二十二年刊本。

李濬之：《清画家诗史》，浙江人民美术出版社 2014 年版。

李灵年、杨忠：《清人别集总目》，安徽教育出版社 2000 年版。

李铭皖等修，冯桂芬等纂：光绪《苏州府志》，光绪八年刊本。

李庆：《新订顾千里年谱》，上海古籍出版社 1989 年版。

李瑞豪：《乾嘉时期幕主的欧苏情结与幕府文学》，《北方论丛》2008 年第 5 期。

李堂纂修：乾隆《湖州府志》，乾隆二十三年刊本。

李卫等修、陆奎勋等纂：《浙江通志》，乾隆元年刊本。

李文藻：《南涧文集》，中华书局 1985 年版。

李详：《愧生丛录》（原作《媿生丛录》），江苏古籍出版社 2000 年版。

李详：《药里慵谈》，江苏古籍出版社 2000 年版。

李心传：《建炎以来系年要录》，上海古籍出版社 1992 年版。

李学勤：《十三经注疏》（整理本），北京大学出版社 2000 年版。

李永贤：《文选旁证研究》，硕士学位论文，河南大学，2000 年。

李遇孙：《金石学录》，道光二年序刊本。
李元度：《国朝先正事略》，岳麓书社2008年版。
李岳瑞：《春冰室野乘》，山西古籍出版社1995年版。
李兆洛：《骈体文钞》，殷海国、殷海安校点，上海古籍出版社2001年版。
李兆洛：《养一斋文集》，《清代诗文集汇编》，上海古籍出版社2010年影印本，第493册。
李肇：《唐国史补》，中华书局1991年版。
李志茗：《规模·能量·影响——李鸿章幕府与曾国藩幕府之比较》，《社会科学》2002年第11期。
李志茗：《离异与回归——中国幕府制度的嬗变》，《史林》2008年第5期。
李宗侗：《赵东潜年谱稿》，《李宗侗文史论集》，中华书局2011年版。
李祖年修，于霖逢纂：光绪《文登县志》，1933年铅印本。
李祖陶：《国朝文录》，道光十九年瑞州府凤仪书院刊本。
梁结玲：《士子游幕与乾嘉文学》，《中南民族大学学报》2014年第3期。
梁启超：《清代学术概论》，朱维铮校订，中华书局2011年版。
梁启超：《饮冰室文集》，北京日报出版社2020年版。
梁启超：《中国近三百年学术史》，东方出版社1996年版。
梁玉绳：《清白士集》，道光六年跋钱塘梁氏刻本。
梁章钜：《浪迹三谈》，刘叶秋、苑育新校，福建人民出版社1985年版。
梁章钜：《南省公余录》，光绪年间刊本。
梁章钜：《退庵随笔》，江苏广陵古籍刻印社1995年版。
梁章钜：《退庵自订年谱》，中华书局1981年版。
梁章钜：《文选旁证》，穆克宏点校，福建人民出版社2000年版。
廖腾煃修，汪晋征纂：康熙《休宁县志》，康熙三十二年刻本。
林存阳：《〈史籍考〉编纂始末辨析》，《故宫博物院院刊》2006年第1期。
林存阳：《乾嘉四大幕府研究》，中国社会科学出版社2016年版。

林存阳：《三礼馆：清代学术与政治互动的链环》，社会科学文献出版社 2008 年版。

林存阳：《史籍考编纂始末辨析》，《故宫博物院院刊》2006 年第 1 期。

林东进：《陈寿祺学术年表》，《闽江学院学报》2009 年第 1 期。

林国赓总纂：《新宁县志》，光绪十九年刊本。

林苏门：《邗江三百吟》，《清代诗文集汇编》，上海古籍出版社 2010 年影印本，第 799 册。

林苏门：《续扬州竹枝词》，卢桂平主编：《扬州文库》第 2 辑，广陵书社 2015 年版，第 55 册。

林香娥：《盛衰之际——乾隆后期士人思想动态研究》，博士学位论文，浙江大学，2004 年。

凌林煌：《曾国藩幕府成员之量化分析》，《思与言》第 33 卷，1995 年第 4 期。

凌廷堪：《校礼堂文集》，王文锦点校，中华书局 1998 年版。

刘承幹《胥石诗文存》，1921 年吴兴刘氏嘉业堂刊本。

刘大櫆：《刘大櫆集》，上海古籍出版社 1990 年版。

刘贵华：《三种大学学术生态模式的比较》，《教育发展研究》2005 年第 19 期。

刘墨：《乾嘉时期的学术赞助》，《徐州师范大学学报》2005 年第 2 期。

刘墨：《乾嘉学术十论》，生活·读书·新知三联书店 2006 年版。

刘盼遂：《段玉裁先生年谱》，北平来熏阁书店 1936 年版。

刘盼遂：《高邮王氏父子年谱》，《北平女师大学术季刊》1930 年第 3 期。

刘声木：《苌楚斋随笔》，中华书局 1998 年版。

刘寿曾：《传经堂文集》，《清代诗文集汇编》，上海古籍出版社 2010 年影印本，第 737 册。

刘寿曾：《传雅堂文集》，《清代诗文集汇编》，上海古籍出版社 2010 年影印本，第 737 册。

刘台拱：《刘端临先生遗书》，道光十四年世德堂刊本。

刘台拱等：《宝应刘氏集》，张连生、秦跃宇点校，广陵书社 2006

年版。

刘晚荣：《述古丛钞》，同治辛未臧修书屋刻本。

刘维波：《毕沅与金石学研究——以〈关中金石记〉为中心》，硕士学位论文，陕西师范大学，2009年。

刘献廷：《广阳杂记》，汪北平、夏志和点校，《历代史料笔记丛刊》本，中华书局1957年版。

刘小方：《古蜀栈道》，《百科知识》2011年第19期。

刘应钶修，沈尧中纂：万历《嘉兴府志》，嘉兴市地方志办公室编校，上海古籍出版社2013年版。

刘禺生：《世载堂杂忆》，钱实甫点校，中华书局1960年版。

刘毓崧：《通义堂文集》，《清代诗文集汇编》，上海古籍出版社2010年影印本，第670册。

刘则永、李金昭：《二十世纪的中国幕府研究》，《东南学术》2001年第4期。

柳诒征：《江苏书院志初稿》，《中国历代书院志》第1册，江苏教育出版社1995年版。

卢辩注：《大戴礼记》，乾隆二十一年德州卢氏《雅雨堂丛书》本。

卢桂平主编：《扬州文库》，广陵书社2015年版。

卢见曾：《国朝山左诗钞》，乾隆二十三年雅雨堂刊本。

卢见曾：《雅雨堂诗文遗集》，道光二十年德州卢氏家刊本。

卢见曾：《雅雨堂文集》，《清代诗文集汇编》，上海古籍出版社2010年影印本，第268册。

卢见曾等：《雅雨堂藏书》，乾隆二十一年刻本。

卢文弨：《抱经堂文集》，王文锦点校，中华书局1990年版。

陆德明著，黄焯汇校：《经典释文汇校》，中华书局2006年版。

陆继萼修，洪亮吉纂：乾隆《登封县志》，中州古籍出版社2007年版。

陆继辂：《合肥学舍札记》，《续修四库全书》，上海古籍出版社2002年影印本，第1157册。

陆平舟：《官僚、幕友、胥吏——清代地方政府的三维体系》，《南开学报》2005年第5期。

陆平舟：《清代幕友修志论略》，《南开学报》1996年第1期。

陆心源等修、丁宝书等纂：《归安县志》，光绪八年刊本。

陆耀：《切问斋集》，《清代诗文集汇编》，上海古籍出版社 2010 年影印本，第 352 册。

陆耀遹：《双白燕堂诗集》，《清代诗文集汇编》，上海古籍出版社 2010 年影印本，第 500 册。

陆耀遹：《双白燕堂文集》，《清代诗文集汇编》，上海古籍出版社 2010 年影印本，第 500 册。

陆以湉：《冷庐杂识》，中华书局 1984 年版。

罗炳良：《清代乾嘉历史考证学研究》，北京图书馆出版社 2007 年版。

罗炳绵：《清代学术论集》，食货出版社 1978 年版。

罗炳绵：《史籍考修纂的探讨》（上下），《新亚学报》第 6 卷第 1 期、第 7 卷第 1 期，1964 年至 1965 年。

罗继祖：《程易畴先生年谱》，上虞罗氏墨缘堂石印《愿学斋丛刊》本，1936 年版。

罗继祖：《朱笥河先生年谱》，台湾商务印书馆 1981 年版。

罗振玉辑：《高邮王氏遗书》，江苏古籍出版社 2000 年版。

罗振玉辑：《昭代经师手简二编》，《罗雪堂先生全集》，大通书局 1973 年版，第 13 册。

吕调元、刘承恩等纂：《湖北通志》，商务印书馆 1934 年版。

吕培等：《洪北江先生年谱》，《万有文库》本《洪北江诗文集》卷首。

马其昶：《桐城耆旧传》，彭君华校点，黄山书社 2013 年版。

马其昶等：《桐城扶风马氏族谱》，1929 年铅印本。

马曰琯：《沙河逸老小稿》，《清代诗文集汇编》，上海古籍出版社 2010 年影印本，第 265 册。

马宗霍：《中国经学史》，上海书店 1984 年版。

马宗琏：《校经堂诗钞》，道光十六年可久处斋刊本。

麦仲贵：《明清儒学家著述生卒年表》，学生书局 1977 年版。

毛庆善、季锡畴：《黄仲则先生年谱》，黄景仁：《两当轩集》附录三。

梅体萱等纂：《南城县志》，同治十二年刊本。

孟凡港：《〈山左金石志〉纂修考》，《北华大学学报》（社会科学版）2015年第3期。

孟森：《明清史讲义》，中华书局1981年版。

缪朝荃：《彭甘亭年谱》，光绪二十五年东仓书库刊《小谟觞馆集》附。

缪全吉：《明代胥吏》，嘉新水泥文化基金会1969年版。

缪全吉：《清代幕府人事制度》，（台北）中国人事行政月刊社1971年版。

缪全吉：《清代幕府之官幕关系与幕席类别》，《思与言》1969年第1期。

缪全吉：《清代幕府制度之成长原因》，《思与言》1967年第3期。

缪荃孙：《续碑传集》，明文书局1985年影印本。

缪荃孙：《艺风堂文集》，《清代诗文集汇编》，上海古籍出版社2010年影印本，第756册。

缪荃孙：《艺风堂文漫存》，《清代诗文集汇编》，上海古籍出版社2010年影印本，第756册。

闵尔昌：《碑传集补》，明文书局1985年影印本。

闵尔昌编：《江子屏先生年谱》，《江藩集》附录五，上海古籍出版社2006年版。

莫祥之、甘绍盘修，汪士铎纂：同治《上江两县志》，江苏古籍出版社1991年版。

莫友芝：《郘亭遗文》，《续修四库全书》，上海古籍出版社影印本，第1537册。

穆孝天、许佳琼编著：《邓石如》，安徽教育出版社1983年版。

倪惠颖：《论乾隆朝不同文章流派的冲突与互动——以毕沅幕府为中心》，《南昌大学学报》2008年第3期。

钮树玉：《钮非石日记》（附《钮非石遗文》），罗济平校点，辽宁教育出版社1998年版。

欧阳兆熊、金安清：《水窗春呓》，谢光尧点校，中华书局1984年版。

顾沅辑：《乾坤正气集》，清道光二十八年刻本。

彭良弼修，吕元灏纂，杨德容续纂修：嘉庆《正阳县志》，嘉庆元年刊本。

彭兆荪：《小谟觞馆诗文集》，《清代诗文集汇编》，上海古籍出版社2010年影印本，第492册。

皮锡瑞著，周予同注释：《经学历史》，中华书局2004年新1版。

平步青：《霞外攟屑》，上海古籍出版社1982年版。

戚学标：《鹤泉文钞续选》，《清代诗文集汇编》，上海古籍出版社2010年影印本，第404册。

漆永祥：《论段、顾之争对乾嘉校勘学的影响》，《古籍整理研究学刊》1991年第3期。

漆永祥：《乾嘉考据学家臧庸》，《西北师大学报》，1995年第5期。

漆永祥：《乾嘉考据学研究》，中国社会科学出版社1998年版。

祁韵士：《鹤皋年谱》，《山右丛书初编》本《万里行程记》附。

祁韵士：《西陲要略》，中华书局1985年版。

齐涛主编：《中国古代经济史》，山东大学出版社2011年版。

齐召南：《宝纶堂诗钞》，《清代诗文集汇编》，上海古籍出版社2010年影印本，第300册。

乾隆十二年奉敕纂：《钦定大清会典则例》，《景印文渊阁四库全书》，台湾商务印书馆1986年版，第620册。

钱大昕：《廿二史考异》，方诗铭、周殿杰校，上海古籍出版社2014年版。

钱大昕：《潜研堂集》，吕友仁校点，上海古籍出版社1989年版。

钱大昕：《钱辛楣先生年谱》，王云五主编：《万有文库》第2辑，钱大昕：《十驾斋养新录》卷首，上海商务印书馆1935年版。

钱大昕：《十驾斋养新录》，陈文和、孙显军校点，江苏古籍出版社2000年版。

钱大昭：《广雅疏义》，日本"静嘉堂文库"所藏清钞本。

钱基博：《湖南近百年学风》，岳麓书社1985年版。

钱楷：《绿天书舍存草》，《清代诗文集汇编》，上海古籍出版社2010年影印本，第457册。

钱林、王藻：《文献征存录》，明文书局1985年影印。

钱穆：《中国近三百年学术史》，九州出版社2011年版。

钱庆曾：《竹汀居士年谱续编》，王云五主编：《万有文库》第2辑，钱大昕:《十驾斋养新录》卷首,上海商务印书馆 1935 年版。

钱实甫:《清代职官年表》,中华书局 1980 年版。

钱泰吉:《曝书杂记》,同治七年重刻本。

钱祥保修,桂邦杰等纂:民国《江都县续志》,江苏古籍出版社 1991 年版。

钱仪吉:《碑传集》,中华书局 1993 年版。

钱泳:《履园丛话》,张伟点校,中华书局 1997 年版。

钱泳订:《梅溪先生年谱》,《北京图书馆藏珍本年谱丛刊》,北京图书馆出版社 1999 年影印述祖德堂稿本,第 122 册。

钱仲联:《广清碑传集》,苏州大学出版社 1999 年版。

乔治忠、李金华:《毕沅幕府修史在乾隆时期史学发展中的地位》,《求是学刊》2010 年第 1 期。

乔治忠:《〈史籍考〉编纂问题的几点考析》,《史学研究》2009 年第 2 期。

秦瀛:《小岘山人诗文集》,《清代诗文集汇编》,上海古籍出版社 2010 年影印本,第 407 册。

清史编委会:《清代人物传稿》,中华书局 1984 年版。

屈大均:《广东新语》,中华书局 1985 年版。

瞿兑之:《汪辉祖年表》,上海商务印书馆 1923 年版。

瞿同祖:《清代地方政府》,法律出版社 2003 年版。

瞿中溶:《瞿木夫自订年谱》,《北京图书馆藏珍本年谱丛刊》,北京图书馆出版社 1999 年影印本,第 131 册。

全增祐:《清代幕僚制度论》,《思想与时代》第 31、32 期,1944 年。

全祖望撰,朱铸禹汇校集注:《全祖望集汇校集注》,上海古籍出版社 2000 年版。

阮亨:《瀛舟笔谈》,嘉庆二十五年扬州阮氏刻本。

阮元、王先谦编:《清经解 清经解续编》,凤凰出版社 2005 年版。

阮元辑,彭卫国、王原华点校,《畴人传汇编》,广陵书社 2009 年版。

阮元:《定香亭笔谈》,《丛书集成初编》本,商务印书馆 1936 年版。

阮元:《诂经精舍文集》,《丛书集成初编》本,商务印书馆 1936 年版。

阮元：《广陵诗事》，王明发点校，广陵书社 2005 年版。

阮元：《经籍籑诂》，中华书局 1982 年据阮氏琅嬛仙馆原刻本影印。

阮元：《两浙輶轩录》，光绪十六年浙江书局重刻本。

阮元：《诗书古训》，《丛书集成初编》本，商务印书馆 1936 年版。

阮元：《宋本十三经注疏附校勘记》，中华书局 1996 年版。

阮元：《小沧浪笔谈》，《丛书集成初编》本，商务印书馆 1936 年版。

阮元：《揅经室集》，邓经元点校，中华书局 1993 年版。

阮元辑、张维屏续辑：《学海堂集》，道光五年至咸丰九年启秀山房刊本。

阮元辑：《淮海英灵集》，《续修四库全书》上海古籍出版社 2002 年影印本，第 1682 册。

阮元修、陈昌齐等纂：《广东通志》，道光二年刻本。

尚小明：《胡虔生平系年》，《中国典籍与文化》2005 年第 4 期。

尚小明：《论清代游幕学人的撰著活动及其影响》，《北京大学学报》（哲学社会科学版）1999 年第 5 期。

尚小明：《清代士人游幕表》，中华书局 2005 年版。

尚小明：《学人游幕与清代学术》（增订本），东方出版社 2018 年版。

邵晋涵：《尔雅正义》，上海古籍出版社 2017 年版。

邵晋涵：《南江文钞》，《清代诗文集汇编》，上海古籍出版社 2010 年影印本，第 405 册。

沈起元：《敬亭文稿》，《清代诗文集汇编》，上海古籍出版社 2010 年影印本，第 257 册。

沈瑞英：《清代幕府学术文化的社会意义》，《秘书》2002 年第 11 期。

沈廷芳：《隐拙斋集》，《清代诗文集汇编》，上海古籍出版社 2010 年影印本，第 298 册。

沈相辉：《段玉裁、顾广圻交恶刍议——以段、顾来往书信为中心》，《中华文化论坛》2018 年第 7 期。

石韫玉：《独学庐三稿》，《清代诗文集汇编》，上海古籍出版社 2010 年影印本，第 447 册。

石韫玉：《独学庐五稿》，《清代诗文集汇编》，上海古籍出版社 2010 年影印本，第 447 册。

石韫玉：《独学庐余稿》，《清代诗文集汇编》，上海古籍出版社 2010 年影印本，第 447 册。

史善长：《弇山毕公年谱》，《北京图书馆藏珍本年谱丛刊》，北京图书馆出版社 1999 年版，第 106 册。

舒懋官修，王崇熙纂：嘉庆《新安县志》，嘉庆二十五年刊本。

宋如林等修，孙星衍等纂：嘉庆《松江府志》，嘉庆二十二年刊本。

宋翔凤：《洞箫楼诗纪》，《清代诗文集汇编》，上海古籍出版社 2010 年影印本，第 513 册。

苏天爵：《国朝名臣事略》，清抄本，张绍仁、黄丕烈校并跋。

苏位智：《清代幕吏心态探析》，《山东社会科学》1992 年第 6 期。

苏州历史博物馆等编：《明清苏州工商业碑刻集》，江苏人民出版社 1981 年第 2 版。

苏州市档案馆编：《苏州丝绸档案汇编》，江苏古籍出版社 1995 年版。

孙星衍：《澄清堂稿》，光绪十一年长沙王氏刊本。

孙星衍：《澄清堂续稿》，光绪十二年吴县朱氏槐庐家塾本。

孙星衍：《芳茂山人诗录》，《丛书集成初编》，商务印书馆 1937 年版，第 2319—2320 册。

孙星衍：《孙渊如外集》，《清代诗文集汇编》，上海古籍出版社 2010 年影印本，第 436 册。

孙星衍：《孙渊如先生全集》，王云五主编《万有文库》第二集，商务印书馆 1935 年版。

孙星衍：《问字堂集 岱南阁集》，骈宇骞点校，中华书局 1996 年版。

孙星衍：《晏子春秋》，乾隆五十三年镇洋毕氏灵岩山馆刻本。

孙诒让：《墨子间诂》，中华书局 1954 年版。

孙云桂：《妙香阁文钞》，咸丰十二年刻本。

谭其骧主编：《中国历史地图集》，中国地图出版社 1987 年版。

唐鉴：《清学案小识》（原名《国朝学案小识》），上海商务印书馆 1935 年版。

陶澍：《陶文毅公全集》，《清代诗文集汇编》，上海古籍出版社 2010 年影印本，第 529 册。

托津、曹振镛等：嘉庆《大清会典》，《大清五朝会典》，线装书局

2006年版，第12—13册。

托津等奉敕纂：《钦定大清会典事例》，文海出版社1992年版。

万邦维、卫元爵修，张重润纂：康熙《莱阳县志》，康熙十七年刊本。

万枫江、张应俞：《幕学举要杜编新书》，伊犁人民出版社1999年版。

汪道昆：《太函集》，黄山书社2004年版。

汪辉祖：《史姓韵编》，双节堂藏板，乾隆四十九年锓。

汪辉祖：《元史本证》，文海出版社1988年版。

汪辉祖：《佐治药言》，黄山书社1997年版。

汪绍楹：《阮氏重刻十三经注疏考》，《文史》第3辑，中华书局1963年。

汪廷楷、祁韵士：《西陲总统事略》，中国书店2010年版。

汪喜孙：《容甫先生年谱》，上海中国书店1925年影印《江都汪氏丛书》本。

汪喜孙：《尚友记》，《清代传记丛刊》本，明文书局1985年影印本，第29册。

汪中著，李金松校笺：《述学校笺》，中华书局2014年版。

汪中著，田汉云新编：《新编汪中集》，广陵书社2005年版。

汪灼：《渔村文集》，清抄本。

汪宗衍：《顾千里先生年谱》，台湾商务印书馆1981年版。

王昶：《春融堂集》，陈明洁、朱惠国、裴风顺点校，上海文化出版社2013年版。

王昶：《春融堂杂记八种》，清嘉庆十三年刻本。

王昶：《湖海诗传》，台湾商务印书馆1968年版。

王昶：《湖海文传》，上海古籍出版社2013年版。

王充撰，黄晖校释：《论衡校释》，中华书局1990年版。

王赐魁修：《封丘县续志》，康熙十九年刊本。

王达津：《清代经部序跋选》，天津古籍出版社1991年版。

王定安等纂修：光绪《两淮盐法志》，《扬州文库》第1辑，广陵书社2015年版。

王逢源修，李保泰纂：嘉庆《江都县续志》，《扬州文库》第1辑，广陵书社2015年版。

王复:《晚晴轩稿》,《清代诗文集汇编》,上海古籍出版社 2010 年影印本,第 422 册。

王惠荣:《晚清汉学群体与近代社会变迁》,中国社会科学出版社 2013 年版。

王惠荣:《学人游幕与晚清汉学》,《安徽史学》2013 年第 4 期。

王会昌:《中国文化地理》,华中师范大学出版社 2010 年版。

王记录:《论清代史馆修史、幕府修史及私家修史的互动》,《史学史研究》2007 年第 2 期。

王兰荫:《山东省书院志初稿》,赵所生、薛正兴主编:《中国历代书院志》,第 1 册,江苏教育出版社 1995 年版。

王兰荫:《朱筠河先生年谱》,《北京图书馆藏珍本年谱丛刊》,北京图书馆出版社 1999 年影印本,第 106 册。

王立中:《俞理初先生年谱》,《安徽丛书》第 3 集《癸巳类稿》附,安徽丛书编印处 1936 年影印。

王明芳:《乾嘉"学者社会"研究》,博士学位论文,山东大学,2003 年。

王鸣盛:《十七史商榷》,黄曙辉点校,上海书店 2005 年版。

王鸣盛:《西庄始存稿》,乾隆三十年刻本。

王念孙:《广雅疏证》,江苏古籍出版社 2000 年版。

王培荀:《乡园忆旧录》,齐鲁书社 1993 年版。

王其淦、吴康寿修,汤成烈等纂:光绪《武进阳湖县志》,江苏古籍出版社 1991 年版。

王芑孙:《惕甫未定藁》,《清代诗文集汇编》,上海古籍出版社 2010 年影印本,第 442 册。

王士性:《广志绎》,中华书局 1981 年版。

王士禛:《渔洋山人感旧集》,上海古籍出版社 2014 年版。

王世贞:《弇州山人四部稿》,《明代论著丛刊》本,伟文图书出版有限公司 1976 年版。

王守仁:《王文成公全集》,上海中华书局 1936 年版。

王同编:《杭州三书院纪略》,《中国历代书院志》,江苏教育出版社 1995 年版,第 9 册。

王文治:《梦楼诗集》,《清代诗文集汇编》,上海古籍出版社 2010 年影印本，第370册。

王文治：《王文治诗文集》，刘奕点校，人民文学出版社2014年版。

王先谦：《释名疏证补》，上海古籍出版社1984年版。

王引之撰，罗振玉辑：《王文简公文集》，1925年上虞罗氏铅印《高邮王氏遗书》本。

王永祥：《焦理堂先生年谱》，《孝鱼丛著·焦学三种》，1924年排印本。

王又朴：《介山自订年谱》，1924年天津金氏刊《屏庐丛刻》本。

王豫、阮亨辑：《淮海英灵集续集》，《续修四库全书》，上海古籍出版社2002年影印本，第1682册。

王豫：《江苏诗征》，清道光元年刻本。

王元文：《北溪文集》，嘉庆十七年吴江王氏家刊本。

王云五：《续修四库全书提要》，台湾商务印书馆1972年版。

王章涛：《阮元年谱》，黄山书社2003年版。

王章涛：《王念孙·王引之年谱》，广陵书社2006年版。

王振录、周凤鸣修，王宝田纂：光绪《峄县志》，光绪三十年刊本。

王振忠：《朝鲜柳得恭笔下清乾嘉时代的中国社会——以哈佛燕京图书馆所藏抄本〈泠斋诗集〉为中心》，《中华文史论丛》第2辑，上海古籍出版社2008年。

王振忠：《明清徽商与淮扬社会变迁》（修订本），生活·读书·新知三联书店2014年版。

王植：《崇德堂稿》，乾隆二十四年序刊本。

王重民、杨殿珣等：《清代文集篇目分类索引》，北京图书馆出版社2003年版。

王宗炎：《晚闻居士遗集》，《清代诗文集汇编》，上海古籍出版社2010年影印本，第440册。

卫哲治、阮学浩修，叶长扬、顾栋高纂：《淮安府志》，《中国方志丛书》，成文出版有限公司据清乾隆十三年（1748）修、咸丰二年重刊本影印。

魏际瑞：《魏伯子文集》，《清代诗文集汇编》，上海古籍出版社2010年影印本，第70册。

魏鉴勋、袁闾琨：《试论清代的幕僚及其对地方政权的作用》，《史学月刊》1983 年第 5 期。

魏泉：《士林交游与风气变迁：19 世纪宣南的文人群体研究》，北京大学出版社 2008 年版。

魏颂唐编：《敷文书院志略》，《中国历代书院志》第 8 册，江苏教育出版社 1995 年版。

魏禧：《魏叔子文集》，《清代诗文集汇编》，上海古籍出版社 2010 年影印本，第 92 册。

翁方纲：《复初斋文集》，《清代诗文集汇编》，上海古籍出版社 2010 年影印本，第 382 册。

翁方纲：《经义考补正》，《丛书集成初编》本，商务印书馆 1937 年版。

翁广平：《听莺居文钞》，《清代诗文集汇编》，上海古籍出版社 2010 年影印本，第 466 册。

吴广训：《清代幕友人际关系及其从业心态探究》，硕士学位论文，天津师范大学，2010 年。

吴海：《从博学诗人到经学老儒的贾田祖》，《福州大学学报》（哲社版）2011 年第 2 期。

吴可训：《南涧诗钞》，乾隆二十三年刻本。

吴明霞：《论清代学者臧庸的学术成就》，《中国典籍与文化》2000 年第 4 期。

吴嶘：《独学老人年谱》，道光年间刊本。

吴守礼：《陈恭甫先生年谱》，1937 年排印本。

吴文溥：《南野堂全集》，乾隆五十九年至嘉庆元年刊本。

吴雁南、秦学颀、李禹阶：《中国经学史》，福建人民出版社 2001 年版。

吴章祁等修，顾士英纂：道光《蓬溪县志》，道光二十五年刊本。

吴振棫：《养古斋余录》，北京古籍出版社 1983 年版。

吴中孚：《商贾便览》，杨正秦点校，南京出版社 2019 年版。

武亿：《授堂文钞》，《清代诗文集汇编》，上海古籍出版社 2010 年影印本，第 410 册。

夏宝晋：《冬生草堂文录》，《清代诗文集汇编》，上海古籍出版社 2010 年影印本，第 567 册。

肖宗志：《控制与失控：清代幕友与国家的关系》，《南华大学学报》2006年第4期。

萧穆：《敬孚类稿》，《清代诗文集汇编》，上海古籍出版社2010年影印本，第729册。

萧一山：《清代通史》，中华书局1986年版。

萧一山：《清代学者生卒及著述表》，商务印书馆1944年版。

谢启昆：《补史亭草》，嘉庆五年至七年刻本。

谢启昆：《树经堂诗初集》，《清代诗文集汇编》，上海古籍出版社2010年影印本，第392册。

谢启昆：《树经堂诗续集》，《清代诗文集汇编》，上海古籍出版社2010年影印本，第392册。

谢启昆：《树经堂文集》，《清代诗文集汇编》，上海古籍出版社2010年影印本，第392册。

谢启昆：《西魏书》，光绪间广雅书局刻本。

谢启昆：《小学考》，光绪十五年石印本。

谢启昆：《粤西金石略》，嘉庆六年铜鼓亭刻本。

谢巍：《中国历代人物年谱考录》，中华书局1992年版。

熊月之、熊秉真：《明清以来江南社会与文化论集》，上海社会科学院出版社2004年版。

徐德明：《清人学术笔记提要》，学苑出版社2004年版。

徐复主编：《广雅诂林》，江苏古籍出版社1992年版。

徐国相、丁思孔修，宫梦仁、姚淳焘纂：康熙《湖广武昌府志》，康熙二十三年刻本。

徐鏮庆：《玉山阁诗文选》，道光十年重刊本。

徐珂：《清稗类钞》，中华书局1984年版。

徐明德：《中国幕府制度的渊源、特征与嬗变》，《贵州文史丛刊》1997年第6期。

徐谦芳：《扬州风土小记》，扬州大学（前扬州师范学院）图书馆藏手稿本。

徐世昌：《清儒学案》，河北人民出版社2008年版。

徐世昌：《清儒学案小传》，《清代传记丛刊》，明文书局1985年影印本，第5—7册。

徐世昌：《晚晴簃诗话》，华东师范大学出版社 2009 年版。

徐世昌等：《大清畿辅先哲传》，《清代传记丛刊》，明文书局 1985 年影印本。

徐世昌等编，沈芝盈、梁运华点校：《清儒学案》第四册，中华书局 2008 年版。

徐永斌：《明清江南文士治生研究》，中华书局 2019 年版。

荀悦、袁宏：《两汉纪》，张烈点校，中华书局 2002 年版。

颜之推撰，赵曦明注：《新注颜氏家训》，1928 年渭南严氏孝义家塾刻本。

严敦杰：《李尚之年谱》，江苏教育出版社 1990 年版。

严可均：《全上古三代秦汉三国六朝文》，中华书局 1958 年版。

严可均：《铁桥漫稿》，《清代诗文集汇编》，上海古籍出版社 2010 年影印本，第 470 册。

严元照：《悔庵学文》，《清代诗文集汇编》，上海古籍出版社 2010 年影印本，第 508 册。

杨宾：《晞发堂文集》，抄本，国家图书馆。

杨晋龙：《台湾学者研究"清乾嘉扬州学派"述略》，《汉学研究通讯》2000 年第 4 期。

杨晋龙主编：《清代扬州学术》，（台北）"中研院"中国文哲研究所 2005 年版。

杨军、黄继省：《卢文弨抱经堂本〈经典释文〉再评价》，《文献语言学》第 2 辑，中华书局 2006 年。

杨丽琴：《许宗彦诗集编订考》，《艺术科技》2014 年第 6 期。

杨念群：《儒学地域化的近代形态——三大知识群体互动的比较研究》，生活·读书·新知三联书店 1997 年版。

杨守敬：《杨守敬集》，谢承仁主编，湖北人民出版社、湖北教育出版社 1988 年版。

杨廷福、杨同甫：《清人室名别称字号索引》，上海古籍出版社 1988 年版。

杨泽琴：《孙枝蔚游幕活动及心态考略》，《大庆师范学院学报》2015 年第 5 期。

杨钟羲：《雪桥诗话》，北京古籍出版社 1989 年版。

姚椿：《晚学斋文集》，《清代诗文集汇编》，上海古籍出版社2010年影印本，第522册。

姚名达：《朱筠年谱》，上海商务印书馆1933年第2版。

姚鼐：《惜抱轩尺牍》，卢坡点校，安徽大学出版社2014年版。

姚鼐：《惜抱轩诗文集》，刘季高点校，上海古籍出版社1992年版。

姚鹏、范桥编：《胡适讲演》，中国广播电视出版社1992年版。

姚莹：《中复堂全集》，同治六年（1867）桐城姚濬昌安福县署刻本。

叶昌炽：《藏书纪事诗》，上海古籍出版社1990年版。

叶衍兰、叶恭绰编，陈祖武校补：《清代学者象传校补》，商务印书馆2017年版。

伊汝瑚修，冯敏昌纂：乾隆《孟县志》，乾隆五十五年刊本。

伊汤安修，冯应榴纂：嘉庆《嘉兴府志》，嘉庆五年刊本。

轶名：《瓯北先生年谱》，光绪三年滇南唐氏重刊《瓯北全集》卷首。

殷璠：《河岳英灵集》，浙江人民出版社2015年版。

殷衍韬：《顾镇生卒年考辨》，《常熟理工学院学报》2012年第9期。

引得编纂处：《三十三种清代传记综合引得》，中华书局1959年版。

永瑢等：《四库全书总目提要》，上海商务印书馆1933年版。

余时栋：《烟屿楼文集》，《续修四库全书》，上海古籍出版社2002年影印本，第1542册。

余廷灿：《存吾文稿》，《清代诗文集汇编》，上海古籍出版社2010年影印本，第365册。

余英时：《论戴震与章学诚：清代中期学术思想史研究》（增订本），生活·读书·新知三联书店2012年版。

余英时：《士与中国文化》，上海人民出版社1987年版。

俞正燮：《癸巳存稿》，辽宁教育出版社2003年版。

喻长霖纂修：《台州府志》，1936年临海县屈映光铅印本。

袁昶：《安般簃集》，《清代诗文集汇编》，上海古籍出版社2010年影印本，第761册。

袁行云：《许瀚年谱》，齐鲁书社1983年版。

袁行云：《梁章钜著述多非自撰》，《文史》第19辑，中华书局1983年。

袁钧：《瞻衮堂文集》，《清代诗文集汇编》，上海古籍出版社2010年影印本，第427册。

袁枚：《随园诗话》，人民文学出版社 1982 年版。

袁枚：《小仓山房文集》，《清代诗文集汇编》，上海古籍出版社 2010 年影印本，第 340 册。

袁媛：《也谈段、顾之争——时代风气与个人治学的交织》，《文献》2016 年第 3 期。

允裪、傅恒、张廷玉等：乾隆《大清会典》，《大清五朝会典》，线装书局 2006 年版，第 10—11 册。

臧庸：《拜经日记》，《拜经堂丛书》本。

臧庸：《拜经堂文集》，《续修四库全书》，上海古籍出版社 2002 年影印本，第 1491 册。

臧庸：《毛诗马王微》，嘉庆年间孙冯翼《问经堂丛书》本。

詹杭伦：《李调元学谱》，天地出版社 1997 年版。

章伯锋：《清代各地将军都统大臣等年表》，中华书局 1965 年版。

章太炎：《章太炎全集》，上海人民出版社 2014 年版。

章学诚：《校雠通义》，中华书局 1985 年版。

章学诚：《章氏遗书》，1922 年吴兴刘氏嘉业堂刊本。

章学诚：《章学诚遗书》，文物出版社 1985 年版。

章学诚著，仓修良编注：《文史通议新编新注》，商务印书馆 2017 年版。

张宝琳修、王棻等纂：《永嘉县志》，光绪八年刻本。

张兵、侯冬：《清代幕府研究述评》，《西北师大学报》（社会科学版）2011 年第 3 期。

张纯明：《清代的幕制》，《岭南学报》第 9 卷第 2 期，1949 年。

张海英：《明清江南商品流通与市场体系》，华东师范大学出版社 2002 年版。

张瀚：《松窗梦语》，盛冬铃点校，中华书局 1985 年版。

张惠言：《茗柯文编》，黄立新校点，上海古籍出版社 1984 年版。

张慧剑：《明清江苏文人年表》，上海古籍出版社 2008 年第 2 版。

张季易：《清代毗陵名人小传稿》，新文丰出版公司 1927 年版。

张鉴编，阮常生等续编：《雷塘庵主弟子记》，咸丰年间阮氏娜嬛仙馆补刻本。

张鉴等编：《阮元年谱》，黄爱平点校，中华书局 1995 年版。

张晋生、黄廷桂等：乾隆《四川通志》，《景印文渊阁四库全书》，台湾商务印书馆 1986 年版，第 559—561 册。

张晶萍：《乾嘉学者的学术交流》，《安徽史学》2002 年第 2 期。

张丽娟：《宋代经书注疏刊刻研究》，北京大学出版社 2013 年版。

章柳泉：《中国书院史话——宋元明清书院的演变及其内容》，教育科学出版社 1981 年版。

张敏：《"学术生态"概念之诠释》，《考试周刊》2011 年第 44 期。

张其锦：《凌次仲先生年谱》，道光中池州章氏刊本《校礼堂全集》附。

张绍南编、王德福续编：《孙渊如先生年谱》，《北京图书馆藏珍本年谱丛刊》，北京图书馆出版社 1999 年影印本。

张师诚：《一西自记年谱》，《北京图书馆藏珍本年谱丛刊》，北京图书馆出版社 1999 年影印本，第 127 册。

张寿安：《以礼代理——凌廷堪与清中叶儒学思想的转变》，（台北）"中研院"近代史研究所 1994 年版。

张舜徽：《清代扬州学记》，广陵书社 2004 年版。

张舜徽：《清人文集别录》，中华书局 1963 年版。

张体云：《刘大櫆生平事迹考辨》，《中州学刊》2013 年第 5 期。

张廷玉等：《清朝文献通考》，商务印书馆 1936 年版。

张维屏：《松心诗录》，《续修四库全书》，上海古籍出版社 2002 年影印本，第 1496 册。

张㧑之、沈起炜、刘德重主编：《中国历代人名大辞典》，上海古籍出版社 1999 年版。

张塽：《张氏吉金贞石录》，新文丰出版公司 1982 年再版《石刻史料新编》，第 1 辑，第 12 册。

张云章：《朴村文集》，《清代诗文集汇编》，上海古籍出版社 2010 年影印本，第 175 册。

张之洞撰，范希曾补正，孙文泱增订：《增订书目答问补正》，中华书局 2011 年版。

张仲礼：《中国绅士——关于其在 19 世纪中国社会中作用的研究》，上海社会科学院出版社 1992 年版。

张仲礼：《中国士绅的收入》，华盛顿大学出版社 1962 年版。

张仲礼：《中国士绅及其在 19 世纪社会角色的研究》，华盛顿大学出版社 1967 年版。

昭梿：《啸亭杂录》，何英芳点校，中华书局 1980 年版。

赵昌智主编：《扬州学派人物评传》，广陵书社 2007 年版。

赵汸撰，冷桥勋、张慧校点：《东山存稿校点》，合肥工业大学出版社 2017 年版。

赵怀玉：《收庵居士自叙年谱》，嘉庆二十四年自序武进赵氏刊本《亦有生斋集》附。

赵怀玉：《亦有生斋集》，《清代诗文集汇编》，上海古籍出版社 2010 年影印本，第 419 册。

赵怀玉：《亦有生斋文钞》，上海古籍出版社 2002 年版。

赵慧峰：《幕客与清代社会》，《文史知识》1998 年第 7 期。

赵所生、薛正兴主编：《中国历代书院志》，江苏教育出版社 1995 年版。

赵坦：《保甓斋文录》，《清代诗文集汇编》，上海古籍出版社 2010 年影印本，第 479 册。

赵一清：《水经注释》，乾隆五十一年刊本。

赵翼：《陔余丛考》，河北人民出版社 1990 年版。

赵翼：《檐曝杂记》，中华书局 1982 年版。

赵翼著，王树民校证：《廿二史札记校证》（订补本），中华书局 1984 年版。

赵永纪：《清代学术辞典》，学苑出版社 2005 年版。

赵园：《明清之际士人游幕及有关的经验表述》，《黄河科技大学学报》2004 年第 2、3 期。

郑板桥：《郑板桥外集》，山西人民出版社 1987 年版。

郑天挺：《清代的幕府》，《中国社会科学》1980 年第 6 期。

郑天挺：《清代幕府制度的变迁》，《学术研究》1980 年第 6 期。

支伟成：《清代朴学大师列传》，上海人民出版社 2014 年版。

支伟成：《清代朴学大师列传》，《清代传记丛刊》第 12 册，明文书局 1985 年版。

中国第一历史档案馆编：《纂修四库全书档案》，上海古籍出版社 1997 年版。

中国科学院图书馆整理:《续修四库全书总目提要》,中华书局 1993 年版。

钟涛、彭蕾:《李兆洛〈骈体文钞〉成书和版本考述》,《励耘学刊》(文学卷)2015 年第 1 期。

钟小安:《求仕·游幕·佐治——绍兴师爷手稿整理研究》,中国社会科学出版社 2019 年版。

周家禄:《寿恺堂集》,《清代诗文集汇编》,上海古籍出版社 2010 年影印本,第 762 册。

周骏富:《清代传记丛刊》,明文书局 1985 年版。

周尚意、孔翔、朱竑:《文化地理学》,高等教育出版社 2004 年版。

周绍濂主修:《德清县续志》,《浙江图书馆藏稀见方志丛刊》,第 29 册,国家图书馆出版社 2011 年影印嘉庆十三年刻本。

周振鹤:《中国历史政治地理十六讲》,中华书局 2013 年版。

朱长文:《吴郡图经续记》,《江苏地方文献丛书》本,江苏古籍出版社 1999 年版。

朱筠:《笥河诗集》,《清代诗文集汇编》,上海古籍出版社 2010 年影印本,第 366 册。

朱筠:《笥河文集》,《清代诗文集汇编》,上海古籍出版社 2010 年影印本,第 366 册。

朱丽霞:《江南与岭南:从文人游幕看清初文学的传播与文坛生态》,《社会科学》2011 年第 5 期。

朱丽霞:《明清之交文人游幕与文学生态》,上海古籍出版社 2008 年版。

朱为弼:《蕉声馆集》,《清代诗文集汇编》,上海古籍出版社 2010 年影印本,第 501 册。

朱锡经:《南厓府君年谱》,嘉庆年间刻本。

朱彝尊:《经义考》,《四部备要》经部,中华书局 1989 年版,第 12 册。

宗源瀚等修,汪曰桢纂:同治《湖州府志》,上海书店出版社 1993 年版。

邹逸麟:《中国历史地理概述》,福建人民出版社 1999 年版。

左眉:《静庵诗集》,《清代诗文集汇编》,上海古籍出版社 2010 年影印本，第 398 册。

［朝鲜］朴齐家：《贞蕤集附北学议》，国史编纂委员会 1961 年版。

［美］艾尔曼：《经学·科举·文化史，艾尔曼自选集》，复旦大学文史研究院译，中华书局 2010 年版。

［美］艾尔曼：《从理学到朴学——中华帝国晚期思想与社会变化面面观》，赵刚译，江苏人民出版社 2012 年版。

［美］福尔索姆：《朋友·客人·同事：晚清的幕府制度》，刘悦斌、刘兰芝译，中国社会科学出版社 2002 年版。

［美］恒慕义：《清代名人传略》，中国人民大学清史研究所《清代名人传略》翻译组译，青海人民出版社 1990 年版。

［日］宫崎市定：《清代の胥吏と幕友—特に雍正朝を中心として》，《东洋史研究》第 16 卷第 4 號，1958 年；中文版《清代的胥吏和幕友》，南炳文译，《日本学者研究中国史论著选译》第 6 卷，中华书局 1993 年版。

［日］吉川幸次郎：《臧在东先生年谱》，《东方学报》第 6 号，1936 年。

［日］内藤虎次郎：《意园怀旧录》，［日］吉川幸次郎译，《中和月刊》第 1 卷第 7 号，1940 年。

［日］水上雅晴：《〈全上古三代秦漢三國六朝文〉の編纂と孫星衍幕府—幕主の金石資料とその交友關係を中心に》，《北海道大学文学研究科紀要》第 119 号，2006 年。

［日］水上雅晴：《〈全上古三代秦漢三國六朝文〉の編纂について—清代幕府の學術機能の一端》，《日本中国学会報》第 57 号，2005 年。

［日］水上雅晴：《清代の幕府と學術交流：許慎の官銜をめぐる議論を中心として》，《北海道大学文学研究科紀要》第 107 号，2002 年。

［日］水上雅晴：《清代知識人の游幕と科擧に關する初步的考察》，北海道中国哲学会《中国哲学》第 33 号（2005）。

［日］藤冈次郎：《清朝における地方官，幕友，胥吏，及び家人——清朝地方行政研究のためのノオト》，《北海道学芸大学紀要》第 1 部社会科学编第 12 卷第 1 号（1961）。